修訂五版

劉宗榮　著

保險法
保險契約法暨保險業法

Insurance Law
Insurance Contract Law and
Insurance Supervision Law

三民書局

修訂五版序

　　作者在大學教書，同時擔任民法及保險法等課程數十年，積數十年的經驗，有兩點重要體悟：

一、保險是民法發展的較高層次，財產上的損失，賴之以填補；損害賠償的責任，賴之以分化，民法與保險法不只是普通法與特別法的關係，在很多領域，民法與保險法已經走向制度上的聯立，甚至發展為制度上的共同體。

二、隨著貿易的全球化，加上保險的國際化，各國保險契約逐漸趨於相近或相同，而由保險契約蛻化、凝練而成的保險法，也呈現高度的共通性。

　　基於以上的認知，本書的撰寫，著重兩點：

一、重視保險法與民法在體系上的銜接：本書理論的闡釋與案例的說明，都明確指出民法上的請求權及保險上的請求權，並動態地標明請求權的行使流程，幫助讀者鳥瞰請求權行使的全貌。

二、從比較法觀點，針砭保險法的得失，並提出建議：我國民法與保險法，相當程度繼受自德國民法與德國保險契約法，由於法系相同，條文相近，德國法的立法與修正，特別具有參考價值。德國保險契約法在施行百年之後，於2008 年大幅修正，修正的重點在消費者保護，對於保險契約的締約過程，著墨尤深。他山之石，可以攻錯，本書為完善保險法法制，參酌德國的修法，多所建言。

　　「文章千古事，得失寸心知」，本書雖然已經是第五版，但是版版修正，版版補充，也為版版發現錯誤而神明自咎，每當此時，也只得以「常在河邊走，哪有不失足」自嘲了。此次出版，承三民書局編輯同仁，精心編校，力求完美，感謝之餘，若還有挂漏，也望讀者海涵、指教。

劉宗榮

2020 年 12 月 22 日

修訂五版序

第一章

緒　說

壹 保險的意義

保險的意義可以從法律上與經濟上兩方面說明：

一、法律上的意義

保險法第 1 條規定：「本法所稱保險，謂當事人約定，一方交付保險費於他方，他方對於因不可預料或不可抗力之事故所致之損害，負擔賠償財物之行為。」、「根據前項所訂之契約，稱為保險契約。」，依本條規定，保險契約乃是由保險人與要保人約定，由要保人給付保險費予保險人，保險人對於被保險人因不可預料或不可抗力事故所生的損害，負給付義務的法律行為❶。保險不但是以賠償損失為目的所做的分散風險的契約安排，而且契約當事人一方還必須是以分散風險的安排為營業。關於保險的意義，有兩種不同的界定方法：

（一）財產保險與人身保險合併界定法

2008 年修正的德國保險契約法❷將財產保險與人身保險合併界定。採合併界定法時，必須抽取財產保險與人身保險的共同因素，作為定義基礎，其所界定的保險含義，相對抽象，2008 年德國保險契約法將保險界定為：「透過保險契約的訂定，保險人承諾於約定的保險事故發生時為一定的給付，以承擔要保人或第三人的某些危險，而要保人有向保險人給付保險費的義務。」❸英國 Channell Jr. 在 Prudential Insurance Company v. Inland Revenue Commissioners 一案❹，將保險契約界定為：「保險契約是一方當事人（保險人），以金錢（保險費）為約因，承諾

---

❶ 保險法第 1 條關於保險的定義還不足以完整說明保險契約的意義，因為：
　(1)保險給付的目的在財產保險固然是填補損害，但在人壽保險中的死亡保險，保險金不是向被保險人給付，而是向第三人（受益人）給付，而且不以該受益人受有損害為必要。
　(2)保險給付固然是以給付金錢為常態，但例外情形，也有提供回復原狀者，例如：在車體保險，保險人常提供特約廠商的修繕服務；在人身保險，保險人常提供特約醫院的醫療給付。
❷ Versicherungsvertragsgesetz, in Kraft getreten am 01.01.2008.
❸ 1908VVG §1.
❹ 2 K. B. 658 (1904).

於一個或多個特定事故發生時，給付他方當事人（被保險人）一定數額的金錢或其他相當的利益。」

在合併界定法下，保險的意義被抽象化，指當事人約定一方（要保人）給付保險費於他方，他方（保險人）承諾於約定的保險事故發生時，依契約的約定負一定給付義務的行為。

（二）財產保險與人身保險分別界定法

1908 年德國保險契約法，依財產保險與人身保險的不同特性分別界定其意義：

1.財產保險

財產保險所稱的保險，是指當事人約定一方給付保險費於他方，他方承諾於約定的保險事故發生後，有依契約約定，賠償被保險人因保險事故發生所致金錢上損失義務的行為。

2.人身保險

人身保險所稱的保險，是指當事人約定一方給付保險費於他方，他方承諾於約定的保險事故發生後，有依契約約定，給付一定金額、年金或為其他給付之義務的行為❺。

分別界定法，在財產保險，強調被保險人須因發生保險事故而遭受損失，以及保險給付填補損失的功能；在人身保險（特別是人壽保險），強調保險事故發生，保險人就必須依約給付，不以發生損失為必要，也不將填補損失的功能納為定義的內容。

（三）名詞概念

無論採取合併界定或是採取分別界定，都必須先了解名詞的概念：

1.保險費

保險契約是透過契約安排，由廣大要保人分擔被保險人可能發生的損失❻或受益人可能獲得的保險給付❼。保險費不必等於實際損失，但須依照可能發生的損失計算所得。

---

❺　1908VVG §1(1).

❻　指財產保險。

❼　指人身保險。

2.保險人的承諾

保險人承擔在保險事故發生時，對財產保險的被保險人或人身保險的受益人為保險給付的義務。

3.保險給付的內容

保險給付以金錢為原則，但也可以是「其他相當的利益 (corresponding benefit)」，例如：重建房屋、修繕船舶、車輛修繕或其他服務等❽。

4.保險事故的發生

保險事故必須具有「不確定性 (uncertainty)」，包括：「發生與否不確定」與／或「確定會發生但是發生的時間不確定」兩類，且保險事故是否發生還須「非保險人能控制」。

二、經濟上的意義

從經濟功能的觀點，保險是將個人損失或風險的全部或一部，直接轉嫁 (risk transfer) 給保險人，保險人經過風險集中 (risk pooling) 的過程後，進行風險分配 (risk allocation) 予其他要保人，間接轉嫁到社會大眾的制度❾。

（一）將危險直接移轉給保險人

特定標的物或特定責任發生約定的危險事故，從個人而言，發生的機率雖不高，但是一旦發生，損失卻十分龐大。為了避免事故發生的恐懼，填補事故發生造成的損失，透過制度安排，以給付保險費的方法，將被保險人的風險「移轉」給保險人。

保險人開辦不同種類的保險，每一種保險，都有很多的要保人，要保人給付保險費予保險人，也將風險移轉給保險人。保險人收取保險費，累積龐大的責任準備金或保單價值準備金，供作保險理賠之用。

---

❽ 例如：醫療給付。

❾ *Insurance Law and Regulation, cases and materials*, 5th edition, pp. 3–4, Kenneth S. Abraham, 2010.

（二）風險集中

在被保險人發生保險事故的損失，透過保險機制分化損失的過程中，先經過「風險集中」的過渡階段，即風險先集中到保險人，然後再分化出去。因為（財產保險）被保險人原本風險各自獨立、機率高低各異，但利用保險制度的安排，先將風險集中到保險人，再由保險人透過大數法則將「不可預測的個人風險」，轉變為「可預測的整體風險」。

（三）風險分配

保險事故發生後，為了分化損失，必須有風險分配機制及管道，從「橫的方向」，保險公司常與其他保險公司共同為保險人，與要保人訂立保險契約，承保同一風險，稱為「聯保」；從「縱的方向」，保險公司常就承保的風險，與國內或國外的再保險公司訂立再保險契約，保險人每承保一個保險，就依照再保險契約約定，通知再保險公司，納入再保險契約承保的範圍內，對於保險公司言，稱為「分出」，對再保險公司言，就是「分入」。

在聯保或再保的情形，若發生保險事故，保險人於給付保險金予被保險人（財產保險）或受益人（人身保險）之後，有權向聯保的其他保險人或再保險人請求分擔額或再保險給付，然該其他保險人或再保險人的分擔額或再保險給付又來自何方？曰：間接來自該其他保險人的要保人之保險費或再保險人的要保人（即：原保險人）之保險費，其中再保險公司的要保人（即：原保險人），則更再間接來自各該原保險人的要保人❿。

所有與原保險人訂有保險契約的要保人，其因繳交保險費所造成的負擔，將會反映在成本上，透過調高勞動工資、提高商品價格等機能，進一步轉嫁到全體消費者，由社會大眾負擔。2001 年紐約世界貿易大樓發生九一一撞擊事件後不久，全球航空機票普遍調漲，就是顯著事例。

總之，保險的經濟機能，首先是潛藏於個人的風險，以保險費為約因，移轉

❿　嚴格說，這種保險費直接或間接來自要保人繳納的保險費，只是其中一部分，保險公司從廣大要保人收取保險費後，常常進行投資，投資到不動產、股市、基金、公債等等，保險公司的利潤，多數是從投資而來。

5

予保險人，其次是保險人通過大數法則集中風險，最後，在保險事故發生時，透過聯保、再保險以及價格轉嫁等機能，而分配或化解於社會大眾的過程。

貳 保險制度的緣由

保險制度淵源自人類對發生不確定事故的恐懼，利用契約的分擔與轉嫁機制，填補全部或部分損失，從而消除或減輕保險事故可能發生的不安定。人生一世，即使平靜無波，最後終不免一死，不免擔憂於己死後其配偶子女生活有無保障；況且，終其一生，平靜無波者，為數甚少，多數之人，或罹患疾病有待醫治；或身受傷害必須診療，或發生火災住屋焚毀，重建費用不貲，或故意過失侵害他人，賠償責任難以負擔。不論財產或是人身，經常處在不安定的恐懼中。保險制度就是為了消減恐懼、彌補損失或提供保障的目的而設計。

保險是具有安定個人及穩定社會秩序功能的社會制度。保險事故發生前，保險可以消除或減少發生保險事故的恐懼；保險事故發生後，保險可以填補因保險事故所生的損失或責任，安定遺屬的生活，提供生存者的保障。

一、消除或避免可能發生不確定事故的恐懼

保險是一種法律制度，雖然保險事實上未必真能預防或阻止不確定事故的發生，但是透過投保保險，即使不確定事故真的會發生，其損害或生活資源也因為受領保險給付，而獲得全部或一部的填補或保障，從而消除或減少內心的恐懼。例如：進口貨物，由於在海上貨物運送，針對承運貨物的損失，運送人有很多法定免責或責任限制的事由[11]，進口商不論是沒有收到進口貨物，或雖收到貨物但貨物已毀損或滅失，都可能因求償無門或求償受限制而萌發不確定感，化解之道，就是投保貨物損失險。又如：出租房屋若遭焚毀，其可歸責於自己者，固然求償無門；其可歸責於承租人者，若因輕過失，依法又可免責[12]；其可歸責於第三人者，該第三人又未必有賠償能力，其結果，今天有華廈居住者，明日可能身無棲所，恐懼之感由此而生，化解之道，就是投保火災保險。再如：醫師、律師、會計師等傳統所謂三師者，若因醫療過失、訴訟過失或會計查核不實，致病人死亡、

---

[11] 參照海商法第 69 條、第 70 條，海牙維斯比規則 (The Hague-Visby Rules) 第 4 條第 2 項等。

[12] 民法第 434 條。

當事人敗訴或投資者發生損失，有可能被訴以業務過失，須負損害賠償責任，其結果，醫師濟世救人之際、律師保障人權之舉、會計師稽查核實之餘，均不免有負擔專業責任 (professional liability) 的恐懼感。醫師、律師、會計師尚且如此，其他各行各業的專業人士，又何嘗不是如此。人人幾乎不免於恐懼，投保責任保險殆為化解恐懼之道主要法門。

二、彌補因不確定事故發生而遭受的損害

保險雖然未必能預防或阻止保險事故的發生，但是**保險事故發生後，保險人所為的保險給付，的確可以填補被保險人❸或受益人❹一部或全部的損失**。例如：在火災保險，保險人依火災保險契約所為的保險給付，可填補被保險人因房屋受災所生損失的全部或一部；在責任保險，保險人依責任保險契約所為的保險給付，可填補被保險人因侵權行為或債務不履行必須賠償第三人所生損失的全部或一部；在傷害保險，保險人依傷害保險契約所為的保險給付，可填補受益人支付醫療費用而生損失的全部或一部。

三、保障被保險人或其遺屬的生活

原則上，保險的目的固然在填補因不確定事故發生而遭受的損害，但**例外情形，保險也有不以填補損害為目的，而是以保障生活為目的**，例如：生存保險的目的是為保障，被保險人到達一定年齡仍然生存的生活所需；死亡保險的目的就是在保障被保險人遺屬的生活；生存死亡兩合保險則兼有保障被保險人或其遺屬生活的功能。

参 保險給付與損害賠償

一、探討的實益

保險給付的功能是否在填補損害，因保險的種類不同而異。探討保險給付與損害賠償關係的實益，主要是：

---

❸　指財產保險契約中，約定因保險事故之發生遭受損害，可以請領保險給付的人。
❹　指人身保險契約中，指定保險事故發生，可以請領保險金的人。

（一）判斷是否超額保險

保險給付的功能若是在填補損害，則此類保險的保險金額應該受到保險價額的限制，不得超額保險，例如：火災保險，保險金額不得超過保險事故發生時保險標的物的價值（保險價額）。反之，保險給付的功能若不在填補損害，則此類保險一般會採定額保險，例如：死亡保險，人身無價，不會發生超額保險問題。

（二）決定是否適用關於複保險的規定

保險給付若具有填補損害的功能，則此類保險有保險法關於複保險規定的適用❶；反之，保險給付若不具有填補損害賠償的功能，則此類保險不適用保險法關於複保險的規定❶。

（三）判斷有無代位權規定的適用

保險給付若具有填補損害功能，為了避免被保險人既從保險人獲得保險理賠，又從加害人獲得損害賠償，發生雙重獲賠不當得利，保險人為保險給付後，自得代被保險人之位對加害人行使代位權❶；反之，若保險給付不具有填補損害的功能，則保險人雖為保險給付，仍不得行使代位權❶，受益人不但可以從保險人獲得保險給付，也可以向加害人請求損害賠償，即使雙重獲賠，也不發生超額理賠問題。

二、各種保險給付的不同功能

一般而言，財產保險具有損害賠償的功能；純粹的人身保險不具有填補損失的功能❶；介在中間、兼具財產保險與人身保險性質的保險，例如：傷害保險，除了依照傷殘等級獲得「定額給付」外，還有「醫療給付」，醫療給付本質上為財產保險，有填補損失原則的適用。分述如下：

---

❶ 德國、中華人民共和國的保險法，都規定複保險的數個保險，保險金額合計必須超過保險價額，才能構成。但是保險法第 35 條對此沒有明確規定。

❶ 參照保險法第 35 條至第 38 條，及大法官會議解釋第 576 號解釋。

❶ 參照保險法第 53 條。

❶ 參照保險法第 103 條。

❶ 例如：死亡保險，保險契約所指定的受益人，未必因被保險人（多為受益人的被繼承人）的死亡而遭致損失，甚至可能減少醫療或照顧等經濟負擔，但是受益人，卻可以依約請求保險金。

（一）財產保險——具有損害賠償功能

財產保險的目的在填補損失。須注意兩點：

1.保險給付數額不得逾實際損失額

財產保險的功能在填補被保險人因保險事故發生所遭受的損失，或在彌補因保險事故所發生的損害賠償責任[20]，保險人所為的保險給付數額不得超過實際的損失額。假若保險給付可以超過實際的損失額，從受領保險給付的被保險人或受益人[21]而言，固然是獲得額外的利益；從社會言，乃增加廣大要保人的保險費負擔，形成對社會利益 (social interest) 的侵害，容易誘發道德危險。

2.保險給付並不當然填補全部損害

財產保險的功能雖然是在填補損害，但並非指保險事故發生時，保險給付可以十足地填補全部的損害。保險契約所約定的保險金額，只是「保險人保險給付責任的上限」，具體保險給付數額的多寡仍然必須視保險金額、保險價額的比例（即全部保險、一部保險或超額保險）以及保險標的物是部分損失或全部損失而定。無論如何，若約定的保險金額超過保險事故發生時保險標的物遭受的實際損失，則保險給付仍然不得超過保險標的物所遭受的實際損失。反之，若約定的保險金額小於保險事故發生時保險標的物所遭受的實際損失，保險給付只需以保險金額為上限，計算具體的理賠數額就可以。

（二）純粹人身保險——不具有填補損失功能

保險具有損害賠償功能者，只限於財產保險或兼具有財產保險性質的非純粹人身保險[22]，至於**純粹人身保險，例如：死亡保險、生存死亡兩合保險**，則不具有填補損害的功能。因為在純粹人身保險，受益人固然與被保險人有利害關係，但未必因保險事故之發生（被保險人死亡）而遭受經濟上的損害，因此保險給付不具有填補損害之功能。

---

[20]　指責任保險。

[21]　這裡的受益人，指人身保險中具有填補損失性質的保險的受益人，例如：疾病保險或傷害保險中，可以請領醫療損失的受益人。

[22]　例如：傷害保險的醫療給付。

（三）非純粹人身保險——就具有「財產保險性質部分」仍受到填補損失功能的限制

兼具有財產保險與人身保險性質的保險，即**非純粹人身保險，例如：傷害保險 (personal accident insurance)、健康保險 (sickness insurance)**❷❸，其具有財產保險性質部分，仍然有填補損害的功能，其保險給付的數額應該受到填補損害的限制。具體地說，傷害保險或健康保險的受益人，因發生傷害或罹患疾病支出醫療費用所致的損失，固然可以透過受領保險給付而獲得填補，但是保險給付的數額，不得超過實際支出的醫療費用。

肆 保險業的經營原則

保險業的經營，之所以必須受到主管機關嚴格監理，及必須嚴格遵守保險業的經營原則，主要原因不單是因為保險業是透過保險契約，對社會大眾收取保險費，廣集資金，具有「準金融業」的地位，保險業若經營不善，會引發金融動蕩，影響社會安定，也因為保險業是以預先擬定的定型化條款❷❹為基礎，與不特定多數人訂立保險契約，訂約的過程中，投保大眾幾乎沒有談判機會，也沒有談判能力。

一、財務健全原則

保險業的經營，首重財務結構的健全，保障投保戶的權益，避免發生財務危機，影響社會安定。因此保險業的成立，採許可主義，必須主管機關許可才可以成立❷❺；保險業負責人的資格，受到嚴格限制❷❻；保險業還必須繳存保證金❷❼；自有資本與風險資本之比率❷❽，不得低於百分之二百❷❾；必須提列責任準備金❸⓪；

---

❷❸　英國、德國通說均認為二者並非填補損害。

❷❹　定型化契約條款原則上為業者所起草，供不特定多數人訂約之用，但也有由第三人起草，業者選用者，例如：文具店販售的定型化房屋租賃契約是。

❷❺　保險法第 137 條第 1 項：保險業非經主管機關許可，並依法為設立登記，繳存保證金，領得營業執照後，不得開始營業。

❷❻　保險法第 137 條之 1。

❷❼　保險法第 141 條。

❷❽　依照保險業資本適足性管理辦法，以保險業自有資本淨額除以其風險性質資產總額的

其盈餘分派❸❶、投資不動產❸❷、辦理放款❸❸、投資❸❹、關係企業放款❸❺等都受到嚴格限制。

二、禁止不合理利潤原則 (disallowing unconscionable advantage)

營利保險，目的在謀取利潤，利潤的獲得主要是從利差益❸❻，包括從投資股票、基金、不動產等所產生的利差。但是由於保險人與要保人間的談判機會、談判地位並不平衡，要保人或是不完全了解契約內容，或是曲從於保險人所提的條件，其所訂立的保險契約，性質上是定型化契約，與民法上的契約，是經過「個別商議」的過程，適用契約自由原則者不同，因此保險契約的費率及基本條款，都應該受到主管機關嚴格的監理❸❼，保險費率必須建立在精算的基礎上，保險契約條款必須符合對價平衡原則，以避免不合理的利潤。

三、滿足合理期待原則 (honoring reasonable expectations)

保險發展的初期，保險契約當事人比較有相對的對等談判機會及談判力量 (relatively equal bargaining power)，例如：早期的海上保險，勞依茲保險人在英國倫敦泰晤士河畔勞依茲咖啡店，尋覓到東印度群島採購香料的冒險家，向他們兜

比率。自有資本是指經認許的業主權益以及其他經主管機關規定之調整項目。所謂風險資本是指保險業經營所承受的風險程度。人身保險業的風險包括資產風險、保險風險、利率風險以及其他風險，財產風險包括資產風險、信用風險、核保風險、資產負債風險以及其他風險。

❷❾ 保險法第 143 條之 4 第 1 項。

❸⓿ 保險法第 145 條。

❸❶ 保險法第 145 條之 1。

❸❷ 保險法第 146 條之 2。

❸❸ 保險法第 146 條之 3。

❸❹ 保險法第 146 條之 5。

❸❺ 保險法第 146 條之 7。

❸❻ 利差益是指資產運用的實際利益率大於責任準備金計算所採用的預定利率而產生的獲利，保險公司投資所得的利息、紅利等收益，扣除應納稅捐之後，若超過應提的責任準備金、投資費用，其多餘部分就是「利差益」。若有不足就是「利差損」。

❸❼ 保險法的主管機關為行政院金融監督管理委員會。但保險合作社除其經營之業務，以行政院金融監督管理委員會為主管機關外，其社務以合作社之主管機關為主管機關。關於保險費費率以及保險契約條款的監理，請參考保險法第 144 條。

售保險，雙方談判的時間充足，且當時交易類型簡單，因此要保人與保險人對於保險契約所產生的權利義務，比較容易有「相同的了解」。

時至今日，保險契約，基於省時省錢的考量，都以定型化條款為基礎而簽訂，保險人與要保人鮮少實際討論契約的內容，也鮮少配合具體狀況，增刪修改，只是以定型化條款為基礎訂立保險契約，此時，若保險人對保險契約的「專業理解」與要保人對於保險契約的「合理期待」發生落差，應該如何處理，已成為保險法上的重要問題。為了解決此一落差，美國發展出「滿足合理期待原則」，應該為有利於要保人或被保險人的解釋。但我國法院實務的某些見解，並未能滿足此一原則❸。

滿足要保人合理期待的原則，在保險法理論的發展上十分重要，在美國保險法的案例，屢見不鮮。在此，舉幾個重要的案例，分別強調不同的重點，以供參考：

（一）保險單的意義必須依「滿足被保險人的合理期待原則」❸ 決定之，疑義應做不利於保險人的解釋

1. Gyler v. Mission Ins. Co. 一案❹

本案的法律事實是：

1965 年 2 月，Hale 遭受身體傷害，委請 Gyler 律師（本案原告）為其代理人，代理提出勞工補償的請求，但是律師（原告）並未於 1966 年 2 月 2 日請求權

---

❸ 關於被保險人旅行平安保險，在返回臺灣之後，仍在保險期間內在桃園落水溺斃，保險人是否應該理賠的案件，最高法院 84 年台上字第 1573 號判決：「簡○○投保旅行平安保險，其保險單包括『國寶人壽個人旅行平安保險要保書』（以下稱要保書）及『國寶人壽旅行平安保險』二部分，均已標明係投保『旅行平安保險』。此種保險乃因旅行在外，較居家欠缺平安保障，為分散旅行意外事故所致之身體傷害與醫療費用危險而設置。『國寶人壽旅行平安保險』第一條既明定：『本保險單及本保險契約所載的條款、聲明、或批註以及和本保險契約有關的要保書、及其他約定書，都是本保險契約的構成部分』，而要保書於目的地欄填載為『大陸』，交通工具欄內填載『飛機、汽車、火車、輪船』，顯然系爭保險契約係就被保險人簡○○乘坐上開交通工具赴中國大陸旅行為保險，所承保之危險自應以簡○○因赴中國大陸旅行所發生之意外事故為限，並非保險契約有效期間內發生之意外事故，保險人均應負理賠責任。」

❸ 在財產保險，絕大多數情形，要保人就是被保險人，例外情形，也有要保人與被保險人不同一人者，在抵押人以抵押物投保火災保險或地震險，並指定抵押權人（債權人，通常為銀行）為被保險人的情況，要保人與被保險人分別是不同的兩個人。

❹ Gyler v. Mission Ins. Co., 10 Cal. 3d 216, 110 Cal. Rptr. 139 (1973), 514 P.2d 1219 (1973).

截止日前提出請求。在 1969 年 9 月，即二年之後，Hale 以業務過失為理由，提起訴訟控告律師，理由是該律師怠於注意，坐令請求權期間的經過，致使喪失補償請求權。由於 Gyler 律師（原告）與保險人訂有業務過失責任保險契約，保險期間是從 1964 年 8 月 19 日到 1967 年 8 月 19 日，保險單約定：承保範圍包括「賠償被保險人在保險證所載的保險期間，以被保險人過失、錯誤、或遺漏為理由，可能對其（律師）行使請求權 (may be made against them) 所造成的損失」。因此 Gyler 律師（原告）對保險人（被告）提起訴訟，主張二點：

　　(1)承保涵蓋範圍包括 Hale 對於原告（律師）的訴訟。

　　(2)保險人應就其拒絕參加訴訟（即拒絕參加防禦）**❹**造成原告的損失，負賠償責任。

　　原告主張保險單中「可能對其請求 (may be made against them)」一句與「得對其提起 (could have made against them)」具有相同的意義，也就是保險單的承保範圍應該包括在保險期間內得提起請求，但是直到保險期間經過之後才提起請求的情形在內。

　　保險人則主張「可能對其提起 (may be made against them)」一句應該只限於「在保險期間內可以請求且已經行使請求權」的情形，並不擴及於「在保險期間內可以請求，但保險期間經過後才行使請求權」的情形在內。保險人另外一個理由是：本保險單的承保範圍還應該受到另一個約款的默示限制，該約款約定，任何將來會導致被請求的事故，但以被保險人在保險期間內已經將該事故通知保險人為限。

　　地方法院駁回本案原告的請求，原告提起上訴。

　　主要的法律爭點是：

　　(1)法院引用合理期待原則解釋承保範圍，是否以保險單有疑義為前提？（關於此一問題，簡單結論：法院引用合理期待原則解釋承保範圍，不以保險單有疑義為前提，詳細請參考本書下述 Corgatelli v. Globe Life & Accident Insurance Co. 一案，此處省略）

---

❹ 我國民事訴訟法也有參加訴訟的規定，民事訴訟法第 58 條第 1 項：「就兩造之訴訟有法律上利害關係之第三人，為輔助一造起見，於該訴訟繫屬中，得為參加。」另外，請參考民事訴訟法第 67 條之 1。

⑵在保險單沒有明確約定時，律師業務過失責任保險是否包括在保險期間可以被請求但直到保險期間經過之後才行使請求權的情形在內？

上訴法院的判決及法律見解是：

本案的關鍵點在於：「可能對其提起」一句，到底將承保範圍限於「保險期間內已經對被保險人提起請求」之情形，或是還包括「在保險期間內已經可以對被保險人請求，但在保險期間過之後才提出請求」的情形在內，存有疑義。**保險單的意義應依照被保險人對於承保範圍的合理期待來確定。所有的疑義應該為不利於保險人的解釋。**一個律師通常只有在其執行業務期間會購買業務過失責任保險，但是針對其業務上過失的「請求」，會在過失行為之後的一段期間才發生，因此一個律師關於承保範圍的合理期待應該包括在保險期間發生的業務過失責任，但是直到保險期間經過後才被主張賠償的情形在內。除非保險單有明確的相反規定，否則律師的合理期待應該包括「在保險期間可以行使請求權而未行使，直到保險期間經過之後才行使之情形」。

2. Atwood v. Hartford Accident & Indemnity Co. 一案❷

在本案，法院更進一步指出：**即使保險事故已經為保險契約的除外條款所排除，仍然必須滿足合理期待原則。**

本案的法律事實是：

原告 Atwood 是一位自營的電工匠，與被告 Hartford 保險公司定有責任保險契約。原告於 1972 年修理系爭公寓的自動溫度計，工作完成之後，一個小孩卻因為溫度太高窒息死亡。小孩的遺產管理人提起訴訟控告本案原告（電工匠），本案原告也立即通知本案被告（保險人）請求參加訴訟，共同防禦。但是本案被告（保險人）拒絕原告的請求，理由是基於保險契約除外條款的約定，該損失被排除在承保範圍之外。

主要的法律爭點是：

保險人是否應該滿足被保險人的客觀、合理的期待？假若保險事故已經為保險契約所排除，是否仍然適用滿足被保險人合理期待原則？

---

❷ Insured Electrician v. Insurance Company, Supreme Court of New Hampshire, 365 A. 2d 744 (1976).

法院的判決及法律見解是：

保險人必須滿足被保險人的客觀、合理的期待，即使該保險事故已為保險單承保範圍的除外不保條款所排出，也還是應該滿足。保險人必須給予被保險人閱讀保險單的機會，滿足被保險人對承保範圍的合理期待，且必須就何者在承保範圍內、外為公平告知。

在本案，任何一個合理的人閱讀該保險單都會得到一個結論，即承保範圍應該及於原告所提起的訴訟這種類型的請求。本案除外條款不但不夠明確，而且被隱藏在一個無關的段落中。因此，本案原告有合理期待在原告離開工作處所之後，任何對原告的請求都為保險範圍所涵蓋。儘管保險單明白將其排除於承保範圍之外，本案原告的請求仍為承保範圍所及。

附帶說明，本案保險契約的承保範圍明文排除「工作完成後因操作所致之損失」，也就是依照保險契約的除外條款，承保範圍不包括完工以後所發生的人體傷害及財產毀損。該除外條款與其他十三個句子被安插在同一段落內，而除外條款的內容與其他十三個句子沒有任何關聯，法院認為此種情況，仍然有合理期待原則的適用。

（二）引用合理期待原則，不以保險單的用語有疑義為前提

在 Corgatelli v. Globe Life & Accident Insurance Co. 一案❹，法院指出：**適用合理期待原則不以保險單的用語有疑義為前提。**

本案的法律事實是：

原告在競技場內騎一匹婆羅門馬時，骨骼受傷，乃本於被告（保險人）簽發的保險單，請求保險給付。保險單只承保鎖骨 (collarbone) 的脫臼以及骨折。只有鎖骨才會脫臼，一般骨骼不會發生脫臼，但會發生骨折或骨傷。本案原告發生的是骨傷，沒有發生鎖骨脫臼或骨折，保險人因此拒絕理賠。但是原告基於「合理期待原則」主張被告有保險給付以恢復健康的義務。地方法院拒絕原告的請求，理由是保險單的用語完全沒有疑義，而只有在保險單用語有疑義時，才有「合理期待原則」的適用。原告不服，提起上訴。

---

❹ Corgatelli v. Globe Life & Accident Insurance Co., Sup. Ct. of Idaho (1975), 96 Idaho 616, 533 P.2d 737.

主要的法律爭點是：

適用「合理期待原則」是否以保險單的用語有疑義為前提？

法院的判決及法律見解是：

適用「合理期待原則」並不以保險單的用語有疑義為前提。因此，即令關於爭點的用語十分清楚，若依當事人的合理期待，承保範圍應該包括此一類型的骨骼傷害，此一類型的傷害就在承包的範圍內，因此原判決應予撤銷[44]。

伍 危險與危險控制

一、危險的意義

危險，指人類可能遭遇的危害。有些危險不具有法律意義，例如：未納入承保範圍的山崩地裂、海嘯狂濤等；有些則具有法律意義，例如：不慎引起火災波及鄰屋、開車不慎撞傷行人等。具有法律意義的危害將納入保險範圍，而成為保險人保險給付的原因者，稱為保險事故（risk hazards 或 perils）。保險事故具有「是否發生不確定」及／或「何時發生不確定」的特點。

保險法上的危險，通常僅指訂立保險契約後，「將來」可能會發生但是不確定發生，或是確定會發生但何時發生不確定者而言，惟例外情況，也有以當事人都善意為前提，於承保保險契約訂立時，保險標的之危險「已經發生或已經消滅」者，稱為**追溯保險 (retroactive insurance)**，例如：海上保險單常常有「不論保險事故是否已經發生，都理賠條款 (lost or not lost clause)」，即當事人約定，以訂立契約時要保人、保險人都善意為條件，即使事後證實保險契約訂立時，保險事故早已發生，保險人仍然應為保險給付。2008 年德國保險契約法第 2 條第 1 項：「保險契約得提供訂約日以前的危險保障。」

---

[44] J. Donaldson 的不同意見：本案法院依賴附帶的證據改變了保險單明確清楚的用語的含義，此點忽視契約解釋已經確立的原則。如果契約的用語是明確的，當事人的意圖即應該從契約用語的平台文義去推求。

二、危險控制

（一）危險控制的意義

危險控制是指透過合理設計，在危險發生前預防危險的發生；在危險發生時，減少或避免損失的擴大；在危險發生後，轉嫁或分擔危險。危險控制通常是針對將來的危險，追溯保險並不適用。

危險控制是透過自然科學或人文社會科學方法掌控危險因素，確定風險大小，達到控制經營成本的目標。危險因素是否存在以及危險因素的大小，直接影響保險事故「是否發生」、「何時發生」，間接影響經營成本。

（二）危險控制的方法

危險控制的方法可分為自然科學控制法以及人文社會科學控制法：

1. 自然科學控制法

自然科學控制法是以自然科學的方法，避免或減少危險的發生，危險發生後避免損失擴大。自然科學控制法是危險控制的主要方法，例如：建築物內增設自動噴水設備，避免或減少火災的發生；增設自動警報系統，預告火災的發生及避免損失的擴大；施打預防針，避免疾病的感染；觀看車禍肇事影片數十小時，提升開車的警惕性[45]等。

自然科學的控制法，經常與契約義務互相連結，也就是透過訂立契約，由要保人或被保險人確認過去已經履行某特定義務、承諾現在正履行某特定義務、或承諾將來會履行某特定義務的方法，使風險持續在可預測或可控制的範圍內，從而達到控制經營成本的目的。最常見的契約義務為特約條款——當事人在基本條款之外，針對本保險案件，另外的特別約定，可以個別商議條款的方式約定，也可以定型化條款的方式約定[46]——例如：透過關於被保險人確認過去有注射牛痘，可以預測被保險人就天花疾病，完全免疫；透過約定被保險人現在及將來不抽菸，

---

[45] 在美國，很多學員參加駕訓班，目的其實不在學習開車（因為早已會開車），而是參加駕訓班，觀看十數小時到數十小時不等的車禍記錄片後，可以適用較低保險費率。

[46] 此種情形，有時會有數套內容不同的特約條款，供要保人選擇。

可以減少肺病的發生率；透過要保人必須在訂約之後三個月內，在其工廠內添置自動噴水設備，可以控制火災發生率等，雖然注射預防針、戒除吸菸、裝設滅火設備都是自然科學的方法，但是究其義務之來，其實是來自契約的義務。

2.人文社會科學控制法

人文社會科學控制法，主要是以法律制度，達到危險移轉 (risk transference) 或危險分擔 (risk distribution) 的目的。

所謂「危險移轉」，指將因危險事故發生所造成之損失，透過契約，移轉予他人，例如：透過保險契約，將損失移轉予保險人，必須注意的是，所有保險契約都具危險移轉功能，但並非凡具有危險移轉功能的契約都是保險契約，例如：保證就是透過契約，將債務人債務不履行的危險轉嫁予保證人，因此保證具有危險移轉的功能，但保證並非就是保險。

所謂「危險分擔」，就是將保險事故發生所致的損失，由自己及其他社會成員分擔。保險從被保險人與保險人的關係言，固然是危險移轉；若從社會觀察，則是危險分擔。

習　題

一、選擇題

1.下列關於財產保險與人壽保險保險給付功能的敘述，何者正確？

　(A)財產保險，保險給付的目的在填補被保險人因保險事故發生而遭受的損失；
　　　人壽保險，保險給付的目的不在填補損失。

　(B)財產保險，保險給付目的不在填補被保險人因保險事故發生而遭受的損失；
　　　人壽保險，保險給付的目的在填補損失。

　(C)財產保險與人壽保險的保險給付的目的都不在填補損失。

　(D)財產保險與人壽保險的保險給付的目的都在填補損失。

2.保險契約通常以保險理賠的方法分化已經發生的損失，不能實際預防損失的發生，但是保險人經常以何種手段，避免或減少保險事故的發生？

　　(A)訂定特約條款。

　　(B)投保再保險。

　　(C)與其他保險人共同承保。

　　(D)增加複保險。

3.下列何種保險的保險給付不具有損害賠償的功能？

　　(A)火災保險。

　　(B)責任保險。

　　(C)保證保險。

　　(D)傷害保險的死亡給付及健康保險的死亡給付。

參考答案

　　　　　　1. AAD

二、問答題

1.何謂合理期待原則？合理期待原則是否只有在契約文字有疑義時才有適用？

2.保險業經營的原則主要有幾？請加以說明。

3.臍帶血銀行曾經銷售一種服務，客戶只要另外繳納 2 萬元，在嬰兒滿二十歲之前若是罹患血癌，該臍帶血銀行就負擔全部更換臍帶血的手術費用。請問：這是不是保險行為？

4.經營信用卡的銀行與其客戶約定，在信用卡有效期間，若客戶的轎車在高速公路上故障，銀行將提供免費的拖車服務。請問：這是否為保險行為或類似保險行為？

第二章

保險的種類

保險，依照不同的區分標準，可以做不同的分類：

壹 人身保險與財產保險

從保險所涉及的法益究竟是人身或是財產為區分標準，保險可分為人身保險與財產保險兩大類。二者的區別實益主要是：由於人身無價，人身保險不會發生超額保險或複保險的問題；人身法益具有一身專屬性，即使保險事故因為可歸責於第三人的事由而發生，保險人在保險理賠之後，也不會發生保險人行使代位權的問題。相對地，財產保險目的在填補損失，因此不可以超額保險，即使發生複保險，且保險金額合計超過保險價額，其理賠總額也受到實際損失的上限限制；保險事故若是因為可歸責於第三人的事由而發生，保險人於理賠之後，也取得對第三人行使代位權。以保險法所規定的保險類型為例，可圖示如下：

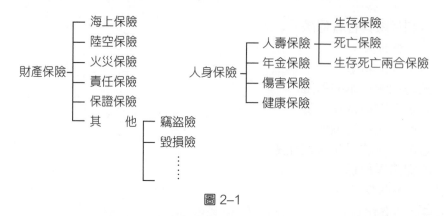

圖 2-1

以上分類，以保險事故所涉及的法益為標準，初步分為財產保險與人身保險，堪稱正確。但是就財產保險、人身保險轄下細部類型，則有的以保險事故命名，有的以事故發生的空間命名，有的以保險給付的方式命名，分類的邏輯標準，十分紊亂，主要原因是因為：保險的類型是因應經濟發展及社會需求而逐漸推出的，不是根據邏輯體系而構思的，這也應驗了霍姆斯 (Holmes) 所謂的「法律的生命不在邏輯，而是經驗 (The life of the law has not been logic; it has been experience.)」。

一、人身保險

以人之生命或身體為保險標的之保險，為人身保險。人身保險包含人壽保險

（生存保險、死亡保險、生存死亡兩合保險）、年金保險、健康保險及傷害保險❶。分述如下：

（一）人壽保險

以人之生命之生存或死亡為保險事故的保險稱為人壽保險 (life insurance)。分為三種：

1. 生存保險

生存保險，是以「被保險人至一定期日仍然生存」為保險事故發生，保險人應給付受益人（通常即為被保險人）一定數額保險金或應定期給付一定數額的年金，直到被保險人死亡為止的保險。

2. 死亡保險

死亡保險，指以「被保險人死亡」為保險事故發生，保險人應給付受益人（一定是被保險人以外的第三人）約定保險金額的保險。死亡保險依照死亡事故是否以在一定期間內發生者為區分標準，又可分為「終身死亡保險 (whole life insurance)」及「期間死亡保險 (term life insurance)」兩類。說明如下：

(1)終身死亡保險（資本性保險之一）

以被保險人的死亡為保險事故，且其死亡事故的發生沒有期間限制的保險，稱為終身死亡保險。終身死亡保險的死亡事故，一般是指自然死亡，但例外情形，法院的死亡宣告，也列入死亡事故的範圍。凡人皆有死，因此終身死亡保險的保險事故必然會發生，只是發生有快有慢而已，因此保險費比較昂貴。

(2)期間死亡保險

期間死亡保險，指被保險人在保險期間內死亡時，保險人即應給付約定的保險金額予受益人的保險。期間死亡保險的「期間」由當事人約定，一般為自保險契約生效起五年、十年或十五年不等。

---

❶ 保險法第 135 條之 1 至第 135 條之 4 是關於年金保險的規定。但是年金保險實際上是老年、殘廢及遺屬年金的簡稱，是以年金給付方式，對於被保險人遭遇老年、殘廢或死亡等事故時，由保險人提供定期性、繼續性保險給付。但是年金保險的命名，是從「保險給付方式的特點」出發，其保險事故涵蓋生存、傷害及死亡，與生存保險、傷害保險或死亡保險的命名是從「保險事故──生存、死亡、傷害」，分類標準不同。

3.生存死亡兩合保險 (endowment life insurance)——資本性保險之二

生存死亡兩合保險，是同時以被保險人「在保險期間內死亡」以及「保險期間屆滿仍然生存」為保險事故的人壽保險契約。保險契約約定被保險人於保險契約生效後一定期間內死亡者（例如：二十年），保險人固然應給付約定數額的保險金給受益人；若該期間屆滿而被保險人仍然生存者，保險人也一樣應該給付約定數額的保險金給受益人。由於被保險人若不是在一定期間內死亡，就是一定期間屆滿後仍然生存，二者必居其一，只要要保人依約給付保險費，使契約保持在有效狀態，則保險事故就有發生的一天，保險人終究必須負擔保險給付義務，因此如同前面終身死亡保險一般❷，保險事故必然發生，保險人的保險給付義務就必然會到來，保險費也比較昂貴。

（二）年金保險

指於被保險人生存期間或特定期間內，依照契約負一次或分期給付約定金額之責的保險。

（三）健康保險

健康保險，是指保險人於保險期間內，被保險人發生疾病、分娩及其所致殘廢或死亡時，有給付保險金責任的保險❸。健康保險關係國民健康，社會安全很大，因此即使被保險人已經罹患疾病或是已經懷孕，仍然可以訂立健康保險契約，以收實效。只是保險人對於已經罹患的疾病或已經懷孕的分娩不負保險給付的責任而已❹。

（四）傷害保險

傷害保險，指保險人於被保險人遭受意外傷害及其所致殘廢或死亡時，有給

---

❷ 生存死亡兩合保險，從「死亡」作為保險事故的角度觀之，也是終身死亡保險的一種，因此有些學者將「生存死亡兩合保險」列為「終身死亡保險」的一種，但本書認為生存死亡兩合保險，若從「生存」作為保險事故的角度觀之，也可視為生存保險之一種，因此以「生存死亡兩合保險」作為「生存保險」的一種，或是作為「終身死亡保險」的一種，均有所偏，不如另立一種為妥。

❸ 保險法第 125 條。

❹ 保險法第 127 條。

付保險金義務的保險❺。所謂「意外事故」指被保險人因偶然的、外來的碰撞，致生非自願的健康損害。意外事故除非有反證，推定其為非自願地發生。在傷害保險，保險人對於被保險人所遭受的意外事故或依約視為意外事故所受的損害，應負約定的保險給付的責任❻。傷害保險保險事故的原因須直接出自「外來原因」，與疾病是發自「身體內部」，經過逐漸的醞釀過程者不同。

二、財產保險

財產保險的類型，是配合人類社會變遷與經濟發展而逐漸形成的。人類發展過程中，早期的危險就是必須航向海洋但卻無法克服海洋風險、或是必須使用柴火但卻又經常面臨火災風險，因此海上保險、火災保險乃最早因應發生。歷經漫長的發展，隨著侵權行為理論從過失責任主義往無過失責任主義發展，不但責任保險因應而生，且在部分領域，逐漸走向強制責任保險❼。由於責任保險的重要性，加上責任保險人原則上不行使代位權，在英美國家，責任保險有從財產保險分隔出來，成為保險公司唯一經營的險種。此外，還有保證保險及經主管機關核准之其他保險❽。

（一）火災保險 (fire insurance)

火災保險是指因為火災所致保險標的物的毀損或滅失，除契約另有訂定外，負賠償責任的保險❾。火災保險的火災限於以「敵火 (hostile fire)」為保險事故，友火本質上就不屬於火災保險的承保範圍。所謂「敵火」，指敵意之火，凡火所燃燒的位置在非其所應該燃燒的處所，或是火勢太猛達到難以控制的程度等均是。

❺　保險法第 131 條。
❻　1908VVG §178.
❼　例如：強制汽車責任保險，商品責任保險，公共場所責任保險。
❽　保險法第 13 條第 2 項。除以課本所列的分類以外，在美國、英國還有所有權保險，實務上很重要。所有權保險，主要是承保於買賣契約訂立時，因登記不實或其他資訊不確實，致購買之土地或房屋未能取得所有權所發生之損失。此種保險之特色是保險契約所承保之危險在訂約時客觀上已經存在，只是查證困難或查證不實而已。此種保險於英美國家經常使用，但在我國，因為不動產善意買受人，於完成登記之後，受到公信原則（民法第 759 條之 1、土地法第 43 條）之保護，因此沒有存在之必要。
❾　保險法第 70 條。

友火是指火所燃燒的處所，是在其可得燃燒的地方，而且其燃燒的程度又是通常所能控制，堪為人類所利用而言。

我國火災的保險單，將「閃電 (lightning) 及雷擊」、「火災及爆炸引起之火災」都納入承保範圍。且基於事故性質關聯性的需要，實務上，經常以火災保險為主保險，以相關聯的事故——例如：颱風 (wind)、暴雨 (rain)、碰撞 (collision)、騷動 (riot)、群眾暴動 (civil commotion)、爆炸 (explosion)、水損 (water damage)、地震 (earthquake) 等——納為附加保險，要保人可以另外繳納附加保險費，將相關聯的事故納入投保範圍。

（二）海上保險 (maritime insurance)

海上保險，是指保險人對於保險標的物，除契約另有約定外，因海上一切事變及災害所生的毀損、滅失及費用，負賠償責任的保險❿。海上保險以保險標的為區分標準，主要分為船體保險（由船舶所有權人投保）、貨物保險（由出口商或進口商投保，視貿易條件而定）及責任保險（由從事海上運送之人投保，可能為船舶所有權人、承租人等，視情況而定）。

運送，除海上運送以外，還有陸上運送或航空運送，承保內陸運送階段的保險稱為內陸運送保險 (island insurance)，承保航空運送階段的保險稱為航空運送保險 (aviation insurance)。二次世界大戰之後，貨櫃運送 （即集裝箱運送 container transportation） 興起，海上運送多與內陸公路及／或鐵路運送、甚至航空運送相結合，發展出多式聯運，也因此有多式聯運保險。

（三）責任保險 (liability insurance)

責任保險是指保險人於被保險人對於第三人，依法應負賠償責任，而受賠償之請求時，負賠償之責的保險⓫。責任保險為消極保險，其所保障者為被保險人的消極利益，換句話說，當某種不利的事實（主要是侵權行為或債務不履行）發生，而被保險人必須賠償第三人時，其因賠償第三人而發生財產損失，可以透過保險人的保險給付獲得全部或一部的填補。

----

❿ 保險法第 83 條。
⓫ 保險法第 90 條。

　　責任保險的保險事故主要包括侵權行為及債務不履行。保險金的給付對象是因債務不履行或侵權行為事故發生，依法律或依契約必須對受害人負損害賠償責任的被保險人❷。

（四）保證保險

　　保證保險人於被保險人因其受僱人的不誠實行為或其債務人的債務不履行行為所致損失，負賠償責任的保險。保證保險具有替代訂立保證契約、設定抵押權或其他擔保物權類似的功能，因此名曰保證保險。保證保險分為誠實保險與債務不履行保險。誠實保險是以受僱人的不誠實行為為保險事故，例如：公司以受僱的經理人侵占或監守自盜為保險事故，投保員工誠實保險。債務人不履行保險，是以被保險人的債務人不履行債務為保險事故，例如：定作人以承攬人，在保險期間內，不履行工程承攬契約，致定作人受有損失為保險事故，投保保證保險。

（五）經主管機關核准之其他保險

　　除了保險法規定的火災保險、海上保險、責任保險、保證保險之外，基於私法自治原則以及契約自由原則，保險人還可以針對不同風險，發展出不同險種，配合不同險種，擬定不同約款，但是都必須經過主管機關核准，才可以承保，例如：工人補償事故保險 (worker's compensation)、玻璃破損事故保險、強盜竊盜事故保險 (burglary and theft)、遺失保險、鍋爐機器事故保險 (boiler and machinery)、財產損失保險 (property damage)、碰撞保險 (collision) 等，種類繁多，從衛星發射的成敗，到女星修臉的手術，都可以是保險傘的保障範圍。

貳　營利保險與社會保險

　　保險，從經營的目的是否以賺取利潤區分，可以分為營利保險與社會保險。經營保險的目的在謀取利潤者，稱為營利保險；經營保險的目的在於提供社會安全保障，不在於謀取利潤者，稱為社會保險。社會保險，乃是透過保險的方法，

❷　例外情形，在符合保險法規定時，保險人得直接理賠給被害人；在符合直接訴權規定時，被害人並有權直接請求保險人理賠。在強制汽車責任保險，法律甚至規定，保險人必須直接向被害人或其他請求權人給付。

達到安定社會的目的，在具體的作法上，多以稅捐的撥補，雇主的分擔，彌補保險費的不足，照顧經濟的弱者。說明如下：

一、營利保險

在我國，營利保險得區分為簡易人壽保險及一般營利保險。營利保險原則上一律為任意保險，其保險費應自行負擔[13]。分述如下：

（一）簡易人壽保險

簡易人壽保險，是依簡易人壽保險法[14]，由中華郵政股份有限公司經營[15]。中華郵政公司是簡易人壽保險的保險人[16]，被保險人限於中華民國國民[17]。簡易人壽保險包括生存保險、死亡保險及生死合險，並得依附約方式經營健康保險及傷害保險[18]。**簡易人壽保險的特色是免施以身體檢查[19]、投保手續十分簡便。**但保險人為避免道德風險及逆選擇，承保金額設有限制，簡易人壽保險的最高保險金額、最低保險金額及同一被保險人的保險金額總數，由交通部會同行政院金融監督管理委員會定之[20]。保險金額超過政府所規定的限額時，其超過部分無效，超過部分所交的保險費，應無息退還[21]。

---

[13] 強制汽車責任保險，雖然是強制保險，但並不以營利為目的，立法的精神是無盈無虧。保險人承辦此種保險，一方面固然是受到主管機關的請託及鼓勵，另一方面也是藉由販賣強制汽車責任保險，接觸廣大的潛在要保人，達到販賣其他保險的目的。此正如雜貨店，藉販賣菸酒，招徠顧客，菸酒非謀利所在，接觸顧客，促銷其他商品，才是利機所在。因此，強制汽車責任保險，為強制險，但沒有租稅補貼，並非社會保險；無盈無虧，沒有營利色彩。

[14] 24 年 5 月 10 日公布，107 年 11 月 28 日修正公布。

[15] 參照簡易人壽保險法第 2 條。

[16] 參照簡易人壽保險法第 3 條。

[17] 參照簡易人壽保險法第 7 條第 1 項。

[18] 參照簡易人壽保險法第 4 條。

[19] 參照簡易人壽保險法第 6 條。

[20] 參照簡易人壽保險法第 5 條第 1 項。

[21] 參照簡易人壽保險法第 5 條第 2 項。

（二）一般營利保險

　　一般營利保險，是指依照保險法的規定，以賺取利潤為目的的保險。一般營利保險的保險人是保險公司或是保險合作社，並分為財產保險與人身保險，保險契約的條件、保險費、保險金額等原則上得由要保人與保險人自行約定。但是由於保險契約是以定型化契約條款為基礎訂定的，保險人與要保人的談判機會、談判能力相差極為懸殊，因此，保險費、保險單條款等，都必須先報經主管機關核准，始得出單，修改時，亦同❷。又若保險契約條款或保險費率未經主管機關核准，保險人就據以簽約出單，其所訂定的契約在當事人的私法關係上，並非無效，只是在行政監督上，主管機關對該違背規定的保險業者僅可處以行政處罰。

二、社會保險

　　社會保險的目的在安定社會，非以營利為目的，因此一方面強迫社會成員或一定範圍的社會成員必須投保保險。另一方面對經濟弱者的保險費，經常進行補貼❷。

（一）參加保險的強制性

　　社會保險，原則上具有強制性，不但法律所規定的成員有投保保險的義務，而且保險人也有接受投保的義務。

1. 全民健康保險

　　為增進全體國民健康，提供醫療保健服務，我國於民國 83 年公布全民健康保險法❷，實施全民健康保險。於發生疾病、傷害、生育事故時，提供保險給付❷。全民健康保險以中央健康保險局為保險人❷，具有中華民國國籍者，除法律另有規定外，應該一律參加全民健康保險❷，以避免發生年輕力壯者不參加保險，參加保險者都是老弱婦孺的逆選擇現象。中央健康保險局有接受投保的義務。

❷　參照保險法第 144 條、保險商品銷售前程序作業準則。
❷　社會保險通常具有強制性以及補貼性，例如：勞工保險、公務人員保險；但是強制保險則只有強制性，沒有補貼性，例如：強制汽車責任保險。
❷　83 年 8 月 9 日制定公布全文 89 條，最近一次修正為 106 年 11 月 29 日。
❷　全民健康保險法第 1 條第 2 項。
❷　全民健康保險法第 7 條。
❷　全民健康保險法第 8 條：「具有中華民國國籍，符合下列各款資格之一者，應參加本保險為保險對象：……。」

2.軍人保險 ❷⑧

軍人，依軍人保險條例有投保保險的義務 ❷⑨，其保險人原為中央信託局現在已經併入臺銀人壽保險股份有限公司 ❸⓪（簡稱臺銀人壽），臺銀人壽有接受投保的義務。軍人保險，包括死亡、身心障礙、退伍、育嬰留職停薪及眷屬喪葬五項 ❸①。

3.公教人員保險

公教人員，依公教人員保險法 ❸② 的規定，有投保公教人員保險的義務 ❸③。公教人員保險的保險事故包括失能、養老、死亡、眷屬喪葬、生育及育嬰留職停薪六項。公教人員保險的保險人原為中央信託局 ❸④，現已併入臺銀人壽，臺銀人壽有接受投保的義務。

4.勞工保險

勞工，依勞工保險條例之規定應參加勞工保險 ❸⑤，其保險人為勞工保險局，勞工保險局有接受投保的義務 ❸⑥。

❷⑧ 59 年 2 月 12 日修正名稱，原名為陸海空軍軍人條例。

❷⑨ 軍人保險條例施行細則（107 年 1 月 9 日修正）第 2 條。

❸⓪ 軍人保險條例施行細則第 4 條。

❸① 軍人保險條例第 3 條。

❸② 公務人員保險法於 47 年 1 月 29 日制定公布全文 25 條，88 年 5 月 29 日由公務人員保險法更名為公教人員保險法，最新修正為 104 年 12 月 2 日。

❸③ 公教人員保險法第 6 條第 1 項：「符合第 2 條規定之保險對象，應一律參加本保險（以下簡稱加保）為被保險人；其保險期間應自承保之日起，至退出本保險（以下簡稱退保）前一日止。」

❸④ 舊公務人員保險法第 5 條。

❸⑤ 勞工保險條例第 6 條：「年滿十五歲以上，六十五歲以下之下列勞工，應以其雇主或所屬團體或所屬機構為投保單位，全部參加勞工保險為被保險人：

一、受僱於僱用勞工五人以上之公、民營工廠、礦場、鹽場、農場、牧場、林場、茶場之產業勞工及交通、公用事業之員工。

二、受僱於僱用五人以上公司、行號之員工。

三、受僱於僱用五人以上之新聞、文化、公益及合作事業之員工。

四、依法不得參加公務人員保險或私立學校教職員保險之政府機關及公、私立學校之員工。

五、受僱從事漁業生產之勞動者。

六、在政府登記有案之職業訓練機構接受訓練者。

七、無一定雇主或自營作業而參加職業工會者。

八、無一定雇主或自營作業而參加漁會之甲類會員。

前項規定，於經主管機關認定其工作性質及環境無礙身心健康之未滿十五歲勞工亦適用之。

前二項所稱勞工，包括在職外國籍員工。」

全民健康保險與其他社會保險有相輔相成的關係，一般言之，除發生疾病、傷害、生育事故時，由中央健康保險局為保險給付外，其他社會保險，分別依照其所投保的保險請求保險給付。

（二）保險費的補貼性

社會保險具有安定社會的功能，其保險費有濃烈的補貼性，最主要方法包括：

1.以高所得者負擔較高的保險費，補貼低所得者的較低保險費❸❼。

2.以國家的稅捐補貼保險人保險費收入不足造成的虧損❸❽。

3.雇主負擔受僱人應繳保險費的全部或一部：

⑴全民健康保險：政府機關的公職人員，被保險人及其眷屬自付百分之三十，投保單位負擔百分之七十❸❾。

⑵軍人保險：軍人保險，軍官應繳保險費，由政府補助百分之六十五，義務役士官兵應繳保險費，由政府全數負擔❹⓿。

⑶公教人員保險：公教人員之保險費按月繳付，由被保險人自付百分之三十五，行政院補助百分之六十五❹❶。

⑷勞工保險：勞工保險之保險費，視保險種類之不同，有的是由僱用人全數負擔❹❷，有的是由被保險人負擔一部分，另由政府補助一部分，有的則由被保險人與僱用人比例負擔。不論如何，勞工只負擔保險費的一部分或是全免，其餘由政府或雇主負擔❹❸。

---

❸❻　勞工保險條例第 5 條第 1 項前段：「中央主管機關統籌全國勞工保險業務，設勞工保險局為保險人，辦理勞工保險業務。」

❸❼　參照全民健康保險法第 18 條至第 19 條，依該等規定薪資越高者，保險費也越多。

❸❽　全民健康保險法第 3 條、第 76 條至第 78 條及第 102 條等條文。

❸❾　參照全民健康保險法第 10 條、第 27 條等。

❹⓿　參照軍人保險條例第 10 條第 5 項。

❹❶　公務人員保險法第 9 條。

❹❷　例如：勞工保險條例第 6 條第 1 款所規定的受僱於僱用勞工五人以上之公、民營工廠、礦場、鹽場、農場、牧場、林場、茶場之產業勞工及交通、公用事業之員工。其職業災害保險費全部由投保單位負擔（勞工保險條例第 15 條第 1 款）。

❹❸　勞工保險條例第 15 條：「勞工保險保險費之負擔，依下列規定計算之：
一、第 6 條第 1 項第 1 款至第 6 款及第 8 條第 1 項第 1 款至第 3 款規定之被保險人，

參 預約保險與本約保險

　　保險契約以是否為本約或預約為區分標準，可分為預約保險與本約保險。所謂「**預約保險**」是商場上的用語，實際上就是保險契約的預約；所謂「**本約保險**」，是相對於保險預約而言，根據保險預約所訂立的保險契約，就是**本約保險**。

　　訂立契約時，若承保的標的物尚未確定，須待以後才能確定者，通常只訂立預約保險或開口保險 (a open policy)。預約保險相對於關閉保險 (a closed policy) 而言，關閉保險在訂約時，承保標的物就已經具體確定；預約保險的標的物，在訂約時，只是可得確定，但是還沒有具體確定。

　　預約保險的目的是為了節省訂約的程序以及費用，通常沒有截止日期。預約保險單的承保範圍包括特定期間內的個別標的物。例如：在海上貨物預約保險，保險的範圍包括很多批貨物出口的危險，要保人每次裝貨時，必須將貨物的數量、航線、以及船舶名稱通知保險人，保險契約分別訂定，並以雙方事先約定的費率、條款以及條件，各自成立一個契約。每一批貨物各自成為一個保險契約的保險標的物，分別計算保險費。

　　在出口貿易，出口商針對出口商品投保輸出保險❹，在進口商債務不履行、開狀銀行債務不履行或進口國發生外匯管制的政治風險時，由保險人對出口商進行保險理賠。由於輸出保險也是出口商連續性的對外交易，為了投保方便，常以

　　　　其普通事故保險費由被保險人負擔百分之二十，投保單位負擔百分之七十，其餘百分之十，由中央政府補助；職業災害保險費全部由投保單位負擔。

二、第 6 條第 1 項第 7 款規定之被保險人，其普通事故保險費及職業災害保險費，由被保險人負擔百分之六十，其餘百分之四十，由中央政府補助。

三、第 6 條第 1 項第 8 款規定之被保險人，其普通事故保險費及職業災害保險費，由被保險人負擔百分之二十，其餘百分之八十，由中央政府補助。

四、第 8 條第 1 項第 4 款規定之被保險人，其普通事故保險費及職業災害保險費，由被保險人負擔百分之八十，其餘百分之二十，由中央政府補助。

五、第 9 條之 1 規定之被保險人，其保險費由被保險人負擔百分之八十其餘百分之二十，由中央政府補助。」

❹ 輸出保險與海上貨物運送保險不同：輸出保險是以進口商債務不履行或進口國政治風險（例如：外匯管制）為保險事故，通常是政策性保險。貨物運送保險則是以貨物在運送過程中，因運送人或其船長海員的故意過失所致毀損、滅失為保險事故的保險，屬於營利保險。

預約保險方式為之。因此**預約保險是以一張保險單證明或預訂數個保險標的物不同、保險費不同、保險契約數個的約定。**

　　預約保險對於被保險人與保險人具有節省人力、物力的優點。對被保險人而言，只要在預約保險的範圍內，就不必擔心沒有保險人承保，也不必擔心遺漏沒保，因為每一筆貨物、每一筆出口的保險都自動承保，被保險人只要按照約定定期或每次將裝船貨物或出口貨物通知保險人，都立即獲得保險的保障[45]。

　　2008 年德國保險契約法第 53 條規定：「保險契約如果是以成立時只有指定承保利益的類型，具體的保險標的物須待（個別）保險契約訂立時才能確定的方式訂立時（即預約保險），要保人應該將個別承保之危險及時通知保險人；其在保險人放棄此一受通知權利的情況，要保人應及時通知保險人合意的（保險費）基礎，以便將來計算保險費；其經雙方同意者，要保人也可以（隨每個納入保險的標的物）個別請求交付暫保單。」可以參考。

　　又依照 2008 年德國保險契約法的規定，要保人違背個別保險標的物或據以計算保險費的約定基礎的通知義務，或未（隨每個納入保險的標的物）個別請求交付暫保單或為上述行為發生錯誤時，保險人無保險給付的義務。但上述規定對於要保人的違背通知義務、暫保單請求義務非出於故意或重大過失，且要保人於知悉錯誤後已及時通知、請求或更正者，不適用之[46]。要保人故意違背通知或申請暫保單義務者，保險人得不經預先通知而直接終止預約保險。其已經生效的個別標的物的保險契約，若當事人未另外達成保險期間較預約保險期間為長的保險，則直到個別標的物保險約定的期間屆滿為止繼續有效。在要保人故意違背通知或申請暫保單義務而保險人終止預約保險的情況，保險人就終止部分還可以請求自保險契約訂立起至保險契約終止，要保人依約通知下應該給付的保險費[47]。

---

[45] 實務上，被保險人每次將一批裝船貨物通知保險人，得請求保險人簽發保險單證，中華人民共和國海商法第 232 條規定：「應被保險人要求，保險人應當依據預約保險合同分批裝運的貨物分別簽發保險單證。」、「保險人分別簽發的保險單證的內容與預約保險單證的內容不一致的，以分別簽發的保險單證為準。」，第 233 條規定：「被保險人知道經預約保險合同保險的貨物已經裝運或者到達的情況時，應當立即通知保險人。通知的內容包括裝運貨物的船名、航線、貨物價值和保險金額。」

[46] 2008 年德國保險契約法第 54 條第 1 項。

[47] 2008 年德國保險契約法第 54 條第 2 項。

在預約保險，已經就個別標的物簽發保險單或保險證明者，保險人只對提示上述單證（保險單或保險證明）之人負責。保險人於對單證持有人履行給付義務之後，立即免責❹。單證滅失或毀損者，在該單證被宣告為無效或另外提供擔保前，保險人不負保險理賠責任，且擔保不得以保證人提供保證的方式為之。上述規定於保險人另外簽發替代性保險證明的情況，亦適用之❹。個別保險單或保險證的內容，若要保人於收到單證之後不立即撤銷，則視為要保人同意其內容，不適用第 5 條的規定❺。但保險人因意思表示錯誤得行使的撤銷權，不受影響❺。

肆 固定保險與浮動保險

保險依照承保標的物是否固定，可以分為固定保險與浮動保險 (floating policy)。**固定保險指保險標的物在保險契約訂立時，就已經確定，也由於保險標的物是確定的，因此保險費也就是確定的；反之，浮動保險，在保險契約訂立時，保險標的物還沒有確定，只是暫時預估的，必須將來才能確定，由於保險標的物不確定，因此保險費也是浮動的，**浮動保險，因此得名。浮動保險只有一個契約，類似民法上的最高限額抵押權，要保人通常預估並先繳納一年份的保險費，每一次託運，就通知保險人，保險人就從預估額中扣除，直到預估額用盡為止。

浮動保險與預約保險不同：預約保險只是保險的預約，保險的本約常常是多數的；浮動保險卻只有一個契約，通常要保人估計一年貨物運送的數量，預付相當於一年的保險費，每一次託運，就通知保險人，在預估的保險費中扣除，直到估計的數額扣除殆盡為止，才再另外訂立另一浮動保險契約。圖示如下：

----

❹ 2008 年德國保險契約法第 55 條第 1 項。

❹ 2008 年德國保險契約法第 55 條第 2 項。

❺ 2008 年德國保險契約法第 5 條第 1 項：「保險人簽發的保險單與要保人的要保申請書或保險契約的約定不同時，假若符合本條第 2 項的規定，而且要保人於接到保險單之後，未於一個月內表示異議者，視為同意保險單的變更。」，第 2 項：「保險人於寄發保險單時必須對要保人聲明指出，若要保人對於保險單的變更，從收到保險單起一個月內未提出書面異議者，視為同意保險單之變更。保險單內的任何變更及其法律效果，都必須明確標示，提請要保人注意。」

❺ 2008 年德國保險契約法第 55 條第 3 項。

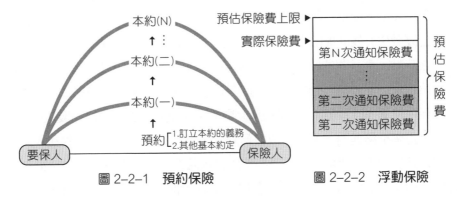

圖 2-2-1　預約保險　　　　　圖 2-2-2　浮動保險

　　浮動保險的保險單，記載一般的保險條款，具體承保船舶名稱或其他事項，則依照「其後的申報」。「其後的申報」可以黏貼在浮動保險的保險單或以其他習慣的方式為之。除保險契約另有約定，否則被保險人的申報必須依照啟航或託運的先後，申報人對於浮動保險單保險範圍的各次託運、貨物價值應誠實申報，若有遺漏或錯誤，即使損失發生之後或貨物抵達之後，仍然可以更正，但是以善意為限[52]。

伍　一般保險與追溯保險

　　保險契約的危險事故，限於保險契約訂立後發生者，稱為一般保險；保險契約的保險事故不但及於契約訂立後發生者，而且溯及既往，包括訂立契約時已經發生者，稱為追溯保險 (retroactive insurance)。保險契約以一般保險為原則，以追溯保險為例外。保險契約訂立時，保險事故已經發生或已經消滅者，本不應屬於保險承保的範圍，但是往昔海上航行，千里風浪，萬里飄浮，加上通訊不便，訂立海上保險契約時，船舶或是已經沉沒，或是已經進港，船舶所有人、貨物所有人、保險人都未必知，在當事人善意的前提下，有承認追溯保險效力的必要。海上保險的單常常有 「不論保險事故是否已經發生， 都予理賠條款 (lost or not lost clause)」的約定，就是追溯保險。

　　追溯保險以訂立契約時，要保人、保險人都是善意為條件，即使事後證實保險契約訂立時，保險事故早已發生，保險人仍然應該為保險給付[53]。在追溯保險，訂約時，要保人知危險已發生者，保險人不受拘束；訂約時，保險人知危險已消

---

[52]　MIA1906 第 29 條第 1 項、第 2 項、第 3 項。

[53]　2008 年德國保險契約法第 2 條第 1 項：「保險契約得提供訂約日以前的危險的保障。」

滅者，要保人不受拘束，保險法第 51 條第 2 項、第 3 項訂有明文。條文「要保人知危險已經發生」或「保險人知危險已經消滅」中的「知」，雖然是以「訂約時」作為判斷時點，更具體的時點應該分別是指要保人「提出要保申請書時」或保險人「提出承保同意書時」，此參考 2008 年德國保險契約法第 2 條第 2 項可知。

又保險法第 51 條所謂「不受拘束」是指在要保人知悉危險已經發生的情形，保險人得主張拒絕理賠，要保人或被保險人不得請求保險給付；在保險人知悉危險已經消滅的情形，要保人得主張拒絕給付保險費，保險人不得請求。2008 年德國保險契約法第 2 條第 2 項規定：「保險人於為承保的承諾時，知保險事故已經消滅者，對於保險費無請求權。要保人於為保險要約時，知保險事故已經發生者，保險人不負保險給付的義務。」堪為參考。

在由代理人代理訂立的追溯保險，判斷要保人在提出要保申請書時，就保險事故的發生是否善意，應該「同時」斟酌「要保人以及代理人」是否知情[54]。

陸 暫時性保險與長久性保險

從保險的保障究竟是暫時或長久為區分標準，可以分為暫時性保險與長久性保險。**暫時性保險是指從要保人向保險人提出要保後，到保險人決定承保前，於符合一定條件下——要保人已經繳納保險費——若發生保險事故，保險人仍然有保險理賠的義務。**暫時性保險之存在必要，是建立在三個假設上：

第一：理性的要保人為要保後，在保險人承諾承保或拒絕承保前，通常不會另外向其他保險人接洽保險。

第二：保險人接到要保申請書之後，應該儘速為承保與否的決定。

第三：立法政策上，人人應該處在保險傘接續的保護下。

保險法施行細則第 4 條規定：「依本法第 43 條規定簽發保險單或暫保單，須與交付保險費全部或一部同時為之。」、「財產保險之要保人在保險人簽發保險單或暫保單前，先交付保險費而發生應予賠償之保險事故時，保險人應負保險責任。」、「人壽保險人於同意承保前，得預收相當於第一期保險費之金額。保險人應負之保險責任，以保險人同意承保時，溯自預收相當於第一期保險費金額時開始。」，是為法定的「暫時性保險」[55]。

---

[54] 參照 2008 年德國保險契約法第 2 條第 3 項。

　　2008 年的德國保險契約法有關於「意定的暫時性保險」的詳細規定。德國保險契約法規定：暫時性保險的內容，除契約條款已交付予要保人者，應依所交付之條款外，原則上依照保險人當時常用的條款為準；常用條款有數種時，以最有利於被保險人者為準❺❻。暫時性保險，若嗣後沒有正式簽訂保險契約，要保人仍必須繳納保險費，其保險費的數額依照暫時性保險期間的長短，按正式保險單應支付保險費的標準比例計算之❺❼。暫時性保險，於要保人簽訂承保範圍相似的正式保險契約或其他暫時性保險契約生效時，終止效力❺❽。若要保人所簽訂的正式保險契約或其他暫時性保險契約須待繳納保險費才生效力，而保險人已經另外以書面通知或在保險單中以顯著的註明告知要保人必須繳納保險費契約始能生效以及其法律效果者，暫時性保險的效力於要保人拒絕繳納或遲延繳納保險費時，即失其效力❺❾，任何與前述規定不同的約定，若不利於要保人或被保險人，一律禁止❻⓿。

　　關於暫時性保險的終止，暫時性保險可因要保人在保險人承諾承保前依法撤銷要約而終止。又在未定期間的暫時性保險契約，當事人都可以隨時終止保險契約，只是保險人的終止，依照德國保險契約法的規定，必須於終止的意思表示到達後二個星期才生效力❻❶。

柒　原保險與再保險

　　保險依其「保險契約成立的依存關係」區分，可以分為原保險與再保險。原保險可以單獨訂立，獨立存在；再保險須以原保險成立為前提，一般人不可直接向再保險公司申請訂定再保險。圖示如下：

---

❺❺　保險法施行細則是依據保險法第 175 條的授權而頒布，是法規命令的一種，具有與法律相同的地位。因此該細則所規定的暫時性保險稱為「法定的暫時性保險」。

❺❻　2008 年德國保險契約法第 49 條第 2 項。

❺❼　2008 年德國保險契約法第 50 條。

❺❽　2008 年德國保險契約法第 52 條第 1 項。

❺❾　參照 2008 年德國契約法第 52 條第 1 項。

❻⓿　2008 年德國保險契約法第 51 條第 2 項。

❻❶　2008 年德國保險契約法第 52 條第 3 項、第 4 項。

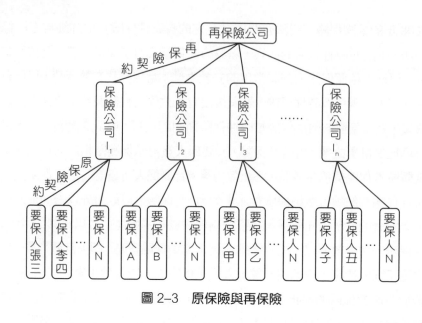

圖 2-3　原保險與再保險

一、原保險

　　原保險與再保險是相對的概念，在化解風險的保險體系中，第一線承擔風險的就是原保險，從原保險分出而第二線承擔風險的就是再保險。營利保險的保險人有為公司組織者，有為合作社組織者，不論保險人之組織形態如何，其資本額及理賠能力都不是無限的，加上保險事故的發生有一定射倖性，若保險事故的發生頻率超過預期或損失的金額太大，將形成保險人沉重的財務負擔，甚至於因不能負擔而破產。其結果，將影響被保險人（財產保險）或受益人（人身保險）請求保險給付的權益，甚至引發金融風暴，導致社會不安。因此原保險的保險人有必要將危險分出，利用再保險制度，直接部分轉嫁予再保險人，間接分散予其他保險人、社會大眾。

二、再保險

　　再保險契約是指原保險的保險人以其承保的可能理賠的部分風險，轉向再保險人投保保險的契約。換句話說，再保險是原保險的保險人將其所承保責任之一部轉嫁給再保險人的保險。實務的做法是，原保險人與國內的中央再保險公司或

國外的再保險公司訂立再保險預約，在再保險預約期間，原保險人所承保的所有保險契約，不選擇風險的高低，都一律依照約定的比例，轉向再保險人投保再保險，成立與再保險預約內容相同的多數再保險契約，此一過程，從原保險人言，稱為分出；對再保險人言，就是分入，而原保險人之所以必須沒有選擇地分出，主要原因是為了避免發生逆選擇——即原保險人只選擇風險比較大的才投保再保險，至於風險較小的就不投保再保險，以節省再保險的保險費——使再保險人處於被選擇的不利地位上。

　　近年有些再保險，有些微變化，即原保險人與再保險人訂立再保險契約，約定原保險人繳納約定的保險費予再保險人後，在約定的損失額內，完全由原保險人自行理賠，不得向再保險人請求；但只要超過約定的損失額，則原保險人理賠被保險人之後，就超過約定損失額部分，可以全數向再保險人請求，以簡化再保作業，達到分化風險的效果。

　　原保險人投保再保險的事例如下：A 電子公司，以其電子工廠為標的物，向 I_1 保險人投保火災保險，保險金額為 60 億元。萬一發生火災，I_1 保險人最高必須負擔 60 億元的責任。I_1 保險人為了避免承擔太大的風險，衡量自己的理賠能力，依照其與再保險公司訂立的再保險預約，將保險金額的一定比例百分之五十，轉向 I_2 再保險人投保再保險，也就是 30 億元，向 I_2 再保險人投保再保險。圖示如下：

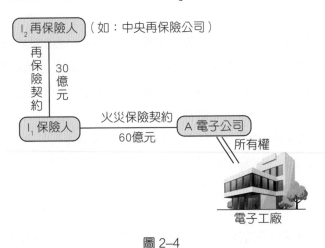

圖 2-4

分點說明如下：

（一）再保險契約的當事人

再保險契約的當事人是保險人（再保險公司）與要保人（原保險契約的保險人），兩人之間為了分化原保險人所負擔的風險，將其承保的理賠責任的一定比例，向再保險公司投保再保險，一旦原保險契約的保險人應該負擔保險給付的責任發生，且履行了保險給付，則再保險契約的保險事故也就發生，再保險人有依約定比例向其被保險人（也就是原保險契約的保險人）為保險給付的義務。

（二）透過再保險契約轉嫁風險

透過再保險契約，原保險契約的保險人，因履行保險給付所遭受的損失，在約定的比例範圍內直接轉嫁給再保險人，間接轉嫁給與該再保險人訂有再保險契約的其他要保人（也就是其他原保險契約的保險人），再間接轉嫁給各該原保險人的要保人，最後透過價格機能分攤到社會大眾。

（三）再保險契約的法律性質

再保險契約的法律性質究竟與原保險契約相同，還是為責任保險契約，有不同見解：

主張再保險契約與原保險契約性質相同者，認為原保險契約若為生存保險契約，則該保險人轉向再保險公司訂立的再保險契約，性質上也就是生存保險契約；原保險契約若為海上貨物運送保險契約，則該保險人轉向再保險公司訂立的再保險契約，也就是海上貨物運送保險契約。

主張再保險契約性質上為責任保險契約者，認為不論原保險契約的種類如何，再保險契約的保險人，實際上是承保原保險契約的保險人對於原保險契約的被保險人（財產保險）或受益人（人身保險）的保險給付責任，因此再保險契約是責任保險契約。

以上二者，後者才能說明再保險契約的性質，因此以再保險契約本質上是責任保險的觀點較為可採。

（四）再保險契約與原保險契約的關係

再保險契約與原保險契約，關係密切，因為再保險契約不能離開原保險契約而獨立存在，原保險契約雖然可以獨立存在，也多依賴再保險契約分化風險。但是無論如何，基於契約的相對性，再保險契約與原保險契約的法律關係原則上還是彼此獨立的，因此：

1.原保險契約的被保險人（財產保險）或受益人（人身保險）對再保險人沒有保險給付請求權

原保險契約與再保險契約既為兩個獨立的契約，原保險契約的當事人原保險人與原被保險人，再保險契約的當事人為再保險人與要保人（原保險契約的保險人）。原保險契約的保險事故發生後，原被保險人（財產保險）或受益人（人身保險）只可以對原保險人行使保險給付請求權。原保險人於向原被保險人（財產保險）或受益人（人身保險）為保險給付之後，始得以再保險契約的被保險人的身分，請求再保險人為保險給付。原保險契約的被保險人（財產保險）或受益人（人身保險）與再保險人之間，並無契約關係，不得向再保險人請求保險給付[62]。但是考量國際再保險實務上，再保險契約不乏直接給付約款 (cut-through clause)，約定原保險契約的保險人有破產、清算或其他原因不能履行保險契約責任者時，得由原保險契約被保險人（財產保險）或受益人（人身保險）直接向再保險契約之再保險人請求賠付者，基於契約自由原則，應該承認其效力，為了配合國際保險實務，保險法第 40 條增訂但書「但保險契約及再保險契約另有約定者，不在此限」之規定。

2.再保險人不得向原保險契約的要保人請求給付保險費

原保險契約與再保險契約既然是兩個彼此各自獨立的契約，再保險人自不得因為其要保人（就是原保險契約的保險人）怠於給付或拒絕給付保險費，而直接向原保險契約的要保人請求給付保險費[63]。同理，原保險契約的保險人也不可以以原保險契約的要保人怠於給付或拒絕給付保險費為理由，拒絕履行其應該向再保險人繳交保險費的義務。

---

[62] 保險法第 40 條。

[63] 保險法第 41 條。

3.**原保險的保險人不得以再保險人尚未給付等為理由拒絕或延遲履行其保險給付的義務**

原保險人不得以再保險人尚未履行再保險金額給付的義務為理由,拒絕或延遲履行其對於被保險人(財產保險)或受益人(人身保險)的義務❻。

4.**原保險與再保險的依存關係**

原保險人與再保險人間的關係可分下列幾點說明:

⑴**再保險預約與再保險契約的關係**

保險公司與再保險公司訂立再保險預約後,再保險人依據原保險人的通知,與原保險人成立很多以再保險預約為雛形的再保險契約。所以依據再保險預約,再保險公司有接受原保險人投保的義務,且再保險預約是再保險契約內容的雛形。

再保險預約的當事人都具有保險專業知識以及對等的談判能力,基於契約自由原則,法律不需要特別保護任何一方,可以自由商定契約內容。再保險預約若是長期性的,實務上多約定任何一方得經預告期間之後,任意地終止契約;若有特殊原因,例如:破產、合併等,得不經預告期間,直接終止再保險預約。

⑵**再保險預約終止的法律效果**

A.原保險人與再保險人不再依據再保險預約成立新的再保險契約,換句話說,從再保險預約終止後,不再發生「分出」及「分入」的權利義務。

B.再保險預約終止前已經訂定的再保險契約的效力:原保險與再保險雖然由於當事人不同,依照契約相對性的原則,權利義務原則上也各自獨立,但是再保險畢竟是為原保險而存在,再保險的存在是以原保險存在為前提,原保險離開再保險雖然可以獨自繼續存在,但卻失去了轉嫁風險的保障;再保險預約訂立後,若不訂定原保險契約,就失去了再保險預約的意義,應當終止。

為了使原保險持續獲得再保險的保障,原保險因為拍賣、法律行為(不包括繼承)而移轉予第三人時,除了當事人另有不移轉再保險契約的表示外,原則上再保險契約也應該隨同移轉,只是再保險契約隨同移轉的結果,會涉及「契約主體的變更」問題,為了保障「契約自由原則」中的「契約主體選擇的自由」,因此實務上都以法律或契約約定的方式賦予當事人終止再保險契約的權利,也就是可以「意定終止」。

---

❻ 保險法第 42 條。

又若原保險契約移轉予第三人時，因為原保險人另有再保險契約不隨同移轉的表示時，原保險契約的讓與雖然依舊有效，但是再保險契約已經失去保險的標的，沒有存在的價值，解釋上再保險契約應該「當然終止」。

不論是意定終止或是當然終止，終止以前已經繳納的保險費的退還，則必須視原保險契約的移轉是否有可以歸責於原保險人的事由而定，若沒有可以歸責於原保險人的事由，再保險人應該返還終止以後的保險費；反之，若有可以歸責於原保險人的事由，則再保險人除了可以保有終止前的保險費以外，還可以請求損害賠償。

5. 再保險人的代位權

再保險人為保險給付之後，符合行使代位權的條件時，可以行使保險法第 53 條的代位權。說明如下：

被保險人因保險人應負保險責任的損失發生，而對於第三人有損失賠償請求權者，於保險人履行賠償義務後，依保險法第 53 條第 1 項規定，其損害賠償請求權於賠償金額範圍內，當然移轉予保險人，被保險人在受領保險給付的範圍內，不得再向第三人行使請求權。

依保險法第 39 條規定的再保險，性質上原屬於轉嫁分擔危險的責任保險契約，再保險人於再保險契約所約定的危險發生時，應負給付保險金予原保險人之義務。因此，再保險契約，除另有約定或習慣外，有保險法第 53 條第 1 項規定的適用。原保險人於依原保險契約給付保險金予被保險人後，被保險人對第三人的請求權在保險給付的範圍內依法移轉予原保險人；其後，再保險人依再保險契約給付保險金予原保險人時，原保險人在受領賠償金額的範圍內，也必須將其依原保險契約受移轉的請求權（即：原保險契約被保險人對第三人的請求權）移轉予再保險人。原保險人在已經移轉予再保險人的範圍內，自不得再代位被保險人向第三人行使請求權[65]。由於原保險人只是將其承保保險金額的一定比例（依照再保險預約的約定）「分出」給再保險人，因此理論上，原保險人就其理賠保險金扣除法定移轉予再保險人後的「差額」，及再保險人就其理賠原保險人而受法定移轉的金額，分別對原保險契約被保險人的債務人或侵權行為人有代位權。只是實務上，為了方便，可視具體情況，透過「債權讓與」或「授予代理權」的方式，由原保險人或再保險人行使代位權，其中又以由原保險人行使，最為常見。

---

[65]　最高法院 93 年台上字第 2060 號判決。

習題

一、選擇題

1. 下列關於訂立追溯保險效力的敘述，何者正確？
   (A)保險契約訂立時，保險標的的危險已經發生或已經消滅者，保險契約一律無效。
   (B)保險契約訂立時，保險標的的危險已經發生或已經消滅者，保險契約一律有效。
   (C)保險契約訂立時，保險標的的危險已經發生或已經消滅者，保險契約原則上無效，但是當事人都善意者，仍然有效。
   (D)保險契約訂立時，保險標的的危險已經發生或已經消滅者，保險契約原則上有效，但當事人都惡意者，無效。

2. 下列關於追溯保險中，當事人一方為惡意時，法律效果的敘述，何者正確？
   (A)訂約時，要保人知悉危險已發生者，保險人不受拘束；訂約時，保險人知悉危險已消滅者，要保人不受拘束。
   (B)訂約時，要保人知悉危險已發生者，保險契約無效。
   (C)訂約時，保險人知悉危險已消滅者，保險契約無效。
   (D)訂約時，要保人知悉危險已發生或保險人知悉危險已消滅者，保險契約得解除。

3. 下列關於財產保險與人身保險保險給付功能的敘述，何者比較正確？
   (A)財產保險，保險給付的目的在填補被保險人因保險事故發生而遭受的損失，人身保險，除了醫療、住院費用、看護費用等外，保險給付的目的不在填補受益人的損害。
   (B)財產保險，保險給付目的不在填補被保險人因保險事故發生而遭受的損失；人身保險，保險給付目的在填補受益人的損害。
   (C)財產保險與人身保險，保險給付目的都不在填補被保險人或受益人的損害。
   (D)財產保險與人身保險，保險給付目的都在填補被保險人或受益人的損害。

4. 下列關於預約保險與浮動保險的敘述，何者正確？
   (A)預約保險是一個保險預約，當事人針對個別保險標的物分別訂立數個保險契

約；浮動保險是一個保險契約。

(B)預約保險就是浮動保險，都是一個保險契約。

(C)預約保險就是浮動保險，當事人都須針對個別保險標的物分別訂立數個保險契約。

(D)預約保險是一個保險契約，浮動保險是當事人針對個別保險標的物分別訂立數個保險契約。

5. 下列關於預約保險，要保人違背通知義務法律效果的敘述，何者正確？

(A)原則上免除保險人的保險給付的義務。

(B)得撤銷預約保險。

(C)得解除預約保險。

(D)預約保險契約無效。

參考答案

1. CAAAA

二、問答題

1. 人身保險與財產保險的區別實益何在？請加以說明。

2. 何謂社會保險？何謂強制保險？二者區別何在？請加以說明。

3. 我國主要的社會保險有哪些？社會保險有什麼特性？請分別說明。

4. 試說明再保險制度的功能。原保險的保險人得否以再保險人未為保險給付為理由，拒絕或延遲履行其對原保險契約被保險人或受益人的保險給付的義務？

5. 原保險的被保險人得否直接向再保險人請求保險給付？

6. 解釋名詞：

　(1)預約保險。

　(2)暫時保險。

　(3)浮動保險。

第三章

保險契約的訂立與法律性質

壹 保險契約的訂立

保險契約有完全以定型化約款為基礎訂立的❶，有以定型化約款為主要內容加上個別商議約款而訂立❷，只有極少數情形是完全透過個別商議的過程訂立的❸。不論如何，其訂約過程仍然分為要約與承諾二個階段，而在要約承諾前，通常會有要約的引誘。說明如下：

一、要約的引誘

保險人、其代理人或業務員向潛在的投保人說明保險目的、提供空白要保申請書等，以誘發潛在投保人萌生投保的意願，並進一步發出投保要約的行為，稱為「要約的引誘 (an invitation to make an offer)」。

二、保險契約的成立

（一）學　說

1. 要式契約說

要式契約說認為依保險法第 43 條「保險契約，應以保險單或暫保單為之」的規定，保險契約須待保險單或暫保單作成之後，要式行為所要求的方式才告齊備，契約才能夠成立。

2. 不要式契約說

不要式契約說認為保險法第 43 條的規定，只是一種訓示規定，並不是強制規定，保險契約只要當事人要約與承諾的意思表示合致，就可以成立，不以作成保險單或暫保單為必要。依照保險法施行細則第 4 條第 2 項：「財產保險之要保人在保險人簽發保險單或暫保單前，先交付保險費而發生應予賠償之保險事故時，保險人應負保險責任。」，第 3 項：「人壽保險人於同意承保前，得預收相當於第一

---

❶ 例如：在機場以自動販賣機販賣旅行平安保險之保險單。
❷ 例如：火災保險之保險契約，主要是以保險業提供的定型化條款為基礎，但是當事人會就保險標的物、保險費率、特約條款（例如：約定訂約之後，三個月內裝置火災自動警報設備）等個別商議條款。
❸ 例如：影星的美容手術保險契約、火箭發射保險契約等。

期保險費之金額。保險人應負之保險責任，以保險人同意承保時，溯自預收相當於第一期保險費金額時開始。」的規定，可以證明立法及實務上都採取不要式契約說。2008 年德國保險契約法第 3 條第 1 項：「保險人因要保人的要求，應該提供書面保險單。」，換句話說，保險人只要有在要保人提出請求時，才有簽發保險單或暫保單的義務，保險人是否簽發保險單或暫保單不是保險契約的要件，也採取不要式契約說。

　　本書採不要式契約說，詳細理由請參閱本書第 63 頁以下。

（二）要約、承諾與新要約

1.原則——潛在的投保人要約、保險人承諾

　　潛在投保人，向保險人或其代理人為決定投保的意思表示，稱為「要約(offer)」。要保人的要約，通常以填妥要保申請書，並將要保申請書交付予保險人或其代理人（通常是業務員）的方式為之。保險人或其代理人受領要保申請書後，應迅即考慮與承保有關的因素，決定是否同意承保。**保險人決定承保的意思表示，稱為「承諾 (acceptance)」**。承諾得以簽發保險單 (policy) 的方式為之。要約與承諾的意思表示合致，保險契約就成立。圖示如下：

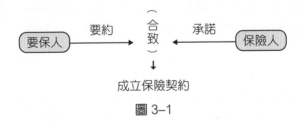

圖 3–1

　　提出要保申請書的潛在投保人稱為要約人、要保人或保險申請人 (applicant)。保險契約由要保人的代理人訂立者，應載明代訂的意旨❹，此時，關於要保人訂立契約時對於保險事故之發生是否善意、要保申請書是否違背據實說明義務，並應斟酌代理人是否知情❺。保險契約由合夥人或共有人中之一人或數人為要約，而其利益及於全體合夥人或共有人者，應載明為全體合夥人或共有人訂立之意

----

❹　保險法第 46 條。
❺　參照 2008 年德國保險契約法第 2 條第 3 項，也就是必須「同時斟酌要保人及其代理人」的意思。

旨❻，保險契約由無權代理人訂立者，須經要保人承認，始生效力，在承認之前，效力未定。要保人的承認，須於保險事故發生前為之❼。

在保險實務上，**保險人在簽發正式保險單前，常依據商定的合意摘要及該類保險契約的必須記載事項，先簽發暫保單。**在簽發暫保單的情形，以要保人已經繳納暫保保險費為條件，即使在正式保險單簽發前，就發生保險事故，暫保單具有契約的拘束力❽。

不論保險單或暫保單都必須針對要保申請書為之，二者內容必須相同，否則就是改變要約的內容。

2.例外——保險人要約、潛在要保人承諾

保險契約的訂立，在例外情形，也有保險人的意思表示是要約，潛在要保人的意思表示是承諾，而於要約承諾的意思表示合致時保險契約成立生效者。此種情形，常見於自動販賣機販賣的旅行平安保險。保險人在飛機場設置保險單自動販賣機，於自動販賣機上或自動販賣機旁張貼投保保險的說明，主要內容包括：保險費、保險金額、保險事故、除外不保事項、保險人給付保險金的方法等。保險人設置自動販賣機及張貼投保保險說明的行為，從法律的角度，是保險人對不特定旅客的「要約」；旅客中有欲投保者，依照該投保說明的指示，填妥空白表格並投入足夠的保險費，從法律的角度，就是對保險人的「承諾」。應該注意的是，透過自動販賣機所訂立的保險契約性質上是定型化契約，因此不但自動販賣機的

---

❻ 保險法第 47 條。

❼ 最高法院 90 年台上字第 1192 號判決旨載：「按保險契約，原則上應由要保人自行簽訂，要保人如由代理人訂立者，依保險法第 46 條規定，應載明代訂之意旨；既言『應載明』，自係以書面為之，屬要式行為，且應由該代理人為記載。……保險契約乃最大善意之契約，首重善意以避免道德危險之發生。原審雖謂系爭旅行平安保險契約係陳焰文在被上訴人不知情下代被上訴人訂定，被上訴人事後予以承認云云，惟被上訴人究於何時承認？其承認時保險事故是否業已發生？原審均未調查審認，已欠允洽。倘保險事故發生後，被上訴人始為承認，於此情形，如仍認其有效，豈非與就確定已發生之危險為保險無異而違背保險契約最大善意之原則。」本書贊同法院關於無權代理訂立契約時，要保人（本人）必須於保險事故發生前承認的見解，但是對於保險契約為要式契約的觀點並不贊同。

❽ World Trade Properties, L.L.C. v. Hartford Fire Insurance Company, 345 F.154 (2d Cir. 2003).

說明，必須十分醒目，而且承保範圍的解釋，不得違背被保險人的合理期待，除非該承保範圍的限制已經以平白的用語，鮮明地、清楚地提醒被保險人注意，不發生效力❾。

3.反要約 (counter-offer) 或新要約 (new offer)

要保人為要約後，保險人所為的承諾，須依要保人要約的內容為之，雙方意思表示合致，契約才能成立。保險人若另為不同內容的承諾，就是反要約或新要約，依民法第 160 條第 2 項：「將要約擴張、限制或變更而為承諾者，視為拒絕原要約而為新要約。」須待要保人依照新要約內容另為承諾，契約才能成立。其法律關係，可以下圖示之：

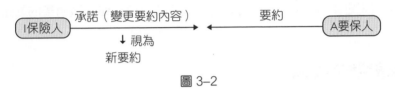

圖 3-2

在保險人的承諾視為「反要約」或「新要約」的情形，要約人可以針對保險人所為的「反要約」或「新要約」，加以承諾，而成立一個以保險人的新要約為內容的保險契約，也可以拒絕新要約，而使契約不成立。例如：保險人所提供的空白要保申請書，原來並沒有載明保險契約須待要保人繳交保險費之後才生效力，若要保人據此填妥要保申請書，而保險人於核保之後雖然同意承保，但是於承諾書中卻另外加註「保險契約於要保人繳納保險費後，才生效力」，這就改變要約的內容，構成新要約，須待要保人依新要約另為承諾之後，契約才成立，並須待繳

----

❾ 參照 Steven v. Fidelity & Cas. Co., 58 Cal. 2d 82, 27 Cal. Rptr. 172, 377 P. 28 (1962)。該案關係人 George Steven 在從洛杉磯啟程經中間地飛往俄亥俄州的雷頓市的往返行程之前，在機場的自動販賣機購買一張保險單，保險單記載的承保範圍只限於「飛機時刻表所列的班機」。返程，被保險人在雷頓市搭乘小飛機往中間地前，由於機械故障的原因，只得改搭另外的空中巴士，不幸，該空中巴士墜落。George Steven 的妻子（本案原告），依人身保險契約向保險人請求，但是保險人拒絕。法院見解認為：因為自動販賣機無法如同保險代理人為被保險人解釋契約內容，因此保險人除非事先十分明白且清楚提請被保險人注意，否則不得就承保範圍加以限制，致使其承保範圍較一般人合理期待的承保範圍為小。本案一般旅客對於承保範圍的合理期待是涵蓋全部行程，也就是「當原來欲搭乘的飛機因為機械故障或其他原因無法依約航行，而必須改搭其他替代飛機以完成旅程」的情形應在承保範圍之內。

交保險費之後，契約才生效力。若要保人對保險人的加註，沒有異議，直接繳納保險費，可以解釋為要保人對保險人的新要約以默示方式為承諾，保險契約成立。

上述民法理論，2008 年的德國保險契約法第 5 條作了新的規定：「保險單之內容變更要保人的要保申請或雙方之合意者，若保險單符合本條第 2 項的規定而要保人未於收到保險單後一個月內以書面表示異議者，視為承諾保險單變更之內容。」、「保險人於寄發保險單給要保人時，應該明白告知要保人若於收到保險單後一個月內未以書面表示異議，視為承諾保險單之變更內容。保險單必須以十分醒目的方法提請要保人注意內容之變更以及其法律效果。」、「保險人未遵照第 2 項規定時，視為依照要保人之申請書成立契約。」。此外，為了保護要保人，同條第 4 項還規定：「任何關於要保人拋棄因錯誤所得行使之撤銷權的約定，皆屬無效。」

三、保險契約的生效

（一）原則──生效時間由當事人約定

保險契約是私法契約，基於契約自由原則，保險契約生效的時間可以由契約的當事人約定，也惟其可以由當事人自行約定，最能符合具體的需要，例如：當事人可以訂立保險契約，但不是於成立日立即生效，而是約定將來的某一日作為生效日，使該契約的生效日剛好銜接前保險契約的終止日，既不發生複保險，又使得保險標的物一直在有效的保險契約的保護下；又如：早期規定星期六上午必須上班，因此旅遊平安保險常常約定從星期六下午 1 時開始生效是。

當事人約定保險契約生效日的主要類型有：

1. **在保險契約約定契約效力的「開始日、時及終止日、時」**

保險契約可約定契約效力的開始、終止日期及時間，例如：傷害保險基本條款第 3 條約定：「本契約的保險期間，自保險單上所載期間的始期的午夜 12 時起至終日午夜 12 時止，但契約另有約定者，從其約定。」即是。須說明者，本基本條款，是人壽保險同業公會所擬定，性質上是定型化約款，保險人與要保人若針對具體需要，得另約定保險契約生效期間自特定日、時、分起至另一特定日、時、分止。此種約定為個別商議約款，若與定型化約款內容不同，有優先效力。

2. 以要保人「繳交保險費或第一期保險費」為保險契約的生效條件

保險契約也可以約定，保險契約須待要保人繳納保險費或給付第一期保險費以後，保險契約才生效力。例如：約定「保險費應於本保險契約成立時交付，除本公司同意延緩交付，對於保險費交付前所發生之損失，本公司不負賠償責任。」❿，該條款雖然沒有明文規定，繳納保險費是保險契約的生效要件，但是由條文的文義解釋，就可以知道，只要繳納了保險費，一旦發生保險事故，原則上保險人就必須負保險給付的責任，但是，保險人又為何須負保險給付的責任呢？原因是保險契約生效了，保險契約又為何生效呢？原因是要保人給付保險費了。由此可以推知，保險費的繳納是火災保險契約的「生效條件」。

第一期保險費未繳與續期保險費未繳不同，第一期保險費未繳，則保險契約還沒有生效，此時，若發生保險事故，保險人自不負保險給付的義務。續期保險費未繳，指保險契約生效後，欠繳續期的保險費，此時，在保險人依法終止或解除保險契約前，保險契約依然有效，若發生保險事故，保險人仍然有為保險給付的義務，但是可以扣除積欠的保險費。

2008 年德國保險契約法第 37 條規定：「保險費的全部或第一期因可歸責於要保人而遲延給付時，在保險費給付前，保險人得撤銷契約。」、「保險費的全部或第一期未給付前發生保險事故時，保險人不負保險給付的義務，但未給付不可歸責於要保人者，不在此限。保險人只有另外以書面告知要保人或是在保險單中以醒目文字告知要保人未給付保險費的法律效果時，才可以解除責任。」

3. 以「保險單的簽發日」為保險契約的生效日

保險人有時於要保申請書上記載：「保險契約須待保險人以簽發保險單為承諾後，始生效力。」，此種約款在美國、英國的保險業比較常用。有此記載者，須待保險人簽發保險單，保險契約始生效力。保險人必須不失勤勉地，在合理期間內簽發保險單，若因保險人或其代理人的過失，延誤簽發保險單的時間，致使被保險人的自殺時間，落在自殺不理賠條款之期間內者❶，保險人應該理賠否？ 在

---

❿ 火災保險基本條款第 11 條。

❶ 保險單訂有被保險人自殺，保險人仍然應該為保險給付者，該自殺理賠條款，必須在保險契約生效之後經過一定期間，例如一年或二年才生效，例如保險法第 109 條第 2 項規定：「保險契約載有被保險人故意自殺，保險人仍應給付保險金額之條款者，其條款於訂約二年後始生效力。恢復停止效力之保險契約，其二年期限應自恢復停止效力之日起算。」

Mauroner v. Massachusetts Indemnity and Life Insurance Co. 一案❷，保險公司不正常地遲延簽發，以至於被保險人自殺的時點落在簽發保險單日起屆滿兩年之前。假若保險公司正常地準時簽發保險單，則被保險人自殺的時點，就會落在簽發保險單之日起兩年之後，受益人也就可以請領保險給付。換句話說，因為保險人或其代理人的延遲簽發保險單，致使被保險人自殺的時點落在保險契約生效起兩年之內，在此種情況，保險人得否拒絕保險給付？答案是：不得拒絕。但是就保險人所給付的金錢，究竟是「保險給付」，還是相當於「保險給付」數額的損害賠償，不同等級的法院有不同見解。

本案的法律事實是：

Milton Mauroner 於 1981 年 11 月 6 日透過被告 Massachusetts Indemnity and Life Insurance Co. (MILICO) 的代理人，申請人壽保險，申請書還附帶繳納第一期的保險費。Mauroner 收到一張附加條件的收據，即以 Mauroner 適格為被保險人、所填寫的資料完備、正確為條件，保險契約溯及於 11 月 6 日生效，整個核保的作業期間為四到八個禮拜。但是，可能由於被告代理人的過失，保險單直到 1982 年 2 月 11 日才簽發。保險單訂有自殺不理賠條款，約定從簽發保險單之日起兩年內自殺者，不予理賠。其後被保險人在 1984 年 1 月 13 日自殺。這個自殺時間正好在兩年自殺不理賠期間屆滿前的三個星期，如果保險單的簽發不遲延，早已超過兩年自殺不理賠期間。保險人只願退還保險費，被保險人的妻子（即受益人）提起訴訟請求給付保險金。地方法院判決認定，保險契約的效力溯及 1981 年 11 月 6 日，為原告（受益人）勝訴的判決。

主要的法律爭點是：

保險人對於其本人或是代理人的過失致遲延保險單的簽發，並因此導致被保險人的自殺時間落在兩年自殺不理賠的期間內時，保險人是否應該負保險給付的責任？

法院的判決及見解是：

因保險人或其代理人之過失而遲延簽發保險單，致使保險事故發生的時間在自殺不理賠期間內時（從簽發保險單之日起兩年之內），保險人必須負保險給付的責任。但是法院在判決理由，似認為保險人所應給付的是損害賠償，只是其數額相當於保險金額而已❸。

----

❷ Court of Appeal of Louisiana, 520 So.2d 451 (1988).

4.以「保險單交付日」為保險契約的生效日

保險人有於要保申請書上記載「保險契約須待保險人將保險單交付 (delivered) 予要保人時，始生效力。」，此種約款也見於美國、英國的保險業。有此記載者，須待保險人「交付」保險單，保險契約始生效力。

（二）例外——保險契約的生效時間依法律 (statute) 或法規命令的規定

1.保險法施行細則的相關規定

保險契約的生效時間，原則上固然是由當事人自行約定，但法律或法規命令另有規定者，從其規定。例如：依據保險法第 175 條的授權，主管機關制定了保險法施行細則[14]，保險法施行細則第 4 條第 2 項規定：「財產保險之要保人在保險人簽發保險單及暫保單前，先交付保險費而發生應予賠償之保險事故時，保險人應負保險責任。」，第 3 項：「人壽保險人於同意承保前，得預收相當於第一期保險費之金額。保險人應負之保險責任，以保險人同意承保時，溯自預收相當於第一期保險費金額時開始。」，簡單說：

(1)財產保險：只要繳納保險費，保險人就有保險給付的義務。

---

[13] 本判請參照 Mauroner v. Massachusetts Indemnity and Life Insurance Co., Court of Appeal of Louisiana。一審法院認定保險契約的效力溯及 1981 年 11 月 6 日，而為原告勝訴的判決，保險人不服而上訴。上訴法院固然認定保險契約的自殺不理賠條款的約定，仍屬有效（即保險契約生效之後，自殺不理賠條款就生效），但仍維持一審法院之判決，認為保險人應負損害賠償責任，原因在於：保險人有義務於申請人提出要保申請書之後的合理期間內處理投保事宜。通常保險人處理一件要保案件約需 56 天，但是，本案簽發保險單的時間耗時 92 天，這是一個不合理的遲延。因此，保險人違背了在合理期間內簽發的義務；且證據顯示，若保險人不違背此一義務，則被保險人的自殺時間將會落在保險單簽發之日起兩年自殺不理賠期間經過之後。因此，保險單的簽發遲延是損害發生的原因，該損害數額即為保險金額。

[14] 我國保險法施行細則的上述規定，有下列問題值得商榷：
(1)保險法第 175 條的授權規定，違背「授權明確原則」。
(2)何以只針對「財產保險」「人壽保險」有暫時性保險的規定，而對於單純的「傷害保險」「健康保險」則付諸闕如？
(3)依照保險法施行細則的暫時性保險，若保險人嗣後不訂立契約，保險費究竟如何計算？
(4)依照保險法施行細則的暫時性保險，其具體內容如何確定？
(5)依照保險法施行細則的暫時性保險，其效力何時終止？

(2)人壽保險（包括：人壽保險附加險——附加傷害險、附加健康險）：即使要保人繳納了保險費，仍然以保險人同意承保為條件，才負保險給付的義務。

保險法施行細則第 4 條第 1 項、第 2 項的規定是本於法律的授權、具有法規命令地位，是強制規定，目的在保護被保險人或受益人，保險人若與要保人另為不同的約定，而不利於被保險人或受益人，也將違背保險法第 54 條第 1 項：「本法之強制規定，不得以契約變更之。但有利於被保險人者，不在此限。」的規定，而淪於無效。

又保險法施行細則第 4 條第 3 項只適用於人身保險中之人壽保險契約、以及人壽保險附加傷害保險、人壽保險附加疾病保險；對於單純的傷害保險或疾病保險應不適用❺。本條所規定的人壽保險契約，既然是在預收相當於第一期保險費時，附以保險人「同意承保」為其停止條件，在條件成就時，保險契約自然生效，且使其生效時間回溯到保險契約成立之始。如果依通常情形，保險人應該會同意承保，只因知悉被保險人死亡的消息，保險人就故意為「不同意承保」的意思表示，希望阻止保險契約生效，以達到避免保險理賠的目的，乃是以不正當行為阻止其條件的成就，依照民法第 101 條第 1 項的規定，視為條件成就，保險人自應負其保險責任❻。

2. 美國法院關於暫時性保險的判決

美國法院認為自保險人收受要保申請書及第一期保險費之時起，保險人即對被保險人提供暫時性保險 (interim coverage)，當事人間存在有暫時性契約 (temporary contract)。在 Gaunt v. John Hancock Mutual Life Insurance Company 一案中❼，第三人 Gaunt 申請保險，在系爭保險契約的申請表上面明文記載：「以保險人總部同意承保為條件，保險契約回溯至要保人提出要保申請書之日生效。」

---

❺ 參照最高法院 64 年台上字第 1998 號判決。

❻ 臺灣高等法院暨所屬法院 89 年法律座談會民事類提案第 16 號：「所謂『停止條件』，應係指當事人將法律行為之生效與否繫於特定事實之發生或不發生，而此項特定事實，應係指法律行為之成立要件及一般生效要件以外之要件事實，始有意義。若以一方當事人之意思表示作為法律行為之條件，則法律行為尚未成立，何來附條件之可言？故要約、承諾等意思表示，實不宜解為法律行為之條件。而保險人之『同意承保』，其性質既為保險契約之『承諾』，則應認其為保險契約之成立要件，非保險契約之停止條件，保險人在其同意承保之前，並不負有保險契約上之任何義務。」，似採不同見解。

❼ 160 F.2d 599 (1947).

Gaunt 已依保險單的要求完成體檢，並給付了第一期保險費，但是在被告保險公司 John Hancock 簽發保險單之前遭槍殺死亡。Gaunt 的母親向保險公司請求給付，孰料保險公司以保險契約尚未生效為由拒絕給付，Gaunt 的母親就向法院提起訴訟。

法院裁判要旨為：「要保人，在給付保險費及通過其他保險契約前提條件之後，即令保險人尚未為最後同意承保的表示，也取得暫時性的保障，因為保險契約約定以保險公司總部的最後承諾為保險契約回溯到要保人提出要保申請日生效的前提，對於要保人而言，是不夠清楚而有疑義的，假若 John Hancock 就保險契約的生效日希望有另外的解釋，保險人必須以極其清楚的用語。保險人，也就是保險契約深奧用語的起草人，必須承受因此所引發疑義的不利益。」❸

暫時性契約於保險人為拒絕要保之申請 (reject the application) 或提出反要約 (counter offer) 時，喪失效力。

上開美國法院顯然是以契約條款語義不明為理由，做不利於保險人的解釋，就判決的結果言，與我國保險法施行細則的規定相同，但是保險法施行細則的暫時性保險，不論契約條款用語明確與否，都有其適用，對被保險人或受益人的保護，似較周至。

3. 2008 年德國保險契約法關於暫時性保險規定的借鑑

(1)以法律條文明白規定，避免以立法授權方式「委任立法」。

---

❸ 採取相似見解之判決，尚有 Fritz v. Old American. Ins. Co., 354 F. Supp. 514 (S. D. Tex. 1973)。該案為透過郵購指南銷售保險契約之情形。該案之被保險人 Loy Hooks 收到一張兼印有意外保險空白要保申請書、且開始的 30 天保險費只有 25 分的特別優惠價格的廣告。那張廣告就保險單的內容作詳盡的描述，並且附有一份申請表，申請表只要填寫四個空白欄位就可以。他填寫了申請書，並附具保險費寄給保險公司，保險公司在 11 月 13 日或 14 日就收到申請書及保險費。不巧，被保險人 Loy Hooks 在 11 月 15 日，因汽車意外事故而死亡。惟保險公司於 11 月 17 日始審查要保申請書，嗣後簽發一張 11 月 21 日生效的保險單寄予被保險人。該保險的受益人向保險人請求保險給付遭拒，遂以申請書之說明「保險單一經簽發，立即生效」、「就如同你的申請是在公司的總部獲得批准一樣，你的保險單立即生效，並且寄送給你」等字樣為據，主張在要保申請書寄出的時候，保險即發生效力，提起本件訴訟。法院首先採取以「被保險人的合理期待」為解釋契約生效的標準，並認定：在透過郵購指南銷售保險的情形，假若可以合理期待在要保申請書附上應付的保險費寄發時，保險契約立即發生效力，則對於保險契約即應為如此解釋，除非有相反的約定，且該約定十分平白、清楚地為被保險人所明知。

⑵將暫時性保險契約規定在保險通則，對於各種保險一律適用，只有郵購或遠距通訊訂定的保險契約除外❶。

⑶關於暫時性保險的保險費──依照正式保險單應支付保險費比例計算。2008年德國保險契約法第50條：「在正式保險契約簽訂前，保險人請求要保人支付暫時性保險的保險費者，僅得就暫時性保險期間依照正式保險單應支付保險費的標準比例請求。」

⑷暫時性保險契約的內容──除另有交付的條款及條件外，以保險人訂約時通常使用的條款為準；通常條款有數組時，若有疑義，以最有利於要保人的為原則。參考2008年德國保險契約法第49條第2項：「保險契約訂立時，保險的一般條款及條件未送交要保人者，若沒有相反的明示約定，保險人訂約時通常使用的條款構成暫時保險整體的一部分。通常使用的條款有數份而應該適用何份有疑義時，應以訂約時保險人所使用數份條款中最有利於要保人的一份，構成暫時性保險整體的一部分。」

⑸暫時性保險效力的開始與終止──原則上從繳納保險費開始，到正式保險契約生效為止。

　A.從繳納保險費起生效──2008年德國保險契約法第51條：「暫時性保險，以保險人另外以書面或在保險單中以顯著的註明告知為條件，自繳納保險費後開始生效。」、「任何違背第1項的規定致不利於要保人的約定，都被禁止。」

　B.暫時性保險的終止──2008年德國保險契約法第52條：「暫時性保險，於要保人訂定承保範圍相似的正式保險契約或其他暫時性保險契約生效時，終止效力。要保人所簽訂的正式保險契約或其他暫時性保險契約須待繳納保險費才生效力，且保險人已經另外以書面或在保險單中以顯著的註明告知要保人須繳納保險費契約始生效力以及其法律效果者，暫時性保險的效力於要保人拒絕繳納或遲延繳納（正式保險契約或其他暫時性保險）保險費時，失其效力，不適用第一句的規定。」、「第1項的規定於要保人與其他保險人訂立正式保險契約或其他暫時性保險契約之情形不適用之。要保

---

❶ 2008年德國保險契約法第49條第1項最後一句除外規定，將符合德國民法第312b條的第1項及第2項透過郵購或遠距通訊訂定的保險契約排除在外。

人應該及時將訂立契約之事實通知前保險人。」、「要保人，依第 8 條的規定撤銷保險契約❷⓿或依照第 5 條第 1 項及第 2 項的規定❷❶提出異議通知，且未與訂立暫時性保險的保險人訂立正式保險契約者，暫時性保險契約於保險人收到上述撤銷或異議通知時，失去效力。」、「保險契約為不定期契約時，當事人都可以不訂預告期間而終止保險契約。但保險人終止契約的表示須待要保人收到終止的通知後二星期才生效力。」、「任何違反第 1 項至第 4 項的規定致不利於要保人的約定，保險人都不得主張。」

貳　保險契約的法律性質

保險契約的法律性質可從不同面向說明：

一、債權契約

法律行為，以其是否發生債權債務關係為內容，或是直接促使物權發生、變更或消滅為標準區分，可分為債權契約與物權契約，而保險契約就是債權契約。

債權契約，是債權行為的一種，是以發生債權、債務關係為內容的法律行為，例如：買賣契約，是以出賣人發生請求給付價金的債權及移轉標的物所有權的債務、以買受人取得請求交付或移轉標的物所有權的債權及給付價金的債務為內容的法律行為，但買賣契約的成立及生效本身並不直接促使價金、買賣標的物的所有權發生、變更或消滅，因此買賣契約是債權契約。

物權契約是物權行為的一種，是以直接促使權利發生、變更或消滅為內容的法律行為，例如：移轉土地所有權的行為、設定抵押權、塗銷地上權的行為等都是。

保險契約只能於保險人與要保人間發生債權債務的關係，也就是保險人對要保人有請求給付保險費的債權，保險人於保險事故發生前有承擔危險的債務，於

---

❷⓿ 依照德國保險契約法的規定，要保人可以在保險契約訂定後 14 日內以書面撤銷保險契約，詳細請參考德國保險契約法第 8 條第 1 項、第 2 項。

❷❶ 依照德國保險契約法第 5 條，大意是：如果要保人所收到的保險單與要保人的要保申請書或雙方合意的內容有變更（不同或偏離）時，以保險人履行「明確標示內容變更之處」，且告知要保人「若不於收到保險單後一個月內向保險人以書面提出異議，視為要保人同意其變更」程序為前提，客觀上若要保人也未於一個月內就保險單的變更以書面提出異議，則視為要保人同意保險單的變更。

保險事故發生後，有依約為保險給付的債務。保險契約並不能直接促使權利發生、變更或消滅，因此**保險契約也是債權契約的一種，而不是物權契約。**

二、有償契約

契約，以當事人的給付是否有**對價關係**為標準區分，可分為有償契約與無償契約。當事人的給付有對價關係的，為有償契約，例如：買賣契約、租賃契約。當事人的給付沒有對價關係的，則是無償契約，例如：使用借貸。二者區別的實益在於**有償契約原則上準用民法關於買賣的規定，債務人須盡善良管理人的注意標準履行債務，負的是抽象輕過失的責任**；反之，在無償契約，債務人只要與處理自己事務同一的注意標準履行債務就可以，負的是具體輕過失責任。

保險契約的要保人必須給付保險費，保險人必須承擔危險，並於保險事故發生之後為保險給付，二者相互間構成對價關係，因此保險契約是有償契約，當事人履行債務都必須盡善良管理人的注意標準，負的是抽象輕過失責任。須注意者，保險契約不但是有償契約，而且是「強制性的有償契約」，必須有要保人給付保險費的約定，保險契約才有效力。保險契約，約定免除要保人給付保險費的義務者，該保險契約全部無效。

三、典型的雙務契約或非典型的雙務契約

契約，以當事人是否**互相負有對價給付義務**為標準區分，可分為雙務契約與片務契約。當事人互負對價給付義務的契約，稱為雙務契約，例如：買賣契約、互易契約。僅一方負有給付義務，他方不負對待給付義務的契約，稱為片務契約，例如：贈與契約是。

雙務契約，以對價給付的對象是否剛好就是契約當事人的不同，又可以分為典型的雙務契約與非典型的雙務契約。典型的雙務契約，當事人彼此互負對待給付的義務，例如：要保人以其所有的轎車向保險人投保車體險，以自己為被保險人，由於要保人就是被保險人，因此是典型的雙務契約；又例如：要保人投保健康保險，指定自己為受益人，要保人與受益人是同一個人，因此是典型雙務契約。

非典型的雙務契約，當事人雖因契約成立生效而負有給付義務，但並非彼此互負對待給付義務，而是契約當事人一方負給付予他方的義務，而他方卻負有給

予第三人的義務，例如：在抵押物的火災保險，要保人是抵押人，但指定抵押權人為被保險人；又例如：要保人投保死亡保險，指定其妻為受益人。此時，要保人與受益人為不同之人，因此是非典型雙務契約。

保險契約原則上是典型的雙務契約，例外有時則是非典型的雙務契約。

四、不確定契約（射倖契約）

契約，依**對待給付義務是否確定發生**，可以分為確定契約與不確定契約。確定契約指契約成立生效時，當事人彼此的權利義務就已經確定。不確定契約，是契約成立生效時，當事人彼此的權利義務發生與否還未確定，須視約定的不確定事實（保險事故）是否發生、何時發生及發生的情況而定。保險契約成立生效時，要保人固然確定負有給付保險費的義務，但是保險人是否負有保險給付義務？若負有保險給付義務，其金額又若干？則須等待不確定的事實發生，才能確定，因此保險契約是不確定契約。

所謂**「不確定事實」，原則上是指保險事故尚未發生，且其發生與否也不確定而言，包括「將來是否發生」以及「將來雖確定會發生，但發生的時間不確定」兩種情形。**前者例如火災保險，火災是否發生不確定；後者例如終生死亡保險，人固有死，只是何時死亡不得而知而已。若就已經發生的危險或已經消滅的危險為保險，就違背了保險契約最大善意原則，應該無效❷。但例外情形，也有就「客觀上已經發生或已經消滅，但為當事人所不知悉」的保險事故，投保保險者，稱為「追溯保險」，此種情形，多見於海上保險的貨物險及船體險。追溯保險，多有：「不論保險事故發生與否，概予理賠條款」的約定，即使訂約時客觀上海上保險事故已經發生（例如：貨物險，貨物已經沉入海底）或危險已經消滅（例如：船體險，船舶已經入港停泊），只要當事人都是善意，該保險契約仍然有效。

保險與賭博 (wager) 同樣具有射倖性 (aleatory)，但是何以法律賦予保險契約以法律效力，甚至還規定強制投保某種保險，但是卻只賦予賭博以自然債務的效力，刑法甚至將之懸為屬禁，科以刑罰？其原因是：賭博旨在僥倖得利，賭博的獲利或損失純粹是因為賭注引起，賭贏者不但無損失且獲得意外之財，賭輸者血本無歸，傾家蕩產，不論賭贏或是賭輸，都是從安定走向不安定；而保險則迥異

---

❷ 參照最高法院 92 年台上字第 2009 號判決。

於此,保險的損失是因為保險事故發生所致,保險的目的在承擔風險及彌補損失:在保險事故發生之前,保險賦予被保險人或受益人安全感,在保險事故發生之後,在實際損失的限度內,損害獲得全部或一部的填補,是從不安定走向安定。保險與賭博都具有射倖性,但是發生的效果,卻完全不同,因此,法律對保險與賭博的評價,當然有異。賭博與保險之不同可以下圖示之:

【賭博】

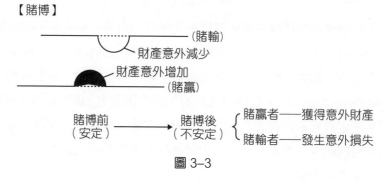

圖 3-3

上圖表示,在賭博,賭輸的人,財產意外地減少;賭贏的人,財產意外地增加,不論是意外地減少或是意外地增加,都是對既存狀態的改變,都是「從安定走向不安定」。

【保險】

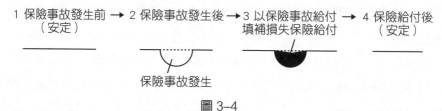

圖 3-4

上圖表示被保險人原本是在安定的狀態,後來發生了保險事故,發生損失,「從安定走向不安定」。若已經投保保險,則保險給付可以全部或一部填補損失,因此被保險人的財產又恢復或部分恢復到保險事故發生前的情況,「從不安定又回復到安定」,因此,保險是「從不安定走向安定」。

五、諾成契約

契約，依其是否**以標的物的交付為成立要件**，可區分為諾成契約與要物契約。諾成契約，契約的成立以當事人意思表示合致為要件，不以交易標的物的交付為要件；要物契約，契約的成立，除當事人意思表示合致外，還必須交付標的物，才能成立。從立法政策言，為了促進交易敏活及維護契約自由原則，契約成立，以諾成契約為原則，以要物契約為例外。

要物契約的緣起，主要是為了保護無償契約當事人中只負擔義務而不享受權利的一方。因為在無償契約，例如：使用借貸、無償消費借貸、無償寄託契約等，契約成立生效後，片面地有利於契約當事人中的借用人、借貸人、寄託人，也同時片面地不利於契約當事人中的出借人、貸與人、受寄人，因此法律特別規定：「非至完成標的物之交付，契約不成立」，因為契約不成立，當然也就不生效力；契約既然不生效，自然不會發生權利義務關係，從而該當事人也就不會受到拘束。法律藉要物契約理論來緩和只享受權利不負擔義務與只負擔義務不享受權利「倚輕倚重」的法律效果。在要物契約的理論下，使用借貸的出借人、無償消費借貸的貸與人、無償寄託契約的受寄人在標的物交付之前，即使有要約承諾意思表示的合致，契約也還未成立，不負擔任何法律義務。此時，出借人、貸與人或受寄人的法律上義務，固然不會發生，但是道德上背信棄義的譴責也不能避免，法律是道德的較低標準，於此可見。

保險契約不是無償契約，在立法政策上無須刻意阻止或避免權利義務的發生，因此應該採「諾成契約」說，換句話說，保險契約的「成立」，不以要保人繳納保險費為必要，但保險契約的「生效」，是否以交付保險費為必要，可由當事人自由約定，惟實務上多約定保險契約須待交付保險費之後，才能生效。

六、不要式契約

契約，依其成立是否**以踐行一定的方式**為必要，可分為要式契約與不要式契約。要判斷保險契約究竟是要式契約或是不要式契約，必須先明瞭要式契約與不要式契約的意義、法律將某些契約定位為要式契約，卻將另外其他契約定位為不要式契約的緣由、以及違反要式契約規定的法律效果。

（一）要式契約與不要式契約的意義

要式契約的成立，以踐行一定的方式為必要的，稱為要式契約，至於該應該踐行的「一定方式」，內容如何，則視契約的種類而定，有以「做成書面」為一定方式者，例如：不動產之移轉或設定❷、兩願離婚❷、夫妻財產制的訂立、變更或廢止❷、收養子女❷、終止收養子女❷等是；還有以「做成書面以外的方式」為一定方式者，例如：拍賣，以拍賣官 (auctioneer) 的拍板行為或其他慣用方法為一定方式❷；結婚，以做成書面、二人以上的證人簽名，並應由雙方當事人向戶政機關為結婚的登記為一定方式❷等是。

不要式契約則只須當事人意思表示合致，契約就可以成立，不需要踐行一定方式。基於契約自由原則，契約，除法律另有規定或當事人另有約定者外，都是不要式契約，也就是以不要式契約為原則，以要式契約為例外。

（二）立法政策將某些契約規定為要式契約的理由

法律之所以規定某些契約的成立，以踐行一定方式為要件，其立法理由不外：

1.保留證據，明確當事人的權利義務關係

對於交易標的物價值昂貴、或契約的履行期間是長期性的，都規定必須做成書面，以釐清權利歸屬，並避免因歲月久遠，權利義務的內容模糊化，而萌發糾紛。例如：不動產的移轉或設定、終身定期金契約的訂立、夫妻財產制的訂立、變更或廢止、兩願離婚契約的訂立、收養子女契約的訂立、終止收養子女契約的訂立等是。

2.向社會大眾公開宣示，避免法律關係的混淆

法律規定某些法律行為必須踐行一定方式的另一個原因，是要向社會公開宣示，並釐清法律效果，例如：結婚，以做成書面、二人以上的證人簽名，並應由

---

❷ 民法第 758 條。
❷ 民法第 1050 條第 2 項。
❷ 民法第 1007 條。
❷ 民法第 1079 條第 1 項。
❷ 民法第 1080 條第 2 項。
❷ 民法第 391 條。
❷ 民法第 982 條第 1 項。

雙方當事人向戶政機關為結婚之登記、拍賣須由拍賣人以拍板或其他慣用的方法為之等，前者是透過婚姻登記，明確男已婚、女已歸，家庭堡壘必須受到尊重，不得介入破壞；後者是透過拍定行為，在眾多參與競買者中，確定何人出價最高，而為買受人。

（三）法律行為違背要式規定的效力

要式行為的一定方式，其由來及內容，有的來自「法律」的規定，有的來自「當事人的約定」。違反法律的規定與違反當事人的約定，其法律效果不同：

1.違反法律關於要式之規定者，原則上契約不成立、無效

法律行為，依法律規定應以一定方式為之，而不依法定方式者，無效。但法律另有規定者，不在此限❸。法律規定須依一定方式者，通常在貫徹立法政策，因此，法律行為違反法律規定之方式者，無效，這裡所謂無效，其實是「因為契約不成立，所以才無效」。但是法律行為違反法律規定之方式，而立法政策上可以轉換為其他效力者，則不使之無效。例如：民法第 422 條：「不動產之租賃契約，其期限逾一年者，應以字據訂立之。未以字據訂立者，視為不定期限之租賃。」，依本條規定，不動產租賃契約之期限逾一年者，雖應以字據訂立，但違反本條的規定，並非契約不成立，而是轉換成不定期限的租賃。

2.違反當事人關於要式之約定者，推定契約不成立

法律行為，依當事人的約定須以一定方式為之，而未履行此一方式者，該契約並非不成立，而是「推定」契約不成立而已。主張契約已經成立的當事人，仍可以舉證證明契約確已成立，此觀民法第 166 條：「契約當事人約定其契約須用一定方式者，在該方式未完成前，推定其契約不成立。」之規定可知。

（四）保險契約宜定位為不要式契約

保險契約究為要式契約或是不要式契約，學者主張不同：

1.要式契約說

主張保險契約為要式契約者，其理由主要根據保險法第 43 條：「保險契約，應以保險單或暫保單為之。」的規定，實務上也有採要式契約之見解者❸。

---

❸　民法第 73 條。

2.不要式契約說

主張保險契約為不要式契約者，認為保險契約是契約的一種，於當事人的意思表示合致時，契約就可以成立，不以簽發保險單或暫保單為必要，最能符合具體、及時的需要。換句話說，只要要保人同意交付保險費，保險人同意承保其危險，雙方意思表示合致，保險契約就已經成立，並不以作成保險單或暫保單為要件❸2。保險法第 43 條的規定只是對保險業（保險人）的「訓示規定」，並非強制規定。

徵諸保險實務，保險契約的效力，確也有始於簽發保險單之前的需要❸3，法院裁判也承認其效力。且參考保險法施行細則第 4 條第 2 項：「財產保險之要保人在保險人簽發保險單或暫保單前，先交付保險費而發生應予賠償之保險事故時，保險人應負保險責任。」，若財產保險的保險人已收受保險費而發生保險事故，即使暫保單或保險單尚未簽發，保險契約也已經成立生效，若發生保險事故，保險人仍然必須給付保險金。總之，保險契約的成立生效並不以簽發暫保單或保險單為成立要件。

以上要式契約說與不要式契約說，見解不同，各持之有據，究以何者為是，應予釐清。按何種契約應定位為要式契約，何種契約應為不要式契約，是國家基於該契約的性質，從立法政策考慮所作的決定，並非放諸四海皆準的真理。猶如前述，法律規定要式契約的背後因素通常是：

第一：權利義務複雜，期間久遠，非以書面為之，不足以明確當事人的權利義務。

第二：法律關係應向社會大眾公開宣示，以避免法律關係混淆者。

凡有上述情形之一者，宜將該契約定位為要式契約，反之，無上述情形者，仍可定位為不要式契約，以便利契約的訂立。

就此而論，保險契約原則上可定位為不要式契約，主要理由是：

(1)雖然慣例上保險人都於訂約前或訂約後簽發暫保單或保險單，但不簽發暫保單或保險單，也不至於發生權利義務內容的混淆。隨著電子科技的進步，保險

---

❸1 最高法院 70 年台上字第 2818 號判決。

❸2 最高法院 76 年台上字第 595 號判決。

❸3 例如：強制汽車責任保險，常於驗車同時投保強制險，並立即生效。保險單日後補寄。

公司多將保險契約存放在電子資料庫，拷貝存檔，不簽發保險單，投保戶可以上網閱讀各種保險契約條款，並沒有權利義務因歲月久遠而模糊化的疑慮。

⑵保險契約所涉及的當事人或關係人十分單純：保險契約的當事人只有保險人、要保人，最多還涉及被保險人及受益人，不涉及社會大眾，性質上並無向社會大眾公開宣示的必要。

⑶有些保險，因時間急迫，若簽發暫保單或保險單契約才能成立，常不符實際需要，例如：旅行平安保險、貨物運送保險等，基於時間的要求，若必須等待簽發暫保單或保險單之後，保險契約才可以成立，常常不能切合實際的需要。

基於以上理由，**保險契約原則上應該採不要式契約說；在保險單電子資料庫普遍化前，對於長期或終生壽險可以例外採要式行為說。**

七、最大善意契約

保險契約既然是射倖契約，其前提就必須建立在當事人最大的善意及誠實上。**保險人是否接受要保人的要約，以及如何計算保險費，都是根據要保人的說明作為主要的判斷基礎。**保險法第 64 條第 1 項規定：「訂立契約時，要保人對於保險人之書面詢問，應據實說明。」，第 2 項：「要保人故意隱匿或遺漏不為說明，或為不實之說明時，足以變更或減少保險人對於危險之估計者，保險人得解除契約；其危險發生後，亦同。」，即規定要保人的據實說明義務。若當事人的說明欠缺誠實及善意，則保險費的估計及風險的承擔都將建立在不正確資訊的基礎上，保險就成了爾虞我詐的制度，這與分攤危險、尋求安定的宗旨相違反。

要保人不但有據實說明義務，而且對其所承諾履行的義務，也應絕對遵守。所謂「**承諾履行的義務**」，是指在法定義務、基本條款約定的義務以外另外承諾的義務，保險法稱之為「**特約條款**」。透過特約條款的履行，保險不但可以知悉過去的風險因素、知悉現在的風險狀況、而且可以預測將來風險發生的大小，進而採取措施，控制將來的風險，使保險人承擔風險的大小與收受保險費的多寡相當，構成對價的平衡。特約條款的內容由當事人約定，凡與保險契約有關的一切事項，不問過去、現在或將來，均得約定之❸❹。例如：透過被保險人「過去」種牛痘疫苗的承諾，可以預測被保險人沒有感染天花的風險；透過要保人「現在」建築物

---

❸❹ 保險法第 67 條。

內沒有儲存汽油、火藥的承諾，可以預測該建築物現在及將來沒有汽油燃燒、火藥爆炸的風險；透過要保人「將來（例如：訂約後三個月內）」裝置自動噴水設備的承諾，可以控制該建築物發生火災的風險等等。特約條款承諾的義務，在當事人間，「視為」重要，因此當事人對特約條款所約定的義務，應該嚴格履行，當事人一方違背特約條款時，他方即得解除契約，其危險發生後，亦同。保險法為民法之特別法，民法第 148 條第 2 項：「行使權利，履行義務，應依誠實及信用方法。」的規定，於保險契約應一體適用，且其標準更高。

八、重視當事人性質或不重視當事人性質的契約

保險契約以是否重視當事人的性質區分，可以分為：

（一）重視當事人性質的保險契約

有些保險契約比較重視當事人的性質，實務上常限制契約主體的變更，例如：火災保險契約就是重視當事人性質的保險契約，因為不同的房屋所有人，注意能力不同，守法程度不同，房屋的用途不同，風險的高低也不同。保險契約不適合隨保險標的物的移轉而移轉，因此不適合採用「債權法定移轉，債務法定承擔」的立法政策。

（二）不重視當事人性質的保險契約

有些保險契約不重視當事人性質，實務上多許可變更契約主體，例如：海上貨物運送保險契約，是不重視當事人性質的保險契約，因為承運船舶只要具備適航性及適載性，實際上是甲運送人承運或乙運送人承運，對海上貨物損失險的當事人風險基本上相同。保險契約適合隨著保險標的物的移轉而移轉，可以採用「**債權法定移轉，債務法定承擔**」的立法政策，使保險的保障持續、無縫接軌。

保險法第 18 條規定：「被保險人死亡或保險標的物所有權移轉時，保險契約除另有訂定外，仍為繼承人或受讓人之利益而存在。」，原則上採取「債權法定移轉，債務法定承擔」的立法，適合不重視當事人性質的保險契約，例外得依本條除外規定，以不同的約定排除「債權法定移轉、債務法定承擔」的適用，因應重視當事人性質的保險契約的需要，回歸民法第 297 條及第 301 條的一般原則。簡

單說，在法律體系上，保險法第 18 條的規定是民法第 297 條及第 301 條的特別規定，但例外情形，當事人得以特約排除本條前段的規定，回歸民法第 297 條、第 301 條之一般性規定，其情形可以下圖說明之：

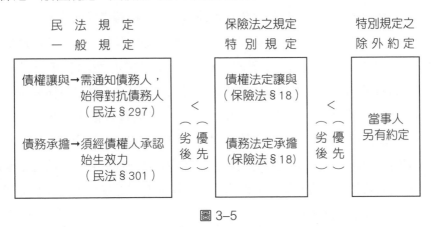

圖 3-5

關於保險法第 18 條的批評及修正建議，請參考本書第 410 頁以下。

參　保險契約的解釋

一、保險契約多由定型化契約條款與個別商議契約條款組成

保險契約，從其契約條款是定型化條款或個別商議條款區分，可分為三類：完全以定型化約款組成❸、完全以個別商議條款組成❻，以及由定型化約款加上個別商議約款組成。其中以第三類定型化約款條款與個別商議契約條款共同組成者，最為常見，例如：旅行平安保險的保險單第 1 條約定：「本保險單條款、附著之要保書、批註及其他約定書、均為本保險契約的構成部分。」，保險單條款為定型化約款，要保申請書、批註及其他約定則為個別商議條款。

（一）定型化契約條款

定型化契約條款，有的是保險人自行擬訂的，有的則是產物保險同業公會或

---

❸ 例如：壽險公司在機場以自動販賣機出售的意外保險，旅客只丟入保險費，保險契約內容百分之百由壽險公司以定型化條款方式預先擬訂，沒有商談餘地。

❻ 例如：影星的美容手術保險契約、火箭發射保險契約等。

人壽保險同業公會擬定而為保險人採用的，不論如何，都須經目的事業主管機關的審核通過，才可以作為訂立契約的基礎，保險法第 144 條及保險商品銷售前程序作業準則訂有明文。但保險業違反須經審查，才可簽發保險單的規定，不會影響該保險單私法上的效力，只是保險業可能遭受主管機關處罰而已。

從保險契約的當事人區分，可以分為「**消費者保險契約**」與「**商業性保險契約**」。只有消費者與保險公司為主體的保險契約，而且是定型化契約時，才有消費者保護法的適用，並適用消費者保護法第 11 條之 1：「企業經營者與消費者訂立定型化契約前，應有三十日以內之合理期間，供消費者審閱全部契約條款內容。」、「違反前項之規定者，其條款不構成契約之內容，但消費者得主張該條款仍構成契約之內容。」保險契約的主體若是保險公司與商人❸❼，不論是定型化契約或是個別商議契約都沒有消費者保護法上開條文規定之適用，但若為定型化契約仍受民法第 247 條之 1 規制。

2008 年德國保險契約法不分消費者保險契約或商業性保險契約，原則上都規定 14 天的猶豫解除期間❸❽。2008 年德國保險契約法第 8 條：「要保人得於十四天內撤銷保險契約。要保人撤銷權的行使應以書面向保險人為之，無須說明理由，只要在期限內寄發信件就可以。」、「前項撤銷契約的期間從要保人接到下列書面文件之時起算。」

---

❸❼ 例如：營造廠投保營造人責任保險、商人投保商品製造人責任保險、船公司投保運送人責任保險。

❸❽ 德國保險契約法關於保險單持有人撤銷保險單的規定在下列情形不適用：

(1)保險期間不滿一個月的保險契約。

(2)暫時性保險，除非暫時性保險是符合民法第 312b 條 (1)(2) 規定的異地交易契約（按：在此指郵購或其他電子交易下訂立的保險契約）。

(3)依僱用契約約定條件的養老基金保險契約，除非該養老金契約是符合民法第 312b 條 (1)(2) 所規定的異地交易契約。

(4)本法第 210 條第 2 項所定的巨大危險之保險契約。

在保險單持有人行使撤銷權前，應保險單持有人的明示請求保險契約已經全部被履行者，保險單持有人的撤銷權消滅。儘管有本條第 2 項第一句的規定，在電子商務情形，撤銷權期間於民法第 312b 條 (1) 的第一句義務被履行之前，不開始進行。

本法附錄以文件形式被使用時，其依照本條第 2 項第一句第 2 點的通知視為符合法律的要求。保險人得改變範本格式為文件形式以及改變套印文字的大小，但必須符合第 2 項第一句第 1 款的規定，也可以增加諸如公司名稱、保險人的標誌等附加資料。

1. 保險單以及契約條款

包括：保險的一般條款及條件，及依第 7 條第 1 項、第 2 項規定的其他資訊❸❾。

2. 關於撤銷權的明確文字說明以及撤銷的法律效果

包括：清楚地告知要保人的權利、採用通訊方法的要求、撤銷權行使對象的姓名、文件寄送的地址、撤銷權期間開始的記載，及本條第 1 項第二句的文義❹❶。

由於現代保險，要保人可以事先從網路閱讀到保險契約全文、在消費者保險契約與商業保險都一樣以定型化條款為締約基礎、都有充裕時間閱讀約款內容的交易環境，德國的規定，較為符合實際。

（二）個別商議約款

個別商議約款，是保險人與要保人，在定型化約款之外，透過商議，個別訂定的契約條款。由於保險標的物不同、保險期間不同、保險條件不同以及控制風險需要的不同，定型化條款不能完全契合個案的需要，因此實務上，基於契約自由原則，在不違背法律強制或禁止規定的條件下，容許當事人以個別商議方式，另行約定，構成保險契約的一部分。

定型化條款與個別商議條款的**初步判斷是以外形為準**，也就是外形上是印刷體，不論是由商人或企業主僱請律師草擬，或第三人草擬而由商人或企業主選用，只要是供作與不特定多數人訂立契約之用者，都「推定」是定型化條款。反之，凡是當事人透過自由意思商量訂定，不論是以書寫或打字的外形出現，都屬於個別商議條款。但是，**印刷的外形只是「推定」為定型化條款而已，沒有最終確定的效力**，保險人若能舉證證明其就某個印刷條款，已經向相對人（消費者或商人，

---

❸❾ 德國保險契約法第 7 條第 1 項規定保險人訂約前的書面說明義務等，第 2 項規定授權聯邦司法部制定保險人應該提供的定型化條款內容以及告知要保人的撤銷權等。

❹❶ 即「要保人撤銷權的行使應以書面向保險人為之，無須說明理由，只要在期限內寄發信件就可以。」；德國保險契約法第 9 條：「保險單持有人依第 8 條第 1 項之規定撤銷契約者，保險人已依照第 8 條第 2 項第一句第 2 款之規定告知保險單持有人有撤銷權、撤銷的法律效果、應分擔的保險費、且保險單持有人同意保險的保障在撤銷權期間屆滿之前開始者，只就收到撤銷通知書後的期間之保險費負返還義務。保險費的返還不得不合理地遲延，最遲應該從收到撤銷的通知起 30 天內為之。保險人所附的附註未載明第 8 條第 2 項第一句話者（即：保單持有人行使解除期間的起算），應退還保險第一年的保險費，但是保險單持有人已經本於保險契約請求給付者，不適用之。」

也就是潛在的要保人）解釋、表示有退讓或修改的彈性、而相對人同意維持印刷條款者，該印刷條款就轉換為個別商議條款**❹**。

二、解釋原則

保險契約的解釋原則，應該視保險契約條款是定型化條款或個別商議條款而適用不同的解釋原則：

（一）定型化契約條款的解釋原則

1.解釋的前階階段

⑴美國

定型化條款的解釋，美國法院的判決直接引用「合理期待原則 (reasonable expectation rules)」，直接進入解釋階段，適用定型化約款的解釋原則。

⑵德國

依照德國民法，必須先經過三道程序，才進入適用解釋原則階段。

A.判斷定型化條款是否訂入契約**❹**

主要判斷因素包括：應該提醒相對人注意，相對人有閱讀的機會，且不可以是異常條款，即「根據情況，特別是根據契約外觀，一般交易條款中的條款如此地不尋常，以致使用人的相對人無須考慮的，不構成契約的組成部分。」

B.定型化條款已經訂入契約者，應該判斷定型化條款是否有效**❹**

C.未訂入契約部分或無效部分，應以法律的相應規定補充之**❹**

經過以上三道程序之後，才進行定型化條款的解釋。

---

❹ BGB 305(1).

❹ BGB 305、305a、305b、305c.

❹ BGB 306a、307、308、309. 德國民法對定型化條款的規制分三個層次，列舉一些絕對無效的條款、列舉一些相對無效的條款（也就是必須經過評價之後，才能決定是否無效的條款），最後還有概括的禁止規定——沒有列舉條款的名稱，但是可以以違背合理性為理由，認定無效，此為概括規制，主要是避免掛一漏萬。

❹ BGB 306，定型化約，不適用民法所謂法律行為一部無效者，原則上全部無效的規定，而是適用契約中某個條款無效時，只有該條款無效，其他部分還是有效，只是該無效條款，應該以法律的相應規定補充之。

2.解釋原則

⑴定型化契約之內容，須依可能訂約者的一般合理了解為解釋❹。

⑵約款用語有疑義時，應為不利於約款使用人（保險人）的解釋❹。舉例如下：

---

❹ 請參照本書第一章「滿足合理期待原則」之說明。關於合理期待原則，亦不得依個人主觀，任意擴張，我國最高法院 84 年台上字第 132 號判決，該判決載：「再審原告之亡父簡○○為赴大陸旅遊，投保旅行平安保險，其保險單包括『○寶人壽個人旅行平安保險要保書』（下稱要保書）及『○寶人壽旅行平安保險』二部分，均已標明係投保『旅行平安保險』。此種保險乃因旅行在外，較居家欠缺平安保障，為分散旅行意外事故所致之身體傷害與醫療費用危險而設置。『○寶人壽旅行平安保險』第 1 條既明定：『本保險單及本保險契約所載的條款、聲明、或批註以及和本保險契約有關的要保書、及其他約定書，都是本保險契約的構成部分』，而要保書於目的地欄填載為『大陸』，交通工具欄內填載『飛機、汽車、火車、輪船』，顯然系爭保險契約係就被保險人簡○○乘坐上開交通工具赴中國大陸旅行為保險，所承保之危險，自應以簡○○因赴中國大陸旅行發生之意外事故為限，並非保險契約有效期間內發生之意外事故，保險人均應負理賠責任。簡○○係赴大陸旅遊返臺二日後，始在其住家附近之大漢溪溺斃，並非赴大陸旅遊期間發生意外，亦非準備赴大陸旅遊期間發生危險，與系爭保險契約承保之保險事故即無關聯，雖在旅行平安保險有效期間內，再審被告亦無依保險契約給付保險金之義務。」的見解，可供參考。

❹ 最高法院 92 年台上字第 2710 號判決：「按保險契約率皆為定型化契約，被保險人鮮有依其要求變更契約約定之餘地；又因社會之變遷，保險市場之競爭，各類保險推陳出新，故於保險契約之解釋，應本諸保險之本質及機能為探求，並應注意誠信原則之適用，倘有疑義時，應為有利於被保險人之解釋（保險法第 54 條第 2 項參照），以免保險人變相限縮其保險範圍，逃避應負之契約責任，獲取不當之保險費利益，致喪失保險應有之功能，及影響保險市場之正常發展。」

最高法院 92 年台上字第 2066 號判決：「保險制度之目的，在於自助互助，共同分擔危險。保險法第 98 條雖規定：『要保人或被保險人，對於保險標的物，未盡約定保護責任所致之損失，保險人不負賠償之責』，然於保險契約未具體約定要保人或被保險人之『保護責任』者，即應依該法第 54 條第 2 項規定，以作有利於被保險人之解釋為原則。」

採取相同見解者，尚有最高法院 92 年台上字第 646 號判決：「按保險契約之解釋，應探求契約當事人之真意，不得拘泥於所用之文字；如有疑義時，以作有利於被保險人之解釋為原則，保險法第 54 條第 2 項定有明文。而定型化契約如有疑義，應為有利於消費者之解釋，消費者保護法第 11 條第 2 項亦規定甚明。依兩造所簽訂之系爭保險契約第 2 條規定，本件保險契約顯係傷害保險。而傷害保險人於被保險人遭受意外傷害及所致殘廢或死亡，負給付保險金之責，保險法第 131 條第 1 項定有明文。上開保險單於附表所列之殘廢程度與保險金給付表所列之 28 項殘廢程度及給付比例中，雖未將視野之障礙列為殘廢等級，惟對照衛生署公布之身心障礙等級表中，就視覺障礙部分

A. Vlastos v. Sumitomo Marine & Fire Insurance Co. (Europe), Ltd. 一案

本案的法律事實是：

原告 Vlastos 以其所有之四層樓建築物，向本案被告 Sumitomo Marine & Fire Insurance Co. (Europe), Ltd.❹投保火災保險。保險單的特約條款約定第三樓由 Vlastos 的管理人居住。在本案實際上，第三樓的一部分被出租給第三人。嗣不幸發生火災，建築物遭焚毀，原告提出保險給付的請求，但是為被告所拒絕，拒絕的理由是被告違背了關於第三層樓由被保險人的管理人居住的特約條款。原告提起訴訟請求。

在第一審的審理過程中，法院指示陪審團，該約款的意思是「管理人的占有須是獨占的、排他的」。根據法院的指示，陪審團做成駁回原告請求的決定。原告提起上訴。

主要的法律爭點是：

保險單的特約條款約定保險標的物的某特定部分由某人占有，若不是由該人「獨自」或「排他」地占有時，是否構成特約條款的違反，而契約無效？（按：在我國是否構成特約條款的違反，而構成解除契約的理由）。

上訴法院的判決及法律見解：

本案上訴審法官 Adams, J. 做成撤銷原判決的決定，原判決需進一步審理。其指出：在特約條款約定保險標的物的某特定部分由某特定人占有（居住），若該占有非由該特定人獨自、排他地為之，並不構成特約條款的違反而無效。因為關於占有是否必須是「獨占的」，契約並沒有明確界定，這點有歧義，依照賓夕凡尼亞州的法律，應做有利於原告的解釋，而且法院有適用此一解釋原則的義務。本案需進一步審理的是：到底管理人有沒有住在第三樓？陪審團必須決定此一爭點。假若此一爭點沒有爭議，則本案應為有利原告（被保險人）的判決。

區分為重度、中度、輕度等級，並分別就視力及視野障礙情形有不同規定以觀，適足表示被上訴人於推出上開定型化保險契約及製訂附表時確未臻周詳而有疏失，該疏失係可歸責於被上訴人之事由。原審竟以上開附表未將視野部分之障礙列入殘廢程度，自非約定保險事故，並推測上訴人之視野障害所致之殘廢程度不在評估之風險範圍，被上訴人不負給付保險金額之義務等詞，而為上訴人不利之判決，自屬可議。」

❹ 707 F. 2d 775 (3rd Cir. 1983).

B. Rusthoven v. Commercial Standard Insurance Company 一案❽

本案的法律事實是：

原告 Rusthoven 受僱駕駛牽引車時，由於不明車輛所造成的意外事故，發生車禍，身體受傷。這輛牽引車是原告的雇主承租來的。本案被告，也就是保險公司，簽發了牽引車的保險單，雇主是被保險人。保險契約承保的範圍包括雇主自己所有的、以及雇主所承租的，在保險事故發生的時候，總共有 67 輛。

保險單有三份批單，內容有矛盾。其中的一份批註記載：一個事故的理賠最高限額是每人美金 25,000 元，另外的二份批註的理賠總限制是 25,000 元。地方法院及上訴法院都認定，最高 25,000 元的總限制是保險單唯一的合理解釋。原告提起上訴。

主要的法律爭點是：

定型化契約條款有疑義時，是否應作不利於約款起草人的解釋？

上訴法院的判決及法律見解：

承審法官 Yetka, J. 做成如下的判決：定型化契約條款有疑義時，應作不利於起草人的解釋。本案確實涉及約款有歧義的情形。在契約法，有一個長久存在的解釋原則：那就是約款的疑義應作不利於約款起草人解釋的原則，這個原則對於諸如保險契約一類的定型化契約特別有其適用。這一個解釋原則很確定可以適用於保險契約。因此，假若保險單的約款出現了兩個歧義，則在不超越被保險人合理期待的範圍內，應該作最有利於被保險人的解釋 (It must be given the meaning most favorable to the insured as long as not beyond the reasonable expectations of the insured.)。在本案，依照其中兩份批單的記載，責任總限制是 25,000 元；但依照另一份批單的記載計算，責任總限制是 67 輛車，每一輛一人，每人 25,000 元，總限額應該為 1,675,000 元，這點並沒有逾越被保險人合理期待的範圍 (the reasonable expectations of the insured)。因此，應該認定總限額為 1,675,000 元為是。本案上訴法院的判決應予撤銷❾。

---

❽ Supreme Court of Minnesota, 387 N.W. 2d 642 (1988).

❾ See also, Gray v. Zurich Ins. Co., 65 Cal. 2d 263 (1966).

C. Vargas v. Insurance Company of North America 一案❺⓪

本案的法律事實是：

Khurey 與本案被告北美保險公司訂有航空保險契約，保險契約約定的保險事故範圍包括在美國本土、美國管轄地、加拿大、墨西哥所發生的事故或意外。保險單附有一份批單，將保險的空間範圍擴大到巴哈馬群島 (the Bahama Islands)。

1977 年 12 月 23 日，Khurey 及其家人從邁阿密起飛，於經過海地飛往波多黎各的途中，在波多黎各西方 25 英里的地方，因飛機落海失事而死亡。保險人拒絕保險給付，理由是事故的發生地點並不在波多黎各（按：波多黎各為美國的管轄地）的領海範圍內，因此飛機摔落地點並不在保險單所約定的地域範圍內 (the policy territory limits)，地方法院做成簡式判決，判決保險人勝訴。被保險人不服，提起上訴。

上訴法院的判決及法律見解：

上訴法院法官 Sofaer 的判決指出：保險契約約款有疑義時，應作最有利於被保險人，最不利於保險人的解釋。保險人負有舉證證明保險單的用字 (words) 及表達 (expressions) 只有一個可以被接受的公平解釋之義務。

在系爭保險單，可以被接受的公平解釋是：保險範圍應該涵蓋 Khurey 的全部航程，因為契約當事人都知道，保險範圍涵蓋領土之間的全部航行，而此一航行必須飛越領水範圍之外。既然飛機是在保險單所承保範圍的啟航地、目的地的合理直線上飛行，則可以說飛機發生事故的地點是在「預期的限制範圍內」。

據上所述，保險單所欲承保者是涵蓋前往「保險單空間約款」所訂範圍內不同地點之間的合理途徑 (to cover reasonable routes to the locations covered by the policy's territory clause)。由於保險單有用語疑義之處，因此必須作不利於保險人的解釋，原審有利於保險人的判決應予撤銷。

⑶同一文件上，書寫、打字與印刷的文字內容衝突時，書寫文字的效力最優先，打字文字效力次之，印刷文字效力居後。

⑷同一文字均為印刷文字時，文件開始、末端、邊緣的約款，其效力優先於文件中央部分約款的效力。

---

❺⓪ 651 F.2d 838 (2nd Cir. 1981).

（二）個別商議契約條款的解釋原則

1. 契約文字意思明確時，應該按照文字表面意思解釋。

2. 契約文字意思不明確時，應該探求當事人的真意，不得拘泥於所用的辭句❺，應該注意以下諸點：

(1)應該注重意思表示的目的性及法律行為的和諧性，著重各個法律行為及當事人具體妥當性的追求❺。

(2)必須斟酌交易習慣，依照誠實信用原則而為解釋❺。

(3)保險契約的內容並非專以保險單或暫保單的記載為據，倘當事人對於其記載的真意有所爭執，應憑過去事實及其他一切證據資料以為判斷，不得拘泥於保險單或暫保單的文字❺。

3. 契約文字意思不明確，且無法探求當事人真意時，應該作不利於擬約者的解釋。

（三）定型化約款與個別商議約款內容衝突的解釋

保險契約的定型化約款與個別商議約款的內容假若不相衝突，而且相互銜接，相互補充，就不發生何種契約條款效力優先的問題。假若定型化約款與個別商議約款的內容發生衝突，此時就涉及何種契約條款效力優先的問題。

個別商議契約條款與定型化契約條款的內容衝突時，個別商議契約條款的效力優先。惟保險法第 54 條第 1 項特別規定：「本法之強制規定，不得以契約變更之。但有利於被保險人者，不在此限。」，因此只有個別商議條款有效的情形下，才有比較個別商議條款與定型化條款效力何者優先的問題。假若個別商議條款根本無效，就無需比較其與定型化條款效力孰先孰後。應特別注意，實務上保險單的定型化條款不乏承襲自保險法的強制規定，也就是保險法的強制規定被引用成為定型化條款，此時該定型化條款，表面上是契約條款，實際上仍然是法律的強

---

❺ 民法第 98 條。

❺ 施啟揚，民法總則，2005 年，第 232 頁。

❺ 德國民法第 157 條。

❺ 最高法院 87 年台上字第 2031 號判決。

制規定，個別商議條款不得抵觸該條款，否則個別商議條款無效，既然無效，就不會定型化。

定型化條款發生競合問題，搭配保險法第 54 條第 1 項的規定，個別商議契約條款在下述情形，根本不發生效力，也就不發生效力優先於定型化契約條款問題，應注意及之：

1. 個別商議契約條款變更定型化契約條款。
2. 被變更的定型化契約條款實際上是法律的強制規定。
3. 個別商議契約條款變更定型化契約條款的結果不利於被保險人。

（四）修法建議

鑑於保險契約常由定型化約款與個別商議約款組成的事實；鑑於定型化約款，應該依照其使用對象群的一般合理了解或合理期待為解釋；鑑於個別商議契約的解釋，於有疑義時，應該探求訂約當事人的真意；再鑑於擬約者應該承擔契約疑義的不利益的法理，保險法第 54 條第 2 項：「保險契約的解釋，應探求契約當事人的真意，不得拘泥於所用的文字；如有疑義時，以作有利於被保險人解釋為原則。」，應該做如下修正：

1. 保險契約之定型化條款之解釋，應依其使用對象群的一般合理了解或合理期待為之。
2. 保險契約之個別商議條款之解釋，應該探求契約當事人之真意，不得拘泥於所用之文字。
3. 同一保險契約之個別商議條款與定型化條款的內容矛盾時，個別商議條款的效力優先。
4. 保險契約中的印刷條款，推定其為定型化條款。定型化條款如經過當事人討論，且保險人或使用人確有接受修改的真意，而相對人同意使用該條款，即使未修改，該印刷約款亦轉變為個別商議約款。主張印刷約款為個別商議約款者，須負舉證責任。
5. 第 1 項及第 2 項之情形，如有疑義時，應作不利於條款擬定人或使用人之解釋。

（五）修正理由

1.保險契約通常由定型化條款與個別商議條款所組成，其解釋原則不同，應該分別規定，以期正確。

2.保險契約之定型化條款，應該依照條款的使用對象群的一般合理了解或是合理期待解釋之，爰訂定第 1 項。

3.保險契約之個別商議條款，應該探求當事人之真意而為解釋，不得拘泥於所用的文字，爰訂定第 2 項。

4.個別商議條款既然是經過當事人合意而訂定，自然比較契合當事人的真意，因此若是同一保險契約中的個別商議條款與定型化條款內容有矛盾的情事，個別商議條款的效力自當優先，爰增訂定第 3 項。

5.保險契約中的書面印刷條款，推定其為定型化條款。若定型化條款，經過當事人討論，且保險人或使用人一方確有接受修改的真意，而相對人仍同意使用該條款，則該書面印刷條款即轉變為個別商議條款。但是主張某書面印刷條款為個別商議條款者，必須就上開事實負舉證責任，爰訂定第 4 項。

6.保險契約的定型化條款，探求其使用對象群的一般合理了解後，若還有疑義，或個別商議條款，探求當事人真意後，若還有疑義，都應該做不利於擬約者的解釋。若條款是由第三人起草，而為當事人一方（使用人）所選用時，則由於使用比較有充裕時間仔細閱讀，且會選擇有利於自己一方的條款或範本，因此有疑義時，應該做不利於使用人之解釋，因此增訂第 5 項。

肆　保險契約的基本條款

保險契約的定型化條款，依照究竟是各種保險的共同條款，或只是某種保險的共同條款，可以分為「**共同基本條款**」及「**種類基本條款**」。

共同基本條款就是各種保險契約都必須具備的基本條款，是各種保險條款的最大公約數，依保險法第 55 條規定，保險契約的共同基本條款包括：「一、當事人之姓名及住所。二、保險之標的物。三、保險事故之種類。四、保險責任開始之日時及保險期間。五、保險金額。六、保險費。七、無效及失權之原因。八、訂約之年月日。」

種類基本條款是該種保險條款，除了共同基本條款以外，另外還必須具備的最大公約數，亦即指只有特定種類的保險契約所共同的、其他種類的保險契約無需約定的條款。不同種類的保險，其種類基本條款並不相同，例如：陸空保險，應載明保險法第 87 條所列事項；誠實的保證保險應載明保險法第 95 條之 2 所列事項；債務不履行的保證保險應載明保險法第 95 條之 3 所列事項；人壽保險應載明保險法第 108 條所列事項；健康保險應載明保險法第 129 條所列事項；傷害保險應載明保險法第 132 條所列事項；年金保險應載明保險法第 135 條之 2 所列事項。

須注意者，保險契約必須同時載明「共同基本條款」及「種類基本條款」❺，例如：人壽保險契約，應該記載保險法第 55 條所列事項（共同基本條款）及保險法第 108 條所列事項 （種類基本條款）。假若人壽保險附加健康保險或是傷害保險，則須依照附加的種類的不同，分別附加記載保險法第 129 條或第 132 條所列事項。

伍 保險契約的變更與恢復效力

保險法第 56 條規定：「變更保險契約或恢復停止效力之保險契約時，保險人於接到通知後十日內不為拒絕者，視為承諾，但本法就人身保險有特別規定者，從其規定。」，本條規定旨在促請保險公司就要保人變更契約或恢復停止效力的請求，儘快答覆。保險法第 56 條之通知，法律並未定其格式及名稱，凡送交文書之內容合乎法律規定意旨者，均應認定其為該條所稱之通知❻。本條的規定，只適用於「要保人」變更保險契約或恢復停止效力之保險契約的情形，對於「保險公司」變更保險契約內容或變更收取保險費方式，不適用之，換句話說，變更保險契約內容或變更保險費收取方式，除非獲得要保人同意，否則不生效力。

本條的規定對於人壽保險並不適用，理由有三：一是人壽保險的對象個別差異極大，且因時日的經過，而有不同的風險，有詳為調查的必要❼；二是人壽保險的保險金額，經常很大，避免保險公司承受太大的風險；三是保險法第 116 條

---

❺ 保險法關於共同基本條款與種類基本條款的區分，並非完全沒有重疊性，修法是可以檢討。在修正前，擬定定型化條款時，重疊部分應該擇一，以免贅言。

❻ 最高法院 69 年台上字第 329 號判決。

❼ 臺灣高等法院 90 年保險上字第 10 號。

有特別規定，依照該條規定，人壽保險之保險費到期未交付者，除契約另有訂定外，經催告到達後逾三十日仍不交付者，保險契約之效力停止❺❽，停止效力之保險契約，於停止效力之日起六個月內清償保險費、保險契約約定之利息及其他費用後，翌日上午零時起，開始恢復其效力。要保人於停止效力之日起六個月後申請恢復效力者，保險人得於要保人申請恢復效力之日起五日內要求要保人提供被保險人之可保證明，除被保險人之危險程度有重大變更已達拒絕承保外，保險人不得拒絕其恢復效力❺❾。保險人未於前項規定期限內要求要保人提供可保證明或於收到前項可保證明後十五日內不為拒絕者，視為同意恢復效力❻⓿。

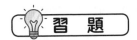
習 題

一、選擇題

1.在由代理人代理訂立的追溯保險，下列關於判斷要保人一方是否善意的敘述，何者正確？

(A)只考慮要保人是否善意。

(B)只考慮要保人的代理人是否善意。

(C)必須同時考慮要保人及其代理人是否善意。

(D)必須考慮要保人、其代理人或其他利害關係人是否善意。

2.因可歸責於要保人之事由而保險費未給付或第一期的保險費未給付而發生保險事故時，下列關於保險人保險給付義務的敘述，何者正確？

(A)沒有保險給付義務。

(B)沒有保險給付義務，且可以撤銷契約。

(C)有保險給付義務。

(D)有保險給付義務，但是可以扣除積欠的保險費。

<hr />

❺❽　保險法第 116 條第 1 項。

❺❾　保險法第 116 條第 3 項。

❻⓿　保險法第 116 條第 4 項。

3. 下列關於保險契約性質的敘述，何者正確？

(A)諾成契約、不要式契約。

(B)要物契約、要式契約。

(C)諾成契約、要式契約。

(D)要物契約、不要式契約。

4. 依照我國相關法律的規定，下列關於要保人就定型化保險契約條款審閱期間的敘述，何者正確？

(A)就消費者定型化保險契約條款，有三十天以內的合理審閱期間，違反者，其條款不構成契約內容，但是消費者得主張該條款仍構成契約之內容。

(B)就定型化保險契約條款，不論是否為消費者定型化保險契約，都有三十天以內的合理審閱期間，違反者，其條款不構成契約內容，但是要保人得主張該條款仍構成契約之內容。

(C)就消費者定型化保險契約條款，有三十天以內的合理審閱期間，違反者，消費者得解除契約。

(D)就定型化保險契約條款，有三十天以內的合理審閱期間，違反者，要保人得解除契約。

5. 傷害保險契約約定，本保險契約只承保鎖骨的脫臼或骨折，被保險人在騎馬時，自馬上失足跌下，骨骼受傷。下列關於保險人有無理賠義務的敘述，何者正確？

(A)因為只發生骨骼傷害，沒有發生脫臼或骨折，因此無理賠義務。

(B)因為契約約定的用語明確，不適用合理期待原則，因此無理賠義務。

(C)即使契約用語明確，仍然適用合理期待原則，保險人有理賠義務。

(D)有疑義時應作有利於被保險人的解釋，因此保險人有理賠義務。

6. 水電工責任保險契約約定「承保範圍不包括工作完成之後，因使用所發生的損失。」，且該約定與其他不相關的條款安插在一起。下列關於該「承保範圍的除外約定」效力的敘述，何者正確？

(A)構成異常條款❻，該條款不構成契約的一部分。

---

❻ 即美國法上的 surprising clause，德國民法也有相類似的規定。

⒝有效。

⒞得撤銷。

⒟得解除。

7.律師責任保險單約定承保範圍包括「保險期間內，因執行業務過失，得對其請求之損害賠償」，若保險人與律師對於承保範圍解釋不同，下列敘述，何者正確？

　⒜只包括保險期間內，律師執行業務過失，且已經賠償客戶的損失者。

　⒝只包括保險期間內，律師執行業務過失，應該賠償客戶，經判決或和解確定者。

　⒞只包括保險期間內，律師執行業務過失，應該賠償客戶，且客戶已經起訴請求者。

　⒟包括保險期間內，律師因執行業務過失損害客戶的賠償，即使該客戶在保險期間屆滿之後，才行使請求權，只要還沒有消滅時效，都在責任保險的理賠範圍內。

8.下列關於保險人所簽發的保險單內容與要保人提出的要保申請書內容不同時的法律效果的敘述，何者正確？

　⒜契約不成立，保險單成為保險人對投保戶的新要約。

　⒝依照保險單的內容成立契約。

　⒞以保險人在保險單明顯標示保險單與要保申請書不同之點，告知要保人若不同意，可以在收到保險單後一個月內以書面表示異議，而要保人未表示異議為條件，依照保險人簽發的保險單的內容成立契約；若保險人未明顯標示不同之點或未通知要保人異議之期限者，則視為依照要保申請書的內容成立保險契約。

　⒟依照要保申請書的內容成立保險契約。

9.根據我國保險法的規定，下列關於保險人，於保險契約訂立前，已收受保險費，若發生保險事故，保險人是否有保險理賠義務的敘述，何者正確？

　⒜財產保險應負理賠責任；人壽保險以保險人同意承保為限，應負理賠責任。

　⒝人壽保險應負理賠責任；財產保險以保險人同意承保為限，應負理賠責任。

　⒞財產保險及人壽保險，都應負理賠責任。

　⒟財產保險及人壽保險，都不負理賠責任。

二、問答題

1. 生產 IC 晶片的甲電子工廠，向乙保險公司投保火災保險。由於保險金額龐大，又涉及高度專業知識，因此要保人應保險人之請求，由要保人自行起草附加條款，經保險人同意後，連同保險人所提供的火災保險基本條款釘在一起，蓋了騎縫章，共同構成保險契約。其後，在保險期間內發生火災。但是雙方當事人對於火災保險基本條款及附加條款各有一段文字解釋不同，發生疑義。試問：

　(1)火災保險基本條款的文字疑義與附加條款的文字疑義之解釋方式各如何？

　(2)保險法第 54 條第 2 項規定：「保險契約之解釋，應探求契約當事人之真意，不得拘泥於所用之文字；如有疑義時，以作有利於被保險人之解釋為原則。」試就上例評論本條項的立法得失。（94 年，司法官）

2. 某大遊覽公司就其所有之數十部遊覽車，向某保險公司投保責任保險，並由該遊覽公司起草部份契約條款，構成保險契約的一部份。適因其中某一約款發生解釋疑義，提起訴訟。承審法官依保險法第 54 條第 2 項：「保險契約之解釋，應探求契約當事人之真意，不得拘泥於所用之文字；如有疑義時，以作有利於被保險人之解釋為原則。」之規定，將該條款疑義之不利益，歸於保險人，而為不利於保險人之判決。試從司法觀點與立法觀點評論之。（92 年，臺大法研所）

3. 要保人填妥要保申請書，交給保險人之後，若保險人回函表示同意承保，但蓋上須要保人繳納第一期保險費才能生效的文字。請問：保險契約是否已經成立？試分可能發生的不同情況回答之。

4. 無代理權而以代理人身分訂立保險契約，效力如何？本人的承認時間有無限制？

5. 保險公司業務員利用職務之便，冒用投保戶名義，以其手中持有的投保戶保險

單，向保險公司質借金錢，其法律效果如何？

6. 保險法施行細則第 4 條第 3 項規定：「人壽保險人於同意承保前，得預收相當於第一期保險費之金額。保險人應負之保險責任，以保險人同意承保時，溯自預收相當於第一期保險費金額時開始。」請問：

⑴本項規定對於傷害保險是否也適用？

⑵本項規定對於人壽保險附加傷害保險是否有其適用？

⑶若保險人在為同意承保的表示前，因知悉保險事故已經發生，因而故意拒絕承保，保險人是否有為保險給付的義務？

7. 保險契約是要式契約或是不要式契約？試從我國法院的實務見解以及契約法的理論分析說明之。

8. 保險契約的主體有商人與消費者者，也有商人與商人者，試舉例說明之。又由於保險契約主體性質的不同，定型化契約條款的規制理論或解釋理論有無不同？

9. 以印刷方式呈現的契約條款，是否都是定型化契約條款？定型化約款的內容若是與個別商議約款的內容衝突時，何者之效力優先？試說明之。

10. 保險契約是最大善意的契約，試舉保險法的主要相關規定加以說明。

第四章

保險契約的主體、關係人及輔助人

保險契約的主體，指保險契約的當事人，包括要保人 (the applicant) 及保險人 (the insurer)。保險契約的關係人，係指雖然不是保險契約的主體，但保險契約的訂立、保險契約效力的維持及保險事故的發生與之有利害關係之人，包括：被保險人 (the insured)❶及受益人 (the beneficiary)❷。

在財產保險，絕大多數情形，訂立保險契約的要保人同時就是保險事故發生可以請求保險給付的被保險人，例如：汽車車體保險，要保人是汽車的所有人，保險事故發生，可以請求保險給付的被保險人也是汽車所有人，要保人與被保險人就是同一個人；只有少數情形，要保人與被保險人是不同的兩個人，例如：抵押物的火災保險，要保人是抵押物所有人（抵押人），發生保險事故可以請求保險給付的被保險人卻是抵押權人（銀行），要保人與被保險人就是不同的兩個人，因為抵押人（債務人）向抵押權人（債權人）借錢，以抵押物設定抵押權擔保，且就抵押物投保火災保險。火災事故一旦發生，保險人所給付的保險金無異於就是抵押物的化身，抵押權人於其存在的債權範圍內，有受領的權利。其他在動產抵押權的保險、航空器抵押權的保險、船舶抵押權的保險也都會有要保人與被保險人分屬不同一人的現象。

在人身保險，訂立契約的要保人，保險事故是否發生以之為準的被保險人、與保險事故發生後可以請求保險給付的受益人，可能為同一個人，也可能分別為不同之人，須視情況而定。例如：在生存保險，要保人可以以自己為被保險人，且指定自己為受益人，此時要保人、被保險人與受益人是同一個人；又如：要保人以自己為被保險人投保死亡保險，指定其妻及子女為受益人，此時要保人與被保險人是同一個人，但是受益人卻是要保人（被保險人）以外之人；又再例如：要保人以其妻子為被保險人投保死亡保險，指定其子女為受益人，此時要保人、被保險人與受益人分別是三個或三個以上不同之人。

保險輔助人，其本身雖然不是保險契約的主體，也不是保險契約的關係人，但其功能**可以輔助保險契約的訂立、幫助保險契約權利的行使、協助保險契約義**

---

❶ 此處所謂被保險人包括在財產保險，保險事故發生，可以請求保險給付的被保險人，以及在人身保險，保險事故是否發生，以其為準的被保險人。

❷ 此處所謂受益人指人身保險，保險事故發生，可以向保險人請領保險給付之人。商場上常常不分財產保險或人身保險一律將保險事故發生可以受領保險給付的人都稱為受益人，與保險法的用語有差異。

務的履行，以及促進保險業務的健全發展。保險輔助人包括：保險代理人、保險經紀人、保險業務員、保險特約醫師、損失理算人、海事鑑定人及海損理算人。

壹 保險契約的主體

保險契約的主體包括要保人與保險人。分述如下：

一、要保人

要保人，指對保險標的具有保險利益，向保險人申請訂立保險契約，並負有繳納保險費義務之人❸。由於一般將保險視為商品，因此習慣上將要保人稱為購買人 (purchaser)❹。

（一）要保人的資格

要保人的資格，必須具備二個要件：

1.必須有「權利能力」

凡具有權利能力者，不論為自然人或法人；其為法人者，也不論是社團法人或是財團法人，都可以做為保險契約的要保人。但再保險契約的要保人須為原保險契約的保險人，也就是只限於社團法人（例如：保險公司與保險合作社），不包括財團法人。

要保人是否必須具有行為能力，學者見解不一：有認為必須具有行為能力者；也有認為只必須具備權利能力，其有無行為能力，在所不問者。按照我國法律體系，民法的規定可以適用於保險法，因此無行為能力人，保險契約可以由法定代理人代理訂立；限制行為能力人，經過法定代理人事先允許或事後承認，也可以訂立保險契約。因此，要保人只須具備權利能力，是否具有行為能力，可以不問的觀點，較為符合我國法律體制。

2.必須有「保險利益」❺

為了貫徹保險原則上是以填補被保險人因保險事故發生所致損失的宗旨，並

---

❸ 保險法第 3 條。

❹ 我國保險界，有時稱為投保人，或稱為保單持有人。

❺ 關於保險利益的意義，請參照本書第五章。

防止道德危險，保險法規定要保人❻對於作為保險標的之財產、責任（財產保險）或被保險人（人身保險）必須有保險利益。

關於要保人對於保險標的是否需要有保險利益，學界有不同觀點：

在財產保險，要保人與被保險人❼是同一人，或在人身保險，要保人與受益人❽是同一人的情況，法律規定要保人對於保險標的必須有保險利益，無異於就是規定財產保險的被保險人對於保險標的或人身保險的受益人對於被保險人必須有保險利益，二者沒有什麼不同。換句話說，在此種情況下，從填補損失或防止危險的觀點，要保人對於保險標的（財產保險）或被保險人（人身保險），必須具有保險利益，學界已經有共識。

學者沒有共識的是財產保險的要保人與被保險人是不同之人、人身保險的要保人與受益人是不同之人時，要保人對於保險標的（財產保險）或被保險人（人身保險）是否必須有保險利益？關於此點，有不同的見解：

甲說：要保人不需有保險利益，但被保險人（財產保險）或受益人（人身保險）需有保險利益說：此說主張財產保險的被保險人對於保險標的（為了貫徹填補損失原則）、人身保險的受益人對於被保險人固然必須有保險利益（為了防止道德危險），但是不論財產保險的要保人對於保險標的，或是人身保險的要保人對於被保險人都不需有保險利益，因為要保人既然不是財產保險的被保險人、既然不是人身保險的受益人，就不會因保險事故的發生而獲得保險給付，不會有道德危險。因此要保人對於保險標的物或被保險人，就沒有具有保險利益的必要❾。我國實務有判決採此種見解❿。

---

❻ 參照保險法第 3 條，但從預防道德風險的觀點，這裡的要保人，應該修正為財產保險的被保險人或人身保險的受益人。

❼ 所謂「被保險人」就是財產保險的保險事故發生，可以受領保險金的人。

❽ 所謂「受益人」就是人身保險的保險事故發生，可以受領保險金的人。

❾ 鄭玉波，保險法論，三民書局，2003 年，第 67–69 頁。

❿ 最高法院 92 年台上字第 1994 號判決：「又中華商銀為被保險人，附表一、二所示借款人為要保人，保險費由要保人即借款人繳納，為兩造所不爭執，且有保險單可按。是系爭保險契約屬於保險法第 45 條第 1 項所定為他人利益之保險，堪可認定。準此，關於保險利益存在於何人，應自被保險人即中華商銀認定之，要保人即附表一、二所示借款人無須有保險利益。」

乙說：財產保險的要保人及被保險人對保險標的、人身保險的要保人及受益人都必需有保險利益說：此說主張不但財產保險的被保險人對於保險標的（為了貫徹填補損失原則）、不但人身保險的受益人對於被保險人固然必須有保險利益（為了防止道德危險），而且財產保險的要保人對於保險標的、人身保險的要保人對被保險人都必須有保險利益❶。

以上二說，各持之有據。持平而論，從防止道德風險的觀點，甲說的觀點較為可採。但從訂約過程，善盡據實說明義務、特約條款的遵守義務、危險增加通知義務、危險發生通知義務等觀點，乙說也持之有據。法律的生命在於經驗，不在於邏輯。填補損失、防止道德危險固然重要，訂約過程的綿密可行也非常重要，因此財產保險的要保人及被保險人對保險標的、人身保險的要保人及受益人被保險人都必須有保險利益的見解，在理論及實務上比較可行。若財產保險的要保人對於保險標的、人身保險的要保人對被保險人完全沒有保險利益，在要保時，如何填寫要保申請書？在保險人核保時，如何配合核實資料？也因此，要保人無保險利益而投保，不論財產保險或是人身保險，實務上絕少發現，關於要保人對於保險標的無需有保險利益的爭執，恐怕只流於學理的探討，實際益處不大。

（二）要保人的權利義務

要保人是保險契約權利義務的主體，其權利與義務之內容主要如下：（詳細請參考本書第七章，即第 200 頁以下。）

1.權　利

要保人的權利，可以說明如下：

⑴在要保人同時是財產保險的被保險人或人身保險的受益人的情形，保險事故發生後，可以請求保險金

在財產保險，於保險事故發生後，所得的請求的保險給付，不但不超過「保險金額」❷，且不超過「實際損害額」❸。而人身保險中的生存保險、死亡保險或生存死亡兩合保險，於保險事故發生後，要保人則可以依照「約定的保險金額」請求定額給付。

---

❶　參照王浦傑，保險法基本問題研究，新保成，1993 年。

❷　保險金額是保險期間，保險人所負責任的上限。

❸　財產保險是以填補損失為目的，故保險人的保險給付不得超過實際損失額。

⑵**以保險單質借或解除契約請求解約金**

在資本性人壽保險（儲蓄性人壽保險），包括「生存死亡兩合保險」及「終身死亡保險」，保險費付足一年以上者，要保人得以保險單為質，設定證券質權，向保險人借款。保險人於接到要保人之借款通知後，得於一個月以內之期間，貸給可得質借之金額⓮。又同樣在資本性的人壽保險，在符合法定條件而必須返還保單價值準備金或解除契約時，要保人得分別請求返還保單價值準備金或解約金⓯。

在要保人同時是被保險人的死亡保險，保險契約若沒有指定受益人，於保險事故發生時，其保險金額作為被保險人的遺產⓰，屬於「被保險人的繼承人」所公同共有，此種保險金既然是遺產，就應該被課徵遺產稅。相對地，在要保人同時是被保險人的死亡保險，而保險契約已經指定其繼承人為受益人的情形，則受益人的受領保險金，是因為保險事故發生，直接從保險人獲得的保險給付，該保險給付（保險金）從未屬於被保險人（被繼承人）所有，不屬於遺產的範圍，因此不應徵收遺產稅。

2.義　務

⑴**繳納保險費義務**

要保人的首要義務，就是繳納保險費。保險人對於保險費可否強制請求，視財產保險與人身保險——嚴格地說，視填補損失性質的保險與非填補損失性質的保險——的不同而異：

A.財產保險

財產保險為諾成契約，保險契約因當事人的合意就可以成立，假若沒有附條件或附期限，契約也就隨即生效，此時，若要保人未繳納保險費，保險人可以依據保險契約訴請給付。相對地，假若保險契約約定以繳納保險費為生效條件，則在要保人繳納保險費前，保險契約還沒有生效，保險人也就無從依據保險契約請求要保人繳納保險費。

實務上，由於財產保險多為「短期險」，且多約定以繳納保險費為契約的生效要件，因此絕少發生保險費的強制請求問題。因為假若以繳納保險費為契約的生

⓮ 參照保險法第 120 條。

⓯ 保險法第 109 條第 1 項、第 3 項、第 117 條第 3 項、第 121 條第 3 項、第 119 條。

⓰ 保險法第 113 條。

效要件，則在要保人繳納保險費前，保險契約只是成立而未生效，保險人自無從依據保險契約請求繳納保險費的法律基礎，要保人不繳，保險人又不得請求，最終可能導致保險契約長期處於「成立而未生效」的狀態，解決此一問題的方法，似可以仿照德國保險契約法的規定，賦予保險人撤銷權或做擬制撤銷的規定❶。

　B.人壽保險

　要保人繳納保險費的義務，若是怠未履行，保險人可否提起訴訟，強制要保人履行，可分資本性保險與非資本性保險說明如下：

　(A)資本性保險

　例如：終身死亡保險、生存死亡兩合保險，其保險事故必有發生之時，因此保險費數額較大；但是由於資本性保險，具有「儲蓄及投資」的性質，而儲蓄或投資都必須出於要保人的自願，不可以強迫，因此其保險費不得強制請求。資本性保險是傳統型保險的一種，與投資型保險不同❶。

　(B)非資本性保險

　例如：生存保險、定期死亡保險，其保險事故未必發生，因此保險費數額較小。非資本性保險，沒有儲蓄的性質，理論上或可強制請求，但是事實上，由於保險費較為低廉，一般多為一次給付，並於交付保險費之後，契約才發生效力。在要保人給付保險費前，保險契約只是成立但還未生效，權利義務還沒有發生，保險人無法依據保險契約請求給付保險費。保險契約，若長期處在成立而未生效的狀態，可能發生要保人於發現需要時，才突然繳交保險費，使保險人處於逆選擇的不利狀態。解決之道，似亦可仿照德國保險契約法的立法方式，賦給保險人以撤銷權，使保險人得撤銷該已成立而未生效的契約，或是在保險法訂定擬制撤銷的規定❶。

---

❶ 參照 1908 年德國保險契約法第 38 條第 1 項：「假若第一期或是唯一的一期保險費沒有依照約定時間給付，在保險費還沒有給付之前，保險人有權撤銷契約。保險費到期日後三個月內，沒有向法院開始提起訴訟請求保險費者，視為撤銷。」

❶ 資本性保險與投資型保險不同：資本性保險是保險具有儲蓄的性質，只要按照約定繳納保險費，將來必定有領回之日。投資型保險，同時具有保障與投資的功能，就保障言，一旦保險事故發生，保險人負有保險給付義務，具有普通保險的功能，但是就投資而言，投資的盈虧自負，必須專設帳簿，專設帳簿內之保單投資資產，由保險公司個別帳戶管理，依照保險法規定，該筆資產在保險公司破產時，保險公司的債權人不得扣押或追償。

我國保險法第 117 條第 1 項規定：「保險人對於保險費，不得以訴訟請求交付。」，並未區分「資本性保險」與「非資本性保險」，該條保險費究竟只指資本性保險的保險費，或兼指非資本性保險的保險費？究竟是指第一期及第二期以後的保險費，還是只指第二期以後的保險費？有加以澄清的必要。

首先，從保險法的規範言，本條的適用沒有特別限定在資本性保險，則形式上保險法第 117 條第 1 項應同時適用於「資本性保險」及「非資本性保險」。但是從法律上規定保險費不得提起訴訟請求的原意來解釋，保險法第 117 條第 1 項應該只適用在「資本性保險」，不包括「非資本性保險」，此點有待立法修正確認。

其次，從保險實務言，該條所規定的保險費是指「第二期以後的保險費」而言，第一期的保險費應該不在其內[20]。主要理由是：

依照立法原義推求，保險人對於保險費雖然可以請求，只是因為儲蓄或投資必須建立在自願的基礎上，所以不得以訴訟強制請求。換句話說，法律的規範意旨，是肯定保險人有可以行使的請求權。然而，為什麼保險人已經有請求權呢？那是因為要保人已經給付第一期保險費（保險實務，繳納保險費是保險契約的生效要件），保險契約已經生效，權利義務已經發生。因此，保險法第 117 條第 1 項的立法是針對要保人已經交了第一期保險費，保險人是否得以訴訟請求第二期以後的保險費而規定的。該條的「保險費」三個字，解釋上自然不包括第一期保險費。

C.健康保險或傷害保險

健康保險及傷害保險都不具有儲蓄性質，保險法第 130 條、第 135 條也都沒有健康保險、傷害保險準用保險法第 117 條第 1 項的規定，因此理論上健康保險、傷害保險的保險費，保險人得以訴訟請求。但是由於此類保險契約多約定以繳納保險費為契約的生效要件，要保人給付保險費前，保險契約只成立而未生效，因此第一期保險費不得強制請求。至於第二期以後的保險費，始有強制請求的適用。要解決「契約成立而未生效」的問題，依然可以仿照前揭 1908 年德國保險契約法，以立法方式賦予保險人撤銷權或訂定擬制撤銷的條文。

---

[19] 參照 1908VVG §38(1)。

[20] 有主張包括第一期及第二期以後的保險費，主張此說者的主要理由是認為人壽保險契約是要物契約，在第一期保險費交付之前，契約還沒有成立，當然就還沒有生效，權利義務還沒有發生，自然無從以訴訟請求。

⑵繳納保險費義務代為履行

　　繳納保險費的義務人雖然是要保人，但利害關係人可否代繳？保險法的規定，並不完備。在人壽保險，保險法第 115 條規定：「利害關係人，均得代要保人交付保險費。」，但在財產保險、傷害保險或健康保險，保險法並無明文規定。所以漏未規定，原因之一可能是：財產保險、健康保險或傷害保險，要保人、被保險人或受益人經常是同一個人，常態情形，並沒有其他的利害關係人，既然沒有其他利害關係人，自然也就不發生由利害關係人代繳保險費的問題。

　　但是常態之下，要保人、被保險人或受益人是同一個人，意味著會有例外，不論是理論上或實務上，在財產保險、健康保險或傷害保險，也一樣都會發生要保人、財產保險的被保險人、人身保險的受益人不同的情形，都會有「利害關係人」得否代繳的問題，只是此種情形比較少而已。例如：在財產保險，房屋所有人以其房屋設定抵押權予銀行，向銀行借款，依消費借貸契約的約定，房屋所有人有義務以房屋為標的物，向保險人投保火災保險，並指定銀行為被保險人。此時，火災保險的當事人分別是保險人與要保人，被保險人是抵押權人——銀行雖為第三人，但卻是利害關係人。若要保人怠於給付保險費，銀行自得以利害關係人的身分代為給付保險費。又如：在雇主為受僱人的利益，以受僱人為被保險人暨受益人，投保傷害保險的情形，保險契約的主體是保險人與要保人，受僱人不是契約主體，但卻是利害關係人。倘若要保人遲未交付保險費，受僱人自得以利害關係人的身分代為給付保險費。

　　詳言之，保險法是民法的特別法，保險法無規定者，應適用民法的規定。故保險法雖無明文規定，但可以依據民法第 311 條的規定代為清償。因此，在人壽保險，利害關係人固然可以依照保險法第 115 條的規定代繳保險費。在其他種類的保險，利害關係人一樣可以依民法第 311 條：「債之清償，得由第三人為之。但當事人另有訂定或依債之性質不得由第三人清償者，不在此限。」、「第三人之清償，債務人有異議時，債權人得拒絕其清償，但第三人就債之履行有利害關係者，債權人不得拒絕。」的規定代繳保險費，除非契約另有約定，否則保險人不得拒絕。

二、保險人

保險法第 2 條規定：「本法所稱保險人，指經營保險事業之各種組織，在保險契約成立時，有保險費之請求權；在承保危險事故發生時，依其承保之責任，負擔賠償之義務。」，因此保險人的權利，就是收取保險費，保險人的義務就是承擔風險，負擔理賠。

（一）保險人的種類

保險人以其成立是否以保險法為依據可以分為：

1.一般保險人

一般保險人指依照保險法成立的保險公司及保險合作社[21]。

2.特殊保險人

特殊保險人是指依照特別法成立，而非依照保險法成立的保險人。主要包括：

⑴公教人員保險、軍人保險：依公教人員保險法[22]、軍人保險條例[23]的規定，原來指定為中央信託局承辦，中央信託局保險部改為臺銀人壽之後，則以臺銀人壽為保險人。

⑵勞工保險：以勞工保險局為保險人[24]。

⑶簡易人壽保險：以中華郵政公司為保險人[25]。

⑷再保險：以中央再保險公司為保險人[26]。

⑸全民健康保險：以中央健康保險局為保險人。

（二）嚴格成立程序

保險業是一種準金融業，保險業的財務是否健全，影響到大眾權益的保障以及金融秩序的安定，因此法律對於保險業的成立，有十分嚴格的規範：

---

[21] 保險法第 136 條。

[22] 公教人員保險法第 5 條。

[23] 軍人保險條例第 4 條。

[24] 勞工保險條例第 5 條。

[25] 簡易人壽保險法第 3 條。

[26] 舊中央再保險公司條例第 5 條（93 年 6 月 23 日廢止）。

1.保險公司的設立採許可主義

保險人的設立，採許可主義，必須先經目的事業主管機關金融監督管理委員會核准，才可以辦理登記。保險法第 137 條第 1 項規定：「保險業非經主管機關許可，並依法為設立登記，繳存保證金，領得營業執照後，不得開始經營。」，保險法第 12 條規定：「本法所稱主管機關為金融監督管理委員會，但保險合作社除其經營之業務，以金融監督管理委員會為主管機關外，其社務以合作社之主管機關為主管機關。」

因此，保險人的組織不論為股份有限公司或是為合作社，其「經營」的主管機關都是金融監督管理委員會，必須獲其許可才可以辦理設立登記。須注意者，保險合作社的「社務」是以合作社的主管機關內政部為主管機關。

保險業的成立既然採取許可主義，與一般公司的成立原則上是採準則主義者不同[27]。外國保險業也是保險業，也必須經主管機關許可，並依法為設立登記，繳存保證金，領得營業執照後，才可以開業[28]。要保人與未依保險法規定申請主管機關核准之人訂立的保險契約，應認為無效，其已繳交的保險費可以依照不當得利的規定請求返還[29]。

2.保險人的組織限於股份有限公司或保險合作社

保險人為承保保險之人，除法律另有規定外，保險業之組織以股份有限公司或合作社為限，且非保險業不得兼營保險或類似保險之業務[30]，以健全保險業務。

----

[27] 公司的成立，固然絕對多數採準則主義，但是例外情形，也有必須經立法院通過法律成立的，例如：中央再保險公司就是依照中央再保險公司條例成立的。

[28] 保險法第 137 條第 3 項。

[29] 最高法院 57 年台上字第 220 號判決：「保險業非申請主管機關核准，並依法為營業登記，繳存保證金及領得營業執照後不得開始營業，保險法已有明文規定，違反此項強制規定，依民法第 71 條規定其行為即屬無效。上訴人創辦之互助會既未依保險法申請主管機關核准，且經警方認為違法勒令停業有案，依上法條，其與被上訴人間所訂立之保險契約，即應認為無效，被上訴人為互助會加入之申請人及互助費之繳納人，基於其相當於要保人之地位，請求上訴人將收受之互助費如數返還，即難謂為無據。」

[30] 參照保險法第 136 條第 2 項。因此不是保險公司或保險合作社辦理保險，除非另有特別法的授權，否則都是違法的。例如保全業不得經營保險業務或類似保險業務（財政部台財融字第 19561 號）、遊覽車客運業不得自行辦理汽車意外險聯保（財政部台財融字第 7639218 號）、遊覽車客運業意外險不得以提繳相對保證基金辦理（財政部台融司（五）發字第 7603162 號）、工會不得承辦計程車聯保業務（財政部台融司（五）字第 770767962 號）。

⑴**股份有限公司組織**

保險公司除本法另有規定外，適用公司法關於股份有限公司之規定❸。

⑵**合作社組織**

保險人以合作社組織者，除其成立須經營業主管機關金融監督管理委員會核准，並接受目的事業主管機關的監督外❸，依保險法第 162 條規定，財產保險合作社之預定社員人數不得少於三百人；人身保險合作社之預定社員人數不得少於五百人。並以合作社理事為負責人，且保險合作社理事，不得兼任其他合作社之理事、監事、或無限責任之社員❸。

（三）保護投保人的權益

1.保險公司

⑴**股票需為記名式**

保險公司的股票，不得為無記名式❸。保險法之所以有這樣的規定，其目的是要避免股份集中，發生操盤，影響安定。

⑵**負責人對於保險人的債務需負連帶責任**

保險法第 153 條規定：「保險公司違反保險法令經營業務，致資產不足清償債務時，其董事長、董事、監察人、總經理及負責決定該項業務之經理，對公司之債權人應負連帶無限清償責任。」、「主管機關對前項應負連帶無限清償責任之負責人，得通知有關機關或機構禁止其財產為移轉、交付或設定他項權利，並得函請入出境許可之機關限制其出境。」、「第一項責任，於各該負責人卸職登記之日起滿三年解除。」，其目的在提高保險業經營者的責任，以強化保險人的信用。

2.保險合作社

為了保證保險合作社的信用，除了保險法第 156 條規定：「保險合作社，除依本法規定外，適用合作社法及其有關法令之規定。」外，還有兩條重要規定：

❸ 參照公司法第 16 條（本條是通則規定，對股份有限公司也適用）。例如：保險業不得為他人開立之票據背書或保證（財政部台財融中字第 13003 號）。

❸ 合作社之主管機關：在中央為內政部；在直轄市為直轄市政府；在縣（市）為縣（市）政府（合作社法第 2 條之 1 前段，91 年 12 月 11 日增訂）。

❸ 保險法第 159 條。

❸ 保險法第 152 條。

⑴強化出社社員的責任

保險合作社於社員出社時，其現存財產不足抵償債務，出社之社員仍負擔出社前應負之責任❸❺。

⑵理事競業的禁止

保險合作社之理事，不得兼任其他合作社之理事、監事或無限責任社員❸❻。

（四）保險人的權利義務

保險人為保險契約的主體，自得享受保險契約所生權利，並應負擔保險契約所生義務：

1.權　利

保險人的權利，最重要的只有一個，就是向要保人請求給付保險費❸❼。

2.義　務

保險人最主要的義務，除法律另有規定外，就是履行保險給付義務。所謂法律另有規定，例如：保險人必須負擔返還保單價值準備金、解約金、接受質借等義務。由於保險給付的金額與保單價值準備金、解約金的基礎相同，只是發生給付的原因不同，給付的數額有異而已，因此在人壽保險，保險人的「保險給付義務」與保單價值準備金、解約金等「其他給付義務」，本質上是相互排斥的義務，

---

❸❺　保險法第 158 條。

❸❻　保險法第 159 條。

❸❼　關於保險費率之核算，美國法院曾判定：以性別的不同作為保險費的不同計算標準，是不公平的歧視，因此無效。Hartford Accident & Indemnity Co. v. Insurance Commission of the Commonwealth of Pennsylvania, Supreme Court of Pennsylvania, 482 A.2d 542 (1984). 該案原告 Hartford 保險公司以精算資料為基礎，建立汽車保險的保險費率，精算資料顯示男人駕駛汽車肇事的機會多於女人，並據以核算保險費率。Mattes 為一位 Hartford 保險公司的保險單持有人，向被告賓夕凡尼亞保險委員會 (Pennsylvania Insurance Commission) 提出申請，主張保險費率以性別之不同作為基礎，並不妥當。該委員會，也就是原來核准此一保險費率的機關，做成州費率法中關於禁止不公平歧視費率的規定，並宣告 Hartford 的費率規定為無效。該委員會撤銷了原來的核可，Hartford 提起訴訟，請求審理此其命令的合法性。法院判定：本案被告保險委員會深入研究由賓夕凡尼亞所通過的平等法修正案 (the Equal Rights Amendment)，而賦給賓夕凡尼亞州的費率法規定「費率不得太高、不當、或是不公平的歧視」一詞之意義。從公共政策的觀點以性別的不同作為訂定不同保險費率的基礎是違背平等法修正案的精神的。

負擔了「保險給付義務」，就不會發生「其他給付義務」；發生了「其他給付義務」，就肯定不會負擔「保險給付義務」，二者是不會同時發生的，但是「保險給付義務」與「接受要保人質借義務」，則不是排斥性義務。

貳 保險契約的關係人

不是保險契約的當事人，但是保險契約的訂立與之有利害關係之人，稱為保險契約的關係人。保險契約的關係人有財產保險的被保險人（廣義包括：附加被保險人、共同被保險人）、以及人身保險的被保險人及受益人。

一、被保險人

（一）財產保險

1.被保險人

財產保險的被保險人是指保險事故發生，有請求保險人為保險給付權利的人。保險法第 4 條：「被保險人，指於保險事故發生時，遭受損害，享有賠償請求權之人，要保人亦得為被保險人。」，是專門針對財產保險的被保險人所下之定義，與人身保險的被保險人含義不同。明顯的事例是人身保險中的死亡保險，保險事故發生時得請求保險金之人只有受益人，其被保險人已經因為保險事故的發生而死亡，自不可能同時為保險法第 4 條：「享有賠償請求權之人」。

2.附加被保險人

汽車責任保險的被保險人，依現行汽車保險單的約定，除保險單所載的被保險人以外，還擴大包括經被保險人「許可」使用或其他對被保險汽車的使用應負責任之人在內，學說上稱為附加被保險人。附加被保險人制度發軔於汽車責任險，也盛行於汽車責任險，因此，被保險人如允許第三人使用被保險汽車，該第三人即為附加被保險人，第三人賠償被害人之後，保險人有賠償該第三人之義務。

近來，保險業者也推出車體險的附加被保險人，對於經過被保險人許可而使用被保險車輛之人，就車體險言，也納入附加被保險人的範圍，因此附加被保險人制度有從汽車責任險向汽車車體險發展的趨勢。車體險附加被保險人制度的情

形，保險人就附加被保險人駕駛車輛不慎，致車體發生的毀損滅失，應該依約理賠，且不得對附加被保險人行使代位權。

附加被保險人的制度，也延伸到輸出保險❸，出口商投保輸出保險時，常將其在海外或大陸的子公司也列為附加被保險人。

3. 共同被保險人

依照法律規定或依照契約約定，數人同列為被保險人時，稱為共同被保險人。關於共同被保險人，值得討論的問題之一是，在保險標的物上存有租賃關係時，若由出租人訂立保險契約，被保險人只指定出租人且未指定承租人時，若保險標的物因承租人的過失致毀損滅失時，保險人為保險給付之後，得否對承租人行使代位權？或是解釋上應該將承租人視為共同被保險人，不在保險人代位求償之範圍？關於此點，在我國，依照民法第 434 條：「租賃物因承租人之重大過失致失火而毀損、滅失者，承租人對出租人負損害賠償責任。」的規定，租賃物因承租人的輕過失發生火災致焚毀者，承租人可以免責，出租人對承租人沒有損害賠償請求權，因此保險人在理賠出租人後，當然對承租人沒有代位權，但是假若承租人有重大過失，則可以對之行使代位權。在美國，美國法院的判決曾明白指出：「若房屋的出租人依租賃契約有義務購買火災保險，並維持火災保險契約的效力，而房屋租賃契約又沒有約定承租人對於其過失所致之火災應負賠償責任時，即令承租人有過失且未被列為被保險人，就保險人行使代位權而言，承租人是共同被保險人，不得對其行使代位權。」❸。

---

❸ 輸出保險是以進口商債務不履行及政治風險（例如：外匯管制）為保險事故的保險。此與海上貨物保險，是以貨物的毀損滅失為保險事故者不一樣。

❸ 參照 Alaska Insurance Co. v. Communications Inc., Supreme Court of Alaska, 623 P.2d 1216 (1981). 在該案中，第三人 Bachner 將其所有的商用倉庫出租給本案被告 RCA。依照租賃契約的約定，出租人必須購買火災保險。租賃契約還約定承租人不得毀損房屋，但未約定承租人對於因其過失所致之損害應該負損害賠償責任。出租人（即房屋所有人）與本案原告 Alaska Insurance (A/C) 訂立火災保險契約，但是並未將承租人列為被保險人。其後，倉庫發生火災，整個建築物完全被燒毀。保險人（即本案原告）向出租人（即被保險人）給付保險金之後，向承租人提起本件訴訟。法院認為：「假如依照租賃契約，出租人必須訂立保險契約，並維持契約的有效性，而且租賃契約對於承租人對於因其過失行為所致租賃物的毀損滅失是否應該負責沒有明文約定時，房屋承租人就防禦保險人行使代位權而言是共同被保險人。保險有一個既已建立的法則，就是保險人不得對其被保險人行使代位權。因此，假若承租人是所有人（被保險人）的共

（二）人身保險

在人身保險，被保險人一詞是指以其生命或身體為保險標的之人。為了保護人身的安全，避免發生道德風險，在死亡保險或傷害保險，法律對於被保險人的資格以及投保程序都有嚴格的限制規定，其中最重要的是，要保人與被保險人不同一人時，保險契約的訂定以及保險金額的多寡都必須經過被保險人的書面同意，否則不生效力。

在生存保險，或生存死亡兩合保險之以「生存」為保險事故者，通常投保保險的目的是為保障被保險人晚年的生活，因此被保險人常常同時就是受益人。反之，在死亡保險或生存死亡兩合保險之以「死亡」為保險事故者，通常投保保險的目的是為了保障被保險人死亡後，被保險人遺屬的生活所需，因此常常指定被保險人的遺屬為受益人。

二、受益人

（一）受益人的意義

保險法第 5 條規定：「本法所稱受益人，指被保險人或要保人約定享有賠償請求權之人，要保人或被保險人均得為受益人。」受益人 (beneficiary)❹一詞究竟只用於人身保險，還是人身保險及財產保險都有其適用？有兩種說法：

⑴對財產保險及人身保險都適用說

商場實務長期以來多將保險事故發生，可以受領保險金或保險給付的人，不

同被保險人，保險人即不得對承租人行使代位權。……從租賃契約約定出租人有訂立保險契約的責任言，許可保險人就其所為的保險給付對承租人行使代位權，將違背承租人的合理期待。承租人的合理期待是承租人可以成為共同被保險人。因此，原審有利於承租人的判決應予維持。」

❹ 最高法院 85 年台上字第 2586 號判決認為，保險法第 5 條規定：「本法所稱受益人，指被保險人或要保人約定享有賠償請求權之人，要保人或被保險人均得為受益人。」此項於保險法總則之規定，於財產保險及人身保險均有其適用，保險法於保險契約之通則，財產保險與人身保險亦均設有關於受益人之條文，不因其為財產保險，而否定受益人之存在。另外，85 年台上字第 2586 號判決則認為保險法第 5 條的規定，訂定在保險法總則，對於財產保險及人身保險應均有其適用。

分財產保險或人身保險，稱為受益人，此種習慣，部分是受到信用狀統一慣例傳統用語的影響。

⑵只有人身保險才適用說

在人身保險，因為保險事故的發生而可以請求保險給付的人，未必就是因保險事故發生而遭受損失之人，因此才創設「受益人」的概念。特別是在人身保險中的「死亡保險」、「疾病致死」、「傷害致死」、「殘廢致死」，當保險事故發生時，被保險人已經死亡，有保險金請求權的人必然是被保險人（死者）以外的第三人，該第三人未必因保險事故的發生而遭受財產上的損失，甚至可能因保險事故的發生而減少醫療、扶養的負擔或支出，因此，必須創設受益人的概念。反之，在財產保險，保險事故發生而得請領保險給付之人，必然是因保險事故發生而遭受損失之人，保險給付之功能只在填補損失而已，因此無「受益人」概念的必要。

以上二說，不論從保險法關於「受益人」下的定義言，還是從財產保險的目的在於填補損害的觀點，都應該採取第二個說法，也就是**應該採取「受益人」一詞只有在人身保險才適用的見解為是**。

（二）受益人由要保人指定或變更

訂立保險契約，有繳納保險費義務之人是要保人，保險事故發生前，累積在保險人的保單價值準備金，實質權利也屬於要保人，因此，**人身保險的受益人的指定或更換，其權利也應該屬於要保人**，準此以觀，保險法第 5 條有些缺點：

1.條文本身的矛盾

依照條文的文義，受益人是由「被保險人或要保人約定」在「要保人」與「被保險人」為同一人時，究竟由何人與保險人約定固然沒有問題，但若「要保人」與「被保險人」是不同之人時，究竟是由要保人與保險人約定，或是由被保險人與保險人約定為是？二者意見不同時，以何人的意見為準？

2.應刪除條文中「賠償」二字

受益人是因為保險事故發生，有權利請求保險人給付保險金之人。由於人身保險的受益人，未必因為保險事故的發生而蒙受損害，因此保險法第 5 條「受益人係指被保險人或要保人約定享有賠償請求權之人」之「賠償」二字，似有欠妥當，應予刪除。

3.條文中「約定」受益人，建議修正為由要保人「指定」受益人

由於要保人才是契約的當事人，受益人應由要保人所指定，保險法第110條第1項規定：「要保人得通知保險人，以保險金額之全部或一部，給付其所指定之受益人一人或數人。」，第111條第1項：「受益人經指定後，要保人對於其保險利益，除聲明放棄處分權者外，仍得以契約或遺囑處分之。」**④**，很能體現這種觀點，實務上也採取相同的見解**❷**。保險法第111條第1項末段的「契約」二字，不夠精確，正確的用語應為「指定」才對。在由第三人訂立的死亡保險契約，被保險人只是享有是否同意為被保險人的同意權而已，被保險人並不是契約當事人，不享有指定或更換受益人的權利。至於保險人，對於要保人所指定的受益人，只有配合辦理，避免理賠對象錯誤的義務而已，沒有參與決定受益人的權利。

參 保險的輔助人

保險的輔助人指既不是保險契約的當事人，也不是保險契約的利害關係人，而是獨立於當事人、利害關係人之外，從事與保險有關的業務，在從招攬保險到保險理賠的過程中，扮演一定功能之人。保險輔助人包括：保險代理人、保險經紀人 (insurance broker)、保險公證人（損失理算人、海事鑑定人、海損理算人）、業務員（包括產物保險之職員、人壽保險之外務員）及體檢醫師等。一人同時具有保險代理人、保險經紀人、保險公證人資格者，只能擇一申領執業證書**❸**。其中保險代理人、經紀人、公證人應經主管機關許可，繳存保證金並投保相關保險，領有執業證照後，始得經營或執行業務**❹**。這裡所謂「並投保相關保險」，就保險代理人與保險公證人而言，是指必須投保責任保險；就保險經紀人而言，是指責任保險以及保證保險**❺**，因為保險代理人、保險公證人都可能因為執行業務而發生損害賠償責任；保險經紀人則除了債務不履行損害賠償責任以外，還可能因其受僱人的不誠實行為或債務不履行行為致生損害。關於繳存保證金、投保相關保險的最低數額及始釋方式由主管機關考量保險代理人、經紀人、公證人經營業務

---

④ 本條的「契約」應該更正為「單方的意思表示」。

❷ 最高法院76年台上字第726號判決。

❸ 保險法第165條第2項。

❹ 保險法第163條第1項。

❺ 保險法第163條第2項。

與執行業務範圍及規模等因素定之❹。又，關於保險代理人、經紀人、公證人資格的取得、申請許可應具備的條件、程序、應檢附的文件、董事、監察人與經理人應具備的資格條件、解任事由、設立分支機構的條件、財務與業務管理、教育訓練、廢止許可及其他應遵行事項的管理規則，由主管機關定之❹。

一、保險代理人

（一）保險代理人的意義及其法律關係

保險法第 8 條規定：「本法所稱保險代理人，指根據代理契約或授權書，向保險人收取費用，並代理經營業務之人。」，換句話說，保險代理人，就是獲得保險人的授權，向保險人收取報酬，以代理人身分與要保人訂立保險契約，並且使保險契約的法律效果歸屬於要保人及保險人的人。保險代理人分為財產保險代理人與人身保險代理人，依照保險代理人管理規則的規定，同時具備財產保險代理人及人身保險代理人資格者，僅得擇一請領財產保險或人身保險代理人執業證書。

保險代理人為代理人的一種。代理是由本人、代理人與相對人所構成的三面法律關係，保險代理，亦同。其法律關係可以圖解如下：

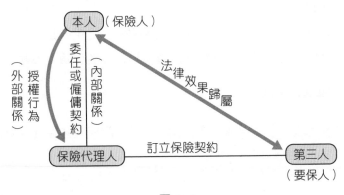

圖 4-1

1. 保險人與保險代理人

保險人與保險代理人的法律關係，可分為內部關係與外部關係。**內部關係**的功能在於決定保險人與保險代理人間的「權利義務」，一般是依照當事人間存在的

---

❹ 保險法第 163 條第 3 項。

❹ 保險法第 163 條第 4 項。

委任契約或僱傭契約的內容來決定。**外部關係**的功能則在於判斷保險代理人是否具有代理人的「資格」，間接也判斷代理人與要保人所訂立的保險契約，其法律效果是否歸屬於保險人與要保人[48]。代理權的授與，依照民法的規定，雖然原則上只要本人口頭授權表示就可以[49]；但是依照保險法的規定，該授權的意思表示卻必須以「授權書」的方式為之，性質上是「要式的單方意思表示」，以示鄭重，並維護交易安全。

2. 保險代理人與要保人

保險代理人與要保人的關係為訂立保險契約的關係，保險代理人必須以保險人的代理人的身分訂立契約。所代理的行為，不但限於法律行為，而且只限於訂立保險契約的法律行為。

在透過保險代理人訂立契約的情形，由於實際為意思表示的雙方為保險代理人與要保人，因此關於意思表示瑕疵的認定、意思表示的生效，原則上應該以「保險代理人」為準，此參考民法第 105 條：「代理人之意思表示，因其意思欠缺、被詐欺、被脅迫，或明知其事情或可得而知其事情，致其效力受影響時，其事實之有無，應就代理人決之。但代理人之代理權係以法律行為授與者，其意思表示，如依照本人所指示之意思而為時，其事實之有無，應就本人決之。」，堪為說明。

3. 要保人與保險人

要保人與保險人的關係為「法律效果的歸屬關係」，也就是由保險代理人與要保人所訂立的契約，其法律效果（權利及義務）歸屬於保險人與要保人。

（二）保險代理人的資格

依照「保險代理人管理規則」[50]的規定，保險代理人必須具有積極資格，且

---

[48] 依民法規定，代理權的授與是單獨行為，以保險人一方的意思表示為已足，保險法第 8 條所謂：「根據代理契約或授權書，向保險人收取費用……」云云，若係指關於保險人與保險代理人間權利義務的內部關係，則「代理契約」、「授權書」之用語顯有不當，應為「委任契約或僱傭契約」；若係指外部關係，則由於代理權的授與，應以授權的意思表示，即以「單獨行為」的方法為之，不必以契約方法為之，因此條文所謂「代理契約」云云，亦有欠妥當。

[49] 民法關於代理權的授權，原則上為不要式行為，口頭授權也是有效，但是例外情形，如果代理人與相對人所要進行的法律行為是要式行為，則本人對代理人的授權行為也必須以書面為之，請參照民法第 531 條。

無消極資格，才可以從事保險代理人的資格。保險代理人、保險經紀人與保險公證人的積極資格各不相同，但三種專業人員的消極資格都一樣。

1. 保險代理人的積極資格❺❶

　⑴經專門職業及技術人員保險代理人考試及格者。

　⑵前曾應主管機關舉辦之代理人資格測驗合格者。

　⑶曾領有代理人執業證書並執業有案者。

　具備前項第 3 款資格者，以執行同類業務為限。

2. 保險代理人的消極資格❺❷

　保險代理人是重要的保險輔助人，其誠信與否，影響投保戶的權益與保險業的發展，因此主管機關基於保險法的授權❺❸，訂有保險代理人的管理規則，列舉很多消極資格，諸如「曾犯偽造貨幣、偽造有價證券、侵占、詐欺、背信罪，經宣告有期徒刑以上之刑確定，尚未執行完畢，或執行完畢、緩刑期滿或赦免後尚未逾十年。」、「有重大喪失債信情事尚未了結或了結後尚未逾五年。」等，凡是有消極資格之一者，都不可以從事保險代理人工作。關於保險代理人的消極資格，請參考保險代理人管理規則。

3. 銀行業得兼營保險代理人

　銀行得經主管機關許可擇一兼營保險代理人或保險經紀人業務，並應分別準用本法有關保險代理人、保險經紀人之規定❺❹。

（三）代理權的範圍及限制

　保險代理人的代理範圍包括代訂保險契約、代收保險費及代核保險理賠。保險代理人所獲悉有關訂約的重要事項，雖未告知保險人本人，仍應「視為」保險人本人已經知悉❺❺。

----

❺⓪ 財政部 92 年 12 月 8 日台財保字第 0920752069 號令修正發布，名稱及全文 46 條；並自發布日施行。最近一次修正為金管會 108 年 11 月 18 日金管保綜字第 10804956691 號令修正發布條文。

❺❶ 保險代理人管理規則第 5 條。

❺❷ 保險代理人管理規則第 7 條。

❺❸ 保險法第 163 條第 3 項。

❺❹ 保險法第 163 條第 5 項。

　　若保險人由自己之行為表示以代理權授與保險代理人，或知保險代理人表示為其代理人而不為反對之表示者，則保險人對於第三人應負授權人之責任，但第三人明知其無代理權或可得而知者，不在此限❺❻，此即民法關於「表見代理」的規定在保險法的體現。

　　此外，由於要保人與保險人，本質上為有利害關係的當事人，因此原則上禁止雙方代理，以避免利益衝突。保險代理人非經保險人的同意，不得同時既為保險人的代理人，又為要保人的代理人，進行訂立保險契約或其他交易行為❺❼。

（四）對代理人的懲處

　　保險法第 163 條第 4 項規定：「保險代理人、經紀人、公證人之資格取得、申請許可應具備之條件、程序、應檢附之文件、董事、監察人與經理人應具備之資格條件、解任事由、設立分支機構之條件、財務與業務管理、教育訓練、廢止許可及其他應遵行事項之管理規則，由主管機關定之。」，本條就授權命令的範圍詳細規定，一方面要符合「法治國原則」：在法治國家，對人民權利的限制，其處分之構成要件與法律效果，應該由法律定之，不得以命令的方式規範；另一方面符合「授權明確原則」：法律雖得授權以命令為補充規定，但授權的目的、範圍及內容必須具體明確，才符合授權明確原則❺❽。主管機關乃

---

❺❺ 最高法院 80 年台上字第 82 號判決：「保險代理人，係指根據代理契約或授權書，向保險人收取費用，並代理經營業務之人。保險法第 8 條定有明文。而訂立保險契約之前，保險代理人所獲悉有關訂約之重要事項，雖未告知保險人本人，固應視為本人所已知。但本件所謂區主任，原審僅以其負有審核區內收展員招攬要保申請書之責，即認定其為上訴人公司之保險代理人，與上開規定尚有不合。」

❺❻ 參照 Tallant Agency, Inc. v. Bailey Wood Products, Inc., Supreme Court of Alabama, 374 SO. 2d 1312 (1979). 該案被告 Tallant 是蘇黎世保險公司的代理人，提供保險給之前曾經投保但遭拒絕的要保人 Mr. Bailey Wood，然而依照保險公司的規定，保險代理人承保以前曾經為保險人所拒保的危險必須事先獲得公司的許可。本案法律爭點在於：保險代理人在其外表權限範圍內，雖然另有私下的、未公開的權限限制，仍代為訂立在該限制範圍內的契約是否拘束保險公司？法院見解認為：保險代理人在其外表權限內所訂立的契約，可以拘束保險公司，縱使保險人就保險代理人的權限另有私下未公開的限制，亦同。民法第 169 條。

❺❼ 民法第 106 條。

❺❽ 大法官會議解釋第 402 號：「對人民違反行政法上義務之行為予以裁罰性之行政處分，

依據保險法第 163 條第 4 項授權，制定「保險代理人管理規則」作為包括懲處內容的規則。

（五）檢　討

保險代理人，在我國人壽保險業並不盛行，主要原因有二：

第一：人壽保險所承保的保險金額較大，且通常必須經身體檢查之後，保險人才能決定是否承保，因此保險業多不願意授代理人以代理權，以避免負擔太高的風險。

第二：保險代理人理論上可以簽發保險單與處理保險理賠事宜，但保險單的簽發與保險理賠，都必須具有核保能力或理算能力之人為之，但符合核保資格之人或具有理算能力之人為數甚少，因此代理人欲羅致核保人員或理算人員，協助訂立契約，殊為不易。

二、保險經紀人

（一）保險經紀人的意義

保險法第 9 條規定：「本法所稱保險經紀人，指基於被保險人之利益，洽訂保險契約或提供相關服務，而收取佣金或報酬之人。」因此，經紀人之特徵有三：

1.基於被保險人的利益

2.工作內容是洽定保險契約或提供相關服務

所謂「洽定保險契約」就是仲介保險契約的簽訂；所謂「提供相關服務」，是指參與保險相關的諮詢、風險評估等後續服務工作。

涉及人民權利之限制，其處分之構成要件與法律效果，應由法律定之，法律雖得授權以命令為補充規定，惟授權之目的、範圍及內容必須具體明確，然後據以發布命令，方符憲法第 23 條之意旨。保險法第 177 條規定：『代理人、經紀人、公證人及保險業務員管理規則，由財政部另訂之』，主管機關固得依此訂定法規命令，對該等從業人員之行為為必要之規範，惟保險法並未就上述人員違反義務應予處罰之構成要件與法律效果為具體明確之授權，則其依據上開法條訂定發布之保險代理人經紀人公證人管理規則第 48 條第 1 項第 11 款，對於保險代理人、經紀人及公證人等從業人員違反義務之行為，訂定得予裁罰性之行政處分，顯與首開憲法保障人民權利之意旨不符，應自本解釋公布日起，至遲於屆滿一年時，失其效力。」

3.可以向保險人收取報酬或佣金

保險經紀人若是仲介訂約成功，固然可以請求佣金，即使沒有成功，也可以獲得相當的報酬。

保險經紀人分為財產保險經紀人與人身保險經紀人。一個人同時具備財產保險及人身保險經紀人者，可以同時申領財產保險及人身保險執業證書❺。經紀人屬於專業人員，並不隸屬某一特定保險人，因此經紀人同時可以為要保人向數保險人洽保，不發生利益衝突問題，此與保險代理人之隸屬某特定保險人者不同。

（二）保險經紀人的資格

保險經紀人，既然是基於被保險人之利益，洽訂保險契約或提供相關服務，而收取佣金或報酬之人，就應該具備專業能力，而且具備誠實信用，提供服務，因此主管機關根據保險法的授權，訂定保險經紀人管理規則，列舉積極資格及消極資格，其具體內容，請查閱保險經紀人管理規則。又銀行得經主管機關許可擇一兼營保險代理人或保險經紀人業務，並應分別準用本法有關保險代理人、保險經紀人之規定❻。

（三）保險經紀人的工作

1.工作內容

保險經紀人的工作包括分析風險、安排適當保險種類、建議投保方式及保險條件、計算合理保險費率、協助要保人選擇並洽覓安全可靠之保險人。又經紀人亦得受保險人的委託代收保險費、轉交保險單，代為處理理賠案。

2.注意標準

保險經紀人應以善良管理人之注意義務，為被保險人洽訂保險契約或提供相關服務，並負忠實義務❻。

3.提供書面分析報告，並告知報酬收取標準

保險經紀人為被保險人洽訂保險契約前，於主管機關指定之適用範圍內應主動提供書面之分析報告，向要保人或被保險人收取報酬者，應明確告知其報酬收

---

❺ 保險經紀人管理規則第 4 條、第 21 條。

❻ 保險法第 163 條第 5 項。

❻ 保險法第 163 條第 6 項。

取標準**❷**。前項書面分析報告之適用範圍、內容及報酬收取標準之範圍，由主管機關定之**❸**。

（四）保險經紀人的法律性質

保險經紀人是為要保人或被保險人的利益向保險人洽訂契約之人。保險經紀人的工作一方面是居於「要保人或被保險人」與「保險人」之間，從中撮合訂立保險契約的任務，因此保險經紀人所為的行為具有「居間」的性質。另一方面，從經紀人受保險人的委託向要保人收取保險費、轉交保險單或代理處理理賠案的觀點，又有「保險人代理人」的性質。

論者所謂「保險經紀人是要保人之代理人」之說，或是「保險經紀人在訂約前是要保人的代理人，於訂約後是保險人的代理人」之說，均誤將「洽訂契約」解釋為「經紀人代理要保人向保險人為要約」，似不能正確詮釋保險人經紀人居間撮合訂立契約之性質。客觀解釋，**保險經紀人原則上具有居間性質，但例外情形，在訂約之後獲得保險人授權時，又具有保險人之代理人性質的觀點，較為可採。**

三、保險公證人

（一）保險公證人的意義及種類

1.保險公證人的意義

保險法第 10 條規定：「本法所稱公證人，指向保險人或被保險人收取費用，為其辦理保險標的之查勘、鑑定及估價與賠款之理算、洽商，而予證明之人。」保險公證人是以各種保險事故所致損失的調查及賠款的理算等事項為工作範圍，僅供利害關係人決定保險理賠的參考，藉以達成當事人的協議，並沒有拘束的效力**❹**。此外，我國法院見解認為：在保險訴訟中，法院仍應就保險公證人所為之公證報告踐行調查證據之程序，不得逕採為裁判之依據**❺**。

---

❷ 保險法第 163 條第 7 項。

❸ 保險法第 163 條第 8 項。

❹ 財政部 45 年 1 月 18 日台財錢發字第 00316 號函。

❺ 最高法院 94 年台上字第 2213 號判決：「按法院固得就鑑定人依其特別知識觀察事實，加以判斷而陳述之鑑定意見，依自由心證判斷事實之真偽。然就鑑定人之鑑定意見可

2.保險公證人的種類

保險公證人依其工作之不同，可分為二類❻：

公證人分一般保險公證人及海事保險公證人。

⑴一般保險公證人

指向保險人或被保險人收取費用，為其辦理海上保險以外保險標的之查勘、鑑定及估價與賠款之理算、洽商，而予證明之人。

⑵海事保險公證人

指向保險人或被保險人收取費用，為其辦理海上保險標的之查勘、鑑定及估價與賠款之理算、洽商，而予證明之人。海事保險理算人，又分為一般海事保險理算人與共同海損保險理算人。共同海損保險理算人，是專精於共同海損理算的專家，必須專精於約克安特威普規則 (the York–Antwerp Rules)，人數少，待遇高，其結果，有時透過共同海損理算人理算的利益，扣除共同海損理算人的報酬，反而不如接受粗略估算的誤差，節省共同海損理算人的報酬，來得划算。共同海損理算人的高額報酬正逐漸吞噬共同海損制度，導致共同海損制度的式微。

（二）保險公證人的資格

保險經紀人也是重要的保險輔助人，因此主管機關根據保險法的授權，也訂有保險經紀人管理規則，列舉積極資格及消極資格，具體內容請查閱保險經紀人管理規則。

（三）費用的收取

公證人費用的收取，理論上可向保險人或被保險人請求，但通常是向保險人收取，此觀保險法第 79 條第 1 項規定：「保險人或被保險人為證明及估計損失所支出之必要費用，除契約另有訂定外，由保險人負擔之。」可以知之。

採與否，則應踐行調查證據之程序而後定其取捨。倘法院不問鑑定意見所由生之理由如何，遽採為裁判之依據，不啻將法院採證認事之職權委諸鑑定人，與鑑定僅為一種調查證據之方法之趣旨，殊有違背（本院 79 年台上字第 540 號判例參照）。查本件原審就公證報告未踐行調查證據之程序，並說明其採納鑑定意見所由生之理由，即遽採為裁判之依據，亦屬可議。」

❻ 早期公證業務分為三大類，海事公證、保險公證及貨物公證，參照財政部 64 年 12 月 7 日台財錢字第 22964 號函。現在分為兩類，參照保險公證人管理規則第 4 條。

四、保險業務員

（一）保險業務員的意義

　　保險業務員，指為保險業、保險經紀人公司、保險代理人公司、或兼營保險代理人或保險經紀人業務之銀行，從事保險招攬之人[67]。保險人對於保險業務員的授權應該以書面為之，並載明於其登錄證上[68]。所謂「保險招攬」是指[69]：

　　1.解釋保險商品內容及保單條款。

　　2.說明填寫要保書注意事項。

　　3.轉送要保文件及保險單。

　　4.其他經所屬公司授權從事保險招攬之行為。

（二）保險業務員的資格

　　保險業務員是站在招攬保險的第一線，人數眾多，影響最大，因此主管機關根據保險法的授權[70]，訂定保險業務員管理規則，列舉保險業務員的積極資格及消極資格，具體內容請查閱保險業務員管理規則。

（三）保險業務員的法律地位及法律責任

1.三個基本類型

　　保險人與保險業務員的關係，決定了保險人與保險業務員相互的權利義務：

　　⑴僱傭關係：保險業務員是向保險人領取固定的薪資的，為僱傭關係。

　　⑵承攬關係：沒有底薪，只有按照保險業務員拉到保險的保險費的一定比率計算報酬，為承攬關係。

　　⑶僱傭與承攬混合關係：雙方約定保險人給付一定底薪，其他報酬，依保險業務員拉到保險的保險費的一定比率計算，為僱傭與承攬的混合契約。

---

[67] 保險法第 8 條之 1。

[68] 保險業務員管理規則第 15 條第 2 項，民國 108 年 3 月 18 日修正。

[69] 保險業務員管理規則第 15 條第 3 項。

[70] 保險法第 177 條。

保險業與保險業務員的關係，理論上分為上述三類，但在實務上，保險公司與業務員所簽訂的契約，內容還多包括保險公司依主管機關的命令對業務員的管理規定，使僱傭關係、承攬關係、或僱傭與承攬混合關係的認定模糊化，此時承攬關係、僱傭關係或僱傭承攬混合關係的認定，必須從「人格上的從屬性」、「經濟上的從屬性」、「組織上的從屬性」以及「履行上的專屬性」四個方面，依據民法及相關法令的規定具體判斷。由於保險業是準金融業，主管機關訂有保險業務員管理規則，對保險業務員有綿密的管理規定，且是透過保險業進行，在保險業務員的法律定性上，不得因保險業執行主管機關所委託的公法上管理行為，而認定保險業對其業務員有支配指揮的地位，並進而直接為僱傭關係的認定，否則將導致保險業與所有業務員都一律是僱傭的勞務給付關係，與保險業務員多元勞務給付的政策不符。

2.德國聯邦最高勞工法院的判斷標準

依據德國聯邦最高勞工法院的裁判見解，下列因素在判斷僱傭與承攬中，十分重要[71]：

⑴是否享有工作時間及行程的安排自由：是否必須遵照保險業的指示，安排工作時間，對於開發客戶的方式有無自主性。

⑵執行政府指令或公司依指令對業務員的管理行為，不得視為是對業務員的限制：保險具有特殊性、多樣性以及困難性，為了金融安定，執行政府指令或公司依指令對業務員的管理行為，不得視為是對業務員的限制，而為僱傭關係的認定。

⑶訓練或報告是否達到限制業務員的程度，須視訓練、報告每週工作時數決定。

⑷下列行為不影響保險招攬或影響招攬輕微，基於產業特性，不應視為對業務員的限制：限制工作區域的約定；限制廣告或廣告必須獲得保險公司許可的約定；競業禁止的約定；輕微的報告義務的約定；相對短期的訓練；保險業對業務員的建議；使用保險業提供的說明書、價目表、申請書或廣告。

3.美國聯邦上訴巡迴法院的判斷標準

美國聯邦第九上訴巡迴法院區辦個案中，保險業務員為「獨立承攬人(independent contractor)」或「受僱員工」，在於保險業是否有權控制及拘束業務員銷售保險商品的方式及手段。主要的判斷因素為[72]：

[71] BAG, Urteil vom 15. 12. 1999 (5AZR566/98) BAG, Urteil vom 15. 12. 1999 (Aktenzeichen 5 AZR 770/98).

　　⑴有無自主安排工作行程以及決定工作方法的自由（有，偏向於承攬；無，偏向於僱傭）。

　　⑵進入行業有無特殊技能的要求（有，偏向於承攬；無，偏向於僱傭）。

　　⑶何人提供設備與工具（自備工具與設備，偏向於承攬；業者提供，偏向於僱傭）。

　　⑷是否自負盈虧（是，偏向於承攬；業者承擔，偏向於僱傭）。

　　⑸是否可以選擇工作處所（是，偏向於承攬；否，偏向於僱傭）。

　　⑹契約存續期間長短（短期，偏向於承攬；長期，偏向於僱傭）。

　　⑺業主是否有權指派額外工作（否，偏向於承攬；是，偏向於僱傭）。

　　⑻報酬支付的方式（完成全部或部分工作才支付報酬，偏向於承攬；不須完成工作，期間到，就支付報酬，偏向於僱傭）。

　　⑼勞務提供者可否自行決定聘任助理並支付報酬（是，偏向於承攬；否，偏向於僱傭）。

　　⑽業者是不是營利事業體（是，偏向於承攬；否，偏向於僱傭）。

　　⑾勞務提供者的工作內容是否屬於企業的主要營業項目（否，偏向於承攬；是，偏向於僱傭）。

　　⑿勞務提供者是否享有員工福利（否，偏向於承攬；是，偏向於僱傭）。

　　⒀勞務提供者如何負擔納稅義務（自行負擔，偏向於承攬；業者負擔，偏向於僱傭）。

4.以上判斷因素，必須綜合判斷，但特別強調下列因素

⑴對勞務提供者的控制力及監督程度：最重要、具決定性的判斷標準

　　若業務員無須按照保險人的指示安排工作時間，且對於開發客戶的方式以及欲銷售之保險產品有自主性者，包括：不須每日報告工作內容、可自行安排何時工作何時休假、無須於特定時程完成工作之限制等，則傾向承攬，即使每週一必須參加晨會、每天要找時間進辦公室收發訊息和郵件、每週六早上會輪到一次值班、須在業務經理劃定的區域內銷售保險產品，亦然。此外，業務員擁有彈性工時，對工作進行有高度自主性，也傾向獨立承攬人。

---

❼❷ Patricia Murray v. Principal Financial Group Inc., 613 F.3d 943 (2010).

Patricia Knight v. United Farm Bureau Mutual Insurance Company and United Farm Bureau Family Life Insurance Company, 950 F.2d 377 (1991).

⑵職業類型及所需技能本質

即使保險業務員所需技能主要來自工作經驗及保險業提供的教育訓練，且業務員不得銷售非保險業提供的保險產品，但若保險業務員需要特殊技能，專業水平要求較高，且得隨時離職，或得任職於同地區其他企業，無競業禁止的限制，則傾向為獨立承攬人。

⑶經營成本責任歸屬

由保險業提供辦公處所、秘書、電話、檔案櫃、相機等設備者傾向於僱用；若由業務員經營、自備成本設施，例如：交通工具、名片，以及使用保險公司的文具，且業務員無法向保險業請領證照費、執照費、或廣告費者，則傾向為獨立承攬人。

⑷報酬與獎金支付方式

如果必須自己繳稅，無法享受勞工補償或失業保險，無底薪，所有收入皆為佣金或獎金，所得的多寡取決於銷售保險產品的方法及其業績成果者，則傾向為獨立承攬人。

⑸當事人雙方契約關係存續期間長短

如果可以任意終止契約關係，包括：只要於訂定一定期間預告保險業就可以終止，則傾向屬於獨立承攬人。

5.對外法律關係的擬制規定

保險人與保險業務員的法律關係，為僱傭關係、承攬關係或僱傭承攬的混合關係，不但決定了保險人與保險業務員的權利義務，理論上也決定了保險人、保險業務員與第三人的關係，但是民國94年2月2日以後，主管機關依據保險法第177條的授權，訂立「保險業務員管理規則」發布施行後，保險人、保險業務員與第三人的法律關係，透過該規則的「擬制規定」，保險業務員的法律地位，必須遵照該規定來解釋。

保險人、保險業務員與第三人的關係不外是法律行為或侵權行為。「保險業務員管理規則」性質上是法規命令，具有法律一般的拘束力❼❸。依照保險業務員管理規則第15條規定：「業務員經授權從事保險招攬之行為，視為該所屬公司授權範圍之行為，所屬公司對其登錄之業務員應嚴加管理並就其業務員招攬行為所生

---

❼❸ 參照行政程序法第150條。

之損害依法負連帶責任。業務員同時登錄為財產保險及人身保險業務員者，其分別登錄之所屬公司應依法負連帶責任。」，本條規定似可做以下解析：

⑴擬制授權或表見代理

為了保護廣大的要保人，只要保險業務員獲得授權從事保險招攬行為，不管客觀上保險人與保險業務員如何約定彼此的內部關係，也不管保險代理人是否逾越代理權的範圍，保險業務員與第三人關於保險招攬的法律行為，都被「視為」獲得保險人的授權，其法律效果都歸屬於保險人與要保人，此點實際上是民法表見代理的擴大❼❹。這從條文中「業務員經授權從事保險招攬之行為，視為該所屬公司授權範圍之行為……」可以知之❼❺。

⑵就「履行債務」言，保險業務員是保險人的代理人或使用人

所謂「招攬行為所生之損害」就是債務不履行或侵權行為所生的損害。就債務不履行所生的損害而言，該條規定顯然將保險業務員定位為保險人履行債務的代理人或使用人，與民法第 224 條規定：「債務人之代理人或使用人，關於債之履行有故意或過失時，債務人應與自己之故意或過失負同一責任。但當事人另有訂定者，不在此限。」相互銜接。

⑶就「侵權行為」言，保險業務員是保險人的受僱人

該條規定顯然將保險業務員定位為保險人的受僱人，而與民法第 188 條第 1項：「受僱人因執行職務，不法侵害他人之權利者，由僱用人與行為人連帶負損害賠償責任。但選任受僱人及監督其職務之執行，已盡相當之注意或縱加相當之注意而仍不免發生損害者，僱用人不負賠償責任。」互相銜接。

總之，保險業務員管理規則第 15 條的規定，構成保險人與保險業務員間僱傭關係、承攬關係、僱傭與承攬混合關係中，對第三人的特別規定，依照特別規定

❼❹ 依照民法第 169 條：「由自己之行為表示以代理權授與他人，或知他人表示為其代理人而不為反對之表示者，對於第三人應負授權人之責任。但第三人明知其無代理權或可得而知者，不在此限。」的規定，發生表見代理的情況只有兩種，即「由自己之行為表示以代理權授與他人」及「知他人表示為其代理人而不為反對之表示」，但是依照保險業務員管理規則第 15 條的規定，只要是「業務員經授權從事保險招攬之行為」，都一概「視為獲得保險人的授權」，明顯將表見代理擴大。英美實務相關見解請詳本章第三節保險代理人關於「代理權的範圍及限制」部分。

❼❺ 法律所謂「視為」，是立法機關本於立法政策的擬制，只有國會才有此一權力。行政機關除非有立法機關的授權，並沒有此一權力，因此此一規定的適法性，尚有疑義。

分析，保險人與保險業務員間有擬制授權或表見代理的關係，就履行債務言，保險業務員是保險人的代理人或使用人；就侵權行為言，保險業務員是保險人的受僱人。

（四）保險業務員以要保人保險單質借的法律效果

實務上，曾經發生保險業務員利用職務上持有要保人的保險單之方便，向保險公司質借金錢，其法律效果如何，分析如下：

1.經客戶合法授權

保險業務員，因職務持有客戶的保險單，如經客戶同意及授權，以保險單設定證券質權為有權處分，發生以證券質權擔保債權的法律效果。

2.未經客戶合法授權，擅自以客戶的代理人名義向保險公司質借

保險業務員，因職務持有客戶的保險單，未經客戶授權，擅自以客戶代理人名義設定證券質權向保險公司質借，乃是無權代理，法律效果如下：

(1)原則上：法律效果效力未定

此時，若經過客戶承認就有效；客戶拒絕承認或經過催告不為表示，視為拒絕承認，均無效，質借不生效力，但保險公司對於業務員有損害賠償請求權。

(2)例外：符合表見代理的要件，質借發生效力，但是客戶對保險業務員有損害賠償請求權

表見代理是無權代理的一種，民法第 169 條規定，由自己之行為表示以代理權授與他人，或知他人表示為其代理人而不為反對之表示者，對於第三人應負授權人之責任。但第三人明知其無代理權或可得而知者，不在此限。但是保險業務員對於客戶因此所受的損害，應該負損害賠償責任。

3.冒名質借

保險業務員因從業關係，經常投保戶個人或身分資料，不免有冒用投保戶名義之情事，保險業務員冒用客戶名義為質借行為，稱「冒名質借」。冒名質借對被冒名的客戶既不生效力，保險業務員自己原則上也不負質借人的責任❼⑥；但保險業務員應該對保險公司所發生的損失負「侵權行為」損害賠償責任。

對被冒名的客戶言，客戶完全沒有意思參與，也完全沒有行為上的故意過失，

---

❼⑥ 因為業務員從未以質借當事人自居，保險人也不認定其為當事人。

只是保險業務員以偽造的印章、挪用客戶文件，用客戶的名義質借，客戶當然不必負任何責任。

對為冒名質借的保險業務員而言，也不生質借當事人的效力。因為保險業務員是冒客戶之名質借，不是以客戶代理人的名義質借，固然不會發生無權代理或表見代理的情事；但是保險業務員也沒有以自己的名義質借，因此，原則上也不會發生自己是質借契約當事人的法律效果。例外情形，保險人為質借時，意在以「冒名的業務員」為質借對象，重在「人」而非「名」時，在善意的情形下，才以冒名的保險業務員為對象，成立契約。

據上所述，冒名質借，保險業務員從來沒有以自己為當事人的意思，也沒有以代理人的意思，因此原則上法律效果不可能分別歸屬於該保險業務員或客戶。冒名質借，乃是冒用客戶的名義詐騙保險人，是對保險公司的侵權行為，被害人就是保險公司，保險公司原則上只能夠行使侵權行為損害賠償請求權。

五、特約醫師

特約醫師，指受保險業委託體檢被保險人，就體檢結果評定等級的執業醫師。人壽保險原則上被保險人須經體檢合格始予承保，例外被保險人可無須體檢直接承保。人壽保險的保險人於決定承保前，通常會通知被保險人接受其所指定的特約醫師或醫院進行體檢。

特約醫師受委託對被保險人為身體檢查，性質上是保險人的代理人，因此身體檢查時，**特約醫師的知悉「視為」保險人的知悉**。被保險人身體有明顯的外部缺陷，特約醫師可以一望而知者，例如：跛腳，雖然要保人沒有告知，也視為保險人已經知悉。

六、外國保險人的輔助人

外國保險人之輔助人，指經主管機關核准，在中華民國境內執行業務之外國保險代理人、保險經紀人、海事鑑定人及海損理算人。

習 題

一、選擇題

1.抵押人以抵押標的物投保火災保險,指定抵押權人銀行為被保險人。若抵押人保險費到期未繳,下列敘述,何者正確?
　(A)銀行不是契約當事人,不得代繳。
　(B)銀行是利害關係人,可以代繳,但保險人可以拒絕。
　(C)銀行是利害關係人,可以代繳,且保險人不得拒絕。
　(D)銀行是利害關係人,但因為保險法沒有代繳的規定,因此不得代繳。

2.下列關於營利性保險業成立主義的敘述,何者正確?
　(A)放任主義。
　(B)準則主義。
　(C)許可主義。
　(D)強制主義。

3.要保人透過保險代理人訂約過程中,判斷保險人是否受詐欺而陷於錯誤,應該斟酌何人之行為?
　(A)保險人。
　(B)保險代理人以及要保人。
　(C)被保險人。
　(D)受益人。

4.下列關於保險經紀人法律性質的敘述,何者正確?
　(A)是保險人的代理人。
　(B)是要保人的代理人。
　(C)是保險人的受僱人。
　(D)是保險人與要保人的居間,如果獲得保險人的授權,則又有保險人之代理人的資格。

5.下列何者以辦理保險標的物的查勘、鑑定、估價與賠款的理算為工作？

(A)保險業務員。

(B)保險代理人。

(C)保險公證人。

(D)特約醫師。

參考答案

1. CCBDC

二、問答題

1.受益人如何確定？在死亡保險契約，受益人無法確定時，保險金應該作何種用途？

2.試述保險業務員的法律性質？又試依照保險業務員管理規則第 15 條：「業務員經授權從事保險招攬之行為，視為該所屬公司授權範圍之行為，所屬公司對其業務員之招攬行為應嚴加管理並就其業務員招攬行為所生之損害依法負連帶責任。業務員同時登錄為財產保險及人身保險業務員者，其分別登錄之所屬公司應依法負連帶責任。」的規定，就對第三人的關係而言，保險業務員的法律地位如何？

3.為了保障保險公司投保人的權益，保險法就保險公司發行股票的種類、以及負責人對保險公司債務的責任，有明確規定。試說明其內容。

4.保險法為保護股東或社員的權益有周詳的規定，試分保險公司與保險合作社，各舉二則規定說明之。

5.保險業務員，利用職務上持有投保戶保險單的方便，偽造相關文件，冒用投保戶的名義，向保險公司質借金錢，其法律效果如何？

第五章

保險利益

壹 保險利益的意義

一、保險利益的定義

（一）保險利益概念的初發──從海上保險開始

早期對保險利益並沒有明確的定義，一般著重在被保險人對保險標的物金錢上的利害關係 (the assured pecuniary interest)，保險利益一詞最早出現在成文法上，是在 1906 年英國海上貨物保險法 (The Marine Insurance Act 1906) 第 5 條第 1 項：「除本法另有規定外，凡對海上冒險有利害關係之人，有保險利益。(Subject to the provisions of this Act, every person has an insurable interest who is interested in a marine adventure.)」、「特別是，凡對海上冒險或任何處於海上冒險危險中的其他可保財產有法律上或其他相當的利害關係、因可保財產的安全或如期到達而受有利益，或因可保財產的滅失、毀損、被留置或發生責任而受害者，對該海上冒險有保險利益。(In particular a person is interested in a marine adventure where he stands in any legal or equitable relation to the adventure or to any insurable property at risk therein, in consequence of which he may benefit by the safety or due arrival of insurable property, or may be prejudiced by its loss, or by damage thereto, or by the detention thereof, or may incur liability in respect thereof.)」。

（二）我國保險法

我國保險法沒有界定保險利益的定義，只在第 14 條規定：「要保人對於財產上之現有利益，或因財產上之現有利益而生之期待利益，有保險利益。」，第 15 條規定：「運送人或保管人對於所運送或保管之貨物，以其所負之責任為限，有保險利益。」，第 16 條規定：「要保人對於左列各人之生命或身體，有保險利益。一、本人或其家屬。二、生活費或教育費所仰給之人。三、債務人。四、為本人管理財產或利益之人。」。這三個條文都只是例示在財產保險、人身保險何種情況有保險利益，但都沒有界定保險利益的意義。

從保險法關於保險利益例示規定，進一步抽象化，保險利益可以界定為：**保**

險利益是指對於保險標的物的現存狀態的維持、責任的發生、被保險人的生存、死亡、疾病、傷害有利害關係，該利害關係在法律上為正面價值，可以透過保險方式加以維持或分化的利益。保險利益，英文稱為 "Insurable Interest"，意思就是「可以保險的利益」，大陸保險法稱之為「可保利益」，基本上涵蓋三層意思：

1.必須有利害關係存在

　　保險利益必須對保險標的現存狀態的維持或破壞、責任的發生與不發生、或對於被保險人的生存、死亡、疾病或傷害有利害關係。**保險利益所指的利害關係，可以是「法律上的利害關係 (legal relationship，例如：所有權)」，也可以是「事實上的利害關係 (例如：占有)」**，我國目前法院實務與美國法院均採取此種見解❶。

　　保險利益所指的利害關係，只限於對「**真實利益** (real interest)」，才可以承認，假若「只是獲得利益的期待 (mere expectation of acquiring an interest)」還不足以認定有保險利益，例如：子女對於因繼承已取得所有權的房屋，固然有保險利益；但在繼承事實發生前，對於被繼承人的房屋，只是有繼承期待權，但是這種期待權「只是獲得利益的期待」，沒有達到「真實的利益」的程度，因為子女未必後於父母而死亡，繼承事實並不當然會發生，因此在繼承發生前，不得認為子女對其父母的財產有保險利益。「只是獲得利益的期待」與「因財產上現有利益所生期待利益」 ❷不同，前者期待權是否實現，取決於某些條件是否成就❸；後者卻是已經取得財產，依照自然法則或經濟規律❹，可以預期將會產生或獲得某些利益。

　　虛構的利益，也不能成為保險法上的保險利益。2008 年德國保險契約法第 80

---

❶　我國實務上對於財產上之保險利益曾有相當清楚的界定，最高法院88年台上字第1362號判決要旨：「要保人對於財產上之現有利益，或因財產上之現有利益而生之期待利益，有保險利益。凡基於有效契約而生之利益，亦得為保險利益，保險法第14條、第20條分別定有明文。是凡對於特定財產有法律上之權利或利益，或因特定之法律關係而有可期待之利益，或因其損失或事故之發生將受損害者，均有財產上之保險利益。」，美國法院的案例請參照本書第140頁以下。

❷　請參照本章陸、一、(一)、3，第147頁。

❸　例如，子女對父親的繼承權是否實現，取決於父親死亡時，該子女是否還生存及有沒有喪失繼承權。

❹　所謂依照自然法則產生預期利益，例如已經鋪了太陽能板，預期有電能收入；所謂依照經濟規律產生預期利益，例如已經興建完成旅館，依照出租率，預期每年有若干租金收入。

條第 3 項:「要保人意圖獲得非法金錢上的利益而以不存在的利益投保者,保險契約無效,保險人取得截至其知悉契約無效事由為止的保險費。」可以參考。

2.必須在利害關係存在的範圍內

利害關係只是判斷有無保險利益的第一階段,「**利害關係範圍的大小**」則是認定保險利益的第二階段。若逾越利害關係的範圍而為投保,其逾越部分就是欠缺利害關係,應該認為沒有保險利益。就此點而言,保險利益具有確定損害賠償範圍及限制賠償數額的功能。

3.經過價值判斷,必須具有正面價值

保險利益的利害關係必須是「**可以保險**」的,即經過法律價值判斷,被認定為正面,值得用保險化解其風險的,英美稱保險利益為「insurable interest(可以保險的利益)」,就是這個意思。保險利益若只需要利害關係,不必經過價值判斷,則行竊歹徒就其所竊得的珠寶就可以投保保險,保險就可能淪為不法所得的庇護所,此斷非建立保險制度的宗旨。

二、財產保險利益與人身保險利益的區別

財產保險的保險利益與人身保險的保險利益有下列不同:

表 5–1

	財產保險利益	人身保險利益
存在時間	原則:保險事故發生時 例外:訂約時到事故發生時	訂約時
經濟利益	僅限於經濟利益有關的利害關係	不以有經濟利益利害關係為限

(一)保險利益應該存在的時間不同

財產保險的保險利益原則上於「保險事故發生時」存在為已足,例如:海上運送人的責任保險,運送人經常預先投保,投保之時,沒有保險利益,直到貨物裝船,才有占有貨物,才有保險利益,保險契約不因訂約時沒有保險利益而無效;財產保險在例外情形,從「訂約時」開始,到保險事故發生,都必須具備保險利益,例如:火災保險。但**人身保險的保險利益則只以「訂約時」存在為必要**,契約訂立之後喪失保險利益者,並不影響保險契約之效力,例如:債權人以債務人

為被保險人投保死亡保險，投保時有債權債務、保險利益。在保險期間，債務人陸續清償債務，直到債務清償完畢，保險利益消失，但若保險期間尚未屆滿，保險契約繼續有效。

（二）保險利益內容是否限於經濟利益之不同

財產保險的保險利益只限於「與經濟利益有關的利害關係」；而人身保險的保險利益「雖然以與經濟利益有關之利害關係為主，但不以此為限。」申言之，與經濟利益有關的利害關係，固然可以具有保險利益，與經濟利益無關的利害關係，也可以有保險利益，例如：已經訂婚的未婚夫與未婚妻，彼此也有保險利益。

（三）財產保險的保險利益不但有有無問題，而且有大小問題；人身保險的保險利益只有有無問題，沒有大小問題

在財產保險，不但有有無保險利益問題，而且還有保險利益大小問題，保險利益的大小，依保險事故發生可能遭致損害的多寡而定，超過保險利益的範圍而投保保險，將發生「超額保險」問題，至於超額保險的效力如何，則視訂約當事人是善意或惡意而定，詳後述之。

人身保險的人壽保險，包括：生存保險、死亡保險及生存死亡兩合保險，因為生命無價，保險利益只有「有」、「無」的問題，不發生「大」、「小」的問題❺，因此，人壽保險無所謂超額保險問題。但人身保險中的傷害保險及疾病保險，雖然兼具填補給付醫療費用損害的功能，但因傷害或疾病所發生的醫療費用並無一定上限，因此就保險事故發生而保險人應給付的最高限額（即保險金額），可預先約定，也可以不預先約定，但實際的保險給付，常待保險事故發生方能確定。簡單而言，人身保險中之傷害保險或疾病保險，在保險契約訂立時，只有保險利益有無問題，至於保險利益大小則須待保險事故發生時，方能確定，應注意及之。

❺ 人壽保險的保險利益，雖然「只有有無，沒有大小」，但是在以他人的生命投保死亡保險的契約，被保險人的生命雖然無價，但要保人與被保險人利害關係的大小，仍然必須具體衡量。例如公司以其經理人的生命投保死亡保險，可以投保高額保險，因為經理人的生存死亡，會影響公司的興衰；但是公司以其初級勞工的生命投保死亡保險，該初級勞工的死亡，隨時可以以其他人遞補，影響公司營運十分有限，因此只能在有限關係內，以低額投保。

貳 保險利益的必要性

保險利益的必要性，可以從立法政策與保險法的規定兩方面說明：

一、從立法政策觀點

從立法政策言，保險之所以需要有保險利益的概念，消極上是在預防賭博、防止道德風險、防止發生犯罪、避免社會資源浪費 (preventing social waste)，積極上則要發揮保險填補損害、安定社會的功能。

（一）消極功能

保險利益存在的消極功能，首先是防止賭博。沒有保險利益的保險契約，若發生保險事故，就獲得意外的財產，若不發生保險事故，就損失保險費，與賭博行為無異。賭博行為，在刑法，懸為厲禁，違背者，判罪可科刑；在民法，賭輸賭贏，債權債務沒有強制力；在保險法，則更進一步，保險契約無效，債權債務都不會發生，英國 1906 年海上保險法第 4 條規定：「任何遊戲或賭博的海上保險契約都是無效的」可供參考❻。

其次，保險利益的存在，能夠防止道德風險，並進而避免犯罪的發生。假若允許要保人以與自己絲毫沒有利害關係的他人財產、身體、生命作為保險標的，投保保險，則誘發被保險人（在財產保險）或受益人（在人身保險）為了圖得保險金而故意毀損 (inducing the intentional destruction)、謀財害命，發生道德風險，觸犯刑事犯罪，故規定必須有保險利益才可投保保險，間接也可防止刑事犯罪。

（二）積極功能

保險利益的存在，積極上可以貫徹保險填補損害的功能及安定社會的功能。保險的「填補損失」功能，在財產保險（例如：火災保險、海上保險等）毫無例外。但是在人身保險，填補損害的功能，只有傷害保險、疾病保險的醫療費用、住院費用、看護費用、收入減少等有之，其他部分包括：生存保險、死亡保險、

---

❻ MIA1906 section 1: "Every contract of marine insurance by way of gaming or wagering is void."

傷害致殘廢、傷害致死亡、疾病致殘廢、疾病致死亡之採定額給付者，則因生命無價，難以彌補，且被保險人生存或死亡保險事故的發生，也未必導致受益人發生損害，因此一般認這些保險事故的保險給付，目的不在填補損失，而在安定社會，例如：生存保險之給付目的在提供被保險人晚年生活的保障；死亡保險之給付目的在提供被保險人遺屬（受益人）生活所需，這些都有安定社會的效用。

二、從保險法規定的觀點

（一）訂立保險契約時，保險利益須已經存在或預期將會發生

從保險法規定的觀點，保險利益在訂立保險契約時，必須已經存在或預期將會發生，假若保險利益在訂約時不存在，將來也不會發生，則保險契約不生效力。所謂「訂約時，保險利益已經存在」，例如：在訂立火災保險契約時，已經有房屋所有權，至少也已經獲得房屋的交付；所謂「預期將會發生」，例如：國際貿易的進口商，在 FOB 交易條件下，就尚未取得所有權、尚未獲得交付載貨證券的貨物，先投保海上貨物險就是。

（二）保險契約有效期間，須持續具有保險利益

保險利益不但是保險契約的生效要件，而且是維持保險契約繼續有效的要件，換句話說，具有保險利益且已經生效的保險契約，因為嗣後喪失保險利益，保險契約「原則上」❼也就失去效力，保險法第 17 條規定：「要保人或被保險人，對於保險標的物無保險利益者，保險契約失其效力。」，就是針對已經有保險利益，但其後卻又喪失保險利益而規定的。

（三）例外：保險利益在消滅之後，可以又回復

在 CIF 條件的國際貿易 ，依照國際貿易術語解釋通則❽ ，是裝貨港船上交貨，賣方（出口商）必須負責接洽船公司、訂定海上貨物運送契約，負擔到達目

---

❼　人身保險，以訂約時有保險利益就可以，其後雖然保險利益消滅，保險契約仍然有效，此為例外。

❽　Incoterms 2010.

的港的運費及保險費。同時，賣方還必須承擔貨物裝船前的風險，買方則承擔貨物裝船後的風險。貨物裝船後，原則上出賣人就喪失對於貨物的保險利益，相對地，買受人在貨物裝船後，取得貨物的保險利益，這種保險利益稱為「**可消滅的保險利益 (defeasible interest)**」。

在可消滅保險利益的情形，貨物裝船前，因為出賣人對貨物有保險利益，若發生保險事故，出賣人可以受領保險給付；在貨物裝船後，因為保險利益屬於買受人，若發生保險事故，買受人才有受領保險給付的權利。惟此只是原則，例外情形，如出賣人違約（例如：賣方裝船遲延，或裝船前標的物有重大瑕疵已不合於債之本旨，買方拒絕受領載貨證券並拒付價金，甚或已解除買賣契約等情形），致買方拒絕收受載貨證券時，因買受人未占有貨物，則尚持有載貨證券的賣方，其對貨物的保險利益——原本在貨物裝船時已經喪失——又告回復。若發生保險事故，出賣人自得受領保險給付。

參 保險利益的說明義務

一、原 則

保險利益的有無以及保險利益大小的認定，屬於專業知識領域，一般社會大眾難以勝任。因此**要保人或被保險人只須就其與保險標的物的關係據實說明或描述就可以，不需要就保險利益的有無或大小做出法律的判斷**。實務上，只須在要保申請書載明保險標的物，至於保險利益的有無或大小應由保險人認定，保險利益的性質及範圍也不需要記載於保險契約。

二、例 外

要保人或被保險人原則上固然沒有必要說明保險利益，但是在例外情形，也有必須就保險利益加以說明者，此種情形，主要有三：

（一）契約另有約定者

保險契約另外約定要保人或被保險人就保險利益有說明義務者，要保人或被保險人就該保險利益有說明的義務，例如：契約明白約定要保人或被保險人（例

如抵押權人）須就其債權數額加以說明，以確定要保人或被保險人保險利益存在於保險標的物的範圍 (the extent of his interest in the subject-matter of insurance) 者，則要保人或被保險人有說明的義務。

（二）衍生性損失 (consequential loss) 的保險利益

所謂「衍生性損失」，就是間接性的損失，指由於保險標的物直接損失所衍生的間接損失，例如：在火災保險，保險契約所承保的危險原本只限於火災燃燒直接毀損滅失的電線、房屋、冷凍壓縮機（直接損失）；不及於因冷凍壓縮機故障後，無法繼續壓縮冷凍空氣，引發倉庫高溫，導致所儲存的魚貨、肉類腐敗的損失（間接損失，或衍生性損失）。衍生性損失只有要保人或被保險人最能夠知悉，因此假若保險契約將衍生性損失也列入承保範圍內，則要保人或被保險人對於衍生性損失的保險利益（包括保險利益的存在、保險利益的內容）有說明的義務。

（三）保險利益的存在與否具有不安定性 (precarious)

常態情形，保險利益的存在或消滅具有安定性或持久性，因此保險人對保險利益的判斷及認定都不會發生困難，但若保險利益的存在與否，具有不安定性或非持久性，要保人或被保險人自有說明的義務。例如：承租人對於承租的房屋有無保險利益，繫於有效的租賃契約，則承租人對於保險契約的有效性，就有說明的義務。

肆　保險利益存在的主體

何人需對於保險標的物、責任（在財產保險）或被保險人（在人身保險）必須具有保險利益？換句話說，保險利益到底應該存在於何人？這就涉及保險利益的主體問題。保險法關於保險利益所應該存在的主體的規定並不明確，相關的法條如下：

第一：應該存在於要保人

保險法第 3 條規定：「本法所稱要保人，指對保險標的具有保險利益，向保險人申請訂立保險契約，並負有交付保險費義務之人。」，依本條規定，保險利益應該存在的主體是各種保險的要保人。

第二：應該存在財產保險的被保險人

保險法第 4 條：「本法所稱被保險人，指於保險事故發生時，遭受損害，享有賠償請求權之人，要保人亦得為被保險人。」，依本條規定，財產保險的被保險人，因保險事故的發生而遭受損害，自然對保險標的物有利害關係，即對於保險標的物須具有保險利益。

第三：應該存在於要保人或被保險人

保險法第 17 條規定：「要保人或被保險人，對於保險標的物無保險利益者，保險契約失其效力。」，依本條規定，保險利益之主體應包括要保人或被保險人 ❾。

從以上條文，可以知悉保險利益應該存在各種保險契約的「要保人」、應該存在財產保險的「被保險人」、也應該同時「繼續」存在於財產保險的「要保人與被保險人」，不只如此，從預防道德危險的觀點，還應該存在人身保險的「受益人」。歸納起來，說明如下：

一、保險利益應存在於財產保險與人身保險的要保人

（一）在財產保險情形

財產保險的目的既然在於填補被保險人因保險事故發生所造成的損害，理論上，要保人對於保險標的物或責任就可以不需要有保險利益，要保人也可以基於無因管理為被保險人訂立保險契約。

但在實務上，除了以抵押標的物投保火災保險的情形，常常以抵押人（房屋所有權人）為要保人，以抵押權人為被保險人，其要保人與被保險人不是同一個人以外，其他各種財產保險的「要保人」與「被保險人」經常是同一個人，因此，除以抵押物投保火災保險外，查核「要保人」對保險標的物或責任有無保險利益，實際上也就是查核「被保險人」對於保險標的物或責任有無保險利益，因此要求要保人對於保險標的物或責任有保險利益，在保險實務上有其實益。

又在以抵押物為標的物投保火災保險的情形，實務上，不論抵押人基於所有權的保險利益投保，指定抵押權人為被保險人，或是抵押權人基於抵押權的保險

---

❾ 最高法院 87 年台上字第 2417 號判決，訂立保險契約，固以有保險利益為前提，但保險利益的有無，應就要保人或被保險人而判斷。

利益投保，指定抵押權人自己為被保險人，都有保險利益。退一步言，若是由對保險標的物完全沒有利害關係的第三人，如何可以合法設定抵押權？在填寫要保申請書時，如何能夠就保險標的物的狀況加以說明？在訂約後，沒有抵押物所有人的配合，保險人如何能查核要保申請書的說明是否真實？在保險期間，何人能夠履行危險增加的通知義務？在危險發生後，何人能夠履行危險發生的通知義務？凡此種種，都是實際存在的問題，都無法解決。更何況，實務上，由一位對保險標的物完全沒有利害關係的人投保財產保險，尚未曾見，主張要保人對保險標的物不需要有保險利益的觀點，學理上或可討論，但是這種理論上的主張，放到實務上驗證，其實沒有實益。綜上觀點，應該採要保人對保險標的物必須有保險利益的見解為是。

（二）在人身保險情形

如同財產保險一樣，理論上，在沒有道德風險顧慮的人身保險，要保人對於被保險人雖然沒有保險利益，也可以基於無因管理，為第三人的利益投保保險，例如：甲以乙為被保險人，且以乙為受益人投保生存保險是。但是需不需要保險利益，不能純粹從道德風險的有無作理論的判斷，而應該將訂立契約的可能性、要保申請書查核的可能性等保險實務列入考慮。試想：若要保人對被保險人毫無保險利益，沒有絲毫利害關係，如何能對被保險人的健康狀況逐一說明？被保險人被一個與自己毫無利害關係的人列為被保險人，如何能不啟疑竇？若啟疑竇而拒絕體檢或拒絕保險人的查核，保險人又如何據以核保？更何況實際上，由一個與被保險人毫無利害關係的第三人作為要保人，投保人身保險的情形，絕對罕見，採要保人對被保險人無須有保險利益的觀點，不符保險作業的實際。據上所述，在人身保險，也以採要保人對被保險人應有保險利益的見解，較為妥當❿。

二、保險利益應存在於財產保險的被保險人

財產保險既然以「填補損害」為目的，則因為保險事故發生而可以受領保險

---

❿ 實務上也有購買商品附贈保險的情形，例如購買家電附贈竊盜險，此時出賣人在訂立保險契約時，還是有保險利益的。至於完全沒有保險利益的情形，例如友人新居落成，購買火災保險贈之，理論上或有可能，實際上幾乎不存在，從法律經濟觀點，似可以忽略。

給付之人，必然也是因保險事故發生遭受損害之人，因此被保險人對保險標的物是否遭受毀損滅失必須存在有利害關係，也就是說被保險人必須有保險利益。

三、保險利益應存在於人身保險的受益人

　　人身保險的受益人，對於做為保險事故發生與否為標準的被保險人，應否具有保險利益，法無明文。人身保險中的健康保險、傷害保險及生存保險，其被保險人常常同時就是受益人，二者絕對多數情形是同一人，既然是同一人，則當然有保險利益。若受益人與被保險人不是同一人，受益人對於被保險人就必須有保險利益，以防止道德危險的發生。例如：在傷害保險，由於傷害保險的危險事故，包括「傷害致死」在內，有誘發道德危險的可能；人身保險中的死亡保險，被保險人與受益人必然是不同之人，由於被保險人死亡，受益人可以獲得保險給付，誘發受益人道德風險的可能性更高。因此受益人對於被保險人都需要有保險利益。在死亡保險，若受益人與被保險人沒有任何利害關係，則投保保險，反而足以誘發殺機，且金額越大，殺機越深，此斷非保險的宗旨。

　　保險法關於受益人對被保險人是否需要有保險利益，雖然無明確規定，但自保險法施行以來，似乎也沒有太多流弊，主要的原因不是受益人對被保險人不需要有保險利益，而是締約過程有效阻絕了道德風險，也無形中化解了道德危險。死亡保險契約的受益人雖然由被保險人指定，但依照保險法第 105 條第 1 項：「由第三人訂立之死亡保險契約，未經被保險人書面承認，並約定保險金額，其契約無效。」的規定，應該經過被保險人書面承認。在訂定書面契約的過程中，被保險人已經可以知悉受益人的姓名，進而審度其與受益人的關係，以決定是否為書面承認。保險法雖無受益人對被保險人必須具有保險利益的規定，但是由於有了保險法第 105 條第 1 項的規定，配合締約的實際作業程序，事實上達到受益人對被保險人必須具有保險利益的效果。故採取受益人對於被保險人也必須具有保險利益的見解，較為妥當。

伍　保險利益應該存在的時間

　　保險利益究竟應該存在何時？應存在於「訂約」時？應存在於「保險事故發生」時？還是從訂約時起到保險事故發生時止保險利益都應該持續存在？保險法

第 17 條：「要保人或被保險人，對於保險標的物無保險利益者，保險契約失其效力。」，所謂「失其效力」就是原來有效力，但是從確定要保人或被保險人沒有保險利益開始，向將來失去效力，此與德國保險契約法的規定相同。但是對於訂立契約時，是否就必須有保險利益，法律沒有明文規定，實務為：財產保險在訂約時可以還沒有保險利益，締約之後，特別是事故發生時，必須有保險利益；人身保險在訂約時，必須有保險利益，保險事故發生時，不需要有保險利益。

一、財產保險

財產保險的目的在於填補被保險人因保險事故發生而遭受的損害，因此於訂約時有無保險利益，並不重要，**重要的是於「保險事故發生」時，必須有保險利益，以貫徹填補損害原則**。因此，在房屋所有權人以自己為要保人，同時指定自己為被保險人，投保火災保險的案例，若嗣後將房屋出賣並已收取全部價金，此時即使發生火災，房屋燒毀，房屋所有權人將因為沒有損失而不得請求保險給付[11]。反之，在 FOB 的國際貿易，進口商為了避免貨物發生損失，在取得貨物的保險利益前，為進口貨物預先投保保險，只要進口商在保險事故發生時確已對貨物取得保險利益，則保險契約仍然有效[12]。然此只為原則，在例外情形，在重視要保人或被保險人性質的保險契約，例如：火災保險契約，亦有要求自訂約時起至保險事故發生時止，都必須有保險利益，以預防道德危險的發生者。

2008 年德國保險契約法第 80 條第 1 項：「保險利益從保險契約訂定時起即不存在者，要保人無繳納保險費的義務。為將來的企業或其他將來的利益而投保的保險，若保險利益不發生者，亦同。但保險人得請求合理的業務費用。」、「保險契約生效之後，保險利益消滅者，保險人有權保有從保險契約生效之日起至其知悉保險利益消滅之日止的保險費。」，本條規定是針對「損失賠償性」的保險，即在投保時可以沒有保險利益，只要「事故發生時」有保險利益就可以，此乃「為將來的企業或將來的利益」投保的保險。

---

[11] 又房屋火災保險契約是重視當事人性質的契約，保險標的物讓與他人，火災保險契約通常約定不隨同移轉。

[12] 最高法院 95 年台上字第 220 號判決。

二、人身保險

有鑑於人身保險中的某些保險給付，例如：死亡保險，其保險給付的目的不在填補損失，而是安定被保險人（死者）的遺屬（受益人），**為了避免道德危險，並遷就社會實際⓭，人身保險的保險利益以「訂約時存在」為已足，不以保險事故發生時，仍然存在為必要**。因為死亡保險，受益人必然是被保險人以外的其他人，受益人是否可以獲得保險給付，完全取決於被保險人是否發生死亡事故，保險契約的訂定攸關被保險人生命的安全，若於訂約時沒有保險利益，可能會誘發道德危險。

但衡諸社會實際，要保人及受益人在契約訂立時對被保險人有保險利益，但契約訂立之後，保險利益消滅者，亦非罕見，例如：保險契約訂立時，具有配偶身分，互負撫養義務⓮，彼此有保險利益，但在保險期間內夫妻離婚，保險利益消滅；又如：債權債務存續期間，債權人對債務人有保險利益⓯，債權人得以債務人為被保險人訂立死亡保險契約，若其後在保險期間內，因債務人清償全部債務，致債權人對債務人的保險利益消滅等等⓰。凡此種種，當事人未必告知保險人，保險人也難以查核，若必欲使保險契約失效，其後將發生保險費應否比例退還以及必須改以短期保險費率另計保險費等問題，徒使問題紛繁而已。

三、保險利益不發生或消滅與保險費的負擔

關於訂立保險契約之後，確定保險利益不發生，要保人有無給付保險費的義務，或是保險期間，保險利益消滅，保險費如何負擔；意圖不當利益而訂立保險利益不存在的保險契約，保險人可否取得保險費等等，保險法沒有規定。德國保險契約法對此分別訂有明文，可以參考：

⓭ 遷就社會實際，例如：夫以其為被保險人，投保死亡保險，指定其妻為受益人，其後離婚。又如：債權人以債務人為被保險人，投保死亡保險，指定自己為受益人，其後，債務人完全清償其債務等，保險契約不因之無效。

⓮ 民法第 1116 條之 1。

⓯ 保險法第 16 條第 3 款。

⓰ 債務人在清償全部債務之後，保險契約繼續有效，假若債務人有道德危險的顧慮，可以依照保險法第 105 條第 2 項：「被保險人依前項所為之同意，得隨時撤銷之。其撤銷之方式應以書面通知保險人及要保人。」，及第 3 項：「被保險人依前項規定行使其撤銷權者，視為要保人終止保險契約。」行使撤銷權。

（一）保險利益不發生者，要保人無給付保險費的義務

保險期間開始時，保險利益不發生者，要保人無給付保險費之義務；在為將來的企業或其他將來利益投保保險者，亦同。但保險人得請求適當的費用❶❼。

（二）契約生效後保險利益消滅者，保險人取得知悉前的保險費

保險契約生效後，保險利益消滅者，保險人取得相當於從保險契約生效起至其知悉保險利益消滅止應該適用的保險費的權利❶❽。

（三）意圖獲得不法金錢利益而投保沒有保險利益的保險，保險費歸保險人所有

要保人意圖獲得不法金錢利益而投保欠缺保險利益的保險，保險契約無效；保險人有權取得其知悉無效情事前的保險費❶❾。

陸　保險利益的內容

一、財產保險保險利益的內容

財產上保險利益的內容，依其作用區分，可分為積極財產的保險利益及消極財產的保險利益。積極財產的保險利益，指對於債權、物權、準物權所享有的現存利益及期待利益。消極財產的保險利益，則指因債務不履行、侵權行為或其他原因所生責任的不利益。

財產保險的保險利益，簡略說明如下：

---

❶❼ 2008 年德國保險契約法第 80 條第 1 項。
❶❽ 2008 年德國保險契約法第 80 條第 2 項。請注意：本項規定，並非按照期間比例，而是按照短期費率計算的保險費。
❶❾ 2008 年保險契約法第 80 條第 3 項。

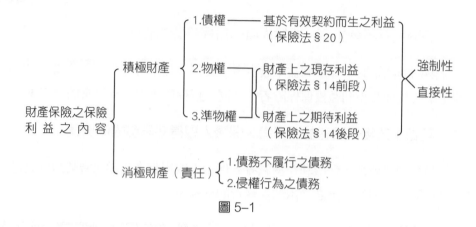

圖 5-1

（一）積極財產保險利益的種類

就財產保險而言，積極財產保險利益可分為對債權而生的保險利益、對物權而生的保險利益、以及對占有而生的保險利益三者。說明如下：

1. 債　權

保險法第 20 條規定：「凡基於有效契約而生之利益，亦得為保險利益。」基於有效契約所生的利益，就是債權，但是債權可能是財產法上的債權，也可能是身分法發生的債權，此處所討論的只限於財產法上的債權。又財產債權的發生原因很多，契約只是其中的一個，因契約而發生的固然屬於討論的範圍，因其他原因而發生的，必要時也加以說明。

⑴對債權本身有保險利益

因債權契約而發生債權時，債權人因債務人履行債務，即使是單純的勞務給付，也可以獲得一定的利益，因此債權人對債權契約所發生的「債權」本身，就有保險利益。例如：海上運送人對海上貨物運送契約所生的運費債權，有保險利益；又如：出租人對租賃契約而發生的租金債權，有保險利益；再如：定作人對承攬契約而生的債權有保險利益等都是。承保債權人對債務人債權的保險稱為保證保險[20]。

⑵對於依據債權得請求之標的物有無保險利益有不同觀點

依債權可以請求移轉動產物權、不動產物權或占有者，到底債務的履行要到達何種程度，債權人才對該動產或不動產有保險利益？法院見解不盡一致：

---

[20]　保險法第 95 條之 1。

A.只要有債權，雖尚未占有標的物，也取得保險利益

最高法院 92 年台上字第 1403 號判決指出 **㉑**：「按所謂保險利益，在財產保

㉑ 本案雙方的上訴理由及法院的判決如下：

本件上訴人主張：伊於民國 81 年 4 月 15 日將所有坐○○○市○○路 472 號等建物一樓部分 347 坪（下稱系爭建物），出租予被上訴人作為其所屬南投分社員福利品賣場，租期至 84 年 9 月 30 日止。惟被上訴人未依租賃契約第 5 條所加註之約定，投保火災保險，致系爭建物焚燬後，伊無法自保險公司獲得理賠，該無法獲得理賠之金額，即應由被上訴人負賠償責任。據中華企業技術鑑定會鑑定結果，系爭建物造價每坪新臺幣（下同）2 萬 3 千元，結構體損失達 798 萬 1 千元；另上訴第二審後，擴張請求水電裝潢等損失 69 萬 4 千元，合計為 867 萬 5 千元等情。求為命被上訴人如數給付並加付法定遲延利息之判決（超過上開部分之請求，業經本院前審判決上訴人敗訴確定）。

被上訴人則以：伊就承租建物之失火焚燬並無過失，已經判決確定。租賃契約第 5 條之附註載有「應投保房屋火險」之約定，其原意係約定伊使用系爭房屋所生之失火責任，應投保火險作為擔保之意思。系爭建物既非因伊未盡善良管理人義務致失火燒燬，伊不負損害賠償責任。又伊非系爭建物所有人，就系爭建物除使用權利及盡善良管理人之注意義務外，並無保險利益，依保險法第 17 條規定，不得以系爭建物本身之價值作為保險標的投保火險等語，資為抗辯。

原審除確定部分外維持第一審所為上訴人敗訴之判決，並駁回其擴張部分之請求，係以：上訴人主張依租賃契約第 5 條：「乙方（即被上訴人）應以善良管理人之注意使用房屋（加註：並應投保房屋火險），除因天災地變等不可抗拒之情形外，因乙方之故意、過失毀損房屋，或因可歸責乙方之事由，致失火焚燬者，均應負擔損害賠償之責」之約定，被上訴人應以上訴人為受益人投保房屋火險，使上訴人於火災發生後能自保險公司獲得理賠，始符兩造增訂被上訴人應投保房屋火險之原意云云。惟查該附註係延續「乙方應盡善良管理人之注意使用房屋」而來，究其原意厥在約定被上訴人使用系爭房屋所生之失火責任，應投保火險作為擔保之意思。此項約定猶如債權人恐債務人不能履行債務，而要求提供擔保者相同，係從屬於主債務之附隨義務，否則該條後段關於「因可歸責於乙方之事由致失火焚燬者，均應負損害賠償之責」之約定，即無保留之必要。被上訴人雖有遵守該約定之義務，惟要保人或被保險人，對於保險標的物無保險利益者，保險契約失其效力，保險法第 17 條定有明文。依此規定，保險利益之有無，應以要保人或被保險人之情形為準，而非就受益人作為判斷之依據。

被上訴人並非系爭建物所有人，就系爭建物除使用權利及盡善良管理人之注意義務外，並無保險利益，自不得以系爭建物本身之價值作為保險標的。又縱被上訴人應以上訴人為受益人投保房屋火險，使上訴人於火災發生後能自保險公司獲得理賠。但該約定對於何時履行，投保金額若干，保險期間之起訖等項，均付之闕如，應屬給付無定期限者，依民法第 229 條第 2 項之規定，被上訴人必俟上訴人請求履行該約定，經其催告而未履行，始付遲延責任，上訴人迄未催告被上訴人履行該項債務，自無從令其負債務不履行之損害賠償責任等詞，為其判斷之基礎。

險，乃要保人或被保險人對於保險標的之安全與否具有經濟上之利害關係者，即為有保險利益，而保險法第 20 條規定：『凡基於有效契約而生之利益，亦得為保險利益』，是以祇需當事人所締結之有效契約，係以某種財產為履行之對象，而該財產之毀損滅失影響當事人一方因契約而生之利益者，契約當事人即得就該財產投保。」

本案承租人雖然以承租人只有租賃權，沒有保險利益，不得投保，即使投保也是無效，因此承租人主張其違背租賃契約未投保火災保險與出租人不能獲得保險理賠沒有因果關係作為抗辯理由，但最高法院並沒有採納承租人的抗辯理由。

評論：

從文字表面上看，最高法院沒有採納承租人的抗辯理由，似乎認為承租人一旦訂立租賃契約，就對租賃物有保險利益，因此可以投保保險，承租人違背租賃契約沒有投保保險，致使出租人無法獲得保險理賠，自然必須負損害賠償責任。但在本案，承租人實際上已經占有租賃物（大賣場），最高法院的法律見解，其實是建立在承租人不但已經取得租賃權，而且已經「占有租賃物」的背景上，只是文字表達，呈現只要有租賃權，即使尚未占有租賃物，也一樣有保險利益而已。所以以最高法院的本判決，作為只要有租賃權，就對承租標的物有保險利益的根據，似嫌薄弱。

B.不但有債權，而且須「占有標的物」，才對標的物有保險利益

在 The Folger Coffee Company v. The Great America Insurance Company 一案[22]，涉及受寄託人對於已經交付保管的寄託物有沒有保險利益。法院指出：保險人所承保者不只是受寄託人因占有物發生毀損滅失的法律責任，而且還包括受寄託人所占有的財產。

又如 The Home Insurance Co. v. Adler 一案[23]：

本案的法律事實是：

Becker 就所承租的房屋訂立終身租賃契約，且以該房屋為標的物，投保火災保險。保險契約約定：在保險事故發生時，保險人應該依「財產的實際現金價值 (the actual cash value of the property)」 為給付。 其後 ， 發生火災 ， 房屋燒毀 ，

---

[22]　333 F. Supp.1272 (W.D. Mo. 1971).

[23]　Court of Appeals of Maryland, 309 A.2d 751 (1973).

Becker 也被嚴重燒傷，火災發生之後十九分鐘，Becker 就死亡。保險人拒絕保險給付，理由是 Becker 的保險利益在她死亡的時候就已經終止，也因此並沒有任何金錢上的損失可以被賠償。其後，Adler（Becker 的遺產管理人）提起訴訟，請求保險人為保險給付，地方法院為有利於原告（遺產管理人）的判決。被告（保險公司）不服，提起上訴。

主要的法律爭點是：

房屋的終生承租人，以其自己為被保險人的名義，訂立保險契約，是否應該被排除相當於「財產的實際現金價值」的保險給付之外嗎？

法院的判決及法律見解是（本判決是由 Murphy J. 做成）：

房屋的終生承租人，以其自己為被保險人的名義訂立保險契約，不應被排除其得請求相當於「財產的實際現金價值」全部保險給付的權利，也就是對房屋有保險利益。通常情形，火災保險契約是一種損害賠償，在請求保險給付之前，必須先證明其確有損失。不論如何，保險人的保險給付義務在「火災發生的那一時刻」即告發生。Becker 就該房屋，以其終生為期，訂立火災保險契約。在 Becker 死亡之前的偶發事件（火災）毀損了房屋。這種損失在其死亡之前即已發生，不論 Becker 實際上在火災發生之後多久死亡。因此，本案保險人有給付保險金的義務。原審判決應予維持。

值得注意的是法院在本案中，指出房屋終生承租人不但有「保險利益」，而且其保險利益大到相當於「財產的實際現金價值」。

債權人本於債權得有權占有某標的物，而且已經占有者，對該標的物有保險利益。例如：基於租賃契約所生的租賃權，承租人得占有出租人所有之租賃物、且已經占有者，則承租人對該租賃物有保險利益；承攬人本於承攬契約有權占有定作物、且已經占有者，承攬人對該定作物有保險利益；其他如：受寄人 (bailee) 因寄託契約而占有寄託物；受信託人 (trustee) 因信託契約而占有受交付之信託物；管理人 (administrator) 因管理契約而占有標的物；執行人 (executors) 因執行權利而占有執行標的物等，均因寄託、管理、執行等原因，對該寄託物、信託物等而有保險利益。

C.不但有債權，而且已占有標的物，且「給付價金」，才對標的物有保險利益

在 Paramount Fire Insurance Co. v. Aetna Casualty and Surety 一案❷：

本案的法律事實是：

本案 Cameron 將其所有的房屋出賣給 Holmes 及 Reece，雙方訂立買賣契約，約定從契約訂立開始，買受人就可以占有房屋，並得對房屋進行裝潢。出賣人 Cameron 以該房屋向 Paramount 保險公司投保保險，保險範圍包括裝潢在內，且指定其本人為被保險人。其後不久，發生了火災，房屋被焚毀。在此之前，Cameron 已準備好移轉的文件，但是尚未簽名。與此同時，買受人已經給付了應付的價金，並且向 Aetna 保險公司購買了火災保險契約。當買賣達成時，出賣人將其與 Paramount 公司所訂立的保險契約的權利及請求權讓與給買受人。保險事故發生後，買受人提起訴訟向兩家保險公司請求保險給付。兩家保險公司與買受人的訴訟，在對買受人平均負擔給付之後初步解決，但是保險人彼此都保留向對方的請求權。在其後保險人間的訴訟，地方法院判決 Aetna 應該負擔全部的保險給付。但是，上訴法院撤銷原判決，因而再上訴到最高法院。

主要的法律爭點是：

房屋出賣人，在已經收受了全部的買賣價金之後，若房屋被焚毀，是否還因火災遭受損失，而得請求保險給付？

法院的判決及法律見解是（本判決是由 Greenhill 法官做成）：

房屋的出賣人，若已經收受了全部的價金，則雖然其房屋被燒毀了，仍然欠缺請求保險給付所必需的「法律上的損失」。Paramount（出賣人的保險人）主張既然出賣人並沒有因為火災而遭受任何金錢上的損失，則火災所生的損失應由買受人的保險人獨自負責。法律上有一個基本原則，就是**損害賠償所得請求的數額只限於實際損害的範圍**。在本案情形，比較好的方法是依循損害賠償原則。在買賣契約訂立之後，出賣人對於房屋的利益就是還未給付的買賣價金。既然火災之發生，沒有給出賣人的價金帶來任何損害，因此 Paramount 保險人就沒有為保險給付的義務。本案上訴法院的判決應予撤銷，地方法院的判決應予維持。

本案判決從出賣人已經獲得全部買賣價金的角度，認定出賣人沒有損失，因此出賣人的保險人也就不負擔保險給付義務。但是從另外一個角度，其實也就是買受人因買賣契約取得債權、已經占有房屋、而且已經給付全部買賣價金，所以因火災而遭受損失，對該房屋有保險利益，得請求保險給付。

㉔　Supreme Court of Texas, 353 S. W.2d 841 (1962).

D.必須到「取得所有權」的程度，才有保險利益者

請求保險給付的一方，為了請求保險給付，對於為保險標的物的房屋必須擁有所有權。若是尚未給付價金，又未取得所有權，則對於買賣標的物沒有保險利益。

例如：在 Richard and Margaret Gossett v. Farmers Insurance Co. of Washington, Supreme Court of Washington, 948 P.2d 1264 (1997) 一案：

本案的法律事實是：

該案原告 Gossett 提出要約購買坐落在 Tacoma 的房屋，已獲得承諾。原告向 Farmers 保險公司表示其將成為該房屋的合法所有權人，並且從保險公司獲得房屋所有人的保險單。在房屋交易初步達成❷⑤，對外不再為出售廣告之後，原告開始在房屋內工作，並且計劃搬入。但是在原告與銀行簽訂長期融資契約，並且取得所有權之前，發生了一場大火，大火燒毀了房屋及已經裝修的裝潢。本案的保險人拒絕保險給付，拒絕的理由是原告對於房屋並未取得所有權，而且對於房屋也沒有保險利益。

主要的法律爭點是：

被保險人未取得保險標的之所有權者，是否得以自己為被保險人名義投保火災保險，並請求全部之保險給付？

法院的判決及法律見解是：

上訴法院維持地方法院之見解，判定原告只有就「對房屋進行改良且增加價值範圍內」可以請求保險給付，因為原告雖然很明顯有意購買該房屋，但是火災發生當時，原告對於房屋並無所有權或擔保利益，假若原告可以請領保險給付，則其所獲得者將遠遠超過其在火災發生前的所有利益，原告對該房屋的期待以及保險費的給付都不能構成保險利益。換句話說，本案的見解是買受人必須到達取得物權（所有權或擔保物權）的程度，才有保險利益。

從以上法院的裁判，可以知道債權人本於債權請求權的行使，而可以取得動產或不動產之物權或占有動產或不動產者，債權人對該動產或不動產到底有沒有保險利益？到達何種程度才有保險利益？法院的寬嚴並不一致，截至目前為止，尚無一定的規則。但是，已經取得所有權或限定物權者，對該標的物有保險利益，

---

❷⑤ 美國房屋的買賣，多有抵押貸款，即使買賣契約達成合意，多附加以銀行同意貸款為生效條件。

應無疑義。債權人若已經獲得買賣標的物的「占有」，即使還沒有取得所有權或限定物權，債權人對之也有保險利益，則是法院見解的趨勢。占有在法律上具有特殊的重要性[26]，占有是一般債權與物權的過濾器，占有常做為一般債權與擔保物權的區分標準，合法的占有本身就是一種利益，占有人對這種利益具有保險利益。

單純取得債權，還沒有受到標的物的交付，更未取得所有權或限定物權者，基於出賣人就同一標的物可以分別與多數人訂立買賣契約，使不同的買受人都對出賣人就同一標的物有請求交付的權利，買受人在未受標的物交付前，對該標的物的關係欠缺直接性，**為了避免每個買受人都有保險利益，都投保保險，造成保險法律關係的混亂，應該採取否定見解為是。**

(3)可消滅的保險利益

財產保險的保險利益，有一種稱為「**可消滅的保險利益**」，是一種偶發性的保險利益 (contingent interest)，1906 年英國海上保險法第 7 條明文承認此種保險利益。所謂「可消滅的保險利益」，是**指保險利益發生之後，又可能因法院判決、契約相對人的行為或自己的選擇，而使保險利益消滅**。例如：戰時，擄獲者對其擄獲的財產有保險利益，其後又因法院判決，所擄獲的財產必須歸還其原所有人，則擄獲者因擄獲所取得的保險利益，又歸於消滅[27]。又如：在國際貿易，買受人雖然對於其買受的貨物有保險利益，若後來因為出賣人交付貨物遲延，買受人決定拒絕受領貨物，其已取得之保險利益也歸於消滅，出賣人回復對該貨物的保險利益。

2.物權或準物權的現存利益

(1)物權的現存利益

所謂物權，包括所有權及限定物權。所有權包括單獨所有及共有[28]。共有又分為公同共有及分別共有。所有人不論為單獨所有、分別共有或公同共有，對於其所有物都有保險利益。

基於所有權的保險利益，於喪失所有權時，其保險利益亦喪失。惟若只訂立買賣契約，尚未將所有權移轉予買受人，則出賣人尚保有所有權，因此還保有保險利益，例如：甲將小客車出賣予乙，該車在交付予乙之前發生保險事故[29]，該

---

[26] 德國民法，在物權編的最前部分，就是規定占有。

[27] Boehm v. Bell (1799).

[28] 民法第 817 條。

[29] 小客車是動產，因法律行為而移轉所有權，必須交付，民法第 761 條參照，最高法院

小客車尚屬於甲所有，甲對該小客車仍然有保險利益❸⓿。所有人的所有物被竊盜、搶奪或強盜，只是喪失占有❸❶，仍然保有所有權，因此仍然有保險利益。

限定物權分為用益物權及擔保物權。用益物權又分為：地上權❸❷、農育權❸❸、不動產役權❸❹、典權❸❺；擔保物權則包括：抵押權❸❻、質權❸❼及留置權❸❽、動產抵押權❸❾、航空器抵押權❹⓿、船舶抵押權❹❶及海事優先權❹❷等。用益物權的存在以標的物的存在為前提，標的物若毀損滅失，將導致用益物權無所附麗，因此用益物權人對於該用益物權所附麗的不動產有保險利益。擔保物權基本上也相同，擔保物權的存在也是以擔保標的物的存在為前提，若擔保標的物毀損滅失，則擔保物權除了符合代位物❹❸的規定外，亦歸於消滅，擔保物權人的優先受償利益就會受到不利的影響，因此擔保物權人對於擔保物權所附麗的動產或不動產也有保險利益。

宜注意者，雖然不論用益物權人或擔保物權人，對於用益物權或擔保物權所存在的標的物都有保險利益，但是保險利益的大小仍然應該受到利害關係大小的限制。例如：抵押權人對於抵押標的物固然有保險利益，但保險利益的範圍不得逾抵押物的價值，也不得超過擔保的債權額，即抵押權所擔保的債權額若小於抵

　　也採取相同見解。當事人到監理所辦理登記，只是遵循主管機關的規定，出於監理以及課稅的需要而已。

❸⓿　最高法院 73 年台上字第 834 號判決。

❸❶　此時，所有人可以行使所有物返還請求權（民法第 767 條）。

❸❷　民法第 832 條。

❸❸　民法第 850 條之 1。

❸❹　民法第 851 條。

❸❺　民法第 911 條。

❸❻　民法第 860 條、第 513 條、海商法第 33 條、第 36 條、民用航空法第 19 條、礦業法第 14 條、動產擔保交易法第 15 條。

❸❼　民法第 884 條、第 900 條。

❸❽　民法第 225 條、第 445 條、第 612 條、第 647 條、第 791 條、第 928 條等。

❸❾　參照動產擔保交易法第 15 條。

❹⓿　民用航空法第 19 條。

❹❶　參照海商法第 33 條至第 37 條。

❹❷　海商法第 24 條。

❹❸　參照民法第 881 條。

押物的價值，不得超過「原債權、利息、遲延利息及實行抵押權之費用，但契約另有訂定者，不在此限。」總額限制❹❹。

　　附帶一提，占有，依照民法規定，並不是物權，只是一種利益，占有人對於占有物，若為有權占有（例如：本於所有權、本於承租權、本於承攬契約、本於借用契約而占有），占有人本於物權或債權對占有物本來就有保險利益；占有，若為無權占有（例如：租賃契約終止後，繼續占有他人所有之租賃物等），則因無權占有人仍有返還占有物的義務，占有人當然有保險利益，更何況占有人，視其是以自主的意思或是他主的意思而占有，可以分別時效取得所有權或時效取得限定物權❹❺，因此占有物的毀損滅失與占有人仍有利害關係，占有人即使明知其無權占有，對其占有物也有保險利益。

　　如前所述，占有人即使是惡意的無權占有，占有物的毀損滅失與占有人仍然有利害關係，因此惡意占有人對其占有物有保險利益，以該占有物為標的物所訂立的保險契約，除非違背公序良俗，否則仍非無效。**在因竊盜、搶奪、強盜而取得占有的情形，盜贓物的毀損滅失對於強盜者、竊盜者，雖然有利害關係，但是因為「缺乏法律價值的正面評價」，所以此種利害關係不能構成「可以保險的利益(insurable interest)」**。但是，在受讓盜贓物情形，只要受讓人受讓時是「善意」，依照民法規定還是可以取得所有權❹❻，只是原所有人（被害人）可以依民法第949條至第950條的規定行使返還請求權而已，在被害人尚未行使返還請求權、且受讓人（占有人）尚未返還（交付）於該被害人之前，受讓人仍保有所有權，仍具有保險利益，可據以投保保險；若盜贓物的受讓人，在受讓之時就是「惡意」，即明知為盜贓物而仍然購買，則「買賣盜贓物契約」及移轉盜贓物所有權的行為都因違反公序良俗而無效❹❼，受讓人無法善意取得所有權。此時，惡意無權占有人（惡意的受讓人），對於該盜贓物雖有利害關係（因為「占有」），但是缺乏「法律價值的正面評價」，因此沒有保險利益。

---

❹❹　民法第 861 條。

❹❺　民法第 768 條至第 770 條、第 772 條。

❹❻　民法第 801 條、第 948 條。

❹❼　故意買受盜贓物，不但涉及出賣人無權處分問題，更是涉及買賣契約、移轉行為都違背公序良俗問題，應該認為是「無效」，而非效力未定。

⑵準物權的現存利益

準物權，包括礦業權、漁業權、工業財產權（專利權、商標權）等，其權利之存在與否，與權利主體具有利害關係，因此其權利主體對之有保險利益。

3.物權或準物權的期待利益

基於物權或準物權，依其正常用途及正常方法經營或操作，所可以期待的利得，稱為物權或準物權上的期待利益。財產上的期待利益必須建立在「已經取得之物權或準物權」（即現實利益）的基礎上，例如：擁有農地（按：稻子為土地之成分，屬於土地之一部分）所有權之人，對農地所出產的稻穀有期待利益；又如進口商對進口貨物有所有權，對該進口貨物出售可期待的利潤，有期待利益；工廠所有人對工廠有所有權，就工廠產品的利潤，也有期待利益；旅館經營人對旅館有所有權，就旅館平均出租可獲得的租金有期待利益；房屋所有人，以已經訂立租賃契約為限，對租金有期待利益；附條件買賣的買受人依據所訂立的附條件買賣契約，得占有、使用或交易標的物之汽車，於支付全部價金後，可取得所有權，對該汽車有期待利益等❽。

須注意者，期待利益必須建立在「已經取得的權利」的基礎上，若只是建立在以「可能的期待」的財產權上，則不得為期待利益，例如：子女固然對於父母親的遺產有繼承權，但在父母親死亡之前，子女對父母親的財產只是「可能的期待」，因為子女未必後死於父母，在繼承事實發生前，子女不但對父母親所有的土地房屋因沒有所有權而沒有保險利益，而且對該土地房屋所出產的天然孳息，更沒有期待利益。

又竊盜者對於竊盜物沒有保險利益，對於竊盜物所生的天然孳息或法定孳息（期待利益），一樣沒有保險利益，併此說明。

4.積極財產的共同要件：強制性及直接性

積極財產，不論債權、物權或期待利益，都必須兼具強制性及直接性。所謂「強制性」，指該利害關係所發生的權利或利益是可以聲請法院強制執行，以獲得實現的；所謂「直接性」，指保險事故的發生與被保險人受到不利益之間，有直接的因果關係。分三種不同情況，說明如下：

---

❽　最高法院 88 年台上字第 1362 號判決。

⑴有強制性而且有直接性時，有保險利益

利害關係如果具有強制性及直接性，則對該債權、物權所產生期待利益的設備，有保險利益。

A.專利權人因專利的分紅契約，對生產專利品的工廠有保險利益

例如：甲是過濾器專利發明人，將專利權授權予乙公司的工廠製造，雙方約定乙公司每年應給付甲基本權利費若干；於生產時，另應給付產品出廠價格百分之二十的專利使用費；倘若未生產，則只給付基本權利費就可以。此時，由於甲與乙公司間之專利使用費是可以強制執行實現的，而且專利產品的產生與工廠的安全存在具有直接關係，因此甲就乙公司所有之該工廠有保險利益，可以投保火災保險❹。

B.抵押權人對於抵押物有保險利益

因為債務人怠於履行債務時，抵押權人可以聲請法院拍賣抵押物，就賣得的價金優先受償，若抵押物滅失，抵押權也消滅❺，因此抵押權人對於抵押物有保險利益。

C.保證人對於擔保同一債務的抵押物是否有保險利益之分析

保證人對於擔保同一債權的其他物上保證人所有的抵押物有無保險利益，見解尚未一致。本書認為保證人「在清償債權人以前」，對於物上保證人的抵押物沒有保險利益。但是保證人「在清償之後」，由於抵押權具有從屬性❺及不可分性❺，債權人的債權在受清償的範圍內移轉給保證人，抵押權對於移轉後的債權

---

❹ National Filtering Oil Co. v. Citizens' Ins. Co., 106 N.Y. 535; 13 N.E. 337 (1887).

❺ 如果抵押物是因第三人侵權行為而毀損滅失，依照民法第881條，抵押人對該第三人有侵權行為損害賠償請求權（債權），抵押權人的抵押權轉換為以該債權為標的物的「債權質權」，抵押權人就該第三人對抵押人的賠償，可以優先受償。問題在：第三人如果沒有清償能力，則抵押權人的債權質權將會落空，因此，有必要約定由抵押人基於所有權投保保險或抵押權人基於抵押權自行投保保險。投保保險後，若抵押物因保險事故發生而毀損滅失，抵押權人可以獲得保險理賠，保險人對第三人雖然可以行使代位權（保險法第53條），但是第三人若沒有清償能力，代位權可能無法實現，此種風險，由保險人負擔。

❺ 抵押權是擔保物權，從屬於被擔保的債權而存在。被擔保的債權移轉時，抵押權隨同移轉。被擔保的債權消滅時，抵押權也隨同消滅。

❺ 抵押權擔保全部債權，如果債權因部分讓與而分裂，抵押權仍然擔保「未讓與」及「已讓與」的債權而存在。

繼續發生擔保功能，因此保證人也就成為抵押權人，而具有保險利益。惟保證人的保險利益的大小，應該視保證人究竟是全部清償或是一部清償，以及其他物上保證人的分擔狀況而定❸。假若保證人對債權人為「全部清償」，則其保險利益的大小，可以分下列兩種情形說明之：

　　(A)民法物權編修正施行前❺

　　依民法第 751 條：「債權人拋棄為其債權擔保之物權者，保證人就債權人所拋棄權利之限度內，免其責任。」，保證人所負責任只限於「債權扣除抵押物拍賣價金取償後之不足部分」，即物上保證人負的是第一線責任，保證人負的是第二線責任，因此該抵押物全部之存在與否，與保證人保證責任之大小息息相關。因此，保證人對抵押物的全部具有保險利益。

　　(B)民法物權編修正施行後

　　依照民法第 879 條第 2 項：「債務人如有保證人時，保證人應分擔之部分，依保證人應負之履行責任與抵押物之價值或限定金額比例定之，抵押物之擔保債權額少於抵押物之價值者，應以該債權額為準。」，保證人的責任與物上保證人的責任，已經「立於平等責任地位」，而且本條的規定構成民法第 751 條的特別規定，應該優先適用。此時，以保證人已經清償為前提，保證人對於抵押物的保險利益的大小，只於其得請求物上保證人分擔之範圍內有之。

(2)有直接性但欠缺強制性時，沒有保險利益

　　財產的存在雖然對自己有事實上的直接利益，但若該直接利益，無法請求法院強制執行者，則對該財產仍缺乏保險利益。舉如：在 Farmers Mutual Ins. Co. v. New Holland Turnpike Co. 一案❺，當事人一方即 New Holland Turnpike Co. 的營業項目之一，就是闢建道路、設置過路收費站收取過路費，該公司知悉紐約市政府規劃在紐約市與新澤西州間的哈德遜河上建一座橋樑，由於設置橋樑的具體位置與通行費收取的有無或多寡有密切關係，乃自願捐款三分之一的建橋費用，條件是在特定的河面建橋，在該處建設橋樑，則由紐約市開往新澤西州的汽車駛過該橋後，必將進入其所設的收費站，可以坐收通行過路費，收入頗豐。

---

❸　參照民法第 875 條之 2、第 879 條。

❺　民法物權編於 96 年 3 月 28 日修正公布，依照民法物權編施行法第 24 條規定：「民法物權編修正條文及本施行法修正條文，自公布後六個月施行。」

❺　122 PA. 37; 15 A. 563 (1888).

New Holland Turnpike Co. 與紐約市政府並非合夥關係，而是贈與關係，紐約市政府是受贈人，New Holland Turnpike Co. 是贈與人，紐約市政府以受贈款項及自己籌得的款項建築跨越哈德遜河的大橋。該橋建成後的所有權仍然歸屬於紐約市政府，New Holland Turnpike Co. 對該橋沒有所有權。但 New Holland Turnpike Co. 仍以該橋為保險標的物投保火災保險。在保險期間，該橋發生火災，橋樑全毀，New Holland Turnpike Co. 請求給付保險金，遭保險公司以 New Holland Turnpike Co. 並無保險利益為理由，拒絕給付保險金，New Holland Turnpike Co. 乃起訴請求給付。

在初審，New Holland Turnpike Co. 獲得勝訴。但經上訴之後，上訴法院以 New Holland Turnpike Co. 對該橋並無所有權，該橋的存在對於 New Holland Turnpike Co. 雖然有直接利益，但此種利益不具有強制性❺❻，即不得請求法院強制執行，不具有法律強制力之權利 (legally enforceable right)，因此 New Holland Turnpike Co. 對該橋無保險利益，保險契約無效，保險人無須給付保險金。由本案可知，只有事實上的直接利益，若該利益無法訴諸法律，強制執行，仍不具保險利益。

(3)欠缺直接性時，沒有保險利益

保險標的物的毀損或滅失，與被保險人損害的發生間，必須具有直接性。因為唯其具有直接性，才可以衡量保險利益的大小，並確定理賠金額。基於須有直接性的要求，具有直接性者，有保險利益；反之，僅具有間接性者，雖保險事故對於損害之發生事實上或有影響，亦欠缺保險利益。說明如下：

A.股東對公司財產的保險利益

股東對公司財產有無保險利益，因各國立法不同、時代的不同以及公司種類的不同，法院的見解亦不相同。公司財產由公司之股份表彰之。公司財產的毀損滅失，理論上對股東或多或少都存在有利害關係，但公司財產的毀損、滅失，與股東權益的受害之間是否有直接性，各國因認定不同，見解亦異。

英國採否定說，認為公司財產之毀損或滅失與股東之損害間，欠缺直接性，因此股東對於公司的財產沒有保險利益；美國早期見解頗受英國影響，也採否定見解；其後修正見解，無限公司的股東對於公司財產有保險利益，有限責任股東對於公司財產則沒有保險利益。

---

❺❻　請注意：是指對橋樑的利害關係，沒有強制力，不是對通過車輛的過路費沒有強制力。

　　就我國而言，股東對公司的財產是否有保險利益，應該採取與美國相同的見解為是，也就是必須視公司及股東的種類而定：無限公司的股東，須就公司的債務對第三人負連帶無限清償責任，公司財產的存在與否與無限責任股東的責任息息相關，因此應認為股東對公司財產有保險利益。反之，股份有限公司股東、以及有限公司股東，則因對於公司財產的毀損滅失欠缺直接的利害關係，應認為股東對公司財產沒有保險利益。

　　B.債權人對債務人的財產

　　債務人的財產，已設定或發生擔保物權者，稱為擔保財產；未設定或未發生擔保物權者，稱為一般財產。債權人對於債務人的擔保財產，基於擔保物權，有保險利益，沒有疑義；債權人對債務人的一般財產，就理論言，債務人的財產為債權人債權的總擔保，債務人財產的毀損滅失與債權人債權能否獲得清償，可能存在有某種因果關係，因此應認為有利害關係，但究其實際，由於債務人某特定財產的毀損或滅失是否導致債權人的債權不能獲得十足清償，因果關係難以證明，一般認為欠缺直接性，因此應該認為**債權人對債務人的一般財產無保險利益**。

（二）消極財產保險利益的種類

　　消極財產，是指因債務不履行或因侵權行為而發生責任的不利益。凡與此種不利益有利害關係者，對於該責任發生就有保險利益。分述如下：

1.**債務不履行責任**

　　債務人不履行其債務者，原則上必須負損害賠償責任。因此債務人就債務不履行的損害賠償責任，有保險利益。保險法只有例示若干常見的事例，理論上與實務上都不以保險法已經例示者為限。

　　保險法第 15 條規定：「運送人或保管人對於所運送或保管之貨物，以其所負之責任為限，有保險利益。」，所謂「運送人」包括陸上運送人[57]、海上運送人[58]、民用航空運送人[59]等。所謂「保管人」，例如：倉庫營業人[60]、其他受寄託

---

[57]　民法第 634 條，通常事變責任。

[58]　依海商法第 63 條、第 69 條第 17 款，就貨物的保管負抽象輕過失責任。

[59]　依照民用航空法第 91 條，不可抗力責任。

[60]　民法第 614 條，抽象輕過失責任。

人❻、場所主人❻、飲食店浴堂主人❻、動產抵押權人❻、質權人❻、留置權人❻等。上述運送人或保管人都是依照契約對他人之物有保管義務，若未盡善良管理人注意，致保管物或運送物發生毀損滅失者，應該負損害賠償責任，保管物或運送物的安全與否與之有利害關係，當然有保險利益，運送人或保管人為分化可能發生之責任，可投保責任保險。

2.侵權行為責任

關於侵權行為的立法，原則上係採過失責任主義，此觀民法第 184 條第 1 項前段：「因故意或過失不法侵害他人之權利者，負損害賠償責任。」之規定可知。但此一立法，須被害人舉證證明行為人有故意或過失，侵權行為始能成立，也就是舉證責任在被害人。

鑑於科學技術日益發展，侵權行為的類型越來越複雜，舉證責任的困難，常造成被害人求償無門，往昔完全由被害人負舉證責任的制度，在某些領域，作相當的調整，其主要的方法有三：

⑴推定過失責任

所謂「**推定過失責任**」，指一有損害發生，即推定加害人有故意或過失，須由加害人證明其無故意或過失，始能免責。推定過失責任，本質上是過失責任，但是在舉證責任的分配上，做了翻轉。法律關於推定過失責任的規定不少，主要例如：違反保護他人之法律者，推定有過失❻、法定代理人之推定過失責任❻、僱用人之推定過失責任❻、動物占有人之推定過失責任❼、工作物所有人之推定過失責任❼、動力車輛駕駛人與占有人之推定過失責任❼、商品製作人之推定過失責任❼等。

---

❻ 民法第 590 條，有報酬——抽象輕過失責任；無報酬——具體輕過失責任。
❻ 民法第 606 條，通常事變責任。
❻ 民法第 607 條，通常事變責任。
❻ 動產擔保交易法第 12 條，抽象輕過失責任。
❻ 民法第 888 條，第 891 條，原則上為抽象輕過失責任，但在責任轉質時負不可抗力責任。
❻ 民法第 933 條，抽象輕過失責任。
❻ 民法第 184 條第 2 項。
❻ 民法第 187 條第 2 項。
❻ 民法第 188 條第 1 項。
❼ 民法第 190 條。
❼ 民法第 191 條。

⑵無過失責任主義

基於特殊需要，立法上就某些領域，將行為人之責任提升到無過失責任，甚至不可抗力責任。

A.消保法上的企業經營者責任

消費者保護法第 7 條規定：「從事設計、生產、製造商品或提供服務之企業經營者，於提供商品流通進入市場，或提供服務時，應確保該商品或服務，符合當時科技或專業水準可合理期待之安全性。」、「商品或服務具有危害消費者生命、身體、健康、財產之可能者，應於明顯處為警告標示及緊急處理危險之方法。」、「企業經營者違反前二項規定，致生損害於消費者或第三人時，應負連帶賠償責任。但企業經營者能證明其無過失者，法院得減輕其賠償責任。」是典型的無過失責任。

B.衡平責任

衡平責任又分「無識別能力人的衡平責任」與「僱用人的衡平責任」，分述如下：

㈠無識別能力人的衡平責任

民法第 187 條第 1 項規定：「無行為能力人或限制行為能力人，不法侵害他人之權利者，以行為時有識別能力為限，與其法定代理人連帶負賠償責任。行為時無識別能力者，由其法定代理人負損害賠償責任。」，即以無行為能力人「有識別能力」為條件，法定代理人應負「推定過失責任」。若無過失，即無須負責，因此該條第 2 項規定：「前項情形，法定代理人如其監督並未疏懈，或縱加以相當之監督，而仍不免發生損害者，不負賠償責任。」。但若無行為能力人於行為時無識別能力，而且法定代理人亦可以舉證證明其無過失，則被害人必然求償無門，又豈是公允？因此該條第 3 項規定：「如不能依前二項規定受損害賠償時，法院因被害人之聲請，得斟酌行為人及其法定代理人與被害人之經濟狀況，令行為人為全部或一部之損害賠償。」，此乃「衡平責任」。衡平責任，本質上是無過失責任，但賠償責任的有無，係由法院「斟酌行為人及法定代理人與被害人之經濟狀況」而定。又上述衡平責任之規定：「……於其他之人，在無意識或精神錯亂中所為之行為致第三人受損害時，準用之。」[74] 併此說明。

---

[72]　民法第 191 條之 2。

[73]　民法第 191 條之 1。

(B)僱用人的衡平責任

民法第 188 條第 1 項：「受僱人因執行職務，不法侵害他人之權利者，由僱用人與行為人連帶負損害賠償責任。但選任受僱人及監督其職務之執行，已盡相當之注意或縱加以相當之注意而仍不免發生損害者，僱用人不負賠償責任。」，因此**僱用人所負之責任是過失責任主義中的「推定過失責任」**，換句話說，受僱人若有與職務有關之侵權行為發生，僱用人原則上即須負連帶侵權行為責任，但能證明其「選任受僱人及監督其職務之執行已盡相當之注意或縱加以相當之注意而仍不免發生損害者」——即能證明其無過失或無因果關係者——仍可主張免責。但是假若僱用人因為無過失或無因果關係而免責，而受僱人又限於經濟能力的原因無法履行損害賠償義務，則受害人豈非求償無門？為顧及受害人之求償機會，乃於民法第 188 條第 2 項：「如被害人依前項但書之規定，不能受損害賠償時，法院因其聲請，得斟酌僱用人與被害人之經濟狀況，令僱用人為全部或一部之損害賠償。」作衡平責任的規定，依此一規定，僱用人雖無過失，若受害人無法自受僱人處獲得損害賠償時，法院因受害人之請求，可以斟酌「僱用人與被害人之經濟狀況」，命僱用人為全部或一部賠償，僱用人受法院之命令後，才發生賠償責任，此種責任本質上為無過失責任。

(3)**不可抗力責任**

民事責任中，最嚴重者就是不可抗力責任，舉其要者例如：民用航空器持有人責任[75]、核子損害賠償責任[76]等是。

不論債務不履行責任或侵權行為責任，其主體對所負的責任都有利害關係，因此具有保險利益，且所負的責任越高，責任主體的負擔越大，其依賴責任保險以分化損失的需要，也越為殷切。

二、人身保險保險利益的內容

依保險法第 16 條：「要保人對於左列各人之生命或身體，有保險利益：一、本人或其家屬。二、生活費或教育費所仰給之人。三、債務人。四、為本人管理

---

[74] 民法第 187 條第 4 項。例如：受監護宣告之人發生侵權行為。

[75] 民用航空法第 89 條。

[76] 核子損害賠償法第 11 條：「核子事故發生後，其經營者對於所造成之核子損害，應負賠償責任。」

財產或利益之人。」同法第 20 條：「凡基於有效契約而生之利益，亦得為保險利益。」之規定，人身保險利益可分下列諸點：

（一）對本人的保險利益

本人對自己生命之生存死亡、對自己身體之健康、生病、平安，最具利害關係，因此本人對於本人的生命或身體當然有保險利益。

以自己的生命（以自己為被保險人）投保生存保險，其目的常在於保障自己（被保險人自己）的晚年生活，因此通常指定被保險人為受益人，屆約定年齡而被保險人仍然生存時，「生存的保險事故」就發生了，保險人應為保險給付。

在要保人以自己的生命（以自己為被保險人）投保死亡保險，指定第三人為受益人時，其目的常是為保障被保險人的家屬的生活，以避免其家屬因被保險人的死亡而遭受經濟困難，該第三人所受領的保險金，是因為保險契約而直接從保險人取得，保險金不曾是被保險人生前的財產，不屬於被保險人的遺產，因此不應課徵遺產稅。但是受益人於受領保險金之後死亡，或受益人於保險事故發生後未及受領保險給付即死亡而由其繼承人向保險人請領者，其保險金都是「受益人」的遺產。

（二）本人與其家屬間互有保險利益

依民法第 1114 條第 4 款規定：「左列親屬互負扶養之義務：……四、家長家屬相互間」。所謂「家」，指以永久共同生活為目的而同居之親屬團體。家置家長，同家之人，除家長外，均為家屬，雖非親屬而以永久共同生活為目的同居一家者，視為家屬❼❼，因此父之妾而以永久共同生活為目的同居一家者❼❽、父母與子女之未婚夫妻同居一家者等❼❾，均為家屬。凡有家長與家屬關係，彼此就互有扶養義務，互有保險利益，但家屬與家屬之間，除依法律其他規定而負有扶養義務外❽⓿，其相互間即無保險利益。

又本人對於配偶依民法第 1116 條之 1：「夫妻互負扶養之義務，其負扶養義務之順序與直系血親卑親屬同。其受扶養權利之順序與直系血親尊親屬同。」的

❼❼ 民法第 1123 條。
❼❽ 最高法院 21 年上字第 2238 號判例。
❼❾ 最高法院 23 年上字第 3096 號判例。
❽⓿ 民法第 1114 條。

規定，夫妻既然彼此負有扶養義務，即有經濟上的利害關係，因此互相有保險利益。又夫妻間固然多有家長家屬關係，但並非必然都有家長家屬關係，蓋所謂家，是指以「永久共同生活為目的而同居」之親屬團體[81]，夫妻除有不能同居之正當理由外，雖互負同居之義務[82]，但有同居之義務並不等於事實上已經以永久共同生活為目的而同居一家，因此並不當然構成家長家屬關係，應注意及之。

（三）對生活費或教育費所仰給之人有保險利益

所謂「生活費或教育費所仰給之人」包括下列兩種：

1. 有法定扶養義務之人者，其相互間

民法第 1114 條：「左列親屬互負扶養之義務：一、直系血親相互間。二、夫妻之一方，與他方之父母同居者，其相互間。三、兄弟姊妹相互間。四、家長家屬相互間。」

只要符合上開各款情形之一，法律上即互負扶養的義務，彼此即有保險利益。保險利益以法律上有扶養義務為已足，至於事實上有無扶養能力，或是否居住一家，在所不問。因此父母對未成年子女或已出嫁獨立生活之女兒，都仍有保險利益。但司法院將「有法定扶養義務之人」限縮在「現實負有扶養事實之人」，而採「已出嫁獨立生活之女兒，並非保險法第 16 條所稱家屬或生活費或教育費所仰給之人」的見解，並進而為沒有保險利益的認定[83]，此種觀點，值得商榷，因為已出嫁獨立生活的女兒即使因為不是永久同居一家之人，而不再具有家屬身分，即

---

[81] 民法第 1122 條。

[82] 民法第 1001 條。

[83] 司法院第三期司法業務研究會，司法院第一廳的意見：「要保人以他人之生命或身體為保險標的者，必須對被保險人有合法之保險利益，保險法第 16 條所定人身保險之保險利益。其第 1 款所謂『家屬』，係指民法第 1123 條所定，以永久共同生活為目的而同居一家之人而言。其第 2 款所謂『生活費或教育費所仰給之人』，係指現實負有扶養義務之人，及其他實際供給生活費或教育費之人。已出嫁獨立生活之女兒，並非該條所稱『家屬』或『生活費或教育費所仰給之人』。亦與該條第 3 款、第 4 款所定情形不合。故要保人對已出嫁獨立生活之女兒，並無保險利益。雖民法第 1114 條第 1 款規定，直系血親相互間、互負扶養義務，但民法所定法定扶養義務，與保險利益，本質上並不相同，保險利益，旨在確保保險標的之安全，減少道德危險發生，故除法律有明文規定外，不能以有法定扶養義務，即遽認有保險利益，研討意見，多數採甲說，並無不合。」

使事實上沒有供應生活費或教育費，但是其與生父、生母的自然血緣永遠存在，仍然有直系血親關係，當然有保險利益。

2.無法定扶養義務，但事實上供給生活費或教育費者

受供給人對該事實上供給生活費或教育費之人具有保險利益。在無法定扶養義務，但事實上供給生活費或教育費之情形，受供給之人對於供給之人有保險利益，例如：岳母供給女婿教育費是。此一保險利益是單方面的，僅受供給人對於供給之人有保險利益，供給之人對於受供給人仍無保險利益。

（四）債權人對債務人有保險利益

債務人之生、死、病、傷，攸關債務人對債權人之債務是否履行，亦即攸關債權人的債權能否獲得滿足，因此債權人對於債務人有保險利益，必須注意的，債權人對債務人固然有保險利益，但是若以債務人為被保險人，投保死亡保險，必須獲得債務人的書面同意，且就保險金額也書面同意❽❹。列舉說明如下：

1.金錢借貸的債權人對於其債務人有保險利益。

2.保證人對主債務人，不論基於委任契約或基於無因管理❽❺而發生債權，都有保險利益。主債務人與保證人間若訂有委任契約，由於委任契約為雙務契約，當事人互為債權人，亦互為債務人，因此彼此互為債權人與債務人，彼此有保險利益。保證人若是基於無因管理而為保證，由於無因管理是債的發生原因之一，就此而言，保證人也是債務人的債權人，因此保證人對債務人有保險利益。

3.債權人對於一般保證人或連帶保證人都有保險利益。

4.債權人對於物上保證人沒有保險利益：因為物上保證人對債務之履行只就其所提供之擔保標的物負有限責任，並不負人的擔保責任。

5.連帶保證人以已為清償為條件，在其他保證人應分擔的範圍內，對該其他保證人有內部求償權，成為其他保證人的債權人，因此對其他保證人有保險利益。若尚未清償，則無保險利益。

6.僱用契約為雙務契約，因此僱用人與受僱人互相具有保險利益。

---

❽❹　保險法第 105 條。
❽❺　指債務人與保證人之間的內部法律關係。

（五）為本人管理財產或利益之人

凡為本人管理財產或利益之人，本人對其有保險利益，例如：公司對其董事、監察人、經理人；無限公司對其股東[86]、合夥人相互間[87]、商號對其經理人[88]、共同繼承人對其互推的遺產管理人[89]都是。

（六）基於有效契約而生的利益

保險法第 20 條：「凡基於有效契約而生之利益，亦得為保險利益。」，是針對財產保險及人身保險的共同規定。財產保險，前面已經說明；在人身保險，有因有配偶、家長家屬等身分，例如：夫妻、養父母、養子女等，而彼此互負扶養義務，因此彼此有保險利益；也有不具備配偶、家長家屬等身分，但因另有有效契約，而具有保險利益者，例如：未婚夫妻間，彼此間有保險利益。

柒 保險利益的查核

何人有權利查核保險利益？從個人觀點與社會觀點，分別得出不同的結論：

從個人觀點，有認為僅「保險人」有權利查核保險利益的有無，理由有二，⑴避免第三人質疑保險利益之有無而引起保險契約的效力爭議；⑵避免因質疑保險利益的有無，引發保險契約的不安定性。美國法院見解即曾明白闡釋，僅「保險人」得查核人身保險之受益人是否具有保險利益，第三人不得主張受益人欠缺保險利益。美國法院的判決甚至於指出：「一個長期以來，各個法院所建立的原則是，只有保險人可以主張受益人沒有保險利益。被保險人的繼承人以及其他反對請求者都不得主張。」[90]

---

[86] 公司法第 45 條。

[87] 民法第 671 條。

[88] 民法第 553 條。

[89] 民法第 1152 條。

[90] Ryan v. Tickle Estate executrix (P) v. Decedent's former business partner (D) Supreme Court of Nebraska, 316 N. W.2d 580 (1982).

本案法律事實主要是：Ryan 及被告 Tickle 都從事殯葬業，二人合夥經營生意。最終的目標是擁有兩家殯儀館的所有權。他們互相以對方為被保險人，以自己為受益人，投保保險。期望在保險事故發生時，保險公司所給付的保險金，可以形成一筆基金，達

從社會觀點，認為所有因保險事故而「受影響之人」都有權查核保險利益的有無，主要理由是保險利益的有無，事涉保險契約的效力及保險人賠償義務的發生與否，凡此固然直接影響保險人、要保人、被保險人或受益人的權利義務，間接也影響其他利害關係人（例如：抵押物的侵權行為人，得查核被保險人對於抵押物是否有保險利益，以決定保險人為保險給付之後，得否對其（侵權行為人）行使代位權），更間接影響保險費率的精算，影響社會上所有要保人的負擔，因此得查核保險利益之有無者，不應只限於保險人。至於是否要擴大到所有因保險事故發生有直接利害關係之人，或更擴大到間接利害關係之人，此乃法律政策問題。

本書認為只擴大至「有直接利害關係之人」較為適宜，因為得為查核之人，若僅限於保險人，固失諸過嚴，不足以保護其他直接利害關係人之利益；反之，得為查核之人，若擴及社會上一般要保人，則失諸過寬，將導致私人契約效力，經常受第三人質疑及干擾，影響契約效力的穩定性。

捌 保險利益與受清償可能性

擔保物權人的保險利益，不以實際上能受清償為存在條件。擔保物權設定後或依法發生後，擔保物權人對於擔保標的物就有保險利益，不論依照擔保物權的順位，其所擔保的債權實際上有無受清償的機會。

在 Royal Insurance Co. of Liverpool v. Stinson (Supreme Court of the United States) 一案[91]，原告 Stinson 與房屋起造人訂有房屋建築契約，建築工程款為 2 萬

到其目標。其後 Ryan 死亡，保險公司將保險金給付給本案被告 Tickle，Tickle 就是以 Ryan 為被保險人並指定自己為受益人之人。Tickle 因此取得一家殯儀館的完全所有權。Ryan 的太太提起訴訟，主張被告 Tickle 對於 Ryan 的生命沒有保險利益，並主張 Tickle 必須返還保險金。地方法院駁回原告的請求，原告不服，提起上訴。

本案的法律爭點是：第三人是否得主張受益人欠缺保險利益？

Brodkey 法官的判決見解是：第三人不得主張受益人欠缺保險利益。只有保險人才有權主張受益人欠缺保險利益。這是一個長期以來，各個法院所建立的原則：只有保險人可以主張受益人沒有保險利益。被保險人的繼承人以及其他反對請求的都不得主張。因此本案原告沒有立場起訴主張被告對於 Ryan 的生命沒有保險利益。地方法院駁回原告請求的判決應予維持。

值得注意的是：法院似乎肯定 Tickle 對於 Ryan 有保險利益。從雙方是合夥人的觀點，Ryan 的持續生存，Tickle 可以獲得利益。

5 千美金，在工程即將完成時，因房屋起造人怠未給付工程款，因此 Stinson 主張「承攬人的法定抵押權」，並以該房屋為標的物向保險人 Royal Insurance Co. 投保火災保險，保險金額美金 5 千元。在拍賣前，房屋發生火災，經查該房屋起造人另向第三人購買建築材料，貸款 1 萬 7 千美金，依美國法律的規定，該第三人對於房屋有第一順位的「原料出賣抵押權 (the purchase mortgage)」。原告 Stinson 向保險人請求給付保險金，保險人以抵押標的物拍賣的價金已經不足以清償第一順位「原料出賣抵押權」所擔保的債權，原告基於承攬契約而發生的「承攬人的法定抵押權」並無受清償可能，因此原告對於該房屋並無利害關係，因此也就沒有保險利益為理由，作為抗辯。

本案的爭點是後順位擔保物權人就擔保標的物的保險利益是否以扣除前順位擔保物權所擔保之債權後，還有受清償的機會為條件？

初審法院及最高法院都認為：後順位抵押權人只要理論上就前順位抵押權人清償之剩餘，有受法院強制清償命令的資格，且在保險事故發生時，其抵押權仍然有效存在 (a valid and subsisting lien at the time of the loss) 就可以，至於實際上就拍賣所獲價金是否可以獲得清償，在所不問。最高法院甚至於指出抵押權人的保險利益因抵押權的性質而發生 (the insurable interest of the lien holder arises from the nature of lien)，且所有人對保險標的物的一切權利，都為抵押權人的權利所及。

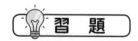

習　題

一、選擇題

1. 下列關於保險利益的敘述，何者正確？
   (A)保險利益必須有利害關係，而且經過法律價值的判斷。
   (B)保險利益無須有利害關係，也無須經過法律價值的判斷。
   (C)保險利益必須有利害關係，但是不需要經過法律價值的判斷。
   (D)保險利益無須有利害關係，但是必須經法律價值的判斷。

---

⑪ 1880, 103 U.S. (13 Otto) 25, 26 L.Ed. 473.

2.下列關於保險利益大小的敘述，何者正確？

　(A)財產保險的保險利益有大小之分，人身保險的保險利益沒有大小之分。

　(B)財產保險的保險利益沒有大小之分，人身保險的保險利益有大小之分。

　(C)財產保險與人身保險的保險利益都沒有大小之分。

　(D)財產保險與人身保險的保險利益都有大小之分。

3.下列關於保險利益必須存在時間的敘述，何者正確？

　(A)財產保險，在訂立契約時保險利益就必須存在；人身保險，在保險事故發生時有保險利益就可以。

　(B)財產保險，在保險事故發生時有保險利益就可以；人身保險，在保險契約訂立時保險利益就必須存在。

　(C)財產保險及人身保險，在訂立契約時，保險利益都必須已經存在。

　(D)財產保險及人身保險，在保險事故發生時，都有保險利益存在就可以。

4.依照保險法的規定，下列關於保險利益應該存在的主體的敘述，何者最正確？

　(A)應該存在要保人、財產保險的被保險人、人身保險的受益人。

　(B)應該存在財產保險的要保人、人身保險的要保人。

　(C)應該存在財產保險的被保險人就可以。

　(D)應該存在受益人就可以。

5.從防止道德風險的觀點，下列關於保險利益應該存在主體的敘述，何者最正確？

　(A)應該存在財產保險的被保險人以及人身保險的受益人。

　(B)應該存在財產保險及人身保險的要保人。

　(C)應該存在財產保險的被保險人。

　(D)應該存在人身保險的受益人。

6.下列關於保險利益有無的敘述，何者正確？

　(A)債權人就其債務人是否履行債務有保險利益。

　(B)債權人就其得請求債務人之給付、尚未交付的標的物有保險利益。

　(C)債權人就債務人的一般財產（未設定擔保的財產）也有保險利益。

　(D)股份有限公司的股東對公司所有的一般財產（未設定擔保的財產）有保險利益。

7. 下列關於保險利益有無的敘述，何者正確？

　(A)買受人對於尚未交付的買賣標的物有保險利益。

　(B)買受人對於已經交付的買賣標的物有保險利益。

　(C)竊盜就其竊得的古董、藝術品有保險利益。

　(D)盜臟物的惡意買受人就該盜臟物有保險利益。

8. 下列關於保險利益有無的敘述，何者正確？

　(A)房屋承租人在租賃物尚未交付前，對所承租的房屋所有權有保險利益。

　(B)房屋承租人在租賃物交付後，對於其所承租的房屋有保險利益。

　(C)房屋承租人就出租人尚未交付之房屋的損害賠償請求權，有保險利益。

　(D)房屋承租人就其輕過失致發生火災所致租賃物損失的責任，有保險利益。

9. 在以房屋設定抵押權向銀行借款的情形，下列關於保險利益有無的敘述，何者正確？

　(A)房屋所有人對房屋有保險利益，銀行對房屋沒有保險利益。

　(B)房屋所有人對房屋沒有保險利益，銀行對房屋有保險利益。

　(C)房屋所有人與銀行對房屋各有不同的保險利益。

　(D)房屋所有人與銀行對房屋都沒有保險利益。

10. 下列關於保險利益有無的敘述，何者正確？

　(A)房屋所有人對於房屋可能的租金有期待利益。

　(B)房屋所有人，以已經訂立租賃契約為限，對租金有期待利益。

　(C)子女就父母親的財產，有保險利益。

　(D)子女就父母親的財產所生的孳息，有保險利益。

11. 在以抵押物設定抵押權擔保，且由保證人訂立保證契約的情形，下列關於保險利益有無的敘述，何者正確？

　(A)抵押權人（債權人）就抵押物、保證人都有不同的保險利益。

　(B)抵押權人（債權人）就抵押物、保證人都沒有保險利益。

　(C)抵押權人（債權人）就抵押物有保險利益、但對保證人沒有保險利益。

　(D)抵押權人（債權人）就抵押物沒有保險利益、但對保證人有保險利益。

12.在第三人提供房屋設定抵押權擔保的情形，下列關於保險利益有無的敘述，何者正確？

　(A)抵押權人對該房屋及該第三人都有保險利益。

　(B)抵押權人對該房屋有保險利益，但對該第三人（物上保證人）沒有保險利益。

　(C)抵押權人對該房屋沒有保險利益，對該第三人（物上保證人）有保險利益。

　(D)抵押權人對該房屋及該第三人都沒有保險利益。

13.下列關於運送人或保管人就其運送物或保管物有無保險利益的敘述，何者最正確？

　(A)運送人或保管人就其運送物或保管貨物，以運送物或保管物的價值為限，有保險利益。

　(B)運送人或保管人就其運送物或保管物，以所負的責任為限，有保險利益。

　(C)運送人或保管人就其運送物或保管物有保險利益。

　(D)運送人或保管人就其運送物或保管物毀損滅失所減少的價值為限，有保險利益。

14.下列關於責任保險的「責任」來源的敘述，何者最正確？

　(A)限於侵權行為責任。

　(B)限於債務不履行責任。

　(C)限於侵權行為責任及債務不履行責任。

　(D)以侵權行為責任及債務不履行責任為主，其他民事責任也可以。

15.下列關於保險利益有無的敘述，何者正確？

　(A)債權人對物上保證人有保險利益。

　(B)保證人對債權人有保險利益。

　(C)保證人在清償之後，對於擔保同一債權的抵押物有保險利益。

　(D)連帶保證人在清償前，對其他連帶保證人有保險利益。

16.下列關於財產保險的保險利益應該存在的時間的敘述，何者正確？

　(A)保險契約訂立時，就必須有保險利益；保險利益喪失時，保險契約仍然有效。

　(B)保險契約訂立時，原則上就必須有保險利益，但例外情形，保險契約訂立後，取得的保險利益亦可；保險利益喪失時，保險契約失效。

　(C)保險契約訂立時，原則上必須有保險利益，例外情形，保險契約訂立後，取

得保險利益，亦可；保險利益喪失時，保險契約仍然有效。

(D)保險契約訂立時，就必須有保險利益；保險利益喪失時，保險契約失效。

17.下列關於子女以父親所有的房屋投保火災保險效力的敘述，何者為正確？

　　(A)無　　效。

　　(B)有　　效。

　　(C)效力未定。

　　(D)得撤銷。

參考答案

1. AABAA　　6. ABBCB

11. AB

13. B，因為常有法定責任限制或約定責任限制

14. DC　　16. BA

二、問答題

1.甲以其所有之房屋設定抵押權予乙，擔保乙對甲之債權，並以該房屋為標的物向丙保險公司投保火災保險。嗣該房屋因承租人丁之輕過失發生火災，房屋全燬。試分保險契約約定甲為被保險人與約定乙為被保險人兩種不同情況，分析甲、乙、丙、丁之法律關係。(88年，臺大法研所)

2.請具理由說明下列情況保險利益的有無？

　　(1)子女對其父母的財產。

　　(2)竊盜者對其所竊得的盜贓物。

　　(3)承租人對其租賃物。

　　(4)債權人對其保證人。

　　(5)債權人對其抵押標的物的房屋。

　　(6)有限責任股東對其公司的普通財產。

⑺債權人對其債務人的一般財產。

⑻債權人對其債務人設定擔保物權的財產。

⑼運送人對其運送物。

⑽保證人對其主債務人。

3.侵權行為人所負責有一般侵權行為責任、推定過失責任、通常事變責任、不可抗力責任等不同制度，請說明不同制度與責任保險的關係。

4.保險利益的有無，應該由何人判斷？請加以說明。

第六章

保險事故的範圍

壹 緒 說

　　保險人在決定是否接受要保人投保的要約、適用的保險費率時，需要有足夠的資料以及明確的約定，以判斷保險事故發生機率的高低、可能損失的大小以及保險給付的多寡，以進行危險的估計。保險人常利用契約基本條款的除外條款、訂定特約條款將保險事故儘量置於自己可以估計、可控制的範圍。

　　保險法上的危險事故，除非保險契約另有約定外，原則上只限於「**發生與否尚未確定**」的危險，若就已發生的危險事故為保險，便違背保險契約是誠實契約的本質❶。保險事故發生概率的高低以及發生損失的大小都與所承保風險有關，承保風險的估計多以「要保人的說明（肯定擔保 affirmative warranty）」、「保險人勘查保險標的物的結果」、「被保險人的體檢結果」、「保險期間 (the duration of coverage) 的長短」、「保險金額的大小」及「保險事故範圍的大小」等作為判斷基礎。

　　危險的控制，則多仰賴訂定「特約條款（即承諾擔保 promissory warranty）」，透過特約條款，擔保要保人在「以往」確實曾經實踐某約定的事實、承諾「將來」履行某約定義務，以預防或減少危險的發生。

　　本章所述者，只及於危險估計中有關界定保險事故的範圍部分。

貳 以「保險期間」界定保險事故範圍

　　保險人只就保險期間內發生的保險事故負保險給付的義務❷。所謂「保險期間內發生的保險事故」，原則上不但危險在保險期間內已經存在，而且損害也在保險期間內已經發生，例如：在火災保險，不但指「火災」在保險期間內已存在，而且火災的「損害」也必須在保險期間內發生。但例外情形有二：

❶ 最高法院 92 年台上字第 2009 號判決：「本件保險事故發生後，上訴人始為承認，既為原審所合法確定之事實，則於此情形，如認其保險契約為有效，即與就確定已發生之危險為保險無異，自屬違背保險契約最大善意之原則。是原審駁回上訴人之上訴，經核於法並無違誤。」

❷ 最高法院 85 年台上字第 2504 號判決：「保險就保險人言，係約定其於保險期間，就被保險人因遭受不可預料或不可抗力之事故所致之損害，負擔賠償財物之行為。本件上訴人所致左踝關節無運動能力等殘廢情形，並非於保險期間所致，為原審合法確定之事實，依前揭所述，上訴人自不得請求被上訴人賠償，因而為上訴人敗訴判決，經核於法洵無違誤。」

其一：以當事人都善意為條件，訂立「不論事故發生與否，都予理賠條款
　　　 (lost or not lost clauses)」，將承保範圍溯及於訂約以前已經發生的保險
　　　 事故，此種「回溯條款」，多用於海上保險，特別是往昔通訊還不發達
　　　 的海上保險。

其二：利用保險契約的約定，將保險期間內，危險已經存在、損害已經明顯
　　　 化，但是被害人尚未請求，或保險期間內，危險已經存在，但直到保
　　　 險期間後，損害才明顯化，被害人才提出請求的都納入承保範圍內，
　　　 即承保企業或商人的「長尾責任」，例如：藥品責任保險，在保險期間
　　　 內服用藥物，但藥物的副作用直到保險期間經過後，才告明顯化，或
　　　 被害人直到保險期間過後才提出損害賠償的請求，此時保險人對藥品
　　　 製造人或販賣藥品的商人仍有保險給付的義務。

　　保險事故是否發生在保險期間內，有時很容易辨識，例如：汽車竊盜險，車
輛是否在保險期間內被竊，很容易判斷。但有時卻不易辨識，例如：前揭新種藥
品的責任保險，究竟是必須「原因（服用新種藥品）」、「結果（因藥品而發生副作
用）」及「被害人的請求」三者都在保險期間內，才屬於承保範圍內，或是只要
「原因」與「結果」二者發生在保險期間內，就屬於承保範圍內，至於「請求」
是否發生於保險期間，則非所問；或是只要「原因」在保險期間內，即使「結果」
及「被害人的請求」都在保險期間經過之後才發生或行使都在所不問，必須視契
約約定而定。

　　若約定「原因」、「結果」及「被害人的請求」都必須在保險期間內者，保險
人所承保的範圍最小，風險最小，保險費也最低；反之，若約定只要「原因」發
生在保險期間內，即使「結果」及「被害人的請求」都發生在保險期間屆滿之後，
保險人也應該理賠，則其承保範圍最大，風險最大，保險費也就最高；而約定「原
因」「結果」都必須在保險期間內，「被害人的請求」可以在保險期間屆滿之後者，
則承保範圍的大小、風險的大小都介乎二者之間，因此保險費的高低也必然相應
調整介乎其間。上述承保範圍的界定，有賴保險單的明確約定，若保險單沒有明
確約定，以至於產生解釋上的疑義，就應該做不利於保險人的解釋。

　　按責任保險以「被保險人對第三人應負法律上責任」為保險事故的發生，最
容易發生保險事故是否在保險期間內發生的疑義，若被保險人對第三人應負法律

上責任的事實發生於保險期間內，但是第三人於保險期間過後才向被保險人請求或起訴者，保險人是否有向被保險人理賠的義務？美國加州法院於 Gyler v. Mission Ins. Co. 一案涉及律師以自己為被保險人投保律師責任險，該律師在保險期間因過失怠於代理某客戶行使請求權，致該債權的請求權消滅時效完成，惟客戶直到保險期間屆滿之後，才向律師求償，保險人拒絕律師的保險給付請求，理由是客戶的請求是在保險期間屆滿之後，保險人可以免責，律師乃請求法院判決。

法院的判決指出：保險單的意義必須依「被保險人對承保範圍的合理期待」決定之，「所有的疑義應該為不利於保險人的解釋」，律師通常在其執行業務之後才會投保責任保險，但是由於因其執行業務過失所發生的賠償責任，卻可能在其過失行為或侵害發生之後持續一段相當長的時間❸。因此，投保執業責任險的律師對於承保範圍的合理期待應包括「其在保險期間內的行為所發生的責任，但在保險期間經過之後才被起訴或被請求的情形在內」。

2008 年德國保險契約法，立法政策偏重於保護被保險人或受益人。責任保險採「事故發生主義」，凡是在保險期間發生的事故，不論「結果」或「請求」是否發生在保險期間內，保險人都負有理賠的義務。保險理賠應避免未發現的請求，理賠範圍且涵蓋必要的司法費用。2008 年德國保險契約法第 100 條：「在責任保險，保險人對於要保人（按：即被保險人，以下同）被第三人基於要保人發生在保險期間內，應負責任的事實的請求都有理賠義務，且應避免尚未發現的請

---

❸　10 Cal.3d 216, 110 Cal. Rpt. 139 (1973).

在本案中，第三人 Hale 於 1965 年 2 月遭遇傷害，同年 3 月委請本案原告 Gyler 律師為其代理人。1969 年 9 月，Hale 向 Gyler 提起業務過失的訴訟。原告向本案被告保險人 Mission 投保有業務過失保險，乃請求該保險人參加防禦，並給付任何法院可能判令原告（律師）應該賠償第三人 (Hale) 的金額。此一請求為本案被告（即保險人）所拒絕。本案原告乃提起訴訟請求損害賠償，並請求確認本保險契約對於 Hale 控告原告的案件有其適用。該保險單規定對於約定的保險期間內，被保險人因為違背職業規則，導致被第三人控告的損失，負保險理賠的責任。保險單的第 2 條規定，只要被保險人通知保險人，承保範圍就涵蓋到保險期間屆滿以後。

法院認為：本案的關鍵句子 "claims which may be made during the policy period"，究竟是指承保範圍只限於在保險期間已經主張的請求，還是也包括在保險期間已經可以行使請求權但是在保險期間屆滿之後才提出請求？保險單的文義是有歧義的。保險單的意義應該依照被保險人對於承保範圍的合理期待決定之，而且保險契約文句有任何疑義應該做不利於保險人的解釋。

求。」，第 101 條第 1 項：「保險的保障範圍包括因第三人行使請求權所發生的訴訟費用以及其他額外費用，但以依其情況必要者為限。保險的保障範圍還包括對被保險人的刑事訴訟，但以該刑事訴訟是足以導致被保險人對第三人負損害賠償責任者為限，依照保險人的指示進行訴訟防禦而發生的費用，保險人應保險單持有人的要求有預支該項費用的義務。」

參　以「承保內容」界定保險事故範圍

以承保內容界定保險事故範圍的方法有二：

一、概括保險界定法（全部危險保險單 all-risk insurance policies）

（一）概括保險界定法的意義

概括保險界定法是指保險契約約定，保險單的承保範圍包括保險期間內發生損失的所有保險事故 (the insurance policy covers all risk of loss) 的界定方法。概括保險依照字面意思，雖然涵蓋所有事故的損失，但實務上保險契約（寫在保險單上）仍然以不同方式，記載具有限制或排除作用的文字，諸如：「條件 (conditions)」、「除外不保 (exclusion)」、「例外不保 (exception)」 或 「限制 (limitation)」 等文字，針對 「被保險人」、「保險標的物」、「保險事故」 等加以限制，以減免保險人的責任。例如：於遊覽車駕駛人乘客平安保險單約定「車輛未經監理單位檢驗合格者」，發生事故，保險人不負給付保險責任，即是以「條件」加以限制 ❹。又如：持自用小客車的普通駕駛執照駕駛載運學童上下學之用的車

---

❹　例如：最高法院 81 年台上字第 1046 號判決：「查引擎或車身號碼應與紀錄相符，屬道路交通安全規則第 39 條規定汽車應行檢驗事項。而汽車車身、引擎、底盤或其他重要設備變更、調換者應申請臨時檢驗，檢驗不合格之汽車，責令於一個月整修完善申請覆驗，汽車引擎之變更應向監理機關辦理登記並須檢驗合格，道路交通安全規則第 45 條第 1 項第 1 款、第 46 條第 1 項、第 23 條第 1 項、第 2 項定有明文。且汽車引擎損壞應即停駛修護，其不堪修護使用時應申請報廢，同規則第 29 條第 1 項亦有明文規定。又汽車車身、引擎、底盤等重要設備變更或調換，不申請公路主管機關施臨時檢驗而行駛者，道路交通管理處罰條例第 18 條且定有處罰明文。顯然汽車所有人並不得隨意變換汽車引擎。上訴人稱變換引擎法無禁止明文，顯有誤會。彭○○於投保後之八十年三月間投保車輛原引擎故障，依上開規定，即應停駛修護，彭○○將引擎送修

輛，並以此為業，為越級駕駛，屬於汽車責任保險的除外不保事項，若發生事故，保險人自不負保險給付責任，就是以「除外不保」限制承保的範圍❺。所以概括保險，實務上是以全部承保為原則，以除外不保為例外的保險。

最近國內保險單有約定起賠條件者，例如：農業災害的蓮霧保險單約定，保險事故：「(颱風事故) 起賠的計算範圍為颱風風速達到十一級風，豪雨連續累積五天且累計雨量達 600 毫米。(低溫事故) 低溫部分起賠為電視溫度低於攝氏 10 度，連續 8 小時，主險費率為保險金額的 16%，溫度的附加險費率為 4.78%」❻。

若在造成同一損失的數個原因中，依照保險單的約定，某些原因屬於除外不保，另外的某些原因則在承保範圍內，保險人應否負擔保險理賠責任？首先應該確定造成損害的數個原因中，何者為主力近因及非主力近因；其次應該適用契約的約定，如果主力近因在承保範圍內，則保險人仍然必須為保險給付，反之，若主力近因屬於除外不保的項目，則保險人不負保險給付的義務。但是假若當事人另有「明確約定」，只要數個原因中有一個原因屬於除外不保，保險人就可以免責者，從其約定。在 State Farm Fire and Causalty Co. v. Bongen 一案❼：

本案的法律事實是：

原告 Bongen 向本案被告 State Farm 保險公司購買保險。契約約定：「因地震及地皮滑動等所引起的地殼變動 (earth movement)，不在承保的範圍內。」嗣因 Bongen 房屋施工過失加上地震導致地殼變動，發生「土崩 (mudslide)」，房屋嚴重毀損。保險公司主張基於保險契約免責約款，拒絕保險給付的請求。被保險人提起訴訟，主張依保險契約約定，導致「土崩」的原因之一「施工過失」屬於承保的保險事故。地方法院判決認定被保險人 Bongen 勝訴，理由是基於主力近因原則，免責約定無效。保險人提起上訴。

主要的法律爭點是：

而未停駛，更換引擎又未申請監理機關檢驗合格並為變更登記，依兩造所訂遊覽車駕駛人乘客平安保險單條款第 10 條除外責任第 1 款：『車輛未經監理單位檢驗合格者』，保險人不負給付保險金責任之規定，被上訴人自得拒付保險金。」

❺ 最高法院 81 年台上字第 1570 號判決。

❻ 107 年 7 月 22 日中國時報第 A7 版，上述蓮霧保險單仍為草案。

❼ State Farm Fire and Causalty Co. v. Bongen Insured (D) v. Insured Home Owner (P) Supreme Court of Alaska, 925 P.2d 1042 (1996).

　　造成損害的數個原因中，「地震」屬於除外不保的原因，「施工過失」則在承保範圍內的原因，此時保險人應否負保險給付責任？

　　法院的判決及法律見解是（本判決由 Compton J. 做成）：

　　保險單有關「在造成損害的數個原因中，若有些原因屬於除外不保的，另外有些原因是在承保範圍內時，保險人可以免責」的約定，只要該約定「足夠明確」，則該除外不保約款是有效的。其他法院曾將主力近因原則 (efficient proximate cause rule) 適用到類似本案的案件。依照主力近因原則，假若造成損害是由「承保範圍內的原因」與「不在承保範圍的原因」共同促成，但是主力近因在承保範圍內時，保險人必須負擔保險給付的責任。多數見解套用到本案也會得到相同的結論，因為造成「土崩」的主力近因是工人的「施工過失」，而「施工過失」是在承保範圍內，結論將是保險人必須理賠，其保險單的除外不保約款不能生效。但是在本案，本院認為，多數見解雖然可採，但是契約當事人仍得依其自由意思另外約定承保範圍，本案保險單用語明確、鮮明，即約定「若有些原因是屬於除外不保的，即使另外有些原因是在承保範圍內，保險人仍然可以免責」，且經被保險人（要保人）同意。本案沒有良好理由拒絕賦予保險單的責任限制約款效力。原審判決應予撤銷。

（二）採用概括保險的保險種類

　　概括保險主要被採用於海上保險 (marine insurance policies)、內河海上保險 (inland marine insurance) 及人壽保險 (life insurance)。

　　海上保險是概括保險的典型，海上保險單常常約定海上的任何危險 (any peril of the sea) 所發生的損失，一律納入海上保險的範圍❽。內河海上保險，承保海上暨河川運送過程的一切危險，通常也採用概括危險保險單。人壽保險，也多採概括保險，原則上凡在保險期間發生死亡事故者，不論導致該結果的原因為何，保險人一律為保險給付，人壽保險的保險單，不但沒有逐一列舉保險人所承保的保險事故，反過來，通常只是列舉少數除外不保的事項，例如：被保險人因犯罪被處死亡、自殺，是很典型的概括保險。

---

❽　海上保險主要包括貨物險、船體險以及責任險。其中貨物險主要承保貨物毀損、滅失、遲到的損失，與輸出保險不同，輸出保險主要承保信用風險以及政治風險。

（三）舉證責任

在概括保險，被保險人只須就「**損害已經發生**」及「**損害是由保險期間內某些確定或不確定原因所引起**」二個事實負舉證責任，無須就發生損害的具體原因明確舉證。例如：在 British & Foreign Marine Insurance Co., Ltd. v. Gaunt 一案❾，被保險人託運羊毛一批，投保貨物損失險，海上保險契約的承保範圍包括因駁船 (craft)、火災 (fire)、轉船 (transhipment) 等所有原因所發生的損害。當羊毛運抵目的地時，已經發生毀損，但不能確定究竟是「在何時」以及「由於何原因」而發生，所能確定的只是該損害必然是在運送過程中由某種偶發原因或事故所造成 (due to some fortuitous circumstance or casualty)。法官 Lord Birkenhead 認為此種保險是概括保險，被保險人只要證明損害是由於保險人承保範圍內的某些事故（按：可能明確，也可能不明確）所致，其舉證責任就已經完成，無須就事實上肇致損害的意外事故或原因的確實性質 (the exact nature of the accident or casualty which, in fact, occasioned his loss) 負舉證責任。

2008 年德國保險契約法第 130 條第 1 項：「在承保陸上運送危險、內陸水道運送危險以及其附帶的倉庫儲存危險的貨物保險，保險人承保保險期間內貨物所暴露的一切危險。」，第 2 項：「在內陸水道運送的船舶保險，保險人承保保險期間內船舶所暴露的一切危險。保險人對於船舶因第三人所致船舶與船舶的碰撞、船舶與其他固定物體或浮動物體碰撞的損失，對該損失應該負保險理賠義務。」，第 3 項：「承保陸地內水運送危險的保險，其保險範圍應該包括為避免保險人應負保險理賠責任而為共同海損的分擔額。」也是採概括保險的立法。

二、列舉保險界定法

（一）列舉保險的意義

列舉保險 (specified-risk policies)，指保險人所承保的保險事故，以明白地列舉於保險單條款 (expressly specified in the policy terms) 者為限的保險。由於列舉保險的承保範圍受到列舉的限制，用途也受到限制，為了符合實際需要，又從列舉保險發展出組合保險 (insurance packages)。

---

❾　(1921) AC 41.

（二）組合保險的意義——數個列舉保險的組合

組合保險是指由數個不同的列舉保險針對特定需要組合而成的保險。組合保險最常見於 「房屋所有人保險 (homeowners insurance)」 及 「汽車保險 (motor vehicle insurance)」。房屋所有人保險常常包括竊盜險、火災險、洪水險的組合；汽車保險則常常包括竊盜險、責任險及車體險的組合。組合保險的基礎是以各種現在已經採用的列舉保險為基礎，將數個列舉保險組合成組合保險，符合保險作為商品，配合消費者的需要而設計。

組合保險既然是由數個列舉保險所組成，其所構成的保險範圍，乃介在概括保險與列舉保險之間。若謂概括保險是「面」的，列舉保險是「點」的，則組合保險就是由「數個點」所組成的。概括保險，除另有「除外不保」的約定外，一切都在承保的範圍內，例如：海上保險原則上承保所有的「海上事故 (perils of the sea)」，被保險人不必證明保險標的物的損毀、滅失究竟是由於何種海上事故所致，就可請求保險給付，因為「海上事故」一詞，已經包括一切事故；組合保險既然是由數個列舉保險所組成的，因此該損害除能證明是因為列舉的保險事故所肇致者外，保險人不負保險給付的責任。組合保險雖然是「數個列舉保險的結合」，但仍存有甚多保險空隙 (gaps of insurance)，凡被保險人無法證明損害係因組合保險中的列舉保險所列舉承保的保險事故所致者，即落入組合保險空隙的範圍，保險人不必負保險給付的責任。

三、列舉保險與概括保險的區別實益

概括保險與列舉保險很像是光譜的兩端的兩個制度，由於實務發展的需要，概括保險與列舉保險都有向中央發展而逐漸混淆的趨勢。雖然如此，二者的區別，仍然有重大實益。一般而言，概括保險的被保險人是最大的受益者，理由有三：

第一：概括保險的承保範圍原則上及於所有保險事故，因此保險人如欲主張某種保險事故不在承保範圍內，必須就雙方有此「除外約定」的事實負舉證責任，換句話說，「除外約定」的事實的舉證責任在保險人。

第二：在概括保險，法院實務上對於保險人舉證證明契約當事人有「默示除外約定 (an implied exception)」 的效力，傾向於採取否定態度，因為

「默示除外約定」的效力若被承認，概括保險原則上承保全部保險事故的功能將被削減，承保範圍將越加狹小。

第三：由於保險契約多為定型化契約，若契約條款有疑義，法院在解釋時，多為不利於保險人或為有利於被保險人的解釋。保險契約只要有概括保險的外觀或是有概括保險的條款，如果發生保險事故是否在承保範圍內的爭議，法院常常會將之解釋為屬於保險人承保範圍內，以符合概括保險的意義，並貫徹「契約的疑義應該歸擬約者負擔」的解釋原則，其結果將明顯有利於要保人或被保險人，而不利於保險人。

保險事故的約定方式儘管有「概括保險」與「列舉保險」的不同，但二者的界線逐漸混淆。因為概括保險常常訂有某些限制性約定或除外性的約定，已經不是密不透風的全面保障；而列舉保險，為了因應實際需要，在部分領域，走向組合保險，組合越大，保障越綿密，就此而言，概括保險與列舉保險的界線正向折衷方向靠攏而逐漸混淆。

肆 界定保險事故範圍的依據

保險事故，就其界定的方法區分，可分為「明示的限制 (expressive restriction)」及「非明示的限制 (implied restriction)」[10]。**明示的限制**，指依照當事人的約定，界定保險事故的範圍，依其所存在的契約條款的功能可分為「專門以界定保險事故範圍為目的的約款 (provisions that expressly restrict the risks transferred)」，及「兼有定義及限制保險事故範圍功能的約款 (terms that both define and limit coverage)」。**非明示的限制**，在英美法上常稱之為 "implied restriction"，所謂 "implied" 一詞，表面上是「暗示」，實際上是指沒有訂定在契約書上，但卻潛藏在法律、裁判及本質中的限制，包括：法律規定的限制、司法

[10] 英美法的 implied restriction 或 implied exceptions 常常有兩種不同的意思，一種是契約當事人，以「默示」的意思表示，達到限制或除外功能的約定；另外一種是這些限制或除外的意思表示，法律已經有規定、司法裁判已有先例、或保險契約性質上有限制，雖然當事人沒有明示約定，但是這種限制或除外，當事人當然可以主張，這種限制或除外名義上雖然用的是 implied restriction，實際上是法律的規定、司法裁判的先例或保險契約的本質，雖然當事人沒有約定，但是「默示」成為契約的內容，因此效力十分強，有時甚至於超過明示的約定。

裁判見解形成的限制，以及由於該保險契約的性質所形成保險事故範圍的限制。「非明示的限制」，雖然沒有明確訂定在契約書上，但是卻當然構成契約限制的一部分，有時這種限制甚至於比「明示的限制」還要強，分述如下：

一、明示的限制

約定的限制可分為兩種：

（一）專門以界定保險事故範圍為目的的條款

專門以界定保險事故範圍為目的的條款，不論在概括保險或列舉保險，多採用條件 (conditions)、定義 (definition)、除外 (exception)、排除 (exclusions)、限制 （limitation 或 restriction）等文字，將某些原應在承保範圍內者，排除於承保範圍之外。

專門以界定保險事故範圍為目的的條款，其限制的方法，除了限制保險事故的範圍以外，還經常有「一次保險事故理賠上限條款」，即發生一次事故，不論實際損失如何，保險人的理賠責任都以「約定的上限」為限，有此種條款的約定時，「一次保險事故」的認定，就極為重要。**法院的見解以「發生損失原因的數目」為計算保險事故數目的標準**，不是以「被保險人行使請求權的次數」或「被害者的數目」為準。

在美國 Michigan Chemical Corp. v. American 一案中[11]，原告 MCC 公司生產飼料及化學滅火劑。在 1973 年 5 月 2 日，原告錯將一批化學防火劑當作飼料託運給牧場管理處，牧場管理處不查，將化學防火劑與其他飼料混合後，供牛食用，導致 28,000 頭牛生病，並被進一步銷毀。嗣後，原告 MCC 與牧場管理處達成和解，賠償逾 4,500 萬元。在 1973 年至 1974 年間，原告有五張有效的責任保險單，主張從 1973 年至 1974 年間每一次被請求就構成一次「事故」；被告（保險人）及其他訂有「逾額保險條款」的四家保險公司則主張本案唯一的一次「事故」就是1973 年 5 月 2 日託運錯誤，應該依 1973 年的保險單進行分攤。法院認為：在系爭 CGL（商業綜合責任保險）的保險單，認定「事故」的標準，是依照「發生損失原因的數目」，而非依照「被害者的數目」或是「行使請求權的數目」。CGL 保

---

[11] 728 F.2d 974 (1984).

險單對於「事故」的定義是「一個意外事故或意外事件，而該意外事故或意外事件不被期待地、非故意地導致財產上的損失」。多數的法院解釋這些文句後的結論是：「事故的數目 (the number of occurrence)」應該以「發生損失原因的數目」決定之。

此外，汽車責任契約也經常訂有「一次保險事故理賠上限條款」：發生保險事故時，每一位乘客賠償若干萬元，但是一次事故不論死傷多少人，最高理賠額不逾若干萬元。有此種約款時，認定究竟是一次車禍、兩次車禍或是多次車禍就十分重要，特別是發生連環車禍時。**判斷一次或多次車禍的因素包括駕駛人對於車輛是否失控（即車輛的行駛究竟是沿著直線前進或是車輛行駛脫離直線，甚至打轉）、第一次碰撞的時間、地點與第二次碰撞的時間、地點的間隔、距離等。尤其以車輛是否失控這個因素特別重要。**

為了解決究竟一次事故或是多次事故的爭議，有效的方法是：在訂立契約時，明白地界定何者為一次事故，何者為多次事故。在舉世矚目的恐怖分子劫持民用航空飛機撞擊美國世界貿易大樓案件❷，先後有兩架飛機被劫持，並在不同時間，

---

❷　World Trade Properties, L.L.C. v. Hartford Fire Insurance Company, 345 F.154 (2d Cir. 2003). 本案的案情如下：被保險人 Silverstein 及其相關企業，也就是本案的原告，對於坐落在紐約的世界貿易大樓有不同的財產利益，這些財產上的利益因為 2001 年 9 月 11 日恐怖分子的兩架飛機攻擊而毀於一旦。被保險人及其相關企業對於世界貿易大樓訂有九十九年租約，透過紐約保險經紀人 Willis 安排數個保險契約，每個保險契約每次保險事故的保險金額是三十五億美元。在保險經紀人與保險公司接洽訂立保險契約的過程中，保險經紀人都對保險公司提出了包括「一次事故」定義的保險經紀人文件，該文件將一次事故界定為：「凡直接或間接因為一個原因或是一系列類似原因所引起的所有毀損或減失，不論損失發生所相距時間的長短及空間的大小，所有損失必須合併計算，且該全部損失數額視為因為一次事故而發生。」。在這四家保險公司中，只有一家保險公司 Travelers 提出該公司的正式保險契約，但是該正式契約並沒有對何謂「一次事故」界定定義。附帶說明的，每一家保險公司與保險經紀人的談判都是分別獨立進行的。本案的問題在於九一一事件中，兩架飛機兩次撞擊到底算是一次事故或是兩次事故？本案地方法院對於其中三家判決認定是一次事故，各保險人的責任上限為三十五億美元，理由是這三家保險公司都簽發了暫保單 (a binder)，而且暫保單也將保險經紀人所提的「一次事故」的定義約款，納入暫保單的內容。但是地方法院同時也判決，拒絕原告對第四家保險公司的請求，理由是第四家保險公司所出具的正式保險單，對於一次事故的定義並非不明確。原告不服提起上訴。
本案的法律爭點有二：

撞擊世界貿易大樓。由於四家保險公司分別訂定的四個保險契約都訂有每次事故
保險人的最高理賠額是三十五億美元的限制，因此九一一事件究竟應該認定為一
次事故或是兩次事故，事涉保險人的責任大小，也涉及被保險人獲得理賠的多寡，
十分重要。

　　法院在中間判決中，認定本案四個保險人，其中三個保險人的責任上限是美
金三十五億元，另外一個保險人的責任上限則是七十億美元，理由是：三家保險
公司的暫保單有將保險經紀人所起草的「一次事故」定義條款，納入為暫保單內
容，即所謂「一次事故 (per occurrence basis)」是指「凡直接或間接因為一個原因
或是一系列類似原因所引起的所有毀損或滅失，不論損失發生相距時間的長短及
空間的大小，所有損失必須合併計算，且該全部損失數額視為因為一次事故而發
生。(All losses or damages that are attributable directly or indirectly to one cause or to
one series of similar causes. All such losses will be added together and the total
amount of such losses will be treated as one occurrence irrespective of the period of
time or area over which such losses occur.)」。第四家保險公司雖然出具了正式保險
單，但正式保險單並沒有將保險經紀人所起草的「一次事故」定義條款納入，正
式保險單本身也對何謂「一次事故」沒有明確定義，法院依照保險契約約款有疑
義時，做不利於保險人解釋的原則，而作了一架飛機的一次撞擊就是一次保險事
故，兩架飛機兩次撞擊就是兩次保險事故的解釋，因此第四家保險公司的責任上
限就是 70 億美元。

　　專門用以界定保險事故範圍為目的的條款，在保險契約條款中所載位置，應
該扣緊保險契約關於保險範圍的主要說明 (the primary statement) 及關於承保範圍
定義的規定位置。契約條文的布局，法律雖然沒有明文規定，但若將保險的主要
說明及關於承保範圍定義的規定訂立在整體契約的某個位置，而將專以界定保險

第一：假定保險人以保險經紀人所提出的樣本為基礎，簽發暫保單，該暫保單的內容
　　　對於正式保險單簽發前所發生的損失是否具有拘束力？
第二：第四家保險公司所簽發的保險單，對於「一次事故」是否作了足夠明確的定義？
上訴審的判決是由 Walker 法官做成，判決指出：保險人以保險經紀人所提供的樣本為
基礎簽發暫保單時，暫保單中保險經紀人所提的約款對在簽發正式保險單前所生事故，
具有規範力；第四家保險人的正式保險單「一次事故」定義不明確，應作對於保險人
不利的解釋。也就是應該解釋為兩次保險事故，其責任上限是七十億美元。

事故範圍為目的的條款訂在另外隔離的位置，將使要保人及被保險人閱讀保險契約時，難以形成保險事故範圍的整體印象，因此美國部分法院對此種契約條款的布局方式，採取否定效力的態度。法院裁判所採見解，必然影響保險契約條款的設計及布局。

（二）兼有定義及限制保險事故範圍功能的條款

保險契約中的某些條款，兼具有「定義 (definition)」及「對承保範圍加以限制 (impose restrictions on the scope of protection)」的功能，例如：汽車保險中約定保險人承保，「對於被保險汽車之所有權、維修或使用 (arising out of the ownership, maintenance or use of the insured vehicle) 所產生的損失或責任」，此種條款一方面是在界定汽車保險的意義，另一方面亦在限制保險人的承保範圍。

二、非明示的限制

所謂「非明示限制」，是指非以契約條款的方式界定保險人承保保險事故的範圍，而是基於法律規定、法院裁判見解與保險契約性質，而當然存在的限制。非明示的限制，雖然沒有書寫在保險單上，但是由於是脫胎於法律規定、法院裁判或保險契約的性質，其獲得法院支持度，甚至於超過明示的限制。說明如下：

（一）故意的危險事故不在承保範圍內

保險人所承保之保險事故，必須因為「**偶發性 (fortuity)**」事故所致，故意所導致的損失，不在承保的範圍內。保險法第 29 條第 2 項規定：「保險人對於由要保人或被保險人之過失所致之損害，負賠償責任。但出於要保人或被保險人之故意者，不在此限。」，因此被保險人或要保人故意促使保險事故發生者，保險人不負給付保險金之責任。但是出自於被保險人或要保人的代理人或受僱人的行為，而促使保險事故發生者，保險人仍應負保險給付的責任❸。

---

❸ 舊保險法規定，因為要保人或被保險人的代理人的故意行為，導致發生保險事故者，保險人不負保險給付的責任。可能的原因之一，是認為代理人的行為的法律效果應該歸屬於要保人或被保險人。90 年修正，將代理人刪除，也就是要保人或被保險人的受僱人或代理人故意促成促使危險發生者，保險人仍應負保險給付義務，因為代理人所代理者限於「法律行為」，至於「侵權行為」或「債務不履行行為」均不得為代理的標

1.故意的意義

故意包括直接故意與間接故意。直接故意是明知並有意使其發生。但間接故意，究竟是指「已預見 (foreseen)」其發生而其發生不違反其本意，或是「可預見 (foreseeable)」其發生而其發生不違反其本意，學說上有爭論，前者較為符合間接故意的意義且較能保護被保險人，但是舉證要保人或被保險人「故意」十分困難，有必要採取緩和解釋，例如：被保險人故意挑釁 (assault) 或攻擊第三人，可能招來第三人的反擊，導致被保險人死亡或受傷，此為被保險人進行挑釁行為前所合理可預見 (reasonably foreseeable) 者，若預見其發生，而發生又不違反被保險人本意，即有不確定故意。再如：違法施打禁藥或吸食海洛因 (heroin)，性質上 (natural) 將肇致身體受傷害，此亦被保險人可預見者，若被保險人預見施打禁藥或吸食海洛因將遭致身體受傷害、而發生傷害又不違反其本意，也就有不確定故意。

故意是針對「結果 (consequence)」，而非針對「行為 (act)」而言的，也就是對於發生保險人應負保險給付義務的結果已預見其發生，而積極促使其發生或其發生不違反其本意而言。因此「被保險人故意騎機車闖越平交道，但並未故意騎車與火車相撞，而與火車相撞才是發生保險事故之直接原因」，保險人不得以被保險人故意促使保險事故發生為理由，拒絕保險給付[14]；又例如：被保險人故意騎機車行駛上高速公路，而為第三人超速駕駛之汽車追撞致死，其直接致死的原因是「追撞」，但追撞之發生，係出於意外，保險事故之發生，具有偶發性，非因被保險人之故意所致，保險人應負保險給付責任[15]。

的。除非要保人、被保險人與代理人、受僱人就侵權行為或債務不履行有意思聯絡，否則代理人或本人的故意行為，對於要保或被保險人而言，最多只是選任或監督有過失而已，尚不得論要保人或被保險人有故意情事。又請參照最高法院 70 年台上字第 1107 號判決。

[14] 最高法院 91 年台上字第 341 號判決：「保險事故以具有偶發性為要件，是以危險非直接因保險人的故意行為所致者，保險人即應負賠償責任。本件被保險人朱〇〇，雖係故意騎機車闖越平交道，但並未故意騎車與火車相撞，而相撞使係發生保險事故之直接原因。又騎機車闖越平交道係屬違反道路交通管理處罰條例第 75 條規定之違規行為，尚與刑法第 184 條第 1 項之構成要件有間，上訴人不得依系爭傷害保險附約第 9 條第 1 項第 2 款（故意行為）、第 3 款（犯罪行為）約定主張不負給付保險金之責任。原審本此見解為上訴人勝訴之判決，並無違背法令情事。」

[15] 最高法院 90 年台上字第 1257 號判決：「保險事故以具有偶發性為要件，保險人所承擔

2.故意仍然在承保範圍的特殊情形

故意促使保險事故發生者，除另有其他立法政策的考慮外，不待契約約定，保險人即不負保險給付的義務。所謂「另有其他立法政策的考慮」，例如：

(1)強制汽車責任保險 ⑯

強制汽車責任險的目的在「**保護車禍的被害人或其家屬**」，與一般責任保險的目的在「填補被保險人因賠償第三人所生的損失」不同。一般責任保險的保險人，只承保偶發性的保險事故，對於被保險人故意侵權行為 (an intentional tort) 所發生的損害不負賠償責任，這個原則是從填補被保險人損失，避免被保險人不法行為，預防道德風險的觀點所得到的。但強制汽車責任險是為了保護被害第三人或其家屬，不論被保險人的行為是出於故意或過失，一旦發生車禍，被害第三人或其家屬需要獲得保障，並未因被保險人的故意或過失而不同，因此強制汽車責任保險法規定：保險人或汽車交通事故特別補償基金，就被保險人或是未投保強制險等情況的駕駛人故意所致的交通事故，必須對被害人或其家屬負賠償或補償責任，但是為了防止道德危險，規定保險公司或特別補償基金在理賠或補償之後，對故意的加害人可以行使代位權。

(2)在人壽保險，被保險人自殺

A.法律規定

被保險人自殺 (suicide) 者，原則上保險人不負保險給付的義務 ⑰，但是保險

之危險以非因故意而偶發之危險為限。是以危險直接因被保險人之故意行為所致者，保險人固可不負賠償責任，惟若危險之發生係因被保險人之過失行為所致，保險人即應負賠償責任。本件被保險人張〇〇雖係故意騎機車行駛於高速公路，但係因訴外人蘇〇〇以時速一百三十公里超速駕駛汽車追撞其所騎機車後逃逸，因未獲從速救治而告死亡，則張〇〇被追撞致死係出於意外，其保險事故之發生應屬偶發性，而非因其故意行為所致，上訴人自應負賠償責任。次查保險人對於由被保險人過失所致之損害，負賠償責任，此觀保險法第 29 條第 2 項之規定自明，若保險人得以被保險人之過失主張過失相抵，顯失保險本旨。原審本此見解而為上訴人敗訴之判決，經核於法洵無違誤。」

⑯ 強制汽車責任保險法是以保障被害第三人或第三人的家屬生活為目的，因此即使被保險人故意促使保險事故發生，保險人仍然必須負保險給付的義務，只是保險人於保險給付之後，可以向被保險人請求，立法目的在於避免道德風險，參考強制汽車責任保險法第 29 條第 1 項第 3 款。

⑰ 最高法院 88 年台上字第 2136 號判決則闡釋：「縱王〇〇（即被保險人）精神有異常，

契約另有約定被保險人自殺，保險人仍應負給付義務者，該條款於保險契約生效二年後始生效力；保險契約效力停止後❶，若保險契約因補繳積欠保險費而恢復效力❶，則保險契約中「被保險人自殺，保險人仍負保險給付責任」的約款，須於保險契約恢復效力之日起算再經二年後，才恢復效力❷，法律之所以原則上規定被保險人自殺者，保險人不負保險給付義務，主要理由有三：

第一：故意行為造成的損害，不予理賠：自殺是故意結束生命的行為，保險人自不負保險給付義務。

第二：預防逆選擇的情事：預防被保險人在決意自殺之後，再向保險人投保，然後故意自殺，隱瞞已經決意自殺的意圖而向保險人投保，以低廉的保險費換取保險人高額的保險給付，實際上就是以不法手段使受益人獲得巨額的保險理賠，置保險人於被逆選擇的不利地位。

第三：保護生命的考慮：法律功能之一就是保護生命，若被保險人自殺，保險人仍然應該為保險給付，則有可能誘導被保險人為成全受益人而犧牲自己的生命，其結果，保險制度不但不足以保障生命，反而是萌發自殺動機、誘使自殺行為、導致死亡結果的緣起，有違法律保障生命的宗旨。

B.「自殺」的意義

保險法或保險契約的「自殺」，究竟是以被保險人在「神志清楚」狀況下的自殺為限，或是包括「神志不清楚」的自殺也在內，要解決這個問題，必須看保險法的規定與保險契約的約定。

保險法第109條第1項：「被保險人故意自殺者，保險人不負保險金額之責任。」，應該只有排除「神智清楚」下的自殺行為，惟其在神智清楚下的自殺，才是明知行為的結束會導致生命的終結，才是「故意自殺」。「神智不清楚」下的自殺，不是故意自殺，因為神智不清楚，就沒有故意可言，就不符合「故意自殺」的要件。

惟其自殺時，如對其行為仍有認識，即非達到不能辨識自己行為之程度，不得謂其非屬故意自殺而無保險人之除外責任條款之適用。」

❶ 保險法第116條第1項：「人壽保險之保險費到期未交付者，除契約另有訂定外，經催告到達後逾三十日仍不交付時，保險契約之效力停止。」

❶ 通常是因為要保人補繳保險費而使已經停止效力之保險契約恢復有效（復效）。

❷ 參照保險法第109條第1項、第2項。

在美國，自殺不理賠是透過契約的約定，此時，若是除外條款將被保險人「神智清楚的自殺」及「神智不清楚的自殺」都列為除外不保的項目，且該約定足夠清楚時，法院仍然肯定該約款的效力，凡是被保險人因自己的行為直接導致死亡，都在不保的範圍。反之，保險契約的用語不夠清楚，只籠統記載排除「自殺」時，則約款會被解釋為只排除「神智清楚之自殺」，而不排除「神智不清楚之自殺」[21]。

3.關於「重大過失」應否列為法定除外不保事由的檢討

依保險法第 29 條規定的文義解釋及反面解釋，保險人對於由要保人或被保險人的故意行為，致發生保險事故者，固然不負保險給付的義務，但若由於要保人或被保險人的「重大過失」所致者，則保險人仍應負保險給付的義務。但是保險事故因要保人或被保險人的「重大過失」所致者，是否應該列為法定除外不保事由，有不同觀點：

⑴重大過失仍然理賠說

法院的裁判及保險界的實務，似乎都採取保險人應該理賠的觀點，原因如下：

----

[21]　Charney v. Illinois Mutual Life Casualty Co., 764 F. 2d 1441 (1985).

本案的法律事實主要是：Marvin Charney 以其自己為被保險人，與被告 Illinois Mutual 保險公司訂立保險契約，並指定其妻及生意合夥人為受益人。保險契約約定，假若被保險人，在保險契約生效之後兩年內自殺，不論其自殺是在神智清楚下為之，抑或在神智不清楚下為之，保險人都不負保險給付之責任，但應退還保險費。Charney 由於心臟肥大，正吃藥接受治療，並因吃藥產生副作用，患有憂鬱症。其後 Charney 感到憂鬱，竟以注射溶解劑之方式自殺，時間是在保險契約生效之後兩年之內。被告保險公司退回保險費。Charney 的妻子及其生意上的合夥人提起訴訟請求給付保險金，但是保險人拒絕，並獲得勝訴。

本案的法律爭點是：假若保險契約約定，在契約生效兩年內，被保險人「神智清楚的自殺」或「神智不清楚的自殺」皆列為除外不保的範圍，而因被保險人自己的行為直接致死亡，上述的約定是足夠清楚、沒有疑義，而具有效力？

本判決由 Per Curiam J. 做成，判決指出：除外不保約款約定，被保險人「神智清楚的自殺」及「神智不清楚的自殺」皆為除外不保項目時，該約定將是足夠清楚而有效，只要是被保險人自己的行為直接導致死亡，都在不保的範圍。本案唯一的可能問題是自殺除外不保條款——由於被保險人是因為服用藥物的原因導致憂鬱，喪失識別能力，沒有自殺的意思——在本案有無適用餘地。但是，由於契約約定十分明確，契約將醫療導致「神智不清楚的自殺」也明文排除，因此保險人無給付義務。須注意者，若保險契約只載明排除「自殺」，可能會被解釋為止排除「神智清楚的自殺」，不排除「神智不清楚的自殺」。

A.依照保險法第 29 條第 1 項但書的反面解釋：認為保險法第 29 條第 1 項但書既然只有排除「故意」，則反面解釋，因「重大過失」所發生的保險事故，自然是在理賠內的。例如：法院裁判認為被保險人行經火車平交道，於柵欄已下，火車已行近時，仍冒險穿越平交道，被火車撞傷致死，被保險人雖有重大過失，但保險人仍應負保險給付之義務❷。

B.保險業商業形象的考慮：保險業顧及自己的商業形象，並受到主管機關行政監督的影響，對因重大過失所致保險事故，仍然理賠，以免被譏為「只收保費，從不理賠」。

C.滿足被保險人的合理期待：認為被保險人（要保人）投保保險後，即有不論是否因其過失，且不論其過失就是輕過失或是重大過失都在保險範圍內的合理期待內 (reasonable expectation)，基於滿足被保險人的合理期待，保險人應負保險給付的責任。

---

❷ 72 年司法院第三期司法業務研究會法律問題：人壽保險之要保人某甲，一日行經火車平交道，柵欄已下，火車已行近，仍冒險穿越，致被撞重傷致死，死者之繼承人請求保險人給付保險金，有無理由？

甲說：

㈠人壽保險契約，依保險法第 105 條規定，得由第三人為要保人而訂立，固要保人某甲須亦係被保險人，死亡時始有給付保險金之問題。

㈡保險法第 29 條第 2 項前段規定，保險人對於由要保人或被保險人或其代理人之過失所致之損害負賠償責任。又一同法第 109 條規定，被保險人死亡時，保險人不負給付保險金責任之情形有四：被保險人故意自殺、被保險人因犯罪被處死、被保險人因拒捕致死、被保險人因越獄致死。本例某甲行經火車平交道柵欄已下，火車已行近，仍冒險穿越平交道，被火車撞傷致死，甲雖有重大過失，但與前開保險人免責之情形均有未合，保險人自應負給付保險之全責。

㈢保險法第 112 條規定：『保險金額約訂於被保險人死亡時給付於其所指定之受益人者，其金額不得做為被保險人之遺產。』，第 113 條規定：『死亡保險契約為指定受益人者，其保險金額作為被保險人之遺產。』本例要保人某甲須未指定其繼承人以外之人為受益人，其繼承人始得請求保險人給付保險金額，否則僅得由指定之受益人請求。固本件要保人某甲雖有重大過失，如係被保險人且未指定其繼承人以外之人為受益人，則甲之繼承人請求保險人給付保險金，為有理由。

乙說：

本題情形，某甲死亡，雖非故意，亦屬重大過失，參照海商法第 173 條之規定，保險人不負賠償責任，故甲之繼承人請求保險人給付保險金為無理由。

研討結論：採甲說。

司法院第一廳研究意見：同意研討結論。

⑵保險人免除保險給付說

在學理及比較法上，有些見解仍認為保險人對要保人或被保險人故意或重大過失所致保險事故都不負保險給付責任，主要理由是：若因被保險人的重大過失發生火災，而保險人仍須負擔保險給付之責任，則此種保險給付有違公共政策(against public policy)。況且被保險人的重大過失行為，每每涉及「令人難以置信的愚昧行為 (incredibly foolish behavior)」，其愚昧的程度，達到不得透過保險制度將危險轉嫁給保險人的程度，因此因重大過失而發生火災之情形，應不在保險的範圍。以美國判決言，多數採此一見解。德國舊的保險契約法，為了配合民法關於故意或重大過失的責任不得預先免除的規定，也規定因重大過失促使保險事故發生，不予理賠。

⑶依照比例減少理賠責任說

2008 年德國保險契約法就要保人「故意」促使事故發生，規定保險人「不負理賠責任」，但就「重大過失」導致保險事故發生，已經放棄原來保險人可以免責的立法，改為保險人「得比例減少理賠責任」。德國保險契約法規定：

A.要保人故意促使保險事故發生者，保險人不負保險給付之責任。

B.要保人因重大過失致發生保險事故者，保險人有權依照要保人的過失程度相應減少保險金[23]。

⑷立法政策的檢討

可將「重大過失」排除或改採「相應減少保險理賠責任」。理由如下：

A.從法律規範體系銜接的觀點，應該將重大過失列為法定不保事由

民事法多將「重大過失」與「故意」同視，民法第 222 條且規定「故意或重大過失之責任，不得預先免除」。為了銜接民法與保險法，保險人也應將要保人或被保險人「故意」與「重大過失」而造成的損失同列為法定的不保事由。若不如此，因要保人或被保險人的「重大過失」而發生的損害，可透過保險給付獲得補償，實即承認因被保險人的重大過失所致之損害，仍然可以變相預先免責，有違民法第 222 條的立法精神。又在海上保險，「重大過失」所致的保險事故，早已列為法定除外不保的事由[24]。

---

[23] 2008 年德國保險契約法第 81 條第 1 項、第 2 項。

[24] 海商法第 131 條。

　　另外，從公共政策論，由於被保險人重大過失所致之損害若納入保險範圍，將導致被保險人個人愚昧行為之不利益轉嫁給社會大眾承擔之結果，有違公共政策。因此就我國言，由於重大過失所致之損失，宜規定為法定不保事由為是。

　　B.至少也應改採「相應減少保險理賠責任」

　　重大過失與故意究竟有別，重大過失介乎故意與輕過失之間，權衡歸責性的輕重，考量輕忽大意損失的歸責與分化，因要保人或被保險人的重大過失，致使保險事故發生，完全免除保險人保險給付責任，流於苛刻，折衷之道，就是改為依照重大過失的嚴重性相應減少保險人理賠責任，並避免輕忽大意的準道德危險。德國保險契約法第 81 條第 2 項：「保險事故因保險單持有人的重大過失而發生者，保險人得依保險單持有人重大過失的嚴重性相應減少保險給付。」

（二）為保險給付將違背法律精神者不在承保範圍內

　　保險事故的發生，雖然不是因被保險人故意行為所致，但若保險人為保險給付，將違背法律精神者仍不在承保範圍。例如：

1.被保險人被依法執行死刑

　　被保險人被依法執行死刑，雖然不是出於保險人自己的故意，但保險人仍不負保險給付義務。死刑的目的，在法學上雖有不同理論，但基本上多寓有懲罰不法，施以惡報的意義。果然如此，若一方面執行被保險人死刑，另一方面卻由保險人對被保險人有密切關係的受益人給付保險金，則不但與執行死刑的精神有違，甚至可能引發被保險人為圖受益人獲得保險給付而以身試法、甘冒極刑的道德危險。

2.被保險人因刑事犯罪致死

　　被保險人因為刑事犯罪 (commit crime) 致死者，包括：拒捕、越獄致死或其他犯罪行為 (criminal activities)，保險人不負保險給付的義務。因為倘若不是如此，則保險制度將可能形成鼓勵越獄，獎賞犯罪的誘因，此豈保險制度的宗旨？

　　被保險人因犯罪處死、拒捕或越獄致死者，保險人不負給付保險金之責任[25]。所謂「犯罪行為」，須行為與保險事故的發生有相當因果關係，且該行為經司法機關認定成立犯罪者而言。但只要依照司法機關認定的事實是犯罪行為為已足，不以判決確定為必要，因此假若被保險人越獄，不慎跌死或送醫不治，雖然檢察官

---

[25]　保險法第 109 條第 3 項。

為不起訴處分或在起訴之後死亡而由法院為不受理判決，只要不起訴處分書或不受理判決書所認定的事實是犯罪行為，保險人就沒有理賠義務❷。

保險法並未規定被保險人因刑事犯罪致死者，保險人一律不負保險給付的責任，只規定「越獄」及「拒捕」致死，保險人不負保險給付之責，似不周全，宜將犯罪行為之可預見發生死亡結果者，例如：挑釁他人或施打禁藥等也列在法定不保的範圍內。

須注意者，「違規行為」並非當然就是「犯罪行為」，例如：「故意騎機車闖越平交道致被火車撞死」，只是違背道路交通管理處罰條例，為違規行為，尚與刑法第 184 條第 1 項之構成要件有間，保險人不得以其為犯罪行為而主張免責❷。又如：故意騎機車闖越平交道，屬於行為的故意，對於被火車撞死，尚欠缺結果的故意，因此也不可以認定是被保險人故意促使結果發生，並此說明。

（三）不具有「偶發性」者，不在承保範圍

保險事故必須具有偶發性（射倖性），如果欠缺偶發性，則事故的發生就是出於必然，必然的事故，不論如何，都不能構成保險事故。

1.「偶發性」的意義

保險人所承保的保險事故，本質上就必須具有「偶發性」，雖然實務上，保險人仍多將偶發性或其他類似文字訂立於保險契約，但不得認為是因為契約有「偶發性」的約定，才使「偶發性」的因素注入於保險事故之中。保險契約，**保險人所承保的只限於「偶發性損失（fortuitous losses 或 accidental losses）」，不包括「必然的損失」**。若被保險人「故意所致的損失 (losses due to the insured's intention)」與「必然的損失」發生交集合關係，在交集合的範圍，不但依保險法排除「故意」❷的規定，保險人無理賠責任，而且也是欠缺「偶發性」，本質上不必理賠，不待規定或約定而自明。保險實務上，保險人多將保險事故限制於具有「偶發性」者為限，且訂立在保險契約，這種關於偶發性的約定，只具有確認的效果，沒有創設的效力。

---

❷　最高法院 59 年台上字第 1977 號判決。

❷　最高法院 91 年台上字第 341 號判決。

❷　保險法第 29 條第 1 項。

保險契約約定偶發性的位置，有訂立在基本承保範圍說明 (in the basic coverage statement) 者、有以分開的限制條文 (in separately restrictions) 規定者、也有兩者都有約定者。至於使用的文字，有直接使用「意外 (accident)」之類的文字；例如：責任保險常用「因意外事故而發生 (caused by accident)」；人壽保險常用「由於身體意外之傷害」之類的文字者；但也有使用其他文字，以精確界定「偶發」的意義者，例如：在責任保險契約，常約定「從被保險人的立場言，損失是『從被保險人的觀點，是故意促使事故發生或是被期待發生時，該損失不屬於本保險承保的範圍 (coverage is not provided when a loss is expected or intended from the standpoint of an insured)』」。

2.偶發性的類型

保險法上的偶發 (accident)，有「偶發結果 (accidental result)」與「偶發方法 (accidental means)」的區別。**「偶發結果」**的範圍較廣，**「偶發方法」**的範圍較狹窄。「偶發結果」的發生可能是由於下列二者之一所導致：

⑴純粹由偶發原因所組成的偶發方法所導致

例如：因車禍死亡，「死亡」（偶發結果）是由於「車禍」（偶發方法），而「車禍」又是因為「駕駛不慎」（偶發原因；accidental causes）所導致。此種偶發方法有可能由「一個純粹偶發原因」及「數個純粹偶發原因組合」所組成，所有這些偶發原因單獨或共同組成偶發方法。

⑵由「偶發原因」加上「非偶發原因」組成的偶發方法所促成

例如：死亡（偶發結果）是由於「不慎跌倒」（偶發原因）加上「患有柏金森病」（非偶發原因）所導致。

在⑴的情形，不論「一個純粹偶發原因」或「數個純粹偶發原因組合」造成偶發結果，都稱為偶發方法，該偶發方法導致偶發結果的發生。反之，在⑵的情形，若由於「偶發原因」搭配「非偶發原因」而導致「偶發結果」時，由於一個偶發原因尚不足以導致「偶發結果」的發生，一個偶發原因還不能構成偶發方法。

保險契約，若保險人所承保者是「偶發結果」，則不論偶發原因與偶發原因組成的偶發方法所導致的偶發結果，或是偶發原因與非偶發原因共同導致的偶發結果，都在保險理賠的範圍。若保險人承保的是「偶發方法」，則偶發原因與偶發原因組成的偶發方法所導致的偶發結果，固然在保險理賠的範圍；但是偶發原因與

非偶發原因結合成偶發方法所導致的偶發結果，就不一定在保險理賠的範圍，此時參照美國法院的裁判見解，保險人是否有保險理賠的義務，必須看「偶發原因的重要性以及保險契約的約定」而定，也就是：「如果偶發原因是主力近因，而且主力近因在承保的範圍內，則保險人有保險理賠的義務；反之，若偶發原因不是主力近因，或是偶發原因雖然是主力近因，但該主力近因卻不在承保的範圍內，則除非另外有其他明確的約定，原則上保險人沒有理賠的義務」。總之，**保險單承保的若是偶發結果，則承保的範圍較大；反之，若保險人所承保者是「偶發方法」，其承保的範圍較小**，因為承保的如果只是偶發方法，「偶發原因」搭配「非偶發原因」，導致「偶發結果」的情況，將會被排除在承保範圍外。

3. 不具有「偶發性」的事例

損害的發生是由於保險標的物本身的性質者，該損害的發生就是「事所必然」，並不具有「偶發性」，因此當然不納入保險事故的範圍。例如：

(1)隱有瑕疵

海上保險，一般採概括保險，但是保險人對於因為「隱有瑕疵 (inherent vice)」所致船舶或貨物的毀損滅失，仍然不負保險給付的責任，因為隱有瑕疵在保險契約訂立的時候，瑕疵就已經存在於保險標的物，只待時間來到，隱藏的瑕疵就會慢慢顯露，損害當然會發生，因此不具有偶發性。

(2)自然耗損

為保險標的物的穀物，在運送過程中，因水分的蒸發而自然耗損，此乃物理的自然現象，不具有偶發性，因此不納入保險事故的範圍 ❷。

(3)週期性損失

週期性循環的經濟損失 (regular recurring economic detriments)，隨經濟景氣的循環，經常發生 ❸，也不具有偶發性，因此當然屬於除外不保的範圍。

---

❷ 最高法院 74 年台上字第 848 號判決採取不完全相同的見解，該判決主要認為：「保險人之責任，與運送人之責任有別。保險人依保險契約，負其責任。本件運送人依運送契約，縱對自然之耗損，可不負責。然此自然之耗損，倘在保險責任範圍以內，保險人即不能因運送人不負責，而免除其保險人之責任。再者被保險人或受益人僅需證明保險事故之損害業已發生即可。保險人如主張具有免責事由，應由保險人負舉證之責。」

❸ 據統計，美國每七年或八年就會發生一次周期性的景氣循環。

⑷友火所致損失

火災保險的火，專指敵火 (hostile fire)，而不包括友火 (friendly fire) 在內。友火是指火的燃燒地點及燃燒程度，都在適常的地點（例如：在鍋爐 (stove)、壁爐 (furnace) 或火爐 (fireplace)）且在可控制的範圍內。火，在正常位置，且可控程度內燃燒，是正常現象，即使因此造成毀損、滅失也是燃燒之火本質所必然，即令契約沒有特別約定，保險人對於友火所發生的損害也不負責任。

敵火則指火的燃燒地點或程度，逾越正常的地點或可控的程度，由於出乎預期，具有偶發性，其所造成的損害，保險人應負保險給付的責任。敵火包括「原本的敵火」以及「由友火轉變的敵火」。「原本的敵火」指原來就已經在不當地點燃燒的火或原來就燃燒太猛烈的火；「由友火轉變的敵火」，是指原來火的燃燒地點以及猛烈程度，都在友火的範圍內，嗣後因燃燒地點波及不該燃燒的地點以致於轉變成為敵火，或是因為溫度計故障等原因，致溫度逾常或產生濃煙火舌等均是。

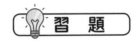

習　題

一、選擇題

1. 在保險期間購買服用某藥品，但是直到保險期間經過後，藥品的副作用才顯現，消費者才向藥品製造人請求損害賠償。下列關於藥品製造人投保責任保險，得否向保險人請求保險理賠的敘述，何者最正確？

    ⒜不得請求，因為副作用發生在保險期間屆滿之後。

    ⒝可以請求，因為購買、服用藥品在保險期間屆滿之前。

    ⒞可以請求，因為商品製造人必須負無過失責任。

    ⒟是否可以請求必須視契約的約定而定，契約若有明確約定，則依照契約的約定；若契約沒有明確約定，有疑義時，應該做不利於保險人的解釋。

2. 下列關於海上保險與火災保險保險事故界定方法的敘述，何者正確？

    ⒜海上保險通常採列舉保險，火災保險通常採概括保險。

(B)海上保險通常採概括保險，火災保險通常採列舉保險。

(C)海上保險、火災保險都採列舉保險。

(D)海上保險、火災保險都採概括保險。

3. 下列關於人壽保險與汽車保險保險事故界定方法的敘述，何者正確？

　(A)人壽保險通常採概括保險，汽車保險通常採列舉保險或組合保險。

　(B)人壽保險通常採列舉保險或組合保險，汽車保險通常採概括保險。

　(C)人壽保險與汽車保險通常都採列舉保險或組合保險。

　(D)人壽保險與汽車保險通常都採概括保險。

4. 因建築施工打樁不固加上地震釀成地皮滑動，導致房屋倒塌時，下列關於保險人是否應負理賠責任的敘述，何者正確？

　(A)保險人一律不負保險理賠責任。

　(B)保險人必須負保險理賠的責任。

　(C)保險人必須負部分理賠責任。

　(D)保險人是否必須負保險理賠責任，除非另有約定，必須視鑑定結果而定，若鑑定結果，主力近因在承保範圍內，則保險人有保險理賠的責任；反之，若主力近因不在承保範圍，則保險人沒有保險理賠的責任。

5. 下列關於列舉保險與概括保險區別實益的敘述，何者正確？

　(A)列舉保險，被保險人必須證明損害是因為約定的保險事故而發生；概括保險，被保險人只要證明損害是在承保期間、空間的範圍內發生就可以，至於發生損害的事故，可以是確定的或不確定的。

　(B)概括保險，被保險人必須證明損害是因為約定的保險事故而發生；列舉保險，被保險人只要證明損害是在承保期間、空間的範圍內發生就可以，至於發生損害的事故，可以是確定的或不確定的。

　(C)列舉保險與概括保險，被保險人都必須證明損害是因為約定的保險事故而發生。

　(D)概括保險與列舉保險，被保險人都只要證明損害是在承保期間、空間的範圍內發生就可以，至於發生損害的事故，可以是確定的或不確定的。

6. 下列關於概括保險與列舉保險的敘述，何者正確？

(A)概括保險的除外不保事項，舉證責任在保險人；列舉保險的列舉事項，舉證責任在被保險人（財產保險）或受益人（人身保險）。

(B)概括保險的除外不保事項，舉證責任在被保險人（財產保險）或受益人（人身保險）；列舉保險的列舉事項，舉證責任在保險人。

(C)概括保險的除外不保事項與列舉保險的列舉事項，舉證責任都在被保險人（財產保險）或受益人（人身保險）。

(D)概括保險的除外不保事項與列舉保險的列舉事項，舉證責任都在保險人。

7.汽車保險單有一次事故最高理賠額限制條款時，下列關於判斷一次事故或數次事故因素的敘述，何者正確？

(A)主要考慮車輛碰撞之後，是否在失控狀態下，又發生另一次碰撞，其次考慮數次碰撞相隔時間的長短、相隔距離的遠近。

(B)主要碰撞相隔時間的長短，其次考慮碰撞相隔距離的遠近，最後考慮車輛碰撞之後，是否在失控狀態，又發生碰撞。

(C)主要考慮車輛碰撞相隔距離的遠近，其次考慮碰撞相隔時間的長短，最後考慮車輛碰撞之後，是否在失控狀態，又發生另一次碰撞。

(D)車輛碰撞之後，是否在失控狀態下，又發生另一次碰撞，數次碰撞相隔時間的長短以及相隔距離的遠近三個因素，應該同等考慮。

8.下列關於被保險人故意促使保險事故發生，保險人是否應負保險給付義務的敘述，何者最正確？

(A)保險人一律不負保險給付的義務。

(B)保險人一律要負保險給付的義務。

(C)保險人原則上要負保險給付的義務，但是契約有排除約定者，從其約定。

(D)依照保險法，保險人不負保險給付的義務，但是在強制汽車責任保險，保險人仍然負保險給付的義務，只是理賠之後，保險人可以對被保險人行使代位權；又在人壽保險，保險契約訂有被保險人故意自殺仍然理賠條款者，該條款在保險契約生效兩年後生效，該條款生效後發生被保險人自殺者，保險人仍然負理賠義務。

9. 在保險契約沒有明確規定的情形下，下列關於被保險人故意自殺與被保險人故意促使保險事故發生的敘述，何者最正確？

(A)被保險人故意自殺，只限神志清楚下的自殺行為；被保險人故意促使保險事故發生只限於促使結果發生的故意。

(B)被保險人故意自殺，只限神志不清楚下的自殺行為；被保險人故意促使保險事故發生只限於促使行為發生的故意。

(C)被保險人故意自殺，包括神志清楚與神志不清楚下的自殺行為；被保險人故意促使保險事故發生包括促使行為發生的故意與促使結果發生的故意。

(D)被保險人故意自殺，包括神志清楚下的自殺與神志不清楚下的自殺；被保險人故意促使保險事故發生則只限於促使結果發生的故意。

10. 下列關於被保險人違反規定，騎重型機車上高速公路，發生碰撞死亡時，保險人有無保險給付義務的敘述，何者正確？

(A)被保險人故意上高速公路發生車禍，保險人不負保險給付義務。

(B)被保險人上高速公路是犯罪行為，保險人不負保險給付義務。

(C)被保險人違反交通法規，保險人不負保險給付義務。

(D)被保險人騎車上高速公路，只是行為的故意，沒有促使保險事故發生的結果故意，而且違反交通法規，不等於犯罪行為，因此，保險人仍負保險給付義務。

11. 下列關於陸空保險的敘述，何者為正確？

(A)原則上承保一切危險，承保空間範圍包括陸上、內河及航空。

(B)以承保特定風險為原則，承保空間包括陸上、內河及航空。

(C)原則上承保一切危險，承保範圍限於陸上及航空。

(D)以承保特定風險為原則，承保空間限於陸上及航空。

12. 下列關於海上保險的敘述，何者為正確？

(A)以承保特定危險事故為原則，限於海上運送期間。

(B)以承保全部危險事故為原則，原則上限於海上運送階段，但可以加保至陸上、內河、湖泊、或內陸水道。

(C)以承保特定危險事故為原則，原則上限於海上運送階段，但可以加保至陸上、

內河、湖泊、或內陸水道。

(D)以承保全部危險事故為原則，限於海上運送階段。

13. 藥品製造人就消費者服用藥物發生損害向保險人投保商品製造人責任保險。若消費者在保險期間內購買服用藥物，但是直到保險期間屆滿之後，藥物的副作用才表面化，受害消費者在消滅時效期間屆滿前,向藥品製造人請求損害賠償。下列關於保險人應否負保險理賠的敘述,何者為正確？

(A)副作用表面化時間在保險期間外，所以不負保險理賠責任。

(B)請求權行使時間在保險期間外，所以不負賠償責任。

(C)是否應負理賠責任，應視保險契約的約定而定，有疑義時，應該做不利於保險人的解釋。

(D)只要服用藥物的時間在保險期間內，就應該理賠。

14. 下列關於要保人故意促使保險事故，保險人是否應該負保險理賠責任的敘述，何者最為正確？

(A)在營利保險一律不負責任，在強制汽車責任保險一律必須理賠。

(B)在營利保險原則上不負責任，在強制汽車責任保險一律必須理賠。

(C)在營利保險、強制汽車責任保險一律不須理賠。

(D)在營利保險、強制汽車責任保險都必須理賠。

參考答案

1. DBADA　　　6. AADAD

11. AB

13. C，但依 2008 年德國保險契約法為 D

14. B

二、問答題

1. 某被保險人銀行甲，向乙保險公司投保綜合保險，保險契約之有效期間為民國92年1月1日至93年1月1日止。其中約定，因員工之不忠實行為以致被保險人發生損害時，保險人於金額五千萬元內負賠償之責。不幸，某員工自民國92年6月起至9月間陸續盜用客戶存款共3千萬元，而後於93年2月1日始被發現。

   甲於是於92年2月20日正式向保險人請求理賠。保險人以該契約條款中明訂：「損害事故之發生及發現皆必須在保險契約有效期間之內，保險人始負賠償之責」，今事故之發現已超過保險契約有效期間，而拒絕理賠；被保險人則主張，本件危險發生在92年，仍在契約有效期間內，而依保險法第65條第2款之規定可知，危險發生後，自知情之日起，請求權人應有兩年的請求權行使期間，且上述保險條款限制保險人請求權之行使期間，顯屬「使被保險人拋棄或限制其依本法所享之權利」，依同法第54條之1第2款之規定，應屬無效。試問應如何處斷？請詳述之。(93年，司法官)

2. 我國海商法第131條規定：「因要保人或被保險人或其代理人之故意或重大過失所致之損失，保險人不負賠償責任。」；而保險法第29條第2項之規定則是「保險人對於由要保人或被保險人之過失所致之損害，負賠償責任。但出於要保人或被保險人之故意者，不在此限。」試問：

   (1) 因被保險人之重大過失所致之損失，依海商法之規定保險人似不負賠償責任。但是依保險法之規定，被保險人因過失所致之損害，保險人則須負賠償責任。依此，保險法第29條所規定之「過失」，是否應包括「重大過失」在內？理由何在？

   (2) 因被保險人之代理人故意所致之損失，保險人不負賠償之責，此為海商法所明訂；而保險法則未將被保險人之代理人故意所致之損害列為保險人免責之事項，理由何在？詳述之。(90年，律師)

3. 甲向A保險公司投保車體險，向B保險公司投保人壽險，某日，其受僱人乙駕車載甲出遊，乙因過失而該車撞上路邊之電線桿，車子毀損。又某日，甲自己開車，因搶越平交道，被火車撞斃。試具理由，回答下列各題：

⑴保險公司 A 給付甲車體險賠償金後，對乙有無請求權？

⑵保險公司 B 對甲之死亡，可否拒付保險金額？（85 年，司法官）

4.保險法第 29 條第 2 項規定：「保險人對於由要保人或被保險人之過失所致之傷害，負賠償責任。但出於要保人或被保險人之故意者，不在此限。」，海商法第 131 條規定：「因要保人或保險人或其代理人之故意或重大過失所致之損害，保險人不負賠償責任。」兩個條文比較，前者只排除要保人及被保險人之故意所致之損害；後者則不但排除要保人或被保險人之故意或重大過失所致之損害，而且連其代理人的故意或重大過失所致之損害，也在排除之列。試從民法及保險法的相關規定及理論，評論兩個條文立法的得失（請針對上述兩個法條分段提出評論，並且於各段開始時，以標題方式寫出該段主旨）。(95 年，臺大法研所)

5.保險人對於要保人或被保險人故意促使保險事故發生所造成的損失，是否負保險給付的責任？又保險事故若是因要保人或被保險人的代理人的故意行為所致，保險人有無保險給付的義務？

6.何謂概括保險？何謂列舉保險？二者區別的實益何在？試說明之。

7.摩托車騎士明知平交道的警示燈已經閃亮，火車即將到來，為了趕時間，竟闖越平交道，致被撞死。請問保險人應否為保險給付？

8.被保險人故意促使保險事故發生，保險人是否應該負保險的責任？試分一般責任保險與強制汽車責任保險說明之。

9.保險人對於下列原因所致的損失，是否付保險給付責任？

⑴自然耗損。

⑵隱有瑕疵。

⑶友　火。

10.保險事故必須具有偶發性，何謂偶發性？試說明之。

11.保險人對於下列事故是否負保險給付的義務？

⑴自殺死亡。

⑵挑釁被毆致死。

12.因要保人或被保險人的重大過失致發生保險事故，是否應該列為保險人法定免責事項？試從立法政策討論之。

第七章
要保人、被保險人及受益人的主要權利義務

壹 要保人、被保險人及受益人的權利

一、權利內容

（一）被保險人或受益人的權利：保險給付請求權

財產保險的被保險人、人身保險的受益人的主要權利，都是對保險人有保險給付請求權。財產保險的被保險人與人身保險的受益人，是保險事故發生時，有權利受領保險給付之人，保險給付以金錢為原則，以其他給付，例如：提供修繕、給付醫療等為例外。

（二）要保人：保險費返還請求權等

不論財產保險，或是人身保險，要保人都只是契約的當事人，除非要保人同時就是財產保險被保險人或人身保險受益人，否則對保險人沒有保險給付請求權。但是假若發生法定的返還保險費事由，要保人，作為保險契約的當事人，才有請求返還全部或一部的保險費、解約金或保單價值準備金的權利❶，否則要保人對保險人沒有任何權利。關於保險給付的內容及返還保險費的情況，詳細內容另外敘述之❷。

二、請求權時效

由保險契約所生的權利，例如：保險給付請求權、保險契約解除後的回復原狀請求權（例如：返還保險給付請求權❸）、保單價值準備金的返還請求權及解約金的請求權等，依保險法第 65 條規定：「由保險契約所生的權利，自得為請求之

---

❶ 例如：要保人違背據實說明義務，保險人可以解除契約，要保人可以針對已經繳納的保險費，可以行使不當得利返還請求權，參考保險法第 64 條、民法第 179 條。關於保單價值準備金的返還，參照保險法第 109 條、第 121 條等；解約金的返還請參考保險法第 119 條。

❷ 請參照本書第 276 頁以下。

❸ 指保險事故發生之後，保險人已經為保險給付，嗣後保險人發現要保人違背據實說明義務，依法解除契約，請求返還已為的保險給付。

日起，經過二年不行使而消滅。有左列各款情形之一者，其期限之起算依各該款之規定：一、要保人或被保險人對於危險之說明，有隱匿、遺漏或不實者，自保險人知情之日起算。二、危險發生後，利害關係人能證明其非因疏忽而不知情者，自其知情之日起算。三、要保人或被保險人對於保險人之請求，係由於第三人之請求而生者，自要保人或被保險人受請求之日起算。」

（一）原則上自得請求之日起算二年

1.「得請求之日起」的含義

請求權時效，除了保險法第 65 條所列的三款情形外，都從「得為請求之日起」起算。所謂「得為請求之日起」，是指權利人得行使請求權的狀態而言。例如：在火災保險，一般是指發生火災事實之日❹。

在德國、美國等國家，保險公司的保險單多以電子檔保存，並沒有簽發紙本的保險單，此種情形，若要保人因向保險公司行使請求權的需要，而要求保險公司提供保險單的副本，則在保險公司提供副本之前，消滅時效停止進行。2008 年德國保險契約法第 3 條第 4 項規定：「要保人得隨時請求保險人提供關於保險契約的副本。要保人為對保險人提起有時效限制的訴訟而請求保險人提供副本，而該副本以往未曾提供者，從保險人接到要保人請求提供起到保險人提供副本止，請求權的消滅時效停止進行。」可以參考。

2.始日不應計算

關於「得請求之日」究竟應該依照民法的規定——事故發生之日是「始日」不予計算——或應該從「事故發生的次日」開始起算，還是應該從「事故發生當日」起算，不扣除事故發生當日？實務上有不同見解❺，有主張依保險法第 65 條

❹ 最高法院 91 年台上字第 1258 號判決。
❺ 最高法院 93 年度第 8 次民事庭會議 93 年民議字第 3 號提案。民六庭提案：
　被保險人或受益人就保險契約所生之保險金給付請求權，依保險法第 65 條規定，除有該條各款所定情形外，自得為請求之日起，經過二年不行使而消滅。該二年時效期間之起算，是否應依民法第 119 條規定，適用同法第 120 條第 2 項始日不算入之規定？
　甲說：否定說。
　被保險人或受益人自保險契約始日，即享有保險保障之權利，其保險金給付請求權，亦於保險事故發生之日，即可行使；保險法第 65 條就時效期間之起算既有特別規定，其消滅時效期間，當然應自保險事故發生得為請求之日起算，始符該條規定之原意（本

用語「自得請求之日」是民法的特別規定，二年的時效期間應該從保險事故發生之日起算；但另外也有主張為了保護被保險人的利益，保險事故發生之日，因為不足一日，其始日應該從保險事故發生的次日起算，對被保險人或受益人的保護，較為周全。以上二說，以後者較能保護被保險人的利益。何況保險法消滅時效的規定，是強制規定，依保險法第 54 條第 1 項：「本法之強制規定，不得以契約變更之。但有利於被保險人者，不在此限。」，以保護被保險人的權益❻。

3.二年時效不得延長或縮短

由保險契約所生的權利，其請求權消滅時效期間，雖然不得以契約縮短❼，但得否以契約延長之？論者見解不一：有認為時效期間的規定，事關公益，因此

院 91 年台上字第 1314、2622 號、91 年台再字第 61 號等判決參照）。

否定說之二。

保險法第 65 條就有關二年請求權時效之起算，已明定「自得為請求之日起」，應屬民法第 119 條之「特別訂定」，自不得援用民法第 120 條第 2 項有關始日不算入之規定。又所稱「得為請求之日」，就保險人於保險事故發生之同時，其給付保險金之條件即屬成就，應負給付義務之保險（如死亡保險、財產損失保險等）而言，固應以保險事故發生之當日為「得為請求之日」，即被保險人或受益人保險金給付請求權之時效期間，自事故發生當日起算；惟就保險人於保險事故發生後，其給付保險金條件，尚須俟其他事實發生始成就之保險（如傷害保險、健康保險、責任保險等），則應以該條件成就之日為「得為請求之日」，即被保險人或受益人之保險金給付請求權之時效期間，自條件成就之當日起算。

乙說：肯定說。

保險法對於如何計算期間之方法別無規定，仍應適用民法第 119 條、第 120 條第 2 項始日不算入之規定。蓋「始日」在通常情形，多不足一日，倘以一日計算，即與社會一般習慣不合。且就傷害險而言，保險事故發生時，保險人之保險金給付條件未必立即具備（例如受傷之日尚未就醫或醫療費用尚未結算），如即時起算給付請求權之時效期間，對於被保險人或受益人亦屬不利，有違保險法第 54 條第 2 項規定「以作有利於被保險人解釋為原則」之精神（本院 90 年台上字第 178、625、1192 號、92 年台上字第 1138 號等判決參照）。

決議：採乙說，文字修正如下：

乙說：肯定說。

保險法對於如何計算期間之方法別無規定，仍應適用民法第 119 條、第 120 條第 2 項始日不算入之規定。蓋「始日」在通常情形，多不足一日，倘以一日計算，即與社會一般習慣不合。

❻ 最高法院 82 年台上字第 3076 號判決。

❼ 最高法院 75 年台上字第 2028 號判決。

應適用民法第 147 條規定：「時效期間，不得以法律行為加長或縮短之，並不得預先拋棄時效之利益。」，違反者，該約定無效；但也有認為，依照保險法第 54 條第 1 項規定，雖不可縮短時效期間，但是延長時效期間，對於被保險人有利，應該沒有不許之理，見解不一。

　　民法雖然有時效不得延長或縮短的規定，但這並不是普世真理，國際公約與立法例都有時效可以延長的立法例，例如：德國民法第 202 條❽，換句話說，德國民法對於「過失」所生的請求權，可以預先以法律行為縮短消滅時效期間的消滅時效也可以以法律行為延長，只是最長不得超過自法定消滅時效期間的開始時起三十年而已。在我國，依照保險法第 54 條第 1 項的立法意旨在「保護被保險人的利益」，與民法第 147 條的立法意旨在「保護社會公益，承認長期存在、已經安定的法律事實狀態」 者不同， 保險法第 54 條第 1 項並非民法第 147 條的特別規定。因此，在我國法律體系下，民法第 147 條有關禁止以法律行為延長或縮短時效的規定，於保險法第 65 條仍然應該有其適用。換句話說，以法律行為延長保險金請求權二年時效的規定，應該認為無效為是❾。但是最高法院 83 年第 1 次民事庭會議針對保險人在保險單中約定請求權時效期間為三年，較法定的時效期間二年為長，該約款是否有效？有肯定見解與否定見解，決議卻採肯定說❿。

（二）起算時點三種例外情形

　　消滅時效的起算點依照保險法第 65 條有下列例外規定：

1. 要保人或被保險人對於危險之說明，有隱匿、遺漏或不實者，自保險人知情之日起算

　　本規定是指保險人於為保險給付之後，發現要保人有違背據實說明義務的事實，依保險法第 64 條的規定解除契約後，行使回復原狀請求權，請求返還保險給付而言，並非指要保人違背據實說明義務。保險人依保險法第 64 條第 3 項：「前

----

❽ 消滅時效是否可以延長，是人為訂定的制度，不是可觀的真理，德國民法第 202 條就許可當事人以約定延長消滅時效期間，但是加以限制：第 202 條規定：對於因故意所生的責任，不得預先以法律行為縮短其消滅時效期間（第 1 項），以法律行為延長消滅時效期間者，從時效進行開始不得逾三十年（第 2 項）。

❾ 司法院拊台廳民一字第 08250 號函。

❿ 最高法院 83 年度第 1 次民事庭會議。

項解除契約權，自保險人知有解除之原因後，經過一個月不行使而消滅；或契約訂立後經過二年，即有可以解除之原因，亦不得解除契約。」，是針對行使保險契約解除權的「除斥期間」而言。

正因為本款所規定者是指保險人於為保險給付之後，發現要保人有違背據實說明義務的事實，依保險法第 64 條第 3 項的規定解除契約之後，行使回復原狀請求權而言，因此本條的規定，應該修正為從「行使解除權」之時起算，而不應該從「保險人知情之日」起算。因為倘若不行使解除權，回復原狀請求權就根本還不會發生，時效如何能夠開始進行呢？至於保險人行使解除權的期間，仍然受到保險法第 64 條第 3 項除斥期間規定的限制，不至於漫無止境地延長。

2.危險發生後，利害關係人能證明其非因疏忽而不知情者，自其知情之日起算

依照保險法第 65 條規定：「由保險契約所生的權利，自得為請求之日起，經過二年不行使而消滅。」，但是要行使請求權，必須先「知悉」有「由保險契約所生之權利」存在之事實，也就是被保險人（財產保險）或受益人（人身保險）必須先知悉保險事故已經發生，有請求保險給付的權利，請求權時效才可以開始進行；若是對保險給付的請求權的發生並不知情，而且其不知情又不是因為其疏忽所引起，則消滅時效不應該開始進行。但是，究竟應該從什麼時候開始進行呢？應該從其「知情」開始起算。例如：被保險人因病昏迷住院數月，致不知悉其所投保的房屋發生火災，此時，保險給付請求權應該從其神智恢復，得以知悉發生火災事實之時起算。

3.要保人或被保險人對於保險人之請求，係由於第三人之請求而生者，自要保人或被保險人受請求之日起算

本款主要是針對責任保險保險事故的發生時點而規定。責任保險的保險事故，有兩個發展過程，第一是發生「可能被請求的事實」，例如：發生碰撞，致第三人死傷或財物毀損；第二是發生被保險人「受賠償之請求」的事實，例如：因碰撞而受害第三人（包括遭受傷害或毀損的第三人，或其遺屬），向被保險人行使損害賠償請求權。

責任保險，必須到了第二階段，保險事故才是真正發生，若受害第三人拋棄對被保險人的請求，則保險事故並未發生，因此保險法第 90 條規定：「責任保險

人於被保險人對於第三人，依法應負賠償責任，而受賠償之請求時，負賠償之責。」，責任保險既然必須等到第二階段「受賠償之請求」發生，保險事故才算發生，則被保險人對保險人的保險給付請求權的消滅時效，也應該從被保險人「受賠償之請求之日」，才開始進行。又在責任保險，要保人或被保險人對保險人的通知義務，包括知悉「可能被請求的事實」與「被請求賠償的事實」兩個事實，都有通知義務。

依照保險法第 65 條第 3 款規定：「要保人或被保險人對於保險人之請求，係由於第三人之請求而生者，自要保人或被保險人受請求之日起算。」，責任保險被保險人對保險人的請求權，只要「被保險人受到第三人的請求」，其二年的消滅時效期間就開始進行，但被保險人對保險人本於保險契約請求權的有無，仍繫於被保險人對第三人賠償義務的有無，換句話說，**「第三人對被保險人請求權的有無」乃是「保險人是否對被保險人有保險理賠義務」的前提，必須先確定第三人對被保險人請求權的存在，才能確定保險人保險理賠的責任。**但是，確定第三人對被保險人請求權，耗時長短不一，有時透過和解，短期就可以確定，有時卻必須纏訟數年，才能定案。若纏訟結果，第三人最終獲得勝訴，被保險人理賠第三人的責任確定，但是距離被保險人最初受第三人請求的時間，已經超過兩年，此時，針對被保險人依照責任保險契約為的請求，保險人經常以超過保險法第 65 條第 3 款的二年消滅時效期間為理由，行使消滅時效抗辯權。我國法院針對此種抗辯，有些認為是違背誠實信用原則者，有些認為是權利濫用者，也有些認為抗辯權的行使是合法的，見解不一，莫衷一是。

發生這種不合理的現象，主要原因是：被保險人對保險人的保險給付請求權消滅時效是從「被保險人受賠償請求之日起算」，但是關於消滅時效制度，我國民法卻只承襲德國的「時效中斷」、「時效不完成」，漏未吸納「時效停止進行」所致。依照 2000 年德國民法第 203 條：「債務人與債權人關於請求權或使請求權成立的磋商在進行中時，消滅時效停止進行。直到一方或他方拒絕繼續磋商時，消滅時效才恢復進行。」，第 205 條規定：「債務人依其與債權人達成的約定而得暫時拒絕給付者，消滅時效應停止進行。」，如果被保險人對保險人保險給付的請求權，在被保險人對第三人的賠償責任確定前，消滅時效停止進行，就不至於發生目前的不合理現象。於此，從健全法制面而言，在民法規定「時效停止進行」制度，確有必要。

貳 要保人及被保險人的義務

一、據實說明義務[11]

保險人是否接受要保人的要保申請？假若接受要保人的要保申請，究竟應該適用較低或是較高保險費率承保？在作成承保的決定前，需要有足夠的資訊，作為判斷與適用的依據。要保人的據實說明義務，就是提供重要資訊的來源。據實說明義務是要保人或被保險人法定義務的一種，即使在人身保險，保險人要求被保險人到其指定的醫院接受體檢，要保人也不因此免除據實說明義務[12]。

（一）據實說明義務的義務人

據實說明義務人為要保人（the insured；der Versicherungsnehmer；保險單持有人）。若保險契約是由要保人的代理人或無權代理人 (der Vertreter ohne Vertretungsmacht) 代理訂立，則據實說明義務的義務人，除了要保人以外，還應擴大到代理人[13]或無權代理人[14]。要保人、代理人或無權代理人關於據實說明義

[11] 據實說明義務涉及的問題主要有：
　　1.何人有據實說明義務？限於要保人或是包括被保險人？
　　2.據實說明的範圍，限於書面詢問事項，或是包括其他事項？
　　3.據實說明義務為何分配歸要保人？而非保險人的主動調查？是調查成本太高，或是有些調查會涉及人身自由以及個人資料保護問題？
　　4.據實說明義務所保護的權益是保險人的資料真實權利？若是，何以只有在要保人有故意或過失的情形下違背據實說明義務時，而非無過失也可以解除契約？
　　5.依照現行法，當要保人違背據實說明義務時，只有其證明據實說明義務的違背與保險事故的發生沒有因果關係時，保險人才不得解除契約；在此之前，要保人必須證明保險人對於要保人違背據實說明義務是知情，才可以避免被解除契約。兩次立法，各有優劣，為何不將要保人證明「沒有因果關係」以及「保險人知情」都列為保險人不得解約的事由？

[12] 臺灣臺北地方法院 85 年保險字第 57 號判決。

[13] 德國保險契約法第 20 條：「保險契約是由代理人代理要保人投保者，要保人及其代理人的知悉以及詐欺行為，於適用第 19 條第 1 項至第 4 項以及第 21 條第 2 項第 2 句、第 3 項時，應該併予考慮。只有在要保人及其代理人都沒有故意或重大過失時，要保人才可以主張其違背據實說明義務沒有故意或重大過失。」

[14] 無權代理，指代理人客觀上沒有代理權，但是以本人的代理人的名義訂立保險契約，

務的事項有隱匿、遺漏不為說明⓯或為不實說明者，除了沒有因果關係以外⓰，保險人都可以解除契約。在人身保險，若是要保人與被保險人不是同一個人，例如：丈夫以妻子為被保險人投保死亡保險，除了要保人有據實說明義務外，被保險人也有據實說明義務⓱，因為被保險人的健康狀況涉及個人的隱私，被保險人對於自己身體狀況的了解，多數情形甚至比要保人更為知悉⓲。

（二）據實說明義務的時間及對象

1.據實說明義務的時間範圍

依保險法第 64 條第 1 項規定：「訂立契約時，要保人對於保險人之書面詢問，應據實說明。」，因此，依照保險法的規定，要保人據實說明義務的時間，應該以**「訂定契約時」**為準，但保險法關於據實說明義務的規定並不完足，要保人及被保險人的據實說明義務還應該擴大包括：

⑴要保人**「提出要保申請書後，保險人同意承保前」**，要保人若知悉要保申請書詢問事項有新的變化（特別是危險增加），就其新變化內容，也有據實說明義務。

⑵保險人在接到要保申請書之後、承諾承保之前，若**「就書面詢問事項有進一步的詢問」**者，要保人也有說明的義務⓳。

在本人承認或不承認前，是效力未定，本人承認後有效，本人不承認就無效。

⓯ 保險法第 64 條的「遺漏不為說明」。在修正前的用語是「遺漏」，是指過失遺漏而言。現行法「遺漏不為說明」，如果是指「故意遺漏」，則會與「隱匿」發生概念上的重疊。

⓰ 參照保險法第 64 條。例如：要保人隱匿關於被保險人患有肝病的事實，但被保險人是因為車禍死亡，則「隱匿肝病事實」與「車禍死亡」之間，沒有因果關係。

⓱ 施文森教授認為在財產保險，要保人與被保險人常是同一個人，要保人有據實說明義務，實際上也就是被保險人有據實說明義務，只有在抵押物火災保險，要保人與被保險人不是同一個人。在人身保險，要保人與被保險人常常不是同一個人，只有被保險人對於自己的身體最為了解，規定被保險人也有據實說明義務，才能達到目的。江朝國教授也採取相同的見解，主要理由是：比較保險法第 64 條與保險法第 65 條、第 59 條第 2 項、第 3 項，後者都是「要保人及被保險人」並列，前者則只有規定「要保人」，可以推知保險法第 64 條漏列了「被保險人」；此外 81 年 2 月 26 日保險法修正理由以及德國保險契約法第 161 條、奧地利、瑞士、日本都採取相同的立法。但是也有採不同見解的，例如鄭玉波教授認為只有要保人有據實說明的義務。

⓲ 也有要保人比較知悉的，例如：丈夫從醫師的告知，知悉妻子的嚴重病情，為了避免妻子過分憂慮，故意不告知。此時，丈夫若以妻子為被保險人投保保險，丈夫（要保人）對妻子（被保險人）健康，比較了解。

2.據實說明義務的對象

要保人的據實說明義務應該對保險人為之，此不但是當然的解釋，而且為各國保險法所明定[20]。所謂「向保險人為之」，解釋上，包括向保險人的代理人為之。

（三）據實說明義務的範圍

我國保險法關於要保人據實說明義務的範圍，限定在保險人所提的「書面詢問」事項。據實說明義務是法定義務，即使在保險人指定醫院進行檢查的情形，要保人的據實說明義務仍不因此而免除，此觀最高法院 95 年台上字第 624 號判決：「惟醫師之檢查是否正確有時需賴被保險人之據實說明，不能因保險人指定醫院體檢，或被保險人授權保險人查閱其就醫資料，即認要保人可免除據實說明義務。」可知[21]。

1908 年德國保險契約法規定要保人據實說明義務的範圍涵蓋「要保人所知悉而與保險人承擔危險有關的一切重要事項 (alle ihm bekannten Umstande, die fur die Obernahne der Gefabr erheblich sind)」[22]，所謂「要保人所知悉而與保險人承擔危險有關的一切重要事項」，包括對於保險人作成「是否願意承保」、「適用何種費率承保」的決定具有影響力的一切事項，其範圍不但包括保險人的書面詢問，而且包括書面所未詢問但為要保人或被保險人所知悉者在內。凡是保險人所詢問而且是以書面方式詢問的事項，是否屬於重要事項有爭論時，視為屬於重要事項。

---

[19] 參照 1908VVG §19(1)。

[20] 參照我國保險法第 64 條第 1 項、2008 年德國保險契約法第 16 條第 1 項。

[21] 最高法院 90 年台上字第 498 號判決原則上亦採取相同見解，惟進一步闡釋：「按保險人於訂定人壽保險契約時，為明瞭被保險人之身體、健康狀態等足以影響危險估計之事項，乃指定醫師對被保險人之身體檢查，以專家立場提供意見，以補保險人專門知識之不足。保險契約為最大誠信契約，醫師之檢查是否正確，仍需賴被保險人之據實說明，故人壽保險契約，保險人通常除指定醫師為體檢外，仍以書面詢問被保險人之健康情形，要保人亦不能因保險人已指定醫師體檢，而免除據實告知之義務。惟保險人既指定醫師檢查被保險人之身體，則醫師因檢查所知，或應知之事項，應認為保險人所知及應知之事項。故如要保人未將自己以前及現有之病症告知，而體檢醫師以通常之診查，不能發覺者，要保人自屬違背此告知義務，致影響保險人對危險之估計，保險人非不得依法解除契約。」

[22] 1908VVG §16(1).

　　上述規定，固然能夠兼顧「客觀情況（書面詢問事項）」與「主觀情況（書面未詢問，但為要保人或被保險人知悉事項）」，較能符合危險高低與保險費高低的對價平衡原則，但是披露「客觀情況」的據實說明義務較為容易，落實「主觀情況」的據實說明義務則流於抽象，十分困難。「主觀情況」的據實說明義務的要求，不但耗費很多查核成本，不符合法律經濟原則，而且保險業若以要保人或被保險人未盡「主觀情況」的據實說明義務為由，解除契約，也容易引發保險糾紛，因此2008年德國保險契約法關於據實說明義務的範圍，又縮限為保險人「書面詢問」的範圍，只是書面的範圍包括「要保人提出要保申請書前知悉事項」以及「提出要保聲請書後保險人承諾前，關於書面詢問事項發生變化者」，都有據實說明義務❷❸。

　　將要保人據實說明義務的範圍限定在「保險人書面詢問的事項」的立法，對於要保人或被保險人，較為有利。1908年德國保險契約法的規定，雖然較能契合對價平衡原則，符合誠實信用原則。但是，法貴可行，必須尋求具體社會的妥當性，有鑒於多數投保人的法律與醫學知識不足，誠實信用度不足，再加上部分保險業者有濫用解除契約權的事實，借重2008年德國保險契約法修正的經驗，將要保人的據實說明義務限制在「要保申請書的詢問範圍」，較為妥當。

---

❷❸ 2008年德國保險契約法第19條第1項：「保險單持有人（要保人），在為契約之要約前，對於其所知悉之危險因素而與保險人做成雙方合意的保險契約之決定有關，且保險人已經以書面詢問者，有據實說明的義務。在保險人接到要保人的要約之後，而於承諾之前，就第一句有關事項再詢問保險單持有人（要保人）者，要保人就所詢問之問題，亦有據實說明義務。」

本項規定有二點值得注意：

(1)說明義務範圍只限於「保險人書面詢問事項」，改變舊法「以書面詢問事項為主要，以其它知悉之重要事項為輔助」的制度。

(2)據實說明義務擴及「在保險人接到要保人的要約之後，而於承諾之前，就第一句有關事項再詢問保險單持有人（要保人）者，要保人就所詢問之問題也有據實說明義務」。依照我國保險法，據實說明義務雖然也限於書面詢問事項，但從「保險人接到要保人的要約之後」，而於「承諾之前」，原來詢問事項所說明的事實發生變化、危險性提高者，即使保險人再度詢問，仍然不屬於據實說明義務的範圍，也不屬於危險增加通知的範圍，因為依照保險法的規定，「據實說明義務」只到要保人提出要保申請書為止，而「危險增加通知義務」是從知悉「保險契約內所載增加危險」（保險法第59條），解釋上是在「保險契約生效」以後，至少是在「保險契約訂立」之後，這是立法的缺失，應該修正。

關於據實說明義務的方法，**在人身保險，要保人的說明義務，僅限於保險人所「詢問的病徵」，不及於醫師所未告知的「病名」。**保險人不得期待或是要求要保人提供醫師所未提供的健康資訊❷。美國法院曾有見解認為：保險人不得期待或是要求要保人提供醫師所未提供的健康資訊，因此於要保人提出要保申請書時，如果醫師未告知其診斷之結果或正在進行的醫療行為，自不得認為要保人有違反據實說明義務之情事❷。

（四）違反據實說明義務的類型

保險法第 64 條第 2 項：「要保人有為隱匿或遺漏不為說明，或為不實之說明，足以變更或減少保險人對於危險之估計者，保險人得解除契約；其危險發生後亦同。但要保人證明危險之發生未基於其說明或未說明之事實時，不在此限。」，根據以上規定，違反據實說明義務有三種類型：

1.隱匿──故意隱匿

要保人就其說明義務範圍內的事實，明知其情狀，而故意不為告知。

---

❷ Holub v. Holy Family Society, Appellate Court of Illinois. 518 N. E.2d 419 (1987).

本案的事實是：原告 Holub 於 1982 年 3 月向被告 Holy Family 申請健康保險。原告說明其有高血壓 (a hypertensive condition)，現在正接受醫師治療。保險人簽發保險單，由於該保險單不承保既已存在的疾病，因此將高血壓列為除外不保的項目。同年 10 月，原告接受直腸癌 (rectal cancer) 的治療，並將醫療帳單送交保險人，請求給付醫療費用。保險人在審查單據時發現，原告正接受高血壓的治療，原告也曾經將直腸癌的病徵告知醫師，但是醫師並沒有診斷出癌症，只是提供一些腸胃失調 (Intestinal disorder) 的治療。保險人拒絕了保險給付的請求，理由是：這種疾病是訂立保險契約之前即已存在，而原告於訂立契約時，並未說明。原告提起訴訟請求保險給付，在地方法院獲得勝訴，保險人提起上訴。

本案的法律爭點是：保險人是否得期待獲得要保人提供其醫師所未提供之健康資訊？

判決由 Lorenz J. 做成。判決指出：保險人不得期待或是要求要保人提供醫師所未提供的健康資訊。本案的關鍵問題是：到底要保人在提出要保申請書的時候，是否已經知道，或是應該知道被保險人已患有疾病或是失調 (disorder)？要保人就健康資訊或知識言，完全可以依賴其醫師。醫師有任何誤診，其後果不得歸諸於要保人。在本案，極為明顯的事實是原告的醫生並未告知原告其診斷結果，也未告知原告正在進行直腸癌的診療。因此，要保人對於申請書的回答是在要保人對於「既存條件 (a preexisting condition)──即要保時已經罹患的疾病」完全不知悉的情形下所為的。本案若醫生較早發現直腸癌但是未告知原告時，亦同。原審關於原告勝訴的判決應予維持。

❷ 同前註。

2.遺漏不為說明──應該是「過失遺漏」❷❻

遺漏,修法初衷或將之限於「故意遺漏」一個類型,否則就沒有修正的必要。但果真如此,會有四個缺點:

⑴發生法條規範的重疊

「遺漏不為說明」若限於「故意遺漏」,而「故意遺漏」又是「為隱匿」(故意隱匿)的一種,其結果將發生法條規範的重疊。

⑵發生用語文義上的矛盾

「遺漏」一詞,如同「遺失」一詞一樣,都含有「過失」的意思,都是指「欠缺意思介入」的行為,例如:遺失金錢是指沒有意思介入而喪失對金錢的占有;遺漏也一樣,遺漏必須是欠缺意思的介入而疏漏未表;反之,故意不但是意思介入下的行為,而且是以意思的介入為必要。因此遺漏與故意本質上是不同的,將「遺漏」限於「故意遺漏」的解釋,將產生用語文義上的矛盾,文理不通的後果。

⑶違背據實說明義務若只限於「故意」❷❼一種類型,而將「過失未披露重要資訊」,排除在違背據實說明義務之外,將導致保險人承保以及費率的決定,更缺乏客觀資料,開立法惡例的先河

因為將舊法的「過失隱匿」修改為「遺漏不為說明」的本意是要將「遺漏」限於「故意遺漏」,則將導致違背據實說明義務三個類型,都只限於「故意」為要件,所有「過失的遺漏」,不論過失遺漏的內容是如何重要,都不構成解除契約的事由,嚴重影響保險人承保以及保費的判斷基礎。更何況,要保人故意違背據實說明義務的舉證責任在「保險人」,要保險人舉證證明要保人有隱匿、遺漏、不實的說明本來就十分困難,如果進一步還要證明隱匿、遺漏或不實之說明是出諸於要保人的「故意」,將更加困難,其結果將導致要保人違背據實說明義務難以成立,保險人依據要保人的說明內容以判斷是否承保、以決定適用保險費率標準者發生動搖,開立法偏頗的惡例,不利保險業的健全發展。

---

❷❻ 過失遺漏為修正前保險法的用語,此次修正,將「過失遺漏」修正為「遺漏不為說明」,修法的本意若是將「遺漏」限於「故意遺漏」,而將「過失遺漏」排除於據實說明義務之外,則有兩個缺點:「故意遺漏」其實是「故意隱匿」的一種,發生規範內容的重疊;且遺漏有如遺失,都有非故意的意思,故意遺漏一詞,其實「故意」與「遺漏」本身就是矛盾的。

❷❼ 即故意隱匿、故意遺漏不為說明,以及故意為不實說明,三者都是以故意為要素。

⑷最高法院的見解及其評論

最高法院關於「要保人故意違背據實說明義務以實行保險詐欺時，保險人必須在保險法第 64 條第 3 項所訂的除斥期間內行使解除權，不適用民法第 93 條關於撤銷受詐欺而為意思表示的除斥期間規定」❷❽見解下，將違背據實說明義務限於「故意」一個類型，將會使保險人對要保人違背據實說明義務的救濟方法——解除權的行使——受到「很短的」除斥期間的限制，陷保險人於更不利的地位。按最高法院的見解，在要保人故意違背據實說明義務以實行保險詐欺的情形，保險人也只能在保險法第 64 條第 3 項所訂的較短除斥期間內行使解除權❷❾，不得以被詐欺為由依民法第 93 條的規定，在較長的除斥期間內行使撤銷權❸⓿，最高法院認為「保險法第 64 條解除權是民法第 92 條撤銷權的特別規定，應該優先適用」的觀點，有很大的問題：最高法院的決議，且不論有理論上的缺點，與外國的立法例不符❸❶，單就「違背據實說明義務」進行保險詐欺一點，後果也十分嚴重，因為依照最高法院見解，即使有詐欺情事，保險人將無法依據民法第 93 條的規定，在較長的除斥期間內行使「撤銷權」，只能在保險法第 64 條第 3 項所規定的較短的除斥期間內行使「解除權」，試想：要求保險人證明要保人「故意」違背據實說明義務，已經十分困難，限定保險人在保險法所規定的較短的除斥期間內完成舉證證明、並解除契約，更為困難，其結果，故意違背據實說明義務以實行保險詐欺廣為流傳，保險人核保失去可靠的基礎，誠信不存，保險焉附！

本書採取體系解釋，認為遺漏應該維持舊有條文的含義，仍然是指「過失遺漏」而言，也就是指：要保人就其說明義務範圍內的事實，知悉其情況，但因過失而未為告知。因為若將遺漏只限於故意遺漏，則保險法第 64 條第 2 項所規定的違背據實說明義務三類型，將全部都以要保人有故意為前提，嚴重向有利於要保人方向傾斜，不利於保險事業的健全發展。

---

❷❽ 這是最高法院的見解，本書作者不贊成，與德國保險契約法的規定，也不相同。

❷❾ 保險法第 64 條第 3 項：「前項解除契約權，自保險人知有解除之原因後，經過一個月不行使而消滅；或契約訂立後經過二年，即有可以解除之原因，亦不得解除契約。」

❸⓿ 民法第 93 條：「前條之撤銷，應於發見詐欺或脅迫終止後，一年內為之。但自意思表示後，經過十年，不得撤銷。」

❸❶ 不論 1908 年德國保險契約法，或是 2008 年德國保險契約法，都規定，要保人違背據實說明義務，若符合詐欺，不妨礙受詐欺而為意思表示時，撤銷權的行使。

從立法例言，2008 年德國保險契約法，仍然將「過失遺漏」列為違背據實說明義務類型的一種。依照 2008 年德國保險契約法，要保人違背據實說明義務的法律效力視要保人或被保險人是「故意、重大過失」或「輕過失」而不同：在「故意或重大過失」情形，保險人可以解除契約；在輕過失情形，保險人在訂定預告期間之後，可以終止契約而已。2008 年德國保險契約法第 19 條第 2 項規定：「要保人違背第 1 項據實說明義務之規定者，保險人得解除契約。」，第 3 項：「要保人非因故意或重大過失而違背據實說明義務時，保險人不得解除契約，但得訂一個月的預告通知後，終止契約。」，簡單說，德國保險契約法就要保人的「故意或重大過失」違背據實說明義務，賦予解除契約的效力；就要保人「輕過失」違背據實說明義務，則只賦予終止契約❸❷的效力，且必須訂定預告期間。

值得注意的，2008 年德國保險契約法規定，保險人須「另外以書面告知」要保人違背據實說明義務的後果，才可以享有解除權或終止權。德國保險契約法第 19 條第 5 項規定：「保險人只有在已經另以書面方式告知要保人違背據實說明義務的法律效果時，才享有第 2 項到第 4 項的權利。保險人已經知悉必須據實說明的危險因素或已經知悉要保人說明不實而仍然同意承保者，不得行使解除權或終止權。」

3.為不實之說明

「為不實之說明」是指要保人就其說明義務範圍內的事實，明知其真實情況，仍故意虛構與真實情況不同的虛偽事實，以達到誤導保險人目的的行為。

（五）以要保人對保險人的書面詢問事項的事實「已經知悉」為前提

上述「故意隱匿」、「過失遺漏」及「為不實之說明」都建立在要保人就其說明義務範圍內的事實「已經知悉」的前提上，若要保人對於其說明義務範圍內的事實並不知悉，則不能認為是「故意隱匿」、「過失遺漏」或「為不實之說明」。但若要保人以「惡意」的方法「故意」規避對據實說明義務範圍內的事實之知悉者，即客觀上不知悉，但該不知悉是因為要保人的故意規避所致者，亦為不實說明的一種。

---

❸❷ 終止契約時，終止前的契約依舊有效，終止之後，才歸於無效。

（六）違背據實說明之事項，必須是「重要事項」，而與承保的決定或費率的適用有「因果關係」

有違背據實說明義務三個類型之一，並不是當然就可以解除契約，依保險法第 64 條第 2 項規定，還必須達到「足以變更或減少保險人對於危險之估計」的程度，保險人才有解除契約的權利，換句話說，違背據實說明之事項，必須是「重要事項」，而與承保的決定或費率的適用有「因果關係」。

所謂「足以變更……保險人對於危險之估計者」是指違背據實說明義務的情節重大，達到如果據實說明，保險人將會「拒絕承保」的程度。例如：肝癌或 AIDS，保險人的保險單都將之列為除外不保的對象，若有人患肝癌或 AIDS，而故意隱瞞，就是達到「足以變更……保險人對於危險之估計者」。所謂「足以……減少……保險人對於危險之估計者」是指違背據實說明義務的情節較輕，如果要保人或被保險人據實說明，保險人雖然不至於拒絕承保，但是保險人將適用「不同保險費率」而收取較高的保險費。只因要保人或被保險人沒有據實說明，因此保險人不但同意承保，而且是以較低風險為基礎計收保險費，都構成「足以……減少……保險人對於危險之估計」，例如：隱瞞房屋有儲存易燃爆竹的事實，雖然保險人不會因房屋儲存有爆竹就拒絕承保，但是保險人將會收取較高的保險費或另外以特約條款，約定要保人在訂約後一定期間內必須移除。

違背據實說明義務是否達到足以使保險人變更或減少危險之估計，應該以什麼為標準？一種見解是採主觀說，以保險人的認定為準[33]；另外一種是客觀說，主張是否為重要事項、是否影響保險人的承保意願或適用保險費率，應該由專家認定或以保險人核保的作業手冊為準具體認定，特別是保險人的核保作業手冊——保險公司的作業手冊通常會載明「不予承保」或「加重保險費」的狀況[34]。主觀說的見解，關於不實說明影響程度的大小，其認定權完全操諸保險人，對要保人或被保險人極為不利；客觀說有預先訂定的標準，可避免事後操控，中道合理，較為可行，應以客觀說為是。

---

[33] 採主觀說者，如施文森教授。
[34] 採客觀說者，如江朝國教授。

（七）據實說明義務的發展趨勢

1.據實說明義務的範圍從「提出要保申請書」為止，有延續到「保險人核保」、「保險人承諾」、甚至延後到「交付正式保險單」為止的趨勢

⑴我國法

依照保險法的規定，要保人或被保險人的據實說明義務是針對保險人的書面詢問，解釋上，據實說明義務的時間應該是「到要保人向保險人或保險代理人提出要保申請書之時」為止，但是，從要保人「提出要保申請書」起，到「保險人核保」、「保險人承諾」、或「交付保險單」（視保險契約不同的生效時間而定）為止，要保申請書關於保險標的物（財產保險）或被保險人（人身保險）的詢問事項，客觀狀況可能發生變化，危險性可能提高，達到保險人若知道其情事，就拒絕承保或必須調高保險費的程度。若保險人再度詢問，應該也有「據實說明義務」，外國已經有此立法例❸❺，目前依照我國保險法還沒有辦法解決，此一缺失，只有靠增加契約約定或修正保險法以求彌補。

⑵德國法

2008 年德國保險契約法繼受修法前的增訂條文，也將要保人的據實說明義務的時間範圍，從提出「要保申請書提出之時」，延至「保險人承諾承保之時」為止。但是德國保險契約法的擴大據實說明義務範圍，只限於「保險人針對要保申請書的詢問事項的再度詢問」，如果從提出要保申請書開始到保險人同意承保前有危險增加──該危險屬於「列舉應該通知」的危險增加，但又不屬於要保申請書詢問事項，或該危險在要保申請書詢問範圍，但保險人沒有再度詢問──要保人雖然也有告知保險人的義務，但這種告知屬於「危險增加通知義務」的範圍，而非據實說明義務的範圍。

⑶美國法

美國實務上，據實說明義務不但及於要保人提出要保申請書之時，且常透過契約另外約定：「除非要保人針對保險單……的回答，直到正式的保險單交付之日的期間，仍然具有真實性以及完整性，否則保險契約不生效力」，將據實說明義務擴大到「正式保險單送達要保人或被保險人之日」。

----

❸❺　參考下一段，關於德國保險契約法的說明。

在 Mackenzie v. Prudential Insurance Company of America 一案，保險契約約定：在正式保險單時，若被保險人的健康狀況發生重大變化，要保人仍然有據實告知的義務。本案要保人提出要保申請書時，要保人針對保險人有關被保險人健康的書面詢問都據實陳述，但是在 1964 年 9 月 17 日「交付正式保險單的前一天」，被保險人還尋求醫師診療，當日血壓飆升到 170/100，但正式保險單交付時，要保人隱瞞未告知，只是顧慮無法負擔保險費，將保險金由 4 萬元減為 2 萬元，被保險人於 1966 年死亡。

地方法院以及上訴法院都做成有利於保險人的判決。本案參考美國 Stipcich v. Metropolitan Life Ins. Co. 一案❸，承審法院在判決書中指出：「即使是最無知的人，在回答保險人問題且將要保申請書交付給保險人時，也必然知道其所填寫的資料將是保險人決定是否簽發保險單、納入承保的基礎，在保險公司核保過程期間，若要保人發現其所提供申請書的資料已有部分不再符合事實時，則公平交易的最基本精神 (the most elementary spirit of fair dealing) 仍要求要保人必須全面告知。要保人若未全面告知，保險人即使已經承諾，仍然有權拒絕簽發保險單。」可以作為說明。

假若保險人是以「郵寄方式」寄送保險單，於保險單寄達時，被保險人的健康狀況與要保申請書的回答已經不同，要保人如何處理，尚無相關裁判可以參考，但解釋上，既然面交保險單必須「當面」再告知，則在寄交保險單情況，理應在接獲保險單後，「立即」通知保險人。

2.保險代理人就書面問題以口頭詢問時，應詢問「全部問題」，若只詢問部分問題，應「提醒」要保人注意閱讀其他口頭沒有詢問的問題

要保人據實說明義務的違反，必須要保人所為的說明與客觀事實「不符」，而「不符」之發生又必須要保人有「故意或過失」才能成立，要保人故意或過失的成立，又以要保人「了解」保險人所詢問的問題為前提。要保申請書所詢問的問題通常是保險人預先擬定的，全部由要保人書面閱讀，文字回答。保險人所預先擬定的問題，有時保險代理人還會以口頭詢問方式詢問。在只有預先擬定問題而沒有保險代理人口頭詢問的情形，書面問題的文字布局必須合理、文字外型本身必須清晰，內容必須淺顯易懂，還必須有足夠時間讓要保人了解；若除了預先擬

❸ 277 U.S. 341, pp. 316–317.

定問題以外，保險代理人還進行口頭說明的情形，保險代理人若只是選擇性地說明或發問，也就是只針對某些問題說明或發問，但某些問題省略，則就沒有說明或發問的問題，應該特別提醒要保人要閱讀，以避免要保人誤以為保險人的口頭說明或詢問就是書面問題的全部，因而不加詳細閱讀，即簽字了事，導致發生契約是否有效的爭議。

「你以往有火災保險理賠的紀錄嗎？」這是要保申請書經常提出的書面問題，保險人藉以預防保險詐欺以及了解要保人（被保險人）的注意程度。在 Neill v. Nationwide Mutual Fire Insurance Company 一案❸，原告的房屋發生火災，要保人（被保險人）請求保險理賠，但為保險人所拒，理由是要保人違背據實說明義務。保險人進一步提起確認之訴，確認要保人違背據實說明義務，保險人沒有保險理賠的義務。

本案要保人填寫要保申請書時，保險代理人曾經就要保申請書的若干問題口頭詢問，但是其中有一個書面問題「你以往有火災保險理賠的紀錄嗎？」，也許保險代理人沒有口頭詢問，也許保險代理人確有詢問該問題，但是要保人沒有注意或沒有了解，而以為保險代理人口頭詢問已經包括全部書面問題，不加細讀，就在代理人製作的要保申請書上簽字，嗣後查知要保人對申請書的「以往損失 (past loss)」問題，在回答欄以「打字」方式回答「沒有 (none)」。另外，在該要保申請書的要保人簽名處有一個約款：「要保人保證其填寫的內容全部真實，保險人是基於要保人的說明而簽發本保單。」

本案初審以要保人違背據實說明義務為理由，確認保險人無理賠義務，經上訴到第二審，第二審認為系爭重點在：本案針對要保申請書的「以往損失」問題，回答欄雖然以「打字」方式回答「沒有」，但是本案要保人已經證明保險代理人口頭詢問並沒有詢問到該問題，而保險人也不能證明其代理人已經詢問該問題，認為本案是事實問題，應該撤銷原判決，發回重審。在本案判決書中，法院雖然強調「一個人有義務知道其所簽字的文件的內容，不得以自己不了解文件內容而主張免責」，但是上訴法院發回重審的實質理由似乎在：針對要保申請書的「以往損失」問題，但是保險代理人口頭詢問卻沒有問到該問題，是否因此導致要保人產生保險代理人的口頭說明就是全部問題的誤解？要保人針對「以往損失」問題，

---

❸ Court of Appeal of Arkansas, 2003, 81 Ark. App. 67. 98. S.W. 3d 488.

回答欄的「沒有」兩字是以「打字」方式為之，是否由保險代理人代打，因而要保人完全沒有注意到本問題，在不加思索的情形下就簽字了？

3.保險人的詢問，不論以書面或是口頭方式進行，表達都必須平易而精準，切忌流於空泛

愛滋病是高度風險疾病，保險人的要保申請書若詢問被保險人是否罹患愛滋病，應該「直接精準地」詢問被保險人「是否曾經接受過 HIV 的測試？」、「是否曾經接受人類先天免疫缺陷病毒測試？」，不可以泛泛提出，諸如：「你的血液是否正常？」、「你是否知悉你的健康或身體存在有任何疾病狀態？」的問題。

4.在經過被保險人同意的前提下，可以要求身體檢查，但是對於檢查結果必須嚴格保密，重視被保險人的私人隱私

愛滋病若不得檢查，往往會發生逆選擇，反之，若應保險人的要求應該接受檢查，則涉及人身自由的拘束或侵害，因此美國部分州曾經明文禁止[38]。為了避免發生逆選擇，尊重人身自由，保障個人隱私，目前普遍的做法是：在被保險人同意的前提下，保險人可以要求被保險人接受 HIV 抗體測試，對測試結果應該保密。主管機關對於 HIV 抗體的測試，應進行嚴格監管以及控制。必須注意的，保險人不得以性別傾向（例如：同性戀）為理由要求測試，以免發生性別歧視的糾紛。

（八）違反據實說明義務的效果

1.保險法的規定

要保人有違背據實說明義務，且該「為隱匿」、「遺漏不為說明」或「為不實之說明」，足以變更或減少保險人對於危險的估計者，保險人得解除契約。解除契約之後，除保險法有特別規定應從其規定外，將發生「回復原狀」及「損害賠償」的法律效果。須注意者：

⑴要保人須有故意或過失

不論「為隱匿」、「遺漏不為說明（按：應該是「過失遺漏」）或「為不實之說明」都以要保人有故意或過失為前提，若要保人無過失，則保險人不得解除契約[39]

---

[38] 加州、哥倫比亞特區曾經以法律禁止，但是後來廢止；麻州、紐約州曾經由保險監理機關下令禁止，但使該等命令已經被法院判決為無效。

[39] 參照 1908VVG §16(3) 後段及 §17(2) 後段。

⑵因果關係及其舉證責任

A.「據實說明義務的違反」與「保險人的同意承保或適用之保險費率」之間必須有因果關係

法律於要保人違反據實說明義務時，賦予保險人解除契約的權利，是因為要保人據實說明義務的違反，導致保險人在決定是否訂立契約及適用何種保險費率時，發生錯誤決定或估計。換句話說，要保人據實說明義務的違反與保險人的同意訂立契約之間必須有「因果關係」。若要保人有違反據實說明義務，不論違背據實說明義務的何種類型，但保險人並未因此發生錯誤估計或做成錯誤決定——例如：要保人的說明不實為保險人所明知——也就是二者之間缺乏因果關係，則不賦予保險人解除契約的權利❹。

1908 年德國保險契約法第 16 條第 3 項及第 17 條第 2 項有關「未被顯示之事項（den nicht angezeigten Umstand；即故意隱匿或過失遺漏事項）」及「錯誤事項（the incorrect information；die Unrichtigkeit；即不實之說明）」為保險人所明知者，不得解除契約等規定，也揭示斯旨❹。2008 年德國保險契約法第 21 條第 2 項：「在保險事故發生之後，保險人依第 19 條第 2 項之規定行使解除權者，得拒絕保險給付，但違背據實說明義務所涉及之情事與保險事故之發生、保險事故之證明、保險人責任之成立或保險人責任之範圍沒有因果關係者，不在此限。要保人詐欺性地違背據實說明義務者，保險人無保險給付的義務。」就因果關係一點與我國保險法的規定十分相近。

B.所違背的據實說明義務，必須情節重大

保險法第 64 條第 2 項規定：「要保人有為隱匿或遺漏不為說明，或為不實之

---

❹ 關於違背據實說明義務與事故的發生或保險人的承保是否必須有因果關係，學者有不同主張，施文森教授主張必須有因果關係，主要是根據德國保險契約法第 21 條、日本商法第 645 條及奧地利的保險法。江朝國教授採取「對價平衡說」，主張假若二者之間有因果關係，保險人就可以解除契約；假若沒有因果關係，是否可以解除契約，須視違反據實告知義務事項的程度而定，若是達到拒保的程度，保險人就可以解除契約；反之，若是只達到增收保險費的程度，則保險人不得解除契約，只是可以請求增加保險費。有一個共同的見解，就是「違背據實說明義務」與「事故的發生或同意承保」之間，只要有因果關係，保險人都可以解除契約。但是江朝國教授就沒有因果關係的情形，作進一步分類，比較細緻，且能賦予保險人較多的解除契約機會。

❹ 參照 1908VVG §16(3) 後段及 §17(2) 後段。

說明，足以變更或減少保險人對於危險之估計者，保險人得解除契約；其危險發生後亦同。但要保人證明危險之發生未基於其說明或未說明之事實時，不在此限。」理論上，違背據實說明義務達「足以變更或減少保險人對於危險之估計者」就構成「重大說明不實」，保險人可解除契約。但實務上「重大說明不實」主要可歸納為：

(A)法律明文規定達到重大程度者

例如：要保申請書：「過去五年，你是否曾經接受醫師的治療？」，要保人回答「沒有」，但實際上要保人五年內曾經接受二次高血壓治療。假若「法律」規定：對於是否接受高血壓治療的說明不實，將影響保險人承保風險的估計時，則該陳述不實就是重大違背據實說明義務。

(B)違背據實說明義務達到保險人「適用不同的保險費率」承保的程度

例如：要保申請書：「你是否抽菸？」要保人回答「從不抽菸」，但實際上每天抽兩包長壽菸。由於要保人說明不實，導致保險人依照不抽菸者的費率承保。此種情形，要保人如果據實回答，保險人雖不至於拒絕承保，但是必須適用較高的保險費率，因要保人說明不實，致保險人適用較低費率，構成要保人「重大說明不實」，保險人可以解除契約。

(C)說明不實，達到「保險人若知道其真相，將會拒絕承保」的程度

要保人違背據實說明義務，掩飾真相致保險人同意承保，若保險人知悉客觀事實，將會拒絕承保者，也屬於重大說明不實。但所謂「保險人若知道其真相，將會拒絕承保的程度」，不可任由保險人主觀認定，否則要保人即使是「輕微的說明不實」，保險人都可以此為理由，以「重大的說明不實」任意解除契約，要保人將失去保障。因此須依客觀資料，例如：依承保審查手冊，罹患肝癌為拒絕承保的一種，要保人雖自稱健康，但實際上是「肝癌末期」，則保險人即使承保，仍可以違背據實說明義務為由解除契約。

C.舉證責任

倘若保險人舉證證明要保人有「為隱匿」、「遺漏不為說明」、或「為不實之說明」，足以變更或減少保險人對於危險的估計之情事，就可以解除契約。要保人如主張保險人不得解除保險契約，就應該舉證證明保險事故與要保人所未告知或不實說明並無因果關係❷，且該事項已確定對保險事故的發生不具任何影響，保險

人也未因該未告知或不實說明的事項而造成額外的負擔,「對價平衡」並未遭到破壞始可。也就是要保人須就保險事故與要保人所未告知或不實說明的事項之間沒有因果關係,負舉證責任❸。

(3)違背據實說明義務的法律效果

A.解除契約的範圍

要保人違背據實說明義務,情節重大且與保險人同意承保有因果關係時,保險人固可解除契約,但究竟必須解除契約的全部或一部分,涉及定型化契約解約的法理問題。定型化契約既然是以企業主起草或選用的制式條款作為其與不特定多數人締約的基礎,所以原則上只能解除其一部,以免發生大量法律關係的混亂。德國為了維持保險契約的有效性,要保人或被保險人違背據實說明義務時,原則上「只可以就不實說明部分解除」,該被解除的部分應以法律的相應規定補充之,我國保險法應該做相同的解釋。

B.解除契約的除斥期間

要保人違反據實說明義務,保險人得解除契約,該解除契約的權利,自保險人知有解除之原因後,經過一個月不行使而消滅,或契約訂立後經過二年,即有可以解除之原因 , 亦不得解除契約❹ 。 2008 年德國保險契約法第 1 條第 3 項規定,解除權的除斥期間為訂約之後五年,但在五年屆滿前已發生保險事故者不適用之,由要保人故意或依詐欺行為違背據實說明義務者,行使解除權的除斥期間為十年。

---

❷ 要保人違反據實說明義務,但該違反據實說明義務並不影響保險事故之發生者,也就是二者之間並沒有因果關係時,保險人可否以要保人違反說明義務為理由解除契約,保險法原來沒有規定,民國 81 年修正保險法時,特別增定「……但要保人證明危險之發生未基於其說明或未說明之事實時,不在此限」,也就是二者之間,必須有因果關係為必要,只是要保人為了避免保險人解除保險契約,必須就「因果關係的不存在」負舉證責任而已。

❸ 最高法院 88 年台上字第 2212 號判決。最高法院 92 年台上字第 1761 號判決則進一步闡明:「故保險法第 64 條第 2 項但書之規定,須保險事故與該未據實說明者完全無涉,始有適用,例如說明己身有肝病,但死亡係車禍者。如未說明之事項與保險事故之發生有關聯、牽涉、影響或可能性時,即無該但書規定之適用,保險人依該條項解除契約,自不以未告知或說明之事項與保險事故之發生有直接之因果關係為限。」

❹ 保險法第 64 條第 3 項。

C.解除權的行使方法

解除權的行使以向要保人為意思表示的方法為之。若要保人與被保險人是同一個人，而被保險人死亡者，保險人解除契約的意思表示應向要保人的全體繼承人為之❹。

2.德國保險契約法的規定

2008 年德國保險契約法主要規範四個問題：保險人何種情況行使解除權，何種情況只可行使終止權？就違背據實說明義務部分行使解除權或終止權後，其他部分效力如何？保險人行使解除權或終止權的積極要件與消極要件各如何？關於行使解除權除斥期間的規定有何不同？分別規定如下：

❹ 臺灣高等法院暨所屬法院 89 年法律座談會民事類提案第 17 號。

甲明知自己患有惡性腫瘤，但仍自為要保人及被保險人，以其母丙為受益人，與乙保險公司訂立人壽死亡保險契約。嗣甲病發死亡，遺有妻丁一人及其母。試問乙保險公司應向何人主張解除契約？

討論意見：

甲說：

民法第 258 條第 1 項規定：「解除權之行使，應向他方當事人以意思表示為之。」，現要保人（本例中亦為被保險人）死亡，當然由要保人之全體繼承人繼承保險契約當事人之地位，依民法第 258 條第 2 項：「契約當事人之一方有數人者，前項意思表示，應由全體或向其全體為之」，準此，解除契約之意思表示應向要保人之全體繼承人丙、丁為之（參見最高法院 80 年台上字第 2223 號及 82 年台上字第 279 號判決）。

乙說：

保險法第 25 條規定：「保險契約因第 64 條第 2 項之情事而解除時，保險人無須返還其已收受之保險費」，解除契約之法律效果，原則上為恢復原狀，亦即保險人無須負擔保險賠償責任，以及要保人得請求返還保險費。惟另依保險法第 25 條之規定則保險人不須返還保費，故解約與否實與要保人即無利害關係。按民法第 258 條第 2 項規定應向全體繼承人為解約之意思表示，惟若繼承人已喪失繼承權即與繼承之地位脫離，與繼承所繼受的權利義務無涉，故即無須對其為意思表示。準此，要保人之繼承人於保險人解除契約後既無可請求返還保費，亦無保險金給付請求權，自與保險契約無何直接關係可言，對之解約實無何意義。反觀與保險人不用負保險金給付義務息息相關者方為受益人，故本例當與受益人有直接密切關連，解除契約之意思表示應向要保人之受益人丙為之即可（參見江朝國，保險法基礎理論，92 年，第 267 頁及最高法院 78 年台上字第 579 號判決）。

初步研討結果：

由於要保人（及其繼承人）方為保險契約當事人，而受益人僅係保險契約之關係人。解除契約之意思表示應向當事人為之，而非契約關係人，故乙保險公司之解除契約意思表示應向繼承要保人當事人地位之全體丙、丁為之，本題應以甲說為當。

⑴**以保險人訂約時不知情為條件，視要保人或被保險人違背據實說明義務是出於輕過失或出於故意、重大過失，分別可行使終止權或解除權**

　　要保人或被保險人違背據實說明義務出於「輕過失」者，保險人只可以「終止契約」，不得行使解除權，而且終止權的行使，還必須訂預告期間；要保人或被保險人違背據實說明義務出於「故意或重大過失」者，保險人才可以行使「解除權」。不論如何，若保險人知悉說明不實之情事而仍然訂立保險契約者，不得終止或解除契約❹。

⑵**其他條款的效力**

　　違反據實說明義務的內容若與其他條款在同一個契約，由於保險契約是定型化契約，締約對象是廣大的社會大眾，為了盡量維持契約的有效性，增加保險傘的穩定性及覆蓋性，避免因契約無效而廣泛衝擊法律秩序，不論解除或終止，原則上都只針對「說明不實的部分」為之，該被解除或終止部分改以法律的一般規定補充之，無法補充或補充之後將使契約目的無法達到時，才可以解除全部契約。保險人因要保人重大過失違背據實說明義務的解除權或因要保人輕過失違背據實說明義務的終止權，若保險人即使知悉要保人未據實說明之事項，仍然願意訂立保險契約者，不得解除或終止契約。填補被撤銷或被終止條款的「其他條款」，在要保人或被保險人對違背據實說明義務「有可歸責性」的情況，保險人「得同意」其溯及成為整體契約的一部；要保人或被保險人對違背據實說明義務「沒有可歸責情況」，該其他條款「應成為」整體契約的一部分，且效力與現在的保險期間相同❹。

⑶**行使終止權或解除權的積極要件與消極要件**

　　保險人要行使前揭終止權或解除權，既必須具備其他積極要件，且不得有消極要件。所謂「其他積極要件」是指，保險人已經「以另紙書面告知要保人或被保險人違背據實說明義務的法律效果」❹；所謂消極要件是指：「保險人已經注意到未據實說明的危險事項（因素）或已經知道要保人的說明不真實」❹。

---

❹ 2008 年保險契約法第 19 條第 3 項、第 4 項。

❹ 參照 2008 年德國保險契約法第 19 條第 4 項後段。

❹ 2008 年德國保險契約法第 19 條第 5 項規定：「保險人只有在已經以書面方式告知要保人違背據實說明義務的法律效果時，才享有第 2 項到第 4 項的權利。保險人已經知悉必須據實說明的危險因素或是說明不實者，不得行使撤銷權或終止權。」

❹ 參照 2008 年德國保險契約法第 19 條第 5 項。

⑷行使解除權的限制

2008 年德國保險契約法第 21 條第 1 項規定：「保險人行使第 19 條第 2 項至第 4 項的權利，須於一個月內以書面方式為之。一個月的期間自其發現所主張違背據實說明義務的事實時起算。保險人行使解除權時必須告知行使解除權的依據，在第一句所定的期間屆滿前，得就其主張為進一步說明。」，第 3 項：「保險人依據第 19 條第 2 項至第 4 項的解除權，於保險契約期滿五年後消滅。但本規定對於保險事故在除斥期間屆滿前發生者不適用之。要保人故意地或詐欺地違背據實說明義務者，除斥期間為十年。」

（九）因要保人違背據實說明義務的解除權與因被要保人詐欺而為意思表示的撤銷權之競合

假若保險契約的訂立，要保人不但違背據實說明義務，而且是因為保險人被要保人詐欺而為同意承保的意思表示，例如：以冒充體檢方式詐欺訂立保險契約。依照保險法第 64 條第 3 項行使解除權的二年除斥期間若已超過，保險人是否還可以依民法第 92 條的規定行使撤銷權？關於此點：

1.法院實務見解

86 年度第 9 次民事庭會議的提案：保險法第 64 條第 1 項規定，訂立契約時，要保人對於保險人之書面詢問，應據實說明。如要保人有同條第 2 項故意隱匿，或因過失遺漏，或為不實之說明，足以變更或減少保險人對於危險之估計之情形者，保險人固得於同條第 3 項所定期限內解除契約。惟保險人逾此期限，而未為解除契約者，得否又依民法第 92 條規定以其係被詐欺而為意思表示為由，撤銷其意思表示？

甲說：保險法第 64 條之規定，乃保險契約中關於保險人因被詐欺而為意思表示之特別規定，應排除民法第 92 條規定之適用。否則，將使保險法第 64 條第 3 項對契約解除權行使之限制規定，形同具文。

乙說：保險法第 64 條之規定，其目的在保護保險人，其立法依據亦非基於保險契約之意思表示有瑕疵。此與民法第 92 條規定，被詐欺而為意思表示，表意人得撤銷其意思表示，旨在保護表意人之意思自由者，其立法目的、法律要件及效果均有不同。故保險法第 64 條之規定解釋上不應排除民法第 92 條規定之適用。

決議：採甲說。

2.對民事庭會議決議的評論

第 9 次民事庭會議的決議以及最高法院 86 年台上字第 2113 號判例的見解是：保險法第 64 條的解除權是民法第 92 條撤銷權的特別規定，認為在要保人違背據實說明義務同時又構成對保險人詐欺的情形，保險人一旦超過保險法第 64 條第 3 項所規定的除斥期間沒有行使解除權，即使還未超過民法第 93 條所規定的撤銷權除斥期間，也不得再行使撤銷權。上述民事庭決議以及最高法院 86 年台上字第 2113 號判例，很多值得商榷：

⑴由於規範的目的不同，保險法第 64 條的解除權不是民法第 92 條撤銷權的特別規定

A.立法目的不同

保險法第 64 條的解除權是要落實要保人的據實說明義務，保障保險人獲得充分真實的保險資訊，以維持對價平衡原則；民法第 92 條撤銷權的立法目的是保護表意人意思表示的自由，落實契約自由原則。

B.構成要件不同

保險法第 64 條的解除權，是以要保人違背據實說明義務為前提，要保人違背據實說明義務的類型，分故意（故意隱匿、為不實之說明）與過失（過失遺漏）兩大類型❺⓿；但是民法第 92 條的詐欺，只有故意詐欺，沒有過失詐欺的類型。因此違背保險法上要保人的據實說明義務，並不當然構成民法上的詐欺行為，二者是交集合關係，而不是重疊關係，難謂違背據實說明義務是詐欺的特別規定。

⑵德國保險契約法的借鑑

我國屬於大陸法系，若對照我國民法、保險法與德國民法、保險契約法條文，在法律體制上存在有濃厚的承襲關係，在法律體系相近的情形下，德國關於此一問題的規定，可以作為我國解釋的重要參考。在關於要保人違背保險法上的據實說明義務，同時又構成民法的詐欺時，保險人是否可以就保險法的解除權與民法的撤銷權競合行使的問題上，德國立法例都採肯定的立法。

1908 年德國保險契約法第 22 條規定：「保險人因被詐欺而可以行使的撤銷權，仍然不受影響。」，採取了肯定的見解；2008 年新修正的德國保險契約法第

---

❺⓿ 按：保險法修正的文字為，遺漏不為說明。學者有主張限於故意的遺漏，本書不採，理由前已說明。

22 條[51]，仍維持修正前的規定，即民法上保險人被詐欺而為意思表示的撤銷權，不受保險法上違背據實說明義務解除權除斥期間經過的影響。德國保險契約法的上述規定可作為重新斟酌我國最高法院 86 年台上字第 2113 號判例的重要參考。

(3)**在競合情形，避免發生「重要事項列為違背據實說明義務，其撤銷權適用較短除斥期間」，而「不重要事項列為詐欺，其撤銷權反而適用較長除斥期間」的不合理現象**

對保險人承擔風險而言，要保申請書的「書面詢問事項」通常比「書面詢問以外事項」重要，若依照最高法院 86 年台上字第 2113 號判例的見解，將會發生要保人就「書面詢問事項（包括身體檢查）」——重要事項——說明不實，即使構成詐欺，保險人只可以在保險法第 64 條第 3 項所規定的較短除斥期間內行使解除權，在除斥期間屆滿後，即使在民法第 93 條所訂撤銷權除斥期間屆滿前，也不可以再行使撤銷權；反之，要保人就「書面詢問以外事項」——非重要事項——為詐欺，保險人反而可以在民法第 93 條所規定的較長除斥期間內行使撤銷權的不合理現象。要避免這種不合理現象，唯一的方法就是改採競合說，容許保險人就解除權與撤銷權擇一行使。

3. 結　論

最高法院的見解與學者、立法例的觀點有很大差異。最高法院 86 年台上字第 2113 號判例或民事庭會議的結論，保險法第 64 條的解除權是民法第 92 條撤銷權的特別規定。但是學理上及立法例的觀點主張二者是競合關係：首先，保險法第 64 條目的在保障保險資訊的真實，民法第 92 條目的則在保護意思表示的自由，二者規範的目的不同；其次，保險法第 64 條違背據實說明義務包括「故意」及「過失」兩個類型，而民法第 92 條的詐欺只有「故意」一個類型；再次，從立法例論，我國民法、保險法的關係，承襲了德國民法、保險契約法，依照 2008 年德國保險契約法第 22 條的規定，違背據實說明義務同時構成詐欺時，解除權除斥期間的經過，不影響民法上撤銷權行使，這個採取競合說的規定，堪為我國解釋的借鑑；最後，為了避免發生「重要事項的說明不實，保險人行使解除權的除斥期間較短」「不重要事項的詐欺，保險人行使撤銷權的除斥期間較長」不合理現象，

---

[51] 1908VVG §22: Das Recht des Versiccherers, den Vertrag wegen arglistiger Täuschung anzufechten, bleibt unberührt. （保險人因被詐欺而為意思表示的撤銷權，不受影響）

應該重新檢討最高法院 86 年台上字第 2113 號判例特別規定說的見解，改採保險人得就保險法上的解除權與民法上的撤銷權擇一行使的見解，也就是採取競合說。

（十）訂立「不爭議約款」的效力

　　保險契約約定，只要保險費按期繳納滿一定期間，在保險契約生效滿一定期間之後，保險人對於保險契約的效力及承保範圍，均不得爭議的約款，稱做「不爭議約款 (the incontestability clause)」。之所以會有「不爭議約款」是因為詐欺之事實，難以立即發現，待保險人發現詐欺事實，行使撤銷權，常在訂約的若干年後，撤銷權的行使，必然影響已經安定的法律秩序，不爭議約款就是為避免法律秩序受到影響而訂定的。此種約款常常訂立在健康保險或是人壽保險的契約中，依約款的約定：從契約生效之日起，經過契約所約定的期間之後，保險人對於要保申請書的陳述內容，不得爭辯。在健康保險，保險人不得以某一個在保險契約訂立時沒有排除在外，但是在訂約之前早已存在的事實，作為拒絕理賠的理由。

　　不爭議約款的效力，依保險法第 54 條第 1 項的意旨，若是該「一定期間」較保險法第 64 條第 3 項：「前項解除契約權，自保險人知有解除之原因後，經過一個月不行使而消滅；或契約訂立後經過二年，即有可以解除之原因，亦不得解除契約。」的規定為短，似可肯定該「不爭議約款」的效力，但若是較保險法第 64 條第 3 項所訂的期間為長，則應該認定為無效。在美國，法院承認「不爭議約款」有效性❷，須注意者，不爭議約款是以契約有效為前提，唯其在契約有效但可以

---

❷ Amex Life Insurance v. Superior Court Supreme Court of California, 930 P. 2d 1264 (1997).
法律事實：Morales 於 1991 年 1 月向保險公司申請訂立人壽保險契約。他明知患有先天免疫缺乏症 (the HIV virus)，但在要保時隱瞞事實，並由第三人冒充接受體檢，但是體檢人員並未要求核對身分。保險公司簽發自 1991 年 5 月生效之保險單給 Morales，保險單訂有「不爭議約款」，約定只要保險費按期繳納兩年，在契約生效兩年之後，保險人對於保險契約的效力及承保範圍均不得爭議。Morales 於 1993 年 6 月死於 AIDS，保險人拒絕為保險給付。
法律爭點：保險契約所訂立有「不爭議約款」者，在保險契約訂立兩年以後，保險人是否不得主張保險契約係因被詐欺而訂立？
本案判決是由 Chin J. 做成。判決指出：除非保險契約自始無效，否則保險契約訂立有「不爭議約款」者，於保險單簽發兩年以後，保險人被禁止主張保險契約係因被詐欺而訂立。保險公司在保險契約中訂立「不爭議約款」的目的在於消除社會公眾對於保

撤銷或解除的情形下，才有不爭議約款的必要。若是契約根本無效，例如：冒用他人的名義投保，則保險契約根本無效，就不發生不爭議約款效力問題❺❸。

（十一）要保人或被保險人申請復效時，有無據實說明義務的商榷

要保人怠於給付保險費，經保險人催告後經過三十日，若沒有補繳，保險契約效力停止。停止後，保險人尚未行使終止前（不論是否在三十日的催告期間內），要保人或被保險人可以補繳積欠的保險費，申請復效❺❹。在申請復效時，要保人或是被保險人是否有據實說明義務？關於此點，學者林勳發教授主張為了避免逆選擇、為了防止道德風險，要保人或被保險人有據實說明義務；但是學者江朝國教授主張，沒有據實說明義務，主要理由是保險人依據訂立契約時要保人或被保險人的說明，已經對於整個保險期間的風險做過全部的估計，此種風險不會因為保險契約效力曾經停止而不同，因此要保人或被保險人申請復效時，不必另外履行據實說明義務❺❺。

以上不同見解，從不同角度理論都持之有據，從風險估計範圍的觀點及方便保險契約復效，使被保險人能夠儘快在有效的保險契約的保護下的觀點，似以不需再履行據實說明義務的觀點，較為可採。至於道德風險的顧慮，實務界已經藉由要求要保人或被保險人提出「健康聲明書」，聲明其健康狀況一如往常，以控制風險，不但如此，還約定健康聲明書，構成保險契約的一部分，如有不實，將構

險公司的不信任。現在，「不爭議約款」卻發生避免被保險人被主張訂約前既存事實的抗辯或是與保險公司的訴訟。有一種情形，「不爭議約款」不得適用，即一個人申請保險，但是冒用他人的名字，法院認定此種保險契約自始無效。「不爭議約款」與此一情形不同，「不爭議約款」是以契約有效為前提，因此一個人申請保險，冒用他人投保的法律效果，不得適用於本案。在本案，Morales 以自己為被保險人，且以自己為要保人，對於保險契約所要承保的保險事故為何，十分清楚。Morales 的詐欺行為保險人自始極為容易發現。保險人只要要求被保險人在接受體檢時出示身分證明或是照相，即可辨識。因此，「不爭議約款」的約定對於本案有其適用。本案，保險人不得以詐欺為理由，拒絕保險給付。

❺❸ 冒用他人名義訂立契約，該契約無效，因為對被冒用者而言，完全不知情，完全沒有訂約的意思；就冒用者而言，也根本沒有成為契約當事人的意思。此時，他方當事人可以以侵權行為為理由，請求冒用者損害賠償。

❺❹ 保險法第 116 條第 1 項、第 3 項及第 4 項。

❺❺ 參照林勳發等，商事法精論，2005 年，第 668 頁。

成解除契約的原因，有效地杜絕可能的流弊。民國 96 年 7 月 18 日修正公布保險法第 116 條，其中第 3 項、第 4 項規定：「第 1 項停止效力之保險契約，於停止效力之日起六個月內清償保險費、保險契約約定之利息及其他費用後，翌日上午零時起，開始恢復其效力。要保人於停止效力之日起六個月後申請恢復效力者，保險人得於要保人申請恢復效力之日起五日內要求要保人提供被保險人之可保證明，除被保險人之危險程度有重大變更已達拒絕承保外，保險人不得拒絕其恢復效力。」、「保險人未於前項規定期限內要求要保人提供可保證明或於收到前項可保證明後十五日內不為拒絕者，視為同意恢復效力。」至此，不同見解的爭議，透過立法方式，獲得解決。

二、絕對遵守特約條款的義務

（一）特約條款的意義

特約條款，英文稱為承諾擔保 (promisory warranty)，是保險契約當事人在保險契約，在基本條款之外，另外承諾的義務。在保險法，擔保有兩種，一種是「**肯定擔保 (affirmative warranty)**」，相當於保險法的「據實說明義務」；另外一種就是「**承諾擔保**」，是指當事人在共同基本條款及種類基本條款之外，另外承諾義務的條款，如保險法第 66 條：「特約條款，為當事人於保險契約基本條款外，承認履行特種義務之條款。」

特約條款主要是為了「控制風險、了解風險」，以「控制風險」為主，「了解風險」次之，因此保險法第 67 條規定：「與保險契約有關之一切事項，不問過去現在或將來，均得以特約條款定之。」，其中「將來的事項」主要就是控制風險，關於「過去或現在事項」主要是了解風險，例如：特約條款約定：「約定船舶於 10 月 1 日自舊金山啟航，航向蘇俄鄂霍次克 (Okhotsk) 港」，由於目的港一般在每年 11 月中旬開始結冰，因此約定船舶必須嚴格遵守啟航日期，以避免目的港結冰，這種特約條款是為了控制風險；又如：約定工廠應該在一個月內，裝置火警自動噴水設備，一有火苗，立即自動噴水，以避免損失的發生或擴大，這種特約條款也是為了控制風險。再如：特約條款約定：「被保險人已經種牛痘」，這種針對過去曾經履行某種義務的特約條款，目的在了解風險。

（二）特約條款與據實說明義務的區別

據實說明義務，又稱為陳述 (representation) 或揭露 (disclosure)，要保人只要針對保險人的詢問公正和實質 (equitably and substantially) 回答就可以，但是針對**特約條款，要保人卻必須嚴格的遵守**。

（三）特約條款的違反與危險增加、危險發生是否必須有因果關係

特約條款的違反是否必須與危險的增加、危險的發生有因果關係，才可以解除契約，法律沒有明文規定。在英國，曼斯菲爾德法官 (Mansfield) 將特約條款當作前提「條件」，一有違反，保險契約就「無效」，因此「要保人只要違背特約條款，保險契約就無效，即使特約條款的違反與系爭保險事故的發生無關，也未增加損失發生的機率。」，換句話說，特約條款的違反，即使對危險的增加或危險的發生並不重要 (immateriality)，在英國，仍然是契約無效；在我國，仍然構成解除契約的原因。

（四）違法特約條款的法律效果

依照保險法第 68 條第 1 項規定：「保險契約當事人之一方違背特約條款時，他方得解除契約；其危險發生後，亦同。」，特約條款的違反只是構成解除契約的原因，並不會直接導致契約無效。此與英國之直接導致契約無效者不同，但是解除契約受到除斥期間的限制，依照保險法第 68 條第 2 項的規定，必須準用保險法第 64 條第 3 項：「前項解除契約權，自保險人知有解除之原因後，經過一個月不行使而消滅 ； 或契約訂立後經過二年 ， 即有可以解除之原因 ， 亦不得解除契約。」，在除斥期間內行使。

三、繳納保險費的義務

保險契約必須有保險費的約定，沒有保險費的約定者，保險契約形同賭博，而且違反公共利益，應該無效。要保人是繳納保險費的義務人，第三人也可以以利害關係人身分代為繳納❺❻。理論上，保險契約必須有保險費的約定，而保險費

----

❺❻ 民法第 311 條。

繳納的時間得於保險契約生效前、生效時或生效後為之。但是實務上，常常將保險費的給付列作保險契約的生效條件。

要保人欠繳保險費，保險人得否聲請法院強制執行？此必須視保險的種類而定，人壽保險中的終生死亡保險與生存死亡兩合保險具有儲蓄的性質，因此其保險費不得強制執行❺❼，其他種類保險的保險費，法律沒有禁止強制執行的規定，因此理論上可以聲請法院強制執行，但是實務上，由於下列原因，絕少強制請求：

1.保險契約經常以繳納保險費為生效要件，在繳納保險費前，契約既然尚未生效，本於保險契約的請求權就還沒有發生，因此無法請求。

2.傷害保險、疾病保險以及財產保險多為短期險，一期繳納就是全期繳納，多數情形，不發生繳納第二期以後保險費的問題。

3.保險費少則數百，多則數萬，若透過訴訟強制請求則所耗者多，所得者少，不符經濟效益。

4.經營生意，和為上策，若為區區保險費貿然興訟，有損商業形象，失卻無限商機。

四、要保人或被保險人的通知義務

保險契約訂定後，隨主觀因素及客觀因素的變動，發生危險的機率可能增加（例如：房屋投保火災保險之後，被闢為餐館，火災發生的機率增加），也可能減少（例如：房屋投保火災保險之後，屋頂原有的木造違章建築已經拆除）。從對價平衡原則的觀點，危險增加時，保險人理應收取較高的保險費；危險減少，要保人也可請求減少保險費，才能平衡要保人的利益及保險人承擔的風險，並維護保險的公共政策。**危險的增加或減少，唯有要保人或被保險人知之最稔，也唯有要保人或被保險人有通知的義務**。危險通知涉及的內容，包括：是否所有的危險增加，都應該通知保險人？危險增加通知義務又應該於何時履行？又在危險減少時，要保人的通知究竟是要保人為了減少保險費而得行使的權利?還是要保人的義務?

又保險事故發生時，不論為了儘快確定保險人的理賠責任，還是為了被保險人或受益人請領保險給付的需要，要保人或被保險人都有保險事故發生的通知義務，但是假若要保人或被保險人違背保險事故發生的通知義務，究竟是發生喪失

❺❼ 保險法第 117 條第 1 項。

請求保險給付的法律效果？或只是發生損害賠償的效果，不會發生喪失請求保險給付的權利？也必須釐清。要保人或被保險人之通知義務如下：

（一）危險增加的通知義務

1.危險增加通知義務的類型

⑴重要危險增加的通知義務

A.種類

所謂「重要危險的增加」，是指危險增加的事實，將會提高保險事故發生的機率，而且該危險的增加具有時間上的持續性而言。保險法關於重要危險的界定，兼採主觀說與客觀說，且以主觀說為主，以客觀說為輔。**主觀說**是指危險增加的類型，屬於「契約當事人約定的危險，而且已訂定於保險契約者」，也就是保險契約記載的危險增加。**客觀說**是指所增加的危險不屬於當事人約定的危險，但是該危險的增加客觀上會增加保險事故發生的機率，這種危險可以稱為「非保險契約記載的危險增加」。前者係依當事人約定而列為重要危險增加，即使客觀上不屬於重要危險的增加，也在其內。後者則指非記載於保險契約的危險但客觀上足以提高危險發生的機率者。

危險增加通知義務，究竟只限於保險契約記載的危險增加？還是除了保險契約記載的危險增加以外，還包括其他危險增加？2008 年德國保險契約法只限於保險契約所約定的危險增加，我國則包括保險契約記載的危險增加以及其他危險增加。德國保險契約法的規定，不但將危險通知義務的危險，限於重要危險，而且以載明於保險契約者為限❺⑧，可以杜絕危險增加通知範圍的爭議。

---

❺⑧ 2008 年德國保險契約法第 158 條（危險的變化）：
　⑴只有當事人以契約明確約定的危險因素之惡化才視為危險增加。前述約定須以書面為之。
　⑵自危險增加事實發生五年後，保險人不得再主張危險增加之事實。保險單持有人故意或詐欺地違背第 23 條之義務者，前述期間為十年。
　⑶只有依當事人以契約明白約定的危險因素減少而得請求減少保險費時，第 41 條之規定才可以適用。
　德國的規定有幾點值得注意：
　⑴將危險增加的通知義務限於保險契約書面約定者。
　⑵針對危險增加的通知義務，訂有除斥期間，以維持契約的安定性。

　　危險增加究竟應該事先通知、立即通知或是事後一定期限內通知，是依照危險增加是否重要，與是否可歸責於要保人或被保險人而定。有下列四種組合：

表 7-1

保險契約所載 危險增加之情形	因要保人或被保險人行為 所致	通知時點
○	○	預先通知
×	○	預先通知
○	×	知悉後立即通知
×	×	知悉後 10 日內通知

　　(A)「屬於保險契約記載危險增加之情形」且「因要保人或被保險人之行為」所致者——應「預先通知」

　　要保人於契約訂立後，非經保險人同意，不得增加危險，也不得同意第三人增加危險❺❾，依保險法第 59 條第 2 項：「危險增加，由於要保人或被保險人之行為所致，其危險達於應增加保險費或終止契約之程度者，要保人或被保險人應先通知保險人。」的規定，危險因要保人或被保險人之行為所致，其危險達於應增加保險費或終止契約之程度，不論該危險是否為保險契約內所載增加危險之情形者，要保人或被保險人都有通知的義務；而保險契約所載之「危險增加情形」，依當事人約定，視為重要，因此要保人或被保險人「應先」通知保險人。2008 年德國保險契約法也有相同的規定❻⓿。

　　(B)「不屬於保險契約所載危險增加之情形」但「因要保人或被保險人之行為」所致者——也應「預先通知」

　　如同 1908 年德國保險契約法第 23 條第 1 項所規定，要保人於契約訂立後，非經保險人同意，不得增加危險，也不得同意第三人增加危險。我國保險法也應該採取相同的解釋。非保險契約所載的危險增加情形，當事人間主觀上雖然沒有約定為重要，但客觀上仍與保險事故的發生有密切關係，因此若危險的增加，「由於要保人或被保險人之行為所致」，且「其危險達於應增加保險費或終止契約之程度者」，要保人或被保險人也「應先」通知保險人❻①。

---

❺❾　1908VVG §23(1).

❻⓿　2008 年德國保險契約法第 23 條第 2 項規定：「要保人未經保險人同意而已經增加危險或已經許可第三人增加危險之事實，必須立即（非不合理的遲延）將承保的危險增加之事實通知保險人。」

　　我國法院曾針對要保人駕駛機車闖入高速公路致發生事故，是否屬於「危險增加而要保人應先告知」的範圍做成判決，該判決忽略危險通知義務的危險，必須具有「持續性」，若危險只是一時增加，旋即回復，並非危險增加通知義務所稱的「危險」，危險增加通知義務所稱的「危險」，必須有時間上的持續性。最高法院 86 年台上字第 2141 號判決認為：「本件高速公路禁止機車或行人行駛或行走，不僅為法令所明定，且屬公知之事實。被保險人張○○明知，竟仍騎機車在高速公路飛馳，不僅違反交通法令，具有高度危險性，且其係有意為之，又為原審所認定。則張○○對於騎機車在高速公路上飛馳，所易招致之災害，是否懷有恐懼，而有保險所擔當之危險存在？已非無疑。且駕駛機車行駛於高速公路，既為法令所禁止，則騎機車在高速公路上飛馳所具之危險及其因而發生之具體危險，是否合法，而為保險法之所許？亦有推求之餘地。」認為危險因被保險人騎車上高速公路而增加，被保險人有危險增加的通知義務[62]。本判決忽視保險法上的危險，必須具有持續性，且將違法違規與危險增加混談，不無可議。

　　相對地，最高法院 90 年台上字第 1257 號判決就同一案件認定：「保險事故以具有偶發性為要件，保險人所承擔之危險以非因故意而偶發之危險為限。是以危險直接因被保險人之故意行為所致者，保險人固可不負賠償責任，惟若危險之發生係因被保險人之過失行為所致，保險人即應負賠償責任。本件被保險人張○○雖係故意騎機車行駛於高速公路，但係因訴外人蘇○○以時速一百三十公里超速駕駛汽車追撞其所騎機車後逃逸，因未獲從速救治而告死亡，則張○○被追撞致死係出於意外，其保險事故之發生應屬偶發性，而非因其故意行為所致，上訴人自應負賠償責任。」本判決指明保險法上的故意，限於導致「結果發生的故意（導致死亡的故意）」，不包括「行為本身的故意（騎車上高速公路的故意）」，具有珍貴的參考價值。

　　(C)「屬於保險契約所載危險增加之情形」但「非因要保人或被保險人之行為」所致者——應於「知悉後立即」通知

----

[61] 保險法第 59 條第 2 項。

[62] 保險法上的危險增加，必須該危險的增加具有時間上的持續性，駕駛機車上高速公路，即使增加危險，時間上也不具有持續性。違法或違規的行為並非當然就是持續性地增加危險。

由於「保險契約所載危險增加情形」，在契約當事人間主觀上視為重要，因此對於保險契約內所載危險增加之情形應通知者，雖其增加非因要保人或被保險人之行為所致，要保人仍應於「知悉後」通知保險人❻。所謂「知悉後」，是指於知悉危險增加後「立即」或「不遲延」為通知而言。應注意的是，被保險人如為公司或法人時，僅有其有權代理人或代表人的「知悉」才可以視為被保險人的「知悉」，其受僱人的「知悉」不得被擬制為被保險人的「知悉」❻。2008 年德國保險契約法也有相同的規定❻。

(D)「不屬於保險契約所載危險增加之情形」且「非因要保人或被保險人之行為」所致者──應於知悉後十日內通知

危險增加的事實非保險契約所載危險增加之情形，且該危險之增加，非因要保人或被保險人之行為所致者，此種危險之增加，雖然不是主觀上重要者，但是危險的增加仍然會導致增加保險費或終止契約者，要保人或被保險人仍須於「知悉後十日內」通知保險人❻。

B.重要危險通知義務的免除

有下列情形之一者，要保人沒有危險增加的通知義務：

(A)有保險法第 61 條所列事項之一者

---

❻ 保險法第 59 條第 1 項。

❻ Commercial Union Insurance Co. v. Taylor, Court of Appeal of Georgia, 312, S.E. 177 (1983).
該案原告 Taylor Farm Supply 與被告 Commercial Union 訂立火災保險契約。該商店是由 Larry Taylor 經營，Steve Taylor 是 Larry Taylor 的侄子，受僱在該店工作。保險契約約定：保險人對於任何被保險人「所知悉」或「能夠控制」之危險所致之損失，保險人不負保險給付之義務。由於該店有灑水設備，因此保險費的費率也獲得減少計算。嗣因 Taylor 為商業目的出差，Steve 眼見水管漏水，就關閉流往噴灑水管的開關。直到 Taylor 回來之後，Steve 一直沒有告訴他，如此持續好幾個禮拜。其後該店發生了火災，保險人拒絕保險給付的請求，理由是原告的行為使危險性增加，且對於噴灑設備的維護，未盡善良管理人注意。原告提起訴訟向保險人請求給付。
法院認為：從「知悉」或「控制危險」的目的言，只有概括代理人 (general agent) 的行為，才被視為是本人的行為。在本案，Steve 是商店的夥計，他是數個受僱人之一，他的權限只限於在 Taylor 外出的時候，收受金錢而已。因此 Steve 關於「知悉」關閉噴灑水管之事，不得視為「被保險人本人知悉」。

❻ 2008 年德國保險契約法第 23 條第 3 項：「在要保人提出要保申請書後，承保的危險非因要保人的故意而增加時，要保人應該於知悉之後立即（非不合理的遲延）通知保險人。」

❻ 保險法第 59 條第 3 項。

保險法第 61 條規定：「危險增加如有左列情形之一時，不適用第 59 條之規定：

一、損害之發生不影響保險人之負擔者。

二、為防護保險人之利益者 (das Interesse des Versicherers)[67]。

三、為履行道德上之義務者 (ein Gebot der Menschlichkeit)[68]。」

(B)有保險法第 62 條所列情事之一者

要保人（及／或）被保險人之所以必須負通知義務，旨在使保險人得以知悉危險增加之情形，使保險人由「不知」轉為「知悉」，若有下列情形之一，就沒有危險增加通知義務的必要，因此保險法第 62 條規定：「

一、危險增加為保險人所知者。

二、依通常注意為保險人所應知，或無法諉為不知者。

三、一方（保險人）對於他方（要保人或被保險人）經聲明不必通知者。」

有此上述情形之一者，要保人（及／或被保險人）不負通知之義務[69]。附帶言者，1908 年德國保險契約法還將「保險人應負責之事故 (durch ein Ereignis für welches der versicherer halfet)[70]」，亦列入免除危險增加通知義務的一種，我國保險法並無相同規定，原則上可以做相同的解釋，因為危險增加若係因「保險人應負責之事故」所致者，多數情形，可以歸入保險法第 62 條「危險增加為保險人所知者」或「依通常注意為保險人所應知，或無法諉為不知者」的範圍，只有極少數情形，既是「保險人應負責之事故」，但是又不屬於「危險增加為保險人所知者」或「依通常注意為保險人所應知，或無法諉為不知者」的情形，此種情形，有待修正保險法時，增加規定，以求完備[71]。

---

[67] 1908VVG §26 前段。

[68] 1908VVG §26 後段。

[69] 保險法第 62 條。

[70] 1908VVG §26.

[71] 目前保險法關於危險增加通知義務的規定，可參照德國保險契約法的規定加以修正。德國保險契約法關於危險增加的分類與我國保險法的規定稍有差異，德國保險契約法將危險增加分為二種，第一種是危險增加 (eine Erhohung der Gefahr, 1908 VVG §§23～28)，第二種是危險輕微增加 (eine unerhebliche Erhohung der Gefahr, 1908 VVG §29)。危險增加依是否經保險人同意，分為「經保險人同意 (eine Einwilligung des Versicherers, 1908VVG §23(2))」與「未經保險人同意」兩種。在未經保險人同意的情形，又分為「危險增加與要保人的意思有關」及「危險增加與要保人的意思無關」

(2)輕微的危險增加——免除危險增加通知義務

　　輕微的危險增加，要保人有無通知義務，保險法並未規定，但從保險法第59條第1項、第2項係分別針對「保險契約所載之危險增加情形」、「危險增加，由於要保人或被保險人之行為所致，其行為達於應增加保險費或終止契約之程度」而規定，也就是針對主觀上或客觀上的重大危險增加而規定，第3項則是針對「危險增加，不由於要保人或被保險人之行為所致者，要保人或被保險人應於知悉後十日內通知保險人」而規定。其中第3項規定「不由於要保人或被保險人之行為所致」的危險增加，條文並沒有規定以重大危險增加者為限，因此純就保險法第59條規定的文義解釋而言，似乎就「輕微的危險增加」，要保人也負有通知義務。但保險法之所以規定要保人在危險增加時必須將危險增加的事實通知保險人，乃是由於伴隨危險增加的事實有必要另定保險費或賦予保險人終止契約的權利，以平衡要保人與保險人的利益，貫徹對價平衡原則。輕微的增加危險，若非屬於保險契約內所載危險增加的情形，也未達應增加保險費或終止契約的程度者，實在沒有課要保人以通知義務的必要。因此**從立法目的而論，保險法第59條第3項的規定，應不包括「輕微的危險增加」的情形為是**。又就立法例言，1908年德國保險契約法第29條規定：「輕微之危險增加，不予考慮。危險增加，係屬於經合意不影響保險契約關係情況的危險增加者，亦不予考慮。」，也採取相同的見解。

2.危險增加的效果——終止契約或另訂保險費、甚至請求損害賠償

　　保險法第60條規定：「保險遇有前條情形，得終止契約，或提議另定保險費。要保人對於另定保險費不同意者，其契約即為終止；但因前條第2項情形終止契約時，保險人如有損失，並得請求賠償」、「保險人知危險增加後，仍繼續收受保險費，或於危險發生後給付賠償金額或其他維持契約之表示者，喪失前項之權利。」，關於本條之規定有下列說明及評述：

(eine Erhohung der Gefahr unabhangig von dem Willen des Versicherungsnehmers, 1908 VVG §27) 兩種。

「危險增加」若係「經保險人同意」，要保人也不負通知義務。危險增加若未經保險人同意，則就通知義務言，不論危險的增加「與要保人之意思有關」或「與要保人之意思無關」，要保人於知悉危險增加的事實後，均應立即通知保險人，不得遲延 (1908 VVG §§23(2)、27(2))。所不同者，在危險增加而保險人欲終止契約時，其終止契約之意思表示是否立即發生效力，視危險增加是否由於要保人之過失、是否與要保人之意思有關而有所不同。「危險輕微增加」，既不增加保險人負擔，要保人不負通知義務。

⑴保險人得終止保險契約或提議另定保險費，有可歸責於要保人或被保險人時，還可以請求損害賠償

只要有保險法第 59 條所訂危險增加的情形，不論該危險增加之情形是否已經約定在保險契約、是否由於要保人或被保險人的行為所致，也不論要保人（及／或被保險人）是否將危險增加之情形通知保險人，保險人都可以終止契約，或提議另定保險費。「危險增加，由於要保人或被保險人之行為所致，其危險達於應增加保險費或終止契約之程度者，要保人或被保險人應先通知保險人」，此時，保險人若選擇提高保險費而要保人又不同意致保險契約終止時，保險人若有損失，可以請求要保人賠償損失，因為導致契約終止的原因可歸責於要保人或被保險人，而要保人又不同意調高保險費，有可歸責的事由。

⑵終止契約的生效時間

保險法第 60 條規定：「保險遇有前條情形，得終止契約，或提議另定保險費。」，其終止契約的生效時間，應以終止契約的意思表示到達他方時（非對話意思表示）或他方了解時（非對話意思表示）為準。保險法關於危險增加，保險契約終止是否必須訂定「預告期間」，並未因「危險增加是否可歸責於要保人（及／或被保險人）」而分別規定，此與 1908 年德國保險契約法不同。依照 1908 年德國保險契約法：凡是危險增加是「可歸責於要保人或被保險人」者，終止契約的意思表示，不須訂定「預告期間」，終止的意思表示在對方了解時（對話意思表示）或到達時（非對話意思表示），立即生效；凡是危險增加是「不可歸責於要保人或被保險人」者，其終止契約必須訂定「預告期間」，須待預告期間屆滿，才發生終止效力❼❷。

❼❷ 依德國保險契約法規定，保險人終止保險契約，是否須訂定猶豫期間，分為兩種情形：
一、危險增加可歸責於要保人（及／或被保險人）者
凡危險的增加可歸責於要保人（及／或被保險人）者，也就是危險的增加，既未獲得保險人的同意，又因要保人（及／或被保險人）的故意或過失所致者，保險人於危險增加後不但得終止保險契約，且該終止契約的意思表示，於意思表示到達（非對話意思表示）或了解（對話意思表示）時，立即生效，不必另訂猶豫期間（參照德國保險契約法第 24 條第 1 項前段）。
二、危險增加不可歸責於要保人（及／或被保險人）者
所謂危險的增加不可歸責於要保人（及／或被保險人）的情形，包括「危險增加與要保人（及／或被保險人）的意思無任何關係 (eine Erhohung der Gefahr unabhangig von

⑶喪失契約終止權的事由

依保險法第 60 條第 2 項規定，保險人喪失終止權的事由有三：

A.保險人知危險增加後，仍繼續收受保險費

保險人知悉危險增加後，不但不終止契約，反而仍繼續收受保險費，足證仍有維持契約的意思，因此其終止權喪失。

B.保險人知悉危險增加，但於危險發生後仍然為保險理賠者

保險人明知危險增加，可以行使終止權而不行使，反而進一步在危險事故發生之後給付賠償金額，足證明其有拋棄終止權，履行契約效力的意思，因此亦喪失終止權。

C.其他維持契約的表示

指除以上 A.、 B.以外，保險人有其他明示或默示維持契約的意思表示。

⑷修法上建議

有以上三種情形之一者，保險人喪失終止權，為周全計，似宜增加關於行使終止權的限制：

A.訂立行使終止權的除斥期間

保險法並無行使終止權除斥期間的規定，立法似有缺漏。由於終止權為形成權的一種，其行使應該有除斥期間的限制，以免法律關係長期處於不安定狀態，例如：增訂「終止權自保險人知悉危險增加後，經一個月不行使而消滅」的規定❼❸。2008 年德國保險契約法第 158 條第 2 項：「自危險增加事實發生五年後，

---

dem Willen des Versicherungsnehmers, 1908VVG §27)」 與 「危險之增加雖然與要保人（及／或被保險人） 的意思有關係，但要保人 （及／或被保險人） 並無過失 （die Verletzung （按：指要保人違背其負有不增加危險之義務） nicht auf einem Verschulden des Versicherungsnehmers, 1908VVG §24(1))」 兩種情形，在這兩種情形，應立即猶豫期間，使保險人終止契約的意思表示於到達 （非對話意思表示）或了解（對話意思表示）之後，再經過一段期間，始生效力，或於一段期間之前預為通知，然後終止契約，如此使得要保人（及／或被保險人）有足夠時間另行洽覓其他保險人承保，不致使保險中斷，以保護要保人（及／或被保險人）之利益。德國保險契約法第 24 條、第 27 條分別規定「要保人接到保險人所為終止契約之表示後一個月後生效」或「保險人須於為終止契約之表示之一個月前先行通知要保人」之規定，堪為參考。

❼❸ 保險法並無關於保險人於受到危險增加之通知後一定期間 （除斥期間） 內必須行使契約終止權，逾除斥期間不行使者，其終止權喪失之規定。此一立法缺失，導致保險法

239

保險人不得再主張危險增加的事實而終止契約。但保險單持有人故意或詐欺地違背第 23 條❼❹之義務者，前述期間為十年」的規定，可以參考。

律關係長期不穩定，宜修正保險法增加期限限制之規定，並可以依危險增加歸責的不同，及發生保險事故時間的不同，對於保險人的責任作不同的規定。茲分述如下：

一、危險增加由於要保人（及／或被保險人）的故意過失行為所致，要保人（及／或被保險人）違反危險維持義務，因其故意或過失使危險增加者，只要保險事故在增加危險之後、除斥期間屆滿前發生，保險人一律免責。

二、危險增加由於要保人（及／或被保險人）之行為所致，但要保人（及／或被保險人）就危險之增加無故意過失者：

　1.要保人（及／或被保險人）已依法履行危險增加的通知義務

　　⑴保險人已於除斥期間內為終止契約的表示

　　　A.保險事故在保險人行使終止權之意思表示生效前發生：保險人須負保險給付責任。

　　　B.保險事故在保險人行使終止權之意思表示生效後發生：保險人不須負保險給付責任。

　　⑵保險人未於除斥期間內為終止契約之表示者：保險人之契約終止權喪失，保險人對於保險事故之發生，須負保險給付責任。

　2.要保人（及／或被保險人）未依法履行危險增加之通知義務（包括未通知及逾期通知）

　　⑴保險人已知悉危險增加之事實者

　　　A.保險人自知悉時起算之除斥期間內終止契約者

　　　　a.保險事故在保險人行使終止權之意思表示生效前發生者：保險人須負保險給付責任。

　　　　b.保險事故在保險人行使終止權之意思表示生效後發生者：保險人不負保險給付責任。

　　　B.保險人自知悉時起算之除斥期間內未終止契約者：保險人之契約終止權喪失，保險人對於保險事故之發生，須負保險給付之責任。

　　⑵保險人不知悉危險增加之事實者

　　　要保人（及／或被保險人）未依法為危險增加之通知，而保險事故於保險人「應收到危險增加之通知而未收到之日」起算，逾行使契約終止權之除斥期間（例如三十日）後始發生者，保險人仍得主張不負保險給付責任（1908VVG §25(2) 參照），但保險人於危險增加時，知其情事者，不在此限。

三、危險增加與要保人（及／或被保險人）無關者，其危險事故之發生與保險人危險給付義務之有無，與前揭「危險增加由於要保人（及／或被保險人）之行為所致，但要保人（及／或被保險人）就危險之增加無故意過失」之情形相同，茲不贅言（有關立法例參考 1908 德國保險契約法第 27 條及第 28 條）。

❼❹ 指要保人故意促使危險增加時的立即通知義務。

B.所增加的危險已經消滅，且回復至危險增加前的狀態者，不得行使終止權

危險增加，保險人固然有終止權，但在保險人行使終止權之前，危險已經消滅，保險標的物所處的環境及其他因素已回復至危險增加以前之狀態者，保險人的終止權也應喪失❼。

3.終止權除斥期間屆滿前，發生保險事故時，保險人的保險理賠義務

⑴邏輯上，保險人的理賠義務因終止權是否已經行使而不同

危險增加後，保險人有終止契約或提議另定保險費的權利，但在保險人行使契約終止權之前，假若發生保險事故，保險人是否仍須負擔保險給付的責任，不無疑義。依照邏輯推論，由於終止權的行使只使契約「向將來」失去效力，因此在終止權行使前所發生的保險事故——該保險事故既是在保險契約的有效期間內發生——保險人當然必須負保險給付的責任。相對地，從保險人行使終止權後所發生的保險事故——該保險事故是發生在保險契約效力終止以後——保險人自不必負保險給付之責。但是除斥期間，固然是對解除權人的限制，也是屬於解除權人的利益，理論上，解除權人在除斥期間屆滿前，其解除權都應該受法律的保護，不應該因行使解除權在保險事故發生前或發生後而不同，因此有下述立法上之建議，作為彌補。

⑵立法上的建議

A.危險因可歸責於要保人或被保險人的事由而增加時，應該增訂免除保險人保險給付義務的規定

若危險是因為要保人或被保險人的故意或過失而增加，而保險事故在危險增加之後、保險人行使終止權之前發生，應以立法方式，免除保險人的保險給付義務❼。因為假定法律就保險人行使契約終止權定有除斥期間，則從要保人或被保險人的故意或過失使危險增加之日起，至保險人得行使契約終止權的除斥期間屆滿之日止，保險人「都可以隨時終止契約」，不應因為保險事故發生在保險人行使契約終止權之前或之後而有所差異。

B.增加因果關係及除斥期間的限制規定

⑷欠缺因果關係

---

❼ 1908VVG §§24(2)、27(1) 後段。

❼ 1908VVG §25(1).

應該以立法規定，危險的增加與保險事故的發生、保險人責任範圍的大小沒有因果關係時，保險人的保險責任仍然存續，不受影響。2008 年德國保險契約法第 26 條第 3 項：「儘管有第 1 項、第 2 項的規定，在下列情形，保險人仍然有為保險給付的義務：承保危險之增加不是保險事故發生或責任大小的原因。」可作參考。

(B)行使終止權的除斥期間

保險事故發生在保險人喪失終止權之後，保險人到底有沒有保險給付義務？保險法沒有明文規定，但解釋上，保險人有為保險給付義務，也就是保險法對於保險人終止權的行使若有除斥期間的規定，在「終止權的除斥期間」經過之後，發生保險事故者，保險人有保險給付的義務。

2008 年德國保險契約法第 26 條第 3 項「儘管有第 1 項、第 2 項的規定，在下列情形，保險人仍然有為保險給付的義務：……或保險事故發生的時間在保險人終止保險契約的期間已經屆滿後，但保險契約沒有被終止者。」可供參考。

4.要保人（及／或被保險人）怠於通知的效果

(1)保險法的規定

危險增加，要保人（及／或被保險人）有為危險通知義務而怠於通知者，原則上保險人得解除契約，請求回復原狀，甚至請求損害賠償。保險法第 57 條規定：「當事人之一方對於他方應通知之事項而怠於通知者，除不可抗力之事故外，不問是否故意，他方得據為解除保險契約之原因」。解除契約後，原則上當事人各負回復原狀之義務，其應返還金錢者，並應自收受之日起，附加利息返還之[77]。保險人行使契約解除權，尚得請求損害賠償[78]，要保人或被保險人對於保險人因此所受之損失，應負賠償責任[79]。

(2)德國保險契約法的借鑑

2008 年德國保險契約法關於要保人故意、重大過失、輕過失使危險增加，違背危險增加通知義務，而發生保險事故之情形，分別規定不同的法律效果：基本上，故意違反，保險人免責；重大過失違反，比例減少保險給付；輕過失違反，保險人必須賠償。其具體規定如下：第 26 條第 1 項：「若要保人故意違背第 23 條第 1 項規定而使危險增加，且在危險增加之後發生保險事故者，保險人不負保險

---

[77] 民法第 259 條第 2 款。

[78] 民法第 260 條。

[79] 保險法第 63 條。

給付之責任。在重大過失違背該規定情形，保險人得依要保人過失嚴重的情節比例減少保險給付。要保人應對於其非重大過失，負舉證責任。」；危險增加因要保人或被保險人輕過失所致者，保險人仍然有保險理賠的責任。又同條第 2 項規定：「在第 23 條第 2 項[80]、第 3 項[81]所規定之危險增加情形，即使保險事故於保險人應該收到危險增加通知之日起一個月後發生保險事故，保險人仍無保險給付的義務，但保險人當時及時知悉承保危險之增加者，不在此限。要保人違背依據第 23 條第 2 項第 3 項之通知義務非出諸故意者，保險人必須負保險理賠責任。要保人因重大過失而違背通知義務者，適用本條第 1 項第 2 句的規定[82]。」

5.增訂「從提出要保申請書起到保險人同意承保時止」的危險增加的通知義務

應該增訂「從提出要保申請書起至保險人承諾保險止，有危險增加之情事者，要保人（及／或被保險人）也有通知之義務」。自要保人提出要保申請書之時起至保險人同意承保之時止，若有危險增加之情事者，要保人（及／或被保險人）是否有將危險增加的事實通知保險人的義務，我國保險法沒有明文規定，顯有疏漏。保險人決定是否承保及適用何種保險費率承保，多基於要保人要保申請書的說明，若要保人提出要保申請書之後而於保險人決定承保之前，有危險增加之情事者，要保人（及／或被保險人）理應將「危險增加的事實」通知保險人，以供保險人考慮。因此有關保險法上危險增加通知義務的規定，於要保人自提出要保申請時起至保險人為承保之時止所發生的危險增加，應同樣適用。為了彌補此一立法上的疏漏，在近程上，可於要保申請書增加條款，依契約條款的方式，課要保人以此一期間的危險增加通知義務，但是根本之計，仍須於保險法修正時，增訂條文，以杜爭議。1908 年德國保險契約法以立法方式作補充規定[83]。

須注意者，從提出要保申請書起到保險人同意承保止，要保人的危險增加通知義務與要保人針對保險人就要保申請書詢問的再說明義務不同，2008 年德國保險契約法修正時，規定若要保申請書提出之後，保險人就要保申請書填寫內容再

---

[80] 本項規定，要保人的故意促使危險增加，應不遲延地通知保險人。

[81] 本項規定，非因要保人的故意而使危險增加，要保人應於知悉後不遲延地通知保險人。

[82] 2008 年德國保險契約法第 26 條第 1 項第 2 句，要保人重大過失違背危險增加通知義務，保險人得依照要保人違法情節的大小減少保險給付。

[83] 1908VVG §29a.

為詢問者，要保人仍有據實說明之義務❹，具體內容規定在 2008 年德國保險契約法第 19 條：「要保人，在為契約之要約前，對於其所知悉之危險因素而與保險人做成雙方合意的保險契約之決定有關，且保險人已經以書面詢問者，有據實說明的義務。在保險人接到要保人的要約之後，而於承諾前，就第一句有關事項詢問要保人者，要保人就所詢問之問題，亦有據實說明義務。」

（二）危險減少的通知義務

保險法第 59 條第 4 項規定：「危險減少時，被保險人得請求保險人重新核定保費。」危險的高低，是計算保險費的重要基礎，危險增加時，要保人（及／或被保險人）固然有通知義務，保險人有「終止契約或提議另定保險費的權利」；危險減少時，要保人（及／或被保險人）也可以請求保險人重新核定保險費，減輕其保險費負擔，以維公平。要保人（及／或被保險人）欲請求降低保險費者，就應該先履行危險減少的通知義務。要保人（及／或被保險人）通知危險減輕之後，若保險人不同意，究竟如何處理？法無明文規定，似可準用保險法第 26 條：「保險費依保險契約所載增加危險之特別情形計算者，其情形在契約存續期內消滅時，要保人得按訂約時保險費率，自其情形消滅時起算，請求比例減少保險費。」、「保險人對於前項減少保險費不同意時，要保人得終止契約。其終止後之保險費已交付者，應返還之。」之規定，要保人得終止契約。

（三）保險事故發生的通知義務

1. 通知義務人

保險法第 58 條規定：「要保人、被保險人或受益人，遇有保險人應負保險責任之事故發生，除本法另有規定，或契約另有訂定外，應於知悉後五日內通知保險人。」保險事故發生的通知義務人是要保人、被保險人或受益人。只要其中任何一人或數人通知保險人，保險事故發生的通知義務就算已經履行，不需要保險契約當事人及關係人都履行此一義務。

依保險法第 62 條規定，保險人已知悉保險事故發生之事實者，要保人、被保險人或受益人不負通知義務，即令保險契約有要保人、被保險人或受益人怠於履行通知義務時，保險人不負責任之約定者，亦同。

---

❹ 2008 年德國保險契約法第 19 條。

2.通知期限

要保人、被保險人或受益人關於保險事故發生的通知期限原則上為五日，法律另有規定或當事人另有約定者，從其規定或約定。保險事故發生以後，要保人、被保險人或受益人應將保險事故發生的事實，儘快通知保險人，以便保險人釐清事故責任、勘查保險標的物的實際損失、並據以核定保險給付，避免時移日異，事故的責任、標的物的勘查以及損失的鑑定，發生困難。依保險法第 58 條規定，發生危險事故的通知期限為「五日」，但「本法另有規定」或「契約另有訂定」者不在此限。條文中「本法另有規定」，例如：依保險法第 62 條：「當事人之一方對於下列各款，不負通知之義務：一、為他方所知者；二、依通常注意為他方所應知，或無法諉為不知者；三、一方對於他方經聲明不必通知者」之規定是。條文中「契約另有訂定」，例如：在汽車保險，保險契約多約定，要保人或被保險人應於保險事故發生後四十八小時內通知保險人就是。1908 年德國保險契約法規定，要保人應於知悉保險事故發生後「立即通知」保險人[85]。在責任保險，被保險人的通知義務有二次，第一次是「知悉足以導致被保險人損害賠償責任之事實」；第二次是「第三人向被保險人行使請求權」[86]。

保險法第 58 條所規定之「五日」究竟是為強制規定，或是任意規定，有不同見解[87]，**但從保存事故現場資料，確定理賠責任，並維護保險人代位權的角度，以採任意規定說為當。**

美國法院曾有見解認為：關於對保險人行使請求權「通知時間適宜性的認定」，必須視個別具體案件的事實及情況作決定。若保險單僅約定「依其事實，盡其可能地快速」，並沒有強制被保險人必須「立即或即刻 (immediate or prompt)」通知。所謂「通知時間的適宜性」，並不是單純就時間一個因素來衡量。而是必須從相關事實及情況判斷之，因此保險人及其代理人的行為及表示等都應該列入考慮。此外，被保險人的經驗及專長也是考慮因素的範圍[88]。

---

[85] 1908VVG §33(1).

[86] 1908VVG §153(1)(2).

[87] 臺灣高等法院暨所屬法院 89 年法律座談會民事類提案第 19 號。

[88] Mighty Midgets Inc. v. Centennial Insurance Co., Court of Appeals of New York, 389 N.E.2d 1080 (1979). 該案原告 Mighty Midgets 直到事故發生後七個半月，才以正式的書面通知，向保險人請求保險給付，法院仍然許可。

3.通知內容

保險事故發生後，要保人、被保險人或受益人應將保險事故發生的事實通知保險人，但只以通知發生保險事故的事實為已足，不以將損害數額一併估價為必要。保險人受到保險事故發生的通知後，要保人、被保險人或受益人就保險人關於損失的查核等有配合義務。保險人受保險事故發生的通知後，為確定造成損失的事故是否在保險契約承保範圍內，及決定保險人應負擔保險給付的多寡，得請求要保人、被保險人或受益人提供必要資料或證據，此為當然的解釋，1908 年德國保險契約法並訂有明文❽。

4.違反通知義務的效果

依照保險法第 63 條的規定，要保人或被保險人違反通知義務者，應該對保險人因此所受的損失負損害賠償的責任，但是保險人並不因此而免除保險給付的責任。又若於汽車保險單，雖然約定汽車出險時，「被保險人有報警及通知之義務」、「被保險人未依上述規定辦理者，保險人不負賠償責任」，但上述約定的目的與保險法第 63 條的目的都在避免損害的擴大，被保險人違背報警義務，應類推適用保險法第 63 條的規定，認為僅發生對保險人因此所生的損害負賠償損失的問題，不生免除保險人保險給付之效果❾。

五、避免及減輕損害的義務

保險法並沒有關於要保人或被保險人避免及減輕損害義務的規定，但是海商法、外國立法例及保險實務上均有之。避免及減輕損害的義務，已經成為要保人及被保險人，基於誠實信用原則，在各種保險應盡的共同義務。雖然保險法關於要保人或被保險人在保險事故發生後的義務，只規定「危險發生的通知義務」，並未規定「避免及減輕損害的義務」，但是「愛物天心，厚德載物」，課要保人或被保險人以保險事故發生後避免或減輕損害的義務，是合情合理的事。

海商法第 130 條規定：「保險事故發生時，要保人或被保險人應採取必要行為，以避免或減輕保險標的之損失，保險人對於要保人或被保險人未履行此項義務而擴大之損失，不負賠償責任。」、「保險人對於要保人或被保險人，為履行前

---

❽ 1908VVG §34.

❾ 最高法院 84 年台上字第 1627 號判決。

項義務所生之費用，負償還之責，其償還數額與賠償金額合計雖超過保險標的價值，仍應償還之。保險人對於前項費用之償還，以保險金額為限，但保險金額不及保險標的物之價值時，則以保險金額對於保險標的之價值比例定之。」，就是有關於避免及減輕損害義務的規定。

　　1908 年德國保險契約法第 62 條規定：「保險事故發生後，要保人有盡其可能之注意避免或減輕損害之義務。」，而且規定在進行避免或減輕損害之行為時，應遵循保險人的指示。情況許可時，要保人應徵求保險人的指示；若涉及兩個以上的保險人，而該數保險人的指示互相衝突時，要保人應依自己審慎的判斷為之，也是關於要保人或被保險人避免或減輕損失的規定。

　　2008 年德國保險契約法第 82 條：「要保人於保險事故發生時，應盡可能避免或減輕損失發生。」、「要保人應遵循保險人的合理指示，於情況許可時，應獲取保險人的指示。保險契約有數保險人而其指示不同時，要保人應依其正常合理的判斷行之。」、「要保人故意違背第 1 項及第 2 項之附帶性義務者，保險人不負保險給付責任。因重大過失違背者，保險人得依要保人過失的狀況相應減少保險給付，要保人必須就其無重大過失負舉證責任。」、「雖有第 3 項規定，但若附帶性義務的違背既非保險事故發生的原因，也非保險人責任的範圍，保險人仍然應負保險給付的義務。第一句規定於要保人詐欺性地違背義務者，不適用之。」

　　參酌海商法及 1908 年德國保險契約法、2008 年德國保險契約法的規定，關於要保人或被保險人於保險事故發生後避免或減輕損害之義務，有以下數個重點可以借鑑：

1.避免或減輕損害的義務應該規定為法定義務，並規定在保險通則，成為各種保險要保人及被保險人的共同義務

　　各保險都有必要規定要保人及被保險人避免或減輕損害的義務，不宜只以約定定之，以免挂漏，宜規定在保險通則，成為共同應遵守的義務。

2.因故意或重大過失違背避免或減輕損害義務所致的損害，在因果關係的範圍內，應該分別列為保險人的免責或減少保險給付的要件

　　對於未履行避免或減輕損害義務所致之損失者，在立法政策上應該規定以要保人或被保險人有故意或重大過失為限，就有因果關係的部分，保險人可以免責或減輕責任❿。

要保人或被保險人因「過失」而怠未履行避免或減輕損害之責任者，保險人仍須負保險給付責任，因為從保險人言，保險人就要保人或被保險人的輕過失所致保險責任既須負保險給付責任，則其就要保人或被保險人的輕過失怠未履行避免或減輕損害之義務所致之損害，自亦應負保險給付的責任。要保人或被保險人的過失所致之損失，既然可透過保險制度，加以分化，則由於要保人或被保險人輕過失怠未履行避免或減輕損害之義務所致之損害，亦得透過保險制度，加以分化❷。

在保險法第 29 條只將要保人或被保險人「故意」導致保險事故發生，列為保險人法定免責事由的情形下，關於要保人或被保險人故意未盡避免或減輕損失義務所導致的損失，當然也只以要保人或被保險人「故意」沒有履行避免或減輕損失義務所導致的損失，保險人才可以主張免責。將來保險法第 29 條若獲得修正，將要保人或被保險人因「故意或重大過失」所發生保險事故同列為保險人免責的事由，或分別列為免責、減輕責任事由，則要保人或被保險人「故意或重大過失」違反避免或減輕損失義務所導致的損失，也應該列為保險人免責事由，或分別列為免責、減輕責任的事由。

3.避免或減輕損害所支出費用的負擔應視情況而為不同規定

⑴保險法的規定

在「沒有保險人指示」的情況下，要保人或被保險人為避免或減輕損失而支付的費用，若為保險事故發生時的情況所必需者，不論其避免或減輕有無效果，保險人都有補償的義務。但支出費用及保險給付的總額，除其避免或減輕措施係依保險人的指示而為者外，應受「保險金額」的限制。

---

❶ 依照保險法第 29 條的規定，因為要保人或被保險人的故意行為發生保險事故時，保險人不負保險給付的責任；因重大過失發生保險事故時，保險人仍然負保險給付的義務，因此在現行保險法第 29 條規定的邏輯推理下，保險人應該只有對要保人或被保險人因「故意」沒有履行避免或減輕損害義務所致的損失，才可以免除責任。但是，為了配合民法第 222 條：「故意或重大過失之責任，不得預先免除。」，及海商法第 131 條：「因要保人或被保險人或其代理人之故意或重大過失所致之損失，保險人不負賠償責任。」，並參考德國保險契約法的相關規定，將來保險法第 29 條修正時，似應將要保人或被保險人的故意或重大過失行為所發生的保險事故，都列在法定的除外不保事由。假若保險法依照這個觀點修正，則要保人或被保險人因故意或重大過失沒有履行避免或減輕損失義務所導致的損失，保險人皆不必負責。

❷ 參照 1908VVG §62(2) 前段。

在要保人或被保險人「依保險人指示」為避免或減輕損害措施的情形，即使其支出的費用加上實際損失的總額超過保險金額，保險人仍然有給付的義務。

在部分保險時，為避免或減輕損失而支出的必要費用，應由要保人（及／或被保險人）與保險人分擔之。換句話說：要保人應該依保險價額扣除保險金額後的數額與保險價額的比例計算其分擔額，也就是：

$$避免或減輕損害之費用 \times \frac{保險價額 - 保險金額}{保險價額}$$
$$=要保人（及／或被保險人）應分擔之費用$$

保險人應該依保險金額與保險價額比例計算其應分擔額，也就是：

$$避免或減輕損害之費用 \times \frac{保險金額}{保險價額}=保險人應分擔之費用$$

以我國保險法的規定為例，舉例說明如下：

假若要保人為避免或減輕損害所支出的費用是 200 萬元，房屋的保險價額是 100 萬元，保險金額是 70 萬元，則在未獲保險人指示的情況：保險人的分擔額是 200 萬元×(70 萬/100 萬)＝140 萬元，但是由於保險金額只有 70 萬元，因此保險人應該分擔數額也以 70 萬為限。另外要保人或被保險人必須自行負擔 130 萬元。

⑵**德國保險契約法規定的參考**

德國保險契約法第 83 條第 1 項：「保險人，對於要保人依其情況支出的合理必要費用，應該依照第 82 條第 1 項及第 2 項之規定給予補償，即使要保人所採取的避免或減輕損失措施沒有效果，亦同。保險人應要保人的請求有預支必要費用的義務。」，第 2 項：「保險人依法得減少保險給付時，亦得相應減少依第 1 項規定應支付之補償費。」，第 3 項：「要保人依保險人之指示而支出之費用，連同其他保險理賠的總額即使超過保險金額，保險人仍然有償還的義務」，第 4 項：「在動物保險，飼養費、檢查費以及治療費不得納入保險人依照第 1 項至第 3 項的規定應該給付的補償費用的範圍。」，以上規定有下列諸點值得借鑑：

A.德國將避免或減輕損害列為法定義務，且規定為了「避免或減輕損害而支出的費用」，保險人也有補償的義務。

B.補償費用原則上以合理必要為限，但不以實際達到避免或減輕損害的效果為必要。

C.避免或減輕損害所支出的費用，若依保險人指示而支出，可以實報實付，即使與其他賠償合計超過保險金額，保險人仍應理賠。

D.動物保險時，動物的飼養費、檢查費以及治療費不得納入補償範圍，因為這些若不是原本就要支出的，就是原本就醞釀的。

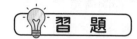

一、選擇題

1.下列關於由保險契約所生權利請求權時效的敘述，何者正確？

(A)六個月。

(B)自得請求起一年。

(C)自得請求起二年。

(D)自得請求起五年。

2.在汽車駕駛人責任保險，下列關於保險給付請求權消滅時效起算點的敘述，何者正確？

(A)自車輛發生碰撞之日。

(B)自知悉車輛發生碰撞之日。

(C)自被保險人受被害人請求之日。

(D)自車輛發生碰撞責任鑑定確定之日。

3.在人壽保險要保人與被保險人為不同人的情形，下列關於據實說明義務人的敘述，何者正確？

(A)要保人。

(B)被保險人。

(C)要保人及被保險人。

(D)要保人、被保險人及受益人。

4.下列關於據實說明義務在時間上的敘述，何者正確？

(A)限於提出要保申請書前。

(B)限於填寫要保申請書前。

(C)限於保險人核保前。

(D)限於核保通知書送達前。

5.依照保險法規定，下列關於據實說明義務範圍的敘述，何者正確？

(A)包括保險人書面詢問事項。

(B)包括保險人書面詢問事項及要保人或保險人知悉事項。

(C)包括保險人書面詢問事項、要保人或保險人知悉事項及保險人口頭詢問事項。

(D)限於保險人口頭詢問事項。

6.依照現行保險法的條文規定，下列關於違背據實說明義務類型的敘述，何者正確？

(A)限於故意隱匿。

(B)限於故意隱匿及遺漏不為說明。

(C)包括故意隱匿、遺漏不為說明及為不實說明。

(D)包括故意隱匿、及為不實之說明。

7.下列關於違背據實說明義務，是否以要保人有故意過失及因果關係為條件的敘述，何者正確？

(A)不以要保人有故意過失、因果關係為條件。

(B)以要保人有故意過失為條件、但不以有因果關係為必要。

(C)不以要保人有故意過失為條件、但以有因果關係為必要。

(D)以要保人有故意過失、且以有因果關係為必要。

8.下列關於違背據實說明義務時，保險人行使解除權除斥期間與保險事故發生，被保險人行使請求權消滅時效期間的敘述，何者正確？

(A)保險人知有解除之原因後，經過一個月不行使而消滅，或契約訂立後經過二年，即有可以解除之原因，亦不得解除契約：由保險契約所生的權利，自得為請求之日起，經過二年不行使而消滅。

(B)保險人知有解除之原因後，經過三個月不行使而消滅，或契約訂立後經過二

年，即有可以解除之原因，亦不得解除契約：由保險契約所生的權利，自得
為請求之日起，經過五年不行使而消滅。

(C)保險人知有解除之原因後，經過二個月不行使而消滅，或契約訂立後經過二
年，即有可以解除之原因，亦不得解除契約：由保險契約所生的權利，自得
為請求之日起，經過二年不行使而消滅。

(D)保險人知有解除之原因後，經過一個月不行使而消滅，或契約訂立後經過一
年，即有可以解除之原因，亦不得解除契約：由保險契約所生的權利，自得
為請求之日起，經過一年不行使而消滅。

9. 下列關於繳納保險費義務的敘述，何者正確？

(A)要保人有繳納保險費義務，利害關係人得代為繳納。

(B)要保人及利害關係人都有繳納保險費義務。

(C)要保人沒有繳納保險費義務，利害關係人有代為繳納義務。

(D)要保人及利害關係人都沒有繳納保險費義務。

10. 依照保險法規定，下列關於危險增加通知義務的敘述，何者正確？

(A)「屬於保險契約記載危險增加之情形」且「因要保人或被保險人之行為」所
致者，應預先通知；「屬於保險契約所載危險增加之情形」但「非因要保人或
被保險人之行為」所致者，應於知悉後立即通知。

(B)「屬於保險契約記載危險增加之情形」且「因要保人或被保險人之行為」所
致者及「屬於保險契約所載危險增加之情形」但「非因要保人或被保險人之
行為」所致者，都應於知悉後立即通知。

(C)「屬於保險契約記載危險增加之情形」且「因要保人或被保險人之行為」所
致者，及「屬於保險契約所載危險增加之情形」但「非因要保人或被保險人
之行為」所致者，都應預先通知。

(D)「屬於保險契約記載危險增加之情形」且「因要保人或被保險人之行為」所
致者，應立即通知；「屬於保險契約所載危險增加之情形」但「非因要保人或
被保險人之行為」所致者，應知悉後五日內通知。

11. 危險增加情事發生，在保險人得行使終止權的除斥期間內，若保險人尚未行使

終止權而發生保險事故，下列關於保險人是否應該理賠以及立法政策的敘述，何者正確？

(A)邏輯上保險人必須為保險給付；在立法政策上，若危險增加可歸責於要保人或被保險人，保險人得拒絕給付。

(B)邏輯上及立法政策上保險人都必須為保險給付。

(C)邏輯上及立法政策上保險人都得拒絕為保險給付。

(D)邏輯上保險人必須為保險給付；在立法政策上，若危險增加不可歸責於要保人或被保險人，保險人仍得拒絕給付。

12. 下列關於據實說明義務、危險增加通知義務的敘述，何者正確？

(A)要保人就保險人核保前所知悉之事項，有據實說明義務。

(B)要保人就保險人核保前所知悉之事項，有危險增加通知義務。

(C)要保人就提出要保申請書前，保險人的書面詢問有據實說明義務；就保險契約生效後危險增加者，要保人有危險增加通知義務，在立法政策上，從要保申請書提出後，保險人核保前危險增加者，要保人也有危險增加通知義務。

(D)要保人就提出要保申請書前，保險人的書面詢問有危險增加通知義務；就要報申請書提出後、保險人核保前所增加的危險有據實說明義務。

13. 下列關於危險發生通知義務的義務人以及通知期間的敘述，何者正確？

(A)要保人、被保險人或受益人都應有危險發生通知義務；保險事故發生的通知期間原則上為十日，但法律另有規定或當事人另有約定者，從其規定或約定。

(B)要保人、被保險人或受益人三者中任何一人履行危險發生通知義務即可；保險事故發生的通知期間原則上為五日，可以延長，但不得縮短。

(C)要保人、被保險人或受益人都有危險發生通知義務；保險事故發生的通知期間原則上為五日，法律另有規定者，從其規定，但當事人另有約定者，以較長為限，從其約定。

(D)要保人、被保險人或受益人三者中任何一人履行危險發生通知義務即可；保險事故發生的通知期間原則上為五日，法律另有規定或當事人另有約定者，從其規定或約定。

14. 下列關於危險發生通知義務的內容以及違反危險發生通知義務法律效果的敘述，何者正確？

(A)危險發生的通知內容，只要通知發生保險事故就可以，不必通知損害的具體數額；要保人或被保險人違反通知義務時，應該對保險人因此所受的損失負損害賠償的責任，但是保險人並不因此而免除保險給付的責任。

(B)危險發生的通知內容，必須通知發生保險事故之事實以及損害的具體數額；要保人或被保險人違反通知義務時，應該對保險人因此所受的損失負損害賠償的責任，但是保險人並不因此而免除保險給付的責任。

(C)危險發生的通知內容，只要通知發生保險事故就可以，不必通知損害數額的具體數額；要保人或被保險人違反通知義務時，保險人即因此免除保險給付的責任。

(D)危險發生的通知內容，應通知發生保險事故以及損害的具體數額；要保人或被保險人違反通知義務時，保險人因此而免除保險給付的責任。

15. 保險事故發生後，下列關於要保人或被保險人避免及減輕損害義務的敘述，何者最為正確？

(A)是約定的義務，只有適用於海上保險。

(B)是法定的義務，只有適用於海上保險。

(C)是法定的義務，只有適用於火災保險。

(D)應該是各種保險要保人及被保險人的共同義務，目前有些規定在法律，有些以契約約定之。

16. 依照保險法相關規定解釋，下列關於要保人因故意、重大過失或過失而未盡避免及減輕損害義務的敘述，何者正確？

(A)要保人因重大過失或過失而未盡避免或減輕損害的義務，對於因此所生的損害，保險人仍然須負保險給付責任；對於要保人因故意未盡避免或減輕損害的義務，對於因此所生的損害，保險人不負保險給付責任。

(B)要保人因過失而未盡避免或減輕損害的義務，對於因此所生的損害，保險人仍然須負保險給付責任；對於要保人因故意或重大過失未盡避免或減輕損害的義務，對於因此所生的損害，保險人不負保險給付責任。

⒞要保人因故意、重大過失或過失而未盡避免或減輕損害的義務，對於因此所生的損害，保險人都須負保險給付責任。

⒟要保人因故意、重大過失或過失而未盡避免或減輕損害的義務，對於因此所生的損害，保險人都不負保險給付責任。

17.要保人於填寫要保申請書時，詐欺保險人，為不實之說明，陷保險人於錯誤，而為同意承保的意思表示。依照最高法院的相關決議，下列關於保險人行使解除權或撤銷權的敘述，何者正確？

⒜保險人只可以行使保險契約的解除權，不得行使意思表示的撤銷權，在行使保險契約解除權的除斥期間屆滿之後，即使行使意思表示撤銷權的除斥期間還沒有屆滿，也不得行使撤銷權。

⒝保險人只可以行使意思表示的撤銷權，不得行使保險契約的解除權。

⒞保險人可以行使保險契約的解除權，也可以行使意思表示的撤銷權，在行使保險契約的解除權的除斥期間屆滿之後，若行使意思表示的撤銷權的除斥期間還沒有屆滿，仍得行使撤銷權。

⒟保險人可以行使保險契約的解除權，也可以行使意思表示的撤銷權，但在行使保險契約解除權的除斥期間屆滿之後，即使行使意思表示撤銷權的除斥期間還沒有屆滿，也不得行使撤銷權。

18.保險事故發生後，若確認要保人違背據實說明義務與保險事故之發生沒有因果關係，保險人得否解除契約？

⒜得解除契約，但以要保人詐欺為限。

⒝不得解除契約。

⒞只有在保險人承諾前已知悉要保人違背據實說明義務的情況下，保險人才不得解除契約。

⒟不論保險人承諾前是否知悉要保人違背據實說明義務，保險人都可以解除契約。

19.在保險契約是透過代理人訂定的情形，下列關於故意或詐欺違背據實說明義務歸酌主體的敘述，何者正確？

⒜只有代理人知悉，才算知悉。

⒝只有要保人本人知悉，才算知悉。

⒞必須要保人及代理人都知悉，才算知悉。

⒟只要要保人或代理人之一知悉，就算知悉。

20.依照保險法的規定，下列關於要保人違背據實說明義務致影響保險人對危險的估計之法律效果的敘述，何者正確？

⒜保險人得解除契約。

⒝保險人得終止契約。

⒞保險人得撤銷契約。

⒟保險人得主張契約為無效。

21.下列關於要保人據實說明義務範圍的敘述，何者最正確？

⒜要保人對於保險人的書面詢問，不論知悉與否，都應該據實說明。

⒝要保人就其所知悉與保險契約有關之事項，都應該據實說明。

⒞要保人對於保險人的書面詢問，以知悉為限，應該據實說明。

⒟要保人對於保險人的書面詢問以及其他重要事項，以知悉為限，應該據實說明。

22.因可歸責於要保人之事由而保險費未給付或第一期的保險費未給付，而發生保險事故時，下列關於保險人保險給付義務的敘述，何者正確？

⒜沒有保險給付義務。

⒝沒有保險給付義務，可以解除契約。

⒞有保險給付義務。

⒟有保險給付義務，但是若發生保險事故可以扣除積欠的保險費。

23.下列關於危險增加通知義務的範圍的敘述，何者正確？

⒜限於保險契約成立之後的危險增加。

⒝限於保險契約生效之後的危險增加，但立法上還應該包括要保人提出要保申請書之後、保險人承諾前的危險增加。

⒞限於提出要保申請書之後的危險增加。

⒟限於保險人簽發保險單之後的危險增加。

24.下列關於要保人危險增加通知義務的敘述，何者正確？

　(A)危險增加可歸責於要保人者，應先通知保險人；保險契約所列舉之危險增加非可歸責於要保人者，應該在知悉後 10 日內通知保險人。

　(B)危險增加可歸責於要保人者，應立即通知保險人；保險契約所列舉之危險增加非可歸責於要保人者，應該在知悉後立即通知保險人。

　(C)危險增加可歸責於要保人者，立即通知保險人；危險增加非可歸責於要保人者，應該在知悉後 10 日內通知保險人。

　(D)危險增加可歸責於要保人者，應先通知保險人；危險增加非可歸責於要保人者，應該在知悉後立即通知保險人。

25.下列何種危險增加，要保人有危險增加通知義務？

　(A)騎機車上高速公路。

　(B)感冒，忽然身體高燒。

　(C)九二一地震發生，臨時就地參加救災。

　(D)住家用的建築物改為商業用途。

26.根據保險法的規定，危險增加因要保人或被保險人之行為所致時，下列關於危險增加通知義務之敘述，何者最正確？

　(A)一律應該先通知保險人。

　(B)危險增加達到應該增加保險費或終止保險契約之程度時，應該預先通知保險人。

　(C)危險增加達到應該增加保險費或終止保險契約之程度時，應該在危險增加後立即通知保險人。

　(D)危險增加達到應該增加保險費或終止保險契約之程度時，應該在危險增加之後十日內通知保險人。

27.根據保險法的規定，非保險契約所列舉的危險增加，且非因要保人或被保險人之行為所致時，下列關於危險增加通知義務之敘述，何者正確？

　(A)危險增加達到應該增加保險費或終止保險契約之程度時，應該在危險增加之後十日內通知保險人。

　(B)危險增加達到應該增加保險費或終止保險契約之程度時，應該在知悉危險增

加之後十日內通知保險人。

(C)危險增加達到應該增加保險費或終止保險契約之程度時，應該在危險增加之後立即通知保險人。

(D)危險增加達到應該增加保險費或終止保險契約之程度時，應該在知悉危險增加之後立即通知保險人。

28.根據保險法的規定，危險增加情況嚴重且具有持續性時，下列關注法律效果的敘述，何者正確？

(A)保險人得終止契約或提議另定保險費。

(B)保險人只得終止保險契約。

(C)保險人只得提議另定保險費。

(D)保險人得解除契約。

29.以房屋為保險標的物，投保火災保險以及洪水險。要保人於訂定保險契約後，在房屋內堆積儲存大量易燃物資，但是房屋因颱風來襲，洪水泛濫而流失。保險人有無保險給付的義務？

(A)無保險給付義務。

(B)有保險給付義務。

(C)有保險給付義務，但是應該扣除應增加的保險費。

(D)保險人不受拘束。

30.因要保人的行為致使危險增加的情形，若於保險人於終止權的除斥期間屆滿，喪失終止權後，發生保險事故，保險人有無保險給付的義務？

(A)無保險給付義務。

(B)有保險給付義務。

(C)有保險給付義務，但是應該扣除應增加的保險費。

(D)保險人不受拘束。

31.危險增加而有下列何種情形之一時，要保人或被保險人應負危險增加的通知義務？

(A)損害之發生不影響保險人之負擔者。

(B)為防護保險人之利益者。

(C)為履行道德上之義務者。

(D)危險增加所致之損害，在保險人承保之範圍者。

参考答案

1. CCCAA	6. CDAAA
11. ACDAD	16. A

17. A，但依德國保險契約法為 C

18. BDA	21. CA

23. B，但依德國保險契約法為 C

24. BD	26. BBABB
31. D	

二、問答題

1. 試附具理由回答下列問題：保險法所規定之通知義務有幾種？對於此等通知義務之違反，他方當事人是否均得依據保險法第 57 條：「當事人一方對於他方應通知之事項而怠於通知者，除不可抗力之事故外，不問是否故意，他方得據為解除保險契約之原因。」之規定，解除保險契約？(92 年，律師)

2. 甲以自己為被保險人向 A 人壽保險公司投保前，經醫院檢查結果證實已患有肝癌，然甲隱匿而未告知 A，A 經核保手續後同意承保並簽發保險單與甲，保險期間內甲因肝癌而死亡。試問：A 應否給付保險金與受益人？若甲係於訂約兩年後而尚於民法撤銷意思表示之除斥期間內因肝癌而死亡，其結果有無不同？(92 年，司法官)

3. 甲明知自己患有惡性腫瘤，於民國 88 年 6 月 1 日欺瞞不知情之保險公司乙訂立死亡保險契約。甲以自己為要保人並為被保險人，以其母丙為受益人。於民國 88 年 9 月間，甲於病危時，遭因地震而倒塌之房舍壓擠而致死亡。遺有妻丁及母丙，並無其他親人。就此案例，試具理由回答下列問題：(89 年，司法官)

(1)乙於接獲丙的理賠請求後查知甲曾患有惡性腫瘤之事實，可否依保險法的規

定主張解除契約而拒絕理賠？

⑵乙應向何人主張契約的解除權？

⑶除依保險法的規定外，乙得否依民法有關詐欺之規定主張撤銷保險契約？

4.保險法第 64 條規定：「訂立契約時，要保人對於保險人之書面詢問，應據實說明。」，試說明本項規定之涵義，並分析其立法之得失。(93 年，臺大法研所)

5.我國保險法第 105 條規定：「由第三人訂立之死亡保險契約，未經被保險人書面承認，並約定保險金額，其契約無效。」，該條文於民國 90 年 6 月 26 日經立法院三讀通過，修正為：「由第三人訂立之死亡保險契約，未經被保險人書面同意，並約定保險金額，其契約無效。」、「被保險人依前項所為之同意，得隨時撤銷之。其撤銷之方式應以書面通知保險人及要保人。」、「被保險人依前項規定行使其撤銷權者，視為要保人終止保險契約。」，試問：

⑴修正前與修正後的差異何在？立法理由為何？請詳述之。

⑵依新修正條文第 2 項之規定，被保險人行使撤銷權後，對要保人及受益人之權益有何影響？請詳析之。(90 年，司法官)

6.試說明保險法第 64 條有關要保人據實說明義務規定的立法、修法的演變過程，並評論現行規定的得失。

7.何謂肯定擔保 (affirmative warranty) 及承諾擔保 (promissory warranty)？違背上述擔保義務，法律效果有何不同？

8.保險契約所生的權利，其請求權時效有多久？何時開始起算？立法上有無必須修正之處。

9.何人有據實說明的義務？據實說明義務的範圍如何？請比較保險法與德國保險契約法的不同規定，並評論其得失。

10.違背據實說明義務有三個類型：「故意隱匿」、「遺漏不為說明」或「為不實之說明」。試回答下列問題：

⑴「故意隱匿」、「遺漏不為說明」或「為不實之說明」是否以要保人有故意或過失為必要？是否以已經知悉詢問之事實為必要？

⑵是否要保人一有「故意隱匿」、「遺漏不為說明」或「為不實之說明」三個事實之一，保險人就都可以解除契約？

⑶「遺漏不為說明」是指「故意遺漏不為說明」，或是指「過失遺漏不為說明」？

請說明學者見解，並加以評論。

11.保險契約訂立時，要保人不但故意違背據實說明義務，而且保險人也因為被要保人的詐欺而為同意承保的意思表示。假若保險人依照保險法第 64 條的保險契約解除權已經因為除斥期間經過而不能行使，保險人在民法所定撤銷權的除斥期間內，可否依照民法第 92 條的規定行使撤銷權？試舉法院的實務見解以及德國的立法例以對，並評論之。

12.試評論保險法關於要保人危險增加通知義務的主要規定及修正之道。

13.汽車責任保險的保險事故發生的時點，究竟在車禍發生時？或是在受害人請求時？試舉保險法的規定以對。又保險法的規定，立法上有無缺失？應該如何修正？試說明之。

14.保險法第 58 條規定：「要保人、被保險人或受益人遇有保險人應負保險責任之事故發生，除本法或契約另訂定外，應於五日內通知保險人。」，該條所規定之「五日」究竟是否為強制規定，或是任意規定？又要保人違背法律規定或契約約定，未於期間內通知者，其法律效果如何？

15.違背據實說明義務的類型之一「遺漏不為說明」，在修正前使用「過失遺漏」一詞，試說明其修正理由，並評論其得失。

第八章

保險人的主要權利義務

壹 保險人的權利──請求給付保險費

一、緒 說

保險人最重要的權利，就是請求要保人給付保險費。保險契約是雙務契約，保險契約必須有保險費的約定，才能生效；保險契約無保險費之約定者，無效。雖然保險契約是諾成契約，不以繳納保險費為保險契約的成立要件，但實務上，多約定保險費之繳納是保險契約的生效要件。

純保險費是保險費的計算基礎，保險費主要是由純保險費再加上附加費用(包括：營業費用及合理利潤) 所組成。保險費的高低與承保風險的大小有對價衡平關係。**保險費的高低不得有任何歧視行為，不得單純因膚色、信仰、種族、血統、年齡、性別、駕駛執照取得期間的長短、信用等級、婚姻狀態、是否殘障之不同而為區別費率❶**。又即使將某個因素納為保險費的高低因素，從對價平衡上考慮有其正當性，但是因為法律另有禁止規定，仍然不得將該因素列為精算因素。

在 Hartford Accident & Indemnity Co. v. Insurance Commissioner of the Commonwealth of Pennsylvania 一案❷，保險人以駕駛人性別統計顯示的危險因素

❶ Allstate Insurance Company v. Schmidt. Haw. Sup. Ct. 104, Haw. 261. 88 P.3d 196 (2004).

❷ Supreme Court of Pennsylvania, 482 A.2d 542 (1984).

本案的法律事實是：Hartford 即本案的原告，以精算資料為基礎，建立汽車保險的保險費率，精算資料顯示男人駕駛汽車肇事的機會多於女人。Mattes，一位 Hartford 保險公司的保險單持有人，向被告賓夕凡尼亞保險委員會 (Pennsylvania Insurance Commission) 提出申請，主張保險費率以性別之不同作為基礎，並不妥當。該委員會，也就是原來核准此一保險費率的機關，依照州費率法中關於禁止不公平歧視費率的規定，宣告 Hartford 的費率規定為無效，並撤銷了原來的核可，Hartford 提起訴訟，請求審理此一命令的合法性。

本案的法律爭點是：以性別作為保險費率基礎是否構成不公平的歧視，因而無效？

法院判決由 Nix J. 做成，判決指出：以性別的不同作為訂定保險費率的基礎確實是不公平的歧視，因此是無效的。賓夕凡尼亞州的費率法規定「費率不得太高、不當、或是不公平的歧視」，該法的此一規定限制了保險人適用以危險及以往損失為基礎精算資料而訂的費率的權利。法條並未為「不公平歧視」一詞界定定義。Hartford 保險公司辯稱所謂「不得不公平歧視」是指「保險法律不得在精算上不公平」。但是本院從本法的制定歷史觀察，此一理由並沒有獲得支持。不但如此，保險公司的此一解釋將導致此一規定是多餘的，因為費率法開門見山規定費率必須建立在精算資料的基礎上。本案

及以往的肇事紀錄為精算保險費的基礎，但是由於賓州禁止以性別作為保險費的基礎，違反之者，無效。在該案，原告 Hartford 保險公司主張：以性別的不同作為訂定男性、女性不同保險費率的基礎應該許可；但法院的見解是：在保險費中，以性別的不同作為保險費的不同計算標準，是違背賓州法律，構成不公平的歧視，因此是無效的。必須注意，本案是因為賓州法律有禁止規定，所以才無效，假若沒有禁止的法律，則根據統計數字，計算保險費，仍然是合法的。

二、保險費的給付義務人

不論保險契約為「利己」或是「利他」，保險費的給付義務人都是要保人，而且只是要保人。保險契約指定要保人自己為被保險人（財產保險）或受益人（人身保險）者，是為要保人自己利益而訂立，因此稱為利己保險契約。保險契約指定要保人以外的其他人為被保險人（財產保險）或受益人（人身保險）者，是為他人利益而訂立，因此稱為利益他人保險契約 (die Versicherung für fremde Rechnung)。**不論利己或是利他保險契約，只有要保人才是契約的當事人，也只有要保人才負有繳納保險費的義務。**保險法第 22 條第 1 項規定：「保險費應由要保人依契約規定交付。信託業依信託契約有交付保險費義務者，保險費應由信託業代為交付之。」就是這個意思。

民法第 311 條：「債之清償，得由第三人為之。但當事人另有訂定或依債之性質不得由第三人清償者，不在此限。」、「第三人之清償，債務人有異議時，債權人得拒絕其清償。但第三人就債之履行有利害關係者，債權人不得拒絕。」保險費雖然以要保人或信託業為給付義務人或代付義務人，但是第三人若具有利害關係——例如：第三人是抵押權人、質權人而被指定為財產保險的被保險人

被告保險委員會深入研究由賓夕凡尼亞所通過的平等法修正案 (the Equal Rights Amendment)，因此賦給此一名詞意義。從公共政策的觀點以性別的不同作為訂定不同保險費率的基礎是違背平等法修正案的精神的。平等法修正案的強制規定使得性別歧視成為不公平的歧視。據上所述，州保險委員會的撤銷原核可是適當行使權力。原撤銷的處分應該維持。

附帶說明：並不是所有各州都有「平等法修正案」，因此，以性別之不同作為訂定費率基礎，並不都違背「平等法修正案」，但是各州仍然有其他不同法源，若訂定以性別為基礎的費率仍然可能違法其他法源，導致違反公共政策而無效。有一些州規定保險單之出售不得參考要保人（被保險人）的性別。

(Versicherten)，或第三人是要保人的妻子，而被指定為人身保險的受益人 (Bezugsberechtigen) 等——即使要保人對該第三人的給付保險費有異議，保險人一樣有受領的義務，不可以拒絕❸。第三人以利害關係人的身分代為繳納保險費是權利，而非義務。

保險法第 115 條規定：「利害關係人，均得代要保人交付保險費。」，本條雖然是針對人身保險（即：人壽保險、健康保險及傷害險）而規定的❹，但從法律的規範體系言，本條應該只是民法第 311 條規定的重申，不應被誤解為「明示其一，排斥其他」的規定，也就是民法第 311 條的規定，是民事法的普遍原則，對於財產保險、人身保險都一樣可以適用，只要是具有利害關係的第三人，不論在哪一種保險，都可以基於利害關係人的身分給付保險費，即使債務人（要保人）有異議，保險人亦有受領的義務，2008 年德國保險契約法有明確規定。

三、對要保人所得主張之抗辯權的擴大化

保險法第 22 條第 3 項規定：「要保人為他人利益訂立之保險契約，保險人對於要保人所得為之抗辯，亦得以之對抗受益人。」所謂「要保人為他人利益訂立之保險契約」是指要保人與保險人訂立的保險契約，是指定要保人以外的第三人為被保險人（在財產保險）或受益人（在人身保險）而言，例如：抵押人與保險人訂立火災保險契約，保險標的物是設定抵押權的房屋，而指定銀行為被保險人，或是丈夫以妻子為被保險人投保死亡保險，而指定其子女為受益人都是。又所謂「保險人對於要保人所得為之抗辯，亦得以之對抗受益人」❺是指要保人若有欠繳保險費、違背據實說明義務等事實，且保險人有行使終止權、解除權、保險給付扣減積欠保險費的權利時❻，其行使終止權、解除權、保險給付扣減積欠保險費的抗辯，亦得對被保險人（在財產保險）或受益人（在人身保險）主張。例如：甲以自己為被保險人，與保險公司訂立死亡保險契約，指定其子乙為受益人。若甲違背據實說明義務，未披露其患有酒癮之事實，其後又因酒癮發作導致心肌梗

❸ 參照 1908VVG §35a(1)。

❹ 保險法第 115 條、第 130 條及第 135 條。

❺ 保險法第 22 條第 2 項的「受益人」應該修正為「被保險人或受益人」為是，使本條本項對於財產保險及人身保險都可以適用。

❻ 請參照本節七、保險費的扣除的說明。

塞，病發死亡。此時保險人得對抗甲之解除權抗辯，也可以對抗受益人乙❼，又如：要保人施詐術以漁船向保險人投保，保險人以要保人違背據實說明義務為理由解除契約時，亦得以之對抗被保險人❽。

四、給付方式

保險費的給付方式分一次交付與分期交付兩種，前者多見於財產保險或其他短期人身保險（傷害保險），後者多用於人身保險中的人壽保險（死亡保險、生存保險、終生死亡保險及生存死亡兩合保險）。

五、給付時間

保險費應由要保人依契約約定的時間繳納❾，保險契約未約定保險費的給付時間者，一般於保險契約成立後為之❿，且多以繳納保險費為保險契約的生效要件。1908 年德國保險契約法規定除保險人無須簽發保險單 (Versicherungsschein, the policy) 的情形外，保險費的交付應與保險單的交付同時為之。

六、給付地點

保險費的繳納，原則上應於保險人之主事務所或地址所在地為之。保險法關於要保人給付保險費之處所，並沒有另外規定，因此應準用民法關於債務清償地的規定。民法第 314 條規定：「清償地，除法律另有規定或契約另有訂定，或另有習慣，或得依債之性質或其他情形決定者外，應依下列各款之規定：一、以給付特定物為標的之債，於訂約時，其物所在地為之。二、其他之債，於債權人之住所地為之。」保險費之繳納，性質上並非以給付特定物為標的之債，應該被納入第 2 款「其他之債」之範圍內，因此除非另有習慣、約定，否則應該以「債權人之住所地」為清償地。又保險人，不論為股份有限公司或合作社組織，性質上都是法人，應以其主事務所或社址的所在地為住所⓫，併此說明。

---

❼　最高法院 83 年台上字第 2928 號判決。
❽　最高法院 81 年台上字第 316 號判決。
❾　保險法第 22 條第 1 項。
❿　一般以意思表示合致之時，為契約成立之時。
⓫　民法第 29 條，合作社法第 9 條第 2 項第 4 款。

1908 年德國保險契約法將保險費的給付方式以「到家收費」為原則，以「寄交收費」為例外，若原為到家收費，欲改為寄交收費，須待保險人以書面通知要保人後，才生效力 **⑫**。到家收費的保險費，其清償地為收取保險費之時要保人的住所地；要保人基於營業而投保保險者，而營業處所與其住所又不相同時，則以其營業處所為給付保險費之處所 **⑬**，在寄交收費，要保人須以其自己之危險及費用 (auf seine Gefahr und Kosten) 將保險費寄交保險人 **⑭**，此立法可供參考。

七、保險費的扣除

保險契約生效期間內發生保險事故時，保險人固然有為保險繳納的義務。但是假若要保人有到期應該繳納而尚未繳納的保險費，保險人於為保險給付時，自得扣除要保人怠未給付之到期保險費後為給付之 **⑮**，即使要保人與被保險人並不是同一個人，保險人向被保險人為保險給付時，還是可以扣除要保人積欠的保險費，此觀保險法第 22 條規定：「保險費應由要保人依契約規定交付」、「要保人為他人利益訂立之保險契約，保險人對於要保人所得為之抗辯，亦得以之對抗受益人」之規定可知 **⑯**。

八、保險費給付的怠未給付

（一）全部或首期保險費怠未給付者

保險費之給付分為「一次給付」及「分期給付」兩種。實務上多於保險費給付之後，保險契約始生效力，但例外情形，也有約定讓保險契約先生效，保險費嗣後繳納者，保險法第 21 條：「保險契約規定一次交付，或分期交付之第一期保險費，應於契約生效前交付之；但保險契約簽訂時，保險費未能確定者，不在此限。」，就是在規定「保險契約簽訂時，保險費未能確定」 **⑰** 的情形，可以讓保險

---

⑫　1908VVG §37.
⑬　1908VVG §36(2).
⑭　1908VVG §36(1).
⑮　1908VVG §35b.
⑯　1908VVG §38(2)。
⑰　海上貨物保險實務上，常先同意承保，待貨物確定再繳納保險費。

契約先發生效力，保險費嗣後再行繳納者。又保險契約訂立時，雖保險費已經確定，但當事人同意契約先生效，保險費另外補繳者，亦無不可。

在保險費尚未給付但保險契約先生效的情形，對於尚未繳納的保險費，保險人可以依據「已經生效的保險契約」向要保人請求；在保險契約已經成立，要保人尚未繳納保險費致契約尚未生效的情形，若發生保險事故，保險人雖然可以不負保險給付的責任，但依照現行法，卻也無法依法律或依契約請求要保人給付保險費，導致保險契約長期處於「成立但未生效」的狀態，有時甚至會發生逆選擇的狀況，對於保險人十分不利。如何解決此一問題，我國保險法沒有明文規定。1908 年德國保險契約法就此一問題有兩項規定，可供參考：

1.保險人行使撤銷權

保險法規定，保險契約成立後，要保人怠於給付一次交付或分期交付之第一期保險費者，在要保人給付保險費前，保險人得撤銷保險契約。

2.視為撤銷

要保人怠於給付保險費，保險人自保險費到期日起三個月未提起訴訟請求給付保險費者，視為撤銷保險契約[18]。

（二）怠於給付次期保險費者

保險契約生效之後，要保人怠於給付次期以後之保險費者，其法律效果如何？在人壽保險，保險法有保險費不得以訴訟請求的規定[19]，但財產保險、有填補損失性質的健康保險、傷害保險則由於保險法沒有規定，因此應該適用民法有關給付遲延的規定。依照現行法，欠繳保險費應該分別適用保險法與民法的有關規定，形成雙軌制度，立法上並不周延。又保險法關於人壽保險之保險費到期未付，經定期催告仍未繳納者，保險契約效力停止之規定，對於健康保險、傷害保險亦有其準用，但對於財產保險並不適用或準用，應注意之。說明如下：

1.財產保險

依現行法制，應適用民法的規定，保險人有兩種選擇：

⑴提起訴訟，請求給付保險費

保險人可以提起訴訟，取得執行名義之後，聲請法院強制執行。

[18]　1908VVG §38(1).

[19]　保險法第 117 條。

⑵**進行催告，限期繳納，逾期解除契約**

保險人可以依照民法第 254 條：「契約當事人之一方遲延給付者，他方當事人得定相當期限，催告其履行，如於期限內不履行時，得解除其契約。」之規定，定期催告，解除契約。但在要保人給付遲延情形下，若保險事故於保險人為解約催告所訂「相當期限屆滿前」發生時，保險人是否負保險給付責任？若保險事故在「保險人所訂相當期限屆滿後，但於保險人行使解除權前」發生時，保險人是否須負保險給付責任？法無明文規定，有待澄清。

2.人壽保險、健康保險、傷害保險

在人壽保險，保險費到期未交付者，保險人得定期催告，除契約另有訂定外，經催告到達後屆三十日仍不交付時，保險契約之效力停止❷⓪。此一規定對於健康保險、傷害保險也可以準用，但是對於財產保險並無準用的餘地。保險人的催告應送達於要保人，或其他負有交付保險費義務之人的最後住所或居所，保險費經催告後，應於保險人營業所交付之❷①。契約效力停止前發生保險事故者，保險人應負保險給付責任，可是可以扣除積欠的保險費。契約效力停止後發生保險事故者，保險人不須負保險給付之責任，其有兩種可能發展，圖示如下：

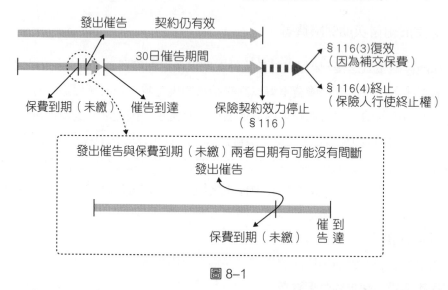

圖 8-1

❷⓪ 保險法第 116 條第 1 項、第 130 條、第 135 條。
❷① 保險法第 116 條第 2 項。

⑴**第一種情況：契約的效力回復**

在保險契約的效力停止以後，但是在保險人行使終止權之前，要保人或其他有利害關係之第三人，得給付保險費及其他費用，使已停止效力之保險契約自清償日之翌日上午零時，開始恢復其效力。保險法第 116 條第 3 項：「第 1 項停止效力之保險契約，於停止效力之日起六個月內清償保險費、保險契約約定之利息及其他費用後，翌日上午零時起，開始恢復其效力。要保人於停止效力之日起六個月後申請恢復效力者，保險人得於要保人申請恢復效力之日起五日內要求要保人提供被保險人之可保證明，除被保險人之危險程度有重大變更已達拒絕承保外，保險人不得拒絕其恢復效力。」，第 4 項：「保險人未於前項規定期限內要求要保人提供可保證明或於收到前項可保證明後十五日內不為拒絕者，視為同意恢復效力。」，第 5 項：「保險契約所定申請恢復效力之期限，自停止效力之日起不得低於二年，並不得遲於保險期間之屆滿日。」主要含義有四：

第一：從保險契約效力停止之後六個月內，要保人可以補繳保險費，不必提出可保證明。

第二：要保人於保險契約效力停止六個月後，才補繳保險費者，保險人可以要求要保人提出可保證明，以避免逆選擇。但是保險人要求提出可保證明受到「從要保人申請恢復效力之日起五日內」的限制，以促請保險人儘速提出要求。

第三：視為同意恢復效力：保險人未於前項規定期限內（即自要保人申請恢復效力之日起五日內）要求要保人提供可保證明或於收到前項可保證明（即保險契約效力停止雖然超過六個月，但要保人應保險人的要求，提出可保證明）後十五日內，保險人不為拒絕者，視為同意恢復效力。

第四：申請恢復效力的期限，從停止效力之日起不得低於二年，但不得遲於保險期間之屆滿日，以保護要保人的利益，並符合保險契約訂立保險期間的意旨。

⑵**第二種情況：保險人終止契約**

保險契約效力停止後（即自保險人催告到達逾三十日仍不交付保險費者），若經過保險契約所訂的申請恢復效力的期限，而要保人或其他有利害關係之第三人均未補繳保險費及其他費用使保險契約恢復效力者，保險人有終止保險契約之

權❷。為了保護要保人恢復契約效力的權益，保險法第116條第5項規定：「保險契約所定申請恢復效力之期限，自停止效力之日起不得低於二年，並不得遲於保險期間之屆滿日。」

須注意者，保險法第117條第1項針對人壽保險規定：「保險人對於保險費，不得以訴訟請求交付。」對於健康保險、傷害保險並無準用。依保險法第117條反面解釋，財產契約的保險費，以及兼具財產保險性質的健康保險、傷害保險的保險費理論上都可提起訴訟請求。人壽保險的保險費之所以不得提起訴訟請求，主要原因是人壽保險具有濃厚的儲蓄性質，而儲蓄必須建立在自願的基礎上，不可以強迫為之。財產保險以及兼具填補損失性質的健康保險、傷害保險，理論上可以提起訴訟請求，但實務上很少提起訴訟請求，主要原因是：有些是契約還沒有生效，缺乏基於有效契約的請求權基礎；有些則是數額太小，以訴訟請求不符合法律經濟原則；有些則是顧慮對投保客戶興訟，有損保險公司的商業形象。

（三）對現行法規定的批評及建議

1.批 評

⑴催告制度採雙軌制，增加實務作業的困難

人壽保險、健康保險、傷害保險之要保人怠於給付保險費者，保險法規定保險人應訂「三十日」之催告期間❸，但在財產保險，保險法並沒有催告期間的規定，因此在現行法制下，就必須適用民法規定，即保險人必須依民法第254條規定之「相當期間」進行催告，待「相當期間」屆滿，保險人才可以「行使解除權」，導致人身保險與財產保險保險費的催告是兩種不同制度的雙軌制，十分不便；財產保險若依照民法的規定催繳保險費，必須訂定「相當期間」，至於「相當期間」的久暫，則屬於不確定的法律概念，容易發生催告效力的爭執。由於保險費的給付，不論財產保險或是人身保險，多是金錢的定額給付，相對單純，與民法上的催告，種類繁多，大小懸殊者不同，因此關於保險費的催告沒有訂定「相當期間」，以不確定的法律概念，以求具體妥當性的必要。1908年德國保險契約法，不論保險種類如何，一律將保險費的催告期間，規定在保險通則，而且其催

---

❷ 保險法第116條第4項。

❸ 保險法第116條第1項。

告期間一律定為「至少二星期」**❷❹**，可供參考。保險法上有關保險人訂定催告期間的規定，是為保護要保人及被保險人的利益而規定，性質上不得以契約之約定縮短之，併此說明。

⑵催告內容欠缺明確效果的規定，容易發生爭執

保險法及民法都只就應該訂定催告期間為規定，沒有明定催告方式及內容，容易發生糾紛。催告的行為，關係要保人及被保險人的權益很大，因此催告應該遵循的方式，催告信函的內容，以在保險法明文規定為宜。1908 年德國保險契約法規定，催告應該以「書面」為之，而且應該記載「逾期不履行的法律效果」。又催告之發生，既然是由於要保人遲延給付而發生，催告費用自應由要保人負擔，以維公允等，可為參考**❷❺**。

⑶保險費催告期間屆滿後，保險人解除契約前，若發生保險事故，保險人有無保險理賠義務，缺乏明確規定，容易發生爭執

A.財產保險

在財產保險，要保人怠於給付保險費，保險人得訂「相當期間」催告要保人給付保險費，在催告保險費之「相當期間」屆滿前，若發生保險事故，由於保險契約仍然有效，因此保險人應負保險給付之責任，只是保險人可以扣除積欠的保險費之後給付之而已。反之，若在保險人所訂「相當期間」屆滿後並經保險人「解除契約」之後才發生保險事故，保險人不負保險給付責任，但契約當事人得解除契約，互負回復原狀之義務。

惟在「保險人所訂相當期間屆滿後，於保險人行使解除權的除斥期間屆滿前」，保險人本得行使解除權但尚未行使，倘要保人也還未補繳保險費，此時若發生保險事故，保險人是否應負保險給付義務？法無明定。從法律的文義解釋及邏輯解釋，保險人似仍應負保險給付之義務，只是得扣除欠繳的保險費而已。但立法例上，有規定保險人得拒絕保險給付者，認為在要保人怠未給付保險費的情形下，是可歸責於要保人，應該賦予保險人予拒絕履行的抗辯權為是，1908 年德國保險契約法第 39 條第 2 項：「若保險事故在期間屆滿（按：指催告期間）後發生，而於保險事故發生時，要保人尚欠付保險費、利息或費用者，保險人不負保險給

---

❷❹　1908VVG §39(1).

❷❺　1908VVG §39。

付之責任。」的規定可供參考，因為保險事故發生時，保險人還處於可以行使解除權的時段，此一得行使解除權的除斥期間，對解除權人而言也是利益，也應該受到保護❷⑥。

B.人壽保險、健康保險、傷害保險

人壽保險，要保人怠未給付保險費，經保險人催告到達逾三十日仍不交付時，保險契約之效力停止。此一規定，於健康保險、傷害保險亦準用之❷⑦。契約效力停止之後，即使保險人尚未終止契約，其間若發生保險事故，保險人亦不負保險給付義務。須注意者，保險契約效力停止後但在保險人依法行使終止權前，要保人或其他利害關係人得依照保險法第116條第3項至第5項的規定補繳保險費及其他費用，使契約之效力自翌日上午零時開始恢復其效力；但在保險人依法行使終止權後，要保人或其他利害關係人即無法給付積欠之保險費及其他費用後使保險契約之效力恢復。

2.建議：採單軌制

不論就理論或實務言，要保人怠於給付保險費時，保險人的催告程序，不宜採取雙軌制度，也就是不宜就人壽保險、健康保險及傷害保險，保險法訂定一系列有關保險費催繳的規定，但是就財產保險，保險法卻沒有任何催繳保險費的規定，必須適用民法關於給付遲延解除契約的規定。雙軌制度不但產生解釋上的疑義，也發生適用上的繁瑣。**保險費的給付種類限於金錢給付，且通常是定額給付，比起民法上的給付，種類繁多，且數額多寡懸殊的情況，相對單純**，況保險人的催告對象是為數龐大的要保人，財產保險保險費的催繳，若是適用民法的相關規定，視具體個案，分別訂定催告期間（相當期間），實在是期待保險人所不能。因此**保險費的催告方式、催告期間、催告效果，都應該規定在保險通則，建立財產保險與人身保險單軌制的催告方式，較為妥當**。具體的做法，可以將保險法第116條第1項：「人壽保險之保險費到期未交付者，除契約另有訂定外，經催告到達後屆三十日仍不交付時，保險契約之效力停止。」之規定，再修正補充，並移至保險通則保險費一節的適當條文位置，作為各種保險催告給付保險費及終止契約的共同規定❷⑧，在體系上較為完備。

---

❷⑥ 2008年德國保險契約法第39條是規定在保險通則，對於財產保險及人身保險都可以適用。

❷⑦ 保險法第116條第1項。

九、危險較要保人之說明為大，但又不符合解除契約的規定時，保險人有請求增加保險費的權利

保險人於契約訂定後，發現危險狀態較要保人所說明者大，但因要保人違背據實說明義務並「無過失」或「危險狀態為要保人所不知」，不符合解除契約條件，致無法行使契約解除權者，保險人是否得要求改用較高的保險費率，此點保險法沒有規定，可參考 1908 年德國保險契約法的規定，保險人仍得請求依該保險契約訂立時應適用的相當的較高費率計算，增加保險費，以符合對價平衡原則❷❾。若依保險人的商業經營基本原則 (nach den für den Geschäftsbetrieb des Verisherers massgebenden Grundsatzen)，即使提高保險費，仍不在保險人承保範圍時，保險人可以訂立「一定期間」，使要保人得有時間另向其他保險人洽覓保險，在該期間屆滿之後，就可以終止保險契約。所謂「一定期間」究竟多久，是一個不確定的法律概念，以 1908 年德國保險契約法為例，保險人所訂之「一定期間」，不得短於一個月❸❿，可供參考。又上述保險人提高保險費的權利或終止保險契約的權利，均自保險人知悉要保人關於危險的說明與事實不相符合（須要保人之說明雖客觀上不實，但主觀上無過失或不知）之日起，經一個月不行使而消滅。此點可供將來修正保險法的借鏡。

十、當事人關於保險費特約的效力

保險法第 54 條第 1 項規定：「本法之強制規定，不得以契約變更之，但有利於被保險人者，不在此限。」，此一規定於保險費之有關約定，亦當然適用，因此當事人以約定改變法律關於保險費之規定者，除該約定之內容有利於要保人及被保險人外，不生效力。

---

❷❽ 參照 1908VVG §39(3)。
❷❾ 參照 1908VVG §41(1)。
❸❿ 1908VVG §41(2).

貳 保險人的義務

一、保險給付的義務及給付遲延利息的義務

（一）保險給付的義務

保險法第 29 條規定：「保險人對於由不可預料或不可抗力之事故所致之損害，負賠償責任。但保險契約內有明文限制者，不在此限。」、「保險人對於由要保人或被保險人之過失所致之損害，負賠償責任。但出於要保人或被保險人之故意者，不在此限。」，本條規定可析述如下：

1.**不可預料或不可抗力之事故**

保險人對於由不可預料或不可抗力之事故所致之損害，必須負保險給付責任，但契約另有限制約定者，從其約定。所謂「不可預料或不可抗力」是指從要保人或被保險人之角度言，因此舉凡天災、地變、第三人之行為（包括要保人或被保險人之受僱人、代理人[31]）所致之損害都在其內。又損害由「不可抗力或不可預料」的事故所致者，保險人並非一律須負保險給付責任。保險人之給付責任，仍應受保險契約內容之限制，因此保險法第 29 條規定：「但保險契約內有明文限制者，不在此限。」，就是指屬於保險契約內「除外不保」約定的項目，雖損害的發生由於「不可抗力或不可預料」的事故所致者，保險人仍不負責。

2.**要保人或被保險人的過失所致之損害**

保險人對於由要保人或被保險人的過失所致之損害，應負保險給付責任，但契約另有限制約定者，從其約定。換句話說，保險法第 29 條第 2 項雖然規定：「保險人對於由要保人或被保險人之過失所致之損害，負賠償責任。」，但保險人是否須負保險給付責任，仍須進一步檢視保險契約有無除外的約定而定，若依保險契約約定，屬於「除外不保」範圍內之保險事故，保險人仍不負保險給付責任。簡單地說，保險法第 29 條第 1 項但書：「但保險契約內有明文限制者，不在此限。」的規定於第 2 項：「事故由要保人或被保險人之過失所致之損害」仍然適用。

---

[31] 代理人之可以代理財產法的法律行為，不可以代理身分法的法律行為，更不可以代理債務不履行行為或侵權行為。

3. 故意所致的損害，原則上 ㉜ 不負保險給付責任

保險人對於要保人或被保險人之故意所致之損害，不負保險給付責任。保險法第 29 條第 2 項但書：「但出於要保人或被保險人之故意者，不在此限。」的規定，將保險事故因要保人或被保險人的故意而發生者，排除於保險人應負賠償責任之外，目的在防止道德危險，立意正確。又所謂「故意」，是指對促使結果的發生，有直接故意或間接故意而言，若只有「行為的故意」而欠缺促使「發生結果的故意」者——例如：騎機車上高速公路不慎被撞死亡，有上高速公路的故意（行為的故意），但缺乏被碰撞死亡結果的認知（結果的故意）——尚不在其內。在實務上，應該注意以下各種不同類型的問題：

⑴在被保險人有數人，若其中一位或數位被保險人符合除外不保的情形，只要**其他被保險人與該被保險人等之間就保險事故的發生沒有意思聯絡，其他被保險人的保險給付請求權，不受影響**。在 Unigard Mutual Life Insurance Co. v. Argonaut Insurance Company 一案，法院明確指出：「數被保險人中一個被保險人的行為被列為除外不保，不會影響沒有涉及除外不保行為的其他被保險人的權益。」 ㉝

㉜ 保險法第 29 條條文沒有「原則上」三字，但是從整個保險法體系觀察，確實有例外，例如：強制汽車責任保險法，即使駕駛人是故意開車撞人，保險人仍然必須理賠被害人或其家屬，然後再向駕駛人代位求償，因為該法的立法目的是保護被害人或其家屬。另外，人壽保險契約中，如果訂有「故意自殺理賠條款」，該條款在契約生效起兩年後生效，此時，被保險人雖然故意自殺，保險人仍然應該理賠保險金。

㉝ Unigard Mutual Life Insurance Co. v. Argonaut Insurance Company Court of Appeal of Washington, 579 P.2d 1015 (1978).

本案的法律事實是：William Winkler 是一個十一歲的小孩子，在 Wilson Elementary School 念書時，因玩火而發生火災，導致 250,000 元的損失。他承認是故意玩火，但是他並沒有意圖或也沒有期待造成學校的損失。本案的原告 Unigard 是一家保險公司，該公司簽發責任險的保險單給 Hensleys，也就是小孩子 Winkler 的父親。該保險單將父親及兒子均列為被保險人，依保險單的約定：「期待及意圖的傷害或損失」列為除外不保。學校提起訴訟控告這對父母及孩子，但是地方法院判決認定這對父親及孩子的保險人（即責任保險的保險人 Unigard）沒有義務防禦或賠償，理由是父子二人都已經除外不保。承保學校校產損失險的保險人提起上訴。

本案的法律爭點是：在有兩個被保險人，其中有一位的行為構成除外不保，而另外一位被保險人若沒有涉及除外不保的行為時，該另外一位被保險人之保險保障是否會受到影響？

法院判決由 Mcinturff, J. 做成。判決指出：數被保險人中一個被保險人的行為被除外不

(2)訂立「損害為被保險人所明知、期待及意圖使其發生時，保險人不理賠約款」的效力：實務上，保險契約常常約定，保險事故之發生為被保險人所明知、期待或意圖時，保險人不負保險給付的責任的約款，此種約款的效力如何？美國法院的見解是：「只有在被保險人主觀上知悉該損害已經發生，才能發生除外不保約款的效力。」**❸❹**

保，不會影響沒有涉及除外不保行為的其他被保險人被保障的權益。一個久已建立的原則是：由於故意行為所導致損失就不是保險法上的「事故」，除非另有不被期待的、獨立的、不可預見的原因介入導致傷害或毀損發生，換句話說，保險法上的「事故」必須是「手段 (means)」與「結果 (result)」都是不被預見的。

在本案，火災的發生是兒子 Winkler 的故意行為所致。而毀損則是火的自然的、預期的及意圖的結果。在本案，導致毀損發生的原因並不是父親的故意行為，但是地方法院將兒子的故意行為，視為父親也有故意行為，因而將全部的被保險人都列為除外不保的範圍。本案的保險契約，保險人與數被保險人間的契約是可分開的而非共同的情形，一個被保險人的行為被列為除外不保，不得適用到全體。本院認為：原審關於 Winkler 除外不保部分，應予維持；關於 Hensleys 的判決部分，應予撤銷。

❸❹ Stonewall Insurance Co. v. Asbestos Claims Management Corp. 73 F. 3d 1178 (1995).

本案的法律事實主要是：本案原告 NGC 在 1930 年到 1981 年間生產建築材料，該建築材料被判定含有石棉。從 1972 年起，原告先後被十萬人控告損害賠償，理由是原告使他們曝露在石棉中。從 1980 年起，又有數千棟房屋所有人提起訴訟，控告 NGC。在這一段期間，承保原告 NGC 的多數保險單都訂有除外不保約款，即約定「保險事故的發生為被保險人所明知、期待或意圖時，保險人不負責」。原告提起訴訟，請求確認原告得請求的數額。地方法院判決認定：原告並無期待或是意圖使損害發生，因此無除外不保的適用，原告勝訴。保險人不服，提起上訴。

本案的法律爭點是：保險契約訂有「明知、期待或意圖約款」時，該約款是否只有在被保險人主觀上知悉該損害或是意圖使該損害發生時，才能發生除外不保的效力。

判決由 Newman J. 做成，判決指出：只有在被保險人主觀上知悉該損害已經發生或是意圖使損害發生時，保險契約的「期待或意圖約款」才能發生除外不保約款的效力。

本案涉及「意圖」「期待」及「知悉」三個法律事實是否應列為除外不保。約款中「意圖」「期待」並沒有任何客觀的要求，若是只在被保險人「期待」、「意圖」的階段，沒有進入行為階段，對保險事故是否發生，沒有影響。至於保險人所提出的「知悉危險事故已發生的防禦說 (the known loss defense)」，也用不著。因為適用「知悉危險事故已發生的防禦說」必須先考慮被保險人在訂立保險契約時是否知悉損失已發生。在本案，原告 NGC 與保險人訂立契約時，雖然已經收到很多控告，但是這些控告究竟有多少會勝訴，勝訴的金額又多少，都是高度不確定，不得因此即謂原告知悉損失的程度到達不得投保的地步。

4.關於重大過失是否應該理賠的立法政策之檢討

⑴現行法的文義解釋

保險法第 29 條第 2 項一方面將「要保人或被保險人之過失所致之損害」納入保險人應負保險給付責任之範圍，另一方面將「要保人或被保險人之故意」所致損害，排除於保險人應負保險給付責任範圍之外，**從法條的文義解釋，保險事故即使是由於「要保人或被保險人之重大過失 (grobe Fahrlassigkeit, gross negligence)」所致，保險人也有保險理賠的義務**，這也是目前保險業實務的做法。

⑵重大過失發生保險事故理賠政策的檢討

A.不予保險理賠的觀點

為了銜接民法、海商法的相關規定，並參考德國 1908 年保險契約法的立法例，對於因要保人或被保險人重大過失致發生保險事故，也應不予理賠。按民事法之法理，「故意」與「重大過失」，經常並列，民法第 222 條規定：「故意或重大過失之責任，不得預先免除。」即為適例。民法之所以有本條的規定，是因為重大過失是「顯然欠缺一般人之注意」，若仍然在免責的範圍，無異於放任債務人疏於注意，並將因疏於注意所致之不利益由相對人承擔。同理，要保人或被保險人之「重大過失」所致損害，若仍在保險人保險給付的範圍內，也無異於透過保險制度，放任要保人或被保險人疏於注意，並將其疏於注意所致之不利益，直接轉嫁給保險人，再進一步轉嫁予社會上其他要保人，不但違反公共政策，而且與民法第 222 條的立法精神相違背。

何況海商法第 131 條也規定：「因要保人或被保險人或其代理人之故意或重大過失所致之損失，保險人不負賠償責任。」，將要保人或被保險人「重大過失」所致之損失，以法律明文排除；1908 年德國保險契約法第 61 條規定：「因保單持有人故意或重大過失致生保險事故的損失，保險人不負保險理賠的責任。」，將要保人或被保險人之「重大過失」所致之保險事故 (Versicherungsfall) 也列入保險人不負保險給付之範圍內，目的是為了與 1900 年的德國民法的規定，相互銜接，我國民法一定程度繼受 1900 年德國民法，從保險法銜接民法的觀點，1908 年德國保險契約法的規定，具有參考價值。

為了銜接民法第 222 條、比照海商法第 131 條的規定，參考德國 1908 年保險契約法的立法例，以貫徹公共政策，**因要保人或被保險人之重大過失所致損害，保險人應不負保險給付責任為是**。

B.依照重大過失程度相應減少保險金的觀點

1908 年德國舊保險契約法，配合 1900 年德國民法的規定，將「重大過失」列為法定免責事由。但是隨著 2000 年德國民法的修正，2008 年德國保險契約法就要保人「故意」促使事故發生，規定保險人「不負理賠責任」，但就「重大過失」導致保險事故發生，規定保險人「得依照重大過失程度相應減少保險金」。2008 年德國保險契約法第 81 條規定：(A)要保人「故意」促使保險事故發生者，保險人不負保險給付之義務。(B)要保人因「重大過失」致發生保險事故者，保險人有權依照要保人的重大過失程度相應減少保險金。

以上兩種不同的觀點，從我國法律體系言，在民法第 222 條規定重大過失的責任不得預先免除以及海商法第 131 條規定因要保人或被保險人故意或重大過失所致損失，保險人不負理賠責任的情形下，**為了維持法律邏輯的一貫性，保險法應該將重大過失所致的損失，也列為保險人不負理賠責任的事由為是**；將來民法第 222 條若獲修正，將重大過失所生之責任修正為減少賠償的事由，而非禁止預先免除的事由時，則保險法第 29 條以及海商法第 131 條也應該配合修正為保險人得相應減少保險金，而非保險人法定不負理賠責任的事由。

（二）給付遲延利息的義務

保險法第 34 條第 1 項：「保險人應於要保人或被保險人交齊證明文件後，於約定期限內給付賠償金額。無約定期限者，應於接到通知後十五日內給付之。」、「保險人因可歸責於自己之事由致未在前項規定期限內為給付者，應給付遲延利息年利一分。」；強制汽車責任保險法第 25 條第 2 項：「保險人應於被保險人或請求權人交齊相關證明文件之次日起十個工作日內給付之；相關證明文件之內容，由主管機關會商相關機關（構）訂定公告之。」，第 3 項：「保險人因可歸責於自己之事由致未在前項規定期限內為給付者，自期限屆滿之次日起，應按年利一分給付遲延利息。」，以上法律規定的重點有四：

1.遲延利息起算點：都從要保人或被保險人交齊相關證明文件開始。

2.遲延理賠都必須保險人有可歸責事由。

3.保險人作業期間：保險法規定「交齊文件，接到通知後十五日內」，強制汽車責任保險法規定「交齊文件之後，十個工作日」。

4.遲延利息都定為年息一分，此構成民法第 233 條準用第 203 條年息百分之五的特別規定。

以上規定，相較於 2008 年德國保險契約法第 91 條規定：「保險事故發生的通知發出後一個月起，除非另有其他法律理由可以請求較高的利息，保險人必須在保險理賠外另加百分之四的利息。因要保人之過失致滅失或毀損數額未能鑑定確定者，上述一個月的期間應該停止計算。」，我國保險法及強制汽車責任保險法的規定，雖然較為明確，但德國保險契約法有關停止計算的規定，有高度合理性，可以參考。

二、保險費的返還義務

保險費的返還，指保險人返還要保人已經交付的保險費。關於全部返還或是部分返還的劃分，原則上，保險契約因可歸責於保險人的事由而無效或解除者，保險人應返還「全部保險費」；保險契約因不可歸責於當事人之事由而終止者，保險人應返還「部分保險費」，此種情形，又因其返還數額之計算方式的不同，可分「**自契約終止日起返還**」（時間比例）、「**金額比例返還**」及「**超收返還**」三類，詳後述之。至於保險契約因可歸責於要保人之事由而無效、終止或被解除者，保險人「無須返還保險費」。分別說明如下：

（一）返還全部保險費的情形

1.因保險契約無效者
⑴危險已經消滅而保險人「惡意承保」者

保險契約訂立時，僅保險人知危險已消滅者，要保人不受拘束❸❺。此時保險人不得請求保險費及償還費用，其已收受者，應返還之❸❻。

⑵保險人承保「沒有保險利益」的保險

財產保險的要保人對於保險標的物沒有保險利益或是人身保險的要保人對於被保險人沒有保險利益者，保險契約無效，保險人應該返還已收的保險費。因為保險人就要保人對於保險標的物或是被保險人有無保險利益，必須盡專家的注意（善良管理人之注意）加以查核，然後決定是否承保。保險契約因要保人對於保險標的物或被保險人沒有保險利益而無效時，不論該「欠缺保險利益」為保險人

---

❸❺　保險法第 51 條第 3 項。
❸❻　保險法第 24 條第 2 項。

所明知或是保險人因過失而不知悉，保險人都應該返還全部已收受的保險費。

保險利益 (the insured interest; the insurable interest; das versicherte Interesse) 於保險契約訂立時自始不存在，或保險契約係為將來的企業 (für ein kunftiges Unternehmen) 或其他的將來利益 (für ein kuntiges Interesse) 而訂定，但該將來利益並未發生時，要保人無給付保險費的義務，已給付保險費者，保險人應該返還，但保險人得請求合理的費用 (eine angemessene Geschäftsgebühr) **❸**。

⑶保險人明知要保人是「惡意複保險」而仍予承保

複保險之具有填補損失功能者**❸**，除另有約定外，要保人應將他保險人之名稱及保險金額通知各保險人**❸**，要保人故意違反複保險的通知義務而不為通知，或意圖不當得利而為複保險者，其契約無效**❹**，若保險人明知或可得而知要保人所投保者為惡意之複保險，為圖得保險費而予承保，保險人應返還已收受之保險費。

⑷訂約過程「違反法定程序」

由第三人訂立的死亡保險契約或是傷害保險契約**❹**，未經被保險人書面承認，並約定保險金額者，其契約無效**❹**，契約無效後，保險人應返還已收受的保險費。由於訂立保險契約須經被保險人「書面承認並約定保險金額」是保險法針對他人保險契約，為了防止道德風險的程序規定，屬於專業知識的範圍，只有保險人或是保險法專家才會知悉，一般要保人多不知曉，因此保險人就保險契約的訂定過程是否合法有審查的義務。若保險人應該審查而未審查，致使保險契約因為違反程序淪於無效，保險人自應返還已收取的保險費。

⑸明知或可得而知被保險人「超過承保年齡」仍予承保

在人身保險，被保險人之真實年齡超過保險人所定保險年齡限度者，其契約無效**❹**，若保險人明知或可得而知被保險人之真實年齡超過其所定保險年齡限度而予承保，除該保險契約無效外，保險人尚應返還已收受之保險費。

⑹其他保險人違反法律強制或禁止規定，致保險契約無效者

---

❸ 參照 1908VVG §68(1)。
❸ 純粹的人身保險，由於人身無價，因此不適用保險法關於複保險的規定。
❸ 保險法第 36 條。
❹ 保險法第 37 條。
❹ 指要保人與被保險人不是同一個人的死亡保險契約或傷害保險契約。
❹ 保險法第 105 條第 1 項、第 135 條。
❹ 保險法第 122 條第 1 項。

2.因保險人解除保險契約者

⑴因要保人或被保險人「違背特約條款」，而保險人解除契約者

特約條款，是當事人於保險契約基本條款之外，另外承諾履行特種義務之條款❹。保險契約當事人之一方違背特約條款時，他方得解除契約，其危險發生後亦同❺。不論要保人或被保險人違背特約條款，保險契約被解除後，雙方應負回復原狀之義務❻，保險人有義務返還已收受之保險費。違背特約條款者雖是要保人或被保險人，但是否解除契約的決定權還是在保險人，因此規定解除契約之後，保險人必須返還全部保險費。

⑵因要保人或被保險人「未履行危險增加通知義務」，而保險人解除契約者

要保人或被保險人對於危險之增加有通知保險人之義務❼，要保人或被保險人對於保險人應通知之事項而怠於通知者，除不可抗力之事故外，不問是否故意，保險人可以解除保險契約❽；保險契約被解除後，雙方互負回復原狀之義務❾，保險人應返還全部已收受之保險費。此處違背危險增加通知義務者，雖然是要保人或被保險人，但是解除契約者仍然是保險人，因此保險人應該返還全部保險費。

⑶因要保人或被保險人「違背共保條款」，而保險人解除契約者

保險契約約定本契約未承保部分，危險事故發生時，由被保險人「自行承擔損失」，要保人或被保險人就本契約所未承保的部分，不得另向其他保險人投保的約定，稱為「共保條款」。保險契約有共保條款之約定時，要保人不得將未經保險之部分，另向他保險人訂立保險契約❺⓿。要保人或被保險人若違反共保條款之約定，保險人得解除契約。保險契約解除後，保險人應返還已收受之全部保險費。

---

❹　此處所謂特種義務，是借用保險法第 66 條的用語，其實所謂特種義務，就是特定義務的意思，不如用特定義務較為容易了解。參照保險法第 66 條。

❺　保險法第 68 條。

❻　民法第 259 條。

❼　保險法第 59 條。

❽　保險法第 57 條。

❾　民法第 259 條。

❺⓿　保險法第 48 條。

（二）返還部分保險費者

1.依「時間比例」計算返還保險費者

⑴保險標的物「非由於保險事故」的發生，而滅失致保險契約終止者

保險標的物非因保險契約所載之保險事故的發生而完全滅失時，保險契約即為終止❺❶，保險契約因保險標的物完全滅失之情事而終止時，除保險費非以時間為計算基礎者外，終止後之保險費已交付者，應返還之❺❷。

⑵因「危險增加」，要保人不同意調高保險費，依法終止保險契約者

危險增加後，要保人（及／或被保險人）應通知保險人，保險人無論因受通知而知悉危險增加，或因其他原因而知悉危險增加，都可以終止保險契約或提議另定保險費，要保人對於另定保險費不同意者，其契約即為終止❺❸。不論該終止是全部終止或部分終止，除保險費非以時間為計算基礎者外，終止後之保險費已交付者，應返還之❺❹。

⑶因「危險減少」，保險人不同意減少保險費而終止保險契約者

保險費依保險契約所載增加危險之特別情形計算者，其危險增加情形在契約存續期間內消滅時，要保人得按訂約時保險費率，自其情形消滅時起算，請求比例減少保險費。保險人對於上述減少保險費不同意時，要保人得終止契約。其終止後之保險費已交付者，應返還之❺❺。

⑷因「保險人破產」而保險契約當然終止者

保險人破產時，保險契約於破產宣告之日終止，其終止後之保險費，已交付者，保險人應返還之❺❻。

⑸因「要保人破產」而保險契約宣告終止者

要保人破產時，保險契約仍為破產債權人之利益而存在，但破產管理人或保險人得於破產宣告三個月內終止契約。其終止後之保險費已交付者，應返還之❺❼。

---

❺❶　保險法第 81 條。
❺❷　保險法第 24 條第 3 項。
❺❸　保險法第 60 條第 1 項前段。
❺❹　保險法第 24 條第 3 項。
❺❺　保險法第 26 條。
❺❻　保險法第 27 條。

⑹「危險之特別情形」在保險期間內消滅者

保險費依保險契約所載增加危險之特別情形計算者，其情形在契約存續期內消滅時，要保人得按訂約時保險費率，自其情形消滅時起算，請求比例減少保險費❺❼。

⑺保險利益因「戰爭等原因」而喪失者

保險利益於保險契約生效之後，才因戰爭行為 (ein Kriegsereignis)、戰爭情況下的行政行為 (durch eine erehordliche Massnahme aus Anlass eines Krieges) 而使保險利益喪失或因戰爭而使保險利益喪失無可避免者，保險人以其承擔危險之期間與全部保險期間之比例計算，取得應得之保險費❺❾。

2.依「金額比例」計算返還保險費者

⑴善意的複保險

以同一保險利益、同一保險事故，善意訂立數個保險契約，其保險金額之總額超過保險標的之價值者，在危險發生前，要保人得依超過部分，要求比例返還保險費❻⓪。

⑵善意的超額保險

保險金額超過保險標的價值之契約，無詐欺情事者，除定值保險外，其契約僅於保險標的價值之限度內有效❻❶。無詐欺情事之保險契約，經當事人一方將超過價值之事實通知他方後，保險金額及保險費均應按照保險標的之價值比例減少❻❷。

3.其他超收保險費的返還

保險人退還保險費，既非自「契約終止」時起算，亦非「依金額比例計算」者，主要有：

⑴保險標的物受部分損失後，保險人仍按原定保險費收取者，應依「殘餘部分」計算保險費，並返還超收部分。

⑵保險金額超出「法律規定的限制」者，應返還其超收部分：例如：訂立人壽保險契約時，以精神障礙或其他心智缺陷，致不能辨識其行為或欠缺依其辨識

----

❺❼　保險法第 28 條。

❺❽　保險法第 26 條第 1 項。

❺❾　1908VVG §68(3).

❻⓪　保險法第 23 條第 1 項。

❻❶　保險法第 76 條第 1 項後段。

❻❷　保險法第 76 條第 2 項。

而須為之能力者為被保險人，除喪葬費用之給付外，其餘死亡給付部分無效**❻❸**，此一規定，屬於專業知識的範圍。保險人以承保保險為專業，對此應該知之甚稔，若竟仍然超過喪葬費用而為承保，就該超過主管機關規定的喪葬費部分而言，保險人即有可歸責性，不但超過喪葬費用部分的死亡給付部分無效，而且保險人應返還超出喪葬費用部分所收受之保險費。

（三）保險費無須返還者

1.要保人「惡意複保險」

複保險，除另有約定外，要保人應將他保險人之名稱及保險金額通知各保險人**❻❹**，要保人故意不為複保險之通知或意圖不當得利而為複保險者，其契約無效**❻❺**。保險契約因要保人惡意複保險之情事而無效時，保險人於不知情之時期內，仍取得保險費**❻❻**。

2.要保人知悉保險事故已經發生而仍「惡意投保」

保險契約訂立時，僅要保人知危險已發生者，保險人不受契約之拘束**❻❼**。保險契約因要保人明知保險事故已發生仍惡意投保而保險人不受拘束時，保險人得請求償還費用，其已收受之保險費，無須返還**❻❽**。

3.「違反據實說明義務」而解除契約

訂立契約時，要保人對於保險人之書面詢問，應據實說明。要保人故意隱匿，或因遺漏不為說明（現行法的用語。按：應該是「過失遺漏」為是），或為不實之說明時，其隱匿、遺漏不為說明或不實之說明，足以變更或減少保險人對於危險之估計者，保險人得解除契約。其危險發生後，亦同**❻❾**，保險人因要保人違反據實說明義務而解除保險契約時，無須返還其已收受之保險費**❼❻**。

---

❻❸　保險法第 107 條第 2 項、第 135 條。
❻❹　保險法第 36 條。
❻❺　保險法第 37 條。
❻❻　保險法第 23 條第 2 項。
❻❼　保險法第 51 條第 2 項。
❻❽　保險法第 24 條第 1 項。
❻❾　保險法第 64 條第 2 項前段。
❼❻　保險法第 25 條。

4.保險利益因「保險事故發生」而喪失，就剩餘保險費無需返還

保險利益因保險事故發生而喪失者，保險人仍享有保險期間全部保險費之權利❼，例如：保險期間為一年的火災保險契約，在第七個月發生火災，房屋全毀，保險人固然必須依約理賠，但是從發生火災起到保險期間屆滿止的保險費則歸保險人所有，不予退還。

三、從「提出要保申請書」起至「契約生效」期間，危險特別情形消滅時，應要保人請求減少保險費的義務

保險法第 26 條第 1 項規定 :「保險費依保險契約所載增加危險之特別情形計算者，其情形在契約存續期內消滅時，要保人得按訂約時保險費率，自其情形消滅時起算，請求比例減少保險費。」、「保險人對於前項減少保險費不同意時，要保人得終止契約，其終止後之保險費已交付者，應返還之。」，**本條規定係針對「危險之特別情形」在「契約成立生效後才消滅」者而言**，不及於「自要保人提出要保申請書時起，至保險人同意承保時止之期間 （即自提出要保申請書時起至契約成立時止）」，更不及於「自保險人同意承保時起到要保人交付保險費時止 (即自契約成立時起至契約生效時止)」，但自要保人提出要保申請書起、經契約成立、到契約生效這段期間，「危險之特別情形」才告消滅者，亦事所恆有，由於要保申請書是以「危險特別情形」為基礎核計保險費，若要保人不得請求減少保險費，則其所交付的保險費顯然與保險標的物所存在的危險狀態並不相當，難謂公平。例如：火災保險的保險費，因為房屋有違章建築堵住防火巷道而增加，若在要保人提出要保申請書後，至保險人同意承保、要保人繳納保險費前，該違章建築已經拆除，則危險之特殊情形已經消滅，應該調降保險費，但是現行法沒有這個機制。

解決此一問題，德國的規定可以供參考，依照 1908 年德國保險契約法的規定，保險費因有「危險之特別情形」存在而增加時，若該危險之特別情形，從「提出要保申請書起到保險人承諾的期間 (in der Zeit zwishen Stellung und Annahme des Antrags)」 及保險契約訂立之後 (nach Abschluss des Vertrags) 特別危險已經排除或消滅者，要保人都可以請求從請求起適當減低保險費。因要保人關於危險情形的說明有錯誤致增加保險費者，要保人亦得請求依訂約時實際危險情形，減少

---

❼　參照 1908VVG §68(4)。

保險費。保險費減少之時間亦自要保人向保險人請求之時向後發生，無溯及既往之效力，由於要保人請求減少保險費之時間愈晚，對要保人自己愈不利，因此就要保人減少保險費請求權的行使期間，以無需規定期間限制較為妥當[72]。

四、減免損害所生必要費用的償還義務

保險法第 33 條第 1 項：「保險人之於要保人或被保險人，為避免或減輕損害之必要行為所生之費用，負償還之責。其償還數額與賠償金額，合計雖超過保險金額，仍應償還。」、「保險人對於前項費用之償還，以保險金額對於保險標的之價值比例定之。」，據此，保險人對於要保人或被保險人為避免或減輕損害之必要行為所生的費用，應負償還之責。換句話說，只要該避免或減輕損害之行為，依一般情況認為是必要者，即使客觀上並未達到防止或減輕損害的效果，保險人仍應負償還之責。

至於該行為是否為必要行為，若當事人有爭執，乃事實問題，應由主張必要者證明之。為鼓勵要保人或被保險人於保險事故發生時，盡力為防止或減輕損害之行為，因此其所支出之費用數額與賠償金額合計雖然超過保險金，保險人仍應負償還之責。在一部保險的情形，費用的償還，以保險金額對於保險價額的比例定之。關於保險法第 33 條之規定，是否對財產保險與人身保險均有適用，有不同見解[73]，但就法律體系言，本規定既然規定於保險法第一章總則內，對於財產保險或非純粹人身保險（傷害保險及疾病保險的醫療費用等財產上損失）都應有其適用為是，實務上亦採之。至於人身保險中的生命保險，由於生命無價，不會發生部分保險問題，因此應該不適用。

五、對變更保險契約或恢復停止效力的通知為表示的義務

保險法第 56 條規定：「變更保險契約或恢復停止效力之保險契約時，保險人於接到通知後十日內不為拒絕者，視為承諾。但本法就人身保險有特別規定者，從其規定。」，也就是保險人對於要保人變更保險契約或恢復停止效力之保險契約

---

[72] 參照德國保險契約法第 41a 條第 2 項。

[73] 參照江朝國，減免損失費用求償權於人身保險有無適用，月旦法學雜誌第 60 期，第 24、25 頁。

的意思表示，有為承諾或拒絕的表示的義務，若不為拒絕之表示，就視為承諾。但書所謂「本法就人身保險有特別規定者，從其規定」，例如保險法第 116 條第 1 項：「人壽保險之保險費到期未交付者，除契約另有訂定外，經催告到達後屆三十日仍不交付時，保險契約之效力停止。」，第 3 項：「第 1 項停止效力之保險契約，於停止效力之日起六個月內清償保險費、保險契約約定之利息及其他費用後，翌日上午零時起，開始恢復其效力。」，關於保險契約恢復停止效力的規定，在健康保險、傷害保險也準用❼❹。

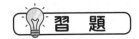

習　題

一、選擇題

1. 下列關於繳納保險費的敘述，何者正確？

   (A)要保人有繳納保險費的義務，財產保險的被保險人或人身保險的受益人得繳納保險費，除非具有要保人身分，沒有繳納的義務。

   (B)要保人得繳納保險費，財產保險的被保險人或人身保險的受益人有繳納保險費的義務。

   (C)要保人、財產保險的被保險人或人身保險的受益人都有繳納保險費的義務。

   (D)要保人、財產保險的被保險人或人身保險的受益人都得繳納保險費，但是都沒有繳納的義務。

2. 下列關於汽車責任保險保險費考慮因素的敘述，何者正確？

   (A)種　族。

   (B)婚　姻。

   (C)性　別。

   (D)肇事記錄。

3. 在利益第三人的契約，下列關於保險人行使抗辯權的敘述，何者正確？

---

❼❹　保險法第 130 條、第 135 條。

(A)要保人違背據實說明義務，保險人得解除保險契約時，保險人也可以之對抗財產保險的被保險人或人身保險的受益人。

(B)要保人違背據實說明義務，保險人得解除保險契約時，保險人也可以之對抗惡意財產保險的被保險人或惡意人身保險的受益人。

(C)要保人違背據實說明義務，保險人得解除保險契約時，保險人只可以之對抗善意財產保險的被保險人或善意人身保險的受益人。

(D)要保人違背據實說明義務，保險人得解除保險契約時，保險人不得以之對抗財產保險的被保險人或人身保險的受益人。

4.下列關於保險契約與保險費關係的敘述，何者正確？

(A)保險契約必須有給付保險費的約定，但是除非契約另有約定，不以繳納保險費為契約的生效要件。

(B)保險契約不但必須有給付保險費的約定，而且必須以繳納保險費為生效要件。

(C)保險契約可以沒有給付保險費義務的約定，也不以繳納保險費為生效要件。

(D)保險契約可以沒有給付保險費義務的約定，但是以繳納保險費為生效要件。

5.下列關於人壽保險保險費到期未繳法律效果的敘述，何者正確？

(A)保險契約效力停止。

(B)保險人得撤銷保險契約。

(C)保險人得解除保險契約。

(D)保險人得定期催告，除契約另有訂定外，經催告到達後逾三十日仍不交付時，保險契約之效力停止。

6.依據保險法規定，下列關於保險契約因欠繳保險費而依法停止效力之後，要保人補繳保險費恢復保險契約效力的敘述，何者最為正確？

(A)從保險契約效力停止之後六個月內，要保人應提出可保證明，並補繳保險費，以恢復保險契約的效力。

(B)從保險契約效力停止之後六個月內，要保人應保險人要求提出可保證明，並補繳保險費，以恢復保險契約的效力。

(C)從保險契約效力停止之後六個月內，要保人可以補繳保險費，不必提出可保

證明；要保人於保險契約效力停止六個月後，才補繳保險費者，保險人可以在要保人申請恢復效力之日起五日內，要求要保人提出可保證明，以避免逆選擇。

(D)從保險契約效力停止，在保險人終止保險契約前，要保人都可以補繳保險費，以恢復保險契約的效力，不必提出可保證明。

7. 依保險法規定，下列關於保險人應否負保險給付責任的敘述何者正確？

(A)因要保人或被保險人的故意致發生保險事故者，保險人免責；因要保人或被保險人重大過失、輕過失致發生保險事故者，保險人仍然必須負保險理賠責任。

(B)因要保人或被保險人的故意或重大過失致發生保險事故者，保險人免責；因要保人或被保險人過失致發生保險事故者，保險人必須負保險理賠責任。

(C)因要保人或被保險人的故意、重大過失或過失致發生保險事故者，保險人都必須負保險理賠責任。

(D)因要保人或被保險人的故意、重大過失或過失致發生保險事故者，保險人免責；但因不可預料或不可抗力發生保險事故者，保險人必須負保險理賠責任。

8. 下列關於保險人給付保險金及退還保險費的敘述，何者正確？

(A)保險標的物因保險事故發生而全部滅失時，保險人應給付保險金，但保險人無須退還已收取的保險費；保險標的物非因保險事故發生而滅失，保險人無須為保險給付，保險契約終止，終止之後的保險費應該退還。

(B)保險標的物因保險事故發生而滅失時，保險人應給付保險金，且退還未到期的保險費；保險標的物非因保險事故發生而滅失，保險人無須為保險給付，保險契約終止，終止之後的保險費也應該退還。

(C)保險標的物因保險事故發生而滅失時，保險人應給付保險金，但無須退還已收取的保險費；保險標的物非因保險事故發生而滅失，保險人無須為保險給付，保險契約終止，應該退還全部的保險費。

(D)保險標的物因保險事故發生而滅失時，保險人應給付保險金，且無須退還已收取的保險費；保險標的物非因保險事故發生而滅失，保險人無須為保險給付，保險契約終止，無須退還任何保險費。

9. 下列關於保險理賠遲延給付起算點及利息的敘述，何者正確？

(A)除另有約定外，應於要保人或被保險人交齊證明文件後十五日內給付，遲延利息為年息一分。

(B)自保險事故發生之後十五日內給付，遲延利息為年息五分。

(C)應於要保人或被保險人交齊證明文件後十五日內給付，遲延利息為年息一分。

(D)除另有約定外，應於要保人或被保險人交齊證明文件後三十日內給付，遲延利息為年息一分。

參考答案

　　　　　　1. ADAAD　　　　6. CAAC

二、問答題

1. 甲結婚時獲贈轎車一輛及珠寶一個。甲以該轎車為標的物向某產物保險公司投保全額車體險；以該珠寶為標的物投保定值竊盜險及遺失險。嗣因九二一地震，該車為倒塌之房屋壓扁，非支付超過車輛價值百分之八十之修繕費無法修復，而珠寶亦遍尋不著。請回答下列問題：

　(1)若甲以該轎車之修繕費超過車輛價值四分之三，應視為全損為理由，主張將該車委付與保險人，並請求保險人給付全損之保險金，保險人得否拒絕？

　(2)若保險人於給付珠寶之保險金後，甲於清理被壓毀之衣櫃時發現該珠寶，因消息走漏為保險人聞悉，甲得否以珠寶未遺失為由，主張保留該珠寶，退還保險金？（90年，臺大法研所）

2. 保險法第22條第2項規定：「要保人為他人利益訂立之保險契約，保險人對於要保人所得為之抗辯，亦得以之對抗受益人。」，所謂「為他人利益訂立之保險契約」、「保險人對於要保人所得為之抗辯」之含義各如何？請舉例說明之。

3. 要保人欠繳保險費的法律效果如何？試分財產保險與人壽保險說明之。從立法政策的觀點，目前保險法的規定應該如何修正為是。

4. 保險契約的效力終止或解除時，保險費有須全部返還者，有無須返還者，也有須部分返還者，其劃分的基本原則何在？試各舉一例說明之。

5. 民法第 222 條規定：「故意或重大過失之責任，不得預先免除。」，保險法第 29 條第 2 項規定：「保險人對於由要保人或被保險人之過失所致之損害，負賠償責任，但出於要保人或被保險人之故意者，不在此限。」，前者規定「重大過失」的責任不得預先免除，後者解釋上「重大過失責任」仍為保險效力所及。試從民法、海商法及外國立法例的規定評論之。

6. 保險法第 29 條第 2 項規定：「保險人對於由要保人或被保險人之過失所致之損害，負賠償責任，但出於要保人或被保險人之故意者，不在此限。」，但是海商法第 131 條規定：「因要保人或被保險人或其代理人之故意或重大過失所致之損失，保險人不負賠償責任。」，二者法定免責的範圍各有寬嚴，試分析其得失，並提出保險法、海商法修正的建議。

7. 汽車所有人就其所有的汽車投保車體險、責任險以及竊盜險。假若汽車因為碰撞而全毀。請問：保險人就車體險為保險給付後，就未到期的車體險、責任險及竊盜險的保險費有無退還義務？如何退還？

第九章

保證金額與保險價額

壹 前 言

　　保險人的主要義務是在保險事故發生時依約為保險給付。保險給付的內容原則上是給付金錢賠償損失 (der Schadensersatz in Geld zu leitzen)，例外情形，也有提供金錢以外的給付，例如：提供修繕（例如：車體險）、提供醫療（例如：健康保險）為保險給付的標的者。財產保險的功能是填補被保險人因保險事故發生所致的損失，不論保險人所給付者為金錢、修繕或其他給付，其給付總額都應受到雙重限制：不得超過「保險金額」以及不得超過「實際損失」的限制。換句話說，保險給付是在「填補損害」的原則下，以保險金額為理賠上限的制度，其最高理賠數額不會超過保險標的物於保險事故發生時的價值（保險價額）。

貳 保險金額的意義及功能

一、保險金額的意義

　　保險金額 (the insured sum; die Sicherungssumme)，是保險人在保險期間內，一次理賠或多次理賠合計的最高限額。保險期間內，即使發生多次保險事故，保險人就數次保險事故的理賠總額，也不會超出保險金額，保險人應於決定承保之前先查明保險標的物的市價，不得超額承保❶。超額承保容易發生道德危險，對於保險人及其他要保人，都發生不利益，因此保險法禁止對於保險業故意超額承保，且有處罰規定❷。

二、保險金額的功能

　　保險金額的功能有二：

　　其一：在財產保險，保險金額與保險價額比較，可以作為判斷超額保險、等值保險或部分保險的基礎。

　　其二：在財產保險、健康保險及傷害保險，保險金額是保險人就同一保險契

---

❶　保險法第 72 條；1908VVG §50。

❷　保險法第 169 條規定：「保險業違反第 72 條規定超額承保者，除違反部分無效外，處新臺幣四十五萬元以上四百五十萬元以下罰鍰。」

約所為保險給付的上限；在人壽保險，保險金額是保險人於保險事故
發生時，所應為給付的數額，保險金額等同保險給付。

參　保險價額的意義及種類

一、保險價額的意義

保 險 價 額 (the insured value, the value of the insured interest; der
Versicherungswert, der Wert des versicherten Interesses)，指保險標的物在保險事故
發生時的價值。保險金額在保險事故發生時即使大於保險價額，保險人的責任也
不得超過保險價額，以貫徹填補損失原則[3]。

關於保險價額的認定，美國法院曾在 Zochert v. National Farmers Union
Property & Casualty Co. 一案中明白表示[4]：就請求保險給付之目的言，評量財產
的真實現金價值 (the actual cash value) 應該衡量貶值因素，即折舊因素。但有些保

----

[3]　1908VVG §55.

[4]　Supreme Court of South Dakota, 576 N. W.2d 531 (1998).

該案原告 Zochert 擁有一座筒倉，他以該筒倉為標的物向本案被告 National 保險公司投
保保險，訂立契約是以該保險公司的保險單為藍本。這座筒倉約有二十年的歷史，經
風吹雨打，頗有折損。保險公司的理算人，在簽發理賠的支票前，評估了全部修繕及
更換費用，並扣除筒倉的估計折舊。原告則主張保險人必須給付包括折舊費在內的保
險給付，換言之，被告應該給付全部修繕更換費用。雙方都提起訴訟。本案原審判決，
判令被保險人勝訴。保險人不服，提起上訴。

最高法院法官 Per Curiam 認為：為了理賠的目的，在評估財產的實際現金價值 (the
actual cash value) 時，折舊因素應該加以考慮。有兩種損失數額的評估方法，視承保範
圍而定，第一種是：保險人必須給付「損失的實際現金價值 (the actual cash value of the
loss)」，第二種是保險人應該給付「修繕或更換費用 (the cost of repair or replacement)」。
其中第一種「損失的實際現金價值」由於必須考量「折舊」的緣故，其數額較少。假
若被保險人所請求者為已經折舊的「財產的原始價值 (the original value of property)」，
則將會造成所理賠的數額多於損失後的實際價值，構成不當得利。而第二種「實際現
金價值」的估算，比較典型的方法有二：一是市場價值法 (the market value)：就是重置
費用 (the replacement cost) 扣除折舊數額 (depreciation)。二是使用廣泛證據測試法 (the
broad evidence test)：即必須考量所有相關因素，以決定實際現金價值。本案地方法院
的判決，認為基於保險的目的，應該許可原告於保險事故發生之後，為重置的行為。
本院認為地方法院的見解，將使得原告得到超乎其因保險契約可以獲得的保障。

險標的物的折舊狀態，在保險事故發生後難以確定，經常因為法律經濟原則的考慮，採取定值保險，例如：在海上運送的貨物保險，實務上以發票價格加百分之十，作為投保時的貨物價值，並且「視為」海上運送途中，「事故發生時」的貨物價值，此參考臺灣高等法院判決：「按財產保險保險金額不得超過保險價額，如無特別情事，保險價額，應可視為合理之市價，且同一城市，因地區或時間，亦會有不同之市價，故亦難強令被上訴人提出系爭貨物目的地即進口地上海市客觀之市價，而參酌海商法第177條（按：新修正後海商法第135條）關於貨物之保險以裝載時、裝載地之貨物價額、裝載費、稅捐、應付之運費、保險費，及可期待之利益，為保險價額之規定，及系爭貨物係自臺灣輸出供應上海市場，故依經驗法則其發票價格應低於當地市場行情（否則，進口商即無利可圖），並國際貿易及保險慣例均以商業發票價額，加百分之十，為目的地之合理價額等情，應認被上訴人以系爭貨物發票價格……按應交付日……之1美元兌換新臺幣匯率……計算所得系爭貨物價值為新臺幣2,654,936元為系爭貨物應交付時目的地之價值，應屬可取。」❺可知。

二、保險價額的種類

保險價額依照當事人訂立保險契約時，是否已就保險標的物的價值預先約定，並以之擬制為保險事故發生時的價值，可以分為「定值保險」與「不定值保險」。

（一）定值保險

1.定值保險的意義

保險契約，若當事人於 「訂約時」，已經就保險標的物約定一定價值 (durch Vereinbarung auf einen bestimmten Betrag)，並且以之視為保險標的物於 「保險事故發生時」 的價值者，稱為定值保險 ❻。

2.定值保險的緣由

定值保險，雖然不若不定值保險般符合填補損害原則，但是定值保險具有下述優點，因此在火災保險、海上保險及其他保險具有重要地位：

---

❺　臺灣高等法院86年海商上字第13號判決。
❻　1908VVG §57 前段。

⑴避免鑑價困難

定值保險可以避免保險事故發生後，保險標的物的鑑價困難。某些保險——例如火災保險或海上保險——於保險事故發生後，保險標的物已經化為灰燼，或是已經沉沒海底，要在事故發生以後，才回溯鑑定該標的物在「保險事故」發生時的價值，不但事實上有所困難，若勉強為之，鑑價費用的耗費，可能超出鑑價精準的實益。且保險事故既然已經發生，被保險人、保險人分別為了增加或減少理賠金額，對於保險標的物的價值，多有所爭執，常使案件的理賠，久懸不決。為避免鑑價的困難與理賠的延宕，因此某些種類的保險，在保險契約訂立的時候，就先約定一定數額，並以之作為萬一保險事故發生時保險標的物的價值，以杜爭議。保險法第73條第1項關於火災保險規定：「保險標的，得由要保人，依主管機關核定之費率及條款，作定值或不定值約定之要保。」即為適例。

⑵避免具有主觀價值標的物的鑑價爭議

就具有主觀價值的標的物預先約定一定價值，作為保險事故發生時的價值，也就是採定值保險，可以避免將來鑑價的爭議。某些保險標的物的價值，具有主觀性，例如：文稿、古董、照片、藝術品等，喜歡者視若拱璧，不喜歡者棄如敝屣，這些具有主觀性的保險標的物，若於保險事故發生後，才鑑定其價值，常由於缺乏市場價格可供參考，當事人對價值的衡量，又見仁見智，流於主觀，因此價格的鑑定，格外困難。為了避免爭議，可以在訂立保險契約時，就保險標的物的價值，預先約定，以定值保險的方式投保。保險法施行細則第6條明定：「要保人以其所有之藝術品、古玩品及不能依市價估定價值之物品要保者，應依本法第73條及第75條之規定約定價值，為定值之保險。」就是具體的規定。

⑶促使保險人於訂約前審慎評估保險標的物的價值

定值保險，在保險事故發生後，保險人原則上就有義務依照保險契約所約定的價值，視保險標的物是全部滅失或一部滅失而分別為全部或一部的保險給付；保險人原則上不得要求重新鑑定保險標的物的價值，藉詞反悔。因此保險人於決定承保之前，對於保險標的物的價值，必須審慎鑑價，以避免鑑價偏低時，減少保險費的收入，鑑價偏高時，又增加道德危險的流弊。

⑷預防保險事故發生後，鑑價過高或鑑價過低的流弊

在不定值保險，保險標的物的價值須待保險事故發生後才鑑定保險標的物的

價值，而且溯及保險事故發生時的價值。鑑定的價值若太高，會形成部分保險，不利於被保險人，因為保險價額越高，保險金額相較於保險價額的比例就越低，被保險人獲得理賠的比例也將越低。反之，鑑定的價值若太低，保險金額占保險價額的比例就會提高，一定範圍內固然對要保人或被保險人有利，但若鑑定的價值低於保險金額時，對於要保人或被保險人也未必有利，因為鑑價的結果保險金額高於保險價額時，保險人只於保險價額範圍內負理賠責任，其餘部分，只發生退還溢收的保險費，並沒有保險理賠的責任。

上述保險事故發生之後，鑑價過高或過低的缺點，若採定值保險，將可以獲得適當的緩減，因為當事人就保險標的物的價值已經預先約定，原則上在保險事故發生以後，不會就保險標的物價值，重新鑑價，既不另行鑑價，被保險人或保險人自然不可能藉鑑價的高低，提高或降低保險理賠的比例。須注意者有兩點：

第一：以約定價值「視為」保險標的物於「保險事故發生時」的價值只是一個原則：依保險法規定，定值保險的約定價額 (agreed value)，視為「保險事故發生時」保險標的物的價值，而非視為「訂約時」保險標的物的價值。但立法例上，1908 年德國保險契約法規定，該約定的一定價值 (die Taxe, ein bestimmte Betrag)，若「遠逾」保險事故發生時保險標的物的實際價值，為了貫徹財產保險以填補損害為宗旨的功能，仍不得以「約定價值」視為「保險事故發生時保險標的物之價值」，德國法律所以如此規定，其目的在貫徹填補損失原則❼。

第二：在定值保險下，仍然會有保險金額與保險價額不同的問題：定值保險固然有以約定價值（即訂約時預先約定保險標的物於保險事故發生時之價值或稱保險價額）作為保險金額，而投保「全部保險」者；但也有約定的「保險金額」較當事人約定的「保險價額」為低者，此時保險人所負的責任，應以保險金額與保險價額之比例定之❽。

3.定值保險所適用的險種

⑴海上保險

在海上保險，不論貨物保險 (cargo insurance) 或是船體保險 (hull insurance)，於啟航前多就貨物或船體預先約定「約定價值 (the stipulated value)」，且以定值保

❼　1908VVG §57.

❽　1908VVG §57 後段。

險方式投保。海上保險以定值保險方式為之，由於「約定價值」不是「啟航時」貨物或船舶的價值，也不是於「保險事故發生時」的實際價值，而是以訂約時的「約定價值」視為「保險事故發生時」貨物或船舶的價值，因此海上保險並沒有完全貫徹財產保險填補損失的原則❾，只是接近填補損失而已，須注意者，若海上保險未預先約定船舶或貨物之價值者，則仍為不定值保險 (unvalued policy)。

⑵財產損失險 (property insurance)

不動產 (real property) 及動產 (personal property)，投保某些種類的保險，也可以定值保險方式為之。

A.不動產的定值保險

不動產以定值保險方式為之者，主要見於房屋的火災保險，特別是性質上獨特的建築物（例如：紀念館），因為缺乏結構相同、區域相同的建築物，可以作為鑑定價值的參考，更經常投保定值保險。房屋之所以投保定值保險，是因為房屋一旦發生火災化為灰燼，事後要再鑑定保險事故發生時房屋的價值，十分困難，因此多以定值保險的方式投保。不動產定值保險有二點須注意：

第一：不動產定值保險，保險事故發生而全部滅失者，保險人原則上一律依約定價值為保險給付。

第二：不動產定值保險，保險事故發生而部分毀損者，則除非符合擬制全損（視為全損，a constructive total loss）❿的規定應依全損理賠外，仍然應該依照「毀損價值」占「約定價值」的比例，計算保險人應該給付的保險金。

---

❾　最高法院 93 年台上字第 1007 號判決：「按保險單得以定值或不定值為之。保險單上列明保險標的之約定價值者，是為定值保單。保險單所確定之價值，依本法之規定，且無詐欺情形時，於保險人及被保險人間，即為要保標的可保價值之最後決定，嗣後無論發生全部或部分損失，均以此為準。又依本法或保險單明示規定，保險標的有全部損失時，如為定值保險單，補償限度為保險單上確定之金額，如為不定值保險單，補償限度為保險標的之可保價值。英國保險法第 27 條第 1、2、3 項、第 68 條定有明文。本件保險單業已載明系爭保險標的物之約定價值為新加坡幣 17 萬 692 元 5 角，有上訴人不爭執之保險單在卷足憑，揆諸前揭英國保險法第 27 條第 1、2、3 項規定，本件保險應為定值保險，亦即保險事故發生後，無論全損或分損，均以上開約定之價值為系爭保險標的之物之可保價值，無須再行確定。」

❿　指保險標的物實際上沒有全部毀損滅失，但是修繕費用太大，沒有修繕的實益，因此以立法或約定的方式，將之擬制（視為）為全部滅失，被保險人可以請求全損的保險給付，殘餘部分歸屬保險人所有。

B.動產的定值保險

動產的定值保險，多用於保險標的物涉及主觀價值者的保險，例如：文稿、古董、藝術品等，以及保險事故發生後標的物鑑價困難，例如：陸上運送、內河運送之貨物保險，一般言之，動產定值保險的保險費常較非定值保險略高。

⑶營業中斷險 (business interruption insurance)

隨著工商業發展，定值保險除用於海上保險、不動產保險、動產保險以外，還用於營業中斷保險。在營業中斷保險，保險人於被保險人業務中斷的保險事故發生後，應按日、按週或按月給付被保險人預先約定的金額，並以之視為被保險人損失的填補。以此「預先約定的金額」投保的保險就是定值保險，目的在以「預先約定的金額」視為被保險人「因業務中斷而發生的損失」。

4.保險人的撤銷權

保險人因受詐欺 (fraud) 致使保險標的物鑑價發生錯誤，進而為定值保險之承保者，得撤銷保險契約。

（二）不定值保險

1.不定值保險的意義

不定值保險，是指保險契約訂立時並未約定保險標的物的價值，而是在「保險事故發生之後」，再溯及既往地估計「保險事故發生時」保險標的物的價值，並以之作為保險價額所投保的保險。保險的宗旨既然在填補被保險人因保險事故發生所生的損害，理論上，自然是以採不定值保險最為妥當，因為不定值保險，於保險事故發生後，才鑑定保險標的物在保險事故發生時的實際價值，評估被保險人的實際損失，最切合實際，最能貫徹財產保險以填補損失為目的的宗旨。保險法第 73 條第 1 項規定：「保險標的，得由要保人，依主管機關核定之費率及條款，作定值或不定值約定之要保。」，第 3 項：「保險標的未經約定價值者，發生損失時，按保險事故發生時實際價值為標準，計算賠償，其賠償金額，不得超過保險金額。」，一方面規定當事人有選擇定值保險或不定值保險的自由，另一方面，假若當事人沒有約定定值保險，依法應為不定值保險，其立法意旨乃是以不定值保險為原則，定值保險為例外，因為不定值保險較能貫徹填補損失的功能。

2.只有財產保險才有定值保險與不定值保險的區別

須注意者，只有財產保險才有「定值保險」或「不定值保險」的區別。在人身保險，由於**人身無價**的原因，保險價額的概念並不適用，自然不會發生定值保險、不定值保險的問題。人身保險的保險事故發生時，保險人即應依照約定給付受益人約定的金額，也就是採「定額保險」而不採「定值保險」或「不定值保險」。我國實務見解：「複保險通知義務之規定，係因財產保險之目的在填補損害，有損害始有賠償，被保險人不得為超額賠償請求，亦不得以複保險為變相之超額保險，以防道德危險之發生，為使保險人於承保前即得就保額是否超逾標的物價值，危險是否過分集中等為評估，以決定是否承保，故課予要保人以複保險通知之義務。反之，人身保險因人身無法以經濟上利益估定其價值，自無賠償超逾損害之情形，即無超額賠償可言，此觀人身保險之保險給付，多採定額給付理賠，而不計被保險人實際經濟損害若干自明。

倘保險法有關複保險之規定於人身保險有其適用，則要保人為複保險而依保險法第 36 條之規定通知保險人後，於保險事故發生時，依保險法第 38 條之規定，各保險人僅就其所保金額負比例分擔之責，其賠償總額不得超過保險標的之價值，此不僅與人身保險為定值保險、定額理賠之本質有違，且將人身價值侷限於某一價格，自屬輕蔑人類之生命、身體。可見複保險通知義務之規定，雖列於保險法總則章，但其適用範圍應僅限於財產保險，而不及於人身保險。」**⑪**，就是認為人身無價，所以不適用保險法關於複保險的規定，既然人身無價，當然也就沒有定值保險、不定值保險的問題，更沒有超額保險的問題了。

肆 超額保險、等值保險與部分保險

財產保險，依保險金額與保險價額大小比較，可分為超額保險、等值保險及部分保險。是否超額保險、等值保險或部分保險，關係到保險人理賠責任的大小，因此實務上十分重要。說明如下：

---

⑪　最高法院 92 年台上字第 1365 號、92 年台上字第 1138 號、92 年台上字第 534 號、92 年台上字第 292 號、87 年台上字第 1666 號、87 年台上字第 821 號及 86 年台上字第 3075 號判決。

一、超額保險

（一）超額保險的意義

超額保險，是指保險契約所訂定的保險金額大於保險價額的保險。定值保險及不定值保險都有可能發生超額保險的情形。

1.定值保險的超額保險

定值保險的超額保險，是指保險金額大於當事人於訂約時所約定保險標的物在保險事故發生時的價值。定值保險的超額保險理論上不應該發生，因為保險人不得故意為超額承保，否則不但超額部分無效，而且保險人還會受到主管機關的處罰[12]，但是事實上，當事人就保險標的物所約定的保險價額遠高於保險標的物的實際價額者，也非僅見，此時究應如何處理，保險法沒有規定。假若一律將約定的保險價額視為（擬制為）保險事故發生時保險標的物的實際價額，並據此計算理賠，是否妥當，不無疑義。

猶如前述，法律之所以肯定定值保險制度，其目的在於避免因保險標的物具有主觀價值致生鑑價爭議，及避免保險事故發生後，因為保險標的物已經毀損或滅失致生鑑價困難；定值保險的宗旨絕對不是使被保險人透過定值保險以獲得超出實際損害以外的利益，甚至成為洗錢的工具。因此定值保險乃是從「**法律經濟原則**」的觀點，即使雙方就保險標的物的約定價值「略高」於保險標的物於保險事故發生時的實際價值，也一律以訂約時保險標的物的「約定價值」作為保險事故發生時保險標的物的「保險價額」。但是若契約當事人關於保險標的物的約定價額，「遠逾」保險標的物於保險事故發生時的實際價額者，則仍然不得以約定保險價額作為保險價額，否則即有背於財產保險以填補損害為目的的宗旨。

1908 年德國保險契約法將「約定價額遠超過保險事故發生時保險標的物的實際價值 (es sei denn, dass sie den wirklichen Versicherungswert in diesem Zeitpunkt erheblich ubersteigt)」 的情形排除在適用定值保險理論之外，可資參考[13] 。申言之，雖然保險契約以定值保險的形式為之，若在保險事故發生時，當事人關於保

---

[12] 保險法第 169 條。

[13] 1908VVG §57 中段。

險標的物的約定價值「遠逾」保險標的物的實際價值，仍然會發生超額保險問題。值得留意的是，人身保險既為定額保險，自不生保險金額超過保險價額之超額保險問題❹。

2008 年德國保險契約法第 76 條規定：「要保人與保險人得以合意約定的一定金額作為保險價額（定值保險的保險價額）。該合意約定金額視為保險事故發生時保險標的物的價值，但所合意的約定金額顯著超出事故發生時實際可保價值者，應予除外。保險金額低於定值的保險價額者，保險人只依可保價值（保險價額）與定值保險的保險價額，比例負理賠責任，即使定值的保險價額被過度高估，亦同。」，德國規定有兩點值得注意：

第一：定值保險仍然有超額保險問題。

第二：約定的保險價額若顯著地高於實際保險價額者，不可以約定保險價額視為實際保險價額理賠。

至於，約定保險價額高於實際保險價額，而保險金額低於約定保險價的情形（即約定保險價額遠逾實際保險價額定值保險，又是部分保險的情形），理賠的方法是比例理賠，即「保險金額低於當事人合意約定金額（定值保險的保險價額）者，保險人只依實際可保價值（實際保險價額）與合意約定價額（定值保險的保險價額），比例負保險理賠的責任，即使約定保險價額被高度地高估，亦同」，此為一部保險的問題，合先說明。

2.不定值保險的超額保險

不定值保險的超額保險，是指保險契約所約定的保險金額 (die Versicherungssumme) 超過保險事故發生後追溯地鑑定保險事故發生時保險標的物的價額（即保險價額 der Versicherungswert）的保險。保險金額，為保險事故發生後，保險人所應該負擔保險給付責任的上限，已經記載於保險契約，十分明確，無庸解釋。在不定值保險，保險價額須待保險事故發生之後，才追溯地鑑定保險標的物在保險事故發生時的實際價值，才能確定。在不定值保險，保險價額的確定，須注意二點：

❹ 最高法院 93 年台上字第 1068 號判決要旨：「人身保險契約，並非為填補被保險人之財產上損害，亦不生類如財產保險之保險金額是否超過保險標的價值之問題，自不受保險法關於複保險相關規定之限制（司法院大法官會議釋字第 576 號解釋參照）。」

第一：以物為保險標的物者，除另有約定外，該物在保險事故發生時的價值 (der Wert der Sache) 就是保險價額[15]。原則上只以物的價值為保險價額，只有在另有約定的情形，才包括因為保險事故發生而喪失的利益 (den durch den Eintritt des Vesicherungsfalls entgehenden Gewinn nur)[16]。

第二：總括保險 (die Versicherung für einen Inbegriff von Sachen) 的保險標的物的範圍包括形成總括時的全部標的物[17]。因此傢俱、圖書館、商店等總括保險，其範圍應包括形成總括之時（即以數個不同的標的物共同作為某一保險的保險標的物之時）已存在的全部保險標的物。因此估計保險價額時，應及於以總括方式投保時的全部標的物。

（二）超額保險的解決

保險法第 76 條規定：「保險金額超過保險標的價值之契約，係由當事人一方之詐欺而訂立者，他方得解除契約。如有損失，並得請求賠償。無詐欺情事者，除定值保險外，其契約僅於保險標的價值之限度內為有效。」、「無詐欺情事之保險契約，經當事人一方將超過價值之事實通知他方後，保險金額及保險費，均應按照保險標的之價值比例減少。」，分詐欺超額保險與非詐欺超額保險二點說明如下：

1.詐欺的超額保險

依保險法規定，超額保險若由於契約當事人一方之詐欺而發生，不論定值保險或是不定值保險[18]，都會發生兩個法律效果：

⑴解除契約、回復原狀

保險金額超過保險標的物價值之契約，若是由當事人一方（要保人或保險人）的詐欺而訂立者，他方（保險人或要保人）得解除契約。解除契約以後，雙方互負回復原狀的義務。例如：要保人明知其所有的汽車是舊車，沒有新車的價值，

---

[15]　1908VVG §52.

[16]　1908VVG §53.

[17]　1908VVG §54.

[18]　在定值保險，當事人就保險事故發生時保險標的物約定價值者，僅於「約定價值」與保險標的物在保險事故發生時之「實際價值」，相差不懸殊時，方可將「約定價值」擬制作為「保險價額」。若「約定價值」遠逾「實際價值」，仍不得以「約定價值」作為「保險價額」，仍然會發生超額保險問題。

竟然以新車的價值全額投保，保險人因陷於錯誤而承保，就可以認定保險契約是受詐欺而訂立[19]。2008年德國保險契約法關於詐欺的超額保險，以違背誠實信用直接規定為無效，即要保人意圖獲得不當得利而訂立超額保險契約者，無效。保險人得取得從契約訂立起至知悉保險契約無效止的全部保險費[20]。

比較上述規定，我國保險法將詐欺的超額保險定位為「得解除」，德國則直接規定為「無效」。依照我國規定，如果保險人未行使解除權，被保險人似有權為超額請求保險理賠，有違財產保險基本原則。

⑵**損害賠償**

保險法第76條第1項前段乃民法有關解除權之行使，不妨礙損害賠償請求權之行使規定[21]的重申。保險金額超過保險價額的保險契約，若是由當事人一方的詐欺而訂立者，保險法關於本條解除權的規定，在法律體系上，是民法第92條關於表意人因被詐欺而為意思表示時，得撤銷其意思表示的特別規定。但是在立法政策上，保險金額超過保險價額的保險契約，若是由於當事人一方的詐欺而訂立者，究竟應該規定為賦予被詐欺之一方以撤銷其意思表示的權利、賦予被詐欺一方以解除權及損害賠償請求權、或是應該直接規定該保險契約為無效，不無斟酌餘地。因為若規定惡意超額保險契約，被詐欺一方得撤銷其意思表示、或得解除契約並請求損害賠償，則在被詐欺一方尚未行使撤銷權或解除權之前，保險契約並非無效；若該被詐欺一方不行使撤銷權或解除權或超過行使撤銷權或接觸權的除斥期間而不得行使，保險契約都將確定有效，其結果，保險契約即使因要保人的詐欺而訂立，在全部滅失的情形，保險人仍須依約給付超出保險標的物實際價額（實際保險價額）的保險金，被保險人所受領的保險給付也將超過其實際損失額，有違財產保險以填補損害為宗旨的精神。

為了貫徹財產保險損害賠償的宗旨，在立法上似宜參考1908年德國保險契約法的立法，超額保險 (die Uberversicherung) 若是由於要保人意圖獲得不法利益 (ein rechtswidriger Vermogensvorteil) 的詐欺而訂立者，除了直接規定保險契約無效以外，還應該規定以保險人善意為條件，保險人就超額部分，至保險期間屆滿

---

[19]　最高法院84年台上字第734號判決。

[20]　2008年德國保險契約法第74條第2項。

[21]　民法第260條。

日止 (zum Schluß der Versicherungsperiode) 的保險費有請求或受領的權利❷，反之，超額保險若是因為保險人意圖獲得不法利益詐欺訂立者，則除了保險契約無效以外，保險人應該就全部已收受的保險費，附加利息返還之。附帶一提者，在立法政策而言，契約當事人一方，意圖獲得不法利益而詐欺訂立超額保險契約之所以應該規定為「無效」，而非只規定為「得撤銷」或「得解除」，仍是著重當事人「意圖獲得不法利益」的不法性，應該以法律懸為厲禁；而不著重於訂約過程中，當事人所為的意思表示是被詐欺的可撤銷性或可解除性。

2. 非詐欺的超額保險

非詐欺的超額保險，是指客觀上保險金額大於保險價額，但該保險契約並非因當事人任何一方的詐欺而訂立的。依保險法第 76 條第 1 項後段：「無詐欺情事者，除定值保險外，其契約僅於保險標的價值之限度內為有效。」，及第 2 項：「無詐欺情事之保險契約，經當事人一方將超過價值之事實通知他方後，保險金額及保險費，均應按照保險標的之價值比例減少。」，該契約因保險種類之不同，分為以下兩種不同之效力：

(1)定值保險

依保險法規定，無詐欺的超額保險假若是定值保險，該超額保險有效。之所以會發生無詐欺的超額保險的定值保險，是因為當事人在訂立契約時，就保險標的物在保險事故發生時的價額已經預先約定（即約定保險價額），並於保險價額內約定保險金額，但是嗣後因為保險標的物貶值，致使保險金額高於保險價額。

另為保險標的物的鑑價，發現善意超額保險時，該善意超額保險是否一概有效，立法政策上值得斟酌。依照保險法規定，保險人承保的保險金額只能在「等於」或「少於」保險價額，不得超額承保，於保險事故發生時，就以約定的保險價額，計算理賠。但是，**定值保險之所以被承認，乃是約定的保險價額與保險事故發生時保險標的物的實際價值，相差有限，基於法律經濟原則，權宜地承認。**若當事人所「約定的保險價額」遠高於保險事故發生時保險標的物的「實際價值」，「約定保險價額」仍然不得作為「保險價額」，此時仍應以「實際價值」作為「保險價額」，而發生「保險金額」高於「保險價額」的超額保險，此種超額保險既然是以定值方式訂定，而且又不是因當事人一方的詐欺而促成，就構成善意的

---

❷ 1908VVG §51(3).

定值超額保險。但以上情形，只有一方面約定保險價額及保險金額，另一方面在保險事故發生後又另外重估保險標的物實際價值時才會發現，假若一律以約定的保險價額作為保險事故發生時保險標的物的價值，保險事故發生後，又不另為鑑價，就不會發現。

善意定值超額保險中，必須重新估計保險標的物價值的例子如下：以房屋為火災保險的標的物，雙方約定以 150 萬元作為發生火災時房屋的保險價額，投保的保險金額為 120 萬元。後來因為地震等原因，房屋價值巨額貶損，在火災發生時，該房屋經再估價實際價值只值 80 萬元，由於雙方約定的保險價額（150 萬元），遠逾保險標的物在保險事故發生時的實際價值，仍應以實際價值（80 萬元）為保險價額，其結果，雙方約定的保險金額（120 萬元）即遠遠超過保險事故發生時房屋的實際價值（80 萬元），應該以實際價值 80 萬元為保險價額。

依照保險法第 76 條第 1 項規定，似乎肯定無詐欺超額保險的定值保險的效力，保險人必須依照約定的保險金額為保險給付。此種立法方式，雖然簡單明快，但不符合財產保險以填補損害為宗旨的精神，因為假若雙方當事人預先約定的價額（即約定的保險價額）與保險事故發生時的實際價值（即實際的保險價額）相差甚大，是否只為遵循定值保險之小義，犧牲保險以填補損害為目的的大經，不無值得討論的餘地。定值保險的目的只在於解決估價困難，避免主觀爭議，以符合法律經濟原則，因此當定值保險所約定的保險價額與實際的保險價額相差微小時，固然得以約定保險價額替代實際保險價額；但是**假若二者相差懸殊，就不得以約定的保險價額代替實際的保險價額，此時仍應以實際的保險價額作為保險價額**[23]。雙方當事人均得主張將保險金額削減到與實際保險價額相等的程度，保險費也應該同時比例削減[24]。保險金額及保險費的削減都從當事人主張或通知他方當事人生效之後向將來生效。

⑵**不定值保險**

超額保險，若是無詐欺的不定值保險，依照保險法第 76 條規定：「保險金額超過保險標的價值之契約……無詐欺情事者……其契約僅於保險標的價值之限度內為有效。」、「無詐欺情事之保險契約，經當事人一方將超過價值之事實通知他方後，保險金額及保險費，均應按照保險標的之價值比例減少。」法律效果如下：

---

[23]　1908VVG §57.

[24]　1908VVG §57(1).

A.保險契約於保險標的價值的限度內有效

保險契約所定的保險金額應削減至與保險價額等值的數目,例如:保險金額150萬元,保險價額120萬元時,保險金額應該削減為120萬元。

B.保險費必須依照保險金額的削減的比例相應削減

保險費的計算與保險金額的大小有密切關係,假若保險金額已經削減,保險費也應該相應削減。以前面所舉的例子來說,保險金額為150萬元時的保險費若為1,500元,則當保險金額由150萬削減為120萬元時,保險費亦應依相同比例削減為1,200元。又關於保險金額及保險費的削減,都是當事人一方「將超過價值的事實」通知他方,從通知生效起向將來發生效力。

2008年德國保險契約法關於非詐欺的超額保險的規定,與我國保險法的規定基本上相同❷。但針對詐欺超額保險,德國保險契約法規定,在善意的期間,保險人取得保險費,此點我國保險法沒有規定。

二、等值保險

等值保險,就是保險金額與保險價額相等的保險。在定值保險,若保險金額與當事人約定之保險價額相等者,就是等值保險,但理論上仍以「約定的保險價額」與「實際的保險價額」沒有懸殊差距者為限❷。保險法第73條第2項規定:「保險標的,以約定價值為保險金額者,發生全部損失或部分損失時,均按約定價值為標準計算賠償。」,就是指等值保險而言。在不定值保險,若當事人約定的保險金額與嗣後鑑定保險標的物在保險事故發生時的價值相等,也是等值保險,保險法第73條第3項:「保險標的未經約定價值者,發生損失時,按保險事故發生時實際價值為標準,計算賠償,其賠償金額,不得超過保險金額。」,為關於不定值保險的保險給付的規定。例如:保險金額100萬,嗣後鑑定保險標的物於保險事故發生時的價值也恰好是為一百萬,這就是不定值的等值保險。假若保險事故發生,保險標的物全損❷,則保險人應給付100萬元的賠償金額;反之,若保

---

❷ 2008年德國保險契約法第74條第1項:保險金額顯著地超過可保價值時,要保人與保險人均得請求將保險金額立即減少以消除超額保險,同時比例減少保險費。

❷ 1908VVG §57.

❷ 所謂全損,包括「保險標的全部滅失(即事實全損)」以及「毀損達於不能修復或其修復之費用,超過保險標的的恢復原狀所需者(即擬制全損)」兩種,參考保險法第74條。

險標的物只有部分毀損，例如：只發生十分之六（60 萬元）的毀損，則保險人應給付的賠償金額將只有 60 萬元，而非 100 萬元，其公式為：

$$實際損失額 \times \frac{保險金額}{保險價額} = 賠償金額（保險人應為保險給付之數額）$$

上述公式中，由於在等值保險，保險金額＝保險價額，因此結論是：實際損失額＝賠償金額。

三、部分保險

部分保險 (underinsurance; die Unterversicherung)，指保險金額低於保險價額的保險。換句話說，所謂部分保險，在定值保險，是指當事人所約定的保險金額小於當事人於訂約時預先約定的保險價額；在不定值保險，是指當事人所約定的保險金額小於嗣後鑑定保險事故發生時保險標的物的實際價值。在部分保險，保險人所負的給付責任，是依照保險金額與保險事故發生時 (die Zeit des Eintritts)保險標的物的保險價額之比例定之 (nach dem Verhaltnis der Versicherungssumme zu dem Versicherungswert)[28]。保險法第 73 條第 3 項：「保險標的未經約定價值者，發生損失時，按保險事故發生時實際價值為標準，計算賠償，其賠償金額，不得超過保險金額。」，條文雖然不是十分明確，但是立法意旨應該與德國保險契約法的規定相同。例如，在火災保險，保險金額 150 萬元，保險價額 200 萬元[29]，就是部分保險。假若保險事故發生，房屋完全滅失，則保險人必須理賠 150 萬元；假若保險事故發生，房屋部分毀損，損失 50 萬元，則保險人必須給付 37.5 萬元。其計算公式如下：

$$\genfrac{}{}{0pt}{}{實際損失額}{（毀損滅失部分之價值）} \times \frac{保險金額（小）}{保險金額（大）} = \genfrac{}{}{0pt}{}{賠償金額}{（保險人應為保險給付之數額）}$$

依照 2008 年德國保險契約法第 76 條規定：「保險金額低於當事人定值保險的保險價額者，保險人只依可保價值與定值保險的保險價額的比例負保險理賠的責

---

[28]　1908VVG §56.

[29]　在定值保險，保險價額為事先約定；在不定值保險，保險價額是等到事故發生後才進行鑑定，而且是鑑定保險事故發生時的價值。

任，即使約定保險價額被過度地高估，亦同。」，定值保險的保險價額高於實際保險價額，而且保險金額又低於定值保險的保險價額的情形（即定值保險的保險價額遠逾實際保險價額，又是部分保險的情形），理賠的方法是比例理賠。

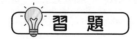

習　題

一、選擇題

1.下列關於保險金額與保險價額的敘述，何者正確？
　(A)保險金額是保險期間保險人理賠責任的上限；保險價額是保險事故發生時，保險標的物的價值。
　(B)保險金額是保險事故發生時，保險標的物的價值；保險價額是保險期間保險人理賠責任的上限。
　(C)保險金額是保險期間保險人理賠責任的上限；保險價額是保險契約訂立時，保險標的物的價值。
　(D)保險金額是保險人一次理賠責任的上限；保險價額是訂立保險契約時，保險標的物的價值。

2.下列關於定值保險與不定值保險的敘述，何者正確？
　(A)定值保險是指若當事人於訂約時，已經就保險標的物約定一定價值，並作為保險標的物於保險事故發生時的價值的保險；不定值保險是指保險契約訂立時並未約定保險標的物的價值，而是在保險事故發生後，再溯及既往估計保險事故發生時保險標的物的價值的保險。
　(B)定值保險是指若當事人於訂約時，未就保險標的物約定一定價值，待保險事故發生時再鑑定訂約時保險標的物價值的保險；不定值保險是指保險契約訂立時並未約定保險標的物的價值，在保險事故發生後，再鑑定保險事故發生時保險標的物的價值的保險。
　(C)定值保險是指若當事人於訂約時，已經就保險標的物約定一定價值，並作為

保險理賠時保險標的物價值的保險；不定值保險是指保險契約訂立時並未約定保險標的物的價值，而是在保險事故發生後，再溯及既往估計保險事故發生時保險標的物的價值的保險。

(D)定值保險是指若當事人於訂約時，已經就保險標的物約定一定價值，並作為保險標的物於保險事故發生時的價值的保險；不定值保險是指保險契約訂立時並未約定保險標的物的價值，而是在保險事故發生後，再鑑定保險理賠時保險標的物的價值的保險。

3.下列何種保險通常以定值保險投保？

(A)海上貨物損失險、火災保險。

(B)海上貨物損失險、車體險。

(C)人壽保險。

(D)員工誠實保險。

4.依保險法的規定，下列關於超額保險效力的敘述，何者為正確？

(A)詐欺的超額保險，他方得解除契約；無詐欺的超額保險，僅在保險標的物的範圍內有效，超收保險費應該退還。

(B)詐欺的超額保險，無效；無詐欺的超額保險，僅在保險標的物的範圍內有效，超收保險費應該退還。

(C)詐欺的超額保險，他方得解除契約；無詐欺的超額保險，他方得終止契約。

(D)詐欺的超額保險，他方得解除契約；無詐欺的超額保險，有效。

5.下列關於定值保險與不定值保險之保險價額的敘述，何者為正確？

(A)定值保險之保險價額是指保險標的物訂約時的價值；不定值保險是保險事故發生後鑑定時的價額。

(B)定值保險之保險價額是指訂約時就保險標的物約定一定數額，並視為保險事故發生時保險標的物的價值；不定值保險的保險價額是保險事故發生後，回溯地鑑定保險標的物在保險事故發生時的價額。

(C)定值保險之保險價額是指保險標的物在理賠時的價值；不定值保險是保險事故發生後，回溯地鑑定保險標的物在保險事故發生時的價值。

⒟定值保險之保險價額是指訂約時就保險標的物約定一定數額，並視為保險事故發生時保險標的物的價值；不定值保險是保險事故發生後鑑定時的價額。

參考答案

1. AAA
4. A，但依德國保險契約法為 B
5. B

二、問答題

1. A 公司以其所有之船舶，向 C 銀行設定船舶抵押權，擔保借款，雙方訂有船舶抵押權設定書面契約，並完成船舶抵押權設定登記。嗣 A 公司以該船舶向 B 保險公司投保船舶保險，約定保險標的價值為新臺幣（以下同）10 億元，保險金額亦為 10 億元，保險單上並載明 C 銀行為保險受益人（被保險人）。其後 A 公司又以該船舶，向 D 銀行設定抵押權，擔保借款，雙方訂有船舶抵押權設定書面契約但並未完成抵押權設定登記，且未於上揭保單批註 D 銀行為保險受益人（被保險人）。在上揭保險有效期間，該被保險船舶出海航行，行蹤不明已逾二個月，且此時 A 公司對於 C 銀行未償還借款餘額尚有 4 億元，對於 D 銀行未償還借款尚有 2 億元，船舶折舊後之市場價值為 8 億元。若 A 公司向 B 公司表示委付並請求 B 公司理賠，B 公司應否付保險責任？若應負保險責任，應對何人給付多少保險金？(93 年，律師)

2. 請說明定值保險的保險價額與不定值的保險價額的意義。

3. 何謂超額保險？超額保險假若不是由於詐欺所致者，其法律效果如何？試分定值保險及不定值保險說明之。

4. 何謂部分保險？在部分保險情形下，若是發生保險事故，保險人應該如何理賠？請以理賠的計算方式加以說明。

第十章
複保險

壹 複保險的意義

保險法第 35 條規定：「複保險，謂要保人對於同一保險利益，同一保險事故，與數保險人分別訂立數個保險之契約行為。」 ❶，複保險 (die Doppelversicherung, double insurance) 的成立要件可以圖示如下：

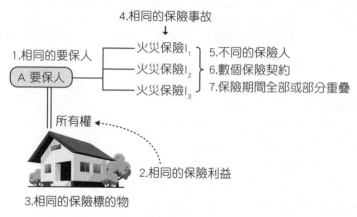

圖 10–1

上圖表示，A 以其所有房屋為保險標的物，向 I_1、I_2、I_3 三個保險公司投保三個火災保險契約，且三個保險契約的保險期間有全部或部分重疊，因此構成複保險。仔細觀察這個圖片，要保人都是 A，保險契約不論是 A 親自訂立，或是由其

---

❶ 英國、美國的保險單常常有 "other insurance clauses"，以規範除了本保險契約之外，針對相同保險標的物，如尚有其他保險契約也承保此一保險事故時，本保險的保險人與其他保險的保險人應該如何決定義務問題。

如果本保險契約與他保險契約的「要保人、保險標的物、保險利益、保險事故」都相同，而且「保險期間有全部或一部重疊」時，就是保險法第 35 條定義下的複保險，此種複保險只是 "other insurance clauses" 所指的其他保險的一種類型。

若是本保險的「要保人、保險利益、保險標的物、保險事故」與其他保險的「保險利益、保險標的物、保險事故」不完全相同，但是由於有重疊情事，因此保險事故發生時，本保險的保險人及其他保險的保險人也都有保險給付的義務。此時，該「其他保險契約」也是 "other insurance clauses" 所指另外類型。但是此類「其他保險」與本保險的關係，並不符合保險法第 35 條「複保險，謂要保人對於同一保險利益，同一保險事故，與數保險人分別訂立數個保險之契約行為。」定義下的複保險，因此學界將此類「本保險與其他保險」的競合關係，稱為「保險競合」。

代理人訂立，其法律效果都分別歸屬於 A 與數個保險公司。要保人 A 訂立契約的基礎是本於對房屋的所有權，保險利益完全相同；保險標的物都是同一棟房屋，保險事故都是火災，保險契約的數目有兩個以上，而且保險契約的保險期間又全部或一部的重疊，因此構成複保險❷。複保險的要件說明如下：

一、須「同一要保人」對「同一保險利益」為投保

　　同一要保人對於同一保險標的物有相同的保險利益，就相同的保險利益重複投保，才會構成複保險。例如：甲就其所有的 A 房屋，基於所有權的保險利益向數個保險人投保，就是對「同一保險利益」數次投保。反之，若嗣後以其所有的 B 屋向其他保險人投保，則是基於「另一保險利益」投保，不構成複保險。又債權人乙就甲所提供的抵押標的物 A 屋，基於「抵押權」的保險利益而投保，也不是基於同一保險利益的保險。

二、須針對「同一保險事故」投保

　　複保險，除了必須同一要保人就同一保險利益向數保險人投保外，還必須所投保的「保險事故相同」才能構成複保險，換句話說，構成複保險的各個保險契約，必須都是「針對相同的保險事故 (gegen dieselbe Gefähr)」❸，例如，甲就其所有房屋，向 M 及 N 保險公司皆投保火災保險，則甲所投保的兩個保險契約，其保險事故都是「火災」，若具備其他要件，就構成複保險。反之，若甲以其所有的房屋向 M 保險公司投保火災保險後，又向 N 保險公司投保洪水保險，則甲雖然基於同一保險利益向數保險人為投保，但其所投保的兩個保險契約的保險事故，一為「火災」，一為「洪水」，並不相同，因此不構成複保險。

三、須向「數保險人」訂立數個保險契約

　　複保險還必須是同一要保人針對同一保險利益、同一保險事故向「數個保險人」訂立數個保險契約才能成立，若要保人向同一保險人訂立數個保險契約，則該

---

❷ 最高法院 92 年台上字第 540 號：「所謂複保險，係指要保人對於同一保險利益、同一保險事故，與數保險人分別訂立數個保險之契約行為，保險法第 35 條定有明文。是以若非就同一保險利益、同一保險事故投保，尚不構成複保險之問題。」

❸ 1908VVG §59(1).

保險人已知悉要保人就同一保險利益，針對同一保險事故先後投保數個保險，一旦發生保險事故，也沒有重複理賠的危險，自無規定要保人有複保險通知義務的必要。又若要保人就同一保險利益、同一保險事故與數個保險人訂立一個保險契約，則只有一個保險契約，只是該契約主體的保險人為數人而已，也不是複保險。

四、須數保險契約的有效期間發生「全部或部分重疊」

複保險的成立，以數個保險契約的保險期間的生效期間有「全部重疊」或「部分重疊（交叉重疊）」為必要。全部重疊，指要保人就同一保險利益、同一保險事故向不同保險人投保的數個保險契約，其保險契約的生效期間的起、迄時點都完全相同。部分重疊，指要保人就同一保險利益、同一保險事故向不同保險人投保的數個保險契約的生效期間，其起、迄時點雖然不同，但其保險期間的有效期間有重疊性，若在重疊期間內發生保險事故，仍然會發生數個保險人如何對外理賠與如何彼此分擔的問題。須注意者，所謂時間上的重疊性，是指數個保險契約「生效期間」的重疊，並非指保險契約「成立期間」的重疊，例如：甲以其所有房屋向 M 保險人投保第一個火災保險後，又向 N 保險人投保第二個火災保險，並約定第二個火災保險契約自第一個火災保險契約期滿的次日起生效，則第二個保險契約「成立」之日雖然與第一個保險契約的生效期間發生重疊，但因第二個保險契約只有「成立」，還沒有「生效」，只有成立上的重疊性，沒有生效上的重疊性，因此不能成立複保險。

五、數保險的保險金額合計應該超過保險價額的商榷──預防道德風險或填補損失？

財產保險以填補損害為目的，當然適用複保險，但複保險是否以數個保險的保險金額合計超過保險標的的價值為必要，各國規定不盡相同：

（一）以數個保險金額合計超過保險標的物的價值為要件

立法例中有從填補損失觀點，規定只有數個保險金額合計超過保險標的的價值，才會發生超額理賠或不當得利，才適用複保險的規定者，例如：1908 年德國保險契約法第 59 條第 1 項規定：「針對同一利益，與數保險人就同一保險事故訂

立數個保險契約，而其保險金額合計超過保險標的物價值者，或無其他保險，但各保險人對其他人應保險理賠金額的合計將超過損失總額時，各保險人必須以其保險契約的保險金額為上限共同連帶負責，但被保險人請求的總額不得超過全部損失。」，中華人民共和國海商法第 225 條：「被保險人對同一保險標的就同一保險事故向幾個保險人重複訂立合同，而使該保險標的的保險金額總和超過保險標的的價值的，除合同另有約定外，被保險人可以向任何保險人提出賠償請求。被保險人獲得的賠償金額總和不得超過保險標的的受損價值。各保險人按照其承保的保險金額與保險金額合計的比例承擔賠償責任。任何一個保險人支付的賠償金額超過其應當承擔的賠償責任的，有權向未按照其應當承擔的賠償責任支付賠償金額的保險人求償。」都以數個保險契約的保險金額合計超過保險價額為條件，將複保險通知義務的功能側重在填補損失，避免不當得利。

（二）不以數個保險金額合計超過保險標的物的價值為要件者

立法例中另外也有從預防道德風險的觀點，認為數保險金額合計即使不超過保險標的的價值，也會因為數個保險金額合計越接近保險標的的價值，道德風險或輕忽大意的可能性越高，因為數個保險金額合計越高，被保險人分擔的損失越小（部分保險，其不足部分，視為被保險人自保），因此雖然數保險的保險金額合計不超過保險價額，同樣應該有複保險規定的適用。例如：保險法第 35 條規定：「複保險，謂要保人對於同一保險利益，同一保險事故，與數保險人分別訂立數個保險之契約行為。」，並未將數個保險契約保險金額的合計超過保險價額，列為複保險的要件。

（三）折衷說

折衷說介於以上二者之間，就要保人的通知義務言，複保險不以數個保險契約保險金額合計超過保險價額為必要，但是就保險理賠言，複保險卻必須數個保險契約保險金額合計超過保險價額為必要，2008 年德國保險契約法採此說。2008 年德國保險契約法第 77 條第 1 項規定：「任何人就同一利益，針對相同保險事故，向數個保險人投保保險，有義務不遲延地將其他保險的保險人通知保險人，且應告知其他保險人的名稱以及保險金額。」，依照這個規定，要保人的複保險通知義

務，並不以數個保險契約保險金額合計超過保險價額為必要，其目的在控制道德的風險，並且預防保險標的物貶值時，要保人或被保險人從不同保險人獲得超出損失的理賠；但是同法第 78 條又規定：「同一個利益，由數個保險人承保相同的危險，而且承保的保險金額合計超過保險標的的價值或是由於某些其他原因，各保險人，若是沒有其他保險，其應負理賠數額的總和超過全部的損失時，各保險人應該依照其保險契約對被保險人應賠償金額負連帶責任。但被保險人請求之總額不得超過全部的損失。」、「數保險人間，依照各保險契約應負理賠金額之比例。若某保險契約應適用外國法，該保險契約的保險人只有在依照外國法對其他保險人也有分擔賠償義務時，對於其他保險人才有分擔的請求權。」、「要保人，以獲得不法金錢利益的意圖而訂立數個保險契約時，基於此一意圖所訂的契約應該都無效；保險人對於知悉無效情事前之保險費，有收取的權利。」，換句話說，就保險理賠而言，為了防止要保人或被保險人不當得利，複保險必須數個保險契約保險金額合計超過保險價額為必要。

綜上以折衷說，顧慮最為周詳，既能預防道德風險，又可以貫徹填補損失的原則。

貳 複保險適用的險種

保險法關於複保險的規定，究竟只適用於財產保險，或是對於人身保險也有其適用，法學者及法院對此見解分歧，說明如下：

一、只適用於財產保險說

主張保險法關於複保險的規定只適用於財產保險者，主要的理由是：

（一）人身無價，不會發生不當得利的問題

保險法之所以規定複保險通知義務，目的在於避免被保險人獲得不當得利，以避免要保人或被保險人利用複保險謀取超出實際損失的保險理賠。但是，由於人身無價，沒有保險價額，實務上，採用定額保險，即使重複投保數個保險，也不會超出保險價額，不會發生不當得利的問題❹。

❹ 臺灣臺南地方法院 85 年保險簡上字第 4 號判決。

（二）雖然複保險的相關條文規定在總則編，但是並非總則編的條文，都一律適用於各類保險

　　保險法總則編的條文不一定適用於整部保險法，最能代表此種見解的判決，例如最高法院 93 年台上字第 495 號：「保險法總則章計有 42 條，除於第 35 條至第 38 條設有複保險之規定外，尚於第 10 條、第 13 條第 2 項、第 14 條、第 15 條、第 18 條、第 19 條、第 20 條、第 21 條、第 23 條、第 33 條專就『財產保險』而為規定，具見編列總則之條文未必當然適用於人身保險。原審未依保險法第 35 條至第 38 條所定複保險之意涵，以定其適用之險種，逕依其為總則之編列而立論，亦有未合。又按保險契約本屬射倖契約，重在保險事故之發生與發生時間是否繫於偶然，且複保險乃保險契約法貫徹損失填補原則與禁止不當得利原則之重要機制，道德危險之發生非全繫於保險金額之高低（保險法第 121 條、第 134 條已設有防止道德危險受益權喪失及撤銷之規定）。原審任以人身保險射倖性大於財產保險，複保險旨在道德危險之評估即肯認人身保險有複保險之適用，未說明其所論定之依據，殊嫌疏略。再者，原判決既稱『定額保險無保險標的價值』可言，竟割裂解釋保險法第 38 條關於保險金額超過保險標的價值為一特別規定，並忽略人身無法以經濟上利益估定其價值，人身保險（除健康、傷害保險，其中殘廢與醫療給付為屬損害填補外）性質上不屬於損害保險，多為定額保險而無超額保險之情形，進而為上訴人不利之論斷，不無可議。又本院 76 年台上字第 1166 號判例意旨並非專就『複保險規定應否適用於人身保險』之命題而為闡釋，原判決採為判定本件複保險無效之依據，尤非允洽。」，此外，還有很多裁判採取相同的見解[5]。

（三）參考外國立法例，關於複保險的規定只適用於財產保險

　　複保險是財產保險範疇內所具有的現象，日、德、法等外國立法，都將複保險規定財產保險篇中，我國將之規定於總則第一章，而於第四章人身保險之有關法條中欠缺應予排除之規定，顯係立法上之疏誤[6]。

---

❺　例如：最高法院 84 年台上字第 723 號判決、72 年 5 月 14 日司法院第三期司法業務座談會。

❻　72 年 5 月 14 日司法院第三期司法業務座談會有不同見解，這是主管廳司法院第一廳的

二、對財產保險及人身保險都適用說

主張保險法關於複保險的規定不但適用於財產保險，而且適用於人身保險者，主要的理由是：

（一）保險總則編之規定，對於整部保險法都應該適用

保險法第 35 條至第 38 條都是關於複保險的規定，這些條文都規定在保險總則編，而總則編是一般共同的規定，應該對於整部法律都適用，複保險既然規定在總則編，當然是財產保險及人身保險的共同規定。採此種見解的裁判，以最高法院 76 年台上字第 1166 號判例：「所謂複保險，係指要保人對於同一保險利益，同一保險事故，與數保險人分別訂立數個保險之契約行為而言，保險法第 35 條定有明文。依同法第 36 條規定，複保險除另有約定外，要保人應將他保險人之名稱及保險金額通知各保險人。準此，複保險之成立，應以要保人與數保險人分別訂立之數保險契約同時並存為必要。若要保人先後與二以上之保險人訂立保險契約，先行訂立之保險契約，即非複保險，因其保險契約成立時，尚未呈複保險之狀態。要保人嗣與他保險人訂立保險契約，故意不將先行所訂保險契約之事實通知後一保險契約之保險人，依保險法第 37 條規定，後一保險契約應屬無效，非謂成立在先之保險契約亦屬無效。」最具代表性，惟該判例已為司法院大法官會議釋字 576 號解釋認定有違憲之虞，已經不再予以援用。

人身雖然無價，但是為了防止道德危險，保險法關於複保險的規定對於人身保險應該也適用。

（二）道德風險的考量

雖然人身無價，但是保險契約是最大的誠實契約，複保險的情形，若數個保險金額合計總額太大，很容易誘發道德風險。法院的判決，採這種觀點的很多[7]，以最高法院 91 年台上字第 1992 號判決：「查身體健康被侵害而喪失勞動能力者，

結論。

[7] 參照最高法院 66 年台上字第 575 號判決、76 年台上字第 1166 號判決、81 年台上字第 1172 號判決、臺灣高等法院花蓮分院 85 年保險上字第 67 號判決等。

可就被害人受侵害前之身體健康狀態、教育程度、專門技能、社會經驗等酌定其所受損害額。而人身保險契約，其保險金額之約定，通常須斟酌被保險人之身分、地位及經濟狀況等客觀情形，以定其數額之上限。故在訂立保險契約之場合，尚難謂人身絕對係屬無價。次查保險契約為最大善意契約，倘投保金額過高，恆易肇致道德危險。保險法將複保險之規定列於總則，並於第 37 條規定，要保人故意不為前條之通知，或意圖不當得利而為複保險者，其契約無效。立法之目的在於限制超額保險，避免要保人不當得利及防杜道德危險，於人身保險自亦有其適用。」最為典型。

三、折衷見解

折衷見解認為是否適用複保險的規定，不應該從財產保險或人身保險的分類決定，而是應以保險內容實質判斷是否「填補損失」，不可從保險所涉及法益為標準。雖然財產保險是以填補損失為目的，人身保險原則上不以填補損失為目的，但某些人身保險還是具有填補損失的實質功能，例如：傷害保險或疾病保險雖然是人身保險的一種，但是傷害保險及疾病保險中的醫療給付、住院費用給付、看護報酬給付以及減少收入給付，其目的都在填補損失，不得雙重或是多重給付，適用保險法複保險的規定。

由於最高法院就保險法關於複保險的規定是否只適用於財產保險，或是人身保險及財產保險都有適用，見解不一，甚至做成見解完全相反的判例，因此聲請司法院大法官會議解釋，做成釋字第 576 號解釋文如下：

「契約自由為個人自主發展與實現自我之重要機制，並為私法自治之基礎，除依契約之具體內容受憲法各相關基本權利規定保障外，亦屬憲法第 22 條所保障其他自由權利之一種。惟國家基於維護公益之必要，尚非不得以法律對之為合理之限制。

保險法第 36 條規定：『複保險，除另有約定外，要保人應將他保險人之名稱及保險金額通知各保險人。』，第 37 條：『要保人故意不為前條之通知，或意圖不當得利而為複保險者，其契約無效。』，係基於損害填補原則，為防止被保險人不當得利、獲致超過其財產上損害之保險給付，以維護保險市場交易秩序、降低交易成本與健全保險制度之發展，而對複保險行為所為之合理限制，符合憲法第 23 條之規定，與憲法保障人民契約自由之本旨，並無牴觸。

人身保險契約，並非為填補被保險人之財產上損害，亦不生類如財產保險之保險金額是否超過保險標的價值之問題，自不受保險法關於複保險相關規定之限制❽。最高法院 76 年台上字第 1166 號判例，將上開保險法有關複保險之規定適用於人身保險契約，對人民之契約自由，增加法律所無之限制，應不再援用。」

從本解釋理由提到複保險的目的是「基於損害填補原則，為防止被保險人不當得利、獲致超過其財產上損害之保險給付，以維護保險市場交易秩序、降低交易成本與健全保險制度之發展，而對複保險行為所為之合理限制」，而「人身保險契約，並非為填補被保險人之財產上損害，亦不生類如財產保險之保險金額是否超過保險標的價值之問題，自不受保險法關於複保險相關規定之限制」觀之，解釋的重點是保險法關於**複保險規定的目的在於貫徹填補損害的宗旨，只要是具有財產損害性質者，不論財產保險，或是人身保險中傷害保險、疾病保險之具有填補損害性質的醫療給付，都有複保險規定的適用，因此該解釋是採折衷說**。自此以後，法院判決均採取相同見解❾。

參 要保人的通知義務

保險法第 36 條規定：「複保險，除另有約定外，要保人應將他保險人之名稱及保險金額通知各保險人。」，依本條的規定，除契約另有約定外，要保人依法有複保險的通知義務，但是複保險的通知義務只限於財產保險或其他具有填補損失性質的保險，沒有填補損失功能的人身保險不適用通知義務的規定❿。通知的對象及通知的內容如下：

---

❽ 大法官會議第 576 號解釋文第二段認為從保險法第 36 條、第 37 條之規定，為貫徹損害填補原則，因此有複保險行為的限制，解釋意旨堪稱。但第三段所謂「人身保險契約，並非為填補被保險人之財產上損害」，因此無保險法關於複保險相關規定之適用云云，似有未恰。因為人身保險中，不論人壽保險、傷害保險或是疾病保險，就侵害生命權、健康權等而發生的醫療費用，實際上仍有填補財產上損害的性質。因此本書認為解釋文第二段「基於填補損害原則，為防止被保險人不當得利、獲致超過其財產上損害之保險給付」，才是保險法規定複保險的意旨，也是本解釋文的重心，因此列為折衷說。

❾ 參照最高法院 93 年台上字第 1068 號判決、93 台上字第 1288 號判決等。參照本書第九章定值保險部分之說明。

❿ 請參照第九章定值保險部分之案例說明。

一、通知對象

被通知之人為「各保險人」。所謂「各保險人」，指承保同一保險標的、同一保險事故的每一個保險人，包括前後各個保險契約的保險人在內。最高法院 76 年台上字第 1166 號判例：「要保人嗣後與他保險人訂立保險契約，故意不將先行所訂保險契約之事實通知後一保險契約之保險人，依保險法第 37 條規定，後一保險契約應屬無效，非謂成立在先之保險契約亦屬無效」云云，結論雖然正確，但論述過程，很容易產生誤導，使讀者誤以為要保人的通知義務，只限於將前面訂立的保險契約的保險人及保險金額通知後定保險契約的保險人即為已足，論述並不周延。該判例應該將「要保人嗣後與他保險人訂立保險契約，故意不將訂立保險契約之事實通知前一保險契約之保險人」也納入違反通知義務的範圍，同樣構成後訂保險契約無效的原因❶，才能凸顯保險法第 36 條規定要保人之複保險通知義務的對象及於「各保險人 (jeder Versicherer)」的精義。

二、通知內容

通知內容包括「他保險人的名稱」及「其保險金額」。所謂「他保險人的名稱」，是指「受通知的保險人以外的其他各保險人的名稱」；所謂「保險金額」，指「受通知之保險人以外的其他各保險人所承保的保險金額」❷。例如：甲以其房屋投保火災保險，先後與 M、N、S 三家保險公司訂立火災保險契約，保險金額各為 50 萬、60 萬、70 萬元。當甲與 S 保險公司訂立火災保險契約時，應告知 S 公司 M、N 二家保險公司的名稱及其各自的保險金額 50 萬、60 萬，並且將 S 公司的名稱及其保險金額 70 萬的資訊也分別告知 M、N 兩家公司。其他的複保險通知義務，同理可推。

三、通知時間

要保人的通知，本質上是「事實通知」，或是稱為「觀念通知」。要保人的通

---

❶ 前訂的保險契約，仍然有效，因為前訂的保險契約訂定時，並沒有複保險的問題。但是如果要保人是意圖不當得利，以一次決意訂立數個保險契約，則雖實際簽約會有先後，應該全部都無效。

❷ 1908VVG §58(2).

知時間分為：契約訂立時的告知以及訂立契約後的通知。前者是對後訂契約的保險人的告知，後者是對前訂保險契約的保險人的通知。不論如何，一有複保險的事實，要保人應立即通知，不得遲延❸。

肆 違反複保險通知義務的法律效果

違反複保險通知義務的法律效果，視通知義務人是善意或是惡意而不同。分述如下：

一、要保人是惡意

保險法第 37 條規定：「要保人故意不為前條之通知，或意圖不當得利而為複保險者，其契約無效」❹。要保人惡意違反複保險的通知義務時，究竟所有的保險契約均無效，還是先前訂立的保險契約仍然有效，只是後訂的保險契約淪於無效而已，不無疑義。參考外國立法例及法院的判決，可分二種情況分述如下：

（一）無不當得利的意圖，單純違反通知義務者，只有後約無效

要保人違反對各個保險契約保險人的通知義務者，僅構成複保險的後訂保險契約無效。複保險的成立，以要保人與數保險人分別訂立的數個保險契約同時並存為必要。假若要保人嗣後「另行起意」再與其他保險人訂立保險契約，則先訂立的保險契約在訂定時並非複保險，因此，要保人雖然嗣後另訂保險契約且違背通知義務，但因違背通知義務而淪於無效者，應該只限於後訂的保險契約，不得因為要保人後來違背複保險通知義務，而使前訂的保險契約之有效性受到影響。無論如何，要保人違反複保險通知義務者，僅僅是訂立在後的保險契約無效，前訂的保險契約仍然有效❺。

---

❸ 1908VVG §58(1) 後段。

❹ 本條的立法與德國保險契約法不同。德國保險契約法必須數個保險契約的保險金額合計，超過保險價額，才構成複保險，但是本條關於複保險的規定，並不以數個保險契約的保險金額合計超過保險價額為必要。德國保險契約法關於複保險的規定，目的在防止被保險人的不當得利。我國保險法關於複保險的規定，則除了防止不當得利以外，還具有控制風險的目的。其實，後者可以透過共保條款的約定，達到相同的目的。準此，德國保險契約法的立法有參考價值。

（二）意圖不當得利者，所有的保險契約均無效

意圖不當得利，而訂立複保險者，所有的保險契約，不論訂約時間的先後，都一律無效 。 要保人意圖不當得利 (durch einen rechtswidrigen Vermogensvorteil, an unlawful pecuniary advantage) 而訂立複保險者，只要是出於意圖不當得利的決意，且是依據該決意所訂立的保險契約，不論是同時訂定，或是先後訂定，保險契約都一律歸於無效，因為意圖不當得利而為複保險，決意雖然只有一次，但是訂約必有先後，不得謂先訂立者，有效；後訂立者，無效。法院判決雖然沒有直接指出要保人基於不當得利所定的數個保險契約都無效，但是仔細閱讀法院的判決，仍然可以得到同樣的結論。臺灣高等法院 75 年度保險上字第 8 號判決即載：「本件要保人王○○，係於 73 年 6 月 15 日，向上訴人投保新臺幣（下同）200 萬元傷害保險，復於同年 7 月 20 日及同年 7 月 28 日向 A 人壽保險公司、向 B 人壽保險公司、C 人壽保險公司投保傷害保險及人身意外險，顯為保險法第 35 條所訂之複保險，依同法第 36 條規定，有將他保險人之名稱其保險金額通知各保險人之義務，王○○竟不為通知，且於事後向其他保險公司投保時，對於要保書所為是否前已向他保險公司投保之書面詢問，均答稱無向其他公司投保，足證王○○顯有故意不為保險法第 36 條之通知，依照保險法第 37 條之規定，本件兩造所訂之保險契約應屬無效。被上訴人基於無效之保險契約，提起本件訴訟，自屬不應准許。」

本件判決是關於人身保險的判決 ， 判決做成的時間是在大法官會議釋字第 576 號解釋之前，因此暫時不論本判決將關於複保險通知義務的規定適用到人身保險是否妥當，本判決值得注意的是，判決在關於複保險的規定對於人身保險有適用的情形下，當要保人基於不當得利的決意，先後訂立數個保險契約時，究竟是全部契約都無效？還是第一個契約有效，只有從第二個以後的契約才無效？答

---

❶ 參照最高法院 81 年保險上字第 9 號判決、83 年保險簡字第 62 號判決、84 年保險簡上字第 4 號等判決。最高法院 75 年台上字第 2340 號判決旨載：「所謂複保險，應以要保人與數保險人分別訂立之數個保險契約同時並存為其要件。如要保人先與甲公司訂立保險契約，後與乙公司訂立保險契約，先行訂立之保險契約，並非複保險，因其在契約成立時尚未呈複保險之狀態。嗣後要保人與乙公司訂立保險契約，此時要保人應將其與甲公司訂立保險契約之事由通知乙公司，如故意不通知依保險法第 37 條規定，要保人與乙公司訂立之保險契約無效，非謂要保人先與甲公司訂立之保險契約亦屬無效。」

案明顯的是「全部無效」。本判決首先確認保險契約是無效的，所確認無效的契約不是訂立時間在後的保險契約，而恰恰是民國 73 年 6 月 15 日所定的保險契約，也是要保人所訂立一系列契約中的第一個，法院顯然認為，要保人基於不當得利的意思所訂立的保險契約，不論先後，都應該無效。1908 年德國保險契約法第 59 條第 3 項：「要保人意圖自己不當得利而訂立複保險契約者，任何基於此一意圖而訂立之契約無效。(Hat der Versicherungsnehmer eine Doppelversicherung in der Absicht genommen, sich dadurch eine rechtswidrigen Vermogensvorteil zu verschaffen, so ist jeder in dieser Absicht geschlossene Vertrag nichtig ...)」的規定，也可以為這種見解提供支持。

（三）保險費的返還

複保險的保險契約不論因要保人違反對各保險人的複保險通知義務而無效，或因要保人意圖不當得利而無效，都發生保險費返還問題。保險費的返還應該依照保險法第 23 條第 2 項：「保險契約因第 37 條之情事而無效時，保險人於不知情之時期內，仍取得保險費。」規定辦理。因此：

1.保險人惡意時，應返還保險費

保險人若明知要保人所訂定的保險契約是惡意複保險（意圖不當得利而投保）仍接受投保，則保險人實際上也有就無效契約取得保險費的不良意圖，雙方均有不當得利的意圖，保險人應該返還全部已收受的保險費。

2.保險人善意，不須返還保險費

若保險人不知情，則保險人可以取得保險費。但是所謂取得保險費，究係是指「已收受的保險費」，或是指後訂保險契約（即淪於無效之保險契約）的「保險期間內的全部保險費」，法律沒有明文規定。前者較為簡便易行，後者則為 1908 年德國保險契約法第 59 條第 3 項的規定，理論上較為周延，故應以後者為是，依照 1908 年德國保險契約法的規定，後訂的保險契約的保險費，保險人即使尚未收取，保險人仍可繼續收取，而且可以收取全期的數額。惟就保險實務言，二者區別的實益不大，因為財產保險一般均採一次給付保險費，「已收受的保險費」與「保險期間內的全部保險費」在多數情形，數額相同。

二、要保人是善意──保險法的規定

保險法第 38 條規定:「善意之複保險,其保險金額之總額超過保險標的之價值者,除另有約定外,各保險人對於保險標的之全部價值,僅就其所保金額負比例分擔之責。但賠償總額,不得超過保險標的之價值。」說明如下:

(一) 保險金額之合計總額未逾保險標的物之價值者

善意複保險,各保險人承保的保險金額的合計總額未逾保險標的物之價值者,複保險之各個保險契約均有效,不發生返還保險費問題,因為保險人應該依照其所承保的保險金額以及保險標的物是全部或一部毀損計算理賠,不會發生被保險人受領各保險人的保險給付的合計總額超過其實際損失的問題。

(二) 保險金額合計總額超過保險標的物之價值者

1.數保險人對被保險人的外部關係

⑴各保險契約都有效

要保人善意複保險者,各保險契約都有效力,此與惡意複保險,有時是各個保險契約全部無效(意圖不當得利),有時是後訂的保險契約無效(違背複保險通知義務)者均不同。

⑵各保險契約的保險金額及保險費都不變

由於各保險契約不會因為善意複保險的存在,而使保險人承保的保險金額縮小,因此各保險契約的保險金額及保險費仍維持不變,不會發生超收保險費必須返還的問題。

⑶各保險人的保險給付責任範圍縮小

各保險人的保險給付責任範圍比例縮小,也就是法條規定的各保險人「僅就其所保金額負比例分擔之責」。換句話說,數保險人所應給付的保險給付總額將與保險標的物的價值相同,且各保險人依其承保的保險金額與保險金額的總額的比例,計算其應分擔的保險給付責任。例如:要保人分別親自、經由代理人以其所有的房屋向 M 保險人投保火災保險,保險金額 100 萬元,再向 N 保險人投保火災保險,保險金額為 150 萬元,最後又向保險人 S 投保火災保險,保險金額為 200 萬元。假若要保人、保險人均是善意、保險期間發生重疊、且保險事故相同,

保險事故發生時房屋的價值為 180 萬元，則 M、N、S 三個保險人的合計責任的限額為 180 萬，但各自應負擔的數額應該依照 100 萬元、150 萬元、200 萬元與總額 450 萬（即 2:3:4 與 9）的比例分擔之，即各自負擔 40 萬、60 萬、80 萬元。又 M、N、S 保險人是各自在其責任範圍內，分別向被保險人負保險給付責任，並非 M、N、S 三保險人負連帶責任，併此說明。

2. 數保險人既然就各自分擔額理賠被保險人，因此不會發生保險人間的彼此求償問題

保險人既然應該依其承保的保險金額與各個保險人所承保保險金額總額的比例，計算其各自應分擔的數額，且只就其分擔金額對被保險人負保險給付責任，理論上不會發生保險人在理賠之後，保險人間彼此求償問題，但是如果在保險理賠之後，才發現另外還有其他應負責的保險人時，則例外地還是會發生保險人間彼此求償問題。例如：M、N 保險人之保險金額各為 100 萬元、150 萬元，因保險標的物在保險事故發生時的價值為 200 萬元，因此 M、N 保險人之各自分擔額分別為 80 萬元、120 萬元。若被保險人向 M 保險人請求 80 萬元，向 N 請求 120 萬元之後，發現還另有 S 也是複保險的保險人，保險金額亦為 150 萬元。此時，應該重新計算各保險人對被保險人的分擔額，分別為：M 分擔 50 萬元，N、S 各分擔 75 萬元。因此 M 與 N 分別對 S 各有 30 萬、45 萬的內部求償權。

伍 立法的檢討與修正建議

一、保險法關於複保險規定的檢討

保險法關於善意複保險的規定，有數點值得商榷：

（一）各保險人承保的保險金額若高於各保險人對被保險人的理賠金額，則發生保險人超收保險費，破壞對價平衡原則

保險金額為保險人應負保險給付責任的上限，但是在善意的複保險，若各保險人保險金額合計超過保險價額，各個保險人「僅就其所保金額負比例分擔之責」，其結果，保險人實際負擔的保險給付責任，恆低於其承保的保險金額，將造成所承保的保險金額高，所收的保險費多，但所負的保險給付責任低的不合理現象。

（二）增加被保險人請求保險給付的負擔、困難及不獲完全理賠的風險

由於善意複保險的各保險人，只就其應負擔的保險給付數額向被保險人單獨負責，而非各個保險人以其承保的保險金額為上限向被保險人連帶負責，因此被保險人必須就各個保險人各自分擔額分別向各該保險人請求，增加被保險人請求保險給付的負擔及困難。尤其，數保險人中，若有財務困窮，無法履行保險理賠義務者，則雖然有安定基金作為理賠的後備，就超出安定基金理賠部分，仍然可能無法獲得十足賠償。

（三）條文文字的贅言

保險法第 38 條一方面規定：「各保險人對於保險標的之全部價值，僅就其所保金額負比例分擔之責。」，但另一方面又附加但書「但賠償總額，不得超過保險標的之價值」，但書實屬贅言。因為複保險的各保險人既然各自只就其保險金額負比例分擔之責，則各保險人所負分擔責任之總和，最高將只與保險標的物的價值相等，不會有發生超過保險標的物價值的可能，所以保險法第 38 條但書：「但賠償總額，不得超過保險標的之價值」明顯是一段贅言。

二、立法的修正建議

可以借鑑 1908 年德國保險契約法關於複保險「以各自保險金額為上限的連帶責任制」的立法例或 2008 年德國保險契約法關於複保險「假設沒有複保險，各自應負理賠責任為上限的連帶責任制」的立法例，對我國保險法第 38 條進行修正：

（一）以各自保險金額為上限的連帶責任制——德國 1908 年保險契約法

1.數保險人對被保險人的關係

各保險人對被保險人依其保險金額各負數額高低不等的連帶責任，保險人間就其保險金額與各個保險金額總和的比例計算分擔額。保險人對被保險人理賠超過其分擔額時，對於其他保險人，在該其他保險人應分擔的額度內，有請求權。1908 年德國保險契約法以及大陸海商法關於複保險，都採取此一立法方式。中華人民共和國海商法第 225 條規定：「被保險人對同一保險標的就同一保險事故向幾

個保險人重複訂立合同,而使該保險標的的保險金額總和超過保險標的的價值的,除合同另有約定外,被保險人可以向任何保險人提出賠償請求。各保險人按照其承保的保險金額同保險金額總和的比例承擔賠償責任。任何一個保險人支付的賠償金額超過其應當承擔的賠償責任的,有權向未按照其應當承擔的賠償責任支付賠償金額的保險人追償。」即各保險人對被保險人的責任,不但必須負「連帶負責」,而且是各自以「保險金額」為上限的連帶負責,明顯受到 1908 年德國舊保險契約法的影響。

例如要保人基於善意,在重疊期間內,就同一保險標的物分別與 M、N、S 三個保險人訂立保險契約,保險金額分別為 50 萬元、100 萬元、150 萬元,保險事故發生時,保險標的物的價值為 150 萬元。M、N、S 保險人對被保險人之責任,仍在其保險金額範圍內,對被保險人負連帶責任。也就是說,假若保險標的物全部毀損滅失,被保險人只可以向 M 保險人請求 50 萬元、或向 N 保險人請求 100 萬元、或向 S 保險人請求 150 萬元。M、N、S 三個保險人各自對被保險人所負責任仍與原來各自的保險契約所訂保險金額相同,不因其內部分擔額 M 保險人為 25 萬元、N 保險人為 50 萬元、S 保險人為 75 萬元而減低。

2.數保險人彼此內部關係

數保險人依照保險金額的比例計算內部的分擔額,保險人因連帶責任制對被保險人理賠之金額超過其分擔額者,就超過部分,對於其他保險人,在該其他保險人應分擔的範圍內,有求償權。

3.評　論

此一責任制的優點:

⑴便利被保險人請求權的行使,被保險人無須向各保險人分別請求。

⑵保險人所負的責任與其收取的保險費有對價的相當性。

⑶保險人中如果有破產者,被保險人的權益,受影響的程度較低。

本責任制的缺點:

數保險人的責任都以保險金額為上限對被保險人連帶負責,但是保險人內部分擔上,又必須以保險金額為基礎,計算各自的分擔額,造成內部分擔求償的複雜化。

（二）假設沒有複保險，各自應負理賠責任為上限的連帶責任制──借鑑德國2008年德國保險契約法

1.數保險人對被保險人的關係

保險人保險金額之總和超過保險標的物價值時，除契約另有約定外，被保險人得向任何保險人為請求，各保險人各依其契約原應負之理賠責任為上限對被保險人負連帶賠償責任，即各個保險人，各自依照在沒有其他保險的情形下應負的保險給付數額，對被保險人負連帶責任，形成以保險給付高低不一為上限的連帶責任，但是對各個保險人求償的合計，不得超過保險標的的價值。2008年德國保險契約法第78條第1項：「同一利益，由數保險人承保相同的危險，而且承保的保險金額合計超過保險標的價值，或是由於某些原因，各保險人，假若沒有其他保險，就應該理賠的數額總和超過全部損失時，各保險人應依照其保險契約對被保險人應賠償金額負連帶責任。但被保險人請求之總額不得超過全部的損失。」

2.數保險人彼此內部關係

數保險人分別依照假設沒有其他保險下，獨自應負擔的理賠金額的比例計算內部的分擔額，保險人因連帶責任對被保險人理賠之金額超過其分擔額者，就超過部分，對於其他保險人，在該其他保險人應分擔的範圍內，有求償權。

3.評 論

本制度下，數保險人各自以應負理賠金額（即假若沒有其他保險）為上限，負連帶責任，貫徹所收取的保險費與所負擔的保險責任對價平衡原則，且可避免因保險人破產致被保險人無法獲得十足理賠等因素考慮，比較具有合理性。

三、複保險的剔除

複保險的存在，被保險人並未得到更進一步的保障，要保人所付出的保險費與所得到的保險保障，並不相當，因此有規定剔除複保險的必要。要保人於投保時，不知其投保將造成複保險者，可不可以在知悉後撤銷後一保險契約或請求減少後一保險契約的保險金額，使訂立在後保險契約的保險金額與前一保險契約的保險金額合計剛好等於保險價額？保險法沒有規定。從理論上言，除非在投保保險的過程，要保人的意思表示錯誤或要保人投保的意思表示是被詐欺者得依民法

的規定撤銷外❻，要保人應無此一權利。但是複保險的存在，特別是各保險人承保的保險金額總額超過保險價額之情形，「要保人所給付的數個保險費合計」將超過其 「以保險價額作為保險金額投保時應負擔的保險費」，但是所獲得的保險保障，卻仍然以不超過保險價額為限，對要保人或被保險人十分不利，因此在**立法政策上，有許可善意複保險的要保人得撤銷後一保險契約，或是許可善意複保險的要保人請求後保險契約的保險人減少保險金額之權利的必要**。在前面一種情形，根本消除複保險；在後面情形，即使複保險仍然存在，但是後一保險契約減少後的保險金額與前一保險契約的保險金額的總額不會超過保險價額，不會有被保險人獲得超出損失保險理賠的疑慮❼。又後一保險契約的保險費也應依保險金額的減少而比例減少，以維公允❽。

在構成複保險的各個保險契約的保險金額合計原來不超過保險價額，但是因為保險標的物貶值，致使各個保險契約的保險金額合計總額超出保險價額的情況下，假若構成複保險的各個保險契約是在同一個時間訂立，或是經過各個保險人相互同意而訂立，則構成複保險的數個保險契約，就沒有先後之分，此時要保人只可以請求依各保險人依照保險金額的比例降低保險金額，使經過調降以後，各保險人的保險金額合計總額不超過保險價額。又要保人請求調降保險金額時，也有權請求依比例調降保險費，此理所當然❾。

若保險法賦要保人以撤銷複保險中後保險契約的權利或賦要保人以減少保險

---

❻ 依照民法的規定，動機錯誤原則上不得作為撤銷意思表示的理由，只有重大的動機錯誤，才被擬制為意思表示內容的錯誤，才可以撤銷。所謂重大動機錯誤，只限於人的資格及物的性質有錯誤。因此，假若公司的董事長就公司的辦公大樓投保火災保險，而公司的總經理，又在善意的情形下，就該辦公大樓又投保火災保險，兩個保險契約的保險期間又相互重疊，構成複保險。但是這是動機的錯誤，不是意思表示內容的錯誤，因此不得依照民法關於意思表示錯誤的規定撤銷。又此種動機錯誤，不是關於人的資格或是物的性質的錯誤，只是一般動機錯誤，不是重大動機錯誤，不得擬制為意思表示內容的錯誤，因此不得撤銷。請參考民法第 89 條。

❼ 在複保險的成立以數個保險的保險金額合計超過保險價額為條件的國家，例如德國，複保險的保險金額合計，既然不超過保險價額，就不能承認其為複保險，因此也可以歸為複保險的剔除。

❽ 1908VVG §60(1).

❾ 1908VVG §60(2).

金額的權利，要保人行使此一撤銷權或減少保險金額權利的期限應加以限制，以維交易安全，並符合誠實信用原則。以 1908 年德國保險契約法之規定為例，該法規定要保人應於知悉複保險之事實後「即刻 (nicht unverzuglich)」為之❷⓪。

　　又由於複保險的保險標的物價值隨時起伏，因此判斷各保險人承保的保險金額總額是否超過保險標的物價值，其發生保險事故者非至保險事故發生時不能確定，其未發生保險事故者非至保險期間屆滿 (der Ablauf der Versicherungsperiode) 不能確定，因此撤銷權 (Aufhebung) 或減少保險金額權利 (Herabsetzung) 行使之後須待保險事故發生或保險期間屆滿時才生效力❷①。

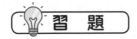

一、選擇題

1. 債務人以其所有的建築物設定抵押權給銀行時，下列敘述何者符合複保險的要件？
　(A)債務人本於所有權就該建築物投保火災保險，銀行本於抵押權就該建築物也投保火災保險。
　(B)債務人本於所有權就該建築物投保火災保險後，又就該建築物投保地震保險。
　(C)債務人本於所有權就該建築物投保火災保險，保險期間屆滿後，又就該建築物繼續投保火災保險。
　(D)債務人本於所有權就該建築物投保火災保險後，其妻又以代理人身分就該建築物投保火災保險，且保險期間發生重疊。

2. 下列關於大法官會議解釋，保險法有關複保險的規定對於財產保險、人身保險是否適用的敘述，何者正確？
　(A)複保險的規定，對財產保險一律適用；對人身保險一律不適用。
　(B)複保險的規定，對財產保險一律適用；對人身保險中具有填補損失性質的保

---

❷⓪　1908VVG §60(3).

❷①　1908VVG §60(3).

險也適用，但對人身保險中非填補損失性質的保險，仍不適用。

(C)複保險的規定，對財產保險、人身保險一律適用。

(D)複保險的規定，對財產保險不適用、對人身保險一律適用。

3.關於複保險的成立是否以數個保險契約保險金額合計超過保險價額為必要，下列敘述，何者最正確？

(A)從防止被保險人獲得超出損失的保險理賠的觀點，以數個保險契約保險金額合計超過保險價額為必要；但從提高要保人或被保險人注意，預防危險事故發生的觀點，不以數個保險契約保險金額合計超過保險價額為必要。

(B)一律以數個保險契約保險金額合計超過保險價額為必要。

(C)一律不以數個保險契約保險金額合計超過保險價額為必要。

(D)在財產保險，以數個保險契約保險金額合計超過保險價額為必要；人身保險完全沒有複保險規定的適用。

4.下列關於複保險中，要保人通知義務的敘述，何者正確？

(A)要保人應將他保險人之名稱及保險金額通知各保險人。

(B)要保人應將前保險人之名稱及保險金額通知後保險人。

(C)要保人應將後保險人之名稱及保險金額通知前保險人。

(D)要保人只應將他保險人之名稱通知各保險人。

5.下列關於要保人惡意違背複保險通知義務法律效果的敘述，何者正確？

(A)無不當得利的意圖，單純違反通知義務者，只有後約無效；意圖不當得利者，所有的保險契約都無效。

(B)不論是否有不當得利的意圖，只要違背複保險的通知義務，所有的保險契約都無效。

(C)不論是否有不當得利的意圖，只要違背複保險的通知義務，所有後訂的保險契約都無效。

(D)不論是否有不當得利的意圖，只要違背複保險的通知義務，所有的保險契約都得撤銷。

參考答案

1. DBAAA

二、問答題

1. 甲有房屋一棟，價值 1,000 萬元，分別向 A 保險公司投保火災保險 300 萬元，
   向 B 保險公司投保火災保險 400 萬元，向 C 保險公司投保火災保險 500 萬元。
   其後火災事故發生，房屋全損。在此情況下，試具理由回答下列各問題：
   ⑴甲為善意時，A、B、C 各應為如何之保險給付？
   ⑵甲為惡意時，A、B、C 各應為如何之保險給付？（88 年，律師）

2. 何謂複保險？其與再保險有何不同？試說明之。（86 年，司法官）

3. 何謂複保險？關於善意複保險之效力，各國立法例就賠償所採之主義有幾種？
   我國保險法之規定，究採何種主義？試述之。（85 年，司法官）

4. 試具理由回答下列各問題：
   ⑴關於複保險契約之效力，各國立法例所採之主義有幾種？
   ⑵要保人為惡意時，複保險契約之效力如何？（91 年，臺大法研所）

5. 試述我國保險法關於善意複保險法律效果的規定，並從保險人權利義務衡平及
   保障被保險人權益觀點，說明保險法的相關規定修正之道。

6. 保險法關於複保險的規定，究竟是只對於財產保險適用，或是對於人身保險及
   財產保險均有其適用，試說明之。

7. 要保人意圖不當得利而就同一保險標的物、基於同一保險利益、就同一保險事
   故、在統一保險期間先後向數家保險公司投保保險時，究竟是所有的保險契約
   都無效，還是只有某些保險契約無效？試說明之。

8. 善意複保險，而其保險金額的合計總額超過保險標的物之價值者，保險契約的
   效力如何？

9. 保險法第 38 條規定：「善意之複保險，其保險金額之總額超過保險標的之價值
   者，除另有約定外，各保險人對於保險標的之全部價值，僅就其所保金額負比
   例分擔之責；但賠償總額，不得超過保險標的之價值。」，試從保護被保險人的
   觀點，以及保險人權責相當的觀點，評論本條的立法得失，並提出修正之道。

第十一章

保險競合

壹 保險競合的意義

要保人、保險利益、保險標的物不完全相同的數個保險契約，指定相同之人為被保險人，因同一保險事故的發生，該數個保險契約的保險人都有保險理賠義務的情況，稱為保險競合。

保險競合有因「**要保人以自己為被保險人投保二個以上保險標的物、保險事故不完全相同的保險**」而發生者，例如：要保人向甲保險公司投保房屋及傢俱火災保險，保險金額 30 萬元（其中房屋價值 20 萬、傢俱價值 10 萬——內含電視價值 3 萬），又向乙保險公司投保電視機綜合險（火災險、竊盜險、毀損險等），保險金額 3 萬元，若發生火災保險事故，甲保險公司與乙保險公司就電視機的毀損滅失都負有保險給付的義務，但甲保險公司與乙保險公司所承保的保險事故、保險標的物都不完全相同，因此發生保險競合問題。又如：腳踏車製造商以自己為被保險人、以其全部的經銷商為附加被保險人，向 A 保險人投保商品責任險；而其某一經銷商又另外以自己為被保險人，向 B 保險人投保商品責任險。其後，因所經銷之腳踏車有瑕疵，致消費者受傷，此時 A、B 保險人都有理賠該經銷商的責任，由於保險標的不完全相同，就發生責任險的競合，不是複保險。

保險競合也有因「**要保人（貨主）以自己（貨主）為被保險人所投保的保險**」與「**他人（倉庫營業人）指定同一人（貨主）為被保險人投保保險標的物、危險事故不完全相同的保險**」發生者，例如：在海上貨物運送，託運人基於貨物所有人身分向甲保險人投保貨物損失險，保險期間「自貨物在託運地交付予運送人之時起，至貨物在目的地儲存入倉庫後十五日止」；而同時倉庫營業人又向乙保險公司，投保貨物綜合損失險（火災險、竊盜險等），並指定各貨物所有人為被保險人，保險期間自「貨物交付於倉庫營業人之時起至貨物移出並交付於貨物所有人之時止」。假若貨物在儲存於倉庫之時起十五天內，發生火災，致貨物毀損、滅失者，則甲保險公司與乙保險公司都負有保險給付的責任，且保險給付的對象都是貨物所有人，因此也發生保險競合。又例如：B 為護理師，向乙保險人投保醫療過失責任險，保險標的是因為其自己的過失，必須賠償病人的損害賠償責任。B 的雇主 A 醫院則向甲保險公司投保醫療過失責任保險，保險標的為醫院本身及其受僱人（包括全部醫師及護理師）因醫療過失對病人應負的損害賠償責任。假若

因 B 的過失致病患 C 身體受到傷害，A 醫院基於雇主身分必須與 B 護理師連帶對病人 C 負侵權行為連帶損害賠償責任❶，因此當 B 受病人賠償請求時，兩個保險契約的保險事故都同時發生。B 於賠償之後，甲、乙兩保險人對 B 都有保險給付的義務，發生保險競合。其法律關係以下圖表示：

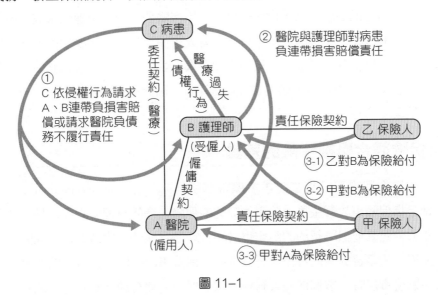

圖 11-1

上圖中，因 B 有醫療過失，依民法第 188 條雇主與受僱人連帶負侵權行為損害賠償責任的規定，C 得請求 A、B 負連帶賠償責任②。若 A、B 受賠償請求①，甲保險人、乙保險人所承保責任保險的保險事故就發生，乙保險人依 B 乙責任保險契約有向 B 為保險給付的義務③-1，與此同時，甲保險人依 A 甲責任保險契約也有向 A、B 為保險給付的義務③-2③-3。B 本於 B 乙的責任保險契約與 A 甲的責任保險契約，可以選擇向甲、乙保險人先後或同時為請求，發生了保險競合。

保險競合必須保險事故發生時，數個保險人所應該為保險給付的對象都是同一被保險人。若數個保險人為保險給付的對象不是同一被保險人，就不是保險競合，例如：海上運送貨物託運人，基於貨物所有人身分與甲保險公司訂立「貨物損失保險契約」，保險期間從貨物在託運地交付予運送人之時起，至貨物在目的地儲存入倉庫後十五日止。倉庫營業人則向乙保險公司投保「倉庫營業人責任險」，指定倉庫營業人自己為被保險人，保險期間從貨物交付予倉庫營業人之時起至倉

❶　參照民法第 188 條。

庫營業人將貨物交付貨物所有人之時止。假若在貨物儲存入倉庫之時起十五天內發生火災，致使貨物發生毀損、滅失，則甲保險公司須依保險契約向貨物所有人（被保險人）為保險給付；甲保險公司於為保險給付之後，得代位向倉庫營業人行使代位權❷；倉庫營業人於賠償甲保險公司之後，復得基於責任保險契約被保險人的身分向乙保險公司請求保險給付。則甲保險公司因火災保險事故的發生，有保險給付的義務，給付的對象是貨物所有人，而乙保險公司雖然因為火災保險事故的發生，以及倉庫營業人的被請求而有為保險給付的義務，但其給付對象是「倉庫營業人」，因為兩個保險的被保險人不同，因此不是保險競合，而是代位權行使的結果。

貳 保險競合與複保險的差異

保險競合與複保險都屬於英美保險單所稱的 "other insurance clauses" 的範圍，都是指保險事故發生後，除了本契約的保險人應該負理賠責任之外，還有其他保險人依照其他保險契約的約定也必須負理賠責任時，應該如何處理的約定。複保險與保險競合的共同特色就是發生同一保險事故致同一保險標的物發生損失或發生賠償責任時，數個保險人對相同的被保險人都有理賠義務，因此必須解決數個保險人對外（對被保險人）的理賠責任的順序、數額的多寡，以及對內（數保險人間）的責任分擔問題。

二者的差異在於：複保險，是指數個保險契約的要保人同一、保險利益同一、保險標的物同一、保險事故同一、而且保險契約的有效期間必須還有全部或一部的重疊。也因為複保險的數個保險契約的基本要素都一樣，使得構成要件具有高度的同質性，因此不論對被保險人的理賠責任，或是保險人間的分擔責任都適合以法律條文統一明確規範，這就是各國保險法多有複保險規定的原因。相對地，若本保險與其他保險的要保人、保險利益、保險標的、保險事故、免責條款不完全一樣時，雖然保險事故發生後，各保險人保險給付的對象都相同，但無法以簡單的數個法律條文，作相同的規定，而必須依契約約定內容的不同，個別決定，

---

❷　保險法第 53 條，即保險人向貨物所有人（被保險人）為保險給付之後，貨物所有人對倉庫營業人的損害賠償請求權（包括債務不履行的損害賠償請求權及侵權行為損害賠償請求權）立即法定移轉給保險人，由保險人對倉庫營業人行使損害賠償請求權。

才能符合具體的公平，這就是保險競合相對複雜的原因❸。總之，複保險與保險競合都涉及在本保險之外，另外還有其他保險的問題，但是複保險，要保人、保險利益、保險標的、保險事故基本上相同，適合以法律方式，統一規定數保險人與被保險人的外部關係，以及數保險人彼此的內部關係❹。但保險競合則是數個保險契約，其要保人、保險利益、保險標的、保險事故並不完全相同，技術上無法以法律條文，統一規定其內外關係，只能依據契約的具體約定，個別決定。

參　保險競合的解決

一、財產保險競合的組合類型

　　財產保險的保險競合包括「**損失保險與損失保險的保險競合**」以及「**責任保險與責任保險**」的競合兩類，不包括損失保險與責任保險的競合。因為只有「**損失保險與損失保險（例如：房屋火災保險與房屋內傢俱損失保險）**」、「**責任保險與責任保險（例如：醫院為自己與醫師、護理師投保責任保險與醫師、護理師為自己投保責任保險）**」，才會發生被保險人請求權競合問題。至於損失保險與責任保險，則是代位求償的結果，其最後責任都落在承保責任險的保險人身上，不會發生被保險人同時或先後向數保險人行使請求權問題，例如：甲以其所有的房屋向 A 保險公司投保火災保險，相鄰工廠乙向 B 保險公司投保責任險。某日，因為乙工廠焊接的過失，發生火災，波及甲屋。此時，甲有兩個請求權，依據保險契約對 A 保險公司的保險金請求權以及依據民法的侵權行為對乙的侵權行為損害賠償請求權，當 A 保險人理賠被保險人甲之後，甲對乙的侵權行為損害賠償請求權，在甲受領保險給付的範圍內，應該移轉予 A 保險人，由 A 保險人向乙行使代

---

❸　財產保險中之責任保險，常有保險重疊情形，因此競合條款在責任保險中，甚具重要性。舉例言之，A 在甲保險公司投保汽車責任險，指定自己為被保險人，A 向 B 借用轎車，B 與乙保險公司訂有汽車責任險，除以 B 自為被保險人外，尚訂有綜合條款 (omnibus clause)，即對於經 B 同意使用該轎車之人，亦提供責任保險。嗣因 A 之過失發生車禍，關於 A 之責任，甲保險公司與乙保險公司應分別依 A 甲與 B 乙兩個責任保險契約，負保險給付責任。為釐清多位保險人重疊保險所發生之權利義務關係，競合條款在責任保險領域廣泛使用。

❹　保險法第 35 條。

位權。乙於理賠 A 保險人之後，則可以依據責任保險契約，請求 B 保險人為保險給付。其結果，最終責任將落在承保責任險的 B 保險人身上。

在發生「損失保險與損失保險」、「責任保險與責任保險」的保險競合時，數個保險人間的責任分擔，必須斟酌相關保險契約的「其他保險條款 (other insurance clauses)」❺的約定內容而個別決定。

（一）其他保險條款關於責任分擔約定的情況

其他保險條款，在整個保險契約中經常只有一個或數個條款，其內容是關於保險事故發生後，還有其他保險人基於其他保險契約有向相同被保險人為保險理賠的義務時，本保險契約保險人對本保險契約被保險人所負保險理賠義務的約定。基於契約的相對性，某個保險契約「其他保險條款」關於責任分擔的約定只能拘束該保險契約的保險人與要保人或被保險人，不得拘束其他保險人，但是確定對被保險人保險理賠責任時，仍然必須斟酌其他保險契約「其他保險條款」的內容，並與其他保險人作責任分擔的推移。因此相關的「其他保險條款」直接成為解決保險競合，釐清分擔理賠責任的依據，間接達到避免超額保險道德危險 (against the moral risks incident to overinsurance) 的效能。

實務上，其他保險條款關於責任分擔（下稱：責任分擔條款）有以下三類：

1. 溢額保險條款 (an excess clause)

溢額保險條款是指：當某一損失發生，除了本保險契約承保之外，另有其他保險契約也承保時，本保險契約的保險人僅就全部損失扣除他保險人應負擔的理賠金額後的餘額（超過部分），依約負保險理賠責任的條款。

2. 不負責任條款 (an escape clause)

不負責任條款是指：約定的保險事故發生時，若除了本保險契約承保之外，另外還有其他保險契約承保時，本保險契約的保險人就不負任何賠償責任的條款。由於不負責任條款將造成保險人得拒絕對被保險人保險理賠的結果，因此不受投保戶歡迎。

財產損失險中的保險競合條款，旨在避免被保險人因超額保險 (over

---

❺ 其他保險條款，包括複保險與保險競合，但是此處的其他保險條款，是針對保險競合而言。

insurance) 而獲得超出損失的保險理賠，發生不當得利，導致道德危險。「不負責任條款」約定保險事故發生，另有其他保險契約承保時，保險人就不負保險責任，此種條款最具避免道德危險，防止獲取超額理賠的功能，早期法院對於此種約款曾持肯定態度。但是假若各保險人的保險契約都訂有「不負責任條款」，而法院若又肯定此種條款的效力，將造成所有保險人都逃避保險給付的責任，被保險人索賠無門的窘況，因此在此種特殊情況，法院對不負責任條款改採否定的態度。

3.比例分擔條款 (an pro rate clause)

比例分擔條款是指：保險事故發生時，若除了本保險契約承保外，另外有其他保險契約承保時，則本保險契約保險人僅按本保險契約的「保險金額」與「各個保險契約保險金額的合計總額」的比例計算其應分擔理賠額的條款。

比例分擔條款的另外一種計算方法是：保險事故發生時，若該保險事故所發生的損失另外還有其他保險契約承保時，本保險契約保險人僅按本保險契約「單獨應負保險理賠金額（假設除了本保險外，沒有其他保險契約應負的保險理賠金額）」與「其他各個保險契約單獨應負保險理賠金額（即假若除了該其他保險外，沒有另外其他保險契約應負的保險理賠金額）合計總額」的比例計算應負保險賠償責任數額的條款。

（二）保險競合的解決

1.責任分擔條款的內容都相同者

⑴責任分擔條款內容相同的類型

發生保險競合的各個保險契約，其責任分擔條款內容都完全相同的情形，例如：都是比例分擔條款、都是不負責任條款或都是溢額保險條款，火災保險基本條款第 32 條：「一、除前條情形外，保險標的物在承保之危險事故發生時，如另有其他保險契約同時應負賠償責任，本公司僅按本保險契約之保險金額與總保險金額比例負賠償之責。二、前項所稱其他保險契約不包括責任保險及保證保險契約。」若發生保險競合，而其他保險契約的責任分擔條款也是比例分擔條款時，就屬於「責任分擔條款內容相同」的類型的一種。

⑵解決方法

保險競合，責任分擔條款都相同的情形，其解決的方法如下：

A.各保險人的責任分擔條款都是「比例分擔條款」時

各保險人的分擔數額可以依「其保險金額的比例」定之，不但不會發生任何矛盾，而且符合保險人訂立「比例分擔條款」的意旨，對於確定各保險人的分擔額沒有任何困難。

B.各保險人的責任分擔條款都是「不負責任條款」或是都是「溢額保險條款」時

在各保險人的保險契約都訂有「不負責任條款」或都訂有「溢額保險條款」時，若要按照保險人所訂定競合條款的文義解決分擔問題，則可能發生矛盾或疑義。因為依照「不負責任條款」的約定，若該標的物另有其他保險人承保時，本保險人就不負責任，如各保險人都訂有「不負責任條款」，是否應「視為」另有其他保險人負責？若視為另有其他保險人負責，則應視為何一保險人負責？反之，若依據文義，無其他保險人負責，則基於本保險契約也同樣訂有不負責任條款，勢必造成本保險人、他保險人都不必負責的結果，要保人繳納保險費，被保險人卻索賠無門，喪失保險的目的。

在數保險人都訂有「溢額保險條款」的情形，「溢額」是指被保險人實際損失扣除其他保險人應負擔的保險給付後的「餘額」。溢額保險條款是以其他保險人有為保險給付義務的前提，然在各保險人都訂有「溢額保險條款」的情形下，究竟應該以何一保險人的保險給付作為計算「溢額」的扣除基礎？倘若各保險人都不作為計算「溢額」的扣除基礎，則溢額如何產生？若各保險人都不負責，則被保險人豈非求償無門，喪失保險的目的。反之，若各保險人都應該負責，則應如何計算各保險人各自分擔額？凡此種種，無不發生矛盾及爭論。

數保險人的保險契約都訂有「不負責任條款」或都訂有「溢額保險條款」，於保險事故發生時，若該數保險人都不必為保險給付，此不但違背被保險人的期待，而且使保險人收取保險費卻得以逃逸責任，超越其擬訂「不負責任條款」或「溢額保險條款」的本意。解決順序如下：

第一：先決定主要保險契約，無法決定時，皆視為主要契約

美國法院在 Blue Cross and Blue Shield of Kansas Inc. v. Riverside Hospital 一案❻中判定：在被保險人透過其雇主及其妻子分別訂立兩個保險契約時，「應先判

---

❻ Supreme Court of Kansas, 703 P.2d 1384 (1985).

第三人 Stadalman 是本案被告 Riverside 醫院的受僱人，也參加該醫院的健康保險。這

斷何者為主要之保險契約，何者為次要之保險契約」，才能有效避免被保險人重複獲得理賠，在數個保險人都不負第一線保險責任的情形，若是不能判定何者為主要契約時，應該將所有訂有「不負責任條款」或所有訂有「溢額保險條款」的契約都「視為」主保險契約 (primary contract)，都必須負第一線的責任。

判斷主保險契約的因素如下：

(A)各保險人所訂的保險契約，何者是特別針對該損失而訂立

例如：醫院為醫院、全體醫師及護理師投保醫療過失責任保險契約；某護理師又以其自己為被保險人，投保醫療過失責任保險契約。若該護理師照顧病人有過失，保險事故發生，就發生保險競合。此時，護理師以自己為被保險人的醫療過失責任保險契約，應該就是特別針對該損失而訂立的，成為斟酌主要契約的因素。

(B)各保險人所承保的被保險人，何者是主要債務人

例如：護理師投保醫療照顧責任保險，醫院也為全體醫師及護理師投保醫療照顧責任保險時，若護理師照顧病人有過失，發生侵權行為，依照民法規定，護理師與醫院對病人必須負連帶損害賠償責任，但醫院於理賠之後，對護理師有內部的求償權，因此護理師是主要債務人。

位女士的丈夫另外向原告 Blue Cross 投保保險，該保險計劃包括全體家庭成員。兩家保險公司的保險契約都約定「假若有另外一個保險人是負第一線責任的，則本公司只負第二線的理賠責任。」在 Stadalman 發生醫療費用時，兩個保險人都拒絕給付保險金，理由是他方保險人是應負第一線責任的保險人。

地方法院的判決認定：兩張保險單的不重複給付保險金約款 (the non-duplication of benefits provision)，都是逾額保險條款，是衝突的，是彼此矛盾的。因此原審判令兩個保險人各應給付 Stadalman 醫療費用的一半。兩家保險公司均提起上訴。

最高法院則撤銷原審判決，認為：「不重複給付保險金約款」是保險人以最低的保險費提供保險的方法。這種約款是保險人用於防止重複理賠及減低管理成本、減少償還遲延的方法。因此，很多法院要求推敲何種情況保險單是首要的，何種情況保險單是次要的。在本案，從保險單看，兩張都是次要的，沒有主要的，但很顯然地，這是站不住腳的。本案的情況，最合邏輯的解釋為被保險人作為 Riverside 的受僱人，雇主所投保的契約作為第一線的保險契約，這個保險契約為了防止有兩個第一線的契約，因此有「超額保險約款」的訂定，因此除非另有其他保險人作為第一線保險人，否則 Riverside 應該就是第一線保險人。在 Blue Cross 保險人的保險契約，被保險人只是享有「超額或第二」的保障。本案，沒有重複受理賠的潛在危險，也沒有衝突問題，地方法院的判決應予撤銷，Riverside 是第一線保險人，應該負擔全部醫療費用。

(C)各保險人所收受的保險費，何者所收保險費較高

判斷保險競合的數個保險人，何者應該負擔第一線責任，何者應該負擔第二線責任，應該斟酌保險費的高低，例如：記載溢額保險條款的保險單，其保險費通常比較低廉，記載不負責任條款的保險單，其保險費有時反而比較昂貴。保險費的高低，反映了對價衡平，並且區別主要契約、次要契約的因素。

(D)各保險契約中，何一保險人對保險事故的發生須先負保險給付的責任

例如：債權人分別向兩家保險公司，分別以主債務人、保證人的債務不履行為保險事故投保二份保證保險，若該保證人沒有放棄先訴抗辯權，則承保主債務人債務不履行的保險人，有先理賠的義務。

第二：主保險契約負第一線責任，次保險契約負第二線責任

第三：同時有數個主契約或次契約時，須循下列方法解決：

(3)分擔保險金額的方法

若保險競合的數個保險契約「都是主保險契約，都必須負第一線責任」或「都是次保險契約，都必須負第二線責任」時，該數保險人間究竟如何分擔其保險金，也應予以確定。關於此點，有「保險金額比例分擔法」、「階梯等額負擔法、「保險費比例分擔法」以及「單獨應付保險金比例分擔法」四種方法。分別說明如下：

A.保險金額比例分擔法（或稱 policy limit）

保險金額比例分擔法，就是指保險競合的數保險人，各依其保險金額比例，負擔給付保險金的責任。例如：甲保險公司的保險契約訂有「不負責任條款」，其保險金額為 40 萬元，乙保險公司的保險契約亦訂有「不負責任條款」，其保險金額為 60 萬元，若因保險事故發生，損失 50 萬元，甲保險公司與乙保險公司都必須負責，若不能決定何者為主要契約，就都必須負第一線的責任，而且以保險金額比例決定分擔額，即 50 萬元之損失應分別由甲公司負擔十分之四，乙公司負擔十分之六之保險給付，甲公司負 20 萬元，乙公司負 30 萬元的保險給付責任。

B.階梯等額負擔法

所謂「階梯等額負擔法」，指保險競合的各保險人，不論其保險金額的大小，都先以數保險金額中之最低者為上限，負擔等額責任；有不足理賠者，再以其餘保險人之保險金額最低者為上限，負等額責任；又再有不足理賠者，又再以其餘保險人之保險金額最低者為上限，負等額責任，直至獲得全部理賠或各保險人的

保險金額用罄為止。此種理賠分擔方式，各保險人分別以其保險金額為上限，形成階梯形狀的模型，在相同的階梯，各保險人負擔相同數額的責任，但各保險人分別以其保險金額為最高的責任上限，因此又稱為最大損失法 (maximum loss)。

　　例如：保險競合的保險事故發生，甲保險人之保險金額為 100 萬元，乙保險人之保險金額為 60 萬元，丙保險人之保險金額為 40 萬元，三保險人都訂有「不負責任條款」或都訂有「溢額保險條款」，若保險事故發生，損失 180 萬元，而不能辨別何者為主要契約，三保險人都必須負主要責任，因為丙保險人的保險金額最低，因此甲乙丙三個保險人第一波須以丙之保險金額為準，各負擔 40 萬元，餘還有 60 萬元未獲理賠；就未獲理賠的 60 萬元部分，丙已經用罄其保險金額，因此不必再負責，應該由甲乙負責，因為乙的責任上限還有 20 萬元，因此應該由甲乙第二波各負擔 20 萬元，使乙之負擔達到其保險金額；最後，還有 20 萬元未獲滿足，應該由甲獨自負責。以上事例，可列表如下：

表 11-1

	甲	乙	丙	總計
保險金額	100	60	40	
第一波負擔	40	40	40	120
保險金額餘額	60	20	0	
第二波負擔	20	20		40
保險金額餘額	40	0		
第三波負擔	20			20
保險金額餘額	20			
			共計	180

（單位：萬元）

　　C.保險費比例分擔法 (premium paid)

　　所謂「保險費比例分擔法」，是指依要保人給付各保險人保險費數額多寡的比例，決定各保險人應負擔的保險給付。

　　D.單獨應付保險金比例分擔法

　　所謂「單獨應付保險金比例分擔法」是指在保險競合的情形，保險人所應該分擔的分擔額，是以各個保險人，假設在沒有保險競合時，單獨應該負擔的保險金數額的比例，計算其分擔額。

在 American Surety Co. of New York v. Wrightson 一案❼，美國銀行分別向 American Surety Co. of New York（以下簡稱 A 保險人）及 Loyld's（以下簡稱 L 保險人）投保保險。A 保險人所承保的是員工誠實保險，保險事故就是因受僱人不誠實行為所發生的損失，保險金額是美金 2,500 元。L 保險人所承保的是員工誠實保險以及債務不履行保險，保險事故包括因受僱人不誠實行為所造成的損失以及因債券、支票不獲支付所發生的損失，保險金額是美金 4 萬元。其後，因為被保險人的一個員工監守自盜，盜取美金 2,680 元。美國銀行向 A 保險人請求，A 保險人依約給付美金 2,500 元。美國銀行就不足部分轉向 L 保險人請求保險給付，L 保險人給付美金 180 元。A 保險人於理賠之後，向 L 保險人要求分擔，L 保險人承認其有分擔的義務，但是對於兩家保險人各自應該分擔多少，意見並不一致。

法院判決指出：本案由於兩張保險單的承保範圍完全不同，若是依照兩家保險人各自的保險金額的比例，計算各自的應分擔額，將是十分不適當的，L 保險人絕對不會預期到針對被保險人的某個受僱人的不誠實行為，要負擔最高美金 4 萬元的責任。但是若謂 L 保險人只有負擔不足的美金 180 元，也不公平。本案應該假設沒有保險競合的情形下，A 保險人與 L 保險人應該依照單獨承保的情形下各自應該負擔的保險金數額的比例計算分擔額。因此，本案美金 2,680 元應該依照 A 保險人 2,500 元與 L 保險人 2,680 元的比例計算各自的分擔額。

以上四說，以「保險金額比例分擔法」為多數說。但在保險範圍不同時，以「階梯等額負擔法」、「單獨應負保險金比例分擔法」為發展趨勢，且已經成為立法例❽，因為「階梯等額負擔法」、「單獨應負保險金比例分擔法」，可以分擔風險，提高保險人承保較高保險金額的意願，且不違背各保險人的本意。

2.責任分擔條款不同者

⑴責任分擔條款不同組合的類型

　　A.溢額保險條款與不負責任條款 (Excess clause vs. Escape clause)

　　B.溢額保險條款與比例分擔條款 (Excess clause vs. Pro rate clause)

　　C.比例分擔條款與不負責任條款 (Pro rate clause vs. Escape clause)

---

❼　103 L.T.663 King's Beach Division (1911).

❽　2008 年德國保險契約法。

(2)不同類型責任分擔條款的解決方法

解決此一問題的方法，首先仍然必須篩選出主要保險契約，以主要保險契約作為權利義務分配的基礎。關於主保險契約的判斷因素前已說明，不再贅述。若不能判斷何者為主要保險契約，美國的學說以及法院的裁判的做法如下，可以作為參考：

A.溢額保險條款與不負責任條款

同一保險事故發生而數保險人都應負理賠責任時，若有的保險契約訂有「不負責任條款」，另外有的保險契約訂有「溢額保險條款」，如果不能辨別何者為主要契約，如何處理，見解不一。少數說主張為了解決各競合條款的矛盾，須依各保險人的保險金額比例計算各自的分擔額，**多數說認為載有「不負責任條款」的保險契約必須負第一線的責任，訂有「溢額保險條款」的保險人負擔差額責任，**因為保險人收取了保險費不可隨意脫免責任，保險契約的「不負責任條款」之所以有意義，是以另有其他保險人負責為前提，而「溢額保險條款」的保險人只就「實際損失」扣除「其他保險人的保險給付」後所餘差額部分負責，換句話說，訂有「溢額保險條款」的保險人有可能完全不負責，也可能只就差額負責，乃意料中事，保險費比較便宜，因此保險契約載有「不負責任條款」的保險人，必須負第一線責任，也就是負擔主要保險契約責任，而保險契約載有「溢額理賠條款」的保險人只就差額負責，理由有三：

第一：符合當事人真意：因為保險契約載有不負責任條款的保險人，既然是以他保險人應負保險理賠責任為前提，才可以不負責任，而載有溢額保險條款的保險人，只是就溢額負責——是以他保險人先負理賠責任為前提——其本身並不負擔第一線理賠責任，因此在這兩種責任分擔條款競合時，就不負責任條款的保險人而言，不負責任的前提——他保險人應負保險理賠責任——並不存在，正因為如此，由保險單記載不負責任條款的保險人負第一線責任，符合當事人的真意。

第二：體現保險費與風險承擔的公平關係：保險契約訂有「不負責任條款」的保險人負第一線責任，可以使該保險人在收受保險費之後，不致於動輒免責，有失公平。

第三：為溢額保險條款的保險人提供理賠的計算基礎：使保險契約載有「不

負責任條款」的保險人負第一線責任，可以以其保險金額作為計算標準，令保險契約載有「溢額保險條款」的保險人負差額部分的理賠責任，符合在保險競合下，不同保險人間的公正負擔。

B.溢額保險條款與比例分擔條款

同一保險事故發生而有數保險人都應該負責時，若有的保險契約訂有「比例分擔條款」，有的保險契約訂有「溢額保險條款」，到底應該如何解決，也有不同見解。少數說認為應由各保險人依其承保的保險金額比例，負分擔之責；**多數說則認為載有「比例分擔條款」之保險契約的保險人應負第一線責任，而載有「溢額保險條款」之保險契約的保險人應該負第二線責任❾**。主要理由是：

第一：符合對價平衡原則：保險費與理賠責任。載有「溢額保險條款」的保險人，在同一標的物另有其他保險人承保時，只就溢額或差額負責，理賠機會較小，理賠金額通常較少，收取的保險費也相應便宜；載有「比例分擔條款」的保險人，於另外還有其他保險人也記載比例分擔條款時，固然可以與該其他保險人負比例分擔之責，但若沒有其他保險人，則在保險金額內須先獨自負責，理賠機會大，保險費相應較貴。

第二：符合當事人的真意：溢額保險條款是以有其他保險人負責為前提，只就實際損失與其他保險人理賠金額的差額負理賠上限責任；比例分擔條款是以保險金額與其他保險人的保險金額依比例計算負分擔之責，但是若無其他保險人可以比例分擔，並不排除以其保險金額為上限，獨自負第一線的責任，因此令該保險人負第一線責任，並不違背該保險人的本意。而比例分擔條款之保險契約的保險人，負第一線理賠責任，恰恰又可以作為溢額保險條款之保險契約的保險人理賠責任的扣減基礎，符合當事人的真意。

C.比例分擔條款與不負責任條款

同一保險事故發生而有數保險人應該負責，若有的保險契約記載「比例分擔條款」，另外有的保險契約則記載「不負責任條款」，各保險人如何分擔，也有不同的見解。少數說認為一律以各保險人承保的保險金額比例計算其分擔額，此種見解的優點在於過程簡單計算容易，其缺點則是不考量當事人的真意。**多數說則**

❾ 參照 Jones v. Medox Inc.; District of Columbia Court of Appeals, 430 A.2d 488 (1981).

認為「**載有比例分擔條款保險契約的保險人必須負第一線責任**」，主要理由是載有「比例分擔條款」保險契約的保險人，在沒有其他人承保的情形，本來就願意以其承保的保險金額作為責任上限，單獨負第一線的理賠責任，因此由其負第一線責任，並不違反其本意。此時，既然已經有比例分擔條款保險契約的保險人負責，依照不負責任條款的約定，不負責任條款保險契約的保險人就可不負責任，也沒有負擔第二線責任的問題，如此解釋，符合保險人訂立不負責任條款的初衷。

二、人身保險

（一）保險競合條款的現況

1.人壽保險不適用保險競合理論

人壽保險，包括生存保險、死亡保險及生存死亡兩合保險。**因為生命無價，不會發生超額賠償，因此沒有保險競合理論的適用。**人壽保險的保險人雖然對於「以同一人為被保險人分別向不同保險人投保人壽保險的保險金額總數」十分關注，甚至於在要保申請書中，列有詢問專欄，詢問是否以同一人為被保險人另向其他保險人投保相同保險事故的保險，但是這只是作為保險人是否接受投保，以及接受投保時保險費高低的考量因素而已，一旦接受投保，就不生複保險或保險競合的問題，在保險實務，還沒有人壽保險契約內有「保險競合條款」或「其他保險條款」的情形。人壽保險之所以不需要保險競合條款，而人壽保險以外的其他保險有之，主要理由是生命無價，「人壽保險」不因另有其他保險而發生超額理賠的問題，但「人壽保險以外的其他保險」，其目的在填補損失，有發生超額理賠的可能，才有保險競合問題。就理論言，人壽保險的各保險單即使訂有保險競合條款，也應該認定該條款違背人身無價的本質而無效，各保險人仍必須依照其所承保的保險金額，負保險給付的責任。

2.健康及傷害保險中的醫療給付、看護給付、住院給付以及減少收入給付仍有保險競合理論的適用

健康保險及傷害保險 (health and accident insurance) 原來並無保險競合條款，但在兩個背景發展下，保險競合條款逐漸廣為存在：

(1)對車禍受害人採無過失責任強制賠償制的發展

立法上關於車禍受害人的賠償，採無過失責任強制賠償制❿(the legislative mandated no-fault compensation for motor vehicle accident victims)，構成全面保險理賠網，容易與其他保險發生保險競合。

(2)健康保險或傷害保險雖屬於人身保險，但就填補醫療費、看護費用、住院費用或收入減少損失而言，實際上兼具有財產保險填補損害的性質

為了貫徹財產保險填補損害的宗旨，若各保險人所承保的保險金額合計超過醫療損失、看護費用損失、住院費用損失或收入減少損失，則決定不同保險人的理賠責任先後或分擔額，仍然有其必要。例如：由於汽車使用的普遍化，很多國家除了將汽車責任險列為強制險以外，還規定必須投保「汽車使用人傷害險」——承保「被保險人或其家人(members of a named insured's household) 使用車輛所受身體傷害等」，汽車使用人傷害險常與其他汽車強制保險構成保險競合關係，例如：A 自己已經向甲保險人投保汽車使用人傷害保險，B 與乙保險人訂有強制汽車保險，該保險將「任何使用被保險車輛之人遭受傷害」也納入承保範圍⓫。某日，A 於借用 B 所有的車輛時，因車輛瑕疵，發生車禍，身體受傷。此時，A 的傷害，不但有甲保險人理賠，而且依照 B 與乙保險人所訂汽車強制保險契約，符合「任何使用被保險車輛之人遭受傷害」的資格，也可以向乙保險人請求理賠。其結果，一個保險事故發生，就有兩個保險契約可以提供保障，此時，如何釐清各保險契約所負的責任，成為保險法上的另一問題。

（二）兩種保險競合條款

解決人身保險中具有財產保險性質的醫療保險、看護保險、住院保險以及收入減少保險的保險競合問題，常見的有下列兩種條款：

1.溢額不負責任約款 (excess-escape clause)

保險契約常常訂有下述約款「若被保險人使用非被保險人所有的車輛，致身

---

❿　在我國，有強制汽車責任保險法，其制度的設計是「限額無過失責任」，以目前情況，死亡或重大傷害，最高理賠時的限額是 200 萬元，醫療費用的限額是 20 萬元。

⓫　強制汽車保險與我國的強制汽車責任保險規定不同，我國的強制汽車責任保險法，只承保被保險人或附加被保險人使用被保險車輛，對他人（包括乘客及車外第三人）的賠償責任，不包括駕駛人自己，也不包括對他人財產的侵害。

體受傷害，而被保險人另有任何其他相似的保險 (any other similar insurance) 可以適用，且該其他相似的保險對於該車輛是『主要保險契約』時，本保險只就實際損害額之超過主保險契約保險金額的溢額部分負責」。換句話說，採取「主要保險契約」負第一線責任，「次要保險契約」僅就溢額負責的理論。惟數個保險人所提供的保險契約都訂有此類約款時，如何判定何者為主保險契約。通說認為，保險事故發生時，承保該被占有被保險車輛的保險契約為主保險契約，該保險人應該負第一線責任。以前揭案件為例，A 雖然向甲公司投保保險，指定自己為被保險人，但 A 使用乙公司所承保 B 所有的車輛時發生保險事故，自應由乙公司負第一線責任，甲公司只負第二線責任。

此種條款又稱為溢額不負責任條款 (excess-escape clause)，因為載有此種條款的保險人，在有使用相同條款且為主保險契約時，若主保險契約之保險人所承保的保險金額大於被保險人的實際損失，此一保險人即可以「不負責任」，完全由主保險契約的保險人負責；若主保險契約保險人所承保的保險金額小於被保險人的實際損失，此一保險人只須就實際損失之超過主保險契約保險人保險金額的「溢額部分」，負其責任。保險契約所載溢額不負責任條款之效力，美國法院見解不一：

(1)肯定說

只有少數法院採肯定說。

(2)有限效力說

少數法院認為在不規避法律保護公共利益的範圍內有效，換句話說：法律所規定必須投保的最低額的請求權應受保障，例如：法律規定最低一萬美元，則保險人不得藉保險契約中之溢額不負責任條款逃避責任。

(3)否定說

多數法院採否定說，主要理由是此種保險競合條款違反公共政策，若此種條款有效，則法律規定強制保險的功能將大打折扣。保險人依強制責任險的規定必須負擔一定最低額度以上的保險給付責任時，該規定可能在「溢額條款」「不負責任條款」的設計下，或完全不必負責，或不必負一定最低額度，違背法律政策。被保險人（要保人）給付保險費予保險人，保險人卻藉著契約條文的設計，逃避或減輕責任，甚不合理。美國上訴法院基本上採否定說，此種態度也影響到保險契約約款的設計或擬定。

2.比例分擔責任為主，溢額保險責任為輔的約款

由於多數法院對於「溢額不負責任條款」採取否定見解，因此美國 1977 年的 The other insurance provision of the 1977 Insurance Service office Uninsured Motorist Insurance Form 重新草擬此種競合條款，條文全文是：「有其他相似的保險契約承保者，本保險人只就本保險人分擔部分負保險給付責任，本保險人分擔部分，以本保險人的責任上限（即保險金額）與其他各保險人的責任上限（即保險金額）比例定之。但本保險人對於非屬被保險人所有的車輛，以『實際損失額』扣除『其他可請求之保險給付』之數額為限」。也就是以比例分擔條款為原則，以溢額保險條款為例外。此種條款的合理性較高，因此廣泛被接受。

一、選擇題

1.下列關於複保險與保險競合的敘述，何者正確？

　⑷複保險與保險競合都是指一個保險事故發生，依照保險契約的約定，有兩個以上的保險人應該對相同的被保險人為保險給付，且數保險契約的有效期間發生全部或一部重疊，但是複保險的數個保險契約之要保人、保險利益、保險標的物的範圍、保險事故的範圍都相同；保險競合的數個保險契約的要保人、保險利益、保險標的物的範圍、保險事故的範圍卻不完全相同。

　⑻複保險與保險競合都是指一個保險事故發生，依照保險契約的約定，有兩個以上的保險人應該對同一被保險人為保險給付，且數保險契約的有效期間發生全部或一部重疊，但是複保險的數個保險契約之要保人、保險利益、保險標的物的範圍、保險事故的範圍不完全相同；保險競合的數個保險契約的要保人、保險利益、保險標的物的範圍、保險事故的範圍卻完全相同。

　⑼複保險與保險競合都是指一個保險事故發生，依照保險契約的約定，有兩個以上的保險人應該對同一被保險人為保險給付，且數保險契約的有效期間發生全部或一部重疊，但是複保險的數個保險契約之要保人、保險利益、保險

標的物的範圍、保險事故的範圍不完全相同；保險競合的數個保險契約的要
保人、保險利益、保險標的物的範圍、保險事故的範圍卻有部分相同。

(D)複保險與保險競合都是指一個保險事故發生，依照保險契約的約定，有兩個
以上的保險人應該對同一被保險人為保險給付，且數保險契約的有效期間發
生全部或一部重疊，但是複保險的數個保險契約之要保人、保險利益、保險
標的物的範圍、保險事故的範圍有部分不同；保險競合的數個保險契約的要
保人、保險利益、保險標的物的範圍、保險事故的範圍卻有部分相同。

2.下列關於保險競合的敘述，何者正確？

(A)保險競合在財產保險才會發生，在人身保險不會發生。

(B)保險競合在財產保險以及填補損失性質的人身保險才會發生，在純粹人身保
險不會發生。

(C)保險競合在財產保險及人身保險都不會發生。

(D)保險競合在財產保險及人身保險都會發生。

參考答案

1. AB

二、問答題

1.何謂保險競合？何謂複保險？請說明二者的區別。

2.解決保險競合問題，常常必須先決定數個保險契約中,何者是主要的保險契約,
何者是次要保險契約,請問：判斷主要保險契約的要素有幾？請說明之。

3.試解釋下列保險契約條款用語的意義：

(1)溢額保險條款 (excess clause)。

(2)比例分擔條款 (pro rate clause)。

(3)不負責任條款 (escape clause)。

4.何謂溢額不負責任條款 (excess-escape clause)？為了避免此種條款效力的爭議,
應該如何約定為當？

第十二章

損失的估計

壹 鑑定專家的選定、報酬與鑑定的效力

一、鑑定專家的選定

損失的估計與確定，通常須延聘專家為之。專家的選定，有由當事人約定，或是由當事人委請法院選定。說明如下：

（一）由當事人約定者

鑑定專家由當事人約定者，若其鑑定報告顯然偏離事實，法院得不受鑑定報告的拘束而自行決定❶，目的在於保護當事人合法權益，防免保險人假藉當事人約定選任之名，行偏頗利己之實。法院得自行決定的權力不得以約定排除❷。又若當事人以契約選任某人為鑑定人，從事損失估計與確定工作，若該被選定之人拒絕擔任鑑定工作或因故無法為鑑定工作，解釋上應由法院估計與鑑定損失❸。

（二）委請法院選定者

鑑定專家委請法院選定者，應由因保險事故發生致生損害地的管轄法院指定❹。但當事人基於合意管轄的約定，約定由損害發生地管轄法院以外的其他法院指定者，從其約定❺。

---

❶ 1908VVG §64(1).

❷ 參照 1908VVG §64(3)；值得注意的是，目前實務上保險契約當事人約定由特定保險公證人進行鑑定、評價者所在多有，惟我國法院認為公證報告對法院不具拘束力，例如最高法院 94 年台上字第 2213 號判決載：「按法院固得就鑑定人依其特別知識觀察事實，加以判斷而陳述之鑑定意見，依自由心證判斷事實之真偽。然就鑑定人之鑑定意見可採與否，則應踐行調查證據之程序而後定其取捨。倘法院不問鑑定意見所由生之理由如何，遽採為裁判之依據，不啻將法院採證認事之職權委諸鑑定人，與鑑定僅為一種調查證據之方法之趣旨，殊有違背（本院 79 年台上字第 540 號判例參照）。查本件原審就公證報告未踐行調查證據之程序，並說明其採納鑑定意見所由生之理由，即遽採為裁判之依據，亦屬可議。」

❸ 參照 1908VVG §64(1) 後段。

❹ 1908VVG §64(2) 前段。

❺ 1908VVG §64(2) 後段。

二、鑑定專家報酬的負擔

（一）鑑定費用的範圍

關於鑑定專家報酬的範圍，有下列限制：

1.費用的項目只限於「證明」及「估計」

所謂「證明及估計」，包括：檢查、發現、核估損失所發生的一切費用，此與 1908 年德國保險契約法所謂之調查及確定 (the investigation and ascertainment; die Ermittlung und Feststellung)，所生的費用相仿[6]。

2.費用的程度只限於「必要費用」為限

必要費用如何解釋，須視具體情況定之，1908 年德國保險契約法第 56 條規定：「依其情況必要的範圍 (als ihre Aufwendung den Umstanden nach geboten war)」可資參考。鑑定專家原則上是論件計酬，因此除了依照約定要保人或被保險人有聘請鑑定專家義務，其報酬負擔應依當事人約定或法律規定外，保險人對要保人自行聘請的鑑定專家報酬不負責任。

（二）全部保險鑑定費用的負擔

保險法第 79 條第 1 項規定：「保險人或被保險人為證明及估計損失所支出之必要費用，除契約另有訂定外，由保險人負擔之。」，在全部保險，鑑定專家的報酬原則上全由保險人負擔，例外才依當事人約定。2008 年德國保險契約法第 84 條對於損失鑑定費用的負擔，詳細規定如下：

1.保險人對於要保人因「調查及確定保險理賠數額所發生的費用，在必要的範圍內」，負賠償的義務。上述費用連同其他賠償的總和雖然超過保險金額，保險人仍然有賠償的義務。

2.保險人對於要保人自行「委請專家或顧問的費用」，不負賠償的責任，但是出於契約約定或保險人要求者，不在此限。

3.保險人得減少保險給付的金額時，亦得相應減少賠償的金額。

---

[6] 1908VVG §64(1).

（三）一部保險鑑定費用的負擔

在全部保險，依保險法第 79 條第 1 項規定，原則上由保險人負擔；在一部保險，鑑定專家報酬的負擔應依保險金額與保險價額的比例分擔。依同條第 2 項：「保險金額不及保險標的物之價值時，保險人對於前項費用，依第 77 條規定比例負擔之。」❼，在一部保險，鑑定專家的報酬，保險人的分擔額為全部報酬乘以「保險金額與保險價額的比例」，要保人或被保險人的分擔額為全部報酬乘以「保險價額扣除保險金額後之餘額與保險價額的比例」，此一規定堪稱公允，因為在一部保險，保險價額與保險金額的差額部分，應視為要保人（及／或被保險人）自保❽。

三、鑑定的效力

鑑定內容包括請求權要件、保險金額、保險價額，都會影響保險理賠金額的理算，但是鑑定結果只提供法院參考，對法院沒有拘束力，法院認為鑑定結果不正確時，仍然可以自為裁判，但是德國保險契約法規定，只有在鑑定結果明顯偏離案件的事實及情況時，才沒有拘束力❾。德國保險契約法的規定似可提供法院是否接受鑑定內容拘束的參考。此外，鑑定時，必須注意保險公司、再保險公司與公證公司彼此有無投資、控制或其他利害關係，避免發生鑑定不公平現象。

貳 保險標的物價值與損失額的估定

一、保險標的物價值的估定

保險契約多約定保險人的責任以將保險標的物回復至不逾實際貨幣價值或實際價值（actual cash value 或 actual value）為限。**所謂「實際貨幣價值」或「實際價值」，原則上是指保險事故發生後，鑑定保險標的物在事故發生時的價值，也就是不定值保險。**只有在例外情形，於保險契約訂立時，預先就保險標的物約定一定價值，作為將來若發生保險事故時，保險標的物的實際貨幣價值或實際價值，

---

❼ 1908 年德國保險契約法也有相同意旨的規定，參照 1908VVG §§56, 57, 63(2)。

❽ 參照 1908VVG §66(3)。

❾ 2008 年德國保險契約法第 84 條第 1 項。

也就是定值保險，有定值保險的約定時，從其約定。實際貨幣價值或實際價值在保險法中稱為保險價額。估定保險價額的方法主要如下：

（一）市場價值估定法

市場價值估定法 (techniques based on determinations of the market value) 是以保險事故發生前一刻，市場上買賣雙方就保險標的物願意達交易的價格作為保險價額或實際價值。例如：以集合住宅 A 房為標的物投保火災保險，一旦發生火災，可以參考同一集合住宅 B 房的最近交易實價登錄價格鑑定 A 房現在的市場價值。

（二）替換或修繕成本估定法

替換或修繕成本估定法 (the replacement or repair cost) 是以保險標的物替換或修繕至保險事故發生前一刻的正常狀況所需的全部修繕費用，作為保險標的物的實際價值。

（三）替換或修繕成本扣除折舊的調整估定法

替換或修繕成本扣除折舊的調整估定法 (replacement or repair cost less an appropriate adjustment for depreciation) 是以修繕所需成本扣除折舊貶損因素，作為保險標的物的實際價值❿ ⓫。

二、損失額的估定

估計損害賠償數額的方法，如同估定保險價額（實際價值）的方法，損失額的估計也有市場價值估定法、替換或修繕成本估定法、替換或修繕成本扣除折舊的調整估定法。說明如下：

---

❿　參照 Zochert v. National Farmers Union Property & Casualty Co., Supreme Court South Dakota, 576 N.W.2d 531 (1998)，詳本書第九章定值保險關於保險價額之說明。

⓫　2008 年德國保險契約法第 88 條：「除另有約定外，在保險標的物為單一物或集合物時，要保人因保險事故發生替換或修繕所需費用扣除新舊市場差價（折舊費用）的餘額視為保險價額。」，原則上也採用替換或修繕成本扣除折舊法。

（一）市場價值估定法

市場價值估定法，就是分別估計保險事故發生前與保險事故發生後，市場上買賣雙方就保險標的物願意達成交易的不同價格，並以二者的差額作為損害額。

（二）替換或修繕成本估定法

替換或修繕成本估定法，是指以替換或修繕費用作為損害額，**但以修繕費用低於保險事故發生前保險標的物的原本價值 (the original cost of the property，按：指保險標的物的原始成本) 或市場價值 (the market value of the property) 為限**。

有些保險標的物若採用市場價值估定法——以發生保險事故前後的價差——估計損害額並不恰當，因為這些保險標的物在保險事故發生前的市場價值 (market value) 或實際價值 (the actual value) 已經十分低廉，保險標的物在保險事故發生前與發生後的價值，二者之間沒有太大的差異，若以此差異作為損害賠償的數額，並不公平。

舉如：全新傢俱與使用過後的傢俱，價值迥然不同，全新傢俱十分昂貴，使用過後的傢俱則十分便宜，保險事故發生前、後的傢俱價值，事實上沒有太大差異，因為在保險事故發生前的傢俱是經使用過後的傢俱，其價值本就十分低廉，即使該傢俱因保險事故發生而毀損或滅失，但比較保險事故發生前後，二者仍然相差無幾，以其差額作為損害額也就十分微小。以替換或修繕成本估定的角度言，想要以替換或修繕達到回復原狀有些困難，一方面替換或修繕時必須以全新的材料替換（因為很難尋覓到與保險標的物折舊程度相同的材料，供修繕之用），另一方面替換或修繕並不是規格化作業，無法以自動化機器進行，須花費昂貴的人工成本，其結果以替換或修繕費用估定法估定的損失額將遠遠超過以市場價值估定法所估定的損失額。再者，由於市場未必剛好有與保險標的物相同的物品買賣，因此採用市場價值估定法估定損害額並不適當，宜採用替換或修繕成本估定法，惟在採用替換或修繕成本估定法時，該替換或修繕成本應受到限制，應該以低於保險標的物的原本價值或市場價值為限。

（三）替換或修繕成本扣除折舊的調整估定法

替換或修繕所用的材料或零件多為全新，以此全新材料或零件加上修繕工資作為被保險人的損失，被保險人不免獲得不當得利，因此產生另一種估定損失的方法，叫做「**修正替換或修繕成本估定法**」，也就是以替換或修繕成本扣除因折舊因素 (factor for depreciation) 產生的貶損，作為損害額。美國法院的多數採「為了理賠的目的，在評估財產的實際現金價值時，折舊因素應該加以考慮」的見解❷。

以上三種方法是估計損失額的主要方法，但並非估定損害賠償額的全部方法，至於適用何種估計方法為當，須視具體損害類型定之。

參　折舊、替換及過時

一、折　舊

（一）估計折舊的因素

不論保險標的物價值的估定或損失額的估定，都涉及保險標的物的折舊問題，因此折舊的估計十分重要。折舊的估計必須考量下列因素：

1. 保險標的物的年齡。
2. 折舊估計的程序費用。
3. 完好的程度。
4. 其他標的物的個別因素。

（二）其他標的物的個別因素的認定

折舊考量因素的第 4 點「其他標的物的個別因素」，內容十分複雜，每每因標的物的不同，考量因素也不同，以車輛為例，說明如下：

1.裝置非原裝零件對行駛產生正面效能，但對車輛價值產生貶損效果

以副廠零件修繕之車輛，其性能可能比保險事故發生前的狀況為佳，但車輛經修繕後，由於部分零件非原裝零件，整臺車輛價值可能減損。

---

❷　參照本書第九章關於 Zochert v. National Farmers Union Property & Casualty Co., Supreme Court South Dakota, 576 N. W.2d 531 (1998) 一案的說明。

2.「新、舊輪胎單獨估價時，價值相差懸殊」與「新、舊輪胎裝上車輛時，價值近似」的弔詭

汽車輪胎發生事故，保險人以新輪胎替換舊輪胎時，一般認為新輪胎的價值必然高於舊輪胎，但若將「新輪胎裝上舊車體」與「舊輪胎裝上舊車體」予以比較，在市場上，一般不認為裝上新輪胎對於整輛汽車價格有影響。換句話說，輪胎與車體分開，單獨為交易標的物時，新輪胎的價值遠超過舊輪胎，保險人以新輪胎為保險給付時，必然發生扣除折舊，以免被保險人獲得不當得利的問題。但若將輪胎與車輛結合為一體，由於輪胎的新舊對於整輛汽車的價值不生影響，因此不發生扣除折舊的問題。

3.輪胎與車門估價的差異

車門與輪胎的情況不同，車門不能與車體分離，若車門與車體分離，無法成為單獨交易客體，車體若無車門則為缺陷，因此二者價值必須結合後方能估定，有無折舊或折舊若干也必須以結合後的狀況估定，故不至於發生前揭新輪胎的價值雖高於舊輪胎，但一俟「新輪胎裝上舊車體」後的價值，又未必高於「舊輪胎裝上舊車體」後的價值的矛盾情形。

（三）美國愛荷華州最高法院三原則

關於汽車毀損滅失後損害賠償的估定方法，雖有以上困難，為解決此一難題，美國愛荷華州最高法院 (the Iowa Supreme Court) 發展出三個原則，可資參考：

1.車輛完全毀損滅失者

車輛完全毀損滅失 (totally destroyed)，以發生毀損滅失前一刻 （也就是保險事故發生前的一剎那）的合理市場價值 (a reasonable market value) 為損害賠償額。

2.車輛部分毀損但得為修繕且經修繕者

車輛部分毀損但可以修繕且經修繕者，以修繕並回復至保險事故發生前的狀況所需合理修繕費用[13]，及在修繕期間可使用該車輛的合理價值 （the reasonable value of the use of the car while being repaired，按：指以使用其他同型車輛所需費用計算損害額）。

---

[13] 包括修繕材料及修繕工資，但以全新的材料修繕時，可以扣除折舊。

3.車輛部分毀損，但是該毀損無法以修繕回復原狀者

車輛部分毀損，但該毀損無法修繕回復原狀時，以保險事故發生時與發生後的合理市場價值 (a reasonable market value) 差額為損害賠償額。

二、替　換

有些情形，**保險人同意不因保險標的物的折舊而減少對被保險人的給付**。例如：某些保險單約定，在保險標的物發生部分毀損時，保險人同意給付全部修繕費用且不扣除修繕材料的折舊，有此種約定的保險稱為「替換保險 (replacement insurance)」。實務上，車輛零件替換保險之所以約定以全新零件替換，不扣除折舊，是因為以舊零件替換，必須有舊零件的來源，而舊零件的來源，部分固然可以從報廢的車輛中取得，多數則可能來自竊盜車的解體，其結果將導致車輛竊盜險的保險事故頻頻發生，在車體險贏得折舊的蠅頭差價，在竊盜險卻大量失血，得失之間，豈不昭然！

替換保險契約有約定被保險人必須完成修繕後，才可請求保險給付者，也有約定無須先完成修繕就可請求保險給付者。此種保險興起於 1950 年代，在家庭保險的保單中廣泛使用，典型的替換保險約款之一是：「保險事故發生時，對住宅的責任上限（載於保險單正面，按：指保險金額）達到被保險房屋全部替換費用百分之八十以上者，(本保險契約的保障範圍) 擴大到包括全部修繕或替換費用，且不扣除折舊 (if at the time of lose, the limit of liability for the dwelling (stated on the face of the policy) is 80 per cent or more of the full replacement cost of the dwelling covered, (the coverage under this policy is) extended to include the full cost of repair or replacement without deduction for depreciation)」。

在上述約款情形下，若必須被保險人先完成修繕，保險人才願意為保險給付時，保險人常常在保險契約條款內增訂如下述的條文：「因毀損所為的修繕費用或替換費用超過一千元或超過保險單所載房屋價值的百分之五時，二者以較小者為準，以被保險人已經實際完成修繕或替換工作為前提，保險人應給付保險金，但以不逾實際價值為限 (when the cost to repair or replace the damage is more than $1,000 or more than 5% of the amount of insurance in this policy on the building, whichever is less, we will pay no more than the actual cash value of the damage until actual repair or replacement is completed)」。

三、過　時

保險標的物「過時」(obsolescence)，是否成為估定保險標的物價值之考慮因素，自從 McAnarney v. Newark Fire Insurance Co. 一案❶法院採肯定見解以來，美國法院多採取肯定說。「過時」與「折舊」不同，折舊的計算依其可使用年限計算之，折舊並不考慮該標的物是否「過時」的問題。

「過時」則迥異於「折舊」，過時是基於市場觀念來衡量，換句話說，依市場的觀念，某種標的物若已「過時」，則該標的物即為「過時」物品。市場觀念帶有主觀性及模糊性，因此某個標的物是否過時，不但事涉主觀問題，而且因為地區、經濟條件的不同而有差異。某些地區市場上認為已經過時的物品，對於另外不同的市場而言，可能尚未過時；某些在已開發國家已經過時的商品，在開發中國家，可能正炙手可熱❶；某些物品，對富有的人而言，是過時物品，但對於低收入的人而言，可能是應時之需。因此在衡量保險標的物是否過時的時候，必須考慮被保險人投保保險標的物之主觀目的是在於利用原物或是在收藏價值、在被保險人居住地區該保險標的物是否過時，及被保險人的經濟狀況等因素，決定其是否過時，並以此作為決定保險標的物實際價值的因素。

---

❶　247 NY 176, 159 NE 902 (1928).

❶　例如：在 1990 年初，286 型的電腦在臺灣、日本、美國等地早已過時，但是在蘇聯卻剛剛上市，市場需求很大，透過第三國向臺灣下訂單時，臺灣的電腦業者卻沒有辦法接單，原因是 286 型的電腦生產線已經停產拆線。

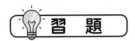

一、選擇題

1. 下列關於鑑定專家報酬負擔的敘述，何者正確？

　(A)一律由保險人負擔。

　(B)一律由被保險人負擔。

　(C)一律由法院裁定。

　(D)在全部保險，原則上由保險人負擔；在部分保險，原則上依照保險金額與保險價額比例分擔分別計算保險人與要保人的分擔額。

參考答案
1. D

二、問答題

1. 定值保險及不定值保險的意義各如何？此兩種保險的保險價額究竟是指保險標的物在訂立保險契約時、保險事故發生時或鑑定時保險標的物的價值？請加以說明。

2. 請說明保險價額的估定方法。

3. 保險事故發生致生損失者，損失額如何估計？請加以說明。

4. 汽車毀損的損害賠償估計方法有幾？試舉美國愛荷華州最高法院 (the Iowa Supreme Court) 所發展出的三個原則以對。

5. 何謂折舊？折舊的因素有幾？請加以說明。

第十三章

代位權

壹 代位權的意義與要件

一、代位權的意義

　　代位權，是指在填補損失性質的保險，因保險事故發生，被保險人依法或依約對第三人有侵權行為損害賠償請求權、債務不履行損害賠償請求權或其他請求權，且依照保險契約對保險人也有保險金請求權時，在保險人給付賠償金額後，得代位行使被保險人對第三人之請求權，代位權所請求的數額，以不逾賠償金額為限❶，例如：A 以其所有汽車投保車體險，該車被 T 駕駛的汽車追撞①，車體毀損，保險事故發生，A 依民法規定對 T 有侵權行為損害賠償請求權②-1，同時依照保險契約對 I 保險人也有保險給付請求權②-2。I 保險人對於 A 被保險人為保險給付③，依照保險法第 53 條關於代位權的規定，I 保險人於保險金給付的範圍內，得代位行使 A 對 T 的損害賠償請求權④。其請求權關係可以用下圖說明：

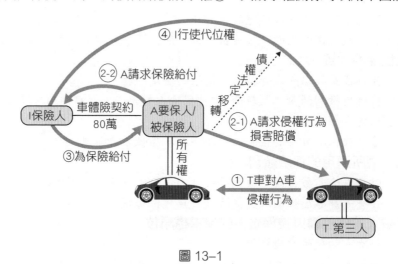

圖 13-1

　　經過代位求償後，**責任保險的保險人，經常負擔最終責任，且在理賠後，很少有機會再向其他保險人行使代位權**，此與承保車體險的保險人，在對被保險人為保險理賠之後，經常有機會行使代位權，獲得全部或部分回收的情形不同。因此，責任保險的保險費通常比一般損失險昂貴，在規模較大的保險市場，責任保險甚至與其他財產保險分開，獨立經營。請看以下四個圖片就可以了解：

❶ 保險法第 53 條。

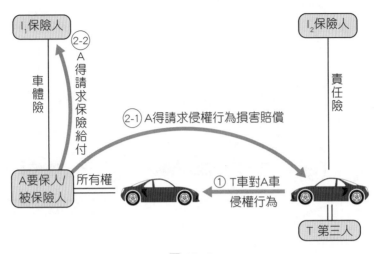

圖 13-2

　圖 13-2 表示：A 以其所有的汽車，向 I_1 保險人投保車體險，指定自己為被保險人。T 第三人向另一個 I_2 保險人投保責任險，也指定自己為被保險人。因為 T 第三人的過失，A T 兩車發生碰撞，致使 A 車發生毀損①。A 除了對於 T 第三人有侵權行為損害賠償請求權外②-1，同時對於 I_1 保險人還有保險給付請求權②-2。

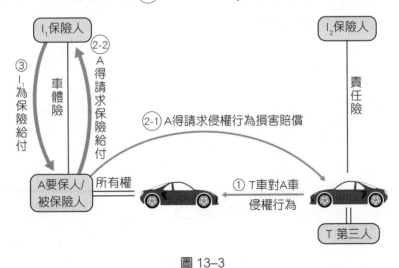

圖 13-3

　圖 13-3 表示 A 被保險人選擇先請求保險給付②-2，因為向保險人請求比較容易。I_1 保險人受到請求之後，也履行對 A 被保險人的保險給付義務③。

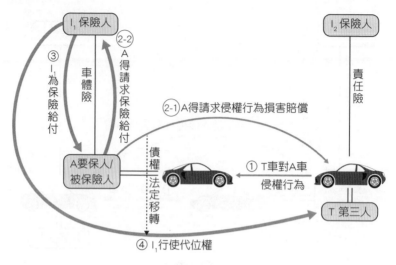

圖 13-4

圖 13-4 表示 I_1 保險人於為保險給付之後③，A 被保險人對 T 侵權行為人的損害賠償請求權②-1，在受領保險給付清償的範圍內，法定移轉（虛線箭頭部分）予 I_1 保險人，I_1 保險人取得代位權④。此時，A 對 T 的侵權行為損害賠償請求權②-1，有可能完全法定移轉給 I_1 保險人，也有可能還有剩餘債權，必須視全部保險或部分保險的具體情況而定。

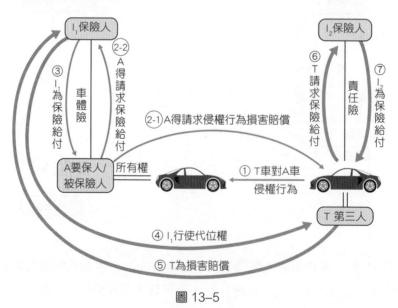

圖 13-5

圖 13-5 表示，承保車體險的 I_1 保險人行使代位權，向 T 第三人行使代位權
④（保險法第 53 條），就在此時，T I_2 責任保險契約的保險事故發生。在 T 第三
人向 I_1 保險人為損害賠償之後⑤，承保責任險的 I_2 保險人依照 I_2 T 責任保險契約
對其 T 被保險人有為保險給付的責任，以填補 T 之損失⑥⑦。

透過以上分析可以了解，責任險的保險人為保險給付之後，就不再有行使代
位權的機會，必須承擔整個求償過程中的終極責任。一般而言，責任保險的保險
人在保險理賠之後，只有在極其例外情形才有機會行使代位權，詳細事例，本章
會在適當段落舉例說明。由於承保責任險的保險人通常負擔理賠的終極責任，因
此實務上為了避免行使代位權的繁瑣程序，常由承保責任險的保險人直接賠償給
承保車體險或其他損失險的保險人。另外，**在保險實務上，假若 A 獲得保險理賠
之後，對於 T 還有剩餘債權**（也就是 A 對 T 的侵權行為損害賠償債權額大於 I_1
對 A 保險給付的差額），I_1 保險人在行使代位權的同時，也會透過代理權的授予、
債權讓與或信託關係，就 I_1 保險人的代位權以及投保戶（即本案 A 被保險人）的
剩餘債權一併行使請求權，待獲得 T 第三人或 I_2 保險人清償之後，將剩餘債權額
歸還 A 被保險人。

二、代位權的要件

保險人行使代位權的要件有七：

（一）因保險事故發生，被保險人對第三人有侵權行為損害賠償請求權、債
務不履行損害賠償請求權或其他請求權

代位權本質上是保險人對其被保險人為保險給付後，依法行使被保險人對第
三人的侵權行為損害賠償請求權、債務不履行損害賠償請求權或其他請求權，被
保險人對第三人必須存在上述請求權之一，保險人才可以行使代位權。

（二）保險給付的原因事實與被保險人對第三人請求權的原因事實相同

保險人保險給付與被保險人對第三人請求權的原因事實必須相同。例如：甲
以其所有房屋向 A 保險公司投保火災保險，某日，因鄰人乙的過失發生火災，火
舌蔓延波及該房屋。保險人應負保險責任的原因事實是「鄰人乙的過失，發生火

災（過失侵權行為）」，而被保險人甲對第三人得請求損害賠償的原因事實也是「鄰人乙的過失，發生火災（過失侵權行為）」，二者原因事實完全相同，符合保險人行使代位權的條件。

（三）須保險人「已」對被保險人為保險給付

代位權的功能之一，就是避免被保險人獲得雙重賠償，若保險人尚未對被保險人為保險給付，被保險人自然仍得行使其對第三人的損害賠償請求權或其他請求權，一旦從第三人獲得賠償，就不得再向保險人請求保險給付，因為其損失已經從第三人的賠償獲得填補，此種情況，也不發生保險人行使代位權問題。

若保險人尚未對被保險人為保險給付，就可以對第三人行使代位權，則可能導致保險人尚未為保險給付，就從第三人處獲得賠償，其結果將會發生保險人未履行保險給付，但是卻從第三人獲得賠償的利益，非常不公平，因此保險人的代位權以保險人已對被保險人為保險給付為條件。

（四）保險人是以「自己名義」行使代位請求權

保險人為保險給付之後，被保險人對第三人的債權，在受保險給付填補的範圍內，法定移轉給保險人，法諺所謂「代位權人是穿著被代位人的鞋子」，就是這個意思。因此，保險人的代位權，名義上雖然是「代位權」，實際上是「行使自己的權利」，可以保險人自己名義行使之。我國保險法關於代位權的立法，是採「法定債權移轉制度」，與有些國家，採意定債權讓與者不同，應該注意。

（五）得代位行使的權利以「不具有一身專屬性的權利」為限

保險人得代位行使的權利，性質上以不具有一身專屬性者為限。如果債權性質上具有一身專屬性，例如：因身體、健康、名譽、自由、信用、隱私、貞操或其他人格權被侵害所生的非財產上損害賠償債權，由於這些權利性質上不得讓與或繼承，因此保險人理賠被保險人之後，被保險人對侵權行為的第三人之非財產上的損害賠償請求權，不會也不得移轉予保險人，保險人也沒有行使代位權可言。

（六）得行使代位權的數額以「不逾保險理賠的金額」為限

保險人得代位行使權利的數額，以不超過保險人對被保險人的賠償金額為限❷，此乃因為被保險人於損害的原因事實發生時，對於第三人有損害賠償請求權，假定保險人給付被保險人「一定賠償金額（按：即保險給付）」，則被保險人的損害，在受領保險給付（即：一定賠償金額）的範圍內，已經獲得填補，因此以被保險人所受領保險給付的數額為限，其對第三人的損害賠償請求權應依法同時移轉予保險人，由保險人對第三人行使。

保險人因向被保險人為保險給付而獲得法定移轉的債權額，恆與其向被保險人為保險給付的數額相等，保險人所承擔的風險實際上是以「一鳥在手」，換取「一鳥在林」。「一鳥在手」，是指給付前的保險金；「一鳥在林」，是指保險人以保險給付換得對第三人的請求權（代位權）。保險金在給付之前，是掌握在保險人手中的資產，隨時可以支配運用；但是保險理賠之後，換得的代位權只是對第三人的債權，對第三人的債權只是一個配有請求權的權利，該請求權行使的結果，是否能夠滿足債權，則在未定之天，必須看第三人有無清償能力而定❸。

被保險人的損害額若大於保險給付，則被保險人對第三人的損害賠償請求權，在保險給付範圍內移轉予保險人後，就剩餘部分，被保險人仍得對第三人行使損害賠償請求權。例如：因車體損失險的保險事故發生，被保險人對第三人有 50 萬元的損害賠償請求權，假若保險人依約向被保險人給付 30 萬元的保險理賠，則以 30 萬元為限，被保險人對第三人的債權（損害賠償請求權）應該移轉予保險人，由保險人對第三人行使；至於剩餘的 20 萬元損害賠償請求權，仍由被保險人對第三人行使。最高法院 65 年台上字第 2908 號判例旨載：「損害賠償請求權應填補被害人實際損害，保險人代位被害人請求損害賠償時，依保險法第 53 條第 1 項規

---

❷ 保險法第 53 條第 1 項後段。

❸ 保險法第 53 條第 1 項但書：「但其所請求之數額，以不逾賠償金額為限」一段，容易引起保險人所得代位請求的金額的「上限」為賠償金額（保險給付）之誤解，也就是引發保險人所可以請求的可能低於賠償金額，可能等於賠償金額，但是不得超過賠償金額的誤解，應修正為「但其所得請求之數額以賠償金額為限」較妥，也就是可以代位請求與賠償金額相等的數額。德國保險契約法的立法可供參考，請參照 1908VVG §67(1)。

定，如其損害額超過或等於保險給付之賠償金額，固得就其賠償之範圍，代位請求賠償，如其損害額小於保險人已給付之賠償金額，則保險人所得代位請求者，應祇以該損害額為限」云云，前半段固然可以解釋代位權的範圍，但是後半段「其損害額小於保險人已給付之賠償金額」，理論上不應該發生，因為保險給付既然以填補損失為目的，則不應該發生保險給付大於實際損失的情事❹。

（七）代位權的行使對象為因保險事故發生，而被保險人對之有請求權的第三人

理論上，代位權的行使對象就是被保險人因保險事故發生，而對之有請求權的第三人，此乃「**債權雖然法定讓與，但是債務人不變**」所使然。實務上，若第三人（債務人）就其對被保險人的損害賠償責任，已經另外向其他保險人投保責任保險，則被保險人的保險人經常直接與承保責任保險的該其他保險人商討理賠事宜，以避免循環求償，增加求償費用。在先進國家，兩車碰撞，駕駛人經常下車互相交換名片，並告知彼此承保車體險、責任險的保險公司的名稱，整個理賠作業，就由兩家保險公司對口處理，當事人在交換名片、做完紀錄之後，就可以各自離去，不用爭吵，也沒有勞煩，減少社會的戾氣。附帶說明，兩車碰撞經常會有目擊第三人，目擊第三人經常會自動掏出名片，分發給當事人，表示保險公司若有需要查詢，願意據實作證。法治建設，千頭萬緒，除了必須有完備的制度，還必須有不辭勞煩，願意挺身據實作證的證人。

關於代位權的行使對象，有幾點說明如下：

1. 被保險人對第三人的請求權基礎可以是侵權行為、債務不履行或其他

只要「被保險人對保險人保險給付請求權的原因事實」與「被保險人對第三

---

❹ 本判例雖然可以說明保險人行使代位權數額的限制理論，但該判例後段：「……如其損害額小於保險人已給付之賠償金額，則保險人所得代位請求者，應祇以該損害額為限」一段，似有語病，因為保險的宗旨在於填補損害，保險人所為保險給付的數額不得超過被保險人的損害額，判例所謂「其（按：指被保險人）損害額小於保險人已給付之賠償數額（按：指保險給付）」的假設，理論上不應該存在。即使實際上有可能因為計算錯誤、詐欺等原因，保險人所給付的數額超出被保險人的損失額，應該循不當得利、錯誤等救濟途徑，尋求解決。該判例後段的用語，似不嚴謹。至於該判例所宣示，實際上若發生保險人給付的數額大於被保險人的損失額的情形，保險人得行使代位權的範圍仍然以損失額為限，該見解的正確性應該肯定。

人請求權的原因事實」相同，保險人向被保險人為保險給付之後，就可以向第三人行使代位權，至於被保險人對第三人的請求權基礎究竟是侵權行為、債務不履行、不當得利、所有物返還請求權、占有物返還請求權或其他請求權都在所不問。最高法院76年台上字第1493號判例：「保險法第53條第1項規定之保險人代位權，其行使之對象，不以侵權行為之第三人為限，苟被保險人因保險人應負保險責任之損失發生，而對於第三人有損失賠償請求權者，保險人即得於給付賠償金後，代位行使被保險人對於第三人之請求權」云云，堪稱正確❺。美國法院於Northwest Farm Bureau Insurance Co. v. Althauser一案❻認為：房屋火災保險的保險人於給付被保險人（抵押權人）後，保險人得代位被保險人行使被保險人對第三人的債務不履行的損害賠償請求權及其抵押權，也可以說明此點。

　　公法上的請求權可否行使代位權，有不同見解。例如：政府道路施工，夜間沒有設置警示燈，致急駛而至的車輛迴避不及，翻覆毀損，承保車體險的保險人於為保險給付之後，得否行使代位權，而向應負國家賠償責任的主管機關請求損害賠償，為常見的事例。關於此一問題，雖然法院的判決採取否定觀點，但是從國家賠償法立法沿革及法律體系觀察，應該肯定保險人對主管機關的代位權，因為在國家賠償法制定前，民法第186條是關於公務員侵權行為損害賠償的基本規定，除了土地登記錯誤的賠償、冤獄的賠償、警械使用違法不當的賠償、核能外洩的賠償，因個別法律另有規定，應該從其規定外，都適用民法第186條的規定，在當時保險人賠償被保險人之後，依保險法及民法的規定，有權對該主管機關、甚至對有故意或重大過失的公務員行使代位權。國家賠償法是民法第186條關於公務員損害賠償責任的特別規定，本質上在規定被害人對主管機關及公務員侵權行為的損害賠償請求權，此種請求權，本來可以依照民法第186條的規定行使代位權，不應該因為國家賠償法的制定及施行而受影響，所以即使制定國家賠償法，仍然應該採取保險人得行使代位權的見解為是。更何況，為了避免被保險人既向保險人行使請求權，又向主管機關行使請求權，構成重複請求獲得不當得利，也

---

❺　採取相同見解者，尚有最高法院92年台上字第959號判決載：「依保險代位對上訴人之損害賠償請求權讓與被上訴人，依保險法第53條規定，所謂應負保險責任之損失發生，其損失之發生不以具故意過失之侵權行為為限，日本船主組合行使保險代位，並無不合。」

❻　Court of Appeals of Oregon, 750 P.2d 1166 (1988).

應該採肯定見解。此外，從公務人員行使公權力故意重大過失侵害人民的權利，不應因被保險人已經投保保險而豁免賠償責任的觀點，更應採肯定見解為是❼。

2.原則上，不得向與被保險人有經濟上利害關係之第三人行使代位權

為使被保險人受領保險給付，獲得填補損失的實益，若被請求的第三人是與被保險人有經濟上或生計上利害關係之人，應該禁止保險人對之行使代位權，否則無異於「右手給錢，左手取回」，非保險理賠的宗旨，保險法第 53 條第 2 項：「前項第三人為被保險人之家屬或受僱人時，保險人無代位請求權。但損失係由其故意所致者，不在此限。」旨意在此。

3.實務上，承保損失險的保險人常向承保責任保險的保險人直接請求

由於代位權行使的結果，承保責任保險的保險人，經常承擔終極的責任，為了避免循環請求的繁瑣，法律有時規定由承保損失險的保險人直接向承保責任險的保險人請求，可謂是「請求權行使過程」的簡化。

例如：全民健康保險法第 95 條：「保險對象因汽車交通事故，經本保險之保險人提供保險給付後，得向強制汽車責任保險之保險人請求償付該項給付。

保險對象發生對第三人有損害賠償請求權之保險事故，本保險之保險人於提供保險給付後，得依下列規定，代位行使損害賠償請求權：

一、公共安全事故：向第三人依法規應強制投保之責任保險保險人請求；未足額清償時，向第三人請求。

二、其他重大之交通事故、公害或食品中毒事件：第三人已投保責任保險者，向其保險人請求；未足額清償或未投保者，向第三人請求。

前項所定公共安全事故與重大交通事故、公害及食品中毒事件之最低求償金額、求償範圍、方式及程序等事項之辦法，由主管機關定之。」❽

---

❼ 臺北市政府法規會舉辦的學術研討會，學者也傾向於採取肯定見解。

❽ 修正前全民健康保險法第 95 條為：「保險對象因發生保險事故，而對第三人有損害賠償請求權者，本保險之保險人於提供保險給付後，得依下列規定，代位行使損害賠償請求權：

一、汽車交通事故：向強制汽車責任保險保險人請求。

二、公共安全事故：向第三人依法規應強制投保之責任保險保險人請求。

三、其他重大之交通事故、公害或食品中毒事件：第三人已投保責任保險者，向其保險人請求；未投保者，向第三人請求。

前項第 3 款所定重大交通事故、公害及食品中毒事件之求償範圍、方式及程序等事項

承保醫療費用損失險的中央健康保險局在提供醫療理賠之後，可以直接向承保強制汽車責任險的保險人行使代位權，或直接向其他責任保險的保險人行使代位權。必須注意者，中央健康保險局行使代位權的對象，還可以包括各種責任保險的保險人以及有故意過失侵害被保險人的第三人❾。法律之所以只規定第 1 項及第 2 項列舉二款代位權的對象，是因為考慮行使代位權的法律成本，在法律經濟原則下作例示性立法，並非將代位權的行使，只限於該條所列三款的保險人。

4.關於代位權對象的修正建議

依照保險法第 53 條第 1 項：「被保險人因保險人應負保險責任之損失發生，而對於第三人有損失賠償請求權者，保險人得於給付賠償金額後，代位行使被保險人對於第三人之請求權；但其所請求之數額，以不逾賠償金額為限。」，第 2 項：「前項第三人為被保險人之家屬或受僱人時，保險人無代位請求權。但損失係由其故意所致者，不在此限。」，保險法就代位權行使的對象設有限制。立法目的在避免「向右手給予，又從左手取回」的矛盾，以達到保險給付的實益。但是由於立法的嚴謹度不足，不論是限制對被保險人家屬行使代位權，或是限制對被保險人受僱人行使代位權，都有斟酌修正的必要：

⑴關於請求權對象是「被保險人之家屬」規定的修正

保險法第 53 條第 2 項：「前項第三人為被保險人之家屬或受僱人時，保險人無代位請求權。但損失係由其故意所致者，不在此限。」中「被保險人之家屬」

之辦法，由主管機關定之。」

❾ 本條的規定隱含數點重要意義：

第一：侵害生命權、健康權的醫療賠償（民法第 192 條、第 193 條），本質上是財產上的損害賠償，因此得行使代位權。

第二：就法理言，全民健保局代位的對象應該包括一切侵害全民健保被保險人之人。不以汽車交通事故的肇事者、公共安全事故的肇事者，及主管機關規定之其他重大交通事故的肇事者為限。

第三：全民健康保險法之所以規定向承保強制汽車責任保險的保險人、承保公共安全事故責任險的保險人等行使代位權，純粹是出於法律經濟的考慮。

第四：就法理言，所有加害於全民健康保險的被保險人之人，健保局於為醫療保險給付後，就醫療費用言，都可以對之行使代位權。惟在行使代位權之前應該評估有無行使代位權的實益，例如：醫療費用的大小、加害人的理賠能力等因素。全民健康保險法第 82 條第 2 項的規定，將行使代位權的狀況加以限制，似為法律經濟考慮，並避免行政怠惰之嫌所做之規定，非為代位權本質上之限制。

宜修正為「與被保險人永久共同生活為目的而同居一家的親屬團體」。因為依照民法規定，家置家長，同家之人，除家長外，均為家屬❿，家長家屬之間互負有扶養的義務，互相享有請求扶養的權利⓫，由於「家長」「家屬」是不同概念，所以依照保險法第 53 條第 2 項規定的文義，在家長為被保險人的情形，若發生保險事故而家長對家屬有損害賠償請求權，則保險人於向家長為保險給付之後，不得代位家長（被保險人）向家屬請求；但是保險法第 53 條反面解釋的結果，在家屬為被保險人的情形，若發生財產上的保險事故而家屬對家長有損害賠償請求權，則保險人於向家屬（被保險人）為保險給付之後，仍可向家長行使代位權，造成不公平的現象。

基於家長家屬互負扶養義務、互享扶養權利，有經濟上利害與共的關係，若保險人向被保險人（即家屬）給付之後，得基於代位權向其家長行使返還請求權，無異於向右手交付之後，又從左手取回，保險人為保險給付的功能將大為減損，與保險給付填補損失的宗旨相左，因此保險法第 53 條：「前項第三人為被保險人之家屬」一段，應修正為如「與被保險人永久共同生活為目的而同居一家的親屬團體」，較為妥當。

⑵關於代位權對象是「被保險人之受僱人」規定的修正

保險法第 53 條第 2 項中「被保險人之……受僱人」有無繼續存在的必要？在立法政策有探討餘地。受僱人若係與被保險人「永久共同生活為目的而同居之人」，則與被保險人已具有家長家屬關係，依前揭說明，保險人本不得對之行使代位權；反之，若受僱人與被保險人並無「永久共同生活為目的」之關係，而是單純與被保險人有僱傭契約關係之當事人，則二者間缺乏經濟上共同利害關係，不應禁止保險人對被保險人的受僱人行使代位權。況且，與被保險人有僱傭契約關係的受僱人種類繁多，若一概禁止保險人行使代位權，無異於廣泛免除被保險人之受僱人過失侵權行為或過失債務不履行的責任，立法政策關於受僱人的保護是否要提高到如此程度，實有疑義。1908 年德國保險契約法第 67 條只禁止保險人向「與被保險人共同居住同一家之成員 (……gegen einen mit ihm in haushicher Gemeinschaft lebenden Familienang-ehörigen)」行使代位權，並不禁止保險人向被保險人的受僱人行使代位權，可供參考⓬。

---

❿ 民法第 1123 條第 1 項、第 2 項。

⓫ 民法第 1115 條第 1 項第 3 款、第 5 款、第 1116 條第 1 項第 3 款、第 5 款。

　　保險人雖然不得向與被保險人共同居住同一家之成員行使代位權❸，但為防止道德危險，若損失由「與被保險人共同居住同一家之成員」之「故意」所致者，仍得行使代位權❹。

　　隨著保險商品類型的發展，保險契約不乏載有附加被保險人條款或共同被保險人條款者，例如：在汽車車體險，也如同汽車責任險一樣，將獲得被保險人同意而使用汽車之人也列為附加被保險人，或將某些人直接列為共同被保險人，記載在保險單上，受到保險的保障。在符合附加被保險人或列入共同被保險人的情形，若附加被保險人或共同被保險人使用車輛有過失，致車輛發生毀損滅失，保險人於保險理賠之後，不得對附加被保險人或共同被保險人行使代位權。

貳　代位權的作用

一、避免被保險人獲得雙重賠償

　　由於保險法關於代位權採取法定債權移轉說，被保險人於受領保險給付之後，在受領保險給付的範圍內，其對第三人的損害賠償請求權依法立即移轉予保險人，由保險人對第三人行使代位權。代位權的行使，可以避免被保險人一方面基於保險契約向保險人請求保險給付，另一方面又基於侵權行為、債務不履行或其他請求權向第三人行使請求權，構成雙重求償，反而獲得不當得利 (unjust enrichment)。

二、避免加害之第三人逃避賠償責任

　　被保險人獲得保險給付，損害獲得填補以後，已經不得再向加害的第三人請求損害賠償，否則就會發生雙重請求，致獲得超出損失的賠償。但被保險人對第三人的損害賠償請求權，並未消滅，僅是不得行使而已，若不規定被保險人對第三人的損害賠償請求權依法移轉予保險人，則有可能發生被保險人對第三人有請求權，但

----

❸　1908VVG §67(2) 前段。

❸　現行法規定，不得向被保險人的家屬或受僱人行使代位權，此一規定立法上有值得檢討的地方，前已言之，請參考前揭論述。

❹　保險法第 53 條第 2 項後段；1908VVG §67(2)。

是因為禁止雙重得利而不得行使,保險人想要對第三人行使代位權,但是缺乏請求權的基礎而無從行使,加害的第三人雖有損害賠償義務,但卻逍遙法外,實質上無須負擔損害賠償的義務。為解決此一問題,保險法有一段發展的歷史。

早期,採取「意定債權讓與」的方法,也就是在保險人為保險給付的同時,要求被保險人必須讓與其對第三人的債權(請求權),保險人透過債權讓與,受讓被保險人對第三人的債權(請求權)以後,就可以行使代位權。意定債權讓與的方法,行之有年。才逐漸從「意定債權讓與」發展到「法定債權讓與」,也就是發展到當保險人為保險給付的同時,被保險人對於第三人的請求權依法就移轉給保險人。換句話說,被保險人對於第三人的損害賠償請求權,於受領保險給付的範圍內,無需另外為債權讓與,其對第三人的債權就「依法移轉」於保險人,由保險人行使。

儘管保險人代位權的取得,已從「意定債權讓與」逐漸發展到「法定債權讓與」,但不是所有國家都採「法定債權讓與」制度,很多國家,依舊採用「意定債權讓與」,主要原因是若採「法定債權讓與」,則保險人對於第三人的訴訟,勢必需要以「保險人的名義」提起,常常給人以財大氣粗的保險公司控告可憐的侵權行為人或債務人的印象,居於同情弱者的心理,在訴訟中反而處於不利的地位,甚至慘遭敗訴。如果維持「意定債權讓與」,並且約定保險人得以被保險人的名義提起訴訟,則在保險人為保險給付之後,依約仍然可以被保險人的名義提起訴訟,較容易獲得勝訴判決,此在英美法系國家的某些州法尤其明顯。

三、直接減低保險人的保險給付負擔,間接降低社會大眾的保險費負荷

保險人向被保險人為保險給付之後,若可以行使代位權,且代位權的對象具有清償能力,則保險人可以獲得全部或一部的回收。其結果,保險人因保險給付所造成財產的減損,因代位權行使,可以獲得全部或一部的填補,一出一進,從個案而言,可以直接降低保險人保險給付的實際損失;從社會而言,也可以間接降低保險費率,減輕廣大要保人的負擔。

參　代位權的本質

一、代位權是被保險人對第三人債權的法定移轉

被保險人自保險人獲得保險給付後，其對第三人的損害賠償請求權應依法移轉予保險人。被保險人保險給付請求權的發生，是以保險契約為基礎，與被保險人對第三人的請求權是建立在侵權行為或債務不履行等基礎上者不同，兩個請求權雖然是因同一事實而發生，但是請求權的基礎並不相同，被保險人對第三人的損害賠償請求權，不因受領保險人的保險給付而自然歸於消滅，最高法院 68 年台上字第 42 號著有判例。然在保險法第 53 條的情形，被保險人對第三人的損害賠償請求權，究竟是依照法律的規定而自動移轉？還是由於被保險人的債權讓與而移轉予保險人？

就我國保險法言，被保險人對第三人的損害賠償請求權，於保險人向被保險人為保險給付的同時，不待被保險人另為債權讓與的表示，就法定地移轉予保險人。因此被保險人在「受領保險給付前」，任何與第三人達成之和解、拋棄權利等行為，在被保險人與第三人之間是有效的，只是其有害於保險人者，可能造成保險人依法或依約免除保險給付或損害賠償的法律效果而已；至於被保險人於「受領保險給付之後」，若就已受領保險給付部分，又與第三人達成和解或拋棄權利（請求權）的合意時，其和解或拋棄對於保險人不發生拘束力，因為被保險人於受領保險給付的範圍內，其對第三人的債權已經法定移轉歸予保險人，就此一部分，被保險人對第三人的權利既已不存在，則不復有和解或拋棄權利的適格，因此保險人因保險給付而取得的代位權，即使被保險人與第三人有和解或拋棄權利等情事，也不受影響。換句話說，保險人仍然可以自己名義，對第三人行使請求權，至於第三人對被保險人損害賠償部分，則可以對被保險人行使不當得利返還請求權。

總之，保險人代位權的取得應該採取債權法定移轉的理論，較能保護保險人的利益，並符合各國的立法例，1908 年德國保險契約法第 67 條第 1 項前段：「被保險人對第三人有損害賠償請求權者，保險人於賠償被保險人損害之範圍內，代位取得對第三人請求權。」，也是採取債權法定移轉的理論。代位權的本質上既然

是債權的法定移轉，因此保險人所行使的權利是基於法律規定，由被保險人依法移轉取得的權利，其時效的進行狀況及抗辯權的有無，都與被保險人的權利相同。保險人所行使者既然是自己對第三人的權利，而非代理被保險人行使被保險人對第三人的損害賠償請求權，其法律效果歸屬於保險人。

二、代位權權利的內容及數額，與被保險人對第三人之權利內容及數額完全相同

代位權的權利內容及數額，與被保險人對第三人權利的內容及數額完全相同，此乃被保險人對第三人權利法定移轉所使然。由於保險人基於代位權行使的權利內容及數額，與被保險人對第三人之權利的內容及數額完全相同，因此二者的請求權基礎、消滅時效進行、抗辯權有無都必然相同，被保險人對第三人之損害賠償請求權是基於「侵權行為損害賠償請求權」、「債務不履行之損害賠償請求權」、「所有物返還請求權」❶❺、「占有物返還請求權」❶❻等，保險人基於代位權對第三人行使之權利，也必然分別是「侵權行為損害賠償請求權」、「債務不履行之損害賠償請求權」、「所有物返還請求權」、「占有物返還請求權」等。又保險人基於代位權行使的權利，不但其請求權基礎與被保險人對第三人之請求權基礎相同，且其消滅時效之進行、中斷、不完成、抗辯事由的行使、拋棄等也完全相同。

三、基於代位權取得的權利以「非一身專屬性」者為限

法定權利移轉而取得的代位權，其源頭——被保險人對第三人的權利——性質上必須是財產權，而且是「非一身專屬性」的財產權才可以。只要是「非一身專屬性」的財產權，不論是債權、物權或無體財產權，都可以是法定權利移轉的源頭。至於本於人格權、身分權而發生對第三人的損害賠償請求權，則無代位權的適用，因為人格權、身分權具有享受上的一身專屬性，是附麗於特定的權利主體而存在，只有特定的權利主體才可以享有。因此在人身保險中的傷害保險（被保險人與受益人是同一人），保險人於給付保險金之後，被保險人（受益人）因保險事故所生對第三人的請求權，並不移轉予保險人，被保險人（受益人）於受領

----

❶❺ 民法第 767 條。
❶❻ 民法第 962 條。

保險金之後，被保險人（受益人）仍得對第三人行使請求權。因為人身無價，保險人給付的保險金，與第三人向被保險人（受益人）給付之損害賠償金的合計總額，不會超過被保險人所受的損害。

肆　代位權所適用的保險類別

代位權一般認為只適用於財產保險，精確地說，是適用於填補損失性的保險，不適用於具有一身專屬性的人身保險。關於傷害保險、疾病保險中之醫療費用保險、住院費用保險、看護費用保險以及收入減少損失保險，得否行使代位權，有不同見解，雖然法院裁判的觀點是：立法機關以立法方式賦予全民健康保險的保險人向強制汽車責任保險的保險人等行使代位權❼，但是由於醫藥費用保險、住院費用保險、看護費用保險以及收入減少損失保險性質上都在填補財產損失，本質上也是填補損失，即使沒有立法規定，也都可以行使代位權為是。法院裁判的背後隱藏一個重要觀點：是否可以行使代位權，不應該從保險標的是「財產或是人身」區分，而應該從保險給付的功能是否在「填補損失」區分。健康保險、傷害保險的醫藥費用保險、住院費用保險、看護費用保險以及收入減少損失保險，也應該採取相同的解釋為是。

一、財產保險（嚴格說：填補損失性的保險）有代位權規定的適用

（一）財產損失險

財產保險有代位權的適用。在投保財產損失險 (property insurance) 的情形，為避免被保險人既從保險人獲得保險給付，又向侵權行為的第三人、債務不履行

❼ 值得注意的是，我國實務見解認為，全民健康保險法第 82 條（按，舊條文，相當於現行法第 95 條）之規定僅屬例外規定，原則上仍不認為人身保險之保險人於給付保險金後得主張保險代位，此觀最高法院 94 年台上字第 2216 號判決載：「全民健康保險性質上係屬健康、傷害保險，除有全民健康保險法第 82 條規定之情形外，依保險法第130 條、第 135 條準用同法第 103 條之規定，全民健康保險之保險人不得代位行使被保險人因保險事故所生對於第三人之請求權，要無保險法第 53 條規定適用之餘地。是全民健康保險之被保險人，非因汽車交通事故受傷害，受領全民健康保險提供之醫療給付，其因侵權行為所生之損害賠償請求權並不因而喪失。」可資參照。

的第三人或其他第三人請求損害賠償，致獲得超乎損害的賠償，因此賦予保險人行使代位權的權利。

（二）責任保險

責任保險的保險人，理賠之後，通常負終極責任，沒有行使代位權的機會。但是，少數例外情況，也可以行使代位權。舉例說明如下：

1.責任保險人對加害人的代位權

⑴運鈔車發生劫鈔情事

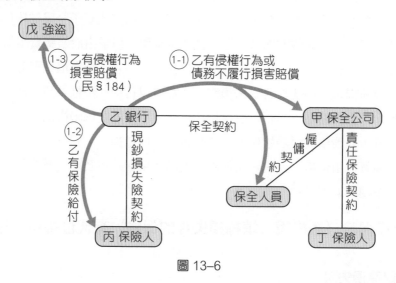

圖 13-6

上圖 13-6 表示，甲保全公司承攬乙銀行運鈔車收取鈔票或票據的保全工作，乙銀行向丙保險人投保現鈔損失險。某日，甲運鈔車前往乙銀行的分行取款準備運回本行倉庫存放時，因甲公司所僱保全人員的疏忽，未隨行保護，致該銀行行員在高樓的分行收取現鈔後，在下電梯時，在電梯間內，為戊強盜所搶劫。此時，乙銀行對丙保險人、戊強盜、甲保全公司與其保全人員分別有保險給付⑴-2、侵權行為損害賠償⑴-3、債務不履行與侵權行為損害賠償請求權⑴-1（請求權競合）。戊強盜、甲保全公司及有故意過失的保全人員對乙銀行負不真正連帶債務責任。

⑵現鈔損失險的保險人，為保險給付，並行使代位權

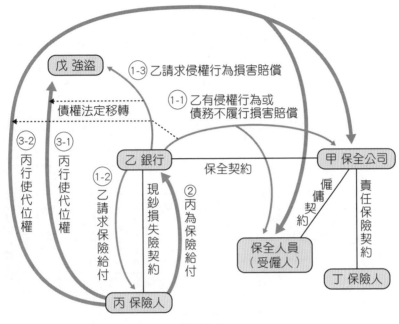

圖 13–7

　　丙保險人理賠乙銀行後②，乙銀行在受領保險給付的範圍內，其對戊強盜、對保全公司與其保全人員的請求權，應移轉給丙保險人③-1③-2。丙保險人可對強盜戊、對甲保全公司與其保全人員行使代位權，此時戊強盜、甲保全公司及其保全人員對丙保險人負不真正連帶債務。附帶說明，在部分保險情形，乙銀行就保險理賠之不足部分對戊強盜、甲保全公司與其保全人員仍然有請求權。在此同時，丁保險人所承保的責任保險，保險事故發生。

⑶甲保全公司因受請求❶而對丙保險人為賠償給付後，從丙保險人❶取得對強盜戊及對保全人員的請求權的請求，同時可以請求承保其責任險的保險人丁為保險給付

---

❶ 這裡指保全公司受丙保險人代位請求，如果乙銀行所投保的是一部保險，則還包括乙銀行就不足部分的請求。法律根據都是民法第 218 條之 1 第 1 項。

❶ 如果乙銀行所投保的是一部保險，則包括從乙銀行移轉的債權，其法律根據是民法第 218 條之 1 第 1 項。

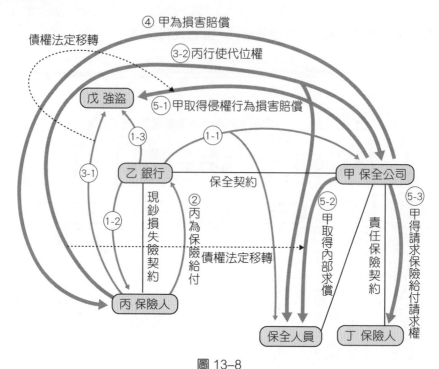

圖 13–8

若丙保險人行使代位權而向甲保全公司及其所僱用的保全人員請求③-2，則一方面，甲保全公司與丁保險人所訂立的責任保險契約的保險事故發生，甲保全公司對丁保險人有保險給付請求權⑤-3。另一方面，甲保全公司在向丙保險人為賠償給付之後④，在丙保險人受清償的範圍內，其原來從乙銀行法定移轉過來的請求權⑳（包括對戊強盜⑤-1、對保全公司①-1、對有故意過失的保全人員的請求權①-1）必須讓與給甲保全公司㉑。其間就甲保全公司自己部分會發生債權、債務同歸一人，因混同而消滅㉒。甲保全公司仍因從丙保險人債權讓與而取得對強盜戊③-1 ⑤-1與對其保全人員的請求權③-2 ⑤-2。

㉒ 保險法第 53 條。

㉑ 民法第 218 條之 1 第 1 項：「關於物或權利之喪失或損害，負賠償責任之人，得向損害賠償請求權人請求讓與基於其物之所有權或基於其權利對於第三人之請求權。」，因此甲保全公司於賠償乙銀行或丙保險人之後，得基於民法第 218 條之 1 請求乙銀行（若保險人丙沒有全部賠償時）及丙保險人（在丙保險給付的範圍內）讓與乙銀行、丙保險人對戊強盜、保全人員的請求權。而丁保險人向甲保全公司為保險給付之後，自得依保險法第 53 條第 1 項之規定，對戊強盜行使代位權，但不得對甲保全公司所僱用的保全人員行使代位權（保險法第 53 條第 2 項）。

㉒ 民法第 344 條。

(4)保全公司向其責任保險的丁保險人為保險給付之請求、向保全人員行使內部求償權。丁保險人為保險給付，並取得對戊強盜的代位權

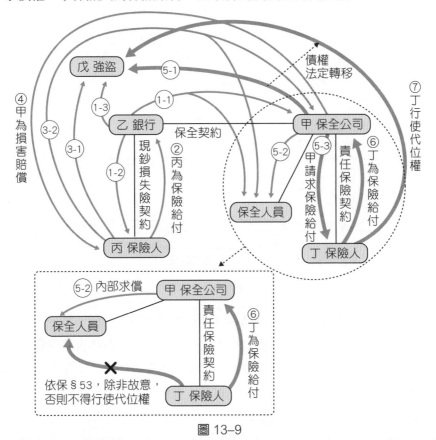

圖 13-9

　　若甲保全公司選擇向丁保險人請求保險給付⑤-3，丁保險人於為保險給付之後⑥，甲保全公司在受保險給付的限度內，其對戊強盜的請求權法定移轉予丁保險人，由丁保險人向戊行使損害賠償請求權⑦。但依照保險法之規定，丁保險人不得對保全人員行使代位權，因為保全人員是被保險人的受僱人，除非是保全人員故意所致❷（虛線方格部分）。在此，小小的結論就是：丁保險人是責任保險的保險人，其向甲保全公司為給付之後，仍得向戊強盜行使代位權。因此，承保責任險的保險公司，在極例外的情況，也有機會行使代位權。

2.責任保險人的雙重代位

　　責任保險人在例外情況，不但可以行使代位權，還會發生雙重代位。如下圖：

❷ 保險法第 53 條第 2 項前段。請注意：保全人員就沒有跟隨上樓保護這點，雖然有故意，但這是「行為的故意」，不是「目的的故意」，而保險法所指的故意是目的的故意。

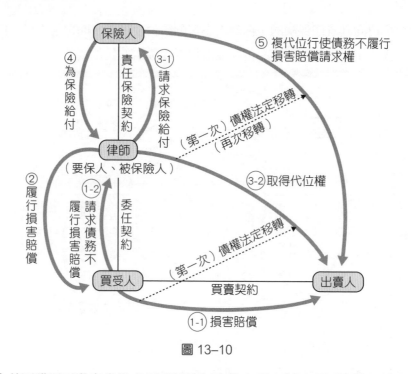

圖 13-10

　　在美國購買不動產常常必須委請律師查核出賣人對買賣標的物是否確實有產權，若律師查核有疏忽致買受人受到損失，必須對買受人負損害賠償責任，為了分化損害賠償責任的風險，律師經常投保業務上過失責任險。上圖表示：保險人承保律師業務上過失責任險。該律師為買受人查核不動產產權時有過失，致買受人的權利遭受損失，律師必須賠償買受人。在律師受到賠償的請求時①-②，責任保險的保險事故發生。律師賠償買受人之後②，買受人必須將其對出賣人的債務不履行損害賠償請求權移轉予律師①-①③-②❷。此時律師有兩個請求權：一個是對保險人的保險給付請求權③-①，另一個是對出賣人的債務不履行損害賠償請求權③-②。

　　保險人於賠償律師之後④，基於保險法關於代位權的規定，得行使律師因賠償買受人而從買受人移轉取得的權利⑤❷，也就是買受人對出賣人請求債務不履行之損害賠償請求權。上述代位求償過程中，保險人所承保者是「責任保險」，保險人代位權行使的權利，是經過兩次債權移轉取得的債權，也就是「買受人本於買賣契約對於出賣人的債務不履行損害賠償請求權」。

❷　參照民法第 218 條之 1。
❷　民法第 218 條之 1 第 1 項。

3.再保險人對加害人的雙重代位

被保險人因保險人應負保險責任的損失發生，而對於第三人有損失賠償請求權者，於保險人履行賠償之義務後，依保險法第 53 條第 1 項規定，其損失賠償請求權於賠償金額範圍內，當然移轉於保險人，被保險人於受領保險金給付後，在受領的範圍內，不得再向第三人行使損害賠償請求權。

而保險法第 39 條規定的再保險，乃保險人以其所承保的危險，轉向他保險人為保險的契約行為，性質上原屬於分擔危險之責任保險契約，再保險人（再保險契約之保險人）於再保險契約所約定的危險（原保險人依其與原要保人間之保險契約而生之給付保險金義務）發生時，應負給付保險金予原保險人（再保險契約之被保險人）的義務。是除另有約定或習慣外，再保險契約仍有保險法第 53 條第 1 項規定的適用。

換句話說，被保險人對於第三人的損害賠償請求權，在被保險人受領保險給付的範圍內，移轉予原保險人；而移轉予原保險人的權利，在再保險人依再保險契約給付原保險人後，於理賠的範圍內，又移轉予再保險人。原保險人於再保險人賠償金額範圍內，自不得再代位被保險人向第三人行使已移轉予再保險人的損失賠償請求權❷⑥。關於保險人、再保險人行使代位權的法律關係，可以用下圖說明：

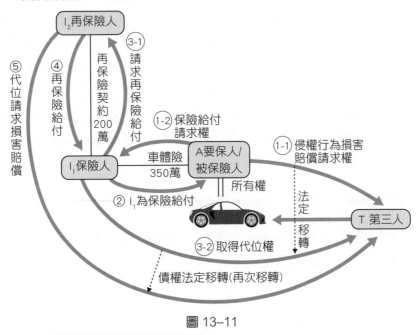

圖 13–11

❷⑥　參照最高法院 93 年台上字第 2060 號判決。

上圖 13–11 表示，A 以其所有的轎車向 I_1 保險人投保車體險契約，保險金額為 350 萬元。I_1 保險人就承保該車的責任轉向 I_2 再保險公司投保 200 萬元。該車因第三人 T 的過失被撞，車體全毀。此時，A 不但基於保險契約對於 I_1 保險人有保險給付請求權①-2，而且基於侵權行為損害賠償請求權①-1，也可以請求 T 第三人賠償損害。若 I_1 保險人對 A 被保險人為保險給付②，給付 350 萬元，則 A 被保險人對 T 第三人的損害賠償請求權，就必須移轉給 I_1 保險人③-2。

當 I_1 保險人受到其 A 被保險人的請求時，責任保險的保險事故就已經發生。I_1 保險人（就是再保險契約的被保險人）得向 I_2 再保險人行使保險給付（再保險）請求權③-1；I_2 再保險人為保險給付（200 萬元）後④，原來 I_1 保險人透過法定移轉❷所取得的對 T 第三人的債權（350 萬元）③-2，在獲得再保險給付清償的限度內（200 萬元），也法定移轉給 I_2 再保險人⑤，I_2 再保險人的對 T 第三人得行使 200 萬元的代位權。至於 I_1 保險人剩餘的 150 萬元債權，仍然由 I_1 保險人對 T 第三人行使。

在實務上，I_1 保險人與 I_2 再保險人可以約定，將 150 萬債權，以債權讓與、信託、授予代理權等方式，讓與或授權再保險人，由 I_2 再保險人向 T 第三人同時請求 350 萬，再將請求所得中之 150 萬返還給 I_1 保險人，以避免分別請求的浪費；再保險人也可約定，將其 200 萬債權，以基於債權讓與、信託、授予代理權等方式，讓與或授權 I_1 保險人，由 I_1 對 T 求償 350 萬，再將其中 200 萬返還給再保險人，兩種方式都可以，至於具體情形，對第三人的求償究竟是由再保險人或保險人行使，要看進行訴訟或和解的方便性來決定，並非固定的鐵律。實務基於訴訟或和解的方便性，再保險人多將代位權讓與或授權保險人行使，保險人再將請求所得返還予再保險人。

（三）意外保險

在意外保險 (casualty insurance)，保險人在保險理賠之後，也可以代位行使被保險人對於善意第三人的求償權，例如下圖：

---

❷ 保險法第 53 條。

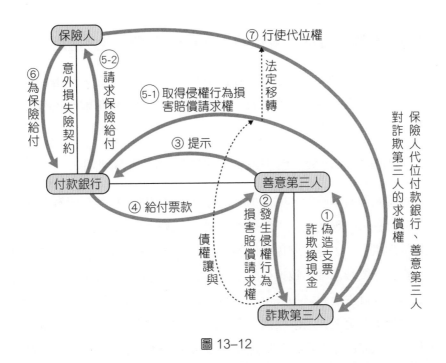

圖 13–12

　　上圖 13–12 中，付款銀行向保險人投保意外損失險，偽造支票之詐欺第三人，持偽造支票向善意第三人兌現現金①，善意第三人對詐欺人有侵權行為損害賠償請求權②，該善意第三人又持該支票向付款銀行提示③，付款銀行不察而為付款④。嗣付款銀行發現該支票是偽造，乃基於保險契約向保險人請求保險金⑤-2，保險人於給付保險金之後，可以輾轉行使代位權⑦。因為：首先，在付款銀行對第三人付款之後，依民法第 218 條之 1 的規定，善意第三人對於詐欺第三人的請求權必須移轉予付款銀行⑤-1。其次，在保險人給付保險金給付款銀行之後⑥，付款銀行受讓自善意第三人對詐欺第三人的請求權⑤-1，又必須移轉給保險人，所以保險人可以對詐欺第三人行使代位權⑦。

　　凡此種種，可以說明責任保險的保險人於為保險給付之後，例外地可以代位行使被保險人對第三人的賠償請求權，其代位的方式，可以一次代位，也可以多次代位，其請求權基礎，可以是侵權行為、債務不履行的損害賠償請求權、也可以是不當得利請求權等。

二、具有一身專屬性的人身保險——無代位權規定之適用

人身保險中的生命保險（包括生存保險、死亡保險及生存死亡兩合保險）及傷害保險的非醫療費用等部分都具有一身專屬性，都沒有代位權規定的適用。主要理由是：

（一）人身無價，不會發生超出損失的理賠致生不當得利問題

人壽保險及傷害保險的非財產損失部分無法客觀數目估計，因為人身無價，不會發生超出損失的理賠致生不當得利問題，也無代位權規定的適用。保險人行使代位權的理由之一，是在避免被保險人既向保險人請求保險給付，又向加害第三人行使損害賠償請求權，致獲得超乎填補損害之利益。在財產保險，由於被保險人因保險事故發生所致之損失可以客觀估計，若允許被保險人於受領保險給付之後，復向加害之第三人請求賠償，則被保險人勢必因保險事故發生而獲得超過損失的利益，此非保險之宗旨。但是在人壽保險及傷害保險、健康保險的非財產損失部分，基於生命無價、精神損害數額無客觀標準的原因，不會發生超額賠償問題，因此沒有代位權之適用。

（二）生命法益及身體健康法益具有享受上的一身專屬性

生命法益及身體健康法益只有被保險人才有享受的適格，不得移轉給他人，當然也不得移轉給保險人，保險人自不得行使代位權。

伍 保險人的代位權與被保險人的請求權順位

保險人向被保險人為保險給付後，被保險人在受領保險給付的範圍內，其對加害第三人的權利移轉予保險人；因此若保險人未為保險給付，就不發生保險代位問題，更不會發生「保險人本於代位權對加害第三人請求權」與「被保險人就剩餘債權對加害第三人請求權」何者優先的問題。又在「全部保險」，保險人向被保險人為「全部保險給付」後，被保險人對加害第三人的請求權全部移轉給保險人，被保險人已經沒有剩餘債權，也不發生「保險人本於代位權對加害第三人請求權」與「被保險人就剩餘債權對加害第三人請求權」何者優先問題。

　　因此，只有在一部保險且保險人已為保險給付，或全部保險而保險人為一部保險給付（此種情形極為少見）的情形，會發生被保險人對加害第三人的請求權只有一部移轉予保險人，此時，若加害第三人的財產又不足清償全部債務，就有探討「保險人本於代位權對加害第三人的請求權」與「被保險人就剩餘債權對加害第三人的請求權」何者應該優先受償的必要。例如：甲的房屋投保火災保險，房屋於保險事故發生時的價值為 200 萬元，甲投保 120 萬元，保險事故因鄰居乙的過失而發生，在全損的情形下，保險人必須給付甲 120 萬元，甲原來對乙的 200 萬元請求權，有 120 萬元法定移轉給保險人，甲仍對乙有 80 萬元的剩餘債權，保險人對乙有 120 萬元的代位權，若乙的財產不足以清償全部債務，則甲的 80 萬元請求權與保險人的 120 萬元代位請求權，究竟何者優先？或是二者平等？關係到甲的請求能否獲得滿足的問題。關於此點，有三種不同見解：

一、保險人的代位權優先說

　　保險人的代位權優先說，指保險人基於代位權的行使，不但得從加害第三人的財產取償，而且比被保險人的剩餘債權優先。從法律邏輯推論，不採此說。之所以會有此說，是保險契約中曾經有被保險人自願拋棄其求償順位，賦予保險人優先於被保險人求償地位的約定，此一拋棄權利的約定若訂定在定型化契約，應注意其是否因違背民法第 247 條之 1、消費者保護法第 11 條至第 15 條，及保險法第 54 條之 1 的規定而無效。

二、保險人基於「代位權的請求權」與被保險人基於「剩餘債權」對第三人的請求權平等順位說

　　保險人行使代位的權利，既然來自被保險人對加害第三人權利的法定移轉，則邏輯上，保險人的代位權與被保險人的剩餘債權本質上完全相同，都是從同一個權利裂解的，二者立於平等的地位，應依其債權額比例對於加害第三人有求償權。此說在邏輯上言之成理，因此有部分學者採此一見解。

三、被保險人的請求權優先說

　　此說認為被保險人對加害第三人的債權，雖然是剩餘債權，但就加害第三人

的財產，應該優先於保險人的代位請求權而受清償。因為保險的主要目的在填補被保險人的損害，在被保險人分別從保險人與加害第三人獲得十足賠償前，保險人基於代位權對加害第三人行使的請求權不宜受清償，因為被保險人的損害獲得十足填補是主要的、本質的，保險人的代位權是次要的、善後的，法律的生命在於經驗而非在於邏輯，在填補損害的主要目的尚未達成之前，不應基於邏輯推理，賦予保險人的代位權平等求償的地位，否則保險人理賠被保險人之後，立即可以本於平等地位向加害第三人比例求償，若加害第三人的積極財產不敷清償，將造成被保險人的損害不能獲得完全填補的結果，有失代位權制度的初衷。

例如：被保險人因第三人的侵權行為，損失 100 萬元，被保險人因投保保險，自保險人受領保險金 80 萬元，該第三人的財產只有 40 萬元。則若採平等說，將使第三人僅有的 40 萬元為被保險人之剩餘債權 20 萬與保險人行使代位權之債權 80 萬元依照一比四之比例，各分得五分之一 （即 8 萬） 與五分之四 （即 32 萬元），因此被保險人實際總受償額為 80 萬元之保險給付與 8 萬之損害賠償，即 88 萬元，並未能獲得十足清償。反之，若採被保險人的剩餘債權優先說，則在上開事例中，假若加害第三人沒有其他優先順位的債權人，則被保險人可自加害第三人僅有的 40 萬財產中，優先受領 20 萬，剩餘 20 萬，才由保險人受償，其結果，被保險人獲得總額 100 萬的損失填補。此說保障被保險人獲得十足清償或最多賠償。被保險人地位優先說為今日**美國多數法院所採的見解**，以其較能符合保險的宗旨也[28]。

陸 代位權的保護

為保護保險人的利益，被保險人權利的行使，不應影響到保險人對第三人的代位權[29]。關於代位權的保護，可以分 「保險人已為保險給付」 與 「保險人尚未為保險給付」 兩種情況分析：

---

[28] *Insurance Law*, Robert E. Keeton, Alan I. Widiss, West Publishing Co., 1988, pp. 728-734.

[29] 1908VVG §67(1) 中段。

一、保險人已為保險給付

（一）被保險人對加害第三人的債權是「法定移轉」的情形

1.加害第三人對被保險人的清償，構成「非債清償」

　　保險人對被保險人為保險給付後，被保險人對加害第三人的債權在受領保險給付的範圍內，既然已經法定移轉給保險人，則在此一範圍內，被保險人就不再是加害第三人的債權人，加害第三人若向被保險人為清償，其清償本質上乃是非債清償，原則上不發生清償的效力，也就是原則上保險人仍然可以對第三人行使代位權。但是符合下列例外規定者除外：

⑴經保險人承認或受領人（被保險人）受領後取得其債權者

　　依民法第 310 條第 1 款規定：「向第三人為清償，經其受領者，其效力依左列各款之規定：一、經債權人承認或受領人於受領後取得其債權者，有清償之效力。」，換句話說，保險人為保險給付之後，如果第三人又向被保險人為清償，若經保險人承認其債權或被保險人自保險人受領債權者，有清償的效力，但此種情況，在保險實務上絕少發生。

⑵被保險人是債權的準占有人時

　　依民法第 310 條第 2 款規定：「向第三人為清償，經其受領者，其效力依左列各款之規定：……二、受領人係債權之準占有人者，以債務人不知其非債權人者為限，有清償之效力。」，若被保險人，在受領保險給付之後，未將受領保險給付的事實告知第三人，仍以自己的意思，對第三人事實上行使債權，依照一般觀念，足使他人認定其為債權人者，構成債權的準占有人，對被保險人清償，可以發生清償效力，保險人不得對第三人行使代位權，但被保險人的損失已經第三人的清償而獲得填補，其先前受領的保險給付就是不當得利，保險人可以向被保險人行使不當得利返還請求權。

⑶除前二款情形外，於債權人因而受利益之限度內，有清償之效力

　　被保險人因受領保險給付而其對加害第三人的債權，在保險給付的範圍內，已經移轉予保險人，正常情形，加害第三人，應該向保險人清償，保險人也可本於代位權行使請求權。即使發生例外情形，加害第三人仍然向被保險人清償，除

了有前述民法第 310 條第 1 款的情形外，原則上還是無效的。但此後若保險人向被保險人（對加害第三人而言，是無受領權人）收取所受之清償（指保險給付之後，加害第三人對被保險人的清償）的全部或一部，則在其所受利益的限度內，應該發生加害第三人對保險人清償的效力。

2.被保險人對加害第三人所為的和解、拋棄請求權等行為，不影響保險人對第三人的代位權

因為保險人已經理賠被保險人，則被保險人對加害第三人的請求權，在保險理賠的範圍內，已經自動移轉給保險人，被保險人對加害第三人的債權，應該變成零（假若獲得十足保險理賠）或只剩剩餘債權（假若保險理賠只填補被保險人對加害第三人債權的一部分，則被保險人對加害第三人的債權，在保險理賠的範圍內，雖然法定移轉予保險人，但是被保險人對加害第三人仍然還有剩餘債權），不論如何，被保險人與加害第三人只可以在剩餘債權範圍內拋棄或和解，不會影響保險人對加害第三人代位權的行使。

（二）被保險人對第三人的債權須「意定移轉」的情形

在美國的某些州，法律沒有債權法定移轉的規定，此時，被保險人對加害第三人的權利，於被保險人受領保險給付後，並未立即移轉給保險人，被保險人對於加害第三人的權利仍然存在，因此其處分權利（例如：免除債務）的行為，仍然會發生效力。只是被保險人的處分權利行為若使保險人的代位權受到侵害，保險人可以基於侵權行為理由，向被保險人請求損害賠償。

二、保險人尚未為保險給付

保險人尚未為保險給付，但被保險人有損害保險人代位權的行為時，例如：被保險人自恃已經投保保險，竟未經保險人同意，而全部或一部拋棄其對加害第三人的請求權或債權的擔保，致使保險人無從向加害第三人行使代位權或代位權受損害者，保險人可以拒絕給付。換句話說，被保險人違反規定、約定或未經同意，而拋棄其對第三人的請求權或拋棄債權之擔保者，發生兩個效力：

（一）被保險人對第三人的債權及其擔保消滅

保險人尚未為保險給付，而被保險人拋棄其對第三人之請求權或拋棄債權之擔保者，其拋棄行為有效，因此被保險人對第三人的請求權或債權之擔保消滅。

（二）保險人免為保險給付

被保險人違反保險法的規定、保險契約的約定或未經保險人同意，拋棄其對第三人的請求權或拋棄債權之擔保者，由於被保險人的拋棄行為仍然有效，但將導致保險人為保險給付後，無法行使代位權，保險人成為被保險人拋棄其對第三人債權或擔保的受害者，此種情形，法律效果如何，有兩種見解：

1. 免除保險人的保險給付義務

免除保險給付的範圍，以因被保險人拋棄其對第三人的請求權或拋棄債權的擔保，致保險人無法自第三人行使代位權求償者為限。例如：甲以其所有之轎車投保車體險，保險金額新臺幣 80 萬元，因該車被乙所駕駛之卡車撞毀，損失新臺幣 90 萬元，甲自恃已經投保車體險，竟以和解方式拋棄全部債權（例如：拋棄對乙之 90 萬元債權）或拋棄一部債權（例如：拋棄對乙之 40 萬元債權），則保險人可主張全部拒絕保險給付或一部拒絕保險給付；又例如：在保證保險，銀行就消費者消費貸款投保保險，且該消費借貸有土地房屋設定抵押權作為擔保。若銀行未經保險人同意，拋棄其對消費者的債權，並同意塗銷抵押權，則保險人在銀行拋棄債權、塗銷抵押權致無法實現代位權的範圍內，也同告免責。

2. 被保險人的侵權行為債務與保險人的保險給付債務互相抵銷

保險人得以被保險人對保險人的侵權行為債務與保險人對被保險人的保險給付債務，主張相互抵銷。因為，被保險人拋棄其對第三人的請求權或拋棄債權的擔保物權，構成對保險人代位權的侵害，因此被保險人對於保險人負有侵權行為債務，而保險人因保險事故發生，對被保險人負有保險給付的債務，二者都是金錢之債，清償期也都屆至，符合抵銷要件，保險人得主張抵銷。

三、德國保險契約法的借鑑

（一）2008 年德國保險契約法第 86 條規定

1.保單持有人（被保險人）對第三人有損害賠償請求權者，在保險人賠償損失的範圍內，該請求權應該讓與予保險人，但請求權之讓與不得有害於保單持有人（被保險人）要保人的利益。

2.保單持有人（被保險人）應以規定的適用表格與期間妥善保全其損害賠償請求權或擔保該請求權的權利，且對於保險人主張上述權利提供必要的協助。保單持有人（被保險人）故意違背上述義務者，保險人在其因此無法對第三人行使請求權的範圍內，免除保險給付的義務。保單持有人（被保險人）因重大過失而違背上述義務者，保險人得依保單持有人（被保險人）過失的嚴重程度相應減少保險給付。保單持有人（被保險人）必須就其無重大過失負舉證責任。

3.保單持有人（被保險人）因保險事故的發生對於其共同生活的家庭成員有損害賠償請求權者，保險人不得對之主張依照第 1 項權利讓與的權利，但保單持有人（被保險人）的家庭成員故意促使保險事故發生者，不在此限。

（二）2008 年德國保險契約法上述規定有兩點值得借鑑

1.第 1 項規定，在第三人的財產不足以同時清償被保險人的剩餘債權以及保險人的代位權時，可以解決優先清償順位問題。

2.依被保險人侵害保險人代位權出於故意、重大過失、輕過失分別賦予保險人免除保險給付、相應減少給付或仍應為保險給付的效力。

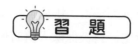

一、選擇題

1.下列關於保險人行使代位權要件的敘述，何者正確？

(A)被保險人請求保險給付的原因事實與被保險人對第三人請求權的原因事實相

同，且保險人已經為保險給付、被保險人對第三人的請求權限於非屬於一身
專屬性者、所代位的金額不得超過保險給付之數額。

(B)被保險人請求保險給付的原因事實與被保險人對第三人請求權的原因事實可
以不同，但須保險人已經為保險給付、被保險人對第三人的請求權不限於非
屬於一身專屬性者、且所代位的金額不得超過保險給付之數額。

(C)被保險人請求保險給付的原因事實與被保險人對第三人請求權的原因事實可
以不同，但保險人須已經為保險給付、被保險人對第三人的請求權限於非屬
於一身專屬性者、所代位的金額不得超過保險給付之數額。

(D)被保險人請求保險給付的原因事實與被保險人對第三人請求權的原因事實必
須相同，且保險人已經為保險給付、被保險人對第三人的請求權不限於非一
身專屬性者、所代位的金額不得超過保險給付之數額。

2. 下列關於保險人對第三人行使代位權種類的敘述，何者最正確？
   (A)限於侵權行為的損害賠償請求權。
   (B)限於債務不履行的損害賠償請求權。
   (C)限於侵權行為的損害賠償請求權及債務不履行的損害賠償請求權。
   (D)包括侵權行為的損害賠償請求權、債務不履行的損害賠償請求權及其他。

3. 依保險法的規定，下列關於保險人行使代位權對象限制的敘述，何者正確？
   (A)不得對被保險人的配偶、未成年子女行使代位權。
   (B)不得對被保險人的家屬或受僱人行使代位權。
   (C)不得對被保險人的家屬或受僱人行使代位權，但損失係因其故意者不在此限。
   (D)不得對被保險人的家屬或受僱人行使代位權，但損失係引起故意或重大過失
   者不在此限。

4. 下列關於保險人行使代位權功能的敘述，何者最正確？
   (A)避免被保險人獲得雙重賠償、避免加害之第三人逃避責任、降低社會大眾的
   保險費負擔。
   (B)避免被保險人獲得雙重賠償。
   (C)避免加害之第三人逃避責任。
   (D)降低社會大眾的保險費負擔。

5. 依保險法的規定，下列關於被保險人獲得保險理賠之後，其對第三人的請求權移轉予保險人的敘述，何者正確？
   (A)法定移轉。
   (B)意定移轉。
   (C)法定移轉為主，意定移轉為輔。
   (D)意定移轉為主，法定移轉為輔。

6. 下列關於保險人代位權內容與數額的敘述，何者正確？
   (A)代位權的內容與被保險人對第三人的請求權相同，代位權的數額與保險理賠的數額相同。
   (B)代位權的內容及數額都與被保險人對第三人的請求權的內容及數額相同。
   (C)代位權的內容及數額都與保險人的保險理賠相同。
   (D)代位權的內容及數額須視被保險人意定讓與債權的性質及數額而定。

7. 下列關於保險人可以行使代位權的險種的敘述，何者最正確？
   (A)只有承保損失險的保險人，才有行使代位權的機會。
   (B)只有承保責任險的保險人，才有行使代位權的機會。
   (C)承保損失險以及責任險的保險人，都沒有行使代位權的機會。
   (D)原則上，承保損失險的保險人，才有行使代位權的機會，但例外情況，承保責任險的保險人，也有行使代位權的機會。

8. 下列關於再保險公司、原保險公司與被保險人對於債務人行使代位權的敘述，何者為正確？
   (A)再保險人在理賠原保險人的範圍內、原保險人在原保險金額扣除再保險金額範圍內、被保險人在債權扣除原保險金額範圍內對於債務人都可以自行請求，但是實務上多視行使代位權的方便，在基礎契約中授權再保險人或保險人中之一人行使，待獲得賠償之後，再行歸還。
   (B)一律由再保險人行使代位權，待獲得賠償之後，再行歸還。
   (C)一律由原保險人行使代位權，待獲得賠償之後，再行歸還。
   (D)一律由被保險人行使代位權，待獲得賠償之後，再行歸還。

9.因保險事故的發生，被保險人同時對於保險人有保險給付請求權與對第三人有損害賠償請求權兩個請求權。下列關於被保險人的行為損害保險人代位權的法律效果之敘述，何者正確？

(A)保險人仍然必須為保險給付，但得向被保險人主張侵害代位權的損害賠償請求權，在保險給付時主張抵銷。

(B)視被保險人的行為「故意」、「重大過失」或「輕過失」，而分別保險人在代位權侵害的範圍內免除給付、相應減少給付、或仍應為全部給付。

(C)保險人得拒絕給付。

(D)保險人仍然必須給付，且不得主張損害賠償請求權。

參考答案

1. ADCAA　　　6. ADA

9. A，但依德國保險契約法為 B

二、問答題

1.試問：

(1)保險人依保險法第 53 條行使代位權時，其所得請求之金額是否須扣除再保險金？

(2)原保險契約之被保險人得否直接請求再保險人給付再保險金？（87 年，律師）

2.甲以其價值 200 萬元之汽車（保險價額），向乙保險公司投保 200 萬元之汽車綜合損失險（保險金額），但契約規定被保險人須負百分之三十之自負額。其後保險事故發生時，汽車全損，而被保險人與有百分之四十之過失。在此情況下，試具理由回答下列各問題：

(1)何以保險法第 53 條有保險人代位權之規定？其立法理由何在？亦即保險人代位權之作用如何？

(2)在本案例中乙保險公司履行保險給付後，保險人之代位求償如何？（89 年，臺大法研所）

3.何謂保險人之代位權及參與權？試舉實務上被保險人損害保險人的代位權或參與權之事例，並分別闡釋保險人保護其代位權或參與權的方法。

4. A 以自己及其就讀於某中學之兒子 B 為被保險人，向甲保險公司投保責任保險。某日，B 因不滿學校管教，竟憤而放火燒學校房屋。該校就校舍已向乙保險公司投保了火災保險。乙保險人於為保險給付之後，欲向甲保險公司行使代位權，但是甲保險公司以「B 是故意放火，是故意促使保險事故發生，依保險法第 29 條之規定，保險人不負保險給付之責任」為理由，拒絕乙保險公司的請求。請問：甲、乙兩保險公司之主張何者有理由？

5.試說明下列情形，保險人應否為保險給付？是否得行使代位權？

　(1)被保險人之汽車為第三人所故意破壞，其車體險之保險人應否對被保險人為保險給付？得否對第三人行使代位權？

　(2)在任意責任保險，被保險人故意加害其仇人，其責任保險之保險人應否對被保險人為保險給付？

　(3)在強制汽車責任保險，被保險人故意衝撞其仇人，其強制汽車責任保險之保險人應否對受害人或其配偶等為保險給付？得否對被保險人行使代位權？

　(4)在強制汽車責任保險，應投保強制責任險而未投保之人，因過失撞死行人，特別補償基金應否對該行人之配偶等為補償給付？得否對未投保之人行使代位權？

　(5)在保證保險，債務人故意不履行債務，保險人應否對被保險人為保險給付？得否對該債務人行使代位權？

　(6)在傷害保險，被保險人因第三人之故意行為而受傷害，其保險人應否對被保險人為保險給付？得否對該第三人行使代位權？

6.保險法關於保險人行使代位權的對象有何限制？又保險法的規定，從立法政策言，有無應該修正之處？試舉理由說明之。

7.若加害第三人的財產不足以同時清償被保險人的剩餘債權及保險人的代位權，請問：保險人本於代位權對加害第三人的請求權與被保險人對加害第三人的請求權何者應該優先受償？試舉不同學說的觀點以對，並評論之。

8.被保險人於保險人為保險給付前，未經保險人同意，拋棄其對第三人之請求權者，其法律效果如何？

第十四章

保險標的物所有權的變更

壹 緒 言

社會進步，經濟繁榮，交易越發頻仍，實務上經常發生保險標的物在保險期間因交易或繼承的原因而移轉。標的物移轉時，其保險契約一方面必須隨著標的物而移轉，才能發揮保險保障的功能，另一方面，保險契約隨同移轉時，卻面臨契約主體的變更，由於保險契約是雙務契約，保險契約主體的變更涉及債權讓與及債務承擔，不論為何者，都可能涉及當事人的信用。

保險契約可以區分為「重視人之性質」與「不重視人之性質」的契約：

火災保險契約是典型重視人之性質的保險契約，是以信賴為基礎的契約。在火災保險契約，不同的被保險人注意能力不同、職業種類不同、對於保險標的物的管理方法也不同，因此發生火災的風險也不相同。當保險標的物因法律行為（例如：買賣、互易、贈與）而移轉時，為了避免保險人承擔不測的風險，多約定保險契約的效力終止。

相對的，**貨物運送契約是典型不重視人之性質的保險契約**，貨物運送保險契約經常伴隨貨物買賣契約而訂立❶，不論貨物的所有權是屬於出口商，或是屬於進口商，在運送過程中，貨物始終直接掌控在海上運送人的手中，所有權的變動

---

❶ 在買賣契約是 CIF 或 CFR 的價格時，出賣人必須訂立海上貨物運送契約；在 FOB 的價格時，買受人必須訂立海上貨物運送契約。CIF 分別是 Cost（成本）、Insurance（保險費）、Freight（貨物運抵目的港的運費）的縮寫，意思是買賣契約的價金已經包括了貨物成本、貨物保險費以及海上貨物運送的運費。因此出賣人必須負擔貨物必要的貨物成本、運費以及保險費，將貨物運抵指定的目的港；CFR-Cost and Freight（成本及運費），此種制度下，因為買賣價金已經包括運費，因此出賣人（出口商）必須負責接洽船公司（運送人）訂定海上貨物運送契約：CFR 是 Cost and Freight 的縮寫，取 Cost 的第一個字母 C 與 Freight 的前兩個字母 FR 組合而成。CFR 也就是舊制的 C&F，買賣契約的價金只包括「貨物成本」以及「將貨物運抵目的港的運費」，也就是出賣人在船舶上交付貨物，而於交付後，買受人取得貨物所有權，此種制度下，買賣價金也包括了運費，因此出賣人（出口商）必須接洽船公司（運送人），訂定海上貨物運送契約；FOB 是 Free On Board 的縮寫，指貨物裝上輸出港買受人指定的船舶後，出賣人就可以免責，商業上稱為「裝船免責」或是「出口港船上交貨價」。FOB 的交易條件下，包括危險負擔、運費、保險費在內從輸出港起都由買受人負擔，此種制度下，因為買賣價不包括運費，因此出賣人沒有義務接洽船公司，應該由買受人（進口商）接洽船公司（運送人），訂定海上貨物運送契約。

不會影響貨物運送過程中貨物毀損滅失的風險。貨物保險契約的訂定並不是以保險人對讓與人或受讓人的信賴為基礎的，保險契約的目的只在分化貨物運送過程的風險，因此在貨物所有權移轉前，保險契約固然為讓與人的利益存在，在所有權移轉後，保險契約仍然為受讓人的利益而存在❷。

　　保險契約生效期間，保險標的物的所有權變更會對保險契約發生如何的影響，應依不同情況來決定：在保險標的物「**非因法律行為（例如：繼承）**」而移轉時，由於保險保障無縫接軌以及前後風險相近的考慮，保險契約應該隨同標的物移轉而移轉；在保險標的物因「**法律行為（例如：買賣、互易）**」而移轉時，如何訂定規範，使「不以人的信賴為基礎」的保險契約，保險標的物的所有權即使讓與，保險契約仍然為受讓人的利益而存在；在以「人的信賴為基礎」的保險契約，如何既可以在保障債權人（保險人）利益下，讓保險契約繼續存在，又可以為尊重契約自由原則中的「選擇當事人的自由」而賦予當事人終止契約的權利；又當事人行使終止權時，如何兼顧保險契約的無縫接軌，以發揮保險制度的保險傘功能，亦有探討的必要。保險法對於保險標的物所有權變更所發生的問題，只略有簡略的規定，不夠詳盡。以下謹就保險法、民法及外國立法例的相關規定，加以介紹，並提出一些建議，作為立法的參考。

貳　保險標的物所有權的變動與保險契約的存續

一、現行法──不區別「法律行為」與「非法律行為」

　　依保險法第 18 條：「被保險人死亡或保險標的物所有權移轉時，保險契約除另有訂定外，仍為繼承人或受讓人之利益而存在。」，不論保險標的物是因被保險

---

❷　最高法院 72 年台上字第 1856 號判決：「查本件保險標的物已運交美國進口商垂伯賈克公司收受，並未退貨。被保險人係文揚公司，而非垂伯賈克公司。被上訴人主張保險權益，係隨貨物外銷轉與垂伯賈克公司，並未說明其依據，因而被上訴人能否基於該公司權利之輾轉讓受，而向上訴人請求賠償？已屬不無疑問。況上訴人主張本案貨物標籤不合目的地美國規定，如營業所地址未列於標籤，標籤上敘述未正確表明罐頭內所裝為何物，致遭拒絕進口，依退貨險 (C) 條 5 項之約定，不在伊承保範圍內，不負賠償責任云云（見上字卷 26 頁），因何不可採，原審未予論列，亦有判決不備理由之違法。上訴論旨，指摘原判決不當，求予廢棄，非無理由。」

人死亡（非法律行為）而移轉，或是因被保險人讓與（法律行為，例如：買賣、互易、贈與等）而移轉，保險契約都為繼承人或受讓人繼續存在，立法的目的在於盡量維持保險契約的有效性，使保險標的物持續在保險契約保險傘的保護下。

從風險差異大小以及對保險契約持續有效的依賴程度的觀點，**保險法關於保險標的物所有權因「繼承」而變動，與因「買賣」而變動，都採取原則上保險契約繼續有效的立法**，值得檢討。保險標的物所有權因「法律行為而移轉」與「非因法律行為而移轉」，其風險完全不同，關於保險契約的效力，也應該做不同的規定為是。在保險標的物因「法律行為」而移轉的情形，讓與人與受讓人可能因職業、用途的不同，風險差異可能很大；相對地，保險標的物因為「繼承」而移轉時，由於被繼承人與繼承人或是原本同住一家，或雖非居住同一家，但是彼此往來密切，風險相差較小。況且，在保險標的物因法律行為而移轉時，由於交易過程冗長，受讓人有充裕的時間可以另外安排保險；但保險標的物因繼承而移轉的情況，可能被繼承人死亡，事出突然，繼承人即使想另外安排保險，也因事出倉促，不可立得，從期待保險傘無縫接軌的觀點，應該有不同規定。

二、修法建議——區分「法律行為」與「非法律行為」

（一）保險標的物所有權因「非法律行為」而變動

1.現行法規定及評論

保險標的物所有權因「非法律行為」而變動者，典型的事例就是繼承，保險法第 18 條規定的意旨在維持保險契約的有效性，但本條的規定，不但沒有必要，且將使得保險契約的繼承人處於更不利的地位。理由有二：

⑴就「繼承」而言，沒有另外規定保險法第 18 條的必要

在財產保險，當要保人與被保險人是同一人，且是保險標的物所有人時，保險法第 18 條的規定，實際上是繼承的當然效果，被保險人死亡就是要保人死亡，保險標的物與保險契約都因繼承而同時移轉予被保險人的繼承人，沒有規定本條的必要。另一種情況，要保人與被保險人為不同人，多發生於保險標的物設定擔保物權的情況，此種情形，只有在保險標的物所有人是要保人，指定抵押權人為被保險人，且要保人死亡時才會發生。在「要保人」就是「保險標的物所有人」，

被保險人是擔保物權人，而要保人死亡時，保險標的物與保險契約雖然也都同時移轉，但此一移轉乃因繼承而當然發生，雖然沒有保險法第 18 條的規定，也必然發生本條所要求的法律效果。至於以下兩種，都與本條的立法無關：

　　A.要保人，不論是否為保險標的物所有人❸，投保保險，被保險人是擔保物權人，而發生被保險人（抵押權人）死亡時

　　此種情況，即使被保險人（抵押權人）死亡，也只是發生債權及其擔保物權等（包括：擔保該債權的抵押權以及被保險人的權利）繼承問題，但既不發生抵押標的物所有權的移轉，也不發生保險契約主體的變更，沒有規定本條的必要。

　　B.擔保物權人以自己為要保人且指定自己為被保險人，保險標的物的所有人死亡

　　例如：抵押權人以抵押物投保火災保險，指定抵押權人自己為被保險人，若保險標的物所有人（抵押人）死亡，抵押物由保險標的物所有人（抵押人）的繼承人繼承，此時保險標的物所有權雖然因繼承而變動，但保險契約的主體（抵押權人與保險人）並不受影響，也沒有規定保險契約為繼承人利益繼續存在的必要。

⑵保險法第 18 條的規定，反而有害於被保險人

　　A.在要保人「是」保險標的物所有人的情形

　　依民法繼承理論，要保人死亡時，保險契約及保險標的物所有權都由其繼承人繼承，保險人並無終止保險契約的權利；但依照保險法第 18 條「除另有約定外，仍為繼承人之利益而存在」的規定，保險人反可以在保險契約中，增加「另有約定」，賦予保險人以終止權，以致於發生不利益於被保險人的後果。

　　B.在要保人「不是」保險標的物所有人的情形

　　在要保人不是保險標的物所有人（例如：抵押權人自行投保火災保險）的情形，保險標的物若因繼承（例如：抵押人死亡）而變動，要保人（抵押權人）仍然生存，保險契約當事人並未變更，僅僅是保險標的物的所有人因繼承而變動，但抵押權有追及性，對繼承人所繼承的抵押物繼續存在，保險契約的主體既然沒有變更，保險契約的效力就不會受到影響，但是依照保險法第 18 條，保險人卻可以在保險契約中，利用「除外約定」而終止契約，不利於抵押物的繼承人。

---

❸　例如：債務人自己提供房屋設定抵押權並投保火災保險，指定債權人為被保險人，或第三人提供房屋設定抵押權並投保火災保險，指定債權人為被保險人。

2.修法建議

　　總之，依照民法繼承編的規定已經可以解決保險契約及保險標的物繼承的問題，保險法第 18 條的規定，不但沒有必要，而且容易發生流弊。1908 年德國保險契約法第 69 條至第 73 條為了因應保險標的物所有權的移轉，雖然就保險契約效力做了特別規定，但是這些特別規定完全是針對保險標的物因「法律行為」而變動的情形而規定，對於保險標的物因「非法律行為」而變動的情形，並不適用，可資參考。

（二）保險標的物所有權因「法律行為」而發生變動

　　保險法第 18 條的規定，應該是針對保險標的物所有權因「法律行為」而發生主體變動的規定，此不但是理論上使然，而且條文中「仍為受讓人之利益而存在」的「受讓人」明顯是指因法律行為（買賣、贈與、互易等）而取得所有權之人，不包括因「非法律行為（繼承）」而取得所有權之人。雖然從保險法的文義解釋，似乎只要是保險標的物變動，不論是因「法律行為」或因「非法律行為」而發生，都適用相同的規定，但這樣的文義解釋是不對的。有必要透過立法方式，區別規定才是。

　　保險法關於保險標的物所有權因法律行為而移轉時，保險契約原則上仍然為受讓人之利益而存在的規定，是民法有關債權讓與、債務承擔規定的特別規定。說明如下：

1.保險法關於保險契約法定移轉的規定，是民法「債權讓與」及「債務承擔」的特別規定

　　債權讓與，依照民法第 297 條：「債權之讓與，非經讓與人或受讓人通知債務人，對於債務人不生效力。但法律另有規定者，不在此限。」、「受讓人將讓與人所立之讓與字據提示於債務人者，與通知有同一之效力。」之規定，債權之讓與是準物權行為，在當事人間，於讓與契約完成時就可以發生效力，無須通知於債務人。債權讓與，若沒有通知債務人，就不得對抗債務人，因為債務人畢竟不知有債權讓與的事實，為了保護善意債務人的利益起見，須使讓與人或受讓人負通知的義務，在未通知以前，其讓與行為僅在讓與人與受讓人之間發生效力，但對債務人不生效力（即不得對抗債務人），但法律另有無須通知之規定者，則無須通知。

債務承擔，依民法第 301 條：「第三人與債務人訂立契約承擔其債務者，非經債權人承認，對於債權人不生效力。」，因為不同的人履行債務的能力也不相同，第三人與債務人訂立債務承擔契約，如未經債權人承認，在當事人間固然有拘束力，但對債權人，不生效力。

從法律體系分析，保險法第 18 條的規定，當保險標的物所有權因法律行為而移轉時，除契約另有訂定外，保險契約也隨同移轉，是民法關於債權讓與❹及債務承擔❺的特別規定。因為保險契約的移轉，也同時涉及「債權讓與」及「債務承擔」，依照保險法規定，就「保險費」言，要保人是繳納保險費的債務人，要保人的變更就是債務承擔；依照民法規定，本來必須經過債權人（保險人）同意，才可以對保險人生效，但是依照保險法，保險費的債務承擔卻立即對債權人（保險人）生效，無須獲得保險人（債權人）的同意。就「保險給付」言，被保險人（通常與要保人是同一個人）是保險給付的權利人，依照民法規定，本來必須通知債務人（保險人），才可以對抗債務人（保險人），但保險法卻無此一規定。

因此就法律體系言，保險法第 18 條的規定，是民法第 297 條及第 301 條的特別規定，其立法目的在使保險契約持續為保險標的物受讓人的利益而存在，但因為缺乏法定「債權移轉」、「債務承擔」應有的配套規定，立法技術過分簡略。

2.修法建議

⑴在債務承擔方面，應該修正規定為：「讓與人與受讓人就保險期間的保險費必須對保險人負連帶責任。」

保險標的物所有權移轉予受讓人後，就保險期間的保險費，究竟應該由「讓與人」、「受讓人」或「讓與人及受讓人」負擔，保險法缺乏明文的規定。由於保險契約主體變更，事涉保險費的承擔（即債務承擔）問題，為了保護保險人（債權人）的權利，立法政策上應該採取「並存的債務承擔」為宜，在「並存的債務承擔」下，「讓與人與受讓人」就保險期間的保險費，應該對保險人負連帶責任；至於讓與人與受讓人間就該保險期間內保險費的內部分擔方法，一般則以「保險契約因保險標的物所有權的移轉而移轉之時」為分界點，在此之前，由讓與人負擔保險費，在此之後，由受讓人負擔保險費。1908 年德國保險契約法第 69 條第

---

❹　民法第 297 條。
❺　民法第 301 條。

2 項規定：「讓與人與受讓人就該保險期間之保險費負連帶債務之責。(haften der Veraußerer und der Erwerber als Gesamtschuldner)」，可資參考。2008 年德國保險契約法第 95 條第 1 項規定：「要保人讓與保險標的物時，要保人應該將其擁有保險標的物所有權期間，基於保險契約而發生的權利義務也讓與受讓人。」，但是為了保護保險人的保險費請求權，該法第 95 條第 2 項規定：「出賣人與買受人就讓與該期所得請求的保險費對保險人負連帶責任。」做了相同的規定。

⑵在債權讓與方面，應該增訂「對保險人的通知義務」

保險法雖沒有關於保險契約因保險標的物所有權移轉，而對受讓人繼續存在時，讓與人或受讓人必須通知保險人，始得對抗保險人的規定，但是參照民法第 297 條關於債權讓與，在讓與人或受讓人為通知債務人前，僅在讓與人與受讓人之間發生效力，必待通知債務人之後，才對債務人生效，才能拘束債務人的規定，在保險契約主體變更，涉及債權讓與問題時，應同其適用。1908 年德國保險契約法第 69 條第 3 項訂有明文，可資參考。2008 年德國保險契約法第 95 條第 1 項雖然規定：「要保人讓與保險標的物時，要保人應該將其擁有保險標的物所有權期間基於保險契約而發生的權利義務也讓與受讓人。」，但是就債權讓與部分，該條第 3 項規定：「只有當保險人知悉讓與之事實時，受讓人才可以對其主張權利。」，就是為了保護善意的保險人，課讓與人或受讓人以債權讓與的通知義務。值得注意的是，2008 年修正，使用「只有當保險人知悉讓與之事實時，受讓人才可以對其主張權利。」的文字，其範圍較 1908 年德國保險契約法的規定為大，因為「通知債務人」只是使「債務人知悉讓與之事實」方法之一種，而非全部。

⑶修法增訂「保險人的終止權與受讓人的終止權」的規定

因保險標的物的讓與而保險契約主體變更時，由於讓與人與受讓人的性質不同，保險人對「受讓人的信賴基礎」與「對讓與人的信賴基礎」完全不同，若勉強維持契約關係，將會損害契約自由原則中的「當事人選擇的自由」，因此有賦予保險人（契約的當事人）及受讓人（契約的新當事人）「終止權」的必要，但保險法對此漏未規定，謹介紹德國有關規定，作為參考：

依照 1908 年德國保險契約法，保險人欲行使保險契約的終止權者，須於「知悉」保險標的物所有權移轉起一個月內（除斥期間）行使，逾期就不可以行使。又若保險人欲行使其終止權，須先訂「一個月之預告期間」，使受讓人得另覓其他

保險人承保，待該一個月期間（預告期間）屆滿，終止保險契約之意思表示始生效力❻。2008 年德國保險契約法第 96 條規定：「保險人得於訂定一個月的預告期間之後終止其與保險標的物買受人的保險契約，保險人的終止權從知悉讓與事實之後一個月不行使而消滅。」、「保險標的物受讓人得終止保險契約，且於終止意思表示生效時立即發生終止效力或於該保險階段屆至時發生終止效力。要保人的終止權自保險標的物讓與後一個月不行使而消滅（按：除斥期間），受讓人不知有保險契約者，自知悉有保險契約存在之事實起一個月不行使而消滅。」、「保險契約依第 1 項或第 2 項至規定而終止時，讓與人應該負擔保險費，受讓人無須負擔保險費。」上述規定有幾點借鑑：

第一：為了維持契約當事人選擇的自由，保險人與受讓人（投保人）都可以終止契約。

第二：為了使保險無縫接軌，保險人行使終止權，必須先定預告期間；受讓人行使終止權，不須先定預告期間。

第三：終止權的行使必須有除斥期間的限制，以維持法律的穩定性。

A.保險人應訂定終止契約的「預告期間」，於預告期間屆滿後，終止契約才能生效

保險人訂定預告期間之後，可以終止保險契約，這是契約自由原則中的當事人選擇自由，但是保險人訂定預告期間終止契約的前提是「知悉」讓與人與受讓人之間有讓與行為的事實，如果讓與人及受讓人都沒有將讓與行為的事實通知保險人，則保險人通常就無從知悉，也就無法行使終止權，保險事故發生在保險人應受通知知悉讓與事實一個月內，即讓與後一個月內，保險人才知悉讓與事實者，仍須理賠；但在讓與發生一個月後，保險事故發生時，保險人才知悉讓與事實，則保險人不須理賠。以 2008 年德國保險契約法的規定為例，該法規定的預告期間是一個月，因此假若讓與人及受讓人都沒有通知，再一個月經過之後，即使發生保險事故，保險人也沒有保險理賠的義務。2008 年德國保險契約法第 97 條第 1 項：「讓與人或受讓人應該將讓與之事實據實立即通知給保險人。未立即通知者，若保險事故在保險人應受通知之日起一個月之後才發生，而保險人不願與受讓人維持其與讓與人所訂立之契約時，保險人不負保險給付義務。」，第 2 項：「儘管

❻　1908VVG §70(1).

有第 1 項的規定，若保險人於其應該受讓與事實之通知時已經知悉讓與之事實，或是保險標的物發生保險事故時，保險人終止保險契約除斥期間已經屆滿而保險人並未行使終止權者，保險人仍應負保險給付的義務。」可以參考。

B.在除斥期間內，受讓人得隨時行使終止權

受讓人一樣享有契約自由原則中的當事人選擇自由，當然也可以終止保險契約，且於該終止的意思表示生效時，保險契約的效力就立即終止，不需要訂定預告期間❼。受讓人也可以選擇該保險費的保險期間屆滿時，契約終止效力。受讓人之所以不必訂通知期限（例如前揭保險人須訂一個月之通知期限），乃因保險人沒有保險契約無縫接軌的必要。惟為保障交易安全，避免保險契約長期處於不穩定狀態，因此受讓人終止權的行使也必須受到除斥期間的限制，說明如下：

(A)受讓人於受讓保險標的物時「**知**」有保險契約者，終止權應自「**受讓保險標的物之時**」起一個月內（以德國保險契約法的規定為例）行使。

(B)受讓人於受讓保險標的物時「**不知**」有保險契約者，終止權應自「**受讓人知悉有保險契約之時**」起一個月內（以德國保險契約法的規定為例）行使。

⑷原則上「**讓與人與受讓人對保險人就保險期間的保險費，對保險人負連帶責任**」，但讓與人與受讓人彼此間則依照讓與時點的時間比例計算內部分擔額

猶如前述，保險標的物所有權移轉，造成保險契約主體變更時，讓與人與受讓人必須就該保險期間的保險費對保險人負連帶責任，但彼此則依保險標的物移轉的時點分配各自應分擔額。也就是說，依照讓與前、讓與後占整個保險期間比例的大小，計算讓與人、受讓人的分擔額。但是此一規定是建立在受讓人、保險人有維持保險契約效力的意思為前提下，才有意義，若保險人或受讓人並沒有維持契約效力的意思，則不得將保險費債務強加於受讓人，由受讓人負擔，1908 年德國保險契約法第 70 條第 3 項規定，此種情況，例外由讓與人對內對外單獨負擔保險費之責，受讓人不負責任，可資參考。

⑸修法增訂「**讓與人或受讓人怠於對保險人履行保險標的物移轉的通知義務時，保險人保險給付義務免除的規定**」

保險標的物所有權移轉時，讓與人或受讓人應「立即」將移轉的事實通知保險

---

❼　1908VVG §70(2).

人。讓與人或受讓人怠為通知者，保險人自應受通知而未受通知之時起一個月後所
發生的保險事故，不負保險給付的責任❽。在保險標的物移轉之後，保險人應受保
險標的物移轉通知之前，發生保險事故者，保險人仍應負保險給付之責任；又保險
人若自知悉保險標的物所有權移轉之後一個月內未行使終止權，而保險事故於保險
人行使終止權之除斥期間屆滿後發生者，保險人亦應負保險給付之責任❾。

⑹修法增訂「保險標的物因強制拍賣而移轉，準用因法律行為而移轉的規定」

　　保險標的物強制拍賣 (die Zwangsversteigerung der versicherten Sache, the
compulsory auction of the insured object)，性質上為買賣的一種，所不同者是該買
賣透過國家公權力介入，因此上述關於保險標的物因法律行為移轉時，保險契約
亦為受讓人的利益而移轉。因保險契約主體變更，當事人得終止契約等規定，在
保險標的物因法院強制執行拍賣，準用之❿。

三、保險標的物所有權的移轉與保險契約附加被保險人條款 (omnibus clause) 的效力

　　以所有權的保險利益為基礎所訂立的保險契約，在保險標的物移轉時，得約
定保險契約效力立即終止，保險契約一旦終止，該保險契約的附加被保險人條款
當然也隨之終止。因此，若有保險契約訂定附加被保險人條款，將經允許使用車
輛之人，也納入附加被保險人的範圍。附加被保險人如果要享有保險契約的保障，
不但必須在保險事故發生時，保險契約在有效的狀態，而且其使用車輛必須是經
被保險人允許，保險人才有保險理賠的責任。

　　在 Pennsylvania National Mutual Casualty Insurance Company （以下簡稱 P）　v.
State Farm Mutual Automobile Insurance Company（以下簡稱 S）一案⓫，涉及 S 保
險人承保 Louis and Jewell Wells 所有的 1960 年福特轎車。保險期間是從 1968 年 2
月 25 日起到 1968 年 8 月 25 日止，保險單上記載被保險人兩人的姓名，同時有附
加被保險人條款，　將　「任何與該二人居住一起的親戚 (any relative of either while a
resident of their household) 及被保險人同意使用該車之人」都納入被保險人的範圍。

---

❽　　1908VVG §71(1).

❾　　1908VVG §71(2).

❿　　1908VVG §73.

⓫　　Supreme Court of Missouri, En Banc, 605 S.W.2d 125 (1980).

本案的法律事實是：

1968 年 6 月，因結婚、服役而長年居住在外、離開家庭達十至十二年的被保險人 Wells 之子 Richard 回家與其父同住到年底，被保險人 Wells 並未許可其子 Richard 駕駛該車。1968 年 6 月 21 日，該車所有權移轉為 Richard 所有，並於 6 月 24 日，由 Richard 申請變更所有人名義。1968 年 7 月 8 日，車子所有權人名義變更完成，但變更名義之事實並未通知保險人。

1968 年 7 月 4 日，Richard 駕駛該轎車與另一人 David Bentley 所開轎車相撞，結果 Bentley 及其家屬受傷，由於 Bentley 及其家屬已經另外也向 P 保險公司投保保險，因此 S 保險人與另一 P 保險人各同意先付 7,500 元給被保險人 Bentley 及其家屬。但約定保險人內部間，將來任何一方勝訴，可以向他方求償。雙方同意，假若 S 保險人的承保範圍及於該 1960 年福特轎車，則 S 保險人的責任不但及於已賠償之 7,500 元，且應補償另一 P 保險人 7,500 元。反之，若 S 保險人的承保範圍不及於該轎車所發生的責任，則另一 P 保險人必須賠償 S 保險人 7,500 元。

地方法院的判決是：

S 保險人的承保範圍及於該轎車，因此判決另一 P 保險人勝訴。但 S 保險人提起上訴，上訴的主要理由是於保險事故發生時，由於原被保險人 Louis 及 Jewell Wells 已經將轎車的所有權移轉予 Richard 的原因，**依照約定，保險契約的效力已告終止，其後發生的保險事故，不在保險契約保護的範圍。而在車輛所有權移轉之前，雖然保險契約有效，但是被保險人 Louis 及 Jewell Wells 並未允許 Richard 使用車輛，所以 Richard 也不是經「同意」使用車輛的附加被保險人；**另外，Richard 離家十至十二年，並非同居一家之人，也不是附加被保險人條款所指的「家屬」，不是附加被保險人。本案經判決，認為上訴有理由，保險契約的效力，於保險標的物所有權移轉時即告終止，附加被保險人條款也終止。在效力終止前，Richard 既未經被保險人同意而擅自使用被保險車輛，不是附加被保險人條款的被保險人；效力終止後，由於 Jewell Wells 已喪失車輛所有權，即使同意 Richard 使用該車，Richard 也不成為附加被保險人條款的被保險人。至於 Richard 取得所有權後有權使用該車，仍基於所有權而為的使用，不能因此認定保險契約的效力及於 Richard 使用該車所發生的責任，因此 S 保險人勝訴，另一 P 保險人必須返還 S 保險人 7,500 美元。

一、選擇題

1. 下列關於保險契約是否重視人的性質的契約的敘述，何者正確？
   (A)火災保險契約是重視人的性質的契約，海上貨物保險契約不是重視人的性質的契約。
   (B)火災保險契約不是重視人的性質的契約，海上貨物保險契約是重視人的性質的契約。
   (C)火災保險契約與海上貨物保險契約都是重視人的性質的契約。
   (D)火災保險契約與海上貨物保險契約都不是重視人的性質的契約。

2. 某甲以其所有的房屋向丙保險人投保火災保險，在保險期間內，甲因意外死亡，乙是唯一的繼承人。下列關於房屋所有權及火災保險契約效力的敘述，何者正確？
   (A)房屋所有權與火災保險契約都由乙繼承。
   (B)房屋所有權由乙繼承，火災保險契約是否由乙繼承，須視保險契約的約定而定。
   (C)房屋所有權與火災保險契約是否由乙繼承，須視保險契約的約定而定。
   (D)火災保險契約由乙繼承，房屋所有權是否由乙繼承，須視保險契約的約定而定。

3. 依保險法及民法的規定，下列關於保險標的物所有權移轉時，對該保險契約影響的敘述，何者為正確？
   (A)因繼承而移轉時，保險契約由繼承人繼承；因法律行為而移轉時，除另有約定外，也應該隨同移轉。
   (B)不論因繼承而移轉時或是因法律行為而移轉時，保險契約都不隨同移轉。
   (C)因繼承而移轉時，保險契約由繼承人繼承；因法律行為而讓與時，以經保險人同意為條件，保險契約才隨同移轉。
   (D)因繼承而移轉時，保險契約由繼承人繼承；因法律行為而移轉時，必須通知保險人，才能隨同移轉。

4. 依照德國的立法例，下列關於保險契約因保險標的物的讓與而移轉時，受讓人

（要保人）或保險人行使保險契約終止權的敘述，何者為正確？

(A)都不得行使終止權。

(B)都可以立即行使終止權。

(C)只有受讓人（要保人）可以行使終止權，保險人不得行使終止權。

(D)受讓人（要保人）及保險人都可以行使終止權，但是保險人行使終止權，必須先定預告期間。

5.下列關於保險標的物讓與，讓與人或受讓人未通知保險人時，若發生保險事故，保險人是否負理賠義務的敘述，何者為正確？

(A)若保險事故在保險人應受通知期限起經一個月後發生，且保險人不欲與受讓人維持原保險契約時，保險人無理賠義務。

(B)若保險事故在保險人應受通知之期限起經一個月後發生，保險人無理賠義務。

(C)若保險人不欲與受讓人維持原保險契約時，保險人無理賠義務。

(D)保險人無理賠義務。

參考答案

1. AAADA

二、問答題

1.保險法第 18 條規定：「被保險人死亡或保險標的物所有權移轉時，保險契約除另有訂定外，仍為繼承人或受讓人之利益而存在。」，對於保險標的物因法律行為而移轉，與非因法律行為而移轉，沒有做區別規定，其立法得失如何，試從保險契約雙務契約、契約自由原則，以及保險標的物需要保險保障的觀點評論之。

2.試從民法關於債權讓與債務承擔的有關規定，評論保險法第 18 條：「被保險人死亡或保險標的物所有權移轉時，保險契約除另有訂定外，仍為繼承人或受讓人之利益而存在。」的修正之道。

第十五章
利益第三人之保險契約

壹 利益第三人保險契約的意義

要保人與保險人訂立財產保險契約或人身保險契約，指定要保人以外的第三人分別為被保險人或受益人者，稱為「利益第三人保險契約」(Versicherung für fremde Rechnung)。**保險契約從契約保障的對象是為要保人自己或其他人區分**，可分為「利益自己之保險契約」與「利益第三人之保險契約」。**利益自己之保險契約**，指要保人與保險人訂立保險契約，指定「要保人」自己為財產保險的被保險人或人身保險的受益人的保險契約，例如：房屋所有人以房屋投保火災保險，指定要保人自己為被保險人，則為利益自己的保險契約；又如：死亡保險契約，丈夫以其妻為被保險人，指定自己為受益人，也是利益自己的保險契約。相反的，**利益第三人之保險契約**，則是指定要保人以外的第三人為財產保險的被保險人或人身保險的受益人的契約，例如：房屋所有人以抵押標的物的房屋投保火災保險，指定抵押權人為被保險人，就是利益第三人的保險契約。又如：在旅客運送契約，運送人以自己為要保人，以旅客為被保險人，同時指定旅客為受益人，訂立傷害保險契約也是利益第三人契約。

貳 利益第三人保險契約的訂立

一、訂立利益第三人保險契約的自由

保險法第 45 條前段規定：「要保人得不經委任，為他人之利益訂立保險契約。」，因此要保人有訂立利益第三人保險契約的自由。要保人指定第三人為財產保險的被保險人或人身保險的受益人，可以直接指明該被保險人或受益人的姓名，也可以不指明被保險人或受益人的姓名 (mit oder ohne Benennung der Person des Versicherten)。所謂「不指明被保險人的姓名」的情形，例如：只記載保險標的物所有人的繼承人或要保人的繼承人就是[1]。

要保人雖然有訂立利益第三人契約的自由，但是若要使保險契約發生效力，仍然必須符合其他生效要件，例如：第三人在保險事故發生時，對於保險標的物必須具有保險利益——房屋所有人得以抵押物為保險標的物，投保火災保險，指

---

[1] 參照 1908VVG §74(1)。

定抵押權人為被保險人，但是被保險人，必須在保險事故發生時，對債務人擁有債權，對保險標的物的存否與之有利害關係，也就是有保險利益。

二、從條文結構分析，法條後段之原意有待商榷

保險法第 45 條後段：「受益人有疑義時，推定要保人為自己之利益而訂立。」，一般多解釋為：只要受益人有疑義，就推定該契約是「利益自己之保險契約」，即要保人為自己利益而訂立的保險契約。實則此段規定，有三點值得商榷：

（一）最低限度，「受益人」一詞應修正為「受益人或被保險人」

姑且不論保險法第 45 條後段的規定是否正確，即使正確的，仍不周全，因為依我國保險法，「受益人」一詞只專用於人身保險❷，此與財產保險，於保險事故發生時，得請求保險給付之人稱為「被保險人」不同❸。保險法第 45 條有關利益第三人保險契約的規定，既然是為財產保險及人身保險的共同規定，只規定「受益人」一詞，顯然不足以涵蓋財產保險，因此至少應修正為「受益人或被保險人」。

（二）「受益人有疑義時，推定要保人為自己之利益而訂立」的法條規定，似為立法繼受過程的錯誤或疏漏

保險法第 45 條後段是承襲自前段規定，即在前段「已經確定」保險契約是「利益第三人契約」的前提下，後段又推定是「利益自己之契約」，後段的「推定」明顯與前段的前提互相矛盾。其之所以受批評，即是因為該條前段已明確是「利益第三人契約」的前提下，後段卻還推定為「利益自己契約」。

實則，保險法第 45 條的內容與 1908 年德國保險契約法第 74 條有關，從條文結構觀察，甚至於是繼受該條文而來。1908 年德國保險契約法第 74 條規定：「與保險人訂立契約的要保人得以其名義為第三人之利益，以指明被保險人姓名或不指明被保險人姓名的方式，訂立保險契約。」、「保險契約若為他人的利益而訂立，

---

❷ 保險法第 5 條：「本法所稱受益人，指被保險人或要保人約定享有賠償請求權之人，要保人或被保險人均得為受益人。」

❸ 保險法第 4 條：「本法所稱被保險人，指於保險事故發生時，遭受損害，享有賠償請求權之人，要保人亦得為被保險人。」

即使已經指明第三人的姓名，於有疑義時，訂立契約之人，推定非以代理人而是以自己之名義為第三人利益訂立契約。 (Wird die Versicherung für einen anderen genommen, so ist, auch wenn der andere benannt wird, im Zweifel anzunehmen, dass der Vertragschließende nicht als Vertreter, sondern im eigenen Namen für fremde Rechnung handelt.)」，也就是在為他人利益訂立契約的情形，訂立契約之人究竟是以自己為要保人或是以第三人的代理人名義訂立契約有疑義時，推定非以第三人的代理人身分訂立契約，而是以自己為要保人的名義訂立契約，契約主體是自己（本人）。但保險法並沒有如同 1908 年德國保險契約法第 74 條第 2 項規定，明顯是繼受時的疏漏或錯誤。

（三）推定為要保人利益而訂立保險契約的前提，還必須加上「依其情況，非為第三人利益而訂立」為條件

保險契約的受益人或被保險人不明確時，是否都可推定是為要保人的利益而訂立？1908 年德國保險契約法規定，必須「依其情況，非為第三人之利益而訂立」時，才可「視為」為要保人的利益而訂立❹。保險法第 45 條後段為「推定」為要保人的利益而訂立。比較二者立法上有「視為」與「推定」的不同，但是其前提皆為「依其情況，非為第三人利益而訂立」。

參 要保人與第三人的權利

利益第三人保險契約的當事人為要保人與保險人，被保險人或受益人是由要保人指定而產生，具有利害關係的第三人。利益第三人保險契約訂立後，要保人與第三人（被保險人或受益人）的權利，保險契約的權利歸屬或優先權的問題，保險法在財產保險並沒有規定，但在人身保險則有以下規定，保險法第 110 條：「要保人得通知保險人，以保險金額之全部或一部，給付其所指定之受益人一人或數人。」、「前項指定之受益人，以於請求保險金額時生存者為限。」，第 111 條：「受益人經指定後，要保人對其保險利益，除聲明放棄處分權者外，仍得以契約或遺囑處分之。」、「要保人行使前項處分權，非經通知，不得對抗保險人。」，分析上開規定，計有四個要點：

---

❹　參照 1908VVG §80。

1.要保人有指定受益人的權利，不須與保險人合意。

2.受益人於保險事故發生時，必須還生存，且具有受益權。

3.要保人於指定受益人以後，原則上還可以處分（更換）受益權。

4.受益權的處分，必須通知保險人才可以對抗保險人。

保險法關於人身保險契約所演繹出來的原則，其實就是利益第三人保險契約的共同原則，應該把這些共同原則訂立在保險法的通則，作為人身保險及財產保險的共同規定為是。

利益第三人保險契約訂立後，本於保險契約所生的權利，要保人有優先權及支配權，只有當要保人將保險單 (die Versicherungsschein) 交付他人後，要保人才喪失處分權，因為保險單表彰保單價值準備金，是有價證券的一種，有價證券必須憑券行使或處分權利，要保人如果將保險單交付予受益人，就喪失保險單持有及處分權。要保人將保險單交付被保險人（第三人）或受益人的原因，在以債權人或債務人為被保險人、指定自己為受益人的人身保險，是因其債權已獲得滿足。

綜合保險法及 1908 年德國保險契約法關於利益第三人保險契約的規定，可以將要保人與第三人的權利，概述如下：

一、要保人的權利

（一）指定第三人為財產保險被保險人或人身保險受益人的權利

要保人得指定第三人為財產保險的被保險人或人身保險的受益人，無需獲得該第三人的同意，但是在財產保險，該被指定為被保險人的第三人於保險事故發生時，必須對保險標的物有保險利益，保險契約才能生效，被保險人才可以獲得保險理賠。例如：抵押人得以抵押物投保火災保險，指定抵押權人為被保險人，但是抵押權人於「保險事故發生時」，必須還有債權（主權利）及抵押權（從權利），也就是對抵押物有保險利益，才可以獲得保險理賠。在人身保險，該為受益人的第三人於「訂立保險契約時」，必須對被保險人有保險利益。

（二）請求保險人簽發保險單的權利

利益第三人保險契約的當事人為要保人及保險人，因此只有要保人才有權利

請求保險人簽發保險單，財產保險的被保險人或人身保險的受益人，都沒有請求保險人簽發保險單的權利❺。至於要保人於何時須將保險單交付予被保險人或受益人，在財產保險，如果要保人以其所有的抵押物為保險標的物，投保火災保險，則視債權人的債權是否獲得清償以及何時獲得清償等因素來決定；在人身保險則視要保人是否拋棄受益權的處分權而定。

（三）在保險事故發生前，要保人原則上得處分保險契約而生的權利

保險事故發生前，要保人除已經聲明放棄處分權者外，得處分保險契約而生的各種權利❻。要保人聲明放棄處分權的方法，可以在契約中明白約定，也可以交付保險單予他人致喪失保險單占有的方法。受益權的處分，法律上是「單獨行為」，只要要保人單方的意思表示就可以，不以經保險人承諾為必要，保險法第111條以「契約或遺囑」處分的文字，明顯是對受益權處分性質的誤解，因為處分權的行使，是單獨行為，不需要以「契約」方式為之❼。

二、第三人（財產保險的被保險人或人身保險的受益人）的權利

被指定為財產保險的被保險人或人身保險受益人的第三人，在保險事故發生時，若沒有喪失被保險人或受益人身分，即享有因保險契約所生保險給付的權利。但被保險人或受益人不是保險契約當事人，沒有請求保險人簽發保險單❽，或解除、處分該保險契約之權利❾。

---

❺ 1908VVG §75(1) 後段。

❻ 1908VVG §76(1).

❼ 保險法第111條：「受益人經指定後，要保人對其保險利益，除聲明放棄處分權者外，仍得以契約或遺囑處分之。」有兩點應該修正，第一：該條前段「受益人經指定後，要保人對其保險利益」中的「保險利益」一詞，應該修正為「保險契約所生的權利」，以避免與保險法的專有名詞「保險利益」一詞相含混。第二：該條後段「除聲明放棄處分權者外，仍得以契約或遺囑處分之。」應該修正為「除聲明放棄處分權者外，仍得以單方意思表示或遺囑處分之。」以符合意思表示的理論。

❽ 1908VVG §75(1).

❾ 值得一提的是，在要保人死亡或無法通知之情形，保險人如欲解除契約，該解除契約之通知究應送達受益人或要保人之繼承人？我國實務見解歧異，最高法院76年台上字第180號判例認為得約定送達受益人，蓋「保險契約為要保人與保險人所訂立之債權

要保人對被保險人或受益人拋棄（處分）其保險的利益者，被保險人或受益人僅在拋棄（處分）之範圍內享受其利益❿。要保人拋棄其保險利益的處分權，通常以交付保險單給被保險人或受益人的方式為之，被保險人或受益人必須在保險事故發生時，仍占有保險單 (im Besitz des Scheines)，才可處分其權利或行使請求權。

肆　要保人的優先權與交付保險單義務

在債權人以擔保其債權的抵押物為標的物投保火災保險，可以指定抵押權人為被保險人，也可以指定抵押人（債務人）為被保險人。若指定抵押人為被保險人，就是利益第三人保險契約，若發生保險事故，債權人基於擔保物權人身分就保險人所為保險給付（保險金），依照民法第 881 條的規定，有優先受償之權❶，因為此時，保險金等同抵押物的代位物。

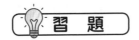

一、選擇題

1. 下列關於利益第三人保險契約的敘述，何者正確？

　⒜在財產保險，指要保人與被保險人不同的契約；在人身保險，指要保人與受益人不同的契約。

契約，要約人指定第三人為受益人者，該第三人並非契約當事人，原審認被上訴人（保險人）得向上訴人（受益人）解除契約，並據以認定上訴人無請求被上訴人給付保險金之權利，尚欠允洽。」；惟最高法院 80 年台上字第 2223 號判決採相反見解，認為：「契約之解除，應由契約當事人之一方向他方為之，始為合法。保險契約為要保人與保險人訂立之債之契約，要保人指定第三人為受益人者，該第三人並非契約當事人（最高法院 76 年度台上字第 180 號判例參照），保險人解除契約時，自應向要保人以意思表示為之。若保險人向受益人或被保險人為解除契約之意思表示，即不生效力。」

❿　最高法院 85 年台上字第 1115 號判決：「人壽保險之要保人，除聲明放棄處分權外，應得依保險法第 111 條之規定，任意以契約或遺囑變更受益人或處分受益人得享受保險利益之範圍，該受益人於要保人依約處分其保險利益後，應僅得於處分後之範圍內享受其保險利益。」

❶　1908VVG §77 後段、民法第 881 條。

⒝在財產保險，指要保人與受益人不同的契約；在人身保險，指要保人與被保險人不同的契約。

⒞在財產保險及人身保險，都是指要保人與被保險人不同的契約。

⒟在財產保險及人身保險，都是指要保人與受益人不同的契約。

2. 下列關於利益第三人保險契約之訂定與生效之敘述，何者正確？

⒜要保人必須受第三人委任，才可以訂定利益第三人契約，第三人在保險事故發生時，必須有保險利益，才能生效。

⒝要保人必須受第三人委任才可以訂定利益第三人契約，第三人在訂立保險契約時，就必須有保險利益，才能生效。

⒞要保人得未經委任訂定利益第三人契約，第三人在訂立保險契約時，就必須有保險利益，才能生效。

⒟要保人得未經委任訂定利益第三人契約；在財產保險，訂立保險契約時，無需有保險利益，但保險事故發生時，必須有保險利益，才能生效；在人身保險，訂立保險契約時，就必須有保險利益，保險事故發生時，不需要有保險利益，就可以生效。

3. 下列關於要保人在指定財產保險的被保險人或人身保險的受益人後，得否更換被保險人或受益人的敘述，何者正確？

⒜要保人在指定財產保險的被保險人或人身保險的受益人之後，不論何時都可以隨時更換被保險人或受益人。

⒝要保人在指定財產保險的被保險人或人身保險的受益人之後，不得更換被保險人或受益人。

⒞要保人在指定財產保險的被保險人或人身保險的受益人之後，除非拋棄受益權的處分權，仍得更換被保險人或受益人，但是應該在保險事故發生之前。

⒟要保人在指定財產保險的被保險人或人身保險的受益人之後，除非拋棄受益權的處分權，仍得更換被保險人或受益人，不論在保險事故發生前或發生後，均得為之。

4. 下列關於利益第三人人身保險契約中，受益人受益權確定的敘述，何者正確？

(A)必須在保險事故發生時，受益權仍然沒有被更換，而且受益人仍然生存，受益權才確定。

(B)在保險事故發生時，只要受益人仍然生存，受益權就確定。

(C)只要保險事故發生時，受益權仍然沒有被更換，受益權就確定。

(D)只要要保人指定受益人，受益人的受益權就確定。

5. 下列關於要保人更換受益人的敘述，何者最為正確？

(A)要保人在指定受益人之後，可以隨時更換受益人，但必須通知保險人，才可以對抗保險人。

(B)要保人在指定受益人之後，除非拋棄受益權的處分權，可以隨時更換受益人，但必須在保險事故發生前，且非經通知保險人，不得對抗保險人。

(C)要保人在指定受益人之後，除非拋棄受益權的處分權，可以隨時更換受益人，即使保險事故發生後，亦然，但非經通知保險人，不得對抗保險人。

(D)要保人在指定受益人之後，可以隨時更換受益人，但必須在保險事故發生前，且非經通知保險人，不得對抗保險人。

參考答案

　　　　1. ADCAB

二、問答題

1. 保險法第 45 條前段規定：「要保人得不經委任，為他人之利益訂立保險契約。」也就是肯定要保人有訂立利益第三人契約的權利，但是後段卻又規定：「受益人有疑義時，推定要保人為自己之利益而訂立」，上述規定之立法得失如何？試評論之。

2. 試依照保險法關於人身保險利益第三人保險契約的相關規定，回答下列問題：

(1)何人有指定財產保險被保險人或人身保險受益人的權利？

(2)被保險人或受益人的受益權之確定，是否以保險事故發生時，仍生存為必要？

(3)要保人於指定被保險人或受益人之後，是否得變更被保險人或受益人？

(4)要保人處分受益權，是否必須通知保險人？

第十六章

火災保險

壹　火災保險的意義

　　火災保險是契約當事人一方有給付保險費予他方的義務，而他方於約定的火災事故發生時，應依約為保險給付的契約。有給付保險費義務的一方為要保人；有收取保險費權利，而於火災保險事故發生時，有為保險給付義務的他方為保險人。火災保險契約所承保的保險事故，以「敵火」（不友善之火，詳見後述）為限，「友火」不在火災保險事故的範圍。

貳　火災保險契約的訂立

　　火災保險為諾成契約，契約成立以當事人雙方意思表示合致為已足，不以要保人給付保險費為要件，但契約成立未必生效，實務上多約定以保險費的繳納為契約的生效要件❶。要保人為要約的意思表示，保險人是否必須於一定期間內承諾，否則要約即失其拘束力，保險法對此沒有特別規定，因此必須適用民法規定，即要約經拒絕者，失其拘束力❷。但若未經拒絕，何時失效視其為「對話要約」或「非對話要約」而異：

一、對話為要約

　　對話為要約者，非立時承諾，即失其拘束力❸。

二、非對話為要約

　　非對話為要約者，依通常情形可期待承諾之達到時期內，相對人不為承諾時，其要約失其拘束力❹。在非對話為要約情形，民法第 157 條所謂「依通常情形可期待承諾之達到時期內」，雖然賦予保險人可得承諾的期間，但在該期間內，保險人隨時可以接受或拒絕要約，要保人無法確定是否需要另向其他保險人安排保險，

---

❶　保險法第 21 條規定：「保險費分一次交付及分期交付兩種。保險契約規定一次交付，或分期交付之第一期保險費，應於契約生效前交付之；但保險契約簽訂時，保險費未能確定者，不在此限。」

❷　民法第 155 條。

❸　民法第 156 條。

❹　民法第 157 條。

容易造成保險的空檔。為了避免保險空檔，且保險事件相對民事事件單純，立法技術上似宜仿 1908 年德國保險契約法，直接規定保險人對要保人所為關於「訂立 (schließung)」、「延長 (verlangerung)」或「變更 (Anderung)」的要約，須於要保人的意思表示到達後的「若干天內（一定期間）」為承諾與否的表示，比較恰當。

以 1908 年德國保險契約法為例，規定為「二個星期」❺，保險人若是未能在「二個星期」內承諾，要保人的要約就失去效力，該「一定期間」得以契約延長或縮短之，但必須是一個「確定期間 (eine festbestimmte Frist)」❻。保險法第 56 條：「變更保險契約或恢復停止效力之保險契約時，保險人於接到通知後十日內不為拒絕者，視為承諾，但本法就人身保險有特別規定者，從其規定。」，只針對「變更保險契約」與「恢復停止效力之保險契約」兩種情況，不及於「保險契約的訂立」，宜加以補充規定，以臻完備。

參 火災保險的保險事故

一、保險法的規定

保險法第 70 條第 1 項：「火災保險人，對於由火災所致保險標的物之毀損或滅失，除契約另有訂定外，負賠償之責。」，因此依照保險法的規定，火災保險所承保的保險事故，僅限於「火災」，實務上，法院曾清楚定義「火災保險之火應指惡意之火、燃燒生獨立延燒狀態，必須以消防設施或同等效果的設備消滅之火而言」❼。火災保險之「火」，限於「不友善之火或敵火 (hostile fire)」，至於「友火

---

❺ 1908VVG §81(1).

❻ 1908VVG §81(3).

❼ 最高法院 94 年台上字第 284 號判決：「顧名思義，火災係因火所肇致之災害，而『火』係指燃燒現象，即伴同發熱與發光之氧化現象，其發出之熱能藉由對流、傳導和熱輻射等方式移動，而令人感受到灼熱感或致使物體產生加溫作用，灼熱係燃燒所生之熱能，火焰則為燃燒所產生的發光現象，已據向內政部消防署（下稱消防署）查明，有該署覆函可稽。而日常生活之火縱導致損失（如將肉烤焦），亦非火所肇致之災害；至於違反人的意志而發生或擴大（非日常生活所得控制）或人為縱火（雖未違反縱火者意志，但違反一般人意志）所生燃燒現象，為惡意之火，始為消防意義之火。此經消防署指派鑑定人黃曉嫄供述明確，亦與上訴人提出陳弘毅教授所著『火災學』關於火災之定義相符。故火災保險之火應指惡意之火燃燒生獨立延燒狀態，必須以消防設

(friendly fire)」不在其內。所謂「友火」包括無害或有益之火，凡基於利用厚生之目的而燃燒、燃燒地點在特定處所或在應該燃燒的處所內、且燃燒程度在通常可控制的範圍內者，就是「友火」，凡因「友火」而發生的毀損滅失，保險人皆不負保險給付責任。反之，「敵火」指有害之火，凡非基於利用厚生之目的而燃燒、燃燒地點逾越特定處所或逾越應燃燒的處所，或燃燒的程度超出通常控制範圍者都是有害之火，都是敵火，只有「敵火」所發生的毀損滅失，才是火災保險所承保的損失。

　　「友火」可以因為燃燒處所的變更或燃燒程度的變化而轉變為「敵火」，例如：原本在煙灰缸燃燒的香菸之火為「友火」，但若該香菸自煙灰缸上掉落到地面，引發火苗，燃及毯子，則該掉落的香菸之火就轉變為「敵火」。1908 年德國保險契約法第 81 條第 3 項關於火災保險的保險事故，基於實務的需要，將原本不屬於火災範圍的事故，也一併納入，並且加以明文化，規定包括火災、爆炸，以及閃電 (der Brand, Explosion und Blitzschlag)❽，與我國火災保險保險單實務上所承保的事故相同。

二、火災保險實務

　　火災保險的承保範圍原本應該只限於「敵火」所致的損失，但是保險是一種商品，商品的銷售必須符合社會的實際需求，因此實務上常常將一些原本不屬於火災，但與火災相關或相似的損失，也納入火災保險的承保範圍，而成為火災保險的附加保險事故，例如：將閃電雷擊、爆炸、航空器墜落、機動車輛碰撞❾、意外事故所致之煙燻等，也納入承保範圍。

肆　火災保險的標的物

一、動產及不動產

　　火災保險的標的物包括動產及不動產。動產原則上都可以作為保險的標的物，

　　施或同等效果的設備消滅之火而言。」

❽　1908VVG §82.

❾　參照住宅火災保險基本條款第 3 章。

但實務上常將某些具有主觀價值者（例如：古董、藝術品、文稿等）或有否發生損失舉證困難者（例如：貨幣、有價證券等），原則上排除在承保範圍外，但是可以載明方式納入保險。

不動產包括土地及其定著物。土地的定著物，例如：建築物，得為火災保險標的物；而土地本身不會焚毀，原則上不得為火災保險的標的物，但是土地的出產物，例如：樹木、森林，則仍然可以為火災保險的標的物。

二、預期利益

因火災保險的保險事故發生所致之損失，除了保險標的物本身的毀損或滅失外，若是還有預期利益的損失，則還可以以該預期利益為保險標的物投保保險。依 1908 年德國保險契約法規定，可以「利益」作為標的物投保保險，但必須該利益「已經有契約的約定」，而且只能投保「不定值保險」❿，例如：就房屋租金預期利益的損失投保保險，必須以租賃契約證明之，而且關於租金損失的多寡，必須事後依租賃契約記載的金額計算（也就是不定值保險），不可以由保險人與要保人於訂約時預先約定的一定數額，並將之視為損失數額。

伍 火災保險的特點

一、以「不定值保險」為原則，以「定值保險」為例外

火災保險原則上採取不定值保險，保險單通常用不定值保險單 (unvalued policy)，但例外情形，若保險事故發生後，保險標的物的價值舉證十分困難（例如：海上貨物損失險、具有紀念性質或造型獨特的建築物）或是涉及主觀價值（例如：古董、藝術品等）者，則採用定值保險。

二、以「記名式保險單」為原則，以「指定式保險單」為例外

火災保險所承保的危險，常常因要保人或被保險人的注意程度、職業、保險標的物使用目的不同，發生保險事故的機率也不同，因此，火災保險是重視「人的性質」的保險契約，其保險單原則上是記名式，例外情形才採指定式或無記名式。

---

❿ 1908VVG §89(1).

三、採用「主力近因原則 (proximate cause)」 ⓫

　　所謂「主力近因原則」，是指因保險事故所生的損失，不但損失必須是由於火災直接引起的（也就是火災為發生損失的「主要原因」），而且損失只限於原因鏈中與火災有「最接近關係」的，才納入損失範圍，也就是以火災為「最主要、最接近」原因所發生的損失為限 ⓬。火災保險之所以採主力近因原則，主要原因是保險費率精算的考慮，因為將火災的保險費率，限制在以火災為主力近因所發生的損失，比較容易精算，以此為純保險費率計算保險費，可以普遍地適用，對一般投保戶比較公平，至於因為火災可能衍生其他損失，則可以視具體需要，另外加收保險費，將之納入承保範圍，以符合具體的需要。舉例說明如下：

1. 因火災致冷凍庫的電路燒毀，造成冷凍庫的機器停止運轉，冷凍食品連帶也發生腐敗

　　此時火災是「電路燒毀」的主力近因，電路燒毀屬於火災保險的損失，至於

⓫ 我國實務上曾針對「主力近因原則」為如下闡釋：「保險法第 131 條所稱之意外傷害，乃指非由疾病引起之外來突發事故所致者而言。該意外傷害之界定，在有多數原因競合造成傷殘或死亡事故之情形時，應側重於『主力近因原則』，以是否為被保險人因罹患疾病、細菌感染、器官老化衰竭等身體內在原因以外之其他外來性、突發性（偶然性）、意外性（不可預知性）等因素作個案客觀之認定，並考量該非因被保險人本身已存在可得預料或查知之外在因素，是否為造成意外傷殘或死亡事故之主要有效而直接之原因（即是否為其重要之最近因果關係）而定。」（最高法院 94 年台上字第 1816 號判決參照）。

⓬ 關於主力近因原則，美國法院在 State Farm Fire and Casualty Co. v. Bongen (Supreme Court of Alaska, 925 P.2d 1042 (1996)) 一案中明白闡釋：在造成損失的原因中，依照保險單的約定有些原因是屬於除外不保，有一些原因則在承保範圍，此時，除外不保的約定仍然可以生效，蓋依照主力近因原則，假若造成損害的原因是由承保範圍內的原因，及不在承保範圍的原因共同促成，但是主力近因在承保範圍內時，保險人始須負保險給付的責任。在本案，造成房屋因「泥流」而受損的主力近因是建築工人的「過失」，而「過失」是在承保範圍內，因此保險人的除外不保約款，在此不能生效。但是，無論如何，多數的見解認為，保險人的免責約款（按：保險契約約定「因地震及土地滑動等所引起的地皮滑動 (earth movement)，不在承保範圍內」）應該有效。本院認為，多數見解應該可採，因為契約當事人得依其自由意思訂定債務，本案保險人在保險單的用語十分明白，而且經被保險人所同意。在本案，沒有良好的理由拒絕賦予保險單的責任限制約款效力。

「冷凍食品腐敗」與火災固然有因果關係，但是並非因為火災「直接」引起，因此不在火災保險損失理賠的範圍，但可以另外加收保險費，將衍生性的損失，也納入承保的範圍內。

2.因火災致工廠機房燒毀，停止作業，生產線完全停止，損失不貲

此時「工廠機房燒毀」的損失是以「火災」為主力近因而發生的，屬於火災保險損失的範圍內。至於因火災發生，衍生出「停止作業，生產線完全停止，損失不貲」的結果，雖然與火災的發生有因果關係，但與「火災」僅具「間接」關係，因此不納入火災保險損失的範圍，但也可以再另外加收保險費，將之納入承保範圍內。因火災而發生爆炸有可能發生損失的不同情況，依主力近因原則，保險人的責任範圍分別如下：

表 16–1

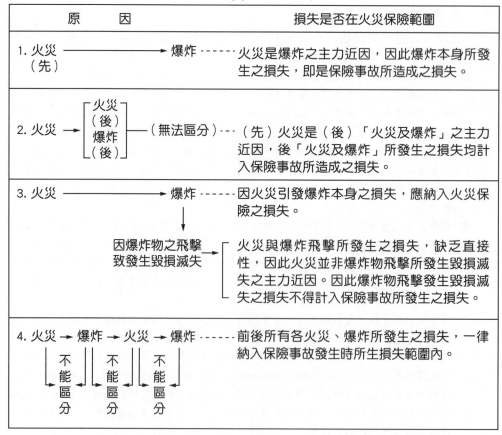

```
5. 爆炸 ─────────→ 火災 ┈┈┈┐ 1. 爆炸與火災不能區分：
                          │    一切損失均納入保險事故所生損失範圍內
                          │
                          └ 2. 爆炸與火災能區分：
                               (1)因爆炸所生損失，原則上不納入保險事
                                  故所生損失範圍，但保險契約將爆炸納
                                  入承保保險事故範圍者，不在此限。
                               (2)因火災所生損失，當然在保險事故所生
                                  損失之範圍內。

              未引起
6. 爆炸 ─────────→ 火災 ┈┈┈┈ 原則上爆炸不納入保險事故所生損失範圍，
                              但保險契約將爆炸納入承保保險事故範圍
                              者，不在此限。
```

陸　火災保險的實際損失與擬制損失

火災保險的損失，如果已經投保附加險，則損失當然涵蓋附加險所生的損失；如果已經另外增加保險費，使保險的範圍擴大到衍生性損失，則損失也將涵蓋衍生性損失。不論是否購買附加險，也不論是否擴大到衍生性損失，火災所致的損失，都可以歸納為兩種：損失因火災的燃燒而實際發生者，稱為「實際損失」；與損失雖不是因火災的燃燒而發生，但基於立法政策，將之視為火災發生的損失，稱為「擬制損失」。分述如下：

一、實際損失

實際損失，指由於火災保險契約所承保的保險事故發生，實際發生保險標的物的毀損或滅失。 保險人對於此種毀損或滅失，除契約另有約定外，負賠償之責[13]。又就集合之物而總括為保險的情形，被保險人家屬、受僱人或同居人所有的物品，也可以作為保險標的物，但是必須載明在保險契約，如果危險事故發生，就其損失也享受火災保險的賠償[14]，此種保險契約視同並為第三人利益而訂立[15]。

---

[13] 保險法第 70 條第 1 項。

[14] 保險法第 71 條第 1 項。

[15] 保險法第 71 條第 2 項。

1908 年德國保險契約法第 83 條前段：「火災事故發生時，保險人必須賠償由於火災作用 (die Einwirkung des Feuers) 或火災發生所致保險標的物的滅失或毀損之損失 (die unvermeidiche Folge des Brandereignisses)」就是指實際損失❻。關於就集合之物而為總括保險的情形，1908 年德國保險契約法的規定與我國保險法的規定基本上相同，但有三點差異：

第一： 1908 年德國保險契約法將屬於 「被保險人的家人 (zur Familie des Versicherungsnehmers gehörenden)」的物品放在保險標的物內者都一律納入總括保險的範圍❼，範圍較大，但我國保險法則只將「被保險人家屬」的物品放在保險標的物內者才納入總括保險，從字面解析，範圍較小。因為依照民法規定，「同家之人，除家長外，均為家屬」❽，保險法文義的反面解釋將導致「家長為被保險人時，其家屬的物品之放置在保險標的物內者，都納入保險標的物的範圍；反之，若家屬為被保險人時，家長的物品雖放置在保險標的物內也不納入保險標的物的範圍內」的不合理推論。

第二：1908 年德國保險契約法規定：受僱人因職業上的工作（上班）而將物品存於保險標的內者，亦得為總括保險的物品，但是依我國保險法，解釋上則以受僱人「居住在保險標的物內」為必要，因為依保險法第 71 條的規定，就集合之物而為總括保險者，「被保險人家屬、受僱人或同居人之物」亦得為保險標的，惟須該受僱人的範圍解釋上受到被保險人的「同居人」「家屬」的共同屬性——居住在保險標的物內——的限制，應該只限於居住在保險標的物內者為限。但是 1908 年德國保險契約法的總括保險，則不以受僱人「居住在保險標的物內」者為限，只要基於職業上的工作（上班）而將物品放在保險標的物內，也都在總括保險的保險標的物的範圍內❾。

第三： 1908 德國保險契約法總括保險標的的集合物， 不需要載明於保險契

❻ 1908VVG §83(1).
❼ 1908VVG §85.
❽ 民法第 1123 條第 2 項。
❾ 1908VVG §85 後段。

約，就納入承保範圍，但是我國保險法則規定還必須載明於保險契約，才在承保範圍內。1908 年德國保險契約法第 85 條的總括保險的保險標的物必須屬於被保險人、其家人或其受僱人所有：其中家人必須與被保險人同住，受僱人則必須是基於職業上的工作在保險契約承保的處所。雖然將集合物限制在保險契約記載者，比較沒有爭議，但是因為集合物隨時可能增減或變更，若限於保險契約載明者為限，火災保險契約功能將大受限制[20]。

2008 年德國保險契約法第 89 條規定：「集合保險的保障範圍包括屬於集合物的每一個單一物。在集合保險，保險的保障範圍包括保險事故發生時，屬於與被保險人共同居住之人所有，或放置於保險契約約定之處所且為被保險人之受僱人所有的物品。集合保險視為為第三人之利益而訂定。」上述規定有兩點值得注意：

⑴受僱人不以與被保險人同居之人為必要

將上班受僱人之物而置於火災保險契約約定之處所者，也納入集合保險的範圍，即受僱人不限於與被保險人同居之人。

⑵集合保險的標的物無需載明在保險契約

我國保險法限於保險標的物載於保險契約內者，才納入集合保險的範圍內，實務上不但訂約時難以一一列舉，保險期間，更是難以隨時增加減少，因為保險期間有長有短，要求要保人或被保險人在保險期間添購物品，都隨時通知保險人並載入保險契約，否則添購的物品就不在保險保障範圍，無異於藉「人情之所不能」達到「規避保險理賠責任」的目的，因此若要發揮集合保險的功能，就應該刪除「載明於保險契約」的文字。

二、擬制損失

火災保險所承保的範圍還包括擬制損失，也就是損失並非直接因為火災所引起，但是為了**「鼓勵救火，以減少損失」**的立法政策，**將救護標的物的損失視為火災所發生的損失**，保險法第 70 條第 2 項規定：「因救護保險標的物，致保險標的物發生損失者，視同所保危險所生之損失。」例如：房屋發生火災，消防隊員有時為了救災，必須開闢防火巷道，拆除相鄰房屋，以避免火苗蔓延，火勢擴大。

---

[20] 1908VVG §85.

又高樓發生火災，自更高樓層破窗灌水，致使該較高的樓層及其下各層樓，窗戶受損，水漬污染，傢俱浸濕，損失不貲等，凡此拆除鄰屋、破窗灌水所生的損失，都不是由於火災所直接引起，但都是為了救護保險標的物的必要而發生，乃基於立法政策，將之擬制為（視為）因火災所發生的損失，因此稱為「擬制損失」。

1908 年德國保險契約法將擬制損失的內容詳細列出：包括因撲滅 (durch Loschen, distinguishing)、拆除 (durch Niederreissen, tearing down)、搬移 (durch Ausraumen, removing) 及失竊所生的損失 (einem Schaden, der dadurch entsteht, dass Versicherte Sachen bei dem Brand abhanden kommen) 四類[21]，可作為解釋保險法上擬制損失的參考。

前面關於實際損失或擬制損失的說明，若保險契約所承保的保險事故擴大及於「爆炸」、「閃電」等也準用之[22]。因戰爭所發生的火災，依照保險法的規定，除契約另有排除的約定外，也在保險人承保範圍內[23]，但我國火災保險實務上都已將「戰爭」、「地震」所致的火災或爆炸，排除於承保範圍之外，因為這些原因所造成的損失，數額十分龐大，常非保險人的資力所能負擔。如九二一大地震後，政府另外成立財團法人住宅地震保險基金，專門承保因「地震」而住宅全倒或視為全倒所生的損失，但是受到財力的限制，只能約定「限額賠償」。1908 年德國保險契約法將地震及戰時或宣戰後因軍隊司令官下令的行為所致的火災或爆炸，以法律明文規定為除外不保項目，其立法意旨，也是因為地震、戰爭所生的大規模損失，不是保險公司財力所能負擔[24]。

柒 保險金額與保險價額

一、保險金額

保險金額是保險人在保險期間內，發生一次或多次保險事故所負責任合計的最高限額[25]。保險期間內，因發生保險事故而保險標的物部分毀損後，若當事人

---

[21] 1908VVG §83(1) 後段。

[22] 1908VVG §83(2).

[23] 保險法第 32 條。

[24] 1908VVG §84.

[25] 保險法第 72 條前段。

並未終止保險契約，其後又發生第二次、第三次之保險事故，致使保險標的物全部滅失，保險人雖必須再為第二次、第三次的保險給付，但是保險人第一次及其後各次保險給付的合計總額，仍以不超過保險金額為限❷⑥。

　　保險人承保前，應查明保險標的物的市價，不得超額承保❷⑦。超額承保，不但容易引發道德危險，對於保險人及社會大眾也不公平，因此保險法對於故意的超額承保，訂有處罰規定❷⑧。

二、保險價額

　　保險價額是保險標的物在「保險事故發生時」的價值，保險法第 73 條第 1 項規定：「保險標的，得由要保人，依主管機關核定之費率及條款，作定值或不定值約定之要保。」，火災保險的標的物，不論為不動產、動產或是期待利益，凡因火災保險事故發生可能遭致損失者，都可以視情況以定值保險或不定值保險方式投保。

（一）定值保險

　　定值保險，是當事人於訂立保險契約時，約定保險標的物的價值，且該價值，除了顯然超過保險事故發生時保險標的物的實際價值外，就「視為」保險標的物在「保險事故發生時 (die Zeit des Eintrittsdes Versicherungsfalls)」的價值的保險❷⑨。

　　值得注意者，1908 年德國保險契約法關於火災保險的規定，動產保險 (die Versicherung beweglicher Sachen) 為定值保險時，該約定的價值只作為「訂立契約時 (die Zeit der Schliessung des Vertrags)」保險標的物的價值，但該約定價值顯然超過保險標的物實際價值者，仍然以實際價值為準；若以動產為火災保險的保險標的物，而有以約定價值作為「保險事故發生時 (die Zeit des Eintritts des Versicherungsfalls)」保險標的物價值的約定者，該約定無效❸⓪。1908 年德國關於

---

❷⑥　參照 1908VVG §95 前段。

❷⑦　保險法第 72 條後段。

❷⑧　保險法第 169 條規定：「保險業違反第 72 條規定超額承保者，除違反部分無效外，處新臺幣 45 萬元以上 225 萬元以下罰鍰，或勒令撤換其負責人；其情節重大者，並得撤銷其營業執照。」

❷⑨　參照 1908VVG §57 前段。

❸⓪　參照 1908VVG §87。

動產定值保險之所以會有如此的差別，乃是因為動產多有相同種類的其他動產可以作估價的基礎，保險事故發生時估計該動產的價值較為容易的緣故。1908 年德國保險契約法上述的規定，固然有助於保險價額的確定，但是仍然無法解決具有主觀價值的動產——例如：古董、藝術品——的保險價額之爭議，也不符合法律經濟原則。

（二）不定值保險

不定值保險，指保險契約訂立時，當事人並未就保險標的物約定一定價值，須待保險事故發生後，再回溯地估計「保險事故發生時」保險標的物的價值的保險。但是保險事故發生時，保險標的物的價值如何估計，因為保險標的物的種類不同，估計方法也不同，以下介紹 1908 年德國保險契約法的重要規定：

1.動　產

動產，例如：傢俱、工具、機器等，以購買該動產所需合理市價，扣除因折舊而減少的價額之餘額為保險價額[31]。

2.建築物

建築物，以該建築物座落地的建築價額，扣除足以反映建築物狀態（例如：建築物年齡、漏水、裂縫）的折舊數額之餘額，作為保險價額[32]。

3.損失利益

保險標的物因保險事故所發生的損失利益，例如：因房屋發生火災致減少租金收入是，必須以租賃契約證明，而且為了預防造假，一般以經主管機關核准或經公證的契約為限。1908 年德國保險契約法規定租約以經監督機關核可 (mit Genehmigung der Aufrichtsbehorde) 者為限[33]，可資參考。若依所訂的契約計算損失額超過實際損失額時，保險人的給付義務仍然應該受到實際損失額的限制[34]。

在損失利益的保險，由於同一建築物可能同時存在有數個種類不同、收益內容互相排斥的保險契約，構成實質上的重疊現象，保險理賠時應該避免，例如：要保

---

[31] 參照 1908VVG §86。

[32] 參照 1908VVG §88。

[33] 1908VVG §89(2) 前段。

[34] 1908VVG §89(2) 後段。

人以某房屋為火災保險的標的物，向甲保險公司投保租金損失險，又向乙保險公司投保營業損失險，該二損失利益的保險，名稱雖然不同，但內容彼此排斥，被保險人同時受領兩個保險給付就發生實質上的重疊，因為房屋若出租就無法自行營業；反之，若是自行營業就無法出租，二個利益互為排斥，不能並存，因此就同一房屋分別向不同保險人投保不同的利益損失險時，應該將此一保險人的名稱及保險金額告知另一保險人，同時也應將另一保險人的名稱及保險金額告知此一保險人❸❺。

上述情況，不是複數險而準用複保險通知義務的規定，且保險人只可以就實際營業的損失或實際出租的損失，擇一請求理賠。

捌　要保人的義務

一、據實說明的義務

詳見本書第七章之說明（第 206 頁以下）。

二、保險利益事實的說明義務

要保人於投保時，就其對保險標的物具有可以投保的利害關係應該據實說明。例如：要保人對保險標的物有「所有權」的利害關係或有「運送、保管或受託保管」的利害關係。要保人的說明義務僅止於就事實的說明，不及於保險利益有無的法律判斷，保險利益有無的法律判斷是屬於專業知識，應該由保險人負責。

三、繳交保險費的義務

理論上，火災保險契約當事人可以合意讓契約先生效，再繳納保險費，但實務上，經常約定繳納保險費是契約的生效要件。實務上，保險費的繳納分為一次交付或分期交付：一次交付，必須全部交付後，契約才生效力；分期交付，必須交付第一期保險費後，保險契約才生效力。

若保險契約當事人約定，讓保險契約先生效再繳納保險費或再繳納第一期保險費，而要保人怠於繳納保險費或第一期保險費時，保險人究竟應該如何處理？就現行法律言，理論上應該適用民法的相關規定，有兩種選擇：

---

❸❺　參照 1908VVG §90(1)(2)。

　　1.對要保人提起訴訟請求給付保險費，並於取得執行名義後，聲請法院強制執行。

　　2.保險人依民法第254條規定定相當期間，催告其履行，如於期限內不履行時，得行使契約解除權。

　　所謂「相當期間」是一種不確定的法律概念，保險人面對為數龐大的要保人，若要針對不同對象、不同保險費數額逐一訂定合理的催告期間，事實上有所不能，應該以法律明確規定具體的催告期間為是。幸好保險實務上住宅火災保險基本條款（定型化條款，性質上是「準制度」）多訂有「十五日」或「三十日」的延緩期間❸❻，自保險人催告生效後「十五日」或「三十日」為延緩期間，超過此一期間，保險人就可以解除契約。換句話說，目前保險實務，是利用定型化契約條款的約定，大體上解決了民法不確定概念（相當期間）的缺點。

　　1908年德國保險契約法的規定，鑑於保險費催告，在類型上十分單純，與民法的催告涉及不同契約類型者，完全不同，因此在保險通則規定保險人催告要保人給付保險費的期間「至少二個星期」❸❼，但針對建築物保險費的催告期間另外訂定較長的催告期間，因為建築物保險(Gebaudeversicherung)，保險標的物價值較高，保險費較貴，若要保人有另外接洽其他保險人承保的需要，其接洽所需時間也較長，因此在保險契約法火災保險部分另規定催告保險費的期間「至少一個月」❸❽，構成保險通則的特別規定。由於「至少一個月」的規定，只適用於建築

---

❸❻ 住宅火災保險基本條款第17條（契約之終止）：「一、對於本保險契約，要保人或被保險人均有終止之權。要保人或被保險人終止契約者，除終止日另有約定外，自終止之書面送達本公司之時起契約失其效力，對於終止前之保險費本公司按短期費率計算。二、要保人行使前項之終止權，應獲得被保險人同意。三、對於本保險契約，除法律另有規定或本保險契約另有約定外，遇有下列情形之一時，本公司得終止契約：（一）保險費未依本保險契約第11條之約定交付時。（二）本保險契約生效後未逾六十日時；但保險契約為續保時，不得依本款約定終止。（三）保險期間超過一年者，於每屆滿一年，經本公司重新評估發現有危險增加情事，或有本公司確實無法繼續承保之情事發生時。四、本公司依前項第1、2款終止契約者，應於終止日前十五日通知要保人或被保險人。本公司依前項第3款終止契約者，應於終止日前三十日通知要保人或被保險人。本公司終止契約後應返還之未滿期保險費應按日數比例計算，並於終止生效日前給付。」

❸❼ 1908VVG §39(1).

❸❽ 1908VVG §91.

物保險費的催告，是特別規定，因此建築物以外其他標的物的火災保險，其保險費的催告期間仍適用保險通則「至少二個星期」的規定，可供參考。

四、保險利益變動的通知義務

火災保險是重視「人的性質」的契約，火災保險的標的物由不同的人占有，其風險也不一樣，因此在保險期間，標的物因「讓與（法律行為）」而變動時，要保人有通知保險人的義務。

五、維護保險標的物原狀的義務

要保人及被保險人於保險契約有效期間內應維護保險標的物，以避免危險增加。

六、危險變更的通知義務

危險變更包括「危險增加」與「危險減少」。危險增加，要保人有通知保險人的義務，所謂「危險增加」必須危險具有時間的持續性，且增加的程度達到應適用不同保險費率的程度，才有通知的義務。危險增加的事由，應該列舉在保險單或保險契約上，使要保人或被保險人有所遵循。危險增加的通知義務，是為了貫徹對價平衡原則，讓保險人憑以估計風險，提高保險費。常見的危險增加，例如：「變更保險標的物的用途，以原供居住用的房屋供開設餐館之用」、「原為二樓的房屋加蓋木造三樓房屋」、「將原來儲存一般貨物的倉庫改用於儲存汽油或爆炸物」等。

「危險減少」的通知義務，也是為了貫徹對價平衡原則，要保人或被保險人憑以請求降低保險費。所謂「危險減少」，也必須具有時間上的持續性，例如：原來為保險標的物的房屋因有違章建築而加計保險費，現在違章建築已經拆除，加計保險費的事由已經不存在；或如原來保險標的物的房屋因供商業使用而加計保險費，現已改為住家使用，加計保險費的事由已經不存在等。

七、複保險的通知義務

要保人對於同一保險利益，同一保險事故，同時或先後與數個保險人訂立數個保險契約，而其保險期間又全部或部分重疊時，構成複保險。有複保險事實時，**要保人應將各保險人的名稱以及保險金額分別通知各保險人**❸❾。

八、保險事故發生的通知義務

保險法並沒有針對火災保險事故發生的通知義務，作特別的規定，因此關於火災保險發生的通知義務應該適用保險法的一般規定，即保險法第 58 條：「要保人、被保險人或受益人，遇有保險人應負保險責任之事故發生，除本法另有規定，或契約另有訂定外，應於知悉後五日內通知保險人。」。保險事故發生的通知義務原則上雖然應該於知悉保險事故發生後五日內為之，但是當事人得否以契約作「較五日長」或「較五日短」的約定？依照保險法第 54 條第 1 項：「本法之強制規定，不得以契約變更之。但有利於被保險人者，不在此限。」的規定解釋，應該解釋為得以契約為「較五日長」的約定，但是不得為「較五日短」的約定為是。

1908 年德國保險契約法將火災保險事故發生通知義務的期間規定為「自保險事故發生後三日內」❹，其採「發信主義」，寄發保險事故發生之通知須在保險事故發生後三日之內，且以寄發之時為生效之時，並規定當事人如就期間的長短或期間的計算另有約定，致不利益於要保人者，保險人不得主張該約定❹，可資參考。

要保人或被保險人違背保險事故發生的通知義務，保險人不得據以主張拒絕保險理賠義務，只是保險人若因此遭受損害，得請求損害賠償而已，實務上，可以直接從保險理賠額中扣除損害賠償額，就其餘額逕行給付。

九、保險事故發生後，有維持原狀的義務

保險事故發生後，建築物損失未經估定前，要保人及被保險人除為公共利益 (im öffentlich Interesse) 或為避免、減少損失之發生或擴大外，非依保險人指示，不得變更保險標的物❹。保險人有數人而其指示內容互相矛盾者，應以要保人自己審慎的注意為之❹。要保人或被保險人違反此一義務的法律效果為何，保險法沒有明文規定。

依 1908 年德國保險契約法，除要保人因故意 (Vorsatz) 或重大過失 (grober

❸ 參照保險法第 35 條至第 38 條。
❹ 1908 VVG §92(1).
❹ 1908 VVG §92(2).
❹ 1908 VVG §§62, 93.
❹ 1908 VVG §62(1).

Fahrlässigkeit) 違反此一義務者外，保險人對於要保人或被保險人因「輕過失」違反此一義務不得拒絕保險給付❹。又要保人即使因「重大過失」違反此一義務者，若在輕過失而損失仍會發生或擴大的範圍內，保險人仍應負保險給付責任，逾此範圍（即因重大過失而發生或增加的損失），保險人可以免責，1908 年德國保險契約法第 61 條第 2 項有明文規定。

　　1908 年德國保險契約法的規定，可以作為解釋我國保險法第 29 條的借鑑。**依照保險法第 29 條第 2 項的但書反面解釋，要保人或被保險人「故意」違反保險事故發生後的維持原狀義務致生損害者，保險人對此一損害，固然可以主張免責，但若是因「重大過失」或「輕過失」違背事故發生後的維持原狀義務致生損害者，保險人對此一損害仍然有保險理賠的義務。**

　　至於將來因要保人或被保險人「重大過失」違背維持原狀義務的情況，是否參考 2008 年德國保險契約法的相應規定，規定為「視重大過失的情節，減少理賠金額」，在立法上，須與保險法第 29 條採取相應配合措施，也就是假若保險事故因要保人或被保險人的重大過失而發生，保險人仍然有保險理賠責任，則要保人或被保險人因重大過失而違背維持原狀義務，保險人也應該有理賠責任；假若保險事故因要保人或被保險人的重大過失而發生，保險人免除理賠責任，則要保人或被保險人因重大過失而違背維持原狀義務，保險人也應該免除理賠責任；假若保險事故因要保人或被保險人的重大過失而發生，保險人只可以減少保險理賠責任，則要保人或被保險人因重大過失而違背維持原狀義務，保險人也一樣只可以減少保險理賠責任。

玖　保險人的權利義務

　　保險人的權利就是收取保險費，義務則是保險給付及負擔證明、估算費用。

　　保險給付的方式以給付「保險金」為原則，以「提供回復原狀等代替性給付❹」為例外。前者一般多以貨幣給付，後者主要是提供修繕，以回復原狀，例如：修繕因火災而毀損的建築物。

----

❹　參照 1908VVG §62(2)。

❹　在美國，由保險公司承保車體險，發生保險事故時負責修繕，並提供修繕期間的臨時車輛。

關於應該給付保險金的數額，必須視火災保險是超額保險、等值保險或部分保險，以及保險標的物是全部或部分保險而分別計算。假若有複保險或保險競合等情事，其法律效果，可參考本書關於複保險及保險競合的說明，計算應該給付的保險金（詳細請參閱本書第十章、第十一章）。

拾 證明及估計費用的負擔

保險法第 79 條規定：「保險人或被保險人為證明及估計損失所支出之必要費用，除契約另有訂定外，由保險人負擔之。」、「保險金額不及保險標的物之價值時，保險人對於前項費用，依第 77 條規定比例負擔之。」，關於證明及估計損失之費用，可析述如下：

一、契約有約定者，依照契約的約定

基於私法自治原則，證明及估計損失所支出之必要費用，當事人負擔的約定者，從其約定。

二、契約無約定者，依照法律的規定

契約若沒有關於證明及估計損失所支出必要費用之負擔的約定，則依法律的規定，也就是：在全部保險，一切證明及估計損失支出的必要費用都由保險人負擔；在一部保險，保險人負擔的數額依支出必要費用的數額乘以保險金額與保險價額之比例；支出的必要費用除保險人負擔者外，其不足的數額由要保人負擔。換句話說，要保人就支出必要費用的分擔額為支出必要費用乘以保險價額扣除保險金額之餘額與保險價額之比例（也就是：要保人應分擔費用 ＝ 支出之必要費用 × ［(保險價額 − 保險金額) / 保險價額］）。

拾壹 損失估計遲延的責任

保險法第 78 條規定：「損失之估計，因可歸責於保險人之事由而遲延者，應自被保險人交出損失清單一個月後加給利息。損失清單交出二個月後損失尚未完全估定者，被保險人得請求先行交付其所應得之最低賠償金額。」，此與 1908 年德國保險契約法第 94 條：「自保險事故發生之通知一個月後，除非因為特殊理由

有給付較高利率的義務，賠償給付應負擔年息百分之四之利息。」、「第 1 項所定一個月期間因要保人之過失致損失無法確定者，應停止進行。」的立法精神相同，但二者仍有下列主要不同：

一、加付利息時間之起算點不同

依我國保險法保險人應加付利息之起算時間是「自被保險人交出損失清單後一個月」，而 1908 年德國保險契約法保險人應加付利息之起算時間則是「自保險事故通知一個月後」 **❹** 。

二、利息之計算不同

我國保險法只規定保險人應加給利息，至於利息如何計算，解釋上應適用民法第 203 條：「應付利息之債務，其利率未經約定，亦無法律可據者，週年利率為百分之五。」，即以年利率百分之五計算。而依 1908 年德國保險契約法的規定，原則上為年息百分之四，但基於特殊理由，應依較高利率計息者，從其較高利率。

拾貳 火災保險契約效力的停止

火災保險契約於「約定事由」發生時，保險契約的效力停止，但於該「約定事由」消滅或除去時，保險契約又回復效力。保險契約效力停止與保險契約效力終止不同：保險契約效力停止是指保險契約的效力雖然停止，但將來仍可能會回復；保險契約效力終止則指保險契約的效力，從終止時起，向將來永久喪失效力。保險契約效力停止期間，即使發生保險事故，保險人仍不負保險給付的責任，我國火災保險基本條款訂有下列火災保險契約效力停止的事由：

1.標的物或存放保險標的物的建築物，連續六十日以上無人居住或使用者，視為沒有人居住的房屋，構成保險契約效力停止的原因時，所謂「沒有人居住」，必須從嚴解釋，換句話說，所有人因病住院，不得認為是「沒有人居住」；由於居住人的遷入遷出，一時沒有人住，也不得認為是「沒有人居住」 **❹** 。

---

❹ 1908VVG §94.

❹ Smith v. Lumbermen's Mutual Insurable Co.

Court of Appeal of Michigan, 300 N. W. 2d 457 (1980).

2.保險標的物移至本保險契約所載地址以外之建築物或處所者。

3.保險標的物之所有權，除因遺囑（按：此應修正為繼承）或法律上之當然移轉❹者外，由被保險人轉讓予他人時。

上述使保險契約效力停止之事由，若嗣後該事由已經消滅或已經除去，例如：保險標的物之建築物已有人居住；保險標的物已經移回保險契約所載的地址或處所；移轉保險標的物的法律行為（例如：買賣契約）因被撤銷、被解除或經確認無效而所有權又歸屬或繼續歸屬原所有人，保險標的物又重新置放在原處所等，則已經停止效力的保險契約，又回復有效。

本案的法律事實是：原告 Smith 向 Lynas 購買房屋一棟，依照買賣契約的約定，買受人於買賣契約確定 (closing) 之後，出賣人得繼續居住六十天。買受人必須購買保險，且已從被告 Lumbermen 保險公司購得保險。保險契約的承保範圍包括管線冷凍膨脹 (freezing pluming system) 所致的損失，但是房屋空閒或沒有人居住 (vacant or unoccupied) 之情形仍不在承保範圍，除非被保險人已盡善良管理人注意。Lynas 預期到其將離開該房屋，因此中止了暖氣供應契約。在 Lynas 交付房屋給 Smith 之前，Lynas 因急病住院，在 Lynas 住院期間，暖氣油用盡，水管的水結冰，因而破裂，此事發生在 Lynas 將鑰匙交給 Smith 之前。保險人拒絕被保險人的請求，拒絕的理由是在發生火災的時候，為保險標的物的房屋是空的，當時並沒有人居住。原告提起訴訟，地方法院認為該契約的除外不保約款的語意模糊，因而為有利於原告的判決。保險人不服，提起上訴。

本案的法律爭點是：由於住戶的變更，房屋一時沒有人住。是否就是房屋沒有人居住，因而構成保險契約的除外不保條款的一種？

判決由 Quinell 法官所作成。判決指出：由於住戶的變更，房屋一時沒有人居住，並不構成房屋沒有人居住，因而也就不會屬於保險契約的除外不保的範圍。保險契約中所謂房屋是「空的 (vacant)」及「沒有人占有 (unoccupied)」一詞的語義是有歧義的，這兩個名詞可以有很多不同的解釋。假若由保險人所起草的保險契約有了歧義，此一歧義應該為最有利於被保險人的解釋，特別是在解釋除外不保約款時，尤應如此。但是為了使被保險得以請求保險給付，而採用明顯不合理的解釋方法仍然不應許可。

在本案，事實顯示 Lynas 並無意返回住屋，也無意居住。Smith 反而是有意居住於被保險的房屋。保險公司明知該房屋是買賣標的，房屋的住戶即將更換，保險公司知悉，在 Lynas 與 Smith 搬出、搬入之間，必然有一段空檔。既然此一空檔不得認為是「沒有人占有」，除外不保條款就不適用，因此地方法院的判決應予維持。

少數見解：(Bashara, J.) 本案由於 Lynas 並未將房屋交與 Smith，房屋的占有，確實曾經中斷，在 Smith 住入該房屋之前，該房屋是屬於「沒有人占有」的房屋。

❹ 此似為贅語，當然移轉，只有繼承，德國 1908 年與 2008 年保險契約法，也只規定繼承。

拾參 保險契約的終止

一、保險標的物全部滅失

（一）因保險事故發生而全部滅失

保險標的物因保險事故發生，而實際全部滅失或擬制全部滅失，例如：為保險標的物的建築物因為火災而全部焚毀或雖未全部焚毀，但已不堪修繕或修繕費用比重建費用多，保險人必須依契約為保險給付，且無返還未到期的保險費之義務。

（二）非因保險事故發生而全部滅失

保險標的物非因保險事故發生而完全滅失時——例如：投保火災保險的建築物，因為水災而完全被流失——保險契約的效力終止❹，終止後之保險費已給付者，應返還予要保人。

二、保險標的物一部滅失

（一）因保險事故發生而保險標的物一部滅失

保險標的物因保險事故發生而一部分滅失者，例如：為火災保險標的物的建築物，因為發生火災而部分焚毀，此時，可以選擇繼續維持火災保險契約或選擇終止保險契約。當事人選擇就殘餘建築物維持原來的火災保險契約，而在保險期間又發生火災時，保險人就殘餘建築物的保險理賠，與前次火災的保險理賠，二者合計不得超過保險金額。

1.選擇維持火災保險契約或是行使終止權的除斥期間屆滿

保險標的物因為保險事故發生而部分滅失時，其殘餘的部分，在兩種情況下，繼續有效：

⑴當事人可以選擇繼續維持保險契約
⑵因行使終止權的除斥期間屆滿

---

❹ 保險法第 81 條。

當事人沒有選擇維持保險契約或終止保險契約，但因行使終止權的除斥期間已經屆滿，已經不得再行使，則保險契約繼續有效。但須注意下列三點：

A.保險標的物的範圍縮小為殘存部分之保險標的物。

B.次期❺以後的保險費應按保險標的物殘餘部分價值與保險標的物價值的比例另為計算。其逾收者，應返還要保人；其未收取者，應就殘餘部分與保險標的物之比例計算保險費，向要保人收取。

C.保險人對於以後保險事故所致之損失，除契約另有訂定外，其責任以保險金額扣除第一次保險理賠的餘額為限，也就是保險金額減去因第一次保險事故發生保險人已經理賠的保險給付的差額。

2.選擇終止火災保險契約

保險法第 82 條第 1 項前段規定：「保險標的物受部分之損失者，保險人與要保人均有終止契約之權。」，是針對保險標的物因「保險事故」發生而一部滅失的情形而規定的，此亦印證同條第 2 項：「前項終止契約權，於賠償金額給付後，經過一個月不行使而消滅」中之「賠償金額給付後」一詞，而且參照 1908 年德國保險契約法第 96 條第 1 項：「保險事故發生後，各當事人均有權終止保險關係。(Nach dem Eintritt eines Versicherungsfalls ist jeder Teil berechtigt, das Versicherungsverhältnis zu kundigen.)」的規定，也可以知悉。

(1)終止權的行使與除斥期間

保險法第 82 條第 2 項規定：「前項終止契約權，於賠償金額給付後，經過一個月不行使而消滅」，第 3 項規定：「保險人終止契約時，應於十五日前通知要保人」，此一規定與 1908 年德國保險契約法第 96 條第 2 項：「終止權應於賠償之協商談判完成 (der Abschluss der Verhandlungen) 時起一個月內為之。保險人須給予一個月的終止預告期間之通知，要保人於預告期間屆滿後不得為終止契約。」，具體內容雖然有所差異——例如：行使終止權之一個月除斥期間之起算點，我國保險法規定自「賠償金額給付後」起算，而 1908 年德國保險契約法則規定自「關於賠償之協商談判完成時起算」——但是立法精神相同。以下參考 1908 年德國保險契約法之規定，分析因保險事故發生保險標的物一部滅失時，要保人、保險人行使終止權的情形如下：

---

❺ 這裡所謂次期，是指火災保險事故發生該期的下一期，不是從保險事故發生後起算。

A.保險人行使終止權

保險人行使終止權應於十五日前通知要保人❺❶，且於「賠償金額給付」後，經一個月不行使而消滅❺❷，即使保險人於十五日前通知要保人，但若該十五日期間屆時已逾自賠償金額給付日起算一個月之期間，保險人仍不得行使終止權。又保險人於十五日前通知要保人，但該十五日期間屆時保險期間已經屆滿者，即無庸行使終止權，保險契約自然終止，此乃當然解釋。

B.要保人行使終止權

要保人得於因保險標的物一部滅失而受賠償金額給付後，一個月內隨時終止保險契約，但至遲須於保險期間屆滿前為之❺❸。要保人終止保險契約的意思表示生效時，保險契約立即終止，無須訂定預告期間。

⑵終止契約後，保險費的返還

保險法第 82 條第 1 項規定：「保險標的物受部分之損失者，保險人與要保人均有終止契約之權。終止後，已交付未損失部分之保險費應返還之。」換句話說，依保險法的規定，就已毀損部分，保險人應為保險給付，終止前的全部保險費（包括毀損部分以及沒有毀損部分）都由要保人負擔，保險人已收受者，無須返還；未收受者，得繼續收取。但是就未毀損部分，保險人雖然沒有保險理賠的義務，但保險費的收取，則應分別對待：終止前的保險費仍然歸保險人取得，終止後的保險費，要保人沒有給付義務，也就是：已收取者應該返還；未收取者，不得收取。

1908 年德國保險契約法就保險標的物因保險事故發生而部分毀損時保險費的負擔問題，有更詳細的規定，保險費的返還因行使終止權的為要保人或保險人而不同：要保人行使終止權者，保險人得保有該期的全部保險費；由保險人行使終止權者，就毀損部分，保險人可以保有該期相當於毀損部分的保險費；就未毀損部分，保險人只取得該期終止前相當於未毀損部分的保險費❺❹。

---

❺❶ 保險法第 82 條第 3 項。
❺❷ 保險法第 82 條第 2 項。
❺❸ 1908VVG §96(2) 後段。
❺❹ 1908VVG §96(3) 後段。

（二）非因保險事故發生而保險標的物一部滅失

非因保險事故發生而保險標的物一部滅失者，保險人不負保險給付義務，但保險標的物一部滅失之後，其殘餘部分之價值較保險金額為低者，即發生善意超額保險問題，依保險法第 76 條第 2 項：「無詐欺情事之保險契約，經當事人一方將超過價值之事實通知他方後，保險金額及保險費，均應按照保險標的之價值（按：即殘餘部分之價值）比例減少。」之規定，應比例減少保險費，且自一部滅失之事實發生之後起算，保險費已逾收者，應返還之；未逾收者，不得逾收。

至於保險人或要保人得否終止契約，此乃涉及任意終止問題，詳見前揭 2.之⑴⑵點（第 454 頁以下）。

三、保險標的物未毀損滅失時，當事人終止權之行使

保險標的物未發生毀損滅失時，當事人得否任意終止保險契約，保險法無明文規定，一般多以契約定之，以我國火災保險基本條款之規定為例，要保人得任意終止保險契約，但保險人須於通知後十五日，始得終止契約。上述規定，對於保險人、要保人在保險標的物非因發生保險事故而一部毀損滅失的情形，要保人或保險人就殘餘部分之保險契約終止權的行使，應同其適用。

拾肆 重建費用保險

一、重建費用保險的意義

重建費用保險，指要保人以保險標的物重建費用數額作為保險金額，於保險事故發生時，由保險人不扣除折舊，按保險金額為給付或回復標的物原狀的保險。所謂「重建費用」，指被保險人於損失發生後，按保險標的物的藍圖、設計及品質予以重建或回復原狀所須支出的全部費用。實務上，當重建費用保險的保險金額達到標的物於損失發生時之重建費用的一定比例時（通常為百分之八十），保險人就應該依保險金額給付，不適用一部保險的規定。

二、保險給付

（一）被保險人必須先提供擔保，才可以請求保險給付

　　依保險契約，保險給付的目的若是保險標的物的重建，則重建費用保險的保險給付，必須保證其確實是用於重建，因此被保險人除非提供擔保，不得請求保險給付。被保險人若未提供擔保而請求給付，保險人可以拒絕其請求；被保險人未提供擔保，而保險人仍為保險給付者，保險人應承擔其不利益，之所以如此，主要原因是重建保險的標的物常常是已經設定抵押權的抵押物，抵押權人的抵押權應存在於重建後的建築物上，若抵押人（被保險人）受領保險金而不重建，將使抵押權人的抵押權無所附麗，會發生保險人所為的保險給付可否對抗抵押權人的問題（詳如下述）。保險人為了避免法律糾紛，防止損失，須被保險人先提供擔保，才可以給付保險金。

（二）將對保險人的保險給付債權讓與有利害關係的第三人

　　在保險給付只用於重建費用的保險，被保險人於建築物重建前，雖然可以將其對保險人的保險給付請求權讓與第三人，但該第三人以與重建有利害關係者為限。例如：因承攬、僱傭、提供重建建築材料等原因而為被保險人之債權人之人；或保險標的物的受讓人（即保險標的物（殘餘部分）的受讓人❺❺）。又德國是採土地與房屋結合為一個不動產的國家，因此也可以將重建費用保險的保險給付請求權讓與予土地的受讓人或繼承人❺❻。必須注意的，在保險給付請求權讓與予債權人的情形，只於該債權人所提供的資金是用於重建者為限，始生效力❺❼。

（三）重建費用保險與抵押權

　　重建費用保險之標的物若為抵押標的物，且抵押權人或抵押人已將設定抵押權之事實通知保險人者，如果約定發生保險事故，保險人向被保險人為保險給付

---

❺❺　受讓人也應該先提供擔保，保險人才可以對之為保險給付。

❺❻　1908VVG §98 中段。

❺❼　1908VVG §98 後段。

時，必須兼顧抵押權人的利益。對此，保險法沒有明文規定，但 1908 年德國保險契約法有三種方法，簡介如下：

1. 保險給付獲得抵押權人的同意時，被保險人雖未提供擔保，也可以為保險給付

保險人於獲得抵押權人同意後，得不要求被保險人提供擔保以保證其受領之保險給付用於重建，而逕向被保險人為保險給付。1908 年德國保險契約法甚且規定必須獲得抵押權人之書面同意❺❽。

2. 被保險人已經另外提供擔保，無需保險人同意，也可以為保險給付

保險人為保險給付之前，得請求被保險人另外提供擔保，以保證被保險人所受領的保險給付（保險金）用於重建之用，不會挪作其他用途❺❾。2008 年德國保險契約法第 93 條規定：「依照保險契約的約定，保險人只負擔補償保險標的物替換或修繕費用的一定比例時，除非被保險人就替換或修繕另外提出擔保，否則請求的數額不得超過保險價額。保險標的物因被保險人之過失未於合理期間完成替換或修繕者，被保險人應該將保險理賠扣除保險價額之餘額退還於保險人。」也是相同意旨。

關於被保險人提供擔保，保險人才可以為保險給付的規定，2008 年德國保險契約法第 94 條另外有以下效力的規定，值得參考：

⑴在第 93 條第 1 句情形，若沒有提出替換或修繕的擔保而仍為保險給付，該給付只有在被保險人或保險人將被保險人（要保人）沒有提出擔保，而保險人仍將為保險給付的事實告知抵押權人，且在收到通知一個月後才對抵押權人生效。

⑵保險理賠未依契約約定用於替換或修繕保險標的物時，除非保險人或被保險人將該意思通知抵押權人，且自通知到達已經超過一個月，否則保險人的保險給付不得對抗抵押權人。

⑶抵押權人得在一個月內對保險人的保險給付為反對的表示。如果為第 1 項及第 2 項的通知，需要耗費不合理的時間及費用時，該通知得予省略。於此情形，一個月的期間從保險人應為保險給付之日起算。

⑷抵押權人已經將設定抵押權的事實通知保險人時，保險人在沒有針對替換

---

❺❽　1908VVG §100.

❺❾　1908VVG §§97, 100.

或修繕提供擔保下所為的保險給付，只有獲得抵押權人的書面同意，才對抵押權人生效。

　　(5)第 1 項至第 4 項的規定，對於以保險標的物擔保之土地債務、定期土地債務或其他土地債務，準用之。

3.通知抵押權人，而抵押權人逾期不為反對之表示

　　重建費用保險之標的物，已設定抵押權予以第三人者，除了已獲得抵押權人同意，因此被保險人無須提供擔保；或被保險人已提供擔保二種情形，保險人得逕為保險給付外，保險人得拒絕保險給付。惟若保險人仍然為保險給付，則該給付於保險人與被保險人間雖然有效，但（保險人）不得對抗抵押權人。但有下列情形之一者，對抵押權人仍然有效：

　　(1)保險人或被保險人已將「被保險人不提供擔保，而保險人仍將為保險給付之事實」通知抵押權人，而抵押權人於接到通知後，經過一個月[60]，不為反對之意思表示者。

　　(2)被保險人（要保人）已將「被保險人受領之保險給付將變更用途，不依保險契約之約定用於重建之事實」通知抵押權人，而抵押權人於接到通知後經過一個月[61]，不為反對之意思表示者。

　　抵押權人對於保險人或被保險人所為的上述通知有異議者，得於收到通知後一個月內[62]，向保險人為反對的意思表示，但不適宜為反對之表示者，得免為通知之表示，此種情形，從保險人「應為保險給付」之日起算經一個月後生效[63]。

拾伍 火災保險與抵押權

　　火災保險與抵押權表面上為兩個不同的法律概念，但在經濟活動的運作上，二者有密切關係：**抵押權之設定，常源自於消費借貸契約，而消費借貸契約經常要求提供保證契約（人保）以及設定抵押權擔保（物保）**。為了保障所設定的抵押權，更進一步要求抵押人就抵押物投保火災保險，且指定債權人為被保險人。因

---

[60] 2008 年德國保險契約法規定為一個月。

[61] 2008 年德國保險契約法規定為一個月。

[62] 2008 年德國保險契約法規定為一個月。

[63] 1908VVG §99(3).

為擔保債權之抵押權的存在，是以抵押物存在為前提，若抵押物因火災而毀損滅失，則抵押權將無所附麗。為避免抵押權因抵押物之滅失而滅失，抵押人或抵押權人常就抵押物投保火災保險，萬一發生火災，債權人可以被保險人的身分，在保險金額限度內，受領保險給付。因此火災保險與抵押權有密切關係，圖示如下：

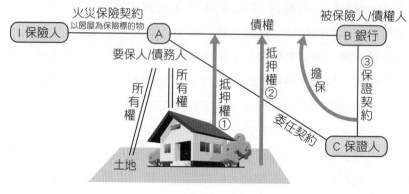

圖 16–1

上圖，A 以其所有的土地一筆與房屋一棟分別設定抵押權①及抵押權②給 B 銀行，擔保 B 銀行對 A 的債權。銀行為恐抵押標的物之一的房屋因發生火災而滅失，抵押權②將無所附麗，因此要求 A 必須就房屋投保火災保險，且指定 B 銀行為被保險人；火災保險的標的物，通常只針對建築物，不及於房屋所坐落的土地。土地不會成為火災保險的標的物。但是由於樹木花卉，依照民法的規定，是土地的出產物，就是土地的成分，在美國，有些保險公司也承保森林火災，從森林是土地的成分的觀點，火災保險例外承保到土地。

一、抵押權設定事實的告知

抵押權存在的事實，必須告知保險人，讓保險人知道何人為抵押權人，以便在發生保險事故時，在抵押權人債權還存在的範圍內，優先理賠給抵押權人。抵押權設定事實的告知究竟應該由何人為之，法無明文，依理論言，抵押物所有人（抵押人）或抵押權人都可以為告知。保險實務上多由要保人負責（要保人原則上是抵押人，例外在抵押權人投保時，抵押權人才是要保人）於要保申請書被保險人欄記載抵押權人名稱。1908 年德國保險契約法雖未明文規定何人為告知義務人，但從條文用語觀察，以抵押權人 (hypothekengläubiger) 為告知人的情形為常❻。

二、當事人暨關係人彼此的通知義務

當事人暨關係人彼此有下列通知義務：

（一）保險人對抵押權人有「保險契約訂立」的告知義務

保險期間及保險費一旦確定，保險人應立即以書面通知曾為抵押權存在事實告知的抵押權人❻。

（二）保險人對要保人（抵押人）或有利害關係之抵押權人為「保險費催繳」通知義務

依現行法規定，要保人怠於給付次期保險費，保險人得訂定期間催告，期滿之後猶不給付者，得解除保險契約❻。通知的對象包括有要保人身分的抵押人以及有利害關係的抵押權人。依 1908 年德國保險契約法，要保人（一般為抵押人）怠於給付次期保險費，保險人對抵押權人的保險義務於應繳納而怠於繳交之時起，一個月之期間屆滿前仍繼續存在❻。

（三）要保人或被保險人對保險人的「保險事故發生」通知義務

保險契約有效期間若發生保險事故，要保人或被保險人有向保險人為保險事故發生的通知義務。若通知人不是抵押權人時，保險人於接到通知之後，應該進一步將保險事故發生之事實通知已經為抵押權設定通知的抵押權人。1908 年德國保險契約法規定，保險人的進一步保險事故發生通知義務，應於「知悉保險事故發生之事實起一個星期內」以書面為之❻，但損失不顯著 (der Schaden unbedeutend ist) 者除外。

---

❻ 1908VVG §101(2).
❻ 1908VVG §101(1).
❻ 民法第 254 條。
❻ 1908VVG §102(2).
❻ 1908VVG §101(2).

三、保險人對抵押權人的有限延長保險義務
　　──保險契約被解除、撤銷或終止

　　在以抵押物為保險標的物投保火災保險的情形，若要保人怠未繳納保險費，或保險契約有被撤銷、被解除、無效、內容變更等情事，保險人可否對抗抵押權人，從民法到保險法，其實經過一段擺盪過程，而最新的鐘擺是走向折衷立場。舉德國保險契約法的規定，說明如下：

（一）依照德國民法──基於契約相對性，保險人可以對抗抵押權人

　　在 1908 德國保險契約法第 101 條至第 105 條制定前，完全依照德國民法的規定，也就是基於債權的相對性，可以推測的，鐘擺完全站在保障保險人一邊，忽視抵押權人權利的保障。

（二）1908 年德國保險契約法──為了保護交易的安全，保險人不得對抗抵押權人

1.契約的撤銷、解除或終止

　　除了因為怠未給付保險費或經抵押權人同意而終止契約外❻❾，保險人任何解除、終止、撤銷契約之行為、或期間屆滿之效力，都不能立即對抵押權人生效，也就是保險人對抵押權人在「三個月」內仍負保險義務，以維護抵押權人之利益。按抵押權人是經設定登記之擔保物權人，為了保護交易安全，並給予抵押權人另向其他保險人投保的緩衝期間，在保險契約生效後，即使因可歸責於要保人的事由，而保險人有免負保險給付義務的事由者，除了因可歸責於要保人之事由而保險費怠未給付應該另外規定；或經抵押權人同意而終止契約外，保險人的免為給付義務對抵押權人都不能立即生效，保險人的保險義務，對抵押權人而言，在三個月內仍然繼續存在❼⓿。「三個月」的起算，有以下列三種，且以最早者作為起算點：

　　⑴保險契約效力已終止者，從效力終止時起算❼❶

---

❻❾　1908VVG §§102(2)、103(1) 後段。

❼⓿　以 1908 年德國保險契約法第 103 條為例，規定為三個月始對抵押權人生效。

❼❶　1908VVG §103(1) 前段。

⑵保險人在保險契約效力終止前，已經通知抵押權人保險契約將於未來某日終止效力之事實者，從通知到達時起算❼❷

⑶抵押權人因其他原因，知悉保險人將於未來某日終止契約者，從知悉時起算❼❸

2.保險費怠未給付

保險費怠未給付者，除保險契約尚未生效之情形，保險人得對抗要保人外，保險人應通知抵押權人，並訂定一定期間，讓抵押權人得代繳保險費。分述如下：

⑴第一期的保險費尚未繳納

除非保險人與要保人有讓保險契約先生效，保險費另行繳納的約定，否則要保人第一期保險費尚未繳納者，保險契約即使已經成立，也尚未生效，即使發生保險事故，保險人也沒有為保險給付的義務，保險人得對抗要保人的事由，也可以對抗抵押權人❼❹。

⑵第二期以後的保險費怠未給付

要保人繳納第一期保險費使保險契約生效後，第二期或其後各期的保險費怠未繳納者，保險人必須另訂保險費之催繳期間，通知抵押權人代繳，該保險費之催繳期間屆滿後，再經過一段期間（例如：一個月）❼❺，保險費還是沒有繳納者，保險人對抵押權人的保險義務才告免除。在該催繳期間屆滿後的一定期間內（例如：一個月內），保險人對於抵押權人的義務仍然繼續，若在此期間內發生保險事故，保險人仍負保險給付之義務❼❻。

在以上二種情形，若抵押權人承諾代繳保險費，且願意基於原約定條件與保險費訂立契約，並於所訂期間內以書面提出申請者，為抵押權人的利益計，保險人有與抵押權人訂立契約或延長保險契約的義務，直至該保險標的物另外獲得保險的保障止❼❼，要保人與保險人任何改變保險契約內容的行為，都不能立即對抵押權人生效。

---

❼❷ 1908VVG §103(1) 前段。

❼❸ 1908VVG §103(1) 中段。

❼❹ 1908VVG §102(2).

❼❺ 1908VVG §102(2).

❼❻ 1908VVG §102(2).

❼❼ 1908VVG §105.

3.改變契約內容

要保人與保險人任何改變保險契約內容的行為，例如：減少保險金額、減少承保保險事故的範圍、或是將保險人的給付內容限於部分保險標的物之損失等，都必須在變更之後再經過一定期間，才能對抵押權人生效❼❽。保險人若於保險契約內容變更前已將保險契約內容將於「未來某日變更契約內容」之事實通知抵押權人者，自「通知到達後經一定期間❼❾」，變更後的保險契約內容才對抵押權人生效。又抵押權人因其他原因知悉保險人與要保人將於將來某日變更保險契約內容者，自「知悉之日」起算一定期間❽❿，才對抵押權人發生效力❽❶。

4.無 效

抵押權人已將設定抵押權的事實告知保險人者，保險契約即使有無效 (die Nichtigkeit des Versicherungsvertrags) 的情事，保險人也不得立即以其無效對抗抵押權人。必須等待無效情事經通知到達抵押權人之後再經過一定期間，才可以以保險契約無效對抗抵押權人。又抵押權人因其他事由，知悉保險契約無效者，自知悉時起算再經過「一定期間」❽❷，該無效才可以對抗抵押權人。

（三）2008 年德國保險契約法──折衷說

2008 年德國保險契約法，鐘擺擺回了折衷的立場，主要精神是：保險人僅就某些情況（基本上多為不可歸於要保人或被保險人的事由），才對抵押權人負有延續性保險的義務，而且延續性保險期間原則上也縮短為「二個月」。其將保險契約因為要保人違背據實說明義務而解除、保險人以被詐欺為理由撤銷保險契約等情形，採取保護保險人的政策，即保險人可以解除契約或撤銷被詐欺的意思表示，無須對抵押權提供延續性的保險保障。相對地，保險契約因為其他情形而終止、內容變更、或無效等情形，則仍然在一定期間，提供延續性保險的保障，以保護抵押權人。2008 年德國保險契約法的主要規定如下：

---

❼❽ 1908VVG §105.

❼❾ 例如：1908 年德國保險契約法規定為三個月。

❽❿ 例如：1908 年德國保險契約法規定為三個月。

❽❶ 參照 1908VVG §103(1)(2)。

❽❷ 1908 年德國保險契約法規定為三個月，參照 1908VVG §103(3)。

1.保險人有就要保人未繳納保險費或已對要保人催繳保險費的事實通知抵押權人的義務

2008 年德國保險契約法第 142 條規定：「在建築物火災保險，保險費的全期或第一期保險費未依期繳納，或對要保人已為限期繳納續期保險費之通知者，保險人應立即以書面通知曾為抵押權設定告知的抵押權人。未依限期繳納續期保險費而保險契約被終止者，亦同。」、「保險人應於知悉保險事故發生後一個星期內，以書面通知曾為抵押權設定告知的抵押權人，但毀損或滅失輕微者，不在此限。」

2.保險人對抵押權人在一定期間內仍負保險義務

⑴未依約續繳保險費時，保險人仍負一個月延續性保險義務

2008 年德國保險契約法第 143 條第 1 項：「續期保險費未依限期繳納者，保險人對於已為抵押權設定告知的抵押權人，從其將已通知要保人限期繳納保險費的事實告知抵押權人後的一個月內，或其未告知抵押權人者，從終止保險契約後的一個月內，應繼續負保險給付義務。」

⑵因其他原因而終止或保險契約合意終止時，保險人仍對抵押權人負二個月的延續性保險義務

2008 年德國保險契約法第 143 條第 2 項：「保險契約的終止，對已為抵押權設定告知的抵押權人，從保險人對抵押權人為將終止保險契約之通知之日起，或其未通知者，從保險契約終止之日起，或從抵押權人自其他方法知悉保險契約終止之日起，二個月內繼續負保險義務。但前段規定對保險契約因欠繳保險費，保險人行使解除權或終止權而消滅，以及經抵押權人同意，被保險人（要保人）終止保險契約之情形，不適用之。」

3.合意變更保險契約內容者，延續性保險期間為二個月

2008 年德國保險契約法第 143 條第 3 項：「前項第一段之規定，於保險人與要保人合意減少承保範圍或將賠償範圍限於被保險房屋的修繕之情形，亦適用之。」

4.保險契約無效者，延續性保險期間為二個月

2008 年德國保險契約法第 143 條第 4 項：「不得以保險契約之無效對抗已為告知抵押權設定的抵押權人。但是，保險人已將保險契約之無效告知抵押權人，或抵押權人自其他方法得知契約之無效已逾兩個月者，不在此限。」

5.要保人只有在抵押權消滅或經抵押權人同意才可以終止保險契約

2008 年德國保險契約法第 144 條規定：「抵押權人已經將抵押權設定之事實告知保險人者，雖有本法第 92 條第 1 項[83]以及第 96 條第 2 項[84]之規定，要保人，只有最遲在保險契約屆滿一個月前，證明在保險契約終止前保險標的物的抵押權將不復存在，或證明抵押權人已經同意終止保險契約，才可以終止保險契約。抵押權人，無足夠理由時，不得拒絕同意。」

四、要保人終止保險契約權利的限制

如前所述，雖然依法律規定或依契約約定保險標的物所有權變動時，受讓人得依法終止保險契約[85]，又火災保險之保險標的物一部毀損滅失時，當事人亦得於除斥期間屆滿前終止保險契約[86]。但若該保險標的物已經設定抵押權，則要保人終止保險契約須有下列兩種情形之一始得為之：

（一）證明保險標的物在設定抵押權之前，終止權即已經存在

要保人若證明保險標的物在得行使終止權之期間尚非抵押權的標的物，則要保人仍然可以行使終止權，換句話說，被保險人（要保人）必須證明「截至要保人得行使終止權期間的最後一日，保險標的物尚未成為抵押權之標的物」[87]。

（二）證明經抵押權人同意

要保人證明其終止抵押物保險契約 (die Kundigung der Versicherung) 是經抵押權人同意，得行使終止權[88]。抵押權人非有充分理由者，不得拒絕同意[89]。

---

[83] 2008 年德國保險契約法第 92 條第 1 項：「保險事故發生後，當事人都可以終止保險契約。」

[84] 2008 年德國保險契約法第 96 條是規定保險期間，保險標的物所有權移轉時，保險契約當事人均有權終止保險契約。該條第 2 項規定：「買受人得終止保險契約，且立即發生終止效力或從該保險期間屆滿時發生終止效力。保險契約的終止權，從購買後一個月不行使而消滅，在購買人不知有保險契約的情形，自其知悉有保險契約時起算。」

[85] 1908VVG §70(2).

[86] 1908VVG §96(1)(2).

[87] 1908VVG §106(1)（1908 年德國保險契約法規定為一個月）。

[88] 1908VVG §106(1).

[89] 1908VVG §106(2).

五、保險人提供相關證明及資訊的義務

抵押權人將抵押權存在之事實通知保險人者，保險人就已收受抵押權人通知之事實應給予證明；保險人應抵押權人之請求，有提供保險契約及保險金額等資料或訊息之義務❾❿。

六、抵押權人住所變更

抵押權人的住所變更時，應該通知保險人，以便保險人在依法有以書面通知抵押權人的必要時，供書面通知送達之用。若抵押權人怠未將其變更住所之事實通知保險人，由於保險人面對著社會上廣大的要保人及抵押權人，事實上無法一一查核之後再為通知，因此保險人只要依其所知悉抵押權人之最後住址為書面通知即已足，不以確實通知抵押權人變更後之新住址為必要❾❶。至於通知的生效時間，在我國非對話意思表示採到達主義的情形下，解釋上應以依通常寄信方式，該通知寄達於保險人所知悉之抵押權人最後住址之時，為生效之時❾❷。

拾陸　共同保險條款

一、共保條款 (coinsurance provisions) 之意義及緣由

保險法第 48 條規定：「保險人得約定保險標的物之一部分，應由要保人自行負擔由危險而生之損失。有前項約定時，要保人不得將未經保險部分，另向他保險人訂立保險契約。」，此稱為「共同保險條款」，其實是「視為共同保險條款」，可圖示如下：

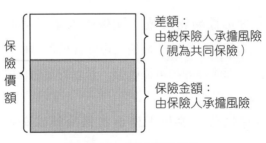

圖 16-2　共同保險條款

❾❿　1908VVG §107.

❾❶　1908VVG §107a 前段。

❾❷　1908VVG §107a 後段。

　　共同保險條款最常見於房屋火災保險契約及海上保險，若保險金額不及於保險標的物之價值（保險價額），就依照約定或依照習慣「視為」共同保險。共同保險條款起源於房屋火災保險，其目的在平均房屋「部分損失」機率較「全部毀損」機率為高的不利益，因為所有損失都是從零開始，從「零」到「部分損失」的機率一定比從「部分損失」到「全部損失」的機率為高，假若沒有共保條款的約定或習慣，則保險公司所承保的必然是從零到部分損失的部分，也就是理賠機會比較大的部分，被保險人所自負的損失，必然是全部損失扣除保險理賠的餘額部分，自負損失的機率較低，甚至於可以只投保部分保險，就享有高度的保險保障。

　　例如：一棟房屋值 1,000 萬元，火災保險之保險費 1 萬元，即房屋價值每 1,000 元，即負擔保險費 1 元，若保險金額為 600 萬元，保險費即須 6,000 元，由於統計數字證實火災發生時，「部分焚毀」之機率遠高於「全部焚毀」，若不採取共保制度，則保險人在部分保險所收取的保險費風險將必須高低不同，第一個 1 千元所收取保險費 1 元，其理賠風險必然高於第二個 1 千元所收保險費 1 元，依序向後推算，第六千個 1 千元所收的保險費理賠機會亦必然超過被保險人沒有投保的第六千零一個 1,000 元起至第一萬個 1,000 元止之每一個 1 元保險費之風險。因此在無共保情形下，保險人處於極端不利之地位。保險人為分散此種不利益，可行的方法是訂立共保條款，將保險人所未承保之部分，視同要保人（被保險人）自行承保。

　　保險人常以訂約時保險標的物價值的一定比例，為該保險標的物在保險事故發生時的保險價額，例如：以訂約時保險標的物價值之百分之八十為保險價額。理由有二：

1.定值保險下，防止標的物貶值，被保險人不當得利

　　保險標的物在保險契約訂立時的價值，可能高於保險標的物在保險事故發生時的價值，換句話說，保險標的物可能貶值，若以約定時保險標的物之一定比例為保險價額，可以防止不當得利。

2.避免因欠缺共保條款，要保人借由複保險轉嫁全部風險，降低注意標準

　　在欠缺共保條款的情形下，要保人或被保險人仍可能向其他保險人投保，使各保險人所承保之保險金額的總額相當於保險標的物的價值，此時若發生保險事

故，被保險人將可從各個保險人獲得十足理賠，亦即即使發生保險事故，被保險人亦不必蒙受任何損失，其結果將導致被保險人疏於預防保險事故之發生，客觀上增加保險事故發生之機率，增加全體要保人的負擔及社會成本。

二、共同保險條款下的理賠

共保條款有約定要保人或被保險人，必須就保險人所未承保之部分全數向其他保險人投保，其不足部分，視為自保者；亦有約定承保比例必須達一定比例，一般為百分之八十，不足者，必須向其他保險人投保，其未達該比例者，不足部分視同自保。以後者為常見。

（一）共保條款約定承保比例達百分之百者

$$\underset{\text{（保險給付數額）}}{X} = \frac{\underset{\text{（保險金額）}}{U}}{\underset{\text{（承保比例）}}{\dfrac{100}{100}} \times \underset{\text{（保險標的物之價值）}}{S}} \times \underset{\text{（損失）}}{L}$$

假若保險金額是 50 萬元，保險標的物之價值為 100 萬元，損失 8 萬元，則保險人應給付之保險數額，計算如下：

$$\underset{\text{（保險給付數額）}}{X} = \frac{\underset{\text{（保險金額）}}{(U)500,000}}{(P/C)\underset{\text{（承保比例）}}{\dfrac{100}{100}} \times \underset{\text{（保險標的物之價值）}}{(S)1,000,000}} \times 80,000 \text{（損失）}$$

$$= 40,000 \text{ 元}$$

約定共保比例達百分之百之情形，多見諸海上保險，只有少數見於其他財產保險。

（二）共保條款約定承保比例不及百分之百者

$$\underset{\text{（保險給付數額）}}{X} = \frac{\underset{\text{（保險金額）}}{U}}{\underset{\text{（保險價額比例）}}{(P/C)} \times \underset{\text{（保險價額）}}{S}} \times \underset{\text{（損失）}}{L}$$

若保險金額 50 萬元，保險標的物之價值為 100 萬元，損失 8 萬元，保險價額比例百分之八十，則保險人給付之保險數額，計算如下：

$$
\underset{\text{(保險給付數額)}}{X} = \frac{\underset{\text{(保險金額)}}{\text{(U)}500{,}000}}{\frac{80}{100} \times \underset{\substack{\text{(保險價額)} \\ \text{(P/C 保險標的物之價值)}}}{\text{(S)}1{,}000{,}000}} \times \underset{\text{(損失)}}{\text{L}(80{,}000)}
$$

$$
= \frac{500{,}000}{800{,}000} \times 80{,}000
$$

$$
= 50{,}000 \text{ 元}
$$

三、共保條款下，保險標的物漲價，被保險人因應之道

共保條款下，保險標的物在保險契約訂立時之價值與保險事故發生時之價值，可能因漲跌而價值不同。在下跌的情形，保險人可利用「保險價額之一定比例為保險價額」之約定，避免或減少流弊；在上漲的情形，不論保險人有無約定以保險標的物價值之一定比例——例如百分之八十——，作為保險價額，都將對被保險人發生不利益。例如：訂約時保險標的物的價值是 10 萬元，保險價額比例為百分之八十，保險金額 8 萬元，因保險事故發生，損失為 8 萬元。若發生保險事故，保險人之理賠數額為：

$$
\underset{\text{(保險給付數額)}}{X} = \frac{\underset{\text{(保險金額)}}{\text{(U)}80{,}000}}{\frac{80}{100} \times \underset{\substack{\text{(保險標的物價額)} \\ \text{(P/C 保險價額比例)}}}{100{,}000}} \times \underset{\text{(損失)}}{80{,}000} = 80{,}000 \text{ 元}
$$

即保險人應給付保險金 8 萬元。若保險事故發生時，保險標的物升值漲價為 20 萬元，則被保險人所獲得之保險給付為 4 萬元：

$$
\underset{\text{(保險給付數額)}}{X} = \frac{\underset{\text{(保險金額)}}{80{,}000}}{\frac{80}{100} \times \underset{\substack{\text{(保險標的物漲價後之價額)} \\ \text{(保險價額比例)}}}{200{,}000}} \times \underset{\text{(損失)}}{80{,}000} = 40{,}000 \text{ 元}
$$

　　從以上顯示保險標的物漲價前與漲價後，保險人理賠責任的差異，在保險標的物漲價一倍後，被保險人獲得的保險理賠將減少一半，處於相當不利的地位。被保險人為防免此種不利益，得採取的方法主要有：

（一）提高保險金額

　　要保人提高保險金額，可提高其受保險理賠的比例，並因此獲得較高數額的保險給付，例如前揭例子，可將保險金額提高為 9 萬元，甚至提高到與保險標的物訂立時等值的 10 萬元都可以。

（二）定期評估保險標的物價值並相應調整保險金額

　　保險契約得約定定期評估保險標的物的價值，並相應調整保險金額，以便保持與保險標的物價值的一定比例，獲得保險的保障。

（三）訂立保險標的物的約定價值 (a stipulated value)

　　保險契約得基於共保條款的目的，訂立「約定價值」，就特定目的提高保險標的物的價值，以預防因保險標的物漲價，造成保險金額與保險價額的比例偏低，致生被保險人的不利益。

（四）約定以契約訂立時，保險標的物的價值為固定保險價額

　　當事人得約定以保險契約訂立時，保險標的物的價值為固定保險價額（保險事故發生時的價值），使被保險人的保險金額與保險價額的比例維持固定，不因保險標的物價值漲跌而受影響。

（五）自動調整保險金額

　　保險契約得約定自動調整 (automatic adjustments) 保險金額，以便適時反映因通貨膨脹而發生的保險標的物價值的上漲，使保險金額與保險價額之比例，維持固定。

四、家庭保險條款的陷阱

家庭保險 (a home insurance) 常有類似共保條款的約定：「保險人將賠償被保險人的修繕損失，不扣除折舊，但以保險金額至少達保險標的物修繕費用的百分之八十為限。(The insurance provides for the reimbursement of repair costs, without deduction for depreciation, if the face amount of the insurance is at least a stated percentage(for example, 80%) of replacement cost.)」。但是此種條款常為陷阱，因為「修繕費用 (replacement cost)」，常常遠超過保險標的物發生保險事故時的實際價值 (actual cash value 或 market value)，要保人投保之保險金額與保險標的物實際價值之比例，雖然超過契約所訂的約定比例，但其保險金額若與修繕費用相比，仍然低於百分之八十，則被保險人無法享有該家庭保險條款「不扣除折舊」的保障。

例如：為保險標的物的房屋，在折舊情況下，於保險事故發生時的實際價值為 100 萬元，重新建築或修繕 (replacement) 將需費 150 萬元；假定保險金額為 90 萬元，則若以保險金額與實際價值（actual cash value 或 market value）相比，已逾百分之八十，被保險人可以享有「不扣除折舊」的保險理賠；但若依契約約定以保險金額與修繕費用相比，則保險金額未達修繕費用的百分之八十，其結果，原來被保險人原以為可以享受「不扣除折舊」的保險理賠者，因為修繕費用太高，致保險金額占修繕費用的比例反而未達約定標準，將不能享有此種保險的保障。

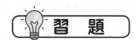

一、選擇題

1.下列關於火災保險的「火」的敘述，何者正確？

　(A)只指友火。

　(B)只指敵火。

　(C)包括友火及敵火。

　(D)敵火或友火。

2.下列關於火災保險承保範圍的敘述，何者最為正確？

　(A)只承保因敵火為主力近因造成的損失，但可以另外加保附加險，將閃電、雷擊、航空器墜落等損失納入承保範圍。

　(B)只承保客觀上因敵火造成的損失，但可以另外加保附加險，將閃電、雷擊、航空器墜落等損失納入承保範圍。

　(C)只承保主觀上因敵火造成的損失，且不得另外加保附加險將閃電、雷擊、航空器墜落等損失納入承保範圍。

　(D)只承保因敵火為主力近因造成的損失，且不得另外加保附加險將閃電、雷擊、航空器墜落等損失納入承保範圍。

3.下列關於火災保險採用定值保險或不定值保險的敘述，何者正確？

　(A)古董、藝術品多採定值保險，建築物多採不定值保險，但性質獨特的建築物，也可以採定值保險。

　(B)古董、藝術品多採不定值保險，但性質獨特的建築物，以採定值保險為原則。

　(C)古董、藝術品、建築物一律採不定值保險。

　(D)古董、藝術品、建築物一律採定值保險。

4.下列關於火災保險保險單的敘述，何者正確？

　(A)火災保險保險單以指定或無記名式為原則，以記名式為例外。

　(B)火災保險保險單以記名式為原則，以指定或無記名式為例外。

　(C)火災保險保險單一律為指定或無記名式。

　(D)火災保險保險單一律為記名式。

5.下列關於火災保險承保損失範圍的敘述，何者正確？

　(A)只包括以敵火為主力近因的實際損失，不包括火災發生因撲滅、拆除、搬移、竊盜造成的擬制損失。

　(B)原則上包括以敵火為主力近因的實際損失，但以有特別約定為限，還包括火災發生因撲滅、拆除、搬移、竊盜造成的擬制損失。

　(C)包括以敵火為主力近因的實際損失以及火災發生因撲滅、拆除、搬移、竊盜造成的擬制損失。

(D)包括客觀上因敵火所造成的實際損失以及火災發生因撲滅、拆除、搬移、竊盜造成的擬制損失。

6. 依照保險法第 29 條第 2 項：「保險人對於由要保人或被保險人之過失所致之損害，負賠償責任。但出於要保人之故意或過失者，不在此限。」，但書的反面解釋，下列關於火災保險保險事故發生後，要保人或被保險人違反維持原狀義務法律效果的敘述，何者正確？

(A)要保人或被保險人因輕過失違反維持原狀義務者，保險人應負保險給付責任，只有因故意、重大過失而發生或增加的損失，保險人才免除責任。

(B)要保人或被保險人因輕過失、重大過失違反維持原狀義務，保險人都應負保險給付責任，只有因故意而發生或增加的損失，保險人才免除責任。

(C)要保人或被保險人雖因輕過失違反維持原狀義務者，保險人得拒絕保險給付。

(D)要保人或被保險人只有因故意或重大過失違反維持原狀義務者，保險人才得拒絕保險給付。

7. 下列關於保險標的物滅失與保險費返還義務的敘述，何者正確？

(A)保險期間，保險標的物不論因保險事故發生或非因保險事故發生而全部滅失，保險人都不退還保險費。

(B)保險期間，保險標的物不論因保險事故發生或非因保險事故發生而全部滅失，保險人就保險事故發生時起到保險期間屆滿時止都按照比例退還保險費。

(C)保險期間，保險標的物因保險事故發生而全部滅失時，保險人不退還保險費；保險標的物因非保險事故發生而全部滅失，保險人就滅失發生時起到保險期間屆滿止時按照比例退還保險費。

(D)保險期間，保險標的物因保險事故發生而全部滅失，保險人就保險事故發生時起到保險期間屆滿時止都按照比例退還保險費；保險標的物因非保險事故發生而滅失者，保險人不退還保險費。

8. 下列關於火災保險標的物因保險事故發生而部分滅失時，行使終止權的敘述，何者正確？

(A)只有保險人可以行使終止權。

(B)只有要保人可以行使終止權。

(C)保險人與要保人都可以行使終止權，且都於終止的意思表示生效時，立即發生終止的效力。

(D)保險人與要保人都可以行使終止權，要保人行使終止權時，於終止的意思表示生效時，立即發生終止的效力；保險人行使終止權時，必須於終止的通知到達後，再經過一定期間才可以發生終止效力。

9.債務人將其所有之房屋設定抵押權予銀行，向銀行借錢。依照銀行的要求，債務人又以該房屋為保險標的物，向保險人投保火災保險，約定銀行為被保險人。保險契約成立生效後，保險人輾轉知悉該房屋實際上為木造，非如要保申請書之記載是加強磚造，因此保險人以要保人違背據實說明義務為理由解除保險契約。下列關於解除保險契約對銀行效力的敘述，何者為正確？

(A)解除契約有效，且解除契約的效力立即可以對抗銀行。

(B)解除契約無效。

(C)解除契約有效，但是在一定期間內，不可以對抗銀行。

(D)必須先定期告知，期滿之後，可以解除契約，並對抗銀行。

10.依據保險法的規定，下列關於集合保險保險標的物的敘述，何者正確？

(A)限於被保險人、其家屬、受僱人或同居人之物，且須載明於保險契約者。

(B)限於被保險人、被保險人家屬、受僱人或同居人之物。

(C)限於被保險人、被保險人家屬，或同居人，或受僱人之物，且須載明於保險契約者。

(D)限於被保險人、被保險人的家屬或同居人，或受僱人放置在保險契約約定處所之物。

11.在保險標的物設定抵押權的情況，若保險契約約定保險人應該賠償被保險人替換或修繕費用時，下列關於保險人保險給付方法的敘述，何者正確？

(A)保險人給付之數額，不得超過保險價額。

(B)除非獲得抵押權人同意或要保人另外提供擔保，否則保險人不得理賠。

(C)要保人即使提供擔保，保險人的理賠仍然不得超過保險價額。

⒟除非完成替換或修繕，保險人不得理賠。

12.在替換或修繕保險，保險契約約定保險人應該賠償被保險人替換或修繕費用時，
下列關於保險人的保險給付對於抵押權人效力的敘述，何者最為正確？

⒜對抵押權人有效。

⒝對抵押權人不生效力。

⒞若是保險人知悉設定抵押權的事實，除非要保人提供擔保，或是抵押權人書
面同意，否則對於抵押權人不生效力。

⒟只有完成替換或修繕，保險人才可以為保險給付。

參考答案

1. BAADC　　　　6. BCD

9. A，但依 1908 年德國保險契約法為 C，依 2008 年
德國保險契約法為 A

10. A，但依德國保險契約法為 D

11. BC

二、問答題

1. 火災保險的火，必須具備什麼特色？試舉學理及最高法院的觀點加以說明。

2. 火災保險損害的認定採主力近因原則 (proximate cause)。何謂主力近因原則？請舉例加以說明。

3. 解釋下列法律名詞：

   ⑴擬制損失。

   ⑵定值保險。

4. 何謂定值保險？何謂不定值保險？

5. 請說明估計下列標的物保險價額的方法：

   ⑴建築物。

   ⑵動產。

6. 保險法第 58 條：「要保人、被保險人或受益人，遇有保險人應負保險責任之事故發生，除本法另有規定，或契約另有訂定外，應於知悉後五日內通知保險人。」假若保險契約約定：火災發生後要保人、被保險人應該於二日內通知保險人，該約定之效力如何？若約定：火災發生後要保人、被保險人應該於七日內通知保險人，其效力又如何？

7. 保險標的物因保險事故發生而一部滅失時，其法律效果如何？

8. 保險標的物全部滅失時，其法律效果如何？試就滅失的原因是保險事故與非保險事故分別說明之。

9. 甲以其所有房屋一棟設定抵押權給銀行，向銀行借錢。應銀行的要求，甲以該房屋為保險標的物，向保險公司投保火災保險。其後，保險公司發現甲違背據實說明義務，遂解除保險契約。請問：解除契約的行為是否立即對銀行發生效力？

第十七章

責任保險

壹、責任保險的意義
一、被保險人對第三人必須負民事責任，且發生在保險期間內
二、須被保險人受到「第三人的請求」

貳、附加被保險人
一、附加被保險人條款的意義
二、附加被保險人條款的功能
三、具名被保險人「同意」之意義
四、輾轉同意——被同意人 (permittee)（附加被保險人）對第三人之同意
五、附加被保險人對具名被保險人的侵權行為
六、附加被保險人條款的困境與具名被保險人的擴大化

參、責任保險的責任
一、以「發生責任的原因」為分類標準
二、以「歸責主體」為分類標準
三、以「責任的層次」為分類標準

肆、保險給付的範圍
一、被保險人對第三人的賠償
二、訴訟上或訴訟外的必要費用
三、被保險人之代理人、受僱人或監督人因經營事業對第三人應負的責任

伍、被保險人的通知義務
一、保險事故發生的通知義務
二、其他通知義務

陸、保險人的給付義務
一、給付的條件與期限
二、保險人的參與權

壹　責任保險的意義

保險法第 90 條規定：「責任保險人於被保險人對於第三人，依法應負賠償責任，而受賠償之請求時，負賠償之責。」，據此，責任保險 (liability insurance; die Haftpflichtversicherung) 的成立必須具備下列要件：

一、被保險人對第三人必須負民事責任，且發生在保險期間內

被保險人的責任只要是民事責任，不論該責任為侵權行為責任、債務不履行責任或是因其他法律事實（例如：不當得利、占有物返還請求權等）而發生的責任，都可以是責任保險的標的。

被保險人對第三人的民事責任是否發生在保險期間內，有時十分明確，例如：汽車碰撞事故是否發生在保險期間，十分明確；有時並不十分清楚，例如：商品製造人責任保險，消費者購買、服用藥物的時間雖然在保險期間內，但是服用藥物產生的副作用的時間、消費者對商品製造人的求償時間，卻可能全部或部分落在保險期間經過之後，此時，**究竟應否認定是在保險期間內發生，必須視保險契約的約定而定，若保險契約沒有明確約定，則涉及保險契約的解釋問題，也就是應做不利於保險人的解釋。**

二、須被保險人受到「第三人的請求」

第三人因被保險人債務不履行、侵權行為或其他法律事實而對被保險人有請求權者，第三人的請求權仍然未必行使，因為基於私法自治原則，**請求權的行使是第三人的權利而非義務**，換句話說，第三人可以選擇行使或不行使請求權，責任保險的保險事故只有在第三人選擇向被保險人行使請求權時才會發生；若第三人拋棄其對被保險人的請求權，則保險事故不發生。圖示如下：

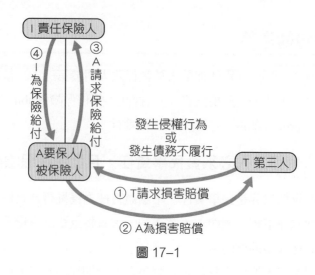

圖 17-1

在上圖：

1. A 被保險人對 T 第三人發生侵權行為或債務不履行的損害賠償責任，此時 A 被保險人只有可能被受害人 T 請求損害賠償的危險而已，責任保險的保險事故還沒有發生。

2. 若 T 第三人向 A 請求損害賠償①，責任保險的保險事故發生。

3. A 被保險人履行對第三人損害賠償的債務②，發生財產上的損失。

4. 被保險人 A 向保險人 I 請求保險給付③。

5. I 保險人向 A 被保險人為保險給付，填補 A 被保險人因賠償 T 第三人所發生的損失④。

6. 實務上，為了簡化理賠過程，強化被保險人對第三人請求的防禦能力，常常由保險人參與和解或參加訴訟，並由保險人直接理賠給第三人。

貳 附加被保險人

責任保險所承保的責任，除了包括被保險人對第三人的責任之外，若是保險契約有附加被保險人的約定，則承保的範圍還包括附加被保險人對第三人的責任。

一、附加被保險人條款的意義

汽車責任保險契約常常訂有「附加被保險人條款」。所謂「附加被保險人條

款」是指保險契約約定：保險人對於與具名被保險人 (a named insured) 有一定關係，且經被保險人同意使用保險標的物之人，因使用該特定標的物而對第三人負有損害賠償責任時，保險人對該一定關係之人亦負保險給付責任的契約條款。附加被保險人條款（綜合條款），英文稱為 omnibus clause，omnibus 原意是指同時可以承載家庭多數成員的中型旅行車，omnibus clause 就是指同時可以提供具名被保險人家庭，或與具名被保險人有一定關係之人保險保障的條款。

載有附加被保險人條款的保險契約，不但具名被保險人在保險保障的範圍內，而且其他經被保險人「同意」而使用該車之人，雖未於保險契約中預先載明其姓名，納入承保的範圍內。其納入的方式，較常使用的是以定義方式為之，例如「被保險人之範圍 (person insured)」或「被保險人之定義 (definition of the insured)」。

二、附加被保險人條款的功能

附加被保險人條款的功能主要有四：

（一）對於與具名被保險人有密切關係之人提供保險的保障

附加被保險人條款的功能原本是對具名被保險人的「配偶或其家人」，使用被保險車輛而發生賠償責任時，也提供責任保險的保障，其後擴大到「經被保險人同意而使用保險標的物之人」。無論是「配偶及其家人」，或是「經被保險人同意而使用保險標的物之人」，都是與被保險人有密切關係之人，因此附加被保險人條款就是對與具名被保險人關係密切之人提供保險保障的條款。

保險是提供保障的商品，必須符合社會的需求，才有賣點。假若不顧社會的實際需求，汽車責任保險只提供被保險人一人保障，被保險人的家人或朋友開車所發生的責任都不在保險保障的範圍，其結果，被保險人的家人或朋友，或是必須先另外購買保險，然後開車，或是冒著風險，勉強上路，二者都造成不便，附加被保險人條款，因此發生。

（二）善盡具名被保險人對附加被保險人的法律責任及道德義務

具名被保險人將標的物（例如車輛）提供他人使用，使用人因使用保險標的物所發生之責任（附加被保險人因使用保險標的物，對第三人侵權行為的損害賠

償責任），在無償借用等情形，被保險人就保險標的物之瑕疵除有故意或重大過失不告知者外，固然可以不負責任，但是法律責任可免，道德義務難卻，避免道德義務的方法，就是投保訂有附加被保險人條款的責任保險，將借用保險標的物之人也能納入附加被保險人的範圍內，則即使附加被保險人因使用保險標的物致生第三人損害，須對第三人負賠償責任，也因有附加被保險人條款提供保險保障，在附加被保險人賠償第三人之後，保險人會填補附加被保險人因賠償的損失，從而減少被保險人對附加被保險人的道德義務。

在有償租用等情形，被保險人對承租人等就租賃標的物負有瑕疵擔保責任，被保險人就租用人等使用保險標的物所致第三人之損害，不但負有道德義務，而且有時也必須負法律責任，若保險契約訂有附加被保險人條款，將承租人等也納入被保險的範圍內，對於平息糾紛、便利求償，甚有助益。

（三）配合汽車出租交易的需要，提供承租人責任保險的保障

隨著旅遊商務的頻仍，旅客下飛機或火車後，承租出租車供短程交通方便，越來越普遍，汽車出租業者常預先購買責任保險，訂定附加被保險人條款，將承租人也納入被保險人的範圍，符合汽車出租業的實際需要。

（四）對社會大眾提供賠償保障

使用保險標的物（例如車輛）本身即對社會的不特定人有潛在的侵害可能，其若因而致他人損害，使用人應負損害賠償責任。但應負損害賠償責任只是「當為 (solen)」的規範，有無資力賠償才是「存在 (sein)」的問題；「存在」與「當為」之間經常存在有落差，換句話說，雖然使用人依法「應該」負損害賠償責任，但實際上未必就有資力負擔損害賠償，若因使用人無資力賠償，必然導致被害人求償無門。

從被害人個人言，是被害人蒙受損害，求償無門；從社會言，可能造成死生無告，社會不安。附加被保險人條款提供經被保險人同意而使用保險標的物之人（附加被保險人）保險保障，透過責任保險，使保險人參與和解或參加訴訟，既可幫助被保險人，在和解或判決數額範圍內，以保險金額為上限，直接理賠給被害人，使被害人也獲得保險理賠的保障，對於社會安全極具助益。

三、具名被保險人「同意」之意義

經保險單的被保險人「同意 (permission)」而使用保險標的物之人為附加被保險人。然而關於「同意」之解釋，寬嚴各有不同，歸納其要義，計有三說：

（一）放任說 (a liberal rule)

放任說，主張就具名被保險人的「同意」，採自由放任的解釋，即只要是經具名被保險人同意而使用保險標的物之人，不論其使用的時間、地點或目的，就使用保險標的物而發生的責任，都是責任保險的附加被保險人。

（二）嚴格說 (a strict rule)

嚴格說，是指就具名被保險人的「同意」，採嚴格限制解釋，也就是獲得同意而使用保險標的物之人，必須證明使用的「時間」、「地點」及「目的」都在具名被保險人同意的範圍內，該使用人才是附加被保險人。

（三）折衷說

折衷說，或稱輕微偏離說 (a minor deviation rule)，是指就具名被保險人「同意」的解釋，採取介乎「自由放任」與「嚴格」之間的立場，也就是經同意使用保險標的物之人，若就同的時間、地點及目的只是「輕微偏離」或「部分偏離」具名被保險人同意的範圍，仍然為附加被保險人；反之，若已經「重大地或實質地 (materially)」違反具名被保險人同意的範圍，則不屬於附加被保險人。

以上「放任說」、「嚴格說」與「折衷說」的認定標準，多以「時間」、「地點」及「目的」為判斷要素，差別只是是否必須遵守全部要素，或是遵守要素的多寡而已。採「放任說」者認為，只要經被保險人同意使用保險標的物（車輛），不論使用的時間、地點、目的是否逾越被保險人同意的範圍，該使用人都是附加被保險人；在「嚴格說」則剛好相反，則認為經被保險人同意而使用保險標的物之人，使用人就使用的「時間」、「地點」及「目的」都必須嚴格地限制在被保險人同意的範圍內，才是附加被保險人；採「折衷說」者，則認為只要是經被保險人同意而使用保險標的物之人，「時間」、「地點」、「目的」三個判斷要素雖無須同時都在

具名被保險人同意範圍內，但至少三者之中必須有一個或兩個是在具名被保險人同意範圍內，才能列入附加被保險人之列。

放任說的觀點，流於浮濫，保險人承擔的風險太大；嚴格說的觀點，過分拘謹，經同意使用保險標的物之人，稍不小心，就喪失附加被保險人的身分，於己於人，都十分不利。比較之下，折衷說的見解較為可採。

折衷說雖然較為合理中道，但是其判斷的因素應該再擴大。折衷說中「輕微偏離」與「重大地或實質地違反被保險人所預期之同意」的界線何在？又判斷是「輕微偏離」或「重大或實質違反」之因素是否只限於「時間」、「地點」、「目的」三個因素？折衷說的見解，似宜依據個案的事實狀況 (the factual situation of each case)，作彈性 (flexible) 判斷。因為使用被保險車輛之情況不一，欲求得具體的妥當，必須就個案的具體情況個別判斷，才不會淪於僵化。也就是個案的判斷基礎，應該再擴大，不應該只限於「時間」、「地點」及「目的」三個因素，以下各點亦應列入考慮因素：

1.具名被保險人與被同意使用保險標的物之人的關係

具名被保險人與被同意使用保險標的物之人的關係，應列為判斷使用人是否得為附加被保險人的重要因素。例如：基於社交或非商業 (social or nonbusiness) 原因，將被保險車輛借予他人使用；與基於商業目的 (business purpose)，僱用人將車輛交給受僱人使用二種情況不同，前者「同意」的範圍較大，具有概括同意 (a comprehensive permission) 的性質；後者「同意」的範圍較小，只於僱傭範圍內才在「同意」的範圍內。

2.具名被保險人所為的特別限制

具名被保險人於同意使用保險標的物時，若就「時間」、「地點」或「目的」之外，還另有限制，此時，關於附加被保險人的認定，應將該另外限制也納入為衡量因素。例如：受僱人使用被保險車輛前，僱用人若另外有受僱人使用車輛限於「僱傭範圍內之商業目的 (business purpose)」的限制，則附加被保險人的認定，應該將該限制也納為衡量因素，若受僱人未另經僱用人的同意，而將該車輛用於載運自己私人的貨物或將該車輛借予第三人使用，就是違背具名被保險人的限制，其使用車輛就不在被保險人同意的範圍，因此不具有附加被保險人身分，但對此點，有少數判決採反對說 ❶。

四、輾轉同意──被同意人（附加被保險人）對第三人之同意

經具名被保險人同意使用保險標的物之人，又同意第三人使用保險標的物，稱為「輾轉同意」。該經輾轉同意之第三人是否也納入附加被保險人的範圍，已成為實務上應探討的問題。保險單上記載的被保險人稱為「具名被保險人」，經具名被保險人同意使用保險標的物之人稱為「最初被同意人 (permittee)」；經「最初被同意人」同意而使用保險標的物之人稱為「第二被同意人 (a second permittee)」或「被同意人之被同意人 (permittee's permittee)」。第二被同意人是否屬於「附加被保險人」之範圍，應分情況討論：

（一）具名被保險人「明示同意」最初被同意人得將保險標的物提供第三人使用者

具名被保險人明示同意最初被同意人得將被保險車輛（標的物）提供第三人使用者 (expressly authorized to allow others to use the insured vehicle)，則該第三人使用被保險車輛時，也具有附加被保險人身分。

（二）具名被保險人「明示禁止」最初被同意人將保險標的物再提供第三人使用者

具名被保險人「明示禁止」最初被同意人再同意第三人使用被保險車輛 (expressly prohibit the use of a vehicle by third party) 者，該第三人即使經最初被同意人的同意而使用保險標的物，仍然不具有附加被保險人身分。但例外情形有二：

1.為「具名被保險人」或「最初被同意人」的利益者

第三人使用保險標的物若是為「具名被保險人」或「最初被同意人」的利益時 (for the benefit of the named insured or the original permittee)，特別是有緊急情事 (when some type of emergency arises) 的情況，保險實務上常將該第三人納入附加被保險人範圍❷。

---

❶ United States Fidelity and Guaranty Company v. Billingsley, 376 So.2d 1369 (Ala. 1979); Employers Insurance of Wausau v. Woodruff, 586 S.W.2d 625 (Tenn. App., Western Section, 1978).

2.具名被保險人已另外默示同意第三人使用者

具名被保險人雖然為明示概括禁止 (made an express general prohibition)，但是明知「最初被同意人 (the original permittee)」會違反其禁止的意思，仍同意最初被同意人繼續占有並使用保險標的物者，解釋上在概括禁止之後，具名被保險人已另外對最初被同意人為「默示的同意 (an implied permission)」，該後來的具體的默示同意構成先前明示概括禁止的例外，因此該第三人（第二被同意人）也納入附加被保險人的範圍。

（三）具名被保險人沒有明示同意或明示禁止，僅對最初被同意人為「概括同意使用」或「自由支配」保險標的物之表示者

具名被保險人就最初被同意人是否得將保險標的物提供第三人使用雖然沒有同意或禁止的明示表示，但若其對最初被同意人的同意是「概括同意 (permission is broad in scope) 使用」，或是「得自由支配保險標的物 (unfettered control for an insured objects)」，則解釋上第三人基於最初被同意人的同意而使用保險標的物，也納入附加被保險人範圍。

（四）具名被保險人就第三人使用保險標的物未為同意或反對之表示

具名被保險人既未明示同意，亦未明示禁止最初被同意人將保險標的物提供予第三人使用，同時，對最初被同意人又無「概括同意使用」保險標的物或「自由使用」保險標的物的表示時，很難從保險契約或當事人意思認定該第三人是否為附加被保險人，關於此點，法院的見解也不一致，採肯定見解、否定見解均有之❸。實務上多認為應從該第三人於保險事故發生時，使用保險標的物究竟為何人之利益而為判斷。換句話說，若保險事故發生時，該第三人使用保險標的物的目的是為「最初被同意人之利益」時，則該第三人為附加被保險人；反之，若保險事故發生時，該第三人使用保險標的物的目的係為「該第三人自己（即第二被同意人 (the second permittee) 之利益）」時，則不納入附加被保險人的範圍。

---

❷ Gangel v. Benson, 215 Kan. 118 at pp. 124–125, 523 P.2d 330 at pp. 335–336 (1974).

❸ 肯定說：Duff v. Alliance Mutual Casualty Company, 296 F.2d 506 (10th Cir. 1961). 否定說：Melvin v. American Automobile Insurance Company, 1232 Md.476, 194 A.2d 269 (1963).

五、附加被保險人對具名被保險人的侵權行為

具名被保險人將保險標的物借予第三人（附加被保險人）使用，該第三人於使用保險標的物時，因故意或過失致具名被保險人死亡或傷害、或致具名被保險人的財產毀損滅失時，保險人應否負給付保險金的責任，事涉具名被保險人為被害人時，該經同意使用保險標的物之第三人是否仍為附加被保險人問題。以汽車為例，車輛所有人甲投保汽車責任險，指定甲為被保險人（即具名被保險人），並訂有附加被保險人條款。若甲將該車輛借乙駕駛，乙於駕駛該車輛時不慎撞傷丙，由於丙為被害之第三人，乙具有附加被保險人身分，因此保險人當然須負保險給付責任。但若附加被保險人乙駕駛該車輛，具名被保險人甲坐在副駕駛座，因乙之故意或過失傷害甲之生命或身體，保險人是否必須負擔保險給付責任？此乃涉及責任險所謂「被保險人對第三人負損害賠償責任」中「第三人」一詞是否包括事故發生時，坐在副駕駛座的具名被保險人甲的問題。

以美國為例，麻州最高法院 (The Massachusetts Supreme Judicial Court) 在 MacBey v. Hartford Accident & Indemnity Company 一案[4]，採否定見解，認為「第三人 (others)」一詞，並不包括「具名被保險人」在內；但此一見解，受到廣泛批評。康涅狄克州 Chief Justice Malthie 在 Cain v. American Policyholders' Insurance Company 一案指出[5]，所謂「第三人 (others)」應包括具名被保險人及任何經具名被保險人同意而使用車輛之人在內，判決主旨指出：「第三人」一詞應包括保險事故發生時，受到保險契約保障之人以外之一切人，甚至包括具名被保險人或其他附加被保險人在內。若具名被保險人同意第三人使用車輛，該第三人以附加被保險人身分駕駛車輛，獲得保險保障，解釋上具名被保險人即為受保險保障之人以外之第三人。Chief Justice Malthie 的此一觀點，為多數州所接受，其後並於 1958 年修正定型化保險條款時被採納。在該次修正中將配偶 (spouse) 包括在內，即不論配偶之一人為具名被保險人，另一人因經同意使用而為附加被保險人；抑或二人同時為具名被保險人，其中一人於使用保險標的物時因故意或過失致他方生命身體受到損害，均在責任保險保障的範圍內。

---

[4] MacBey v. Hartford Accident & Indemnity Company 292 Mass 105 at p.107, 197 N. E. 516 at p. 517 (1935), 106 A.L.R. 1248 at p. 1250 (1937).

[5] Cain v. American Policyholders' Ins. Co., 120 Conn. 645, 183, A.403 (1936).

六、附加被保險人條款的困境與具名被保險人的擴大化

隨著責任保險日益重要，omnibus clause 在汽車責任保險越來越被廣泛採用。所有 omnibus clause，都建立在具名被保險人的「同意 (permission)」或「被同意人對第三人的同意」上，但「同意」一詞，在法學上原本就相當廣泛：允許（事先的同意）與承認（事後的同意）是按照行為在同意之前或同意之後所作的分類；推定同意 (presumed permission)、視為同意 (constructive permission)、真正同意 (actual permission) 是同意基於舉證責任分配的立法政策所作的分類；明示同意 (expressive permission) 與默示同意 (implied permission) 是基於意思表示方法所作的分類等。由於「同意」的解釋及種類如此分歧，使得使用保險標的物之人是否已經獲得同意而成為「附加被保險人」，發生許多爭論，如何消弭此類爭論，成為發展責任保險，訂定 omnibus clause，在技術上必須解決的問題。

目前一個可能的方法是將較多與具名被保險人有密切關係之人——例如：配偶、家人及受僱人等——通通列為具名被保險人，成為共同被保險人，擴大具名被保險人的範圍，減少對 omnibus clause 的依賴，消弭部分的爭執。在美國，承租汽車時，有些也一改以前的做法，將承租人與搭載承租車輛而可能駕駛的人，都一律登記，都列入具名被保險人的範圍，以減少認定附加被保險人的困難。

附加被保險人制度，直到目前，主要都是針對汽車「責任險」制定的，但是我們也注意到在臺灣，部分保險公司將附加被保險人條款，擴大用到「車體險」，使借用或租用車輛的第三人，因過失毀損滅失被保險車輛，也可以獲得附加被保險人的保障，保險人在理賠被保險人之後，不得對具有附加被保險人身分的承租人或借用人，行使代位權。臺灣之所以發展出車體險的附加被保險人制度，部分原因是臺灣是重視人情的社會，被保險人不願意在自己獲得保險理賠之後，看到保險人對自己有密切關係的借用人或承租人行使代位權。

參 責任保險的責任

責任保險的責任可從數個角度觀察，分述如下：

一、以「發生責任的原因」為分類標準

責任保險標的的「責任」，以發生的原因為分類標準，可歸納為以下三類：

（一）債務不履行責任

債務不履行責任的發生，必須先有債務的存在，但債務人卻因拒絕履行、遲延履行或其他違背債務行為而發生責任，例如：買賣契約的當事人，因為買賣契約的成立生效而分別發生給付價金與交付標的物的債務，不論買受人，或是出賣人，若違背履行各自的債務，就發生債務不履行的責任。

民法上的債務不履行責任，從重到輕，包括：不可抗力責任到故意責任。不可抗力責任，即使債務不履行是因為不可抗力所致，也必須負債務不履行的責任，其責任最重；反之，故意責任，只有債務人故意拒絕履行債務，才必須負債務不履行責任，其責任最輕，其他介在中間，依照其重輕，分別為通常事變責任、抽象輕過失責任、具體輕過失責任與重大過失責任。但責任保險所承保的債務不履行責任，為了避免保險的結果反而增加債務人故意不履行債務的危險，規定保險人就要保人或被保險人「故意」所生之責任，不負保險給付之責❻。分述如下：

1.不可抗力責任

不可抗力責任是在任何人即使盡最大的注意，面對天災地變仍然必須負責，例如：即使因颱風、地震、戰爭等原因致債務不履行，債務人仍然必須負賠償的責任。不可抗力責任，是事變責任的一種，而且是最重的一種。法律之所以在某些情況，規定債務人對於天災、地變等不可抗力原因所致的債務不履行，還是必須負責，多是因為債務人已經違反對他方的義務在先，乃加重債務人的履行責任，例如：債務人應依約履行債務，若違背此一義務，在遲延給付期間對於因不可抗力而生的損害，亦應負責❼；質權人應盡善良管理人的注意保管質物，若未經出質人同意而為責任轉質時，就質物之毀損滅失須負不可抗力責任❽等是。

---

❻　參照保險法第 29 條。又「重大過失」是否在排除之列，我國保險法第 29 條的文字規定及實務見解都採否定說；但是若為了貫徹民法第 222 條：「故意或重大過失之責任，不得預先免除。」，以及參照海商法第 131 條：「因要保人或被保險人或其代理人之故意或重大過失所致之損失，保險人不負賠償責任。」的精神，並參考德國保險契約法的規定，「重大過失」似應該列為法定除外不保原因。

❼　民法第 231 條第 2 項。

2.通常事變責任

通常事變責任是指債務人對於即使盡其應盡的注意義務，仍不免發生事故所致的損失，仍然必須負責的責任。通常事變責任是事變責任之第二重者，法律之所以規定某些債務人必須負通常事變責任，大多是為了保護與債務人提供公眾服務為標的而訂立契約相對人。債務人負通常事變責任者的情形，例如：場所主人責任、貨物及旅客運送的運送人責任❾、旅店主人責任❿、餐飲店主人責任等是。

3.抽象輕過失責任

因「過失」債務不履行的責任，包括兩類：⑴債務人就債務的履行，**應注意、能注意而不注意致違反履行債務所發生的責任。**⑵**預見其發生，確信其不會發生**，但仍然發生債務不履行所發生的責任。

過失的責任，依照輕重區分，可以分為抽象輕過失責任、具體輕過失責任與重大過失責任。抽象輕過失責任最重、具體輕過失責任次之，重大過失責任最輕。

債務人履行債務，未盡善良管理人的注意義務，致未履行債務所生的責任，稱為抽象輕過失責任。債務人，除法律另有規定外，原則上就其債務負抽象輕過失責任⓫。有償法律行為的債務人，原則上應盡善良管理人之注意履行債務，其怠未盡善良管理人之注意者，為有抽象輕過失，應負損害賠償責任。

4.具體輕過失責任

債務人履行債務，**未善盡處理自己事務之注意義務，致未履行債務所生的責任，稱為具體輕過失責任。**一般來說，無償法律行為的債務人履行債務，應盡與處理自己事務為同一之注意。債務人對於顯然欠缺與處理自己事務同一之注意所生的損失，應該負損害賠償責任，稱為具體輕過失責任。例如：未受報酬之受任人處理委任事務⓬、未受報酬之受寄人保管寄託物⓭、合夥人履行依合夥契約所負擔的義務⓮等，均僅負具體輕過失責任。

---

❽ 民法第 891 條。
❾ 民法第 634 條。
❿ 民法第 606 條。
⓫ 民法第 220 條。
⓬ 民法第 535 條。
⓭ 民法第 590 條。
⓮ 民法第 672 條。但有報酬者，應盡善良管理人的注意義務，也就是負抽象輕過失責任。

債務人履行債務，依法應與處理自己事務為同一注意者，若有重大過失，仍然應該負責。

5. 重大過失責任

所謂重大過失責任，包括兩類：⑴債務人在履行債務時，**顯然欠缺一般老弱婦孺的注意標準**，致發生債務不履行的責任；⑵債務人雖**預見自己的行為可能發生債務不履行的結果，但是卻輕率、僥倖地相信不會發生**，但實際上仍然發生的責任。債務人履行債務須有重大過失責任才負責時，若有故意不履行債務情事，基於舉輕明重的法理，當然必須負責。

債務人以負抽象輕過失責任為原則，以負具體輕過失責任、重大過失責任為例外。民法規定債務人負重大過失責任者極少，承租人就火災致承租房屋焚毀是一例，民法第 434 條規定：「租賃物因承租人之重大過失，致失火而毀損、滅失者，承租人對於出租人負損害賠償責任。」。保險法第 29 條規定：「保險人對於由不可預料或不可抗力之事故所致之損害，負賠償責任。但保險契約內有明文限制者，不在此限。」、「保險人對於由要保人或被保險人之過失所致之損害，負賠償責任。但出於要保人或被保險人之故意者，不在此限。」，據此規定，法院裁判的見解根據法條文義的反面解釋，將被保險人「重大過失」所發生的責任，仍然納入承保理賠範圍。

6. 故意責任

故意責任，指債務人僅就故意不履行債務所生的損害，負賠償責任，若債務人只有抽象輕過失、具體輕過失、重大過失，則即使發生損害，也無須負損害賠償責任。故意責任在責任體系中是最輕的責任，民事法中絕少見到，比重大過失責任還少見到。民法在使用借貸中，規定「貸與人故意不告知借用物之瑕疵，致借用人受損害者，負賠償責任」是僅有的規定❶。依照保險法第 29 條的規定，保險人對於要保人或被保險人故意所致的保險事故，排除於承保範圍之外。

以上六種不同責任層次的債務不履行，若債務人所負之責任為不可抗力責任（非常事變責任），其責任最重；若所負之責任為一般事變責任，其責任次重，依序減輕，若所負之責任為故意責任，其責任最輕。債務人所負之責任愈重，其仰賴於責任保險以分化其風險者，亦愈為殷切；反之，債務人所負之責任愈輕，其

---

❶ 民法第 466 條。

仰賴於責任保險以分化其風險者，則較不迫切。不論如何，若危險事故因債務人（被保險人）的故意而發生，保險人仍不負保險給付之責任，以避免鼓勵故意債務不履行，肇生道德風險。

（二）侵權行為責任

侵權行為責任之種類，從不可抗力責任至故意過失責任等。分述如下：

1.不可抗力責任

損害之發生即使是由於不可抗力所致，但只要行為與結果之間有因果關係，行為人仍負損害賠償責任者，稱為不可抗力責任。例如：民用航空法第 89 條規定：「航空器失事致人死傷，或毀損他人財物時，不論故意或過失，航空器所有人應負損害賠償責任；其因不可抗力所生之損害，亦應負責。自航空器上落下或投下物品，致生損害時，亦同。」，同法第 91 條第 1 項規定：「乘客於航空器中或於上下航空器時，因意外事故致死亡或傷害者，航空器使用人或運送人應負賠償之責。但因可歸責於乘客之事由，或因乘客有過失而發生者，得免除或減輕賠償。」，又如核子損害賠償法第 11 條規定：「核子事故發生後，其經營者對於所造成之核子損害，應負賠償責任。」，也是採不可抗力責任。

2.無過失責任

⑴一般無過失責任

行為人之行為與損害發生間只要有因果關係，即使行為人並沒有故意過失，仍然必須負賠償責任者，稱為一般無過失責任。例如：依照消費者保護法的規定，企業經營者就其所設計、生產或製造的商品，對於消費者的損害，應該負無過失責任❶⑯。

⑵衡平責任

衡平責任也是無過失責任之一種，**若就故意過失之可歸責任而言，原無賠償**

---

❶⑯　消費者保護法第 7 條：「從事設計、生產、製造商品或提供服務之企業經營者，於提供商品流通進入市場，或提供服務時，應確保該商品或服務，符合當時科技或專業水準可合理期待之安全性。商品或服務具有危害消費者生命、身體、健康、財產之可能者，應於明顯處為警告標示及緊急處理危險之方法。企業經營者違反前二項規定，致生損害於消費者或第三人時，應負連帶賠償責任。但企業經營者能證明其無過失者，法院得減輕其賠償責任。」

義務，但法律基於經濟衡平的考慮，賦予法院得以命令命其負全部或一部賠償責任的權力。民法關於衡平責任的規定，包括：僱用人之衡平責任❶、無行為能力人或限制行為能力人與其法定代理人之衡平責任❶，及無意識或精神錯亂行為人之衡平責任❶。

3.故意過失責任

(1)推定過失責任

推定過失責任是過失責任主義的一種，其與一般過失責任的不同，僅是請求權人在行使損害賠償的過程中，無須就行為人的行為具有故意過失為舉證責任的不同而已。也就是說，在推定過失責任，只要**行為人的行為與損害的發生之間有因果關係，法律就推定行為人有故意或過失，行為人如果要主張免責，就必須就其行為沒有故意或過失負舉證責任**。由於舉證證明其行為沒有故意或過失十分困難，因此從行為人言，經常因為未能舉證，而招致無法免除賠償責任的不利益；反之，從請求權人言，在推定過失責任，受害人請求損害賠償時，不必就行為人有故意或過失負舉證責任，法律已經「假設」行為人有故意過失了，因此受害人獲得求償的機會大大增加。民法關於推定過失責任的立法很多，例如：違反保護他人之法律者，應負推定過失責任❷；無行為能力人或限制行為能力人發生侵權行為時，法定代理人應負推定過失責任❹；受僱人發生侵權行為時，僱用人應負推定過失責任❷；動物加損害於他人時，其占有人須負推定過失責任❷；工作物加損害於他人者，其所有人應負推定過失責任❷；商品生損害於使用人者，商品製造人負推定過失責任❷；動力車輛駕駛人就其使用車輛之肇事負推定過失責任❷等都是。

---

❶　民法第 188 條第 2 項。

❶　民法第 187 條第 3 項。

❶　民法第 187 條第 4 項。

❷　民法第 184 條第 2 項。

❹　民法第 187 條第 1 項。

❷　民法第 188 條第 1 項。

❷　民法第 190 條。

❷　民法第 191 條。

❷　民法第 191 條之 1。

❷　民法第 191 條之 2。

(2)一般故意過失責任

民法規定，因故意或過失，不法侵害他人之權利者，負損害賠償責任。故意以背於善良風俗之方法，加損害於他人者，亦同 **㉗**。在行使請求權的過程，**請求權人除了證明行為與損害的發生之間有因果關係之外，還必須舉證證明行為人有故意過失**，才可以請求，此即一般過失責任。

侵權行為責任自「故意過失責任」至「不可抗力責任」，形成責任輕重不等的光譜：其中，不可抗力責任者，雖損害之發生由於不可抗力，仍須負賠償責任，在侵權行為責任體系中，所負之責任最重。負衡平責任或無過失責任者，只有在特定條件下，才負無過失責任 **㉘**，其責任較不可抗力責任為輕，但較推定過失責任為重。推定過失責任為過失責任的一種，但由於一有損害發生，行為人即被推定有故意過失，除非能證明其無過失，否則即無法免除責任，由於舉證的困難，「舉證責任之所在，常為敗訴之所在」，負推定過失責任之人，其責任較負一般故意過失責任之人為重。一般故意過失責任，除了相當因果關係外，被害人還必須證明行為人的行為有故意過失，侵權行為損害賠償責任才能成立，因此行為人在侵權行為責任體系中，所負責任最輕。責任愈重，負擔損害賠償的機會愈多，愈有仰賴責任保險分化責任風險的必要；責任愈輕，負擔損害賠償機會愈少，較無仰賴責任保險分化損失的需求。

（三）其　他

責任保險的責任，除了債務不履行或侵權行為是責任的發生原因外，其他還有很多零星的債的發生，散見民法或特別法的規定，其主要者，例如：因無因管理 **㉙**、不當得利 **㉚** 而發生的責任、因物上請求權而發生之責任，包括所有物返還請求權 **㉛**、妨害除去請求權 **㉜**、妨害防止請求權 **㉝**、占有人之物上請求權 **㉞**、盜

㉗ 民法第 184 條第 1 項。
㉘ 參照民法第 187 條及第 188 條。
㉙ 民法第 172 條至第 178 條。
㉚ 民法第 179 條至第 183 條。
㉛ 民法第 767 條前段。
㉜ 民法第 767 條中段。
㉝ 民法第 767 條後段。

贓物或遺失物返還請求權❸❺，甚至其他基於法律規定之類似契約關係請求權所生之責任，例如：無權代理人之責任❸❻、錯誤表意人之責任❸❼等，理論上都可以是責任保險標的之責任，但由於實務上發生此等責任之情形甚少，保險人亦未開辦此種責任保險，因此在責任保險學理及實務上，均鮮少提及。

二、以「歸責主體」為分類標準

從責任的歸責主體區分，可分為「歸責於要保人或被保險人」與「歸責於其他人（包括要保人或被保險人之代理人或受僱人）」兩類。保險法第 29 條規定：「保險人對於由不可預料或不可抗力之事故所致之損害，負賠償責任。但保險契約內有明文限制者，不在此限。」、「保險人對於由要保人或被保險人之過失所致之損害，負賠償責任。但出於要保人或被保險人之故意者，不在此限。」❸❽。這種區分實益主要見諸：

❸❹　民法第 962 條。
❸❺　民法第 949 條。
❸❻　民法第 110 條。
❸❼　民法第 88 條。
❸❽　舊保險法第 29 條將被保險人的代理人的故意，也定為法定除外不保原因，現行保險法已經刪除。舊保險法的此一規定之理論基礎建立在「代理人債務不履行責任或侵權行為責任之法律效果歸屬於要保人或被保險人」上，十分不妥當。按法律交易之所以有代理制度，旨在輔翼本人經濟活動能力之不足，便利本人透過代理制度從事交易活動或完成其他法律行為，因此代理人所代理者，應只限於「以意思表示為核心之法律行為」，也就是交易行為，至於「債務不履行」、「侵權行為」及「事實行為」均無代理制度之適用，因此，即便代理人有故意或過失，發生債務不履行或侵權行為等情事，其法律效果亦不應歸屬於本人（要保人或被保險人），因此因代理人之「過失」發生保險事故者，固然應該納入保險人承保之範圍內；即令因代理人之「故意」或「重大過失」致發生保險事故者，若要保人或被保險人與代理人之故意行為並無意思連絡，則要保人或被保險人最多只是選擇代理人（即訂立委任契約或僱傭契約）有過失而已，基於保險制度之功能，不應作為保險人拒絕保險給付之理由。又若要保人或被保險人與代理人之故意行為間有意思連絡，則代理人之故意實即要保人或被保險人自己之故意，就其故意所致之損失，保險人自得拒絕保險給付。德國保險契約法只將要保人（及／或被保險人）之故意不法行為 (Wenn der Versicherungsnehmer vorsatzlich den Eintritt der Tatsache) 所致之損害，列入保險人拒絕保險給付之事由，至於代理人之故意（注意：須代理人與要保人、被保險人間並無意思聯絡）所致之損害，保險人仍負保險給付之義務 (1908VVG §152)，可資參考。

1.是否屬於「法定除外不保」的事由

因要保人或被保險人「故意」行為促使保險事故發生者，保險法規定為「法定除外不保」範圍，其因此所發生的損失，保險人不負保險給付的責任。但是因「要保人或被保險人的代理人或受僱人」故意行為所發生的保險事故，保險人仍然必須負保險給付的責任，因為即使「要保人或被保險人的代理人或受僱人有故意」，除非要保人或被保險人與其代理人或受僱人有意思聯絡，否則要保人或是被保險人頂多只是「選任或監督有過失」而已，不得謂要保人或被保險人也有促使保險事故發生的故意。更何況，代理人只能代理本人從事「財產上的法律行為」，不得代理「侵權行為」。

2.是否屬於海上貨物運送人的法定免責事由

依照海牙維斯比規則及海商法的規定，海上運送的貨物保險，如果因可歸責於「履行輔助人（即：歸責於運送人本人以外之履行輔助人，例如：船長、海員）、而且是因「航海」、「船舶管理」或「火災」有故意或過失、因而導致所承運的貨物有毀損滅失時，運送人依法免責❸，履行輔助人自己，除非出於故意，否則可以引用喜馬拉雅條款國內法化的規定主張免責❹。符合法定免責事由時，承保貨物保險的保險人，於理賠被保險人之後，無法對運送人及其履行輔助人行使代位權。但是貨物的毀損滅失的原因若是因可歸責於運送人本人的事由，例如：因為船舶的人員配備不足、船舶未依照規定年限更換電線，導致船舶火災等，即使損失是因「航海」、「船舶管理」或「船舶火災」所導致，運送人也不得免責，因此，保險人於理賠貨主（被保險人）之後，得對運送人行使代位權❹。此外，貨物的毀損滅失，若是因為「貨物管理」有故意過失所致，即使是出於履行輔助人的行為，運送人也不得免責，因此保險人於理賠之後，可以對運送人及其履行輔助人行使代位權。

三、以「責任的層次」為分類標準

保險事故的發生，從「責任的層次」區分，可分為「故意責任」與「非故意

---

❸　海商法第 69 條第 1 款、第 3 款。

❹　海商法第 76 條、海牙規則第 4 條第 2 項 a 款、b 款、喜馬拉雅條款。

❹　保險法第 53 條。

責任」，保險事故因要保人或被保險人的「故意行為」致生保險事故者，保險人不負保險理賠的責任。此規定對保險法的財產保險與人身保險都一律適用[42]，目的在避免道德風險。但在強制汽車責任保險，保險的目的在保護社會廣大的潛在被害人及其家屬，保險事故即使是因為被保險人的「故意」而發生，保險人或是汽車交通事故特別補償基金[43]也還是必須理賠被害人或其家屬，只是為了避免道德風險，規定保險人或汽車交通事故特別補償基金於賠償受害人或其家屬（請求權人）之後，可以向故意促使保險事故發生的被保險人行使代位權。1908 年德國保險契約法第 152 條的規定，亦同此旨意。

從立法政策的觀點，為了貫徹民法第 222 條：「故意或重大過失之責任，不得預先免除。」的精神，可以參考海商法第 131 條：「因要保人或被保險人或其代理人之故意或重大過失所致之損失，保險人不負賠償責任。」，以及 1908 年德國保險契約法的立法方式，將責任層次區分為「故意及重大過失」與「其他」兩類，所謂「其他」包括「具體輕過失」、「抽象輕過失」、「無過失」、「不可抗力」等，並將因要保人或被保險人的故意或重大過失所致之損害，列入除外不保範圍，或是仿照 2008 年德國保險契約法的規定，將重大過失所致之損失列為減少理賠的項目[44]。

肆 保險給付的範圍

保險人應履行保險給付的範圍，包括下列事項：

一、被保險人對第三人的賠償

責任保險的保險人，應依照保險契約的約定，賠償被保險人在保險有效期間，因約定事故發生，對第三人應負賠償責任的損失[45]。

---

[42] 在人壽保險，如果有約定被保險人故意自殺，保險人仍然理賠，這種條款，必須在人壽保險契約生效後，再過兩年才能生效，此為例外。

[43] 依照強制汽車責任保險法第 40 條的規定，汽車交通事故特別補償基金是補償下列事故：1.事故汽車無法查究。2.事故汽車為未保險汽車。3.事故汽車係未經被保險人同意使用或管理之被保險汽車。4.事故汽車全部或部分為無須訂立本保險契約之汽車。

[44] 2008 年德國保險契約法改為減少給付。

[45] 參照 1908VVG §149。

二、訴訟上或訴訟外的必要費用

保險法第 91 條規定：「被保險人因受第三人之請求而為抗辯，所支出之訴訟上或訴訟外之必要費用，除契約另有訂定外，由保險人負擔之。」、「被保險人得請求保險人墊給前項費用。」，所謂「必要費用」，一般稱為法律費用，其內涵如下：

（一）抗辯費用、訴訟規費等

被保險人在訴訟上或訴訟外對第三人所為請求的抗辯費用，依該具體情況必要為限，都納入抗辯必要費用，即使第三人對被保險人的請求經證明不能成立，亦同。又被保險人對第三人所為之抗辯，不以民事請求之抗辯為限，即使是刑事訴訟的抗辯費用亦在其內，但以該刑事訴訟之結果可能導致被保險人對第三人負民事賠償責任，因而保險人須對被保險人負保險給付者為限。

被保險人依照保險人的指示而支出之訴訟費用、刑事訴訟所支出之辯護費用加上保險給付之總額，即使超過保險金額，保險人仍應對被保險人負責。又由於保險人保險給付遲延，致被保險人應對第三人支付利息時，即使保險給付連同遲延利息之總額超過保險金額，保險人亦須負責[46]。

（二）被保險人為避免強制執行而提供之擔保

法院准許被保險人提供現金擔保或其他擔保以避免強制執行時，保險人因被保險人的請求應提供現金或其他擔保，但其所提供之擔保以不逾保險金額為限[47]。若有前揭依法保險人就訴訟費用、辯護費用、保險給付及遲延利息之總額超過保險金額仍應負責之情事者，保險人就超過部分亦有提供現金或擔保的義務。保險人若承諾就第三人對被保險人之請求，願意依照第三人之請求為給付時，保險人對被保險人因被第三人請求而為抗辯所支出的各種費用，得主張免責[48]。

---

[46] 民法第 233 條第 1 項。

[47] 參照 1908VVG §150(3) 前段。

[48] 參照 1908VVG §150(3) 後段。

三、被保險人之代理人、受僱人或監督人因經營事業對第三人應負的責任

保險法第 92 條規定：「保險契約係為被保險人所營事業之損失賠償責任而訂立者，被保險人之代理人、管理人或監督人所負之損失賠償責任，亦享受保險之利益，其契約視同並為第三人之利益而訂立。」此與 1908 年德國保險契約法第 151 條之規定相同。所謂「代理人」是指就被保險人所營事業之全部或一部有代理被保險人權力之人❹。所謂「管理人或監督人」是指受被保險人之僱傭就被保險人所營事業之全部或一部有管理或監督權力之人❺。責任保險契約僅於「被保險人所經營事業有關」之範圍內才有「擬制（視同）為代理人、管理人或監督人之利益而訂立」的適用。若因代理人、管理人或監督人私人之故意過失，即與被保險人所營事業無關者，而對第三人應負賠償責任，則不在保險人應負之保險給付範圍內。

在責任保險有效期間內，被保險人將其所經營事業的使用權 (ein Niessbrauch, a usufruct)、租賃權 (ein Pachtvertrag, a lease) 或其他類似關係，讓與第三人或由第三人管領者，責任保險契約的權利義務亦對該第三人存在，此時應注意下列各點：

1. 原被保險人（讓與人）與第三人（即新被保險人）應就讓與保險期間之全部保險費，對保險人負連帶給付責任❺。

2. 保險人得依法律所定「一個月（以德國法為例）」前為通知後終止契約❺；但保險人於知悉讓與或管領之事實後，經過法律所規定的「一個月（以德國法為例）」不行使者，保險人之終止權消滅❺。

3. 新被保險人（受讓人）得終止契約，且於終止的意思表示生效時發生終止效力，或於現存有效保險契約期滿時生效，但新被保險人自受讓或管領後經過法律所規定的「一個月（以德國法為例）」不行使終止權者，其終止權亦消滅❺。新被保

---

❹ 1908VVG §151(1).

❺ 1908VVG §151(1).

❺ 1908VVG §§151(2), 69(2).

❺ 依 1908 年德國保險契約法規定為一個月，參照 1908VVG §§151(2), 70(1)。

❺ 依 1908 年德國保險契約法規定為一個月，參照 1908VVG §§151(2), 70(1)。

❺ 依 1908 年德國保險契約法規定為一個月，參照 1908VVG §§151(2), 70(2)。

險人於受讓或管領時不知有保險契約之事實，自其知悉有保險契約之事實起經過法律所規定的「一個月（以德國法為例）」不行使終止權者，其終止權亦消滅❺。

　　以上責任保險契約讓與情形，就讓與人與受讓人內部的分擔關係言，終止前之保險費由（原）被保險人分擔，（新）被保險人無負擔保險費之義務。若責任保險契約讓與之後，保險人及受讓人沒有終止保險契約的意思，理論上讓與人與受讓人應該就該期保險費對保險人負連帶責任，但讓與人與受讓人內部應該按照讓與前後的時間比例，計算各自的分擔額。

　　4.讓與或管領之事實應立即通知保險人，若讓與人或受讓人怠於將讓與或管領的事實立即通知保險人者，保險人自應收到而未收到通知之日起經法律所規定的「一個月（以德國法為例）」期間❺，保險人免除保險給付責任。惟讓與人或受讓人雖怠於通知，但保險人於應接到通知而未收到通知之前已知悉讓與或管領之事實者，行使終止權之除斥期間應自其「知悉之時」起算，保險人於行使終止權之除斥期間屆滿而未行使終止權，其後發生保險事故者，保險人應負保險給付責任❺。

伍 被保險人的通知義務

一、保險事故發生的通知義務

　　責任保險的保險事故，是由「足以導致被保險人對第三人負賠償責任之事實」與「第三人向被保險人行使請求權之事實」兩個事實所組成，因此理論上被保險人有兩次的通知義務。例如：投保汽車責任險之被保險人開車不慎傷到第三人，「被保險人傷到第三人」之事實只是可能導致第三人請求被保險人賠償而已，並非第三人實際上已經行使請求權，第三人可能因自己也違反交通規則而放棄請求、可能因只受輕傷，自怨時運不濟而放棄請求，因此保險事故不發生。保險事故必須具備「被保險人開車撞到第三人之事實」以及「第三人也已經行使請求權」時才發生。但是從「被保險人撞傷第三人」到「第三人向被保險人行使請求權」之間，可能相隔數日，也可能相距數月或數年，只要請求權時效還沒有消滅，隨時

---

❺　依 1908 年德國保險契約法規定為一個月，參照 1908VVG §§151(2)(3)。

❺　依 1908 年德國保險契約法規定為一個月，參照 1908VVG §§151(2), 71。

❺　1908VVG §§151(2), 71.

都可以行使。要保人及/或被保險人的通知義務若只及於「足以導致被保險人對第三人負賠償責任的事實」,則保險人對於第三人嗣後是否確向被保險人行使請求權,無從知悉;反之,若要保人及/或被保險人的通知義務直到「第三人向被保險人行使請求權」時才發生,則可能因「第三人向被保險人行使請求權」的時間與「足以導致被保險人對第三人負賠償責任事實發生」的時間,相距太久,保險人即使嗣後受保險事故發生之通知,但欲勘查當初被保險人對第三人的賠償責任是否存在、第三人是否與有過失或被保險人有無抗辯事由,恐怕也將時不我予,使保險人處於十分不利之地位。因此在責任保險,被保險人之通知義務應該包括「足以導致被保險人對第三人負賠償責任之事實發生」及「第三人向被保險人行使請求權之事實」兩次通知義務。

依照保險法相關規定的文義解釋,被保險人的通知義務直到有「第三人向被保險人行使請求權的事實」時才發生[58],但從「足以導致被保險人負損害賠償責任的事實」發生,到「第三人向被保險人行使損害賠償請求權」的期間,可以很短,也可以很長,對於承保責任保險的保險人而言,不利證據的保存;對於被保險人而言,可能貽誤其對保險人的請求權時效,因此應該參考外國的立法例,使保險事故發生的通知義務兼含二者。1908 年德國保險契約法第 153 條第 1 項、第 2 項分別規定被保險人 「足以導致被保險人對第三人負賠償責任事實 (die Tatsachen, die seine Verantwortlichkeite egenüber einem Dritten zur Folge haben konnten)」 之通知義務及 「第三人向被保險人行使請求權 (der Dritte macht seinen Anspruch gegenüber dem Versicherungsnehmer geltend)」 的通知義務,可為參考。

二、其他通知義務

被保險人被起訴、或被告知訴訟者,應立即通知保險人。又與第三人向被保險人行使請求權有關之事實被刑事偵查或起訴者,亦應立即通知保險人[59]。

---

[58]　保險法第 90 條:「責任保險人於被保險人對於第三人,依法應負賠償責任,而受賠償之請求時,負賠償之責。」,從其中「而受賠償之請求時」,可以知悉責任保險,以被保險人受第三人請求為要件。

[59]　參照 1908VVG §153(4)。

陸 保險人的給付義務

一、給付的條件與期限

關於責任保險保險人的保險給付，保險法有雙重規定：

（一）保險理賠的先決條件

保險法第 94 條第 1 項規定：「保險人於第三人由被保險人應負責任事故所致之損失，未受賠償以前，不得以賠償金額之全部或一部給付被保險人。」的條件限制，性質上只是消極的限制規定。

（二）保險給付的期限

保險法第 34 條規定：「保險人應於要保人或被保險人交齊證明文件後，於約定期限內給付賠償金額。無約定期限者，應於接到通知後十五日內給付之。」、「保險人因可歸責於自己之事由致未在前項規定期限內為給付者，應給付遲延利息年利一分。」，此一規定為民法第 203 條：「應付利息之債務，其利率未經約定者，週年利率為百分之五。」的特別規定。強制汽車責任保險法第 25 條第 2 項：「保險人應於被保險人或請求權人交齊相關證明文件之次日起十個工作日內給付之；相關證明文件之內容，由主管機關會商相關機關（構）訂定公告之。」、第 3 項：「保險人因可歸責於自己之事由致未在前項規定期限內為給付者，自期限屆滿之次日起，應按年利一分給付遲延利息。」的規定，與保險法的規定，精神相同。1908 年德國保險契約法下列關於保險人履行保險給付期限的規定，也可以參考：

1. 履行期限

自被保險人向第三人為給付或第三人之請求獲得終局判決、承認或和解 (durch rechskraftiges Urteil, durch Anerkenntnis oder Vergleich) 之日起二個星期。

2. 給付對象

1908 年德國保險契約法只規定保險人應為賠償（保險給付），並未規定應該賠償的對象，解釋上若被保險人已向第三人為損害賠償，則保險人保險給付之對象應為被保險人；若被保險人尚未向第三人為損害賠償，則保險人保險給付的對象應為受損害之第三人。

3. 費用的負擔

被保險人所支出之費用（包括被保險人因保險人指示而支出之訴訟費用）、被保險人之抗辯費用、被保險人於刑事訴訟所支出之辯護費用依法應由保險人負擔者，應自計算書送達予保險人後二星期內給付之 (binnen zwei Wochen von der Mitteilung der Berechnung)[60] 。

二、保險人的參與權

保險法第 93 條規定：「保險人得約定被保險人對於第三人就其責任所為之承認、和解或賠償，未經其參與者，不受拘束。但經要保人或被保險人通知保險人參與而無正當理由拒絕或藉故遲延者，不在此限。」，旨在防止被保險人以其已經投保責任保險為憑恃，就第三人向被保險人的請求任意為承認、和解或賠償，致增加保險人的負擔。法條所謂「不受拘束」，是指保險人得以被保險人所為的承認、和解、或賠償為保險給付，也可以不遵照被保險人承認、和解或賠償之內容為保險給付，而選擇只依照保險契約原本應當負擔的責任負責。至於「依保險契約原本應當負擔的責任」究竟若干，可以由當事人協議定之，當事人協議不諧時，則由法院以判決定之。無論如何，所謂「不受拘束」並非指保險人免除理賠責任之意。理論上責任保險契約雖然「得」約定保險人的參與權，但實務上，責任保險契約幾乎全部有保險人參與權的約定[61]。又保險人獲得被保險人的授權，與被害第三人進行和解，被害第三人在保險金額限度內提出和解的要約，但為保險人若無正當理由而拒絕同意，因此和解不成立。其後被害第三人另外訴請被保險人損害賠償，若最後法院所判決的賠償金額超過保險金額，保險人不但就保險金額的範圍有保險理賠的責任，就超過保險金額部分，也有損害賠償的責任，理由之一就是：保險人行使參與權時，將減少自己保險理賠的利益，建立在被保險人更重負擔的風險上，屬於權利的濫用。

---

[60] 參照 1908VVG §154(1)。又最高法院 89 年台上字第 1419 號判決：「保險法第 93 條前段規定保險人得約定被保險人對於第三人就其責任所為之承認和解或賠償，未經其參與者，不受拘束，固非謂保險人因此即可免除其對第三人依法應負之賠償責任，但該條所謂不受拘束者，係指被保險人對第三人所為之承認、和解或賠償，對保險人不生效力而言。」

[61] 責任保險基本條款第 14 條第 3 款：「……（二）本公司經被保險人委託進行抗辯或和解，就訴訟上之捨棄、認諾、撤回、和解，非經被保險人書面同意不得為之。」

　　保險法關於保險人參與權之規定，其實質內容與1908年德國保險契約法關於保險人參與權行使之規定，十分接近，但1908年德國保險契約法關於保險人參與權之規定較為精確，該法第154條第2項規定：「約定被保險人未經保險人同意，對第三人之請求為賠償或承認，保險人得主張免責者，若依其情況，被保險人無法拒絕賠償或其承認並無明顯不公平者，該得主張免責的約定無效。」，換句話說，在保險契約有保險人參與權之約定情形下，若被保險人未經保險人之同意而向第三人為賠償、承認或和解，只要依具體情況該賠償是被保險人所無法拒絕或其承認並無明顯不公平，保險人都不能免除責任。

三、年金給付

　　被保險人對第三人之賠償須以年金方式逐年給付者，保險人亦只負逐年給付之義務。保險金額較應賠償第三人的年金總額為少者，保險人所給付金額應以年金乘以「保險金額與應賠償第三人的年金總額之比例」計算之。例如：被保險人應負擔對第三人賠償年金10萬元，為期二十年，即賠償第三人的年金總額為200萬元，但保險金額只有120萬元。則由於保險金額（即120萬元）小於應賠償第三人的年金總額（即200萬元），因此保險人每次保險給付之數額為年金（10萬）×[保險金額（120萬）/應賠償第三人的年金總額（200萬）]＝6萬。至於每次年金不足之4萬元，應由被保險人逐期自負，與部分保險之情形相同❷。

　　被保險人依法律規定應提供擔保，以便擔保其對第三人之年金債務者，保險人有義務提供此一擔保❸。

四、直接向第三人為保險給付

　　保險法第95條規定：「保險人得經被保險人通知，直接對第三人為賠償金額之給付。」，本條有關保險人直接向第三人為保險給付的規定，適用上應予注意：

---

❷　1908VVG §155(1).

❸　1908VVG §155(2).

（一）直接向第三人為保險給付之前提——必須被保險人對第三人之責任已經確定

直接向第三人為保險給付的前提是被保險人對第三人的責任已經確定。至於確定方法，不論和解 (Vergleich)、承認 (Anerkenntnis) 或判決 (Urteil) 都可以。

（二）必須應被保險人的通知

保險人必須應被保險人之通知，才有直接向第三人為保險給付的義務。

須注意者：被保險人因保險契約所約定的保險事故發生，對第三人有賠償義務，而若該第三人有二人以上，且對被保險人得請求的賠償數額總數超過保險金額時，保險人若要直接對特定的第三人為保險給付，只可以依各該第三人的債權額比例給付。保險人依上述規定將保險金額分配予第三人後，倘若還有尚未行使請求權的第三人行使請求權，但保險人所負擔的保險金額已經全部給付予已經行使請求權的第三人時，以保險人在分配保險金額時，並未預見尚有該未行使請求權之第三人為條件，免除保險人對該尚未行使請求權之第三人之保險給付責任，該尚未行使請求權的第三人，不得主張保險人所為保險給付對其不生效力，而向保險人主張其應有之比例。

五、第三人的直接訴權[64]

（一）第三人行使直接訴權的前提——須責任已經確定

保險法第 94 條第 2 項規定：「被保險人對第三人應負損失賠償責任確定時，第三人得在保險金額範圍內，依其應得之比例，直接向保險人請求給付賠償金額。」，直接訴權的前提必是被保險人對第三人的責任已經因終局判決、和解或承認而確定，若被保險人對第三人的債務尚未確定，則第三人的權利也就同樣還沒有確定，第三人自不得對保險人主張直接訴權。

---

[64] 雖然保險法施行細則第 9 條規定：「第三人依本法第 94 條第 2 項規定，直接向保險人請求給付賠償金額時，保險人基於保險契約所得對抗被保險人之事由，皆得以之對抗第三人。」，但第三人之直接訴權與被保險人對保險人的保險金債權，不論時效起算點及法律性質似皆不相同，本條規定不無斟酌之餘地。

（二）第三人直接訴權的保護

1.禁止被保險人處分其對保險人的保險給付請求權

責任保險中，被保險人對保險人的請求權得否處分或查封，保險法並無明文規定。保險給付是私法上的給付，性質上為財產權的一種，原則上得為處分或查封的標的，但由於保險給付常涉及第三人，特別是被保險人對之有賠償義務的第三人，倘若容許被保險人任意處分其對保險人的保險給付請求權，或被保險人的債權人任意查封被保險人對保險人的保險給付請求權，恐將使受害的第三人求償無門。

為了保護受害的第三人，在被保險人賠償第三人之前處分其保險給付請求權（例如：拋棄保險給付請求權），在保險人與被保險人之間雖然有效，但不得以之對抗受害之第三人，也就是對第三人而言，第三人可以主張該處分為無效，也可以主張為有效。例如：被保險人賠償第三人的義務經判決確定後，被保險人在賠償第三人之前，若拋棄其對保險人的保險給付請求權，此一拋棄（按：拋棄為處分之一種）在保險人與被保險人之間固然有效，但受害第三人得主張該拋棄為無效，因此受害第三人仍得向保險人行使保險給付的直接訴權。

但若被保險人賠償受害第三人之後，才拋棄（處分）其對保險人的請求權，則此一拋棄（處分），在保險人與被保險人間仍然有效，但是否對抗受害的第三人，則必須視第三人對被保險人的債權是否已經受到十足清償而定：

⑴若第三人對被保險人的債權已獲十足清償，第三人已經不得再向保險人行使請求權，則該處分自得對抗該第三人。

⑵若第三人對被保險人的債權僅受部分清償，則該處分，仍然不得對抗第三人，第三人仍得主張其拋棄無效，就殘餘債權向保險人行使保險給付的直接訴權。被保險人對保險人的保險給付債權，也不得為被保險人之其他債權人強制執行或查封的標的物。

2.被保險人破產時，受害第三人就被保險人對保險人的保險給付債權有優先受償地位

被保險人破產時，因受害之第三人，就被保險人對保險人的保險給付債權有優先受償權。被保險人的積極財產，不論動產、不動產、無體財產權或債權，原

為被保險人的全部債權人之債權的總擔保，各債權人得依其債權性質，優先或比例受償。但「被保險人對保險人的保險給付債權」，直接目的是填補被保險人因賠償第三人所致財產的減損，間接目的則是強化第三人的受償地位，保險人的保險給付義務起源自「被保險人致生第三人損害」，中間有密切的關聯性。若坐視受害第三人的損害未能獲得十足填補，且任令被保險人對保險人之保險給付債權供被保險人之全體債權人比例受償，則在一定程度上，無異於以第三人之損害供被保險人之全體債權人受償，不平孰甚。因此在被保險人破產時，因保險契約約定事故發生而受損害之第三人，就被保險人對保險人之保險給付債權有優先受償權❻❺。

柒 保險契約的終止

保險契約有效期間內發生保險事故，保險契約並不當然終止。按責任保險契約有效期間內發生保險事故，於保險人理賠保險金之後，保險契約原則上仍繼續有效，只是在保險期間內若又發生第二次、第三次等的保險事故，則保險人第二次、第三次等的保險給付數額連同第一次保險給付數額的總數，以不逾保險金額為限而已。

保險人或要保人於保險期間內發生保險事故後，得否終止保險契約，法律沒有明文規定。1908 年德國保險契約法規定，在保險事故發生後，不論保險人已經承諾為賠償被保險人損失的義務，或是保險人應該為保險給付，於履行期屆至而保險人拒絕履行，保險人與被保險人（要保人）都可以終止保險契約❻❻。保險人指示被保險人使第三人逕向保險人提起訴訟者，亦同❻❼。依 1908 年德國保險契約法的規定，保險人終止保險契約的期間，自保險人承諾為保險給付之後一個月，或自保險給付義務履行期屆至而拒絕履行後一個月，或自保險人與第三人訴訟判決確定後一個月不行使而消滅。但保險人行使終止權時，須有一個月之預告期❻❽，以便被保險人得有充裕時間另向其他保險人投保保險。要保人終止權之行使，則必須於該保險契約保險期間屆滿前為之❻❾，上述規定，可為我國立法之參考。

---

❻❺ 1908VVG §157.

❻❻ 1908VVG §158(1) 前段。

❻❼ 1908VVG §158(1) 後段。

❻❽ 1908VVG §158(2).

❻❾ 1908VVG §158(2).

　　保險契約終止後，保險費如何返還，依 1908 年德國保險契約法第 158 條第 3 項規定：「要保人終止保險契約者，保險人仍取得全部此一保險階段（註：保險費分期給付者，每一次給付保險費之保險期間）的保險費；保險人終止保險契約者，保險人僅取得契約終止生效前（註：即自保險契約生效起至保險人行使終止權之後一個月止）的保險費。」，立法堪稱公允，可資借鏡。

捌 保險給付的請求權時效

　　消滅時效，自請求權可行使時起算[70]。責任保險被保險人對保險人保險給付請求權的消滅時效，也一樣自請求權可以行使時起算。然則被保險人的請求權何時可以行使？依保險法第 65 條第 3 款：「要保人或被保險人對於保險人之請求，係由於第三人之請求而生者，自要保人或被保險人受請求之日起算。」的規定，應該從「要保人或被保險人受請求之日起算」，但此規定不甚合理，因為若被保險人一受第三人請求，被保險人對保險人保險給付請求權的時效就立即開始進行，但是此時被保險人對第三人的損害賠償責任（責任的有無及責任的大小）都還尚未確定，此一責任有時可以很快確定，但有時卻必須纏訟數年才能確定，此種情況，等到被保險人對被害第三人的責任確定時，被保險人對保險人的請求權可能早已消滅時效矣！解決的方法有二：

第一：參考德國民法，訂定「時效停止進行制度」，當保險人對被保險人的保險理賠責任，取決於被保險人對第三人賠償責任時，在被保險人對第三人責任尚未確定前，被保險人對保險人的請求權時效停止進行。

第二：以立法方式規定，在被保險人對第三人之責任確定後的一定期間內（例如：六個月），被保險人仍然可以對保險人行使保險給付請求權[71]。

---

[70] 民法第 128 條前段。

[71] 最高法院 92 年台上字第 708 號判決：「按保險契約之解釋，應探求契約當事人之真意，不得拘泥於所用之文字，如有疑義時，以作有利於被保險人之解釋為原則，保險法第 54 條第 2 項定有明文。且查責任保險之保險人，係於被保險人對於第三人，依法應負賠償責任，而受賠償之請求時，負賠償之責。而被上訴人與訴外人李○○所簽訂之汽車第三人責任保險條款第 6 條並規定，被保險人遇有本保險承保範圍內之賠償責任時，在未取得法院判決書或本公司認可之和解書以前，本公司不予賠付等語。據此可知被保險人與受害人私下之和解，未經被上訴人認可以前，或被保險人與受害人間之損害賠償訴訟，法院所為之判決尚未確定，均難謂被保險人得向被上訴人請求理賠。本件被保險人

玖　強制汽車責任保險

一、強制責任保險與任意責任保險

責任保險從要保人是否可以自由決定投保區分，可以分為任意責任保險與強制責任保險。

任意責任保險指要保人是否投保可以自由決定，投保的目的在填補被保險人因賠償第三人所發生的損失，而保險人經營任意責任險的目的在賺取利潤。產物保險公司依據保險法經營的責任保險都屬於任意責任保險。

強制責任保險是指要保人依照法律或授權命令有強制投保義務的責任保險。法律之所以強制要保人必須投保責任保險，有時只是為了強化被保險人對受害第三人的理賠能力，但多數是為了更直接保障受被保險人侵害的第三人，使第三人能獲得保險的保障[72][73]。強制責任保險，具有安定社會的功能，保險人辦理強制責任保險的目的，未必是為了賺取利潤[74]，有時甚至只求「無盈無虧」[75]。投保義務人有投保的義務，違反者，多被處以罰鍰。強制責任保險的種類繁多，強制汽車責任保險只是其中一種，由於強制汽車責任保險關係國民生活最為密切，而且實施結果成效最好，因此僅就強制汽車責任保險的重點，略述要點如下：

李〇〇既否認其對上訴人應負損害賠償責任，雙方因而涉訟，則在該案判決確定前，李〇〇自不可能向被上訴人請求理賠，被上訴人亦不可能賠付，必俟該案判決確定，釐清被保險人對上訴人應負損害賠償責任，亦即有責任保險事故發生，方得解決。似此情形，被保險人李〇〇對被上訴人之保險金給付請求權，其消滅時效期間，以解為自判決確定時起算，始符前開保險條款約定意旨，而被保險人之利益方能獲得保障。」

[72] 例如：消費營業場所的公共意外責任保險、旅館民宿業觀光旅遊業的公共意外責任保險、石油相關業的公共意外責任保險、工廠危險品的公共意外責任險、高中以下學校的公共意外責任保險、公寓大廈的公共意外責任保險以及其他公共意外責任保險。

[73] 強制汽車責任保險法第 1 條：「為使汽車交通事故、所致傷害或死亡之受害人，迅速獲得基本保障，並維護道路交通安全，特制定本法。」強制汽車責任保險是強制險，但是盈虧自負，沒有政府補貼，因此不是社會保險，社會保險必須同時具有強制性及補貼性。

[74] 保險公司辦理強制責任保險，一方面是奉主管機關的命令，另一方面也藉此增加與潛在要保人接觸機會，增加商機。

[75] 例如：強制汽車責任保險。

二、強制投保與強制接受投保

強制投保是指凡是符合一定資格者都有投保的義務[76]，不但如此，投保義務人有義務維持保險契約的有效性，期滿之後還有續保的義務[77]。

強制接受投保是指保險人，除非有法定理由[78]，否則有接受投保義務，在保險期間屆滿前也有通知要保人續保的義務[79]，以提醒投保義務人繼續投保。

三、以保險人與特別補償基金的保險給付或補償給付構成綿密的保障網

發生事故時，若能夠辨別肇事者，而其強制保險契約是在有效狀態時，則由其保險人負責保險理賠[80]。若屬於肇事逃逸、沒有投保、盜用車輛或是依法無須投保車輛（農用車等）等情形，則由特別補償基金補償[81]。總之，立法的功能在透過保險人的保險給付與特別補償基金的補償給付構成綿密的保護網，使車禍的被害人或其家屬，都可以獲得基本保障。特別補償基金的補償基金，是從強制責任保險的保險費提撥一定比例所形成，作為理賠之用[82]。

---

[76] 強制汽車責任保險法第 6 條第 1 項：「應訂立本保險契約之汽車所有人應依本法規定訂立本保險契約。軍用汽車於非作戰期間，亦同。」

[77] 強制汽車責任保險法第 6 條第 4 項：「本保險之投保義務人應維持保險契約之有效性，於保險契約終止前或經保險人依第 18 條第 1 項規定拒絕承保時，應依本法規定再行訂立本保險契約。」

[78] 強制汽車責任保險法第 18 條：「除要保人未交付保險費或有違反前條規定之據實說明義務外，保險人不得拒絕承保。」、「保險人依前項規定拒絕承保時，應於接到要保書之日起十日內以書面為意思表示；屆期未以書面表示者，視為同意承保。」

[79] 強制汽車責任保險法第 15 條：「保險人應於保險期間屆滿三十日前通知要保人續保，其怠於通知而於原保險期間屆滿後三十日內發生保險事故者，如要保人辦妥續保手續，並將其始期追溯自原保險期間屆滿之時，保險人仍須負給付責任。」

[80] 強制汽車責任保險法第 25 條第 1 項：「保險人於被保險汽車發生汽車交通事故時，依本法規定對請求權人負保險給付之責。」

[81] 強制汽車責任保險法第 40 條第 1 項：「汽車交通事故發生時，請求權人因下列情事之一，未能依本法規定向保險人請求保險給付者，得於本法規定之保險金額範圍內，向特別補償基金請求補償：一、事故汽車無法查究。二、事故汽車為未保險汽車。三、事故汽車係未經被保險人同意使用或管理之被保險汽車。四、事故汽車全部或部分為無須訂立本保險契約之汽車。」

四、當事人原則上不得解除契約，要保人非有法定原因也不得終止契約

為了貫徹強制汽車責任險的宗旨，必須維持保險契約的有效性，保險人與要保人都不得解除契約❸。保險人除非因「要保人違背據實說明義務」、「未依約定繳納保險費」，不得解除契約；要保人，除非有「被保險汽車之牌照已繳銷或因吊銷、註銷、停駛而繳存。」、「被保險汽車報廢」、「被保險汽車因所有權移轉且移轉後之投保義務人已投保本保險契約致發生重複投保」事由，不得終止契約❸。

五、保險人或特別補償基金就被保險人「故意」所生事故仍應為保險給付或補償給付，但得對被保險人或損害賠償義務人行使代位權，以防止道德危險

因被保險人的故意促使保險事故發生，保險人或特別補償基金仍然必須對請求權人（詳後述）為保險給付或補償給付，但為保險給付或補償給付之後，得對被保險人（加害人）或損害賠償義務人行使代位權。

在營利保險，依照保險法第 29 條第 2 項：「保險人對於由要保人或被保險人之過失所致之損害，負賠償責任。但出於要保人或被保險人之故意者，不在此限。」，保險人就被保險人故意促使保險事故發生所致之損失，不負保險給付的責任，以防止道德風險。但是強制汽車責任保險的目的是為了保障車禍的受害者或其家屬，與保險法的責任保險是為了填補被保險人損失的立法精神不同，從被害人或其家屬的角度，因被保險人的過失行為所致的損害，尚且可以獲得保險給付，則由於被保險人的故意行為所致的損害，損害可能更大，更應該獲得保險理賠。

因此，強制汽車責任保險法第 29 條規定，即使是被保險人故意促使保險事故發生，保險人仍然必須對受害人或其家屬負保險給付的責任，但是為了避免道德風險，保險人得對加害人或被保險人行使代位權而已。保險人對請求權人理賠之後，可以對被保險人行使代位權的情況有很多，故意只是其中一種❸。

---

❷　強制汽車責任保險法第 39 條。

❸　強制汽車責任保險法第 20 條第 1 項、第 21 條第 1 項。

❸　強制汽車責任保險法第 20 條第 2 項、第 21 條第 2 項。

　　特別補償基金為補償之後，依強制汽車責任保險法第42條第2項規定：「特別補償基金於給付補償金額後，得代位行使請求權人對於損害賠償義務人之請求權。但其所得請求之數額，以補償金額為限。」，條文中所謂「請求權人」是指車禍的被害人或其家屬；而所謂「損害賠償義務人」，不但必須是沒有投保強制險的人[86]，而且必須有故意過失，也就是有可歸責性，如果沒有可歸責性，也就是沒有故意過失，則仍然無須負損害賠償責任。因為強制汽車責任保險，採「限額無過失責任」，保險人或特別補償基金所理賠或補償的金額，只限於一定額度，在該一定額度內，不論被保險的加害行為是否有過失，保險人或特別補償基金都一律必須理賠或補償。

　　但是保險人或特別補償基金於為理賠或補償之後，是否可以向加害人行使代位求償權，則必須視加害人依照民法的規定，是否有賠償受害人的責任而定，假若加害人有故意過失，對受害人必須負損害賠償責任，則保險人或特別補償基金於為賠償或補償之後，當然可以代位被害人向加害人求償；反之，假若加害人雖然加害了被害人，但是加害人的加害行為並沒有任何故意過失，被害人或其家屬依民法的規定，對加害人並沒有請求權，則保險人或特別補償基金於為賠償或補償之後，自無代位被害人向加害人求償之可言。因為此種情況，被害人或其家屬尚且對加害人沒有求償權，保險人或特別補償基金自然也不可能代被害人或其家屬行使代位權，所謂「代位權人穿著被代位人的鞋子」，被代位人自己尚且沒有鞋子，遑論穿上被代位人的鞋子。此種情形，保險人或特別補償基金必須透過保險費精算得調高，吸收損失。

---

[85]　除了被保險人故意的情形外，還有其他事故，保險人或特別補償基金也必須理賠或補償，但是保險人或特別補償基金得對被保險人行使代位權。強制汽車責任保險法第29條規定：「被保險人有下列情事之一，致被保險汽車發生汽車交通事故者，保險人仍應依本法規定負保險給付之責。但得在給付金額範圍內，代位行使請求權人對被保險人之請求權：一、飲用酒類或其他類似物後駕駛汽車，其吐氣或血液中所含酒精濃度超過道路交通管理法規規定之標準。二、駕駛汽車，經測試檢定有吸食毒品、迷幻藥、麻醉藥品或其他相類似管制藥品。三、故意行為所致。四、從事犯罪行為或逃避合法拘捕。五、違反道路交通管理處罰條例第21條或第21條之1規定而駕車。」、「前項保險人之代位權，自保險人為保險給付之日起，二年間不行使而消滅。」

[86]　強制汽車責任保險法第40條第1項所列：「一、事故汽車無法查究。二、事故汽車為未保險汽車。三、事故汽車係未經被保險人同意使用或管理之被保險汽車。四、事故汽車全部或部分為無須訂立本保險契約之汽車。」

請求權人（被害人或其家屬）獲得保險人的保險理賠或特別補償基金的補償之後，以加害人有故意過失為限，如果另有損失，還可以向加害人請求民事損害賠償。

六、受害人或其家屬有直接訴權

強制汽車責任保險法第 25 條第 1 項規定：「保險人於被保險汽車發生汽車交通事故時，依本法規定對請求權人負保險給付之責。」，即請求權人對於保險人或特別補償基金有直接訴權❸❼。所謂「請求權人」，指下列得向保險人請求保險給付或向特別補償基金請求補償之人：1.因汽車交通事故遭致傷害者，為受害人本人。2.因汽車交通事故死亡者，為受害人之遺屬；其順位如下：(1)父母、子女及配偶 (2)祖父母 (3)孫子女 (4)兄弟姐妹。

七、基本的立法精神──限額、無過失責任

（一）保險給付或補償金的限額──維持基本保障

強制汽車責任保險法的目的在提供車禍受害人或其家屬「基本保障」，而不是提供十足的損害賠償，強制汽車責任保險法第 1 條：「為使汽車交通事故所致傷害或死亡之受害人，迅速獲得基本保障，並維護道路交通安全，特制定本法。」有明文規定。為顧慮到廣大要保人的保險費負擔以及保障的迫切性，「基本保障」的給付項目只限於：傷害醫療費用給付、殘廢給付以及死亡給付三項。給付標準上則授權主管機關訂定，以便利調整，強制汽車責任保險法第 27 條第 2 項規定：「給付項目之等級、金額及審核等事項之標準，由主管機關會同中央交通主管機關視社會及經濟實際情況定之。」，在適用上則採最新標準，強制汽車責任保險法第 27 條第 3 項規定：「前項標準修正時，於修正生效日後發生之汽車交通事故，保險人應依修正後之規定辦理保險給付。」

為貫徹基本保障，強制汽車責任保險法有下列重要規定：

1.**保險人不得因請求權人另有其他保險而拒絕或減少給付**

強制汽車責任保險法第 37 條規定：「請求權人依本法規定請求保險給付者，保險人不得以其有本保險以外之其他種類保險而拒絕或減少給付。」

---

❸❼　強制汽車責任保險法第 40 條第 6 項。

2.保險人不得以對抗要保人的事由對抗請求權人

由於保險契約的要因性，保險人得對抗要保人之事由亦得以之對抗被保險人或受益人。因此要保人若積欠保險費，在保險契約有效期間發生保險事故者，保險人向被保險人或受益人為保險給付時，得扣除要保人所積欠之保險費或其他費用後給付之❽，但是由於強制汽車責任保險法的立法目的在保護第三人，使第三人得以獲得法律規定的「最低保障金額（基本保障）」，如果依照保險法的規定，則保險人就要保人（或被保險人）所積欠的保險費或其他費用都可自保險人應給付予請求權人的保險金額中扣除，其結果請求權人所獲得的保險給付，將不及強制責任保險給付標準所訂的「最低保險金額（基本保障）」，違背強制汽車責任保險法提供「基本保障」的立法意旨，對第三人十分不利。因此 1908 年德國保險契約法第 158g 條規定：「第 35b 條之規定對第三人不適用之。」，換句話說，就要保人所積欠的保險費或其他費用，保險人只可以向要保人請求，不得主張自保險人應向第三人給付金額中扣除。此可作為我國立法、司法參考。

（二）財產性損害賠償性與非財產性損害賠償性

強制汽車責任保險給付標準，可以區分為醫療費用與殘廢死亡的定額給付：

1.醫療費用

包括急救費用、診療費用、接送費用、看護費用四類，合計最高限額為新臺幣 20 萬元，採實支實付，本質上是財產性的損害賠償，保險給付的目的在填補損失，有代位權規定的適用。

2.殘廢死亡的定額給付

依照強制汽車責任保險給付標準❽，車禍死亡的給付標準，死亡給付為新臺幣 200 萬元。殘廢區分為 15 個等級，給付金額自新臺幣 5 萬元至新臺幣 200 萬元不等❾，採定額給付，本質上屬於非財產性的損害賠償，保險給付的目的不在填補損失，具有享受上的一身專屬性，沒有代位權規定的適用。

---

❽ 1908VVG §35b.

❽ 106 年 9 月 11 日金管會與交通部聯合發布。

❾ 參照強制汽車責任保險給付標準第 2 條、第 3 條、第 6 條、第 7 條。

（三）無過失責任──保險給付或補償給付必須快速而有效

1.快速理賠或補償

為期快速理賠或補償，強制汽車責任保險法一方面在第 7 條規定：「因汽車交通事故致受害人傷害或死亡者，不論加害人有無過失，請求權人得依本法規定向保險人請求保險給付或向財團法人汽車交通事故特別補償基金（以下簡稱特別補償基金）請求補償。」，採「無過失責任」的理賠制，避免鑑定被保險人有無過失責任的耗時費日，另一方面又在第 25 條第 2 項及第 3 項規定：「保險人應於被保險人或請求權人交齊相關證明文件之次日起十個工作日內給付之；相關證明文件之內容，由主管機關會商相關機關（構）訂定公告之。」、「保險人因可歸責於自己之事由致未在前項規定期限內為給付者，自期限屆滿之次日起，應按年利一分給付遲延利息。」，限定理賠或補償作業的期間。此外還規定「暫先給付」，即依強制汽車責任保險法第 35 條第 1 項：「因汽車交通事故死亡者，請求權人得提出證明文件，請求保險人暫先給付相當於保險給付二分之一之金額。」，第 2 項：「因汽車交通事故殘廢者，請求權人得提出證明文件，就保險人已審定之殘廢等級，請求保險人暫先給付其保險金。」，以因應受害人發生傷害，但是其殘廢等級尚未完全確定前的急迫需要。

2.無過失責任與推定過失責任的落差

民法關於機動車輛駕駛人責任與強制汽車責任險保險人責任不同，民法第191 條之 2：「汽車、機車或其他非依軌道行駛之動力車輛，在使用中加損害於他人者，駕駛人應賠償因此所生之損害。但於防止損害之發生，已盡相當之注意者，不在此限。」，但是強制汽車責任保險法採「限額無過失責任」，保險人或特別補償基金在強制汽車責任給付標準所定的限額範圍內，即使駕駛人沒有故意過失，仍必須理賠或補償[91]，兩個法律所採取的立法主義不同，民法採「推定過失責任主義」，強制汽車責任保險法採「限額無過失責任主義」，立法上的落差使得車輛肇事駕駛人的損害賠償，依強制汽車責任保險的賠償或補償，與民法損害賠償無法完全銜接，這點與德國強制汽車責任險的賠償或補償與民法損害賠償彼此銜接不同，我國立法的優點是強制汽車責任保險採無過失責任，因此請求權人在「限

[91]　強制汽車責任保險法第 7 條。

定金額」範圍內，獲得理賠或補償迅速，缺點是請求權人如果要做超出保險給付標準的請求，就超過部分必須另依民法規定請求，也就是肇事駕駛人只是被推定有過失，仍然可以證明其無過失而獲得免責。德國的制度，優點是民法上的賠償與強制汽車責任保險法上的賠償，互相銜接，制度一軌，但缺點則是確定駕駛人是否有過失的過程，經常耗時費日，被害人或其家屬無法獲得迅速的賠償。

八、保險人的免責事由

受害人或其他請求權人有下列情事之一，致被保險汽車發生汽車交通事故者，保險人不負保險給付責任[92]：

（一）故意行為所致[93]

所謂「故意行為」是指對發生結果的認知，而非對發生行為的認知，又所謂故意包括直接故意以及間接故意。

（二）從事犯罪行為所致[94]

所謂「犯罪行為」是指觸犯刑法或刑事特別法所規定的罪名，若只是違背行政法規被處以罰鍰者，例如：違規行車，不在其內。是否犯罪一般以法院的確定刑事判決認定為準，但被保險人已死亡者，以不受理判決或檢察官的不起訴處分書認定為準。請求權人有數人，其中一人或數人有故意或從事犯罪之行為者，保險人應將扣除該一人或數人應分得部分之餘額，給付其他請求權人[95]。

九、保險人或特別補償基金的代位權

（一）得行使代位權的情況

所謂「保險人或特別補償基金的代位權」，是指保險人於保險給付或特別補償基金於補償之後，對肇事的加害人行使請求權而言。強制汽車責任保險法第 29 條

[92] 強制汽車責任保險法第 28 條。
[93] 請注意：這裡是指受害人或其他請求權人的故意行為而言，不是指被保險人的故意行為。
[94] 請注意：這裡是指受害人或其他請求權人的犯罪行為而言，不是指被保險人的犯罪行為。
[95] 強制汽車責任保險法第 28 條第 2 項。

規定：「被保險人有下列情事之一，致被保險汽車發生汽車交通事故者，保險人仍應依本法規定負保險給付之責。但得在給付金額範圍內，代位行使請求權人對被保險人之請求權：

一、飲用酒類或其他類似物後駕駛汽車，其吐氣或血液中所含酒精濃度超過道路交通管理法規規定之標準。

二、駕駛汽車，經測試檢定有吸食毒品、迷幻藥、麻醉藥品或其他相類似管制藥品。

三、故意行為所致。

四、從事犯罪行為或逃避合法拘捕。

五、違反道路交通管理處罰條例第 21 條或第 21 條之 1 規定而駕車。

前項保險人之代位權，自保險人為保險給付之日起，二年間不行使而消滅。」[96]

（二）代位權的保護

強制汽車責任保險法第 30 條規定：「請求權人對被保險人之和解、拋棄或其他約定，有妨礙保險人依前條規定代位行使請求權人對於被保險人之請求權，而未經保險人同意者，保險人不受其拘束。」，第 43 條：「請求權人對損害賠償義務人之和解、拋棄或其他約定，有妨礙特別補償基金代位行使請求權人對損害賠償義務人請求權，而未經特別補償基金同意者，特別補償基金不受其拘束。」，所謂「不受其拘束」是和解、拋棄或其他約定在「損害賠償義務人（肇事人）與請求權人」之間雖然有效，但是不可以「和解、拋棄或其他約定」拘束保險人或特別補償基金，保險人或特別補償基金雖非免責，但仍必須依照法律規定或契約約定負責。

十、請求權時效與代位權時效

（一）請求權人對保險人或特別補償基金的請求權時效

強制汽車責任保險法第 14 條第 1 項：「請求權人對於保險人之保險給付請求權，自知有損害發生及保險人時起，二年間不行使而消滅。自汽車交通事故發生

---

[96] 本項代位權的消滅時效是從保險人為保險給付之日起算，與保險法第 65 條的規定，解釋上相同。

時起，逾十年者，亦同。」，本條規定對於請求權人向保險人請求保險給付，或對特別補償基金請求補償，都一律適用。

（二）保險人或特別補償基金行使代位權的時效

保險人或特別補償基金為保險給付或補償之後，若有可以行使代位權的事由，其行使代位權的消滅時效期間分別從「為保險給付」或「為補償」之日起二年❾❼。

拾 責任保險的發展趨勢

責任保險，是指依保險契約約定，被保險人對第三人發生約定之責任且受第三人請求時，在被保險人賠償第三人後，由保險人給付保險金予被保險人的契約。責任保險之緣起，原在填補被保險人因侵權行為、債務不履行或其他債的發生原因，而對第三人有給付義務所造成的損失。責任保險制度的設計，最早是針對侵權行為責任，且以汽車駕駛人對第三人的侵權行為責任，及僱用人對受僱人的侵權行為責任為主要領域。隨著工商業的進步與保護被害人法益思想的發展，責任保險有下列的發展趨勢：

1.責任保險的性質，在某些領域，基於保護社會大眾或消費者的考量❾❽，由「任意保險」逐漸向「強制保險」發展，例如汽車責任保險、商品製造人責任保險、場所主人強制責任保險等是。

2.隨著侵權行為責任理論由「過失責任主義」向「無過失責任主義」發展，對責任保險的依賴性，越來越殷切。

3.在承保的責任種類方面，由承保「侵權行為責任」，擴大到「侵權行為責任」、「債務不履行責任」及其他責任。

4.在責任保險的功能方面，由「填補被保險人因賠償第三人所致之損害」出發，有些領域改為往「保障被害人或其他請求權人的權利方向」思考。

---

❾❼ 強制汽車責任保險法第 29 條第 2 項、第 42 條第 3 項。

❾❽ 2008 年德國保險契約法為了保護消費者，甚至規定保險公司的確認義務。第 113 條第 1 項：「保險單持有人如係因法律規定的義務而投保責任保險，（強制保險）必須向許可在德國營業的保險公司為之。」，第 2 項：「保險人必須以書面載明保險金額向保險單持有人確認其依照法律的規定有強制投保的義務，並寫明其依據條文。」，第 3 項：「本節的規定對於保險契約承保超過規定的（強制險規定的）最低額度時，亦適用之。」

一、選擇題

1. 下列關於責任保險所承保的責任之發生原因的敘述，何者正確？
   (A)限於侵權行為。
   (B)限於債務不履行。
   (C)限於侵權行為及債務不履行。
   (D)侵權行為、債務不履行及其他（不當得利、無因管理等）。

2. 甲將其所有的汽車借給乙使用，該汽車已經投保責任保險及車體險。乙因開車不慎，撞及行人丙及路旁路樹，致丙死亡，其所駕駛的車輛也毀損。下列關於保險理賠及代位權的敘述，何者最正確？
   (A)保險人就車體險理賠甲後，除非保險契約有車體險附加被保險人條款外，可以向乙行使代位權；就責任險言，乙為附加被保險人，乙理賠被害人後，保險人有理賠乙的義務。
   (B)就車體險言，保險人理賠甲後，一律可以向乙行使代位權；就責任險言，乙在保險契約有附加被保險人約定下，亦為附加被保險人，乙理賠被害人後，保險人有理賠乙的義務。
   (C)就車體險言，保險人理賠甲後，不得向乙行使代位權；就責任險言，保險人理賠被害人後，得對乙行使代位權。
   (D)就車體險言，保險人理賠甲後，可以向乙行使代位權；就責任險言，保險人理賠被害人後，也可以對乙行使代位權。

3. 下列關於在汽車責任保險，承租人、借用人或其他經被保險人同意使用被保險車輛成為附加被保險人之第三人時，關於同意的敘述，何者最為正確？
   (A)必須時間、目的、地點都在同意的範圍內。
   (B)只要時間、目的、地點有一個在同意的範圍內，同時應斟酌被保險人與被同意人的關係是情誼關係或商業關係等因素。
   (C)只要同意，不論如何使用，都是附加被保險人。

(D)除非有明確限制，否則被同意人，不論如何使用，都是附加被保險人。

4.依照保險法的規定，下列關於法定除外不保的敘述，何者正確？

(A)要保人或被保險人故意促使保險事故發生。

(B)要保人或被保險人故意或重大過失致保險事故發生。

(C)要保人、被保險人或其代理人故意促使保險事故發生。

(D)要保人、被保險人或其代理人故意或重大過失致保險事故發生。

5.下列關於要保人或被保險人責任保險保險事故發生通知義務的敘述，何者正確？

(A)只限於發生「足以導致被保險人對第三人負賠償責任」事實，有通知義務。

(B)只限於發生「第三人向被保險人行使請求權」事實時，有通知義務。

(C)在發生「足以導致被保險人對第三人負賠償責任」事實以及發生「第三人向
被保險人行使請求權」事實時都有通知義務。

(D)在發生「足以導致被保險人對第三人負賠償責任」事實時或發生「第三人向
被保險人行使請求權」事實時，應擇一通知。

6.保險契約有保險人參與權的約定時，下列關於被保險人與第三人，未經保險人
的同意，而為和解、承認或賠償的效力的敘述，何者正確？

(A)被保險人與第三人的和解、承認或賠償無效，保險人得拒絕保險給付。

(B)被保險人與第三人的和解、承認或賠償無效，保險人不得拒絕保險給付。

(C)被保險人與第三人的和解、承認或賠償依然有效，但保險人得拒絕保險給付。

(D)被保險人與第三人的和解、承認或賠償依然有效，但保險人不受拘束。

7.下列有關在責任保險，保險人直接向受害第三人為保險給付的敘述，何者正確？

(A)必須被保險人對第三人的責任已經確定，且保險人受到被保險人的通知。

(B)只要被保險人對第三人的責任已經確定。

(C)只要保險人受到被保險人的通知。

(D)必須被保險人對第三人的責任已經確定，或保險人受到被保險人的通知。

8.下列關於責任保險中直接訴權的敘述，何者最正確？

(A)必須被保險人對第三人應負損失賠償責任確定。

⒝必須被保險人對第三人應負損失賠償責任確定，且在保險金額範圍內。

⒞必須在保險金額範圍內。

⒟必須被保險人對第三人應負損失賠償責任確定，在保險金額範圍內，被保險人為數人時且限於依其應得之比例。

9.依照保險法的規定，下列關於責任保險保險金請求權消滅時效的敘述，何者正確？

⒜從保險事故發生開始進行。

⒝從保險人受到保險事故發生的通知開始進行。

⒞從被保險人受第三人的賠償的請求時開始進行。

⒟從被保險人賠償第三人完畢開始進行。

10.下列關於強制汽車責任保險性質的敘述，何者正確？

⒜是強制保險，也是社會保險。

⒝是營利保險，不是社會保險。

⒞是強制保險，但不是社會保險。

⒟是營利保險，也是社會保險。

11.下列關於在營利汽車責任險與強制汽車責任保險，要保人或被保險人故意促使保險事故發生之法律效果的敘述，何者正確？

⒜在營利汽車責任保險，保險人不負保險理賠責任；在強制汽車責任保險，保險人對受害第三人或其他請求權人還是必須負保險理賠義務，但是在賠償之後，對被保險人有代位權。

⒝營利汽車責任保險與強制汽車責任保險，保險人都不負保險理賠責任。

⒞在營利汽車責任保險，保險人不負保險理賠責任；在強制汽車責任保險，保險人對受害第三人或其他請求權人還是必須負保險理賠義務，但賠償之後，對被保險人沒有代位權。

⒟在營利汽車責任保險及在強制汽車責任保險，保險人都負保險理賠責任，理賠之後，對被保險人都沒有代位權。

12.下列關於在強制汽車責任保險，車輛未投保保險而發生車禍，死者家屬得否請求賠償或補償的敘述，何者正確？

(A)不得向保險公司請求保險給付，但是可以向特別補償基金請求補償金。

(B)不得向保險公司請求保險給付，也不可以向特別補償基金請求補償金。

(C)得向保險公司請求保險給付，或向特別補償基金請求補償金，但只可以擇一行使。

(D)保險公司與特別補償基金請求補償金須負連帶責任，其給付總額不得超過該傷亡情況可得理賠之上限。

13.下列關於營利責任保險與強制汽車責任保險功能的敘述，何者最為正確？

(A)都在彌補被保險人因保險事故發生，必須賠償第三人的損失。

(B)都在彌補第三人因被保險人侵權行為或債務不履行所致的損失。

(C)營利責任保險目的在彌補被保險人因保險事故發生，必須賠償第三人的損失，但在強制汽車責任保險目的是在保障車禍的請求權人。

(D)原則上都在彌補保險事故發生的被害人，例外都在彌補被保險人因保險事故發生，必須賠償第三人的損失。

參考答案

1. DABAC	6. DADCC
11. AAC	

二、問答題

1.何謂「任意責任保險」？何謂「強制責任保險」？並試以被保險人投保汽車責任保險為例，扼要說明下列問題：(87 年，司法官)

　(1)兩者在責任制度上之重要差別為何？

　(2)兩者在對受害人賠償上之不同與作用為何？

　(3)任意責任保險能否全部以強制責任保險取代之，使社會更趨安全？理由安在？

2.試從賠償被保險人損害、保護車禍被害人或其家屬之觀點論述汽車第三人責任險的發展經過及發展趨勢。(87 年，臺大法研所)

3.說明任意責任保險（營利責任保險）與強制汽車責任保險立法精神之不同，並

說明被保險人故意促使保險事故發生時，二者法律效果的異同。

4. 在汽車對第三人的責任險，保險契約有被保險人與被害第三人和解應經保險人參與之約定。請回答下列問題：

(1)被保險人未通知保險人，逕行與被害第三人和解，該和解能否拘束保險人？保險人是否因此免責？

(2)被保險人通知保險人，但保險人無正當理由拒絕參與，被保險人乃與被害第三人和解。該和解得否拘束保險人？

(3)若被保險人授權保險人與被害第三人在保險金額範圍內進行和解，保險人原有在保險金額的範圍內和解的機會，但為減少負擔的緣故，一再拖延，導致和解不成。其後，被害人起訴，法院判決被保險人應該賠償之金額竟超過保險金額。請問：保險人就超過保險金額部分是否應該對被保險人負損害賠償責任？

5. 試簡要回答下列問題：

(1)在營利的任意責任保險，被保險人故意加害其仇人，其責任保險之保險人應否對被保險人為保險給付？

(2)在強制汽車責任保險，被保險人故意衝撞其仇人，其強制汽車責任保險之保險人應否對受害人或其配偶等為保險給付？得否對被保險人行使代位權？

(3)在強制汽車責任保險，應投保強制責任險而未投保之人，因過失撞死行人，特別補償基金應否對該行人之配偶等為補償給付?得否對未投保之人行使代位權?

6. 在責任保險，要保人或被保險人的保險事故發生通知義務，依照保險法第58條：「要保人、被保險人或受益人，遇有保險人應負保險責任之事故發生，除本法另有規定，或契約另有訂定外，應於知悉後五日內通知保險人。」原則上應該在五日內為之。此五日通知期間，從何時開始起算？試以車禍為例，加以說明。

7. 責任保險的保險人直接向受害第三人為保險給付，應該受到什麼條件的限制？試舉保險法的規定以對。

8. 何謂直接訴權？受害第三人向保險人行使直接訴權應該具備什麼條件？

9. 強制汽車責任保險與保險法的責任保險，主要的區別何在？試說明之。

10. 強制汽車責任保險法除了保險人負有保險給付的義務外，還設有特別補償基金，從事補償被害人或其家屬的工作。請問：保險人與特別補償基金的任務有何不同？

11.於汽車肇禍造成第三人人身、財產傷害或損害時，我國保險法相關規定，就民
事責任與損害賠償，提供何種不同之法制與功能？試分析之。(89 年，司法官)

12.甲向租車公司承租汽車一輛，供旅遊之用。租車公司已就該汽車投保車體險及
責任險，其中責任險契約並約定承保範圍包括「所有人及經所有人同意使用之
人因使用汽車而發生對任何人之責任。」旅遊途中，由乙駕駛，甲坐副駕駛座，
因乙開車不慎肇事。甲身體受傷，車體亦毀損。請問：(91 年，司法官)

⑴就車體險言，若甲免除乙之損害賠償義務，保險人得否拒絕賠償？

⑵就責任險言，保險人得否以乙不在約款所訂「所有人及經所有人同意使用之
人」之範圍內、即甲不在約款所訂「任何人」之範圍內為由，拒絕保險給付？

13.某出租汽車公司向保險公司投保責任保險，保險契約約定，承保範圍只限於被
保險人以及與被保險人訂立租賃契約的承租人對第三人的賠償責任，不包括經
過承租人同意而使用該出租汽車之人對第三人的賠償責任。某日，承租人向該
公司承租汽車載友人外出旅遊，由於長途開車，身心疲憊，途中換其友人開車，
但卻不幸發生車禍，撞及對方來車，損失嚴重。請問：保險人是否必須負保險
給付的責任？

14.某遊覽公司與保險公司訂有責任保險契約，承保範圍包括旅客死傷以及對車外
第三人侵權行為之死亡或傷害。契約約定：死亡部分，以人數計算，一人賠償
200 萬元，但是一次事故最多不逾 600 萬元。傷害部分依照傷害殘廢等級而定，
從 2 萬元到 140 萬元不等，但是一次事故賠償額最多不逾 300 萬元。某日，該
遊覽公司之遊覽車載客出遊，在高速公路上，追撞正面中間車道的小轎車，小
轎車被撞失控，彈入內車道，與內車道急駛而至的另一小轎車相撞，死亡 4 人。
而該遊覽車於撞擊小轎車之後，繼續沿著中間車道前行約 120 公尺處，又與另
一貨櫃車擦撞，導致遊覽車翻覆，旅客死亡 3 人，受傷 12 人。請問：本案究竟
是一次事故、二次事故或三次事故？保險公司如何主張責任限額？

第十八章

保證保險

壹 保證保險的意義

　　保險法並未界定保證保險的意義，但從保險法第 95 條之 1：「保證保險人於被保險人因其受僱人之不誠實行為或其債務人之不履行債務所致損失，負賠償之責。」的規定來看，**保證保險是要保人與保險人約定，要保人有給付保險費予保險人的義務，保險人對於被保險人，因被保險人之受僱人、受任人的不誠實行為或被保險人的債務人債務不履行所生之損害，負保險給付責任的保險。**此種保險，保險人所為的保險理賠，具有替代民法上保證的功能，因此稱之為「保證保險」❶。

　　實務上，僱傭契約或承攬契約中，常約定受僱人或承攬人須另外委任第三人與僱傭人或定作人訂定保證契約，一旦受僱人或承攬人有不誠實行為或有債務不履行情事，致僱傭人或定作人發生損失時，由保證人負損害賠償之責。又在金融界，銀行委任經理人或僱用員工，在委任契約或僱傭契約也經常約定，經理人或員工必須另外委任第三人與銀行訂定保證契約，一旦經理人或受僱員工有監守自盜或其他不誠實行為，致銀行發生損失時，由保證人負損害賠償的責任。由於工商社會，人情淡薄，願意勉強擔任保證人的人本來就不多，再加上自然人的擔保能力受到資力的限制，因此發展出員工誠實保險及債務不履行保險。保證保險的功能既然是替代保證契約的提出，原本應該由受僱人或承攬人投保才是，但是一旦由受僱人或承攬人投保，則受僱人或承攬人就是保證保險契約的要保人，一旦發生債務不履行或不誠實行為時，保險人可能以保險事故的發生是要保人的「故意行為」所致為理由，行使拒絕理賠的抗辯，因此實務上，例由僱傭人、定作人或銀行自行投保，但是保險費實質上轉嫁由受僱人、承攬人或經理人、員工負擔。保證保險的意義如下：

一、保證保險是財產保險的一種

　　財產保險的種類繁多，舉凡火災保險、責任保險、竊盜保險、海上保險等都屬於財產保險，保證保險只是財產保險的一種。保證保險，保險人保險給付的目

---

❶　我國保險法早年沒有保證保險的規定，但是實務上行之有年，累積長年經驗，加上配合國內重大工程建設的需要，遂於民國 80 年修正保險法時，於第三章財產保險增訂「第四節之一保證保險」，列為法定典型財產保險之一種。

的,在於填補被保險人因發生保險事故(債務不履行或不誠實行為)所致之損失,且保險給付的數額不得逾被保險人的損失額。

二、保證保險以「受僱人之不誠實行為」或「債務人之不履行債務」 為保險事故

保證保險之保險事故分為兩種:

(一)誠實保險的保險事故

誠實保險是要保人與保險人訂定保險契約,指定要保人自己為被保險人,約定要保人有給付保險費的義務,於「被保險人的受僱人或受任人之不誠實行為」致被保險人損害時,由保險人給予被保險人賠償的保險,國內的「員工誠實保證保險」、外國的「忠誠保險 (fidelity insurance)」都是誠實保險。所謂「受僱人或受任人」是指「被保險人所聘僱、受有人事管理的約束、並領有薪資之人」;所謂「不誠實行為」是指「強盜、搶奪、竊盜、詐欺、侵占或其他不法行為」,既然是不誠實行為,當然以受僱人或受任人的行為出於「故意」為必要。圖示如下:

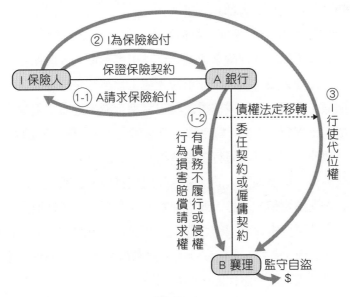

圖 18-1

在上圖，A 銀行委任或僱用 B 為襄理，B 在職務上經常進出金庫，為了避免監守自盜的損失，A 銀行向 I 保險人投保保證保險契約（忠誠保險）。事後果真發生 B 襄理監守自盜，則 A 銀行對 B 襄理有侵權行為損害賠償請求權或債務不履行損害賠償請求權⑴-2⃝的同時，也對 I 保險人有保險給付請求權⑴-1⃝。一般而言，由於向保險人請求比較容易，因此 A 銀行會先選擇向 I 保險人行使保險給付請求權⑴-1⃝，若有不足部分，再向 B 襄理請求。無論如何，保險人對被保險人 A 銀行為保險給付之後②，依照保險法第 53 條的規定，在被保險人 A 銀行受領保險給付的範圍內，A 銀行對 B 襄理的請求權應該法定移轉給 I 保險人，由 I 保險人行使代位權③。

（二）債務人不履行債務保證保險的保險事故

債務人不履行保險是要保人與保險人訂立保險契約，指定要保人自己為被保險人，約定由要保人負擔給付保險費的義務，於「被保險人之債務人不履行債務」致被保險人受損失時，由保險人負保險理賠責任的保險。所謂「債務不履行」，指依法律的規定或契約的約定有一定行為義務之人，有遲延給付、拒絕給付或其他不依債之宗旨為給付之行為者都是。

「工程履約保證保險」、「抵押貸款償還保證保險」是常見的債務不履行保險，例如：工程履約保證保險的保險事故就約定「工程承攬人，於保險期間內，不履行工程契約，致定作人受有損失，而承攬人依工程契約之規定應負賠償責任時，由本公司依照原工程契約完工或按重新發包之總金額超過原工程契約總金額扣除實際已付承攬人工程費之差額，對定作人負賠償之責。」❷，就是以「債務人（工程承攬人）之債務不履行（不履行工程契約）」為保險事故；又如約定：「要保人投保本保險契約後，對被保險人於保險期間內核貸個人小額信用貸款，因借款人未依借款契約按期攤還借款本息，致被保險人受有損失，累積損失金額超過約定之起賠點時，本公司依本保險契約之約定對被保險人負賠償之責。」❸，就是以「債務人債務不履行（借款人未能依約按期攤還借款本息）」為保險事故。關於工程承攬契約債務不履行之保證保險，圖示如下：

❷ 工程履約保證保險承保辦法第 4 條。
❸ 華南產物金融機構小額貸款信用保險保單條款第 2 條。

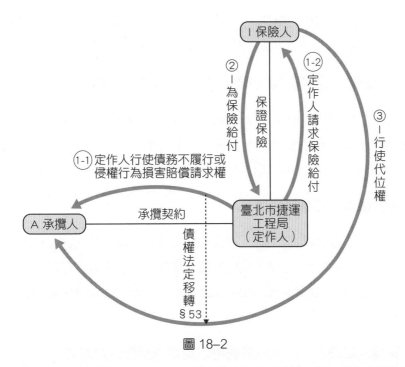

圖 18–2

　　在上圖中，臺北市捷運工程局與 A 營造廠訂有承攬契約，臺北市捷運工程局是定作人，A 營造廠是承攬人。為了分擔 A 營造廠可能債務不履行的損失風險，臺北市捷運工程局又與 I 保險人訂立保證保險契約，由 I 保險人承保 A 承攬人不履行承攬契約的損失。若 A 承攬人不履行承攬契約，臺北市捷運工程局不但對 A 承攬人有債務不履行或侵權行為的損害賠償請求權①-1，而且對於 I 保險人也有保險給付請求權①-2。一般情況，由於保險人的理賠能力較強，臺北市捷運工程局多會選擇先向 I 保險人請求保險給付①-2。I 保險人依約為保險給付後②，臺北市捷運工程局對 A 承攬人的債務不履行或侵權行為的損害賠償請求權，在受保險給付的範圍內，當然法定移轉給 I 保險人，由 I 保險人對 A 承攬人行使代位權③。

貳　保證保險契約應記載事項

　　保證保險為諾成契約，契約的成立不以已經繳納保險費或已完成應記載法定事項為要件。但為使保證保險契約的內容明確，當事人權利義務的有關事項，仍然必須明確記載，以避免權利義務關係日久模糊，因此保險法除規定保證保險必

須記載保險法第 55 條所列舉的「共同基本條款」之外❹，還分別必須記載保險法第 95 條之 2、第 95 條之 3 規定的應該記載事項（即：種類基本條款）。

一、以「受僱人之不誠實行為」為保險事故的保證保險

保險法第 95 條之 2 規定：「以受僱人之不誠實行為為保險事故之保證保險契約，除記載第 55 條規定事項外，並應載明下列事項：一、被保險人之姓名及住所。二、受僱人之姓名、職稱或其他得以認定為受僱人之方式。」說明如下：

（一）被保險人之姓名及住所

被保險人為保險事故發生時，得向保險人請求保險給付之人，自應於保險單中記載被保險人的姓名、住所，以期明確。例如：於員工誠實保證保險，被保險人常常為因受僱員工違背誠實而受損害之「雇主」，應於保險單中載明雇主的姓名及住所。

（二）受僱人之姓名、職稱或其他得以認定為受僱人之方式

受僱人是保證保險中，作為是否違背誠實義務，發生保險事故標準之人，因此必須載明受僱人的姓名、職稱或其他得以認定為受僱人的方式。保險實務上常稱之為「被保證員工」。為避免受僱人（被保證員工）的範圍過分廣泛，一般都在契約中加以界定，例如：員工誠實保證保險契約所稱之「被保證員工（受僱人）」僅限於「接受被保險人聘僱、受有人事管理約束、並領有薪資者」而言❺。

二、以「債務人之不履行債務」為保險事故的保證保險

保險法第 95 條之 3 規定：「以債務人之不履行債務為保險事故之保證保險契

---

❹ 保險法第 55 條：「保險契約，除本法另有規定外，應記載左列各款事項：一、當事人之姓名及住所。二、保險之標的物。三、保險事故之種類。四、保險責任開始之日時及保險期間。五、保險金額。六、保險費。七、無效及失權之原因。八、訂約之年、月、日。」

❺ 員工誠實保證保險（承保對象）：「以金融機構、政府機關、公民營企業及人民團體為對象。個別員工直接要保暫不接受。所有被保證員工，應以接受聘僱、受有人事管理約束，並領受薪資者。」

約，除記載第 55 條規定事項外，並應載明下列事項：一、被保險人之姓名及住所。二、債務人之姓名或其他得以認定為債務人之方式。」說明如下：

（一）被保險人之姓名及住所

被保險人乃保險事故發生時，得請求保險人為保險給付之人，應於保險單中載明，以在保險事故發生時，得以確定保險人應為保險給付的對象。保險實務上，在工程履約保證保險、工程保固保證保險通常指定「工程之定作人（業主）」為被保險人。在消費者貸款信用保證保險則以「消費借貸的出借人（金融機構）」為被保險人❻。

（二）債務人之姓名或其他得以認定為債務人之方式

依法律的規定或依契約的約定有一定行為（作為或不作為）義務之人稱為債務人。保證保險之保險事故是否發生，是以債務人是否履行該一定行為（作為❼或不作為❽）的義務為標準。因此保險法規定保險單中應載明「債務人之姓名或其他得以認定為債務人之方式」。保險實務上，工程履約保證保險等之債務人姓名（通常為承攬人）都記載於保險單之承攬人欄；但限額保證支票信用保險、消費者貸款信用保險，由於保險人所承保者只是因可得確定之債務人債務不履行所生之損害，因此債務人之姓名，常不於契約中記載，僅約定自某年某月某日起至某年某月某日止（保險期間）之「支票存款戶」或「借用人」，以資概括。

參 保證保險範圍的限制

保證保險的承保範圍，實務上有雙重的限制：

一、除外不保的限制

所謂「除外不保的限制」是指分別在「受僱人之不誠實行為」定義下的保險

---

❻　參照中國產物保險公司的「消費者貸款信用保險」。

❼　作為，例如：出賣人交付買賣標的物，買受人給付價金。

❽　不作為，例如：研究人員受僱於某一公司，約定在其任職期間或離職以後三年間，不得受僱於其他性質相同的公司，以免研究機密外洩。

事故，或在「被保險人之債務人不履行債務」定義下的保險事故，利用「除外不保事項」的約款，將原來屬於保險事故範圍的事故，排除在承保範圍之外，保險人不負保險給付責任。例如：

（一）員工誠實保證保險

員工誠實保險承保範圍多有諸如「本公司對於被保險人所有依法應負責任或以任何名義保管之財產，為任一被保證員工，在其被保證期間內，因單獨或共謀之不誠實行為所致之直接損失負賠償之責。」之類的約定，所謂「**財產**」包括貨幣、票據、有價證券及有形財物在內；所謂「**被保證員工**」應以接受被保險人聘僱、受有人事管理約束，並領有薪資者為限；所謂「**不誠實行為**」係指被保證員工之強盜、搶奪、竊盜、詐欺、侵占或其他不法行為，不論強盜、搶奪、詐欺、侵占都有一個共同要素，就是都是「故意」行為，因此解釋「或其他不法行為」時，也應該受到「故意」要素的限制。

又規定：「本公司對於下列損失，不負賠償責任：一、被保險人故意行為所致之損失。二、被保證員工之疏忽或過失所致之損失。三、被保證員工向被保險人所為之借貸或使用財產所致之損失。四、點查財產不符之損失；但確係由被保證員工之不法行為所致者不在此限。五、承保範圍內之損失結果所致之任何附帶損失。」，將所列舉的這些事故排除在承保範圍之外。上述第 1 款「被保險人故意行為所致之損失」，之所以排除在承保範圍之外，是為了防止道德風險，本質上是保險法第 29 條第 2 項但書以契約的形式重申。前揭第 2 款：「被保險人員工之疏忽或過失所致之損失」，主體限於「被保險人的員工」，不包括或摻雜要保人或被保險人，被保險人的員工的不誠實行為，以「故意」為必要，若欠缺「故意」的要素，就不能構成不誠實行為。

（二）債務不履行保證保險

工程履約保證保險在承保範圍「工程承攬人，於保險期間內，不履行工程契約，致定作人受有損失，而承攬人依工程契約之規定應負賠償責任時，由本公司（保險公司）依照原工程契約完工或按重新發包之總金額超過原工程契約總金額扣除實際已付承攬人工程費之差額，對定作人負賠償之責。」之後，規定了不保

事項，將「承攬人因下列事項未能履行工程契約時，本公司不負賠償責任：(1)戰爭（不論宣戰與否）、類似戰爭行為、叛亂或強力霸占。(2)依政府命令所為之徵用、充公或破壞。(3)罷工、暴動或民眾騷擾。但經約定並載明於保險單者，不在此限。(4)核子反應、核子輻射或放射性污染。(5)可歸責於被保險人之事由」排除在承保的範圍之外。

二、理賠總額的限制

保證保險實務，特別是員工誠實保證保險，保險人為了控制高額理賠的風險，常常在保險契約書中，約定「每一員工保險金額」、「每一保險事故保險金額」、「保險期間所有保險事故保險金額」的限制，作為實際理賠的上限，而且三者中，以高者為準，使保險人的理賠責任，不至於漫無限制❾。

肆 保險人的代位權

保證保險的保險人，於保險事故發生，向被保險人為保險給付之後，可以依照保險法第 53 條的規定，視具體是員工誠實保險或債務人債務不履行保險之不同，而分別向被保險人的員工或債務人行使代位權。說明如下：

一、員工誠實保證保險的情形

被保險人與其員工之間，本來就訂有僱用契約，若員工有違背誠實行為致使被保險人發生損失，該員工對被保險人同時發生「債務不履行責任」與「侵權行為責任」，兩個責任呈現競合現象，被保險人可以選擇任何一個行使。因保險事故也同時發生，被保險人還可以行使「對保險人行使保險給付請求權」。若是被保險人行使「對保險人行使保險給付請求權」，且保險人為保險給付之後，在被保險人受給付的範圍內，其「對員工的侵權行為損害賠償請求權與債務不履行損害賠償請求權」應該法定移轉給保險人，由保險人行使代位權，以避免被保險人雙重請求。例如：銀行以其經理人的誠實行為向保險公司投保員工誠實保險，銀行與其經理之間，本來就訂有僱用契約，若經理人監守自盜致銀行發生損失，銀行對於該經理人有「侵權行為損害賠償請求權」與「債務不履行損害賠償請求權」，二者

❾ 參照我國員工誠實保證保險保險單的相關約定。

可以擇一行使，於此同時，銀行還對保險公司有保險給付請求權。假若，銀行選擇先向保險人請求保險給付，保險公司為保險給付之後，銀行對於該經理人的「侵權行為損害賠償請求權與債務不履行損害賠償請求權」，在保險給付的範圍內，依法立即移轉予保險公司，由保險公司對該經理人行使代位權。

二、債務人不履行債務保證保險的情形

（一）對債務人的代位求償

債權人與債務人之間，本來因不同的債的發生原因（例如：契約、侵權行為），而存在有不同的債權債務關係，債權人可以依照債權內容，行使權利；債務人應該依照債務的內容，履行債務。在債權人已投保債務人不履行保證保險的情形，若發生債務人債務不履行的情事，被保險人（債權人）除了對債務人同時有「債務不履行與侵權行為損害賠償請求權」，可以擇一行使外。對保險人還有「保險給付請求權」。若被保險人選擇先「對保險人行使保險給付請求權」，則保險人為保險給付之後，被保險人在受給付的範圍內，其對債務人的「債務不履行與侵權行為損害賠償請求權」就法定移轉給保險人，由保險人行使請求權，以避免被保險人雙重請求。例如：定作人以其承攬人的承攬債務向保險公司投保工程履約保證保險，定作人與承攬人之間，本來就因承攬契約而發生債權債務關係，若是承攬人有債務不履行的情事，定作人除了對承攬人在民法上就同時有「債務不履行與侵權行為損害賠償請求權」兩種請求權，二者可以擇一行使外，對保險公司還有「保險給付請求權」。假若，定作人選擇先向保險人請求保險給付，則保險公司為保險給付之後，定作人對於承攬人的「債務不履行與侵權行為損害賠償請求權」，在保險給付範圍內，就依法移轉予保險公司，由保險公司行使，以避免定作人雙重請求。圖示如下：

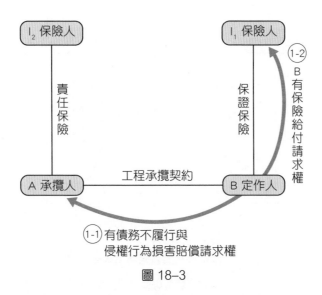

圖 18-3

上圖表示，B 定作人與 A 承攬人訂有工程承攬契約。B 定作人並且向 I₁ 保險人投保保證保險。A 承攬人則向 I₂ 保險人投保責任保險。若 A 承攬人沒有依約施工，造成損害，B 定作人對於 A 承攬人同時有「債務不履行與侵權行為損害賠償請求權」兩種請求權⑴-⑴，於此同時，還對 I₁ 保險人有「保險給付請求權」⑴-⑵，數個請求權同時發生，定作人可以選擇行使。

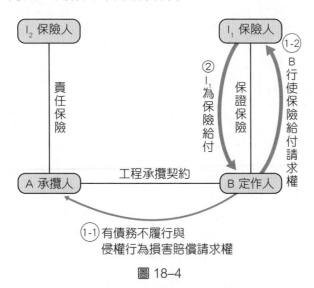

圖 18-4

上圖表示，B 定作人選擇先向 I₁ 保險人行使保險給付請求權⑴-⑵，I₁ 保險人受到請求之後，向 B 被保險人（即定作人）為保險給付②。

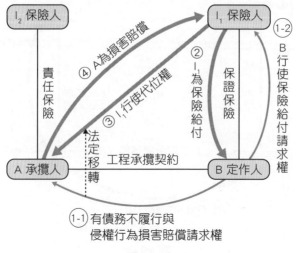

圖 18–5

上圖表示，在 I_1 保險人向其 B 被保險人為保險給付之後②，B 被保險人對於 A 承攬人的「債務不履行與侵權行為損害賠償請求權」，在受保險給付的範圍內，法定移轉 I_1 保險人，由 I_1 保險人對 A 承攬人行使代位權③。隨後，A 承攬人對 I_1 保險人為損害賠償④。

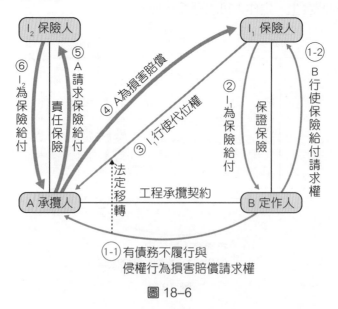

圖 18–6

上圖表示，A 承攬人向 I_1 保險人為損害賠償的給付後④，若符合責任保險的條件，可以轉過來向其責任保險的 I_2 保險人請求保險給付⑤。再隨後，I_2 保險人依照責任保險契約的約定，對其被保險人，也就是對 A 承攬人為保險給付⑥。

實務上，為了減少輾轉代位的繁瑣，可以由承保責任險的 I_2 與承保保證保險的 I_1 直接理算，由 I_2 保險人直接賠償 B 定作人應給付之金額。

（二）對保證人的代位求償

承攬人與定作人的承攬契約，就完成承攬工作言，承攬人就是債務人，定作人就是債權人，定作人還經常應承攬人的請求，在訂定承攬契約時，另外委任第三人作為保證人，以確保承攬契約的履行。假若定作人就承攬契約債務，另外以自己為被保險人，向保險人投保保證保險。在保險期間內，若發生保險事故，定作人就有三個請求權，分別是：

1.對承攬人本於承攬契約債務不履行的損害賠償請求權。

2.對保證人本於保證契約的請求權。

3.對保險人本於保證保險契約的保險給付請求權。

在通常情形，定作人會先對保險人行使「保險給付請求權」，因為保險人比較有資力，保險人給付保險金之後，依照保險法第 53 條第 1 項的規定，可以代位行使定作人（被保險人）對承攬人的請求權，也可代位行使定作人對保證人的請求權。此時，可以對保證人行使代位權的額度，與保證人保證的額度相同，而保證人的保證債務最高額度，除另有約定外，與承攬人（主債務人）的債務額度相同。

必須注意的，在人事保證情形，依照民法第 756 條之 2 第 1 項：「人事保證之保證人，以僱用人不能依他項方法受賠償者為限，負其責任。」，若人事保證之外，僱用人另外投保有保證保險，且於保險期間內發生保險事故，僱用人在獲得保險給付的理賠後，依照上述法條的規定，就不可以對人事保證的保證人行使本於保證契約的請求權，依此推論，則保險人為保險給付之後，自然不可能從被保險人法定移轉對保證人的請求權，換句話說，**保險人不可以對人事保證的保證人行使代位權。**

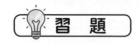

習　題

一、選擇題

1. 下列關於保證保險種類的敘述，何者正確？
   (A)只有誠實保險。
   (B)只有債務不履行保險。
   (C)包括誠實保險與債務不履行保險。
   (D)是保證人的保險。

2. 下列關於誠實保證保險的實務中，受僱人範圍的敘述，何者最正確？
   (A)包括長期、短期的受僱人。
   (B)只包括長期受僱人。
   (C)只包括短期受僱人。
   (D)接受被保險人聘僱、受有人事管理約束、並領有薪資者。

3. 下列關於誠實保證保險中，「受僱人之不誠實行為」的含義，何者最正確？
   (A)限於詐欺行為。
   (B)限於詐欺、侵占、強盜、搶奪行為。
   (C)包括詐欺、侵占、強盜、搶奪行為及其他類似故意的不法行為。
   (D)包括詐欺、侵占、強盜、搶奪行為及其他類似故意、過失的不法行為。

參考答案
1. CDC

二、問答題

1. 何謂誠實保證保險？何謂債務不履行保證保險？試舉例說明之。

2. 某銀行就其員工藉職務上的機會詐欺、監守自盜投保誠實保證保險。某日，該銀行裏理藉職務之便，盜取一千萬元。該銀行向保險公司請求保險給付，但是保險公司以監守自盜是故意行為，依保險法第 29 條但書的規定，保險人免負保險給付的義務作為抗辯，是否有理？又本案若是董事長監守自盜，結論是否相同？

3. 定作人與承攬人訂有承攬契約，定作人並向保險公司投保債務不履行保證保險。因次承攬人施工遲延，致工程未能在約定期間內完成。請問：

　⑴定作人就其損失，得否向保險人請求保險給付？

　⑵若可以，保險人於為保險給付之後，得否向承攬人或次承攬人行使代位權？若不可以，理由何在？

第十九章

人壽保險

壹　緒　說

一、人身保險的意義

人身保險，指要保人負給付保險費的義務，而保險人於被保險人發生生存、死亡、疾病、分娩、意外傷害，或疾病、分娩、意外傷害所致之失能、死亡的保險事故時，有依法或依約給付保險金予受益人或其他法律規定之人的契約。

人身保險以「保險事故」區分，基本上可以分為三類，即人壽保險 (life insurance；Lebensversicherung)、健康保險（health insurance；疾病保險）及傷害保險（accident insurance；Unfallversicherung；意外保險、平安保險）。至於保險法所規定的年金保險是指「年金保險人於受益人（可能是被保險人，也可能是被保險人的家屬）生存期間或特定期間內，依照契約負一次或分期給付一定金額之責」的保險，是以「保險給付方式」命名，不是以保險事故分類，區分的標準並不相同。

二、人身保險的性質

人身保險包括人壽保險、健康保險及傷害保險。三者性質異同之處分述如下：

（一）共同性質──非財產上的損失具有專屬性

人壽保險、健康保險及傷害保險所承保的權益都具有專屬性。人壽保險的保險事故為被保險人的生存或死亡。健康保險的保險事故為被保險人由身體內部逐漸蘊發的反生理狀況，包括：疾病、分娩、疾病致死亡、疾病致失能、分娩致死亡、分娩致失能。傷害保險的保險事故是由於被保險人身體遭受外來碰觸所造成的反生理狀態，包括：傷害、傷害致死、傷害致失能。不論生存、死亡、疾病、傷害都是對被保險人人格權的傷害，都會發生財產上以及非財產上的損失，「財產上的損失」沒有享受上的專屬性，不可以重複請求，因此有代位權規定的適用，其包括：醫療費用、住院費用等；「非財產上損失部分」指精神上痛苦的損失，並有享受上的一身專屬性，可以重複請求，不適用保險法關於複保險、代位權的規定❶。

---

❶ 參照保險法第 103 條、第 53 條，但最高法院 91 年台上字第 779 號判決卻認為全民健康保險法第 82 條（按：即現行法第 95 條）是保險法的特別規定，該判決指出：「全民

例如：甲以自己為被保險人，指定自己為受益人，分別向 A 保險公司、B 保險公司投保傷害保險。因乙之過失，甲之身體受到傷害。就醫療損失、住院費用等財產上損失，適用複保險的規定，甲可以向 A 保險公司及／或 B 保險公司請求，但請求總額不得超過實際的損失額，且保險人於理賠後可向乙行使代位權。但是就非財產的損失，甲既可向 A 保險公司請求，也可向 B 保險公司請求，若仍不足，還可向乙請求，不適用複保險的規定，不發生超額請求問題，且 A、B 於理賠之後也不得代位甲向乙請求損害賠償。實務上，未必區隔財產上與非財產上的損失❷，有些只是依照傷殘程度採給付定額，與理論有落差。可能的折衷解釋，就是依照傷殘程度的給付額，扣除醫療費用、住院費用後的餘額，視為非財產上的損害賠償額。

（二）不同性質

1.人壽保險特有的性質

⑴無價性

人命無價，因此以人之生命投保生存或死亡保險，不論其保險金額多寡，都不會發生超額保險或一部保險問題。**人壽保險保險給付之宗旨不在於填補損害，**

健康保險法為保險法之特別法，依特別法優於普通法之原則，全民健康保險法第 82 條應優先於保險法第 135 條、第 103 條之規定而為適用。從而全民健康保險之被保險人因汽車交通事故，經全民健康保險提供醫療給付者，全民健康保險之保險人自得向強制汽車責任保險之保險人代位請求該項給付。而依強制汽車責任保險法第 30 條規定，於該範圍內，加害人或強制汽車責任保險之被保險人之損害賠償責任即因而解免，全民健康保險被保險人對於加害人之損害賠償請求權亦因而喪失。」

與其認為全民健康保險法第 82 條是保險法第 53 條的特別規定，不如認為人身侵權行為的損害賠償，本來就包括財產上的損害賠償及非財產上的損害賠償，財產上的損害賠償例如民法第 192 條第 1 項、第 2 項、第 193 條；非財產上的損害賠償，例如民法第 194 條。就財產上的損害賠償，應該可以行使代位權。就非財產上的損害賠償，就不可以行使代位權，保險人依照全民健康保險法第 82 條的規定行使的代位權，本質上是保險人依照保險契約的約定為醫療、藥品的給付，完全是彌補被保險人財產上的損失，被保險人在受領醫療、藥品給付的同時，應該將其對加害人的醫療、藥品的財產上損害賠償請求權，移轉給保險人。

❷ 強制汽車責任保險，醫療保險實支給付新臺幣 20 萬元與死亡定額保險給付新臺幣 200 萬元是分開的。

而在於保障被保險人或其家屬（受益人），保險法關於要保人對於同一保險利益，同一保險事故，與數保險人分別訂立數個保險之契約行為，除另有約定外，應將他保險人之名稱及保險金額通知各保險人的複保險之規定❸，於人壽保險不適用之，我國大法官會議解釋及德國保險契約法都有相同的見解❹❺。

⑵終身死亡保險與生存死亡兩合保險有「儲蓄性」

　　人壽保險中，「生存死亡兩合保險」與「終身死亡保險」占有的比率相當高，這兩種保險都有濃烈的儲蓄性質，1908 年德國保險契約法稱之為「資本性的保險 (Kaptialversicherung)」。就生存死亡兩合保險言，人不是生存，就是死亡，生存死亡兩合保險既然把「生存」、「死亡」都當作保險事故，則只要要保人依照約定繳納保險費，保險事故就必然有發生的一天，只是發生的時間有快有慢而已。既然保險事故必定會發生，則保險人的給付義務就無可避免，而要保人所指定的受益人，除非比被保險人早死亡或保險期間受益權被更換或有喪失受益權的事由，必然會有受領保險金的一天，自此點言，生存死亡兩合保險實在具有濃烈的儲蓄性質。又就終身死亡保險言，由於人非神仙，肉體之軀終究不免於死亡，死亡之到來，只是遲早而已，因此只要要保人依照契約約定持續繳納保險費，終究有一天，死亡的保險事故會發生，保險人也就一定必須給付保險金，受益人，除非比被保

---

❸ 保險法第 35 條、第 36 條。

❹ 釋字第 576 號解釋：「契約自由為個人自主發展與實現自我之重要機制，並為私法自治之基礎，除依契約之具體內容受憲法各相關基本權利規定保障外，亦屬憲法第 22 條所保障其他自由權利之一種。惟國家基於維護公益之必要，尚非不得以法律對之為合理之限制。保險法第 36 條規定：『複保險，除另有約定外，要保人應將他保險人之名稱及保險金額通知各保險人。』第 37 條規定：『要保人故意不為前條之通知，或意圖不當得利而為複保險者，其契約無效。』係基於損害填補原則，為防止被保險人不當得利、獲致超過其財產上損害之保險給付，以維護保險市場交易秩序、降低交易成本與健全保險制度之發展，而對複保險行為所為之合理限制，符合憲法第 23 條之規定，與憲法保障人民契約自由之本旨，並無牴觸。人身保險契約，並非為填補被保險人之財產上損害，亦不生類如財產保險之保險金額是否超過保險標的價值之問題，自不受保險法關於複保險相關規定之限制。最高法院 76 年台上字第 1166 號判例，將上開保險法有關複保險之規定適用於人身保險契約，對人民之契約自由，增加法律所無之限制，應不再援用。」

❺ 德國保險契約法第二章「損失賠償保險的共同規定」，第 59 條規定複保險。人身保險並不適用複保險的規定。

險人早死或受益權被更換或有喪失受益權事由，也一定會拿到保險金，要保人給付保險費的結果一定有回收。

人壽保險中的生存保險及期間死亡保險，並不是資本性保險，因為「生存保險」是以被保險人屆一定年齡，仍然生存或保險期間屆滿仍然生存為保險事故發生，但是由於被保險人是否屆一定年齡仍然生存或在保險期間屆滿仍然生存，屬於不確定的事實，保險事故未必發生，受益人當然未必會獲得保險金的給付，因此沒有儲蓄性質。又「期間死亡保險」，是以被保險人在保險期間內死亡為保險事故發生，但是被保險人是否會在保險期間內死亡，屬於不確定的事實，有的人強壯如牛，卻猝然而逝，受益人可享有保險金，有的人雖然氣如游絲，卻是苟延殘喘，綿延不絕，直到保險期間經過之後，還未斷氣，受益人無法獲得保險給付，不具有儲蓄的性質。總之，這二種保險，保險人之保險給付義務不確定，不具有儲蓄性或資本性。

2.傷害保險與疾病保險的特殊性質

傷害保險與健康保險的性質與人壽保險有若干不同。傷害保險及健康保險就填補財產上的損失部分（醫療費用、住院費用、照護費用、及減少收入損失）具有「有價性」及「非儲蓄性或非資本性」。傷害保險的保險給付扣除財產上的損失，其剩餘部分，具有享受上的專屬性，不得讓與他人，也不得代位行使。在此，就「有價性」及「非儲蓄性或資本性」，說明如下：

⑴有價性

傷害保險與健康保險的保險給付，**目的在填補被保險人因傷害或疾病所致損失的部分❻**，可以估計其客觀價值，具有「有價性」，沒有享受上的專屬性。

在健康保險，即使保險金額大於實際醫療費用，保險人仍然無須支付保險金額的全部，僅須給付實際發生的醫療費用就可以，保險給付的目的只在填補受益人醫療支出的損害。但是，在傷害保險，被保險人因傷害所蒙受的損失包括醫療費用及精神上損失，保險實務多視被保險人的傷害程度，給付一定數額，例如：「兩上肢、或兩下肢、或一上肢及一下肢」屬於第二級殘障，給付「保險金額的百分之七十五」就是，此時該一定數額的保險給付，若逾越醫療費用等實際支出，其超過部分可視為被保險人精神上的損害賠償，就此而言，傷害保險兼具無價性。

---

❻ 德國、英國等通說仍不承認有價性，亦不認為保險給付旨在填補損失。

　　客觀而論，傷害保險及疾病保險兼具有價性及無價性。由於依照全民健康保險法，符合全民健康保險法規定資格者❼都有向中央健康保險局投保保險的義務，保險給付的範圍涵蓋被保險人疾病及傷害所需要的醫療、藥物費用。因此，各保險公司所經營的營利性疾病保險、傷害保險的功能退居第二線，保險給付的功能主要是彌補全民健保之不足，提供全民健保所不給付的醫療、醫藥費用；其因死亡或依照失能程度給付一定金額者，則兼有精神上損害賠償的功能。

　　中央健康保險局，在給付車禍受傷之人醫療給付之後，就「醫療費用」，可以向承保強制汽車責任保險的保險人，在責任上限新臺幣 20 萬❽的範圍內，行使代位權。

(2)非儲蓄性或非資本性

　　因為不論傷害保險或是健康保險，都不具有儲蓄或資本的性質，所以：

A.保險契約即使因法定或約定的原因而終止，保險人也不負返還責任準備金的責任。

B.要保人即使給付保險費達一年以上，要保人亦不得如同人壽保險中的資本性保險一般，任意終止契約❾，請求返還解約金。

C.因為傷害保險與疾病保險並不具有儲蓄或資本的性質，因此也不發生保險人返還保單價值準備金或解約金的問題。

D.傷害保險或健康保險的保險期間屆滿，未發生傷害或疾病等保險事故者，保險人亦無須返還任何保險費或負擔任何保險給付的義務。

貳　人壽保險契約的意義

　　人壽保險又稱為「生命保險」。人壽保險是約定要保人有繳納保險費的義務，而以被保險人「生存」、「死亡」或「生存及死亡」為保險事故，當保險事故發生時，由保險人給付一定數額保險金予受益人的保險契約，人壽保險有四種類型，先概略說明如下，詳細另述。

----

❼　參照全民健康保險法第 8 條、第 9 條。

❽　強制險保險人的責任，應該受到「強制汽車責任保險給付標準」的限制，該標準是依照強制汽車責任保險法第 27 條第 2 項而訂定，是依照法律的授權由主管機關頒布的法規命令，具有「法律效力」，因此強制險的保險金額具有與法律相同的位階。

❾　保險法第 119 條。

1.期間死亡保險

保險人承諾被保險人於保險期間內死亡時，給付一定金額的保險金予受益人的保險。

2.終身死亡保險

保險人，以被保險人終身為保險期間，承諾於被保險人死亡時給付一定金額的保險金予受益人（通常為被保險人的家屬）的保險。

3.生存保險

保險人承諾，被保險人於保險期間屆滿仍然生存時，給付或按期給付受益人（通常為被保險人）一定金額的保險。

4.生存死亡兩合保險

保險人承諾，被保險人在保險期間內死亡或保險期間屆滿仍然生存時，給付予受益人（通常為被保險人自己或其家屬）一定數額的保險。

保險給付的對象是受益人，受益人無法確定時，在死亡保險或生存死亡兩合保險，該保險金額作為被保險人的遺產，由被保險人的繼承人繼承。

參 人壽保險的種類

一、以是否須經體檢區分：體檢壽險與免體檢壽險

人壽保險依被保險人是否須經保險人僱用或指定的醫師或醫院體檢合格，才予承保為標準區分，可分為體檢壽險與免體檢壽險兩種。人壽保險，既然是以被保險人生存或死亡為保險事故，被保險人的健康狀況自然會影響保險人承保意願以及保險費的高低，因此人壽保險的保險人在決定承保前，除了要求要保人或被保險人必須據實說明以外，原則上還要求被保險人到保險人僱用或指定的醫師或醫院接受體檢，必待檢查合格，才決定承保，以避免發生逆選擇；只在例外情形，才接受免體檢的投保。免體檢的壽險，多限制被保險人年齡及保險金額，以避免承保的風險太大，理賠負擔太高。總之，人壽保險以被保險人經體檢為原則，以不需經體檢為例外[10]。

---

❿ 簡易人壽保險法第 6 條：「簡易人壽保險對於被保險人，免施以健康檢查。」

二、以依據的法律區分：一般人壽保險與特種人壽保險

人壽保險依其依據的法律為保險法或特別法，可分為一般人壽保險與特種人壽保險。凡依保險法的規定，以營利為目的，所經營的人壽保險，稱為一般人壽保險，例如：富邦人壽保險、新光人壽保險、全球人壽保險、ING 人壽保險等是；凡依特別法的規定，基於特殊的目的，所辦理的人壽保險，稱為特種人壽保險，例如：臺銀人壽保險部依公教人員保險條例經營公教人員保險，依軍人保險條例經營軍人保險、勞動部勞工保險局依據勞工保險條例經營勞工保險。特種人壽保險，是以維護社會安定為目的，依據特別法的規定而經營，但本質上仍然是保險的一種，因此辦理特種保險，各該特別法另有規定時，應從該特別法規定，各該特別法沒有規定時仍適用保險法。

三、以保險期間的長短區分：短期壽險、長期壽險與終身壽險

人壽保險依保險期間的長短，可以區分為短期壽險、長期壽險與終身壽險。**短期壽險，指保險期間不滿一年的人壽保險。長期壽險，指保險期間一年以上，但非以被保險人的終身為保險期間的人壽保險。終身壽險，指以被保險人的終生為期的人壽保險。**區別的實益是短期壽險的保險費率較高，但是保險期間不滿一年，累積的責任準備金較少，因此不發生保險人負返還保單價值準備金或解約金的問題。長期壽險的保險費較為低廉，若是資本性的保險（生存死亡兩合保險及終身死亡保險），還會發生返還保單價值準備金或解約金問題❶。終身壽險，本質上就是儲蓄保險，只要依約繳納保險費，受益人就必然可以實現請領保險金的機會，保險契約因發生法定事由而終止時，則會發生返還保單價值準備金或解約金的問題。

四、以保險事故區分：生存保險、死亡保險及生存死亡兩合保險

人壽保險，依保險事故種類的不同，可分為生存保險、死亡保險，及生存死亡兩合保險。簡述如下：

---

❶ 參照保險法第 119 條、第 120 條。

（一）生存保險

生存保險，是以被保險人屆一定年齡或保險期間屆滿仍然「生存」為保險事故的保險。 人在年輕時，身體健康，有職業有收入，無病無痛，生存固然為愉悅之事；但在年老退休之後，體弱多病，收入減少，開支增加，生存乃是一種危險。生存保險的目的在於利用保險給付，貼補因年老體衰，收入減少，支出增加的需求。

在生存保險，被保險人在保險期間內死亡者，保險人不負保險給付的責任。被保險人屆約定年齡仍然生存或保險期間屆滿仍然生存者，保險事故就發生，保險人就必須負保險給付的責任。保險人為保險給付的方式不一，有一次給付者，也有從保險期間屆滿後，由保險人逐年或按季分期給付一定金額，直至被保險人死亡為止。

生存保險的生存保險事故不一定會發生，與資本性保險（終生死亡保險或生存死亡兩合保險）的保險事故一定會發生者不同，生存保險並不是「資本性保險」，因此雖然生存保險是人壽保險的一種，但是不發生返還保單價值準備金問題或返還解約金問題❷。

（二）死亡保險

死亡保險，是以被保險人「死亡」為保險事故的保險。死亡保險，以死亡是否必須在一定期間內發生為分類標準，又可以分為「定期死亡保險」與「終身死亡保險」兩種。分述如下：

1. 定期死亡保險

定期死亡保險，是被保險人於保險期間內死亡時，保險人給付一定數額的保險金予受益人的保險。 所謂「保險期間」，有時以「年」為計算單位，例如：一年、五年、十年等是，也有約定「以被保險人屆滿一定年齡」（例如：六十歲）為其期間。不論以一年或數年為保險期間，或是以被保險人到達一定年齡為保險期間，若被保險人在保險期間內死亡，保險人就負有給付保險金的義務；反之，若被保險人逾保險期間而仍生存，保險人就不負給付保險金的義務，其所收的保險費也無須返還。

---

❷ 保險法第 119 條。

　　定期死亡保險，因被保險人是否在保險期間內死亡並不確定，也就是保險事故是否發生並不確定，因此保險人的保險給付義務並不確定會發生，定期死亡保險性質上不屬於資本性保險， 保險法上有關返還保單價值準備金或解約金的規定❸，不適用之。

⑴定期死亡保險的類型

　　定期死亡保險，依保險期間內各保險年度之保險金額是否相同，保險實務上有下列三種不同類型的保險：

　　A.平準型的定期死亡保險

　　平準型定期死亡保險，指保險期間內的保險金額，每個保險年度都相同者。其情形以下圖解釋之：

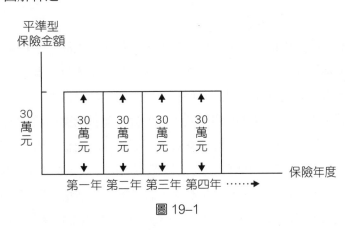

圖 19–1

　　B.遞增型的定期死亡保險

　　遞增型的定期死亡保險，是指保險期間內的保險金額，每隔一年或每隔數年就增加一次，保險金額的結構為向上之梯田狀。保險金額之所以採遞增型方式，主要目的有二：第一：因應受益人逐年增加的家庭開支，特別是因為子女成長而增加的教育經費開支。第二：消弭因通貨膨脹物價上漲所造成購買力的減低。遞增型之定期死亡保險，其保險年度與保險金額之關係以下圖例示之：

---

❸ 保險法第 109 條第 1 項及第 3 項、第 116 條第 7 項及第 8 項、第 118 條第 2 項、第 119
　條、第 120 條第 2 項及第 3 項。

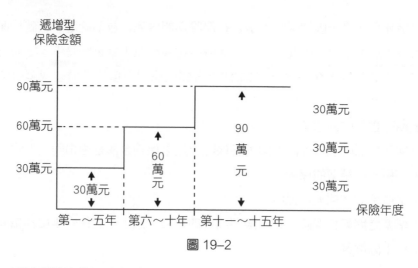

圖 19-2

C.遞減型的定期死亡保險

遞減型的定期死亡保險，是指保險期間內的保險金額既不是每個保險年度都相同，也不是逐年或每隔數年遞增一次，而是每隔一年或每隔數年就減少一次，保險金額的結構形成向下的梯田狀。保險金額之所以採遞減型方式，主要原因是因為配合受益人所需要的保障的逐年減少，保險金額也相應調低。遞減型的定期死亡保險，常見於為了配合分期付款購買房屋而投保的死亡保險，例如：房屋購買人，自備購買房屋的第一期款之後，將購買的房屋設定抵押權予銀行，貸得300萬元，其後分二十年，逐年攤還本息，假若第一年結束，除了利息還返還本金5萬，尚欠原本295萬；第二年結束，除了利息共返還本金12萬，尚欠288萬，依此類推。則購買人為預防在分期付款期間，不幸身亡，而其配偶及子女又無資力清償分期付款的餘額，致房屋被銀行拍賣，可以投保保險金額遞減型的死亡保險。

遞減型死亡保險的保險金額逐漸遞減，正如同房屋分期付款的餘額逐年減少一般，以前面所舉分期付款購買房屋為例，購買人投保的死亡保險，第一年之保險金額為300萬，此數額足以清償第一年之房屋貸款，第二年之保險金額減少為295萬，此數也適足以清償第二年的房屋貸款餘額，依序類推。不論如何，受益人所受領保險金的數額，都足以一次清償貸款之餘額，避免因清償期屆至，因沒有清償能力，致被實行抵押權，發生房屋被拍賣的不利益。保險金額遞減型，其保險年度與保險金額之關係可圖示如下：

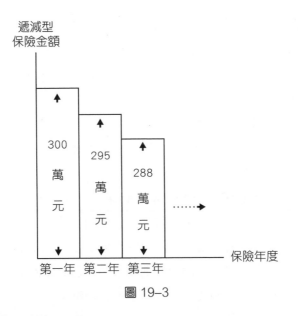

圖 19-3

(2)期間死亡保險的變更與更新

期間死亡保險，要保人可請求變更為他種保險，主要情形如下：

A.得變更期間的死亡保險

得變更期間的死亡保險 (convertible term insurance) 賦予要保人得將「期間死亡保險」變更為「終身死亡保險 (whole life insurance)」或「生存死亡兩合保險 (endowment insurance)」的權利，且要保人為變更時，被保險人的身體狀況，不列入考慮因素。

B.得更新期間的死亡保險

得更新的死亡保險 (renewable term insurance) 賦予要保人以逐期更新的權利，其更新期間與原訂的保險期間相同。要保人不僅得為一次更新，而且還可以為多次更新，直至被保險人到達一定年齡止，且不論要保人為更新時，被保險人身體狀況究竟如何。

2.終身死亡保險

(1)終身死亡保險的意義

終身死亡保險，是以「被保險人的生存期間」為保險期間，以其「死亡之時」為保險事故發生之時的保險。由於人必有死，因此終身死亡保險的保險事故必然

會發生，只要要保人繼續依約繳交保險費，保險人給付保險給付的義務，就會發生，因此終身死亡保險有濃烈的儲蓄性或資本性，性質上屬於「資本性保險」，故保險法所規定的返還保單價值準備金義務❶，及返還解約金義務的規定❷，於終身死亡保險都適用之。

(2)保險費的繳交方式區分之類型

終身死亡保險，從保險費給付方式區分，主要類型如下：

A.通常的終身死亡保險

通常終身死亡保險 (ordinary life insurance)，指以被保險人終身為期逐期繳納等額保險費的死亡保險。由於被保險人死亡時間不確定，因此要保人給付保險費的期間也是不定期。此種繳費方式的優點是初期要保人負擔較輕，一般人都可負擔得起，缺點則是分期繳交保險費的期間太長，當要保人年逾六十歲或六十五歲退休之後，收入減少，仍須逐期繳費，常覺負擔沉重。

B.定期支付保險費的終身死亡保險

定期支付保險費之死亡保險 (limited payment life insurance)，要保人繳納保險費的期間，或只須支付保險費至訂約後之若干年，或只須支付至被保險人一定年齡止，由於其保險費總額在訂約時即可確定，因此亦稱為限制保險費給付義務的死亡保險。例如：要保人於契約訂立以後，雖然必須逐期繳納保險費，但是只要滿一定期間（例如：十年）或被保險人滿一定年齡止（例如：被保險人滿六十五歲）就沒有繼續繳納的義務，但在該「一定期間」或「被保險人滿一定年齡」之後，仍可享有保險的保障。

C.一次付清保險費的死亡保險

一次付清保險費的死亡保險 (single premium life insurance)，要保人於訂立契約時，一次付清全部保險費，其後無須再給付任何保險費，都可享受保險的保障。由於要保人於訂立契約後就一次繳足全部保險費，又稱為「躉繳終身保險」。此種繳費方式，優點是要保人只須一次繳交保險費，就可終生獲得保險的保障，即使要保人於退休之後，沒有經濟能力，保險的保障仍然不受影響。但是這種保險的缺點則是保險費必須一次繳足，要保人負擔非常龐大，常非一般人所能負擔。

---

❶ 保險法第 109 條第 1 項及第 3 項、第 117 條第 3 項、第 121 條第 1 項及第 3 項。

❷ 保險法第 119 條。

⑶**連生死亡保險**

連生死亡保險 (joint life insurance) 指被保險人有兩人以上，以被保險人中之一人或數人第一次發生保險事故時，作為保險事故發生的保險。連生死亡保險，慣例上以被保險人中保險事故發生後仍然生存之人為受益人，例如：夫妻二人外出旅行，以該二人為被保險人投保連生死亡保險，若在旅行期間，丈夫因故喪生，保險事故發生，保險人應將保險金給付予受益人，即連生死亡保險中之倖存被保險人——死者之妻。

⑷**多目的死亡保險**

多目的死亡保險 (universal life insurance)，是將保險費分成「供保障之用」與「供投資之用」兩部分。「供保障之用」部分的功能在化解風險；「供投資之用」部分的功能在於提高投保收益。保險人提供「多目的死亡保險」時，常提供多種不同的保險單，使要保人可以在不同保險單所訂定之不同保險金額與投資數額間，視保險費分配的不同，選擇其所欲投保的類別。

（三）生存死亡兩合保險

1.生存死亡兩合保險的意義

生存死亡兩合保險，是指以保險期間內被保險人死亡或保險期間屆滿被保險人仍然生存，為保險事故發生，保險人應給付保險金的保險。由於被保險人在保險期間屆滿時，不是生存就是死亡，不論保險期間屆滿仍生存或保險期間內發生死亡，都是保險事故發生，因此生存死亡兩合保險的特色就是保險事故必然會發生。就以「死亡」為保險事故言，保險的目的在保障受益人（遺屬）的生活；就以「生存」為保險事故言，目的在「儲蓄」以因應被保險人晚年生活的所需。生存死亡兩合保險，又名養老保險，由於切合實際需要，其在保險市場所占保險金額總額遠逾生存保險或死亡保險的保險金額總額。

2.保險費

生存死亡兩合保險本質上既然是生存保險與死亡保險的結合，因此其保險費理論上亦是相同種類、相同條件、相同保險金額下，生存保險的保險費與死亡保險的保險費的總和。但是，由於生存死亡兩合保險是一個保險，被保險人只須接受一次體檢，保險人也只須一次辦理核保手續，程序性的經費必然節省，因此其

節省的費用可以扣減，也就是說，生存死亡兩合保險的保險費，是生存保險保險費及死亡保險保險費的總和扣除因一次投保而節省的經營管理費用後的餘額。

3.保險期間

生存死亡兩合保險的保險期間，保險實務上有以十年、二十年、三十年等為期間者，但亦有以自保險契約生效之日起至被保險人達一定年齡的期間為保險期間者。

4.保險契約種類的轉變或保險金額的變更

生存死亡兩合保險的保險費原則上為生存保險費與死亡保險費扣除手續費用的餘額，所以保險費數額相對較大，要保人在分期付款過程中，常由於經濟困難，無法繼續繳納，因此實務上，常約定要保人得請求將生存死亡兩合保險轉換為他種保險或改變保險金額，舉其要者如下：

⑴將生存死亡兩合保險轉換為死亡保險

所謂「生存死亡兩合保險轉換為死亡保險」，是指以要保人已繳交的保險費所累積的保單價值準備金作為保險費，將保險種類由「生存死亡兩合保險」轉換為「死亡保險」，但在保險金額不變的條件下，將保險期間縮短、延長或維持原來相同的期間。

⑵不變更生存死亡兩合保險的種類，但是變更保險金額

生存死亡兩合保險，要保人若無法負擔繼續到期的保險費，得以已經繳交的保險費所累積的保單價值準備金作為保險費，在保險種類仍維持生存死亡兩合保險，而且保險期間亦維持不變的條件下，將保險金額調低，也就是以保單價值準備金作為保險費一次繳清的制度，一般稱為「繳清保險」。

五、利己人壽保險與利他人壽保險

人壽保險，依投保保險的目的是為要保人自己的利益，或為其他人的利益區分，可分為利己人壽保險與利他人壽保險。例如：甲以自己為被保險人，訂立生存保險契約，指定甲自己為受益人，就是利己人壽保險；反之，甲以自己為被保險人，訂立死亡保險契約，指定其妻乙為受益人，就是利他保險契約。保險契約究竟是利己保險契約或利他保險契約，以「要保人」與「受益人」是否同一人為判斷標準。

　　區別利己人壽保險與利他人壽保險的實益主要為：在「受益人」與「要保人」是不同人的保險契約（即利他保險契約），受益人非經要保人的同意，或保險契約載明允許轉讓者，不得將其利益轉讓他人❶❻；但利己保險契約，要保人與受益人既然是同為一人，不發生受益人須經要保人同意或保險契約載明允許轉讓，始得將其利益轉讓他人之問題❶❼。

　　利益第三人契約，是為他人的利益而訂立保險契約，不會造成第三人的負擔，因此不須經他人的同意，保險法第 45 條前段規定：「要保人得不經委任，為他人之利益訂立保險契約」，可以參考。

　　利益第三人保險契約，常涉及要保人的確定以及受益人的確定問題：

1.受益人的確定

　　保險法第 45 條後段：「受益人有疑義時，推定要保人為自己之利益而訂立。」，1908 年德國保險契約法第 43 條第 3 項規定：「在相關證據並未顯示保險契約是為第三人利益而訂立時，保險契約視為為要保人自己之利益而訂立。」❶❽，我國保險法與 1908 年德國保險契約法效力上有「推定」與「視為」的差異，而且德國保險契約法是以「在相關證據並未顯示保險契約是為第三人利益而訂立」為前提，這點與保險法第 45 條的規定，很不一樣。

2.要保人的確定

　　德國保險契約法第 43 條第 2 項：「在為第三人的利益訂立保險契約情形，即使已經指明第三人的名稱，有疑義時推定要保人是以自己名義為第三人利益投保，而非以第三人的代理人名義投保。」，我國保險法沒有規定，上述規定可做為參考。在要保人以自己為被保險人投保人壽保險，指定第三人為受益人的情形，只有要保人可以請求交付保險單，受益人不得請求保險單，但得享有保險契約的權利，此參考 2008 年德國保險契約法第 44 條：「在為第三人利益的保險契約，受益人得享有依保險契約發生的權利，但只有要保人得請求保險人對其交付保險單。」可知。

---

❶❻ 保險法第 114 條。

❶❼ 保險法第 114 條之反面解釋。

❶❽ 在保險法第 45 條前段利益第三人保險契約情形下，該條之後段「推定要保人為自己利益而訂立」，法條內容，前後不能協調。

六、自己人壽保險契約與他人人壽保險契約

保險契約，從要保人是否以自己為被保險人區分，可分為自己保險契約與他人保險契約。**要保人以自己為被保險人所訂立的人壽保險契約，稱為自己保險契約；要保人以他人為被保險人所訂立的保險契約，稱為他人保險契約。**

區分自己保險契約與他人保險契約的實益在於，訂立契約涉及死亡保險時，是否必須經被保險人同意才能生效的問題。涉及死亡的保險契約（包括死亡保險契約、生存死亡兩合保險契約、傷害致死）[19]，若要保人與被保險人為不同一人時，要保人乃是以他人的生命作為保險標的，容易發生道德危險，因此保險法第105條規定：「由第三人訂立之死亡保險契約，未經被保險人書面承認，並約定保險金額，其契約無效。」，第106條：「由第三人訂立之人壽保險契約，其權利之移轉或出質，非經被保險人以書面承認者，不生效力。」，換句話說，他人保險契約的死亡保險，須經被保險人書面同意，並約定保險金額，才能發生效力；其權利的移轉或出質也必須經被保險人書面承認。

要保人以自己為被保險人投保人壽保險，指定第三人為受益人時，關於保險契約權利的處分問題。在保險事故發生前，保險契約的權利人是要保人，而非受益人，但是要保人拋棄其對受益權的處分權者，不在此限。要保人拋棄受益權的處分權的方法，最常見的，就是將保險單交付給受益人，此參考2008年德國保險契約法第44條第2項：「受益人只有持有保險單時，才可以未經要保人同意，處分其權利或在法庭主張保險契約所生的權利。」，第45條：「要保人得以自己之名義處分受益人依保險契約所享有的權利。」、「在已經簽發保險單的情形，要保人只有在持有保險單的狀況下，無需經受益人同意，有權自保險人受領利益以及將受益人的權利處分予他人。」可供參考。

人壽保險中，除死亡保險的被保險人與受益人必然為不同之人外，要保人、被保險人與受益人三者可能為同一人，也可能為不同之人，關於保險契約當事人與關係人的關係，較為複雜，先列舉保險法相關條文如下：

---

[19] 因為傷害保險的保險事故包括「傷害致死」，請參照保險法第131條：「傷害保險人於被保險人遭受意外傷害及其所致失能或死亡時，負給付保險金額之責。」、「前項意外傷害，指非由疾病引起之外來突發事故所致者。」

　　保險法第 105 條：「由第三人訂立之死亡保險契約，未經被保險人書面同意，並約定保險金額，其契約無效。」、「被保險人依前項所為之同意，得隨時撤銷之。其撤銷之方式應以書面通知保險人及要保人。」、「被保險人依前項規定行使其撤銷權者，視為要保人終止保險契約。」

　　保險法第 106 條：「由第三人訂立之人壽保險契約，其權利之移轉或出質，非經被保險人以書面承認者，不生效力。」

　　保險法第 114 條：「受益人非經要保人之同意，或保險契約載明允許轉讓者，不得將其利益轉讓他人。」

　　上述條文可能形成之不同組合及應特別注意的法律規定如下表：

表 19–1

契約種類	當事人及關係人			契約類型（二）	適用之限制條文	備註
	要保人	被保險人	受益人			
自己人壽保險契約（要保人、被保險人）相同	A	A	A	利己自己人壽保險契約（要保人與受益人相同）		不適用於死亡保險契約
	A	A	C	利他自己人壽保險契約（要保人與受益人不同）	§114	可用於死亡保險契約
他人人壽保險契約（要保人、被保險人）不同	A	B	A	利己他人人壽保險契約（要保人與受益人相同）	§105 §106	可用於死亡保險契約
	A	B	B	利他他人人壽保險契約（要保人與受益人不同）[20]	§105 §106 §114	不適用於死亡保險契約
	A	B	C	利他他人人壽保險契約（要保人與受益人不同）	§105 §106 §114	可用於死亡保險契約

---

[20]　要保人與被保險人不同，且指定被保險人為受益人的情況，雖然不會在死亡保險發生，但是會在海上保險發生，因此仍然有保險法第 105 條及第 106 條的適用。

肆 人壽保險契約之訂立

一、人壽保險契約的訂立及生效

　　人壽保險契約，雖然是諾成契約，但是**諾成契約，僅表示人壽保險契約可以因當事人意思表示的合致而成立，但是契約成立並不當然就生效**，契約是否生效還必須視契約的附款（條件、期限）而定。在人壽保險實務上，通常約定在繳納第一期保險費之後，才能生效[21]，因為在人壽保險，保險人不得以訴訟請求保險費[22]，若要保人未繳交保險費，也可使保險契約生效，但將來又不得提起訴訟，強制請求保險費，對於保險人而言顯失公平，所以實務上多以繳納第一期保險費為生效條件。

　　須注意者，人壽保險契約成立且繳交保險費之後，保險契約是否生效，還必須視是否另附有其他條件或期限而訂，若未附有其他條件或期限者，則保險契約即可成立生效。若還附有其他條件或期限，則須等待該其他條件成就或期限屆至，保險契約始生效力，例如：附有以「體檢合格」為核可承保的條件，則須等待「體檢合格」的條件成就時，保險人同意承保，保險契約才生效力。

　　如已預收保險費，其生效的起算時間，依保險法施行細則第4條第3項的規定[23]，有溯及既往效力。所謂「保險人同意承保」係指保險人審核被保險人體檢結果，符合該公司的承保標準，本於誠實信用原則[24]，同意承保而言，換句話說，

---

[21] 依金管會108年6月13日金管保壽字第10804933330號函修正，相關規定現為人壽保險示範條款第3條：「本公司應自同意承保並收取第一期保險費後負保險責任，並應發給保險單作為承保的憑證。本公司如於同意承保前，預收相當於第一期保險費之金額時，其應負之保險責任，以同意承保時溯自預收相當於第一期保險費金額時開始。前項情形，在本公司為同意承保與否之意思表示前發生應予給付之保險事故時，本公司仍負保險責任。」

[22] 保險法第117條：「保險人對於保險費，不得以訴訟請求交付。」

[23] 92年7月2日公布：「人壽保險人於同意承保前，得預收相當於第一期保險費之金額。保險人應負之保險責任，以保險人同意承保時，溯自預收相當於第一期保險費金額時開始。」

[24] 如果體檢結果，符合保險公司的承保標準，不可以無故拒絕承保，否則依照民法第101條：「因條件成就而受不利益之當事人，如以不正當行為阻其條件之成就者，視為條件

保險契約成立，保險費繳交後，若另附有「體檢合格，保險人同意承保」為保險契約生效的停止條件，此時，須待條件成就，保險契約才能生效❷。保險實務上，為了前後兩個保險契約保險期間無縫銜接，也有以「期限」為附款者，例如：前一保險契約在「2019 年 1 月 9 日屆滿」，後一保險契約約定自「2019 年 1 月 10 日生效」，此時，保險契約也必須在期日到來，才能生效。

二、人壽保險契約訂立的限制

保險法第 104 條：「人壽保險契約，得由本人或第三人訂立之。」是指人壽保險契約，可以由「被保險人自己（本人）」訂立（按：就是「自己保險契約」），也可以由「被保險人以外的第三人」訂立（按：就是「他人保險契約」），此對照保險法第 105 條第 1 項：「由第三人訂立之死亡保險契約，未經被保險人書面同意，並約定保險金額，其契約無效。」，第 106 條：「由第三人訂立之人壽保險契約，其權利之移轉或出質，非經被保險人以書面承認者，不生效力。」等，均以「被保險人」為「本人」，以「被保險人以外之人」為「第三人」的用語可知。我國保險法上述規定，與 1908 年德國保險契約法第 159 條第 1 項：「人壽保險契約得對要保人本人或其他人而訂立。(Die Lebensversicherung kann auf die Person des Versicherung-snehmers oder eines anderen genomen werden.)」之規定，用語雖異，但規範的分類則相同。

在他人人壽保險契約，要保人與被保險人既然是不同人，則保險法關於是否知悉某事實的判斷，必須同時斟酌「要保人」以及「被保險人」，其因知悉某事實而有為一定行為義務的規定，對於要保人及被保險人也同樣適用。按：在要保人與被保險人不同時，關於是否知悉某事實的判斷，以及因知悉某事實而依法應為一定行為義務的規定，究竟應該只斟酌、拘束要保人？或是應該只斟酌、拘束被保險人？還是應該同時斟酌、拘束要保人及被保險人？保險法沒有明文規定。由

已成就。」、「因條件成就而受利益之當事人，如以不正當行為促其條件之成就者，視為條件不成就。」

❷ 若被保險人的健康狀況，原本有被保險的適格，只因保險人在同意承保之前，被保險人死亡，因而保險人故意為不同意承保之決定者，則依照民法第 101 條：「因條件成就而受不利益之當事人，如以不正當行為阻其條件之成就者，視為條件已成就。」之規定，仍然必須為保險給付。

於人身保險，只有被保險人對自己的身體狀況，最為清楚；身體檢查又不得強制進行，因此應該解釋為同時斟酌、拘束要保人及被保險人為是❷。

例如：在要保人以他人為被保險人，訂立人壽保險契約的情形，是否知悉要保申請書所詢問的事實以及是否知悉危險增加的事實的判斷究竟以要保人為準？或是以被保險人為準？還是同時以要保人以及被保險人為準？同樣地，法律經常規定「知悉」某一事實之後，就有為某一定行為的義務，例如：投保方知悉患有肝病時，針對要保申請書的詢問，則投保方有為一定行為——據實說明——的義務。又如：法律規定投保方「知悉」危險增加的事實後，就有為一定行為——危險增加的通知——的義務，但是，當投保方的要保人與被保險人不同時，究竟要保人有據實說明義務及危險增加通知義務？或是被保險人有據實說明義務及危險增加通知義務？還是要保人與被保險人都有危險增加的通知義務？則涉及何人有為一定行為義務的問題。關於此點，2008 年德國保險契約法規定，要保人與被保險人不同時，二者都有據實說明義務及危險增加通知義務。

（一）年齡、精神狀態及保險金額的限制

保險法第 107 條第 1 項規定：「以未滿十五歲之未成年人為被保險人訂立之人壽保險契約，其死亡給付於被保險人滿十五歲之日起發生效力；被保險人滿十五歲前死亡者，保險人得加計利息退還所繳保險費，或返還投資型保險專設帳簿之帳戶價值。」，第 107 條之 1：「訂立人壽保險契約時，以受監護宣告尚未撤銷者為被保險人，除喪葬費用之給付外，其餘死亡給付無效。」，簡易人壽保險法第 7 條第 2 項規定 ：「以未滿十五歲之未成年人為被保險人訂立之簡易人壽保險契約（以下簡稱保險契約），除健康保險外，其死亡給付於被保險人滿十五歲之日起發

---

❷ 2008 年德國保險契約法第 47 條：「(1)在他人人壽保險契約，於考慮要保人是否知悉某事實及因知悉某事實而有為一定行為的法律義務時，應將被保險人的知悉與行為一併納入考慮。」、「(2)保險契約是在被保險人不知悉的情形下訂立，或是在被保險人無法及時通知被保險人、以及及時通知保險人為不合理的情形下訂立時，被保險人的知悉將不列入考慮範圍。要保人訂立保險契約並未受被保險人之委託，而於訂立契約時並未將其未受被保險人委託之事實告知保險人者，保險人對於要保人所主張之被保險人不知訂立保險契約之事實之抗辯得拒絕之。」，第 156 條 （被保險人的知悉及行為）：「在以他人為被保險人的保險契約，於考慮要保人的知悉或行為的法律意義時，應該將該他人的知悉及行為並納入考慮。」

生效力；被保險人滿十五歲前死亡者，保險人得加計利息退還所繳保險費。」，兩個法律條文不約而同地宣示一個重要的原則——**為了避免道德風險，凡是保險事故是涉及「死亡」或「傷害致死」的，都禁止以年幼無知或精神狀態尚未成熟的人作為被保險人投保超出喪葬費的保險**，以避免受益人為圖得保險金而謀財害命。

被保險人死亡時，保險人給付合理的喪葬費用，用於處理喪事，使得死者有尊榮，乃是對人性尊嚴的保障，因此，對於不滿十五歲之人、心神喪失或精神耗弱之人投保死亡保險，在不逾喪葬費的範圍內，仍然有效。喪葬費的保險金額由主管機關斟酌社會經濟，以及保險業經營情況等因素規定之[27]。

（二）他人人壽保險契約訂立的限制

在要保人與被保險人為不同之人（即他人人壽保險契約）的情形，若涉及以「死亡」為保險事故，則可能發生受益人為圖得保險金而發生謀財害命的道德危險。因此保險法規定「保險契約的訂立」以及「保險金額」都必須經被保險人「書面同意」，否則保險契約就不生效力。分點說明如下：

1.需要被保險人同意的保險種類

⑴死亡保險

在死亡保險，包括單純死亡保險及生存死亡兩合保險，若要保人以自己的生命或身體作為保險標的，則由於「要保人」與「被保險人」是同一個人，不會發生是否需要徵得被保險人同意的問題。但是假若「要保人」與「被保險人」為不同之人，則可能有為圖謀保險金而謀害被保險人的道德危險，因此投保死亡保險，必須獲得被保險人同意，保險法第 105 條所謂的「由第三人訂立之死亡保險契約」就是專門針對「要保人」與「被保險人」不是同一人的死亡保險契約而規定的[28][29]。

----

[27]　參照保險法第 107 條及 90 年 9 月 7 日保險法修正草案立法理由第 2 點及第 3 點。

[28]　最高法院 87 年台上字第 1222 號判例。

[29]　在由第三人訂立之死亡保險契約，由於要保人與被保險人是不同人，此時究竟是要保人、或是被保險人、或是要保人及被保險人都有據實說明義務？司法院第三期司法業務研究會曾經著有研究，以上三說都有人主張，雖然多數說受到文義解釋的影響，採取只有要保人有據實說明義務，但是司法院第一廳的觀點認為要保人及被保險人都有據實說明義務，因為只有如此，才能使得保險人獲得保險標的的一切資料。而且日本商法 678 條第 1 項、德國保險契約法第 161 條也均有相同的規定。採取要保人及被保險人均有據實說明義務乃當然的解釋。參照 72 年 5 月 14 日司法院第三期業務研究

(2)傷害保險及健康保險

傷害保險與健康保險的保險事故若只是「傷害」、「疾病」或「分娩」，性質上比較不會發生道德危險問題，因此即使是要保人與被保險人不屬於同一人，理論上只要要保人對被保險人有保險利益，不需要獲得被保險人的同意，就可以投保保險。但是健康保險、傷害保險的保險事故實際上還包括「疾病致死」、「分娩致死」、「傷害致死」**❸⓪**，換句話說，不論傷害保險或是健康保險都還是將「死亡」的風險納在承保的範圍內，仍然有發生謀財害命等道德危險的可能，因此保險法規定「要保人」與「被保險人」為不同之人時，即使要保人對被保險人有保險利益，仍須經被保險人書面同意**❸①**。

2.被保險人同意的內容

(1)同意為「死亡保險的被保險人」**❸②**

以他人生命投保保險，有可能引發道德風險，生死事大，非被保險人同意不得為之。保險法第 105 條第 1 項規定之旨意在此。保險契約以傷害致死、疾病致死為保險事故，也必須經被保險人同意。

(2)同意「保險金額數額」

須被保險人同意者，不止是「同意為被保險人」，而且還包括「保險金額數額」，因為當約定的保險金額數目微小，要保人或受益人雖不足以萌發犯意，但若保險金額數目較大，要保人或受益人則可能鋌而走險，誘發殺機。

3.同意的方式

被保險人對「死亡保險的被保險人」及「保險金額數額」的同意，必須以書面方式為之。他人人壽保險契約，涉及死亡保險事故者，須經被保險人「書面同意 (die schriftlich Einwilligung)」。所謂「書面」，指由被保險人在要保申請書上簽章即可，無須另外出具書面同意書，乃因在要保申請書上簽章，與另外出具書面同意書，實質上完全相同。

依照民法第 3 條的規定，如有用印章代簽名者，其蓋章與簽名生同等之效力。

會法律問題。

❸⓪ 保險法第 125 條及第 131 條。

❸① 保險法第 105 條、第 130 條、第 135 條。

❸② 此處的同意包括事前允許與事後承認，參照 90 年 7 月 9 日修正理由第 105 條第 1 點。

但是，保險作業及訴訟實務上，曾經發生盜取配偶（被保險人）的印章，蓋在要保申請書被保險人同意欄上，完成投保手續。及至後來被保險人死亡，保險事故發生，才引發保險人主張被保險人的印章是盜蓋的，而要保人或受益人則主張印章是由被保險人親自加蓋的爭論。雖然依照最高法院的見解❸，此時保險人必須就印章非由被保險人親自加蓋的事實負舉證責任，但是這種舉證責任十分困難，成功機率很低。其結果，除非法院以顯失公平為理由，改變舉證責任的分配，否則雖有盜蓋被保險人印章的事實，保險人也難以舉證推翻，而保險法第 105 條規定的功能，也將大大折損。目前，解決此一困難的方法主要有：

⑴被保險人蓋章時，攝影存證。

⑵被保險人蓋章之外，另外必須加上簽名。

⑶針對蓋被保險人的蓋章，保險人在核保時，徹底落實查核被保險人親自蓋章的手續。

4. 禁止要保人以被保險人代理人的身分為同意的表示❹

⑴現行條文的規定及其缺點

A.現行條文的規定

第 105 條：「由第三人訂立之死亡保險契約，未經被保險人書面同意，並約定保險金額，其契約無效。」、「被保險人依前項所為之同意，得隨時撤銷之。其撤銷之方式應以書面通知保險人及要保人。」、「被保險人依前項規定行使其撤銷權者，視為要保人終止保險契約。」

第 107 條：「以未滿十五歲之未成年人為被保險人訂立之人壽保險契約，除喪葬費用之給付外，其餘死亡給付之約定於被保險人滿十五歲時始生效力。」、「前項喪葬費用之保險金額，不得超過遺產及贈與稅法第十七條有關遺產稅喪葬費扣

---

❸　最高法院 93 年台上字第 1505 號判決：「按私文書經本人或其代理人簽名、蓋章者，推定為真正，民事訴訟法第 358 條定有明文。又印章由自己蓋用，或由有權使用之人蓋用為常態，由無權使用之人蓋用為變態，故主張變態事實之當事人，應就此負舉證責任。」

❹　一般情況，由於單獨行為性質上必須儘速確定法律效果，為保護未成年人，民法第 78 條規定，限制行為能力人所為的單獨行為無效。又法律上所謂同意，包括允許（事先的同意），以及承認（事後的同意）。如果限制行為能力人未經允許就為同意，該同意是無效的，而無效的行為不會因為法定代理人的承認而變成有效；如果限制行為能力人事先獲得法定代理人的允許，該允許又違背保險法第 105 條防止道德風險的立法精神。

除額之一半。」、「前二項於其他法律另有規定者，從其規定。」立法的目的是兼顧人性尊嚴，並防範道德風險。

第 107 條之 1：「訂立人壽保險契約時，以精神障礙或其他心智缺陷，致不能辨識其行為或欠缺依其辨識而行為之能力者為被保險人，除喪葬費用之給付外，其餘死亡給付部分無效。」、「前項喪葬費用之保險金額，不得超過遺產及贈與稅法第 17 條有關遺產稅喪葬費扣除額之一半。」、「第 1 項至第 4 項規定，於其他法律另有規定者，從其規定。」

B.現行條文的缺點

(A)沒有解決以未滿十五歲之未成年人為死亡保險，被保險人的同意權如何行使問題

現行法對於以未滿十五歲的未成年人，在主管機關所規定的保險金額範圍內，作為死亡保險的被保險人時，是否仍然應依保險法第 105 條第 1 項：「須經被保險人書面同意，保險契約才能生效」的問題？沒有明確規定。如果必須經被保險人同意，保險契約才能生效，則同意權究竟應由被保險人自己行使？還是應由其法定代理人代為行使？如果是由被保險人自己行使，將違背民法第 78 條：「限制行為能力人未得法定代理人之允許，所為的單獨行為，無效。」的規定；若經由法定代理人的允許而由被保險人行使或是由法定代理人代理行使，將使保險法第 105 條預防道德風險的機制形同具文。

(B)沒有提供未滿十五歲的未成年人為被保險人時的喪葬費及定額給付的數額

人身無價，未滿十五歲的未成年人，心智不成熟，依賴人壽保險、傷害保險的保障，以化解風險，較為殷切，但是現行法對未滿十五歲的未成年人，不但沒有提供喪葬費用的保障，而且對於因死亡的定額給付，也付諸闕如。

(C)沒有解決以十五歲以上二十歲不滿之人為死亡保險、傷害保險的被保險人時，同意權如何行使問題

以十五歲以上二十歲不滿之人為被保險人投保死亡保險或傷害保險時，該未成年人如何行使保險法第 105 條的同意權？由於同意權的行使，法律性質是「單獨行為」，若由未成年人自己為之，依法是無效的；若經法定代理人事先允許，然後自為同意的表示，則法定代理人自己為要保人的同時，豈又有不「允許」限制行為能力人為同意的表示之理？保險法第 105 條豈非形同具文。若由法定代理人

自己代為行使同意權，則法定代理人自己為要保人的同時，又代理未成年人行使同意權，保險法第 105 條透過被保險人同意權的行使以防止道德風險的機制，也將完全喪失。

(D)受監護宣告尚未撤銷者，只提供極為有限保障，且對於同意權的行使方法，完全沒有規定

保險法第 107 條之 1 對於受監護宣告尚未撤銷者，只提供極為有限的保險機制，無法投保超出「遺產稅喪葬費扣除額的一半（以 2020 年為準，為新臺幣 123 萬元的一半，也就是 61.5 萬元）」的保險金額，而且也缺乏監護人得否代為行使同意權的明確規定。

(2)德國立法例以及借鑑

A.德國兩次立法

(A) 1908 年德國保險契約法——第 159 條：「人壽保險得以要保人或第三人為被保險人訂定之。」、「保險契約以第三人的死亡為保險事故，且保險金額超過通常埋葬費者，須經被保險人的書面同意，保險契約才能生效。該第三人為無行為能力人或限制行為能力人，而要保人為該第三人的代理人時，不得代理該第三人行使同意權。」、「父母親以其未成年子女為被保險人投保死亡保險契約時，除約定被保險人滿七歲以前發生死亡保險事故，保險人仍應理賠，且所約定的保險金額超過通常的埋葬費用外，無須得其未成年人書面同意。」

(B) 2008 年德國保險契約法——第 150 條：「人壽保險得以要保人或其他人為被保險人訂定之。」、「人壽保險以第三人的死亡為保險事故而訂立，且約定的保險金額超過通常的喪葬費用時，非經該第三人的書面同意，不生效力。但是本規定對於公司年金計劃的團體生命保險不適用之。該第三人是無行為能力人、限制行為能力人、或已經有指定監護人之人，而要保人對該第三人有代理權者，要保人不得代理該第三人為同意的表示。」、「在父母親以其未成年子女為被保險人投保死亡保險的情形，只有在依照保險契約的約定，未成年子女在未滿七歲之前死亡，保險人仍應為保險給付，且保險給付的數額超過通常的喪葬費用時，才需要被保險人的同意。」、「主管機關就通常喪葬費用定有最高限額時，應從其規定。」

B.德國立法的借鑑

從 1908 年的德國保險契約法到 2008 年德國保險契約法，相距剛好一百年，關於以他人為被保險人投保死亡保險，除了關於公司以員工為被保險人投保年金計劃的團體生命保險是 2008 年德國保險契約法新增訂者外，兩部法律，內容相當一致，證實德國保險契約法關於以未成年人為被保險人投保死亡保險的規範，規範內容相當成熟周延，值得借鑑。

(A)關於以他人為被保險人投保死亡保險，只有在「保險金額超過喪葬費用」的情形下，才需要經過被保險人書面同意。與我國保險法第 105 條規定不同。

(B)關於以他人為被保險人投保死亡保險，必須獲得被保險人書面同意，保險契約才能生效的規定，依照德國保險契約法的規定，對於「公司年金計劃的團體生命保險」不適用，因為團體生命保險，沒有道德風險，免經被保險人的同意，有助加速投保手續。

(C)父母親或監護人不得既為保險契約的要保人，又以被保險人的法定代理人的身分代理被保險人行使同意權，以避免道德危險預防機制的失靈。

(D)父母親以其七歲以上未成年子女為被保險人，投保死亡保險，無需經被保險人同意。因為養育多年，對家庭寵物尚且萌發感情，況於親生子女！

(E)父母親以其未滿七歲之未成年子女為被保險人，投保死亡保險，約定未滿七歲死亡仍需給付，而保險金額不逾喪葬費者，也無需經被保險人同意，因為無利可圖。

(F)父母親以其未滿七歲之未成年子女為被保險人，投保死亡保險，約定未滿七歲死亡仍需給付，而其保險金額超過喪葬費者，須經要保人以外之其他依法有代理權之人的同意，如果無法依照法律決定其他有代理權的人選，應該聲請法律指定代理人。

(3)**我國保險法相關條文修正條文草案芻議及修正說明**

A.保險法第 105 條

(A)修正條文草案

第 1 項：「由第三人訂立之死亡保險契約，其保險金額超過通常喪葬費用者，未經被保險人書面同意，並約定保險金額，其契約無效。但公司以其員

工、學校以其學生或其他團體以其成員為被保險人投保團體死亡保險或傷害保險，不在此限。」

第2項：「保險人於同意承保前，對前項被保險人所為的同意，有確實核對義務。」

第3項：「被保險人依第1項所為之同意，得隨時撤銷之。其撤銷應以書面通知保險人及要保人。」

第4項：「被保險人依前項規定行使其撤銷權者，視為要保人終止保險契約。」

第5項：「第1項之喪葬費用，依保險事故發生時遺產及贈與稅法之喪葬費扣除額半數計算之。」

　(B)修正說明

　a.第1項增加「其保險金額超過喪葬費用者」等文字，以示限制，因為保險金額若不超過喪葬費用，無利可圖，沒有道德危險的疑慮，不須經被保險人的書面同意就可以投保。又公司以其員工為被保險人、學校以其學生為被保險人，或其他團體以其成員為被保險人投保團體死亡保險、傷害保險，皆沒有道德風險的疑慮，不需要被保險人的書面同意，以期加速、方便團體保險契約的訂定，因此增訂第1項後段。

　b.增訂第2項，課保險人以確實核對被保險人同意真實的義務，以避免道德風險。

　c.原條文第2項、第3項分別移為第3項、第4項，並配合文字調整。

　d.喪葬費依照保險事故發生時喪葬費扣除額的一半，採彈性調整，以符實際。

B.保險法第107條

　(A)修正條文草案

第1項：「父母親以其未成年子女為被保險人，或監護人以其受監護人為被保險人，投保死亡保險者，若約定之保險金額超過喪葬費用，非經被保險人書面同意，不生效力。但父母或監護人訂定保險契約時，不得同時又代理未成年子女或受監護人行使保險法第105條第1項的同意權。」

第2項：「前項其他代理人同意權之行使，應由要保人以外之其他法定代理人為之；無其他法定代理人者，得聲請法院指定之。」

⒝修正說明

a.父母親以其未成年子女為被保險人，或是監護人以其受監護人為被保險人投保死亡保險者，若約定的保險金額超過喪葬費用，非經被保險人書面同意，不生效力，以防止道德風險。由於保險法就父母親以七歲以上二十歲未滿的未成年子女為被保險人投保死亡保險，保險金額超過喪葬費用，是否如同德國一樣完全沒有道德風險的顧慮，尚缺乏完全統計資料佐證，因此稍微修改德國立法例，採取較為保守的立法，規定一律必須經被保險人同意，以期簡練，並避免可能風險。此時，未成年人同意權的行使，必須禁止父母親或監護人為要保人，同時又以未成年子女、受監護人的法定代理人的資格代理行使同意權，因此訂定第1項。

b.父母之一方為要保人，而另一方還可以行使法定代理權時，應該由該另一方代理未成年子女為保險法第105條的同意表示或經該另一方的事先允許，由未成年子女為同意的表示，此觀民法第1089條：「對於未成年子女之權利義務，除法律另有規定外，由父母共同行使或負擔之。父母之一方不能行使權利時，由他方行使之。」的規定可知。因為父母親之一方為要保人時，為要保人之人，就同意的表示言，解釋上就是「不能行使權利」的一種，因此應該由另外一方代未成年子女行使保險法第105條的同意的表示或依民法第78條的規定允許未成年人行使同意權。

c.父母同時以其未成年子女為被保險人投保死亡保險，其保險金額超過喪葬費用時，父母均不得代理其未成年子女為保險法第105條第1項的同意表示，也不得依民法第78條之規定允許未成年人行使同意權。此時應該聲請法院選任特別代理人，此觀民法第1086條第2項：「父母之行為與未成年子女之利益相反，依法不得代理時，法院得依父母、未成年子女、主管機關、社會福利機構或其他利害關係人之聲請或依職權，為子女選任特別代理人。」之規定甚明。

d.在監護宣告情形，若監護人以受監護人為被保險人投保死亡保險，其保險法第105條第1項同意權的行使或民法第78條允許的表示，也會發生角色衝突問題，為了使保險法第105條的同意權發揮預防道德風險作用，也都應該由法院選任的特別代理人行使，不得同時由監護人為之。

C.過渡條款

　　⒜修正條文草案

　　在保險法施行細則增訂：本法第 105 條、第 107 條之規定，對於修正生效前已經訂定的保險契約不適用之。

　　⒝修正說明

　　保險人以主管機關審查通過的保險契約條款為基礎，與社會上龐大的要保人訂立保險契約，為了維持交易的安定性，修正條文應不具有溯及既往的效力，以免耗費太多成本。本修正規定，只針對修正條文生效後訂立的契約，才有其適用。

5.被保險人得隨時撤銷其同意的意思表示

　　由第三人訂立的死亡保險契約，必須獲得被保險人的書面同意，而且約定保險金額。被保險人於行使同意權之後，若因情勢變更，繼續為被保險人將有危及生命之虞時，必須防微杜漸以防不測。由於在第三人訂立之死亡保險契約，被保險人不是契約的當事人，不可能行使保險契約終止權，為了避免道德風險，保護被保險人的人身安全，保險法第 105 條第 2 項規定：「被保險人依前項所為之同意，得隨時撤銷之。其撤銷之方式應以書面通知保險人及要保人。」，撤銷的主體雖然是被保險人，基於保護被保險人安全的考慮，在立法政策上，將「被保險人行使撤銷權」視為「要保人終止保險契約」，例如：丈夫以妻子為被保險人，投保死亡保險，指定其自己為受益人。訂約時，經妻子依法以書面表示同意，並約定保險金額。其後，夫妻交惡而離婚，妻子為考量其人身安全，可以撤銷其先前的同意，並且將該撤銷視為丈夫（要保人）終止保險契約。

　　該條第 3 項：「被保險人依前項規定行使其撤銷權者，視為要保人終止保險契約。」，被保險人依照前項的規定撤銷其所為同意的意思表示，只有向後發生效力，因此，本條的撤銷效力沒有溯及既往的效力，與民法的撤銷不同。

三、當事人、被保險人的據實說明義務及身體檢查

（一）據實說明義務人範圍的擴大

　　雖然保險法只規定要保人有據實說明義務[35]，但由於被保險人對自己的身體

---

[35] 保險法第 64 條。

狀況知之最稔，且要保人又未必就是被保險人，**因此立法政策上應修正為包括「要保人及被保險人」都負有據實說明義務**。換句話說，要保人及被保險人對於保險人就健康狀況所為之詢問，都應據實說明。不但要保人與被保險人有據實說明的義務，而且要保人因知悉某事實而有為一定行為的義務時，被保險人也應該因知悉某事實而也有為一定行為的義務，例如：要保人因知悉保險事故的發生而有危險發生的通知義務、因知悉危險增加而有危險增加的通知義務，則被保險人也一樣因知悉保險事故的發生而有危險發生的通知義務、因知悉危險增加而有危險增加通知義務。2008 年德國保險契約法第 156 條：「在以第三人為被保險人的保險契約，於考慮要保人的知悉或行為的法律上之重要意義 (rechtlicherbedeutung) 時，應該將該第三人的知悉及行為並納入考慮。」就是本此意旨而來。

為了解決要保人與被保險人不是同一人，而發生「要保人不知，但被保險人知悉」的據實說明義務、危險增加通知義務、危險發生通知義務問題，保險實務上，多利用契約約定，將被保險人也納入據實說明義務人的範圍。德國在保險契約法的擬制規定（視為規定），以法律通盤規定，一次解決問題，具有參考價值。

（二）據實說明義務人及違背「當為義務」法律效果的適用範圍之擴大

保險契約是最大的誠實契約，法律常常規定要保人「知悉 (Kenntnis)」某事實後，必須為一定之「行為 (Verhalten)」，若不為該一定行為或怠於為該一定行為者，將有一定不利的法律效果，**此種由於「知悉某事實」，即有一定的「當為義務」，違背「當為義務」就發生一定不利法律效果的規定，原本只適用於要保人，但在人壽保險，要保人與被保險人為不同一人時，必須擴大到被保險人**，例如：「知悉身體罹患癌症」而於要保申請書違反「據實說明義務」；「知悉車禍發生」而違背「保險事故發生的通知義務」、「知悉危險增加」而違背「危險增加通知義務」等規定，在人壽保險要保人與被保險人為不同人時，對於被保險人也一樣適用❸❻。

換句話說，原本法律只規定「要保人」知悉某事實，依法應為一定行為，若不為或怠於為該一定行為者，將遭致一定的不利益，若被保險人與要保人不同，而「被保險人」知悉某事實，依法也應一定行為，卻不為或怠於為該一定行為者，將遭受到相同的法律效果。保險法就要保人「知悉某事實」與違背「當為義務」的法律效果規定甚詳，但卻未規定該規定對被保險人也準用，立法似有缺漏。

❸❻ 1908VVG §161。

（三）據實說明義務的範圍

要保人及被保險人的據實說明義務只就保險人關於健康狀況所為的書面詢問回答為已足，若保險人所詢問者為「意見」或「信念」（例如：你相信你很健康嗎？），即使要保人及被保險人的說明與客觀存在的事實不符，保險人也不得解除契約。

要保人及被保險人的說明得對保險人為之，也可以對保險人的代理人為之。所謂「代理人」包括受保險人的委託從事業務的招攬、對被保險人為約晤、或為被保險人體檢之人。

（四）保險人指定體檢醫院或醫師之情形

人壽保險分「須體檢」與「免體檢」兩種。「須體檢」時，體檢多由保險人所指定的醫院或醫師為之，被保險人也可以授權保險人調閱病歷。凡病歷上所記載的事項，特約醫師於體檢過程中所應發現的事項，約晤被保險人時，**保險從業人員所應注意的事項（例如外肢不健全），不論保險人事實上是否注意及之，均視為已經知悉**，保險人不得再以要保人或被保險人說明不實、隱匿或遺漏為理由解除契約，但被保險人於接受體檢或約晤時刻意掩飾，致特約醫師或約晤人員無從發現真實者，不在此限。

須注意者，身體檢查為人身自由之一部分，應該獲得尊重，因此即使當事人有被保險人體檢合格始予承保之約定，不得解釋為保險人有請求被保險人接受體檢的權利❸❼。

伍 關於被保險人年齡陳述不實的法律效果

一、真實年齡超過保險人所訂承保年齡上限者，契約無效

真實年齡高於保險人所訂保險年齡上限者，依保險法第 122 條第 1 項規定：「被保險人年齡不實，而其真實年齡已超過保險人所定保險年齡限度者，其契約無效，保險人應退還所繳保險費。」，契約自始無效。保險人基於降低風險的考

---

❸❼　參照 1908VVG §160。

慮，通常訂有被保險人保險年齡上限，例如：保險人所訂保險年齡上限為六十五歲，若被保險人的真實年齡六十七歲，則保險契約無效。**本項規定是保險法第64條違反據實說明義務的特別規定**，也就是年齡的說明為據實說明義務之一，要保人及被保險人對於保險人之書面詢問事項有據實說明義務，違反者，若其程度達到足以變更或減少保險人對於危險之估計者，保險人原得解除契約❸，但本條項關於被保險人年齡為不實之說明，而其真實年齡大於保險人所定保險年齡的限度者，則逕規定為無效❸，本條項的規定在法律體系上構成保險法第64條的特別規定❹。

以上所述，是以被保險人的年齡陳述不實超過保險人營業上承保年齡的上限為前提，若關於被保險人的年齡並沒有陳述不實（例如：實際年齡為六十七歲，而據實說明是六十七歲），但被保險人的真實年齡超過保險公司所訂承保的年齡上限（保險公司規定的承保年齡為六十五歲），而保險公司仍然同意核保者（保險公司明知六十七歲仍然承保），可以解釋為保險人針對個案提高承保年齡上限，以後面的核保變更原定的年齡上限，該保險契約仍然有效。與此類似的，實務上曾發生被保險人保險單保險金額上限，超過主管機關規定上限情形，只要保險金額係經雙方同意，而且不是脫法行為（為逃避繼承遺產稅的設計）者，仍然可以發生私法上的法律效果，但保險人違背法律或主管機關的命令，則應負行政處罰的責任，並此說明。

二、被保險人的年齡不實，致保險費比真實年齡的保險費低者，比例調降保險金額

被保險人的年齡不實，致保險費比真實年齡的保險費低者，應該比例調降保

❸ 保險法第 64 條第 2 項前段。

❸ 又依 1908 年德國保險契約法第 162 條、第 163 條之規定，保險人得解除契約，除有詐欺情形外，保險人得於自契約訂立後十年之除斥期間內行使解除權。

❹ 真實年齡逾保險人所訂最高保險年齡法律效果的立法政策值得檢討，猶如前述，我國保險法第 122 條第 1 項規定，被保險人年齡不實而其真實年齡已超過保險人所定保險年齡限度者，其契約無效。此一規定是保險法第 64 條關於保險人得以要保人或被保險人違反說明義務得解除契約的特別規定，應優先適用。我國保險法關於「被保險人真實年齡逾保險人所訂最高保險年齡限制者，其契約無效」之規定，與德國保險契約法之規定不同，德國保險契約法就此只規定「有解除契約之權利」，並非逕行規定契約無效，即回復到保險通則之原則。德國保險契約法的規定，較富彈性，且可維護法律體系之完備。

險金額，保險法第 122 條第 2 項：「因被保險人年齡不實，致所付之保險費少於應付數額者，要保人得補繳短繳之保險費或按照所付之保險費與被保險人之真實年齡比例減少保險金額。但保險事故發生後，且年齡不實之錯誤不可歸責於保險人者，要保人不得要求補繳短繳之保險費。」訂有明文，關於本項規定有三點說明：

（一）本項只用於保險契約有效的情形

被保險人年齡不實，而其真實年齡已超過保險人所定營業保險年齡限度者，其契約無效❹，無效的保險契約，不適用調整保險金額的規定。因此本項規定只於被保險人的真實年齡，在保險人所定的保險年齡上限以下，始適用之。

（二）本項是保險法第 64 條關於要保人違背據實說明義務效果的例外規定

要保人或被保險人關於年齡之說明不實，是違反據實說明義務之一種，依一般原則，保險人得解除保險契約，但由於本項規定，要保人或被保險人雖然關於年齡之說明不實，保險人仍不得解除契約，亦即保險契約繼續有效，但是保險金額應比例調整而已。

（三）本項規定只適用於被保險人年齡不實致保險費少付之情形

保險費是依社會廣大被保險人群的事故狀況、理賠統計等而訂定，保險費的高低與保險承擔危險的大小，有相應關係，稱為「對價平衡原則」。被保險人在年輕力壯時，發生保險事故的機會最低，保險費也較為低廉，但低於此一年齡或超出此一年齡者，發生保險事故的機會較高，保險費也會相對提高。因此不論年齡是「以高報低」或是「以低報高」，都可能發生年齡不實致保險費少付的情形，此時要保人原則上可以就「補繳短繳之保險費」與「按照所付之保險費與被保險人之真實年齡比例減少保險金額」可以二選其一，以貫徹對價平衡原則，維持契約的有效性，並提供要保人或受益人最大的契約保障；若已經發生保險事故，且「年齡不實之錯誤不可歸責於保險人」時，要保人不得要求補繳短繳之保險費。只可以 「按照所付之保險費與被保險人之真實年齡比例減少保險金額」，也就是依照「實付保險費（分子，依錯誤年齡計算而實付之保險費）與應付保險費（分母，依實際年齡計算應付之保險費）的比例計算調低保險金額」，以防止不公正。

---

❹ 保險法第 122 條第 1 項。

調低保險金額的方法，例如：要保人將被保險人真實年齡六十歲誤報為五十歲，投保五年生存死亡兩合保險，保險金額 10 萬元，若依規定被保險人年齡五十歲者每年應繳保險費 1 萬元，若被保險人真實年齡為五十歲則應繳 8 千元。此種年齡不實陳述，致保險費少收，依法可以調低保險金額，調低之方法如下：

$$調整後之保險金額 = (原訂保險金額)\ 10\ 萬元 \times \frac{實付保險費\ 8{,}000\ 元}{應付保險費\ 10{,}000\ 元} = 8\ 萬元$$

三、被保險人真實年齡低於保險人所訂承保年齡之下限者，須待到達承保年齡時才生效力，保險人不得解除契約

保險人若是營業上訂有承保年齡下限，而被保險人的真實年齡低於保險人所規定營業年齡下限者，則保險契約並非無效，只是必須等待被保險人的真實年齡到達保險人訂定營業上承保年齡下限時才生效力而已。例如：保險人所規定的保險年齡下限為十六歲，而被保險人的真實年齡為十五歲，則須待被保險人真實年齡滿十六歲時，保險契約才生效力，但是保險人不得以要保人或被保險人違背據實說明義務為理由，解除契約。此一解釋，方便法定代理人預先為「潛在被保險人」投保，一旦未成年人的年齡有被保險之適格，立即獲得保險傘的保護。1908年德國保險契約法第 162 條後段亦採同一見解[42]。

陸 要保人的質借權利

保險法第 120 條：「保險費付足一年以上者，要保人得以保險契約為質，向保險人借款。」、「保險人於接到要保人之借款通知後，得於一個月以內之期間，貸給可得質借之金額。」，此為要保人的質借權利。說明如下：

一、可以質借的保險契約類型

要保人得向保險人請求質借者，限於其所投保者為「資本性保險」，包括「生存死亡兩合保險」以及「終身死亡保險」，因為此類保險的保險事故必然會發生，要保人所繳交的保險費，已累積為保單價值準備金，具有儲蓄的性質，該保單價

---

[42] 1908 德國保險契約法第 162 條後段規定：「保險人只有在被保險人的真實年齡超出保險人為了訂約目的，而擬定之營運計劃所規定的年齡限制時，才有解除契約的權利。」

值準備金在保險事故發生前，是屬於要保人的權益，為要保人的權益而提撥，因此要保人得以保險單為權利質權的標的物，設定質權，向保險人借錢。至於生存保險或期間死亡保險，由於保險事故未必發生，因此屬於「非資本性保險」，其責任準備金不得作為質借金錢的擔保標的物。

二、質權的標的物──保險單（有價證券）

保險費繳足一年之後，要保人固然可以向保險人質借金錢，但質權之標的物究竟為何，宜予釐清。保險法第 120 條似是以「保險契約」作為質權的標的物，但此一法條文字顯然失當。

按質權分為動產質權與權利質權兩種，動產質權以可融通的「動產」為質權標的物；權利質權又分債權質權及證券質權。債權質權是以「可讓與之債權及其他權利」為擔保標的物❹❸；證券質權是以「可讓與之證券」為質權的標的物❹❹，不論如何，「契約」不得為質權的標的物，「保險契約」當然也不得為質權的標的物。

保險法第 120 條究竟要保人是以「債權」作為擔保標的物，或是以「證券」作為擔保標的物，有兩種不同見解：

（一）以「債權」作為擔保標的物

主張以「債權」作為擔保標的物者，指要保人以「將來可以請求的保單價值準備金債權（或解約金債權）」作為擔保標的物。但是此種見解，並不可採。因為要保人與保險人間的保險契約，尚未終止，將來也未必終止，要保人對保險人的保單價值準備金的返還請求權❹❺或解約金請求權❹❻，現在尚未發生，將來也未必發生，自然不可能以「債權」作為標的物，設定債權質權，向保險人借款。

（二）以「證券」為擔保標的物

主張以證券為擔保標的物者，將保險單視為有價證券，保險單表彰保單價值準

---

❹❸ 參照民法第 902 條、第 904 條。
❹❹ 參照民法第 902 條、第 908 條。
❹❺ 保險法第 109 條第 1 項及第 3 項、第 116 條第 7 項及第 8 項、第 118 條第 2 項、第 120 條第 3 項、第 121 條第 3 項、第 124 條。
❹❻ 保險法第 119 條。

備金，保單價值準備金權利的發生、讓與或拋棄都必須持保險單為之，其設定方法，依民法第 902 條：「權利質權之設定，除本節有規定外，應依關於其權利讓與之規定為之。」，第 908 條：「質權以無記名證券為標的物者，因交付其證券於質權人，而生設定質權之效力。以其他有價證券為標的物者，並應以背書方法為之。」規定，由於保險單記載有要保人姓名，屬於「記名有價證券」，因此證券質權的設定，也須記載設定質權的意旨，由要保人背書、記載設定質權的意旨，並交付予保險人。

　　保險實務上是將保險單視為有價證券，要保人以具有現金價值的保險單，以設定證券質權的方法設定擔保物權，向保險人質借。

柒 危險增加或減少的通知

　　保險契約訂立後，危險可能減少，也可能增加。關於「危險增加或減少的通知義務及其修正建議」以及「增訂終止契約的除斥期間規定」兩點，說明如下：

一、危險增加或減少的通知義務及修正建議

（一）危險增加或減少的通知義務

　　在危險增加情形，保險法第 59 條規定：「要保人對於保險契約內所載增加危險之情形應通知者，應於知悉後通知保險人。」、「危險增加，由於要保人或被保險人之行為所致，其危險達於應增加保險費或終止契約之程度者，要保人或被保險人應先通知保險人。」、「危險增加，不由於要保人或被保險人之行為所致者，要保人或被保險人應於知悉後十日內通知保險人。」，第 60 條規定：「保險遇有前條情形，得終止契約，或提議另定保險費。要保人對於另訂保險費不同意者，其契約即為終止；但因前條第 2 項情形終止契約時，保險人如有損失，並得請求賠償。」、「保險人知危險增加後，仍繼續收受保險費，或於危險發生後給付賠償金額，或其他維持契約之表示者，喪失前項之權利。」

　　在危險減少情形，依保險法第 26 條規定：「保險費依保險契約所載增加危險之特別情形計算者，其情形在契約存續期內消滅時，要保人得按訂約時保險費率，自其情形消滅時起算，請求比例減少保險費。」、「保險人對於前項保險費不同意時，要保人得終止契約，其終止後之保險費已交付者，應返還之。」

（二）修正建議

保險法關於危險減少、危險增加後，保險費調低、調高及因此發生法定終止權的規定，是規定在保險法的第一章總則及第二章保險契約，因此從法條的結構而論，這些規定對於人壽保險應該一律適用，從字義分析，即使身體的危險只有輕微的增加或降低，或是危險存在期間很短，沒有持續性，都有通知保險人的義務。但此種立法過分瑣碎，從法律經濟的觀點，危險的增加或減少，必須達到「調整保險費」的程度，而且危險的增減還必須有時間的「持續性」，才符合立法旨意。

以比較法而言，1908 年德國保險契約法規定❹，因為某些因素，依約提高保險費的情況，於該因素消滅時，要保人得請求相應減少保險費的規定，在人壽保險並不適用❹，主要原因是：假若被保險人偶罹疾病危險增加，就要求增加保險費，治癒之後，危險減少，又請求降低保險費，調高調低有限，體檢、核保的費用太多，不符經濟效益，因此有此規定。又依照 1908 年德國保險契約法的規定，只限於「保險契約內所載增加危險」的情形才視為增加，立法上採列舉主義，以杜爭議❹，又即使有保險契約所載危險增加的情形，若自危險增加之後已逾除斥期間（例如：十年），保險人亦不得以危險增加為理由，有所主張（例如：主張調高保險費等），但要保人以詐欺方法獲得保險人同意承保或通知保險人有詐欺情事者，不在此限❺。

我國保險法關於人壽保險被保險人危險增加及危險降低的通知義務，似可仿照 1908 年德國保險契約法的規定方式，一方面規定關於因某些因素加計保險費，該因素消失後，得請求減少保險費的規定，於人壽保險不適用之；另一方面，關於危險增加的通知義務，改採「列舉主義」，且訂定保險人請求調高保險費的期間限制，只有屬於保險單上列舉的危險增加，要保人才有通知義務，且只有在限制期間屆滿前，保險人才可以主張調高保險費，以杜絕爭議。

---

❹ 1908VVG §41a.

❹ 1908VVG §164a.

❹ 1908VVG §164(1).

❺ 1908VVG §164(2)。「獲得保險人同意的義務」以及「通知保險人的義務」，規定在德國保險契約法第 23 條至第 32 條，主要是規定危險增加或降低的通知義務。

二、增訂終止契約的除斥期間規定

要保人違背危險增加的通知義務，符合法定要件時[51]，保險人得終止契約。終止權是形成權的一種，在立法技術上，必須規定行使終止權的除斥期間，以避免法律關係的長期不安定。

保險法對於要保人違背據實說明義務，保險人得行使解除權；保險契約當事人的一方違背特約條款時，他方得解除契約等，都已分別訂有行使解除權的除斥期間，詳細請參考保險法第 64 條第 3 項：「前項解除契約權，自保險人知有解除之原因後，經過一個月不行使而消滅；或契約訂立後經過二年，即有可以解除之原因，亦不得解除契約。」，第 68 條第 2 項：「第 64 條第 3 項之規定，於前項情形準用之。」，但是保險法對於當事人一方對他方應通知之事項怠於通知，他方得終止保險契約的期限[52]，則缺乏除斥期間的規定，似嫌缺漏，應予增訂。1908 年德國保險契約法第 163 條規定：「保險人自契約訂立十年後，不得以訂約時違背重要事項通知義務為理由解除契約。故意違反意思通知義務者，解除權仍繼續存在。」可供參考。

捌　要保人任意終止保險契約──解約金的償付

一、償付解約金的規定

保險法第 119 條規定：「要保人終止保險契約，而保險費已付足一年以上者，保險人應於接到通知後一個月內償付解約金；其金額不得少於要保人應得保單價值準備金之四分之三。」、「償付解約金之條件及金額，應載明於保險契約。」，有數點說明：

（一）要保人有任意終止契約的權利

保險契約當事人為保險人及要保人，但只有要保人得任意終止保險契約，而保險人只於有法定原因時，才可以終止保險契約。又保險人即使依「約定」得任

---

[51] 參照保險法第 59 條、第 60 條。

[52] 參照保險法第 57 條。

意終止契約，依法理亦須先行通知或須訂定預告期間，使要保人在終止契約生效前得有時間餘裕，可以另向其他保險人洽訂保險契約。

（二）償付解約金的條件

須保險費已付足一年以上，方得請求償付解約金。

（三）解約金之數額

解約金的數額不得少於保單價值準備金的四分之三。償付解約金之條件及金額，應載明於保險契約。

二、比較法上的檢討

（一）對於分期繳納保險費及一次付清保險費的保險均應適用

要保人有任意終止權，得隨時行使終止權，不論是分期繳納保險費或是一次付清保險費，就此點言，我國保險法的規定與 1908 年德國保險契約法的規定相同[53]。依 1908 年德國保險契約法的規定，在分期繳交保險費 (laufende Pramien) 的情形，要保人得隨時終止保險契約，但須待該分期保險費所該當的保險期間屆滿時，才發生終止效力。保險契約約定於被保險人死亡時，保險人給付保險金的保險，即終身死亡保險契約及生存死亡兩合保險，依該保險契約之約定，保險人給付該筆保險金的義務確定會發生者，要保人亦得隨時終止契約，即令約定的繳費方式為一次付清者，亦然[54]。

（二）須保險費付足一年以上

依保險法的規定，保險人償付解約金的前提為要保人付足「保險費一年以上」。

（三）只適用於資本性的保險

保險法第 119 條有關保險人返還解約金的規定，並沒有限定保險契約的種類，

[53] 1908VVG §165.

[54] 1908VVG §165(2).

表面觀之，即生存保險、死亡保險均適用之。而 1908 年德國保險契約法規定要保人必須繳付保險費三年以上保險人始有返還解約金之義務❺，**但保險人負返還解約金義務者只限於「資本性保險 (Kapitalvevsicherung)」** ❺，亦即限於「終身死亡保險」或「生存死亡兩合保險」。只有資本性保險不但以死亡為保險事故，而且具有儲蓄的性質、保險人之保險給付義務確定會發生等特點，因此解約金的返還，應該只限於「資本性保險」為是，否則若使生存保險或期間死亡保險亦適用，將發生於保險期間內任意終止契約或因法定原因終止契約時，產生返還解約金或保單價值準備金問題，但一俟保險期間屆滿而不發生保險事故，保險人卻不必負擔保險給付義務，亦無須負返還解約金或保單價值準備金義務的不合理現象。

償還解約金的數額，依保險法第 119 條第 2 項的規定，要保人任意終止契約時，保險人應返還的解約金數額為「不得少於要保人應得保單價值準備金之四分之三」。1908 年德國保險契約法則規定保險人返還的數額依終止時的保單價值準備金扣除「合理之扣減額 (zu einem angemessenen Abzug)」，「扣減額」若已載於保險契約，且經主管機關核可，則該「扣減額」視為合理❺。

玖 受益人的指定、變更及確定

一、受益人的指定

保險法第 110 條：「要保人得通知保險人，以保險金額之全部或一部，給付其所指定之受益人一人或數人。」、「前項指定之受益人，以於請求保險金額時生存者為限。」，要保人原則上都有受益人的指定權。指定權的行使以要保人單方的意思表示為已足，不以經受益人或保險人同意 (Ohne zustimmung des Versicherers) 為必要。指定受益人，既然以要保人一方的意思表示即已足，無須經保險人的同意，因此無須以契約為之，保險法第 111 條第 1 項末段「契約」一詞應修正為「單獨意思表示」為是。

---

❺ 1908VVG §§173, 165.
❺ 1908VVG §176(1).
❺ 1908VVG §174(4).

二、受益權的變更

保險法第 111 條：「受益人經指定後，要保人對其保險利益，除聲明放棄處分權者外，仍得以契約或遺囑處分之。」、「要保人行使前項處分權，非經通知，不得對抗保險人。」是為關於要保人保留指定或變更受益權之規定。分下述數點說明：

（一）要保人原則上保有受益人的變更權

要保人除拋棄處分權外，即令保險契約已載明受益人姓名，仍得行使變更權。

（二）受益人變更權的行使

1.行使方法

要保人更換受益人，是處分權行使的一種，得以一方的意思表示為之，保險法第 111 條第 1 項將更換受益人之方式，界定為以「契約」方式或以「遺囑」方式為之，前者（以「契約」方式）似有誤解，因為要保人行使更換受益人的處分權，無須得到保險人的承諾，只要要保人一方為變更受益人的意思表示就可以，通知保險人只是對抗要件，並非生效要件，此觀同條第 2 項的規定可知。

在要保人常同時為被保險人，並指定第三人為受益人的情形，受益人的更換，一般是由要保人填妥保險人印製的空白通知書，並寄交保險人即可。要保人為更換受益人之通知時，必須附繳保險單。保險單遺失者，必須出具證明或聲明。保險人在原保險單或重新簽發之保險單填入新受益人姓名。只要完成上開程序，更換受益人之程序即告完成，即使發生保險事故，保險人也可以拒絕原指定受益人的請求。

要保人未完全依程序更換受益人者，其更換受益人之效力如何，迄無定論。主張「實質符合 (substantial compliance)」說者認為若要保人的更換行為，客觀上「實質符合」關於更換受益人的規定者，即使未完全符合約定，其更換受益人之行為仍然有效；主張「確定及實質行為 (definite and substantial act)」說者，認要保人有更換受益人之「確定及實質」的明確意思 (manifest intent) 者，即使與約定程序不符，亦發生更換受益人之效力。不論是採「實質符合原則 (substantial compliance rule)」或是採「確定及實質行為 (definite and substantial act)」說，均涉

及事實認定及價值判斷問題，大體而言，要保人更換受益人之程序雖然未完全符合規定，法院並不否定其更換受益人行為的效力，二說之中，實質符合說，比較有客觀標準，但是英美實務上，有判決持後一見解，只要更換受益人的意思明確化，而且進行更換行為，就發生效力。

2.行使期間

要保人於指定受益人之後，於保險事故發生之前，原則上均得隨時更換受益人，但於例外情形，不得更換受益人，其情形可分下列二種：

⑴要保人有放棄更換受益人之表示者

要保人於指定受益人時或指定受益人後，曾表示放棄或不保留更換受益人之權利者，不得再更換受益人，保險法第 111 條旨意在此。要保人拋棄更換受益權的處分權，被指定的受益人具有「比較確定的期待權」，之所以只是「比較確定的期待權」，而非「確定的期待權」，是因為受益權的實現，還必須「保險事故發生時，受益人仍然生存」的條件成就，才能確定。

⑵要保人以保險單為標的物設定權利質權向保險人借款致喪失處分權者

要保人以保險單為標的物設定證券質權向保險人借款者[58]，要保人所擁有的權利已成為擔保物權的標的物，要保人已經在保險單「記載設定質權意旨，背書並交付予保險人」，要保人因無法再憑單行使處分權。因此也喪失更換受益人的處分權。因為保險單是有價證券的一種，只有憑券才能夠行使權利，保險單一旦設定證券質權給保險人，向保險人借錢，保險單就交付給保險人持有，要保人也就不再持有保險單，當然也就無法憑單行使更換受益人的處分權。

三、受益人的遞補

國外新類型的保險單，多列有候補的指定受益人 (contingent beneficiaries) 名單，列舉在前的受益人死亡或喪失受益人資格者，由列舉在後的受益人依序遞補，有候補的指定受益人時，受益人的確定過程較為容易。

---

[58] 保險法第 120 條規定以「保險契約」為標的物，設定質權，此一文字違背擔保物權的理論，應該修正。

四、受益人的擬制或推定

受益人若無法經由指定、更換或遞補的方式確定者，保險法依照保險種類的不同，分別有「擬制遺產」與「推定受益人」的規定：

（一）死亡保險

在死亡保險，雖然被保險人已經死亡，已經不是權利主體，但是法律仍然將保險給付，視為被保險人生前所得，將保險金「視為」被保險人的遺產。

（二）生存保險

在生存保險，則推定要保人為自己利益而訂立，即「推定」要保人自己就是受益人。

五、受益人的確定方法

受益人可以依照下列程序確定之：

（一）保險契約有明確記載者，從其記載

保險契約有受益人姓名的記載時，就以該被記載姓名之人為受益人。

（二）區別為自己利益的保險契約或是利益第三人的保險契約

1.為自己利益而訂立的保險契約

要保人若指定自己為受益人，此種保險契約是要保人為自己的利益而訂立的，因此稱為「利益自己的保險契約」；要保人若指定第三人為受益人，此種保險契約是為他人的利益而訂立的，因此稱為「利益他人的保險契約」。保險契約是否「利益他人的保險契約」是比較要保人與受益人是否同一人而定；此與是否「由第三人訂立之保險契約」是比較要保人與被保險人是否同一人而定者不同❺⁹。

2.為他人利益訂立的保險契約

在為他人利益訂立的保險契約，依照保險法第 52 條：「為他人利益訂立之保

---

❺⁹ 請比較保險法第 52 條與保險法第 105 條。

險契約，於訂約時，該他人未確定者，由要保人或保險契約所載可得確定之受益人，享受其利益。」，因此，假若是「為他人利益訂立之保險契約」，可以再透過以下兩道程序確定受益人：

⑴由保險契約的文義加以確定

保險法第 52 條所謂：「由保險契約所載可得確定之人」為受益人，就是指依保險契約記載的內容，可以確定受益人的情形而言，例如：在保險契約中指定「要保人的繼承人」為受益人，可以保險事故發生時，要保人的繼承人作為受益人。又如：要保人向人壽保險公司投保死亡保險契約，受益人欄只寫下「妻」一字，沒有寫明其妻的姓名。其後要保人與其妻離婚，要保人也未再娶。要保人死亡時，其已經離婚的前妻，可否以受益人的身分，請求保險給付？實務界的見解分歧：

甲說：要保人已與妻離婚，則其妻的身分已經不存在，該保險金應該歸屬要保人的遺產。

乙說：要保人的妻子，在離婚之前既然已經被指定為受益人，其受益權是來自保險契約訂立時要保人的指定，並非來自婚姻關係，**要保人雖然與其妻離婚，其妻的受益權仍然不受影響**，更何況要保人並沒有撤銷或變更其妻的受益權。因此，雖然離婚，其妻仍然有保險給付的請求權。

以上甲、乙兩說，司法院第一廳採取乙說的見解❻。

若要保人在離婚之後另外與第三人結婚，則解釋上應該以該第三人為受益人，因為保險契約上受益人欄上「妻」之記載，在契約上，屬於個別商議條款，解釋個別商議條款應該探求表意人的真意，要保人在訂立保險契約時之所以在受益人欄上只寫上「妻」一個字，而不明確記載訂約當時「妻子的姓名」，可以推斷要保人的真意是指保險事故發生時，有婚姻關係的「妻」，視情況分別為婚姻持續維持的妻子，或是離婚後另娶的妻子，但不包括保險事故發生時，感情已經破裂，已經離婚的「前妻」。在「為他人利益訂立契約」的情形，不論「該他人」是「已確定」或是「不確定」，都可以另外約定「候補受益人」，以便在「該他人」喪失受益權時，遞補為受益人。

⑵由要保人指定

保險法第 52 條所謂：「為他人利益訂立之保險契約，於訂立時，該他人未確

---

❻ 司法院 74 年 2 月 14 日 (74) 廳民一字第 104 號函。

定者，由要保人……可得確定之受益人，享受其利益」，就是指要保人於訂約之後，行使受益人的指定權，而確定受益人的情形而言，例如：人壽保險契約並未指定受益人，但可以透過要保人的嗣後指定而確定受益人❻。以下分點說明：

A.指定的方式

要保人指定受益人或更換受益人的行為，是否必須履行一定方式？保險法並沒有明文規定。**英美相關實務見解曾明白認為：保險單的持有人（即要保人），當其更換受益人的意思已明顯而具體、而採取指定或改變受益人的實質行動時，就發生更換受益人的效力**❷，換句話說，要保人指定或更換受益人，無須作成書面或履行一定方式。

B.債權人的保全行為

要保人指定他人為受益人，若有害於其債權人的債權時，要保人的債權人可以依民法第 244 條：「債務人所為之無償行為，有害及債權者，債權人得聲請法院撤銷之。」、「債務人所為之有償行為，於行為時明知有損害於債權人之權利者，以受益人於受益時亦知其情事者為限，債權人得聲請法院撤銷之。」的規定撤銷要保人指定受益人的行為，因為保險契約的要保人，得於保險契約訂定時或訂立後，指定

---

❻　保險法第 110 條。

❷　Engleman v. Connecticut General Life Insurance Co., Supreme Court of Connecticut, 690 A 2d. 882 (1997).

於本案中，第三人 Ryder 向 Connecticut General（即本案被告）購買了保險，指定受益人是 Zink，但是嗣後 Ryder 想要變更其繼承人為受益人。於 1978 年，Ryder 的律師寫信給保險人，告知他準備變更其繼承人為受益人之意旨，惟保險公司對於這個要求沒有任何回應。次年，Ryder 又寄了一封信給保險公司，這封信是經過簽名及公證的，信的主旨仍是要求變更受益人。然而這封信被存放在保險檔案夾裡，但是保險人並未為變更，而是寄出一份正式變更的表格，但是對於這個表格到底後來如何演變，沒有進一步的證據。Ryder 於 1990 年死亡，其遺囑執行人，即本案的原告 Engleman 提起訴訟，主張保險公司違背契約。一審法院為保險人勝訴之判決，原告不服提起上訴。

本案法院見解認為：「在人壽保險，保險單的持有人明顯有變更受益人的意思時，指定了新的受益人、而採取實質行動以促成其變更時，就發生變更受益人的效力。變更受益人的一般原則是遵循保險單所規定的程序，只是有一個小小的例外，就是保險單的所有人，在其所能控制的範圍內，盡其能力，且實質上也符合保險契約所規定的變更受益人程序的要求。此種例外的適用……以被保險人已經採取某些試圖變更受益人的重要、積極的行為時，特別明顯。不得因為保險單上程序性的技術規定而推翻被保險人的此一明顯意圖。」

受益人。經指定的受益人，得於保險事故發生後，直接對保險人請求保險給付，由於要保人有給付保險費的義務，但是保險人的保險金卻是向第三人（受益人）給付，其結果，要保人的財產將發生減少的後果，若因指定他人為受益人，有害及要保人的債權人的債權時，應許其債權人依民法第 244 條的規定，行使撤銷權❸。

C.受益權的撤換與確定

受益人指定之後，除非要保人拋棄更換受益人的權利，否則要保人仍然可以撤換受益權人。要保人拋棄撤換受益權人的方法，實務上是將保險單交付給受益人。撤換受益權人的行為，性質上是單獨行為，因此不需要保險人同意，但是必須通知保險人，才可以對抗保險人。要保人是否有撤換受益人的權利有疑義時，**要保人無需保險人同意，仍得指定第三人為受益人或更換他人為受益人**❹。

受益人的受益權何時確定，必須看要保人是否拋棄更換受益人的權利而定，在要保人保有撤換指定受益人權利的情形，必須受益權沒有被撤換，且等待保險事故發生時，受益人才取得對保險人的保險金請求權。在要保人拋棄撤換指定受益人權利的情形，則只要等待保險事故發生，就取得對保險人的保險金請求權。不論如何，都以保險事故發生時，受益人仍然生存為條件。

3.依照法律的補充規定

除了死亡保險契約，因為保險法第 113 條：「死亡保險契約未指定受益人者，其保險金額作為被保險人之遺產。」，另外有規定，應該從其規定外，其他的保險契約，包括生存保險契約、健康保險、傷害保險，其是否為要保人自己的利益而訂立不明時，**也就是受益人有疑義時，推定要保人為自己之利益而訂立**，保險法第 45 條後段：「受益人有疑義時，推定要保人為自己之利益而訂立。」❺，就是針對此一困難而規定的。關於受益人的確定過程，可以用下面的圖表說明：

---

❸ 72 年 5 月 2 日司法院第三期司法業務研究會法律問題。司法院第一廳採取肯定見解，認為要保人的債權人可以行使民法第 244 條的撤銷權。但是，也有採取否定見解的，認為指定受益人的權利是屬於要保人的一身專屬權，要保人的債權人不得代為行使。

❹ 2008 年德國保險契約法第 159 條第 1 項參照。

❺ 本條繼受過程，合理疑似發生錯誤，在利益第三人契約，要保人為第三人的利益已經確定的前提下，如何又推定利益自己的契約，發生條文前段與後段自相矛盾的現象。德國保險契約法的規定原意是：在要保人與受益人不同的契約，要保人究竟是以自己為當事人的意思訂立契約，還是以受益人的代理人的意思訂立契約有疑義時，推定是要保人以自己為當事人的意思訂立契約，而非以受益人的代理人的意思訂立契約。

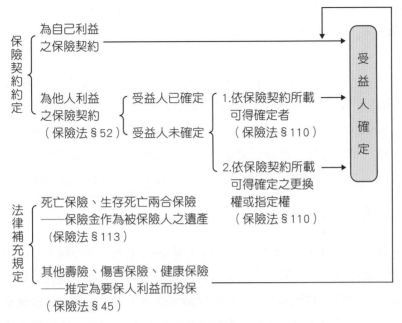

圖 19-4

拾 受益權

一、受益權的確定

受益權的確定，必須同時滿足兩個條件，即受益權必須不被撤換以及保險事故發生時，受益人仍然生存為條件。保險法第 110 條第 2 項：「前項指定之受益人，以於請求保險金額時生存者為限。」，依照條文文義解釋，似指受益人的受益權於「請求保險金額之時」確定，但法條文字，用語有欠斟酌。因為只要受益人滿足**(1)於保險事故發生時仍生存**，及**(2)其受益權沒有被更換**兩個條件，對保險人的保險金請求權就已經確定，即使受益人在保險事故發生之後，行使請求權之前死亡，該受益權也應由其繼承人繼承。

關於第(1)點，1908 年德國保險契約法第 166 條第 2 項也規定：「第三人被指定為受益人之人，即使要保人無另外指定，在保險事故發生前死亡者，不得主張保險給付的任何權利。」堪為參考。關於第(2)點，要保人原則上雖然保有更換受

益人的權利，但是保險契約明文拋棄更換受益人的權利者，或是要保人將保險單交付受益人者，都喪失更換受益人的權利。

附帶一提，人身保險的受益人於確定享有保險給付的權利時，得否將此一權利轉讓予第三人？英美實務上曾經採取肯定的見解，在 Grigsby v. Russell 一案，Holmes 法官曾闡釋其旨：人壽保險的受益人得有效將其權利讓與第三人。本案判決指出，保險契約已屬有效訂立、要保人給付了保險費、也發生應該給付保險金的保險事故。依照法律，此類保險單具有財產保險的典型性質，若對保險單持有人（即受益人）轉讓的權利加以限制將會使得保險單的價值受到減損❻。

二、受益權的本質

受益權，是受益人基於保險契約而直接取得的權利。受益權本質上是本於契約而發生，是受益人固有的，不是從被保險人繼受的。因此，即使受益人實際上是死亡保險被保險人的繼承人，但是當保險事故發生時，受益人請求保險人給付的保險金，是本於保險契約直接從保險人取得的財產，而不是本於繼承權而從被保險人繼承的遺產，因此此項保險金不是課徵遺產稅的標的物，保險法第 112 條：「保險金額約定於被保險人死亡時給付於其所指定之受益人者，其金額不得作為被保險人之遺產。」就是這個意思。但是在受益人未能確定的情形，依保險法第113 條規定：「死亡保險契約未指定受益人者，其保險金額作為被保險人遺產。」，保險金依照法律的規定既然被視為被保險人的遺產，被保險人的繼承人所取得的保險金，就必須課徵繼承稅（遺產稅）。

三、受益權的分配

在資本性保險（生存死亡兩合保險或終身死亡保險），若指定數人為受益人，而保險契約又未指定各受益人之持分時，各受益人之持分均相等。受益人中有在保險事故發生前死亡或其他原因喪失受益權之情事者，其受益權持分由其他受益人依各自持分（契約未定有持分者，則依受益人持分相等之等比例均分）分配。但要保人以自己為被保險人，且以被保險人的繼承人為受益人的死亡保險契約，若保險契約並未約定各受益人關於受益權的持分，則各受益人（即各繼承人）依

---

❻ 參照 Grigsby v. Russell, 222 U.S. 149 (1911)。

其應繼分的比例分配之。受益人的受益權，是本於保險契約而取得的，不是本於
繼承權而取得的，因此繼承權的拋棄 (a renunciation of the inheritance；eine
Ausschlagung der Erbschaft) 不會影響該繼承人受益權的取得。又無人繼承而以國
庫為繼承人時，解釋上國庫仍不是受益人[67]，2008 年德國保險契約法第 160 條有
下列規定，值得參考：

> 第 1 項：「數人被指定為受益人而未定其受益比例時，應該平均分配。任何受
> 益人未獲得之部分，歸屬其他受益人享有。」

> 第 2 項：「約定保險單持有人死亡，保險人的給付應該向其繼承人為之者，於
> 有疑義時，被指定為受益人的繼承人應該按照其應繼分比例享有保
> 險給付。受益人拋棄繼承權不影響其受益權。」

> 第 3 項：「第三人為受益人而未獲得對保險人保險理賠的權利時，該權利屬於
> 保險單持有人。」

> 第 4 項：「稅捐稽徵機關被指定為繼承人時，不得享有第 2 項第一句規定的
> 權利。」

四、不同順序受益人的受償順位及其受償金額

保險人應按保險契約的約定及利害關係人的協議，將保險金優先給付第一受
益人，如有剩餘，再給付第二受益人。倘利害關係人未能達成協議，則可將保險
金提存之。第一受益人受償的範圍，應該有一定限額，始有剩餘可言。究竟第一
受益人受償的限額若干，可以依保險契約的約定定之，如果利害關係人間就此優
先受償的金額，協議未成，則應由法院調查審認，尚非應全額優先給予第一受益
人。否則，保險人逕將全部保險金給予第一受益人即可，殊無將之提存必要[68]。

五、質權人與受益人受償權利的優先順序

人壽保險的保單價值準備金屬於要保人所有，除要保人有拋棄處分權的表示
外，要保人於保險期間得更換受益人[69]。又要保人亦得以保險單為質向保險人借

---

[67] 民法第 1185 條、1908VVG §167(3)。

[68] 最高法院 72 年台上字第 2522 號判決。

[69] 保險法第 111 條第 1 項。

款，由於保險單是有價證券，而且是記名的有價證券，因此以保險單設定的證券質權，必須以背書、記載設定質權的意旨、且將保險單交付予保險人占有。

在上述兩種情況同時存在的情形，即一方面保險契約載明第三人為受益人，另一方面，要保人卻又將保險單設定質權予保險人向債權人借款的情形，受益人與債權人何人有優先受領保險給付的權利，成為有爭論的問題。分述如下：

（一）要保人無更換受益人之處分權者

要保人若已經放棄更換受益人的處分權[70]，則對保單價值準備金等權利就沒有處分權，因此其讓與保險單或以保險單所表彰的保單價值準備金為標的物設定權利質權的處分行為，除非得到受益人的同意 (the beneficiary's consent)，否則就不得對抗受益人。換句話說，在要保人拋棄處分權的情形，要保人若以保險單所表彰的保單價值準備金為質，設定權利質權向保險人借款，受益人就保險契約所生的權利優先於以保險單擔保的債權人的權利。

（二）要保人保留更換受益人的處分權者

要保人，除有放棄更換受益人之處分權者外，都還保留有更換受益人的處分權。此時，即使要保人未經受益人的同意，將保險單或保單價值準備金設定擔保予第三人（債權人），於保險事故發生時，該債權人（第三人）還是可以主張優先受領保險金。

六、債權人被指定為受益人或其債權以保險單設定質權擔保時，得受領保險給付的範圍

以債務人的生命投保人壽保險，經常指定其債權人為受益人或將保險單設定權利質權予債權人作為擔保。此時，具有受益人身分的債權人或債權由保險單設定權利質權擔保的債權人，可否受領保險人所給付的全部保險金，或是應該受到債權額的限制？分保險契約由借款人投保與由債權人投保兩種情況，說明如下：

---

[70] 保險法第 111 條第 1 項。

（一）債務人是要保人

保險契約的要保人是債務人，而指定債權人為受益人或將保險單設定權利質權予債權人的情形，依「保險金額」與「債權額」大小比較，可分兩種情形：

1.保險金額等於或小於債權額

要保人投保的保險金額等於或小於債權額（包括利益及其他程序費用），而指定債權人為受益人的情形，債權人基於受益人的身分而受領的保險給付，未必足敷清償之用，不至於發生債權人獲得超出債權的利益致牴觸清償原則的問題，因此債權人可以就保險人所為的保險給付全額受償，沒有疑義；又在保險單設定質權予債權人的情形，由於保險單所表彰的價值或保險事故發生時保險人所為的保險給付，也不足以清償債權人的債權，因此也不會發生債權人是否得就保險金全數受償的爭論。

2.保險金額大於債權額

當保險金額大於債權額時，若要保人以保險單為標的物設定質權擔保債權人對要保人的債權，債權人只能於其債權額（包括本金、利息及程序性費用）的範圍內，受領保險給付，此點也不發生爭論；但若要保人指定債權人為受益人，該具有債權人身分的受益人究竟只得於其債權額範圍內受領保險給付，或是得受領全部保險給付，有不同見解：

⑴僅得於債權額範圍內受領保險給付說

採債權人雖被指定為受益人，但其所能受領的保險金只限於「債權額範圍內」說者，主張要保人之所以指定債權人為受益人，乃只為保障債權人的債權，使其債權能獲得清償，此為要保人的真意。若債權人可以就超出債權額的保險給付全數受償，則違背要保人以保險金清償債務的意思。更何況保險金額愈大，保險費負擔也愈多，要保人若明知債權人得受領全部保險金額，則其願意投保的保險金額自以不逾債權額為常，如此，一方面債務人（要保人）可減輕保險費的負擔，另一方面債權人也不致於獲得債權額以外的利益，而致發生道德危險。主張此說者，還認為要保人之所以以自己為被保險人，投保高於債權額的保險金額，兼有為自己之利益投保之意。若允許指定債權人為受益人且可以就全部保險金額受領，不受債權額的限制，將使債權人獲得不當利益 (the creditor is unjustly enriched)，有違公共政策 (public policy)。

⑵不受債權額限制而得受領全部保險給付說

採債權人經指定而發生，要保人既然可指定任何對被保險人有保險利益之人為受益人，自然也可指定債權人為受益人，指定債權人為受益人與指定其他有保險利益的第三人為受益人，並無不同，不應受到債權額的限制。

以上兩說各持之有據，惟在**實務上，目前多數法院的見解，仍多傾向債權人只能於債權額範圍內受領保險給付**，法院採此一立場的理由，一方面認為債務人之所以以自己為被保險人，並指定債權人為受益人，乃是基於清償債務的設計，其數額當然以債權人的債權額為限；更何況債權人之所以得依據保險契約受領保險給付，乃是以債權人對債務人擁有債權為基礎，而該債權未必與保險人本於保險契約所為保險給付之全部數額相等。若保險人必須給付全數保險金額，且債權人也可以受領保險金額的全數，就違背以保險給付清償債權人債權的設計。

（二）債權人是要保人

保險契約若是債權人以要保人身分而訂定時，債權人仍只於其債權額的範圍內受領保險給付。按債權人以自己為要保人，以債務人為被保險人，向保險人投保人壽保險時，若其保險金額大於債權額，保險人是否得受領保險金額之全部，頗多爭議。一般基於下列理由，採否定見解：

1. 保險利益範圍的限制與道德風險的考慮

債權人對於債務人的保險利益，只限於債權額的範圍內有之，超過債權額者，沒有保險利益，自然不得受。況且債權人以自己為要保人，債務人為被保險人，指定自己為受益人，若保險金額大於債權額，而且可以全部受領，則債權人可以很小的債權額投保很大的保險金額，容易發生道德風險。

2. 保險費實質轉嫁的原因

由於保險費實質轉嫁的原因，債務人為實際上保險費的最終的負擔者，保險金額之超過債權額的部分，應「視為」為債務人的利益而投保。按：以債務人為被保險人，以債權人為要保人，指定債權人為受益人之契約，多非單純的人壽保險契約，而是與消費借貸等契約有連帶關係，甚至於是基於消費借貸契約的約定而訂立，因此債權人一般都將投保人壽保險契約的保險費，以提高利率等方式，實質轉嫁到消費借貸契約的借用人。投保的保險金額大於債權額、與投保的保險

金額等於或小於債權額相比較，若其他保險條件不變，前者的保險費必然較後者為高，此一較高的保險費仍透過消費借貸契約，實際上由債務人（借用人）負擔，債務人乃實際上保險費之承擔人。在實務上，以債權人為要保人，以債務人為被保險人的情形，其受益人的指定，得以債權人為主受益人 (a primary beneficiary)，以債務人為候補受益人 (a contingent beneficiary)，保險給付之多於債權額者，其超過部分由候補受益人（債務人）受領，問題不難解決。

七、受益權的喪失

受益權因受益人故意的不法行為而喪失時，保險人是否仍負給付義務，中外制度不盡相同。以美國言，一般認為保險契約仍存在，保險人應該給付的義務也還存在，只是給付對象有所改變而已，也就是保險給付應向候補受益人 (the contingent beneficiary) 或受益人之繼承人 (the heir of the primary beneficiary) 為之，或作為被保險人之遺產 (the estate of the insured)，各州法律或法院有不同見解，例如：新澤西州法律認為必須「猶如殺人者（按：受益人是殺人者）比被保險人早死」之方式處理[71]；德州法經規定「由被保險人的最近親屬受領」[72]；華盛頓州認為「除另有候補受益人之約定外，應作為被保險人之遺產」[73]。

我國保險法第 121 條：「受益人故意致被保險人於死或雖未致死者，喪失其受益權。」、「前項情形，如因該受益人喪失受益權，而致無受益人受領保險金額時，其保險金額作為被保險人遺產。」，說明如下：

（一）任何人不得因其不法行為而獲得利益

任何人不得因其不法行為而獲得利益 (no one shall be allowed to benefit from his own wrong)，假若受益人故意致被保險人死亡，促使保險事故發生，還可受領保險給付，則不但容易誘發道德危險，而且與「任何人不得因其不法行為而獲得利益」的法律原則互相牴觸。為防止道德危險之發生，**對於受益人故意殺害被保險人不論既遂或是未遂，都應使其喪失受益權**，以杜流弊。

---

[71] New Jersey Statute Annotated §3A: 2A-83(c).

[72] Deveroex v. Nelson, 517 S. W. 2d 658 at p. 662.

[73] Miller v. Sencindiver, 166 W. Va. 355, 275 S. E. 2d 10 at pp. 12–13 (1980).

（二）只有「故意的不法行為」才在禁止的範圍

不法行為有由於「故意」者，有由於「過失」者，保險法上禁止受益人受領保險給付的情形，只限於「故意 (intentional)」的不法行為，不及於過失行為所致的保險事故。因此「故意而合法」，例如：執行死刑，或「過失而不法」，例如：誤傷致死，都不在禁止保險給付之範圍。

又保險法上的故意，與刑法上之故意或侵權行為法上的故意，並不完全相同，刑法上或侵權行為法上的故意，偏重於對「結果的故意」，但是**保險法上的故意是指致人於死之意圖** (an intent to cause death) **或故意導致某些侵害他人人體安全而且可能致死的行為** (an intent to cause type of intrusion on another's physical security that is likely to cause death)，**偏重於「行為的故意」**。

（三）無受益人時，保險金作為被保險人的遺產

受益人故意促使保險事故發生，保險金應該給付予其他受益人，無其他受益人時，保險金作為被保險人的遺產。受益人故意致被保險人於死，不得謂被保險人死亡的事故沒有發生，因此保險人仍然有為保險給付的義務。只是為了避免道德風險，該促使保險事故發生的受益人，不得受領保險給付而已。因此，保險法第 121 條第 2 項，一方面規定該受益人喪失受益權，另一方面規定「無受益人受領保險金額時，其保險金額作為被保險人遺產」，換句話說，如果還有其他受益人時，該其他受益人仍然可以受領保險給付，只有在沒有其他受益人的情形，保險金才被當作被保險人的遺產。

（四）受益權的當然喪失

保險法第 121 條第 1 項規定：「受益人故意致被保險人於死或雖未致死者，喪失其受益權。」，但是在傷害保險，第 134 條卻規定：「受益人故意傷害被保險人者，無請求保險金額之權。」、「受益人故意傷害被保險人未遂時，被保險人得撤銷其受益權利。」，二者法律效果，因為殺人與傷害之差異，既遂與未遂之不同，分別做了不同的規定。在「故意致被保險人死亡」的情形，不論既遂，或是未遂，受益人都當然喪失受益權。但是在「故意傷害被保險人」的情形，其既遂者，受

益人固然當然地喪失受益權，其未遂者，則只是被保險人「得撤銷」受益人的受益權而已，若是被保險人不撤銷受益人的受益權，則受益人的受益權依然存在，依然享有受領保險給付的權利。

（五）受益權當然喪失後的保險給付對象

受益人故意殺害被保險人未遂者，其受益權當然喪失，但由於被保險人尚未死亡，保險契約仍然存在，原來指定的受益人已經喪失受益權，應該由何人遞補為受益人，保險法沒有明文規定。保險契約為私法契約，應該尊重當事人的意思，若保險契約有候補受益人的約定，應由該候補受益人遞補，若無候補受益人的約定者，應由要保人另行指定❼❹；若既無候補受益人，而要保人又不另行指定者，依保險法第 113 條：「死亡保險契約未指定受益人者，其保險金額作為被保險人之遺產」的規定，於保險事故發生時，應作為被保險人的遺產。

拾壹 保險人的保險給付義務、免責事由及立法檢討

一、保險給付的義務

保險給付指保險人因保險事故發生，保險人依照保險契約的約定，所為的「一定的行為」。所謂「一定的行為」，在人壽保險，就是給付保險金。其給付的目的，有的是為保障被保險人的晚年生活（生存保險），有的則是為保障被保險人遺屬的生活（死亡保險），至於保險給付的方式，都是依照約定，有時採一次給付，有時採年金給付。

二、免責事由

（一）基本認識

1. 保單價值準備金的權利人是要保人

在資本性的人壽保險，包括終身死亡保險及生存死亡兩合保險，其保單價值準備金的權利屬於要保人所有，因此要保人既可以以保單價值準備金為質向保險人借款❼❺，也可以解除契約，請求返還解約金❼❻，更還可以指定受益人 (to

---

❼❹　保險法第 110 條、第 111 條。

originally designate the beneficiary)**⑦** ，或更換受益人 (to subsequently change the beneficiary)**⑧**，凡此種種，都建立在要保人對於其所繳納保險費所形成的保單價值準備金具有實質上所有權 (ownership right) 的基礎上。

2.只有「資本性保險」才有返還保單價值準備金的義務

發生依法免負保險給付責任之事由時，保險人是否還必須負擔返還保單價值準備金的義務，首先須視保險契約的種類是否屬於「資本性保險」而定。

所謂「資本性保險」，是要保人以之為儲蓄的方法，以被保險人生存或死亡為保險事故，且保險人所負保險給付義務，依保險契約的約定，確定會發生者而言，終身死亡保險及生存死亡兩合保險都是。人壽保險除資本性保險以外，都不具有儲蓄的性質。具有儲蓄性質的資本性保險，由於保險事故必然有發生的一天，保險人預期其保險給付義務必然到來，乃從所收受的保險費中逐期提列，並累積龐大的保單價值準備金，此種保單價值準備金是為要保人而提列，因此在符合法律規定的條件時，有返還的義務。

在非資本性保險，保險人雖也累積責任準備金，但此一責任準備金是作為諸多被保險人中，有發生保險事故時，向受益人為給付之用，本旨上並非為要保人的儲蓄而累積之資金。

總之，保險期間，發生某一事故而保險人依法免負保險給付責任者，保險人是否應負返還保單價值準備金的義務，必須視保險契約的種類而定，若保險契約屬於「資本性保險」，包括：終身死亡保險及生存死亡兩合保險，將會發生保險人返還保單價值準備金的問題（若要保人任意終止契約，則發生保險人返還解約金問題）；至於「非資本性保險」，例如：生存保險或期間死亡保險，則不發生保險人返還保單價值準備金問題（若要保人任意終止保險契約，亦不發生保險人返還解約金問題）。

---

⑦ 保險法第 120 條。
⑧ 保險法第 119 條，又按解約金實質上是保單價值準備金扣除解除契約之程序性費用。
⑦ 保險法第 110 條。
⑧ 保險法第 111 條。

（二）免責事由（兼述保單價值準備金的返還）

「資本性保險」中，要保人須返還保單價值準備金的情形，列舉如下：

1.被保險人故意自殺

保險法第 109 條：「被保險人故意自殺者，保險人不負保險給付金額之責任。但應將保險之保單價值準備金返還於應得之人。」、「保險契約載有被保險人故意自殺，保險人仍應給付保險金額之條款者，其條款於訂約二年後始生效力。恢復停止效力之保險契約，其二年期限應自恢復停止效力之日起算。」，說明如下：

⑴須是「故意自殺」

保險人免責事由為被保險人「故意自殺」。保險法之所以將之列為免責事由，目的是不使保險制度淪為鼓勵自殺的誘因。所謂「故意自殺」是指被保險人故意行為導致死亡的行為，除了客觀上必須有行為的故意外，主觀上還必須有「行為結果將導致死亡」的認識，並決意為之[79]。既然「故意自殺」必須主觀上具有導致「死亡結果」的認識，因此故意自殺，應該專指被保險人在「精神狀態自由」的情形下，決意結束自己生命的行為。假若由於病理上腦神經障礙致無法自由決定意志狀況下，所發生的自我結束生命行為，例如：因精神幻覺，自認可以羽化登仙而從高樓躍下致死，此乃疾病保險範圍，仍非本條所謂的「故意自殺」，換句話說，此時保險人仍須負保險理賠責任[80]。又若高樓失足，墜地致死，則欠缺行為及結果的故意，屬於過失致死的意外險範圍，並非自殺，承保人壽保險的保險人也仍然有保險理賠的義務。

德國保險契約法就故意自殺的理賠的規範意旨有三：第一，自殺必須是精神認知正常下的行為；第二，自殺理賠條款只可以契定延長，不得約定縮短；第三，規定保險人的保單價值準備金返還義務。2008 年德國保險契約法第 161 條規定：「在終身人壽保險，被保險人於保險契約訂立後三年內故意自殺者，保險人不負保險給付的義務。上述規定於精神錯亂致無法自由決定其意思所為之行為，不適用之。前項第一句所規定之期間，得以約定延長之。保險人不負保險給付之義務時，仍應該依照第 169 條的規定給付保單價值準備金。」

---

[79] 臺灣高等法院 85 年保險上字第 18 號判決。

[80] 參照 1908VVG §169。

⑵自殺理賠條款

　　保險法第 109 條第 2 項之所以規定被保險人故意自殺，保險人不負保險給付責任，一方面固然是防止逆選擇，另一方面也防止因圖得保險給付而萌生短念，保險給付反而成為誘發自殺的動機。相反地，若訂約之時並無此一意圖，但為防止將來偶萌短念，而於保險契約中訂立「被保險人故意自殺，保險人仍應負保險給付義務」之條款，透過時空的區隔，避免發生逆選擇，稀釋引誘自殺的疑慮，同時提供偶發性自殺者之家屬以保障，仍然符合保險制度之宗旨。

　　又人壽保險的保險費到期未交付者，除契約另有訂定外，經催告到達後逾三十日仍不交付時，保險契約之效力停止[81]，停止效力的保險契約，於保險費及其他費用清償後，翌日上午零時，開始恢復其效力[82]，此即「保險契約的復效」。若復效的保險契約載有「被保險人故意自殺，保險人仍應給付保險金額」之條款，該條款的二年期限應自恢復停止效力之日重新起算[83]，立法宗旨在於預防被保險人於保險契約效力停止期間，萌生自殺短念，乃於繳清積欠的保險費及其他費用，使保險契約效力恢復後，毅然自殺，其結果不但造成被保險人的逆選擇，而且保險制度反成為遂行自殺行為之催化劑，這不是保險制度的宗旨。

2.被保險人因犯罪處死或拒捕或越獄致死

　　保險法第 109 條第 3 項：「被保險人因犯罪處死或拒捕或越獄致死者，保險人不負給付保險金額之責任。但保險費已付足二年以上者，保險人應將其保單價值準備金返還於應得之人。」，本條列舉保險人三個免責事由：被保險人因「犯罪處死」、「拒捕致死」及「越獄致死」。立法精神在於避免使保險制度成為獎賞犯罪、激勵拒捕或肇致越獄的誘因，因此規定被保險人因犯罪處死或拒捕或越獄致死者，保險人不負給付保險金額之責任，但「保險費已付足二年以上」者，保險人應將其保單價值準備金返還於應得之人[84]。所謂「應得之人」原則上為要保人，若被處死、拒捕或越獄致死之被保險人，剛好就具有要保人身分時，則應該返還不具被保險人身分的其他要保人，無其他要保人時，則應該解交國庫。

---

[81] 保險法第 116 條第 1 項。
[82] 保險法第 116 條第 3 項。
[83] 保險法第 109 條第 2 項。
[84] 保險法第 109 條第 3 項。

　　比較保險法關於「被保險人故意自殺」的規定與關於「被保險人因犯罪處死或拒捕或越獄致死」的規定，在「被保險人故意自殺」情形，不論保險費是否已經付足二年以上，保險人都應負返還保單價值準備金之責任；反之，在被保險人因「犯罪處死」、「拒捕致死」、「越獄致死」情形，則必須保險費已經付足二年以上，保險人始負返還保單價值準備金之責，二者關於保險人返還保單價值準備金的條件稍有差異，其差異的合理性有待斟酌，因為若認為保險費未付足二年以上者，由於保單價值準備金數額較小，不宜返還，則不應因為「故意自殺」或因「犯罪處死」、「拒捕致死」、「越獄致死」而不同；反之，若認為雖保險費未付足二年以上，但保單價值準備金仍應返還，亦不應因「故意自殺」或因「犯罪處死」「拒捕致死」「越獄致死」而有異。總之，除為防止道德危險，制裁不法所必要者外，就保單價值準備金之返還，是否以「繳足保險費二年」為必要，應採取一致性之立法，不宜差別規定，徒生困擾。

3.要保人故意不法行為致被保險人死亡

　　保險法第 121 條第 3 項：「要保人故意致被保險人於死者，保險人不負給付保險金額之責。保險費付足二年以上者，保險人應將其保單價值準備金給付與應得之人，無應得之人時，應解交國庫。」，下列數點說明：

⑴本條適用於要保人與被保險人為「不同之人」

　　本條只適用於要保人與被保險人分屬不同之人，若二者同為一人，即屬於被保險人故意自殺之範圍，應該優先適用保險法第 109 條關於被保險人自殺的規定。

⑵要保人故意致被保險人於死須「出於不法」

　　要保人致被保險人於死亡，須出於故意不法行為 (vorsatzlich durch eine widerrechtliche Handlung)，保險人始不負保險給付責任，若是出於要保人的「合法之故意行為」，例如：要保人是行刑手，依照法律規定執行被保險人死刑，則被保險人雖然因要保人的故意行為而死亡，保險人也不負保險給付的責任，但此時保險人不負責任原因是「被保險人因犯罪處死」，而非「要保人故意致被保險人於死」，1908 年德國保險契約法第 170 條第 1 項之規定相同。

⑶保單價值準備金的返還

　　保單價值準備金性質上為要保人所有，法條所謂「返還保單價值準備金」，自然是返還予要保人，意在言中，不待贅言。若要保人只有一人，且因要保人的故

意不法行為而致被保險人死亡者，則不可以將保單價值準備金返還予該要保人，而應該解交國庫，以防止道德危險，條文所謂「無應得之人時，應解交國庫」，其旨意就在此。但要保人若為數人，而因其中一人或數人的故意不法行為致被保險人於死時，保單價值準備金應返還予其他的要保人，也就是返還予「數要保人中，除故意不法致被保險人於死之要保人以外的其他要保人」。

又保單價值準備金是否「全數」返還予「其他應得之人（即其他要保人）」，法無明文規定，理論上，應該只返還該「其他要保人」依其負擔保險費比例計算應得的保單價值準備金為已足，不以返還全部保單價值準備金為必要，即「保單價值準備金除返還予其他應得之人」之部分外，其餘部分仍應解交國庫。若不如此，而將保單價值準備金全數返還予其他應得之人，並納入「其他應得之人之所有」，則「其他應得之人」可能獲得超出其所繳交保險費的不當利益；若「其他應得之人」將所得全部保單價值準備金之一部，又回頭轉交給「故意不法致被保險人死亡的要保人」，則該「故意不法致被保險人死亡的要保人」仍可迂迴獲得返還保單價值準備金的實際利益，此違背本條的立法宗旨。

4.受益人故意致被保險人於死

保險法第 121 條：「受益人故意致被保險人於死或雖未致死者，喪失其受益權。」、「前項情形，如因該受益人喪失受益權，而致無受益人受領保險金額時，其保險金額作為被保險人遺產。」受益人「故意致被保險人於死亡」，仍然是保險事故發生，保險人應為保險給付，因此不發生返還保單價值準備金的問題。只是為了避免道德風險，在立法政策上，應該剝奪該受益人的受益權。保險金應該給「其他受益人」，若無「其他受益人時」，其保險金額才作為被保險人的遺產。

受益人故意致被保險人於死亡，與要保人故意致被保險人於死亡不同，保險法第 121 條第 3 項關於要保人故意致被保險人死亡與第 2 項關於受益人故意致被保險人死亡，其法律效果之所以有如此差異，是因為保險實務上，要保人常常是一個人，受益人往往是多數人或有備位受益人，因此當數個受益人中之一人或前順位受益人故意促使事故發生時，其他受益人仍然存在，受益權也不受影響，因此保險法規定，如因該受益人喪失受益權，而致無受益人受領保險金額時，保險人應該將保險金額給付予「其他受益人」，只在沒有其他受益人時，保險金額才作為被保險人的遺產；但是在要保人故意促使保險事故發生的情形，常常要保人就

是保單價值準備金唯一的返還對象，但是為了避免道德風險，又不宜將保單價值準備金返還給該要保人，此時就發生無人受領保單價值準備金的情況，為了解決此一問題，保險法規定「應該解交國庫」。

就要保人或受益人殺害被保險人的情形，2008 年德國保險契約法第 162 條規定：「以要保人以外之人為被保險人，如要保人故意以非法方法殺害被保險人者，保險人不負保險給付的義務。」、「第三人被指定為受益人，而該受益人故意不法殺害被保險人者，視為未被指定為受益人。」德國保險契約法第 162 條第 1 項的規定目的在防止道德風險，第 2 項規定，若原來受益人有數人，或有候補受益人，自然應該由其他受益人或候補受益人受領保險給付，若沒有其他受益人或候補受益人，就等同沒有指定受益人，在我國，依照保險法第 113 條，死亡保險未指定受益人者，其保險金額作為被保險人之遺產，其法律效果正與保險法第 121 條第 2 項規定相同。

5.保險人終止保險契約

保險法第 116 條第 1 項規定：「人壽保險之保險費到期未交付者，除契約另有訂定外，經催告到達後逾三十日，仍不交付時，保險契約之效力停止」、第 4 項：「保險人於第 1 項所規定之期限屆滿後，有終止契約之權」，第 117 條第 3 項：「保險契約終止時，保險費已付足二年以上者，保險人應返還其保單價值準備金。」。此與 1908 年德國保險契約法之相似，其規定保險費繳足三年以上[85]，保險契約依法終止時，保險人應返還責任準備金 (Pramien reserve)[86]，但責任準備金之計算只及於至終止當期保險費所形成的責任準備金，且得扣除「合理之扣減額」[87]。

三、立法檢討

保險法規定保險人應返還保單價值準備金之情形包括：被保險人故意自殺[88]；被保險人因犯罪處死或拒捕或越獄致死，保險費已付足二年以上[89]；保險人終止保險契約，保險費付足二年以上[90]；要保人故意致被保險人於死，保險費付足二

---

[85] 1908VVG §173.

[86] 1908VVG §176(1).

[87] 1908VVG §176(3)(4).

[88] 保險法第 109 條第 1 項。

[89] 保險法第 109 條第 3 項。

年以上❾，計四種情形。但是保險人應返還保單價值準備金之情形是否應只止於此，有檢討餘地，例如：

　　1.保險契約因其他原因而終止（即除欠繳保險費以外之原因而終止）、撤銷或無效時，若要保人已繳付保險費二年以上時，保險人應否返還保單價值準備金？

　　2.要保人已付足保險費二年以上，保險事故發生後，但保險人依法不負保險給付義務時（例如：因可歸責於要保人事由，致保險人不負保險給付義務），保險人究竟應否返還保單價值準備金？

　　以上情形，依 1908 年德國保險契約法之規定，保險人均應負返還保單價值準備金的義務，但要保人故意不法致被保險人於死者，不在此限❾，可資參考。

拾貳 保險事故發生的通知

　　依保險法第 58 條規定：「要保人、被保險人或受益人，遇有保險人應負保險責任之事故發生，除本法另有規定，或契約另有訂定外，應於知悉後五日內通知保險人。」，人壽保險之通知義務人為「要保人、被保險人或受益人」，若要保人、被保險人或受益人為不同之人時，解釋上只要其中一人通知為已足，不以三者都通知為必要。依照 1908 年德國保險契約法規定，原則上固應由要保人 (der Versicherungsnehmer) 為之，但若「要保人」與「受益人」為不同之人時，則受益人應負保險事故發生的通知義務❾。所謂「保險事故」，理論上包括生存保險的「生存」、死亡保險的「死亡」、生存死亡兩合保險的「生存」及「死亡」，凡保險契約依其種類的保險事故發生時，都應將保險事故發生的事實通知保險人。

　　但是立法例上，1908 年德國保險契約法規定，只有在以「死亡」為保險事故時，要保人或受益人才負有保險事故發生的通知義務，若以「生存」為保險事故，則不負保險事故發生的通知義務，主要原因在於以「死亡」為保險事故時，保險人不但必須查明是否有「死亡」的事實，而且還必須查明「是否有免責事由」（例如：要保人故意不法致被保險人於死）；但若是以「生存」為保險事故，則生存為

---

　　❾　保險法第 117 條第 3 項。
　　❾　保險法第 121 條第 3 項。
　　❾　1908VVG §176(1)(2).
　　❾　1908VVG §171(2).

客觀存在的事實，不會發生此一問題。又保險事故發生通知義務的期限，原則上須於「知悉後五日內」為之，但 1908 年德國保險契約法規定，保險事故發生的通知義務須於死亡保險事故發生後「三日內以書面」為之❹。保險事故之通知期間不是從通知義務人「知悉保險事故發生時」起算，而是從「保險事故發生時 (nach dem Eintritt des Versicherungsfalls)」起算，未盡合理。

拾參　繳清保險

繳清保險 (paid up insurance)，指要保人於繳交保險費達一定期間後，以保險費所形成的保單價值準備金扣除營業費用等之餘額，作為一次繳交的保險費，投保保險條件相同、保險種類相同的保險。

一、繳清保險的規定或約定

繳清保險有由於當事人約定者，也有由於法律規定者。由於當事人約定者，指保險契約當事人得約定要保人於繳交保險費達若干年後，得以保單價值準備金扣除營業費用等後之餘額為保險費，改為繳清保險，投保條件相同、種類相同、但保險金額較低的保險。由於法律規定者，指法律為了保護要保人及受益人，規定（保險人）只可改為繳清保險，不得終止保險契約的情況，保險法第 117 條第 2 項：「以被保險人終身為期，不附生存條件之死亡保險契約，或契約訂定於若干年後給付保險金額或年金者，如保險費已付足二年以上而有不交付時，於前條第五項所定之期限屆滿後，保險人僅得減少保險金額或年金。」，是為：

（一）保障被保險人遺屬生活

以被保險人終身為期，不附生存條件之死亡保險契約，在被保險人死亡時，保險人必須給付一筆保險金給受益人，目的就是保障被保險人死亡後其家屬（受益人）的生活，此種保險的目的既是照顧被保險人的遺屬，即使要保人欠繳保險費，也不宜賦予保險人終止保險契約的權利，只能以已經形成的保單價值準備金，一次付清，降低保險金額，提供較小保障而已。

---

❹　1908VVG §171(1).

（二）保障被保險人晚年生活

　　契約訂定於若干年後給付保險金額或年金的保險契約，投保的目的在保障被保險人的晚年生活，因為「契約訂定若干年後」，被保險人可能達到一定年齡而退休或失去工作能力，經濟收入降低，為因應生活需求乃投保保險，利用保險人給付的「保險金或年金」，補充退休金或儲蓄之不足。為貫徹要保人投保初衷，即使要保人欠繳保險費，亦不宜賦予保險人以終止保險契約的權利，只能以繳清保險，降低保險金額，提供較小金額的保障。

　　依 1908 年德國保險契約法規定，要保人在保險費已繳足三年以上者，得「任意請求改為繳清保險」 (die Umwandlung der Versicherung in eine pramienfreie Versicherung)，且自請求改為繳清保險時，該期保險費自保險階段期間之末日生效（按：例如十年期之生存死亡兩合保險，每年給付一次之保險費，若於第三年 6 月時，改為繳清保險，則因為保險階段期間，為第三年的 12 月末，因此繳清保險自第三年的 12 月 31 日生效）❾❺。此外，1908 年德國保險契約法也規定，「依法變為繳清保險」者——即在要保人怠於給付保險費❾❻，保險人依法終止保險契約變為繳清保險時——應以保單價值準備金扣除營業費用等之餘額，以之作為保險費❾❼，投保條件相同、種類相同、保險金額不同的保險，其法律之適用，基本上與要保人任意更改為繳清保險相同❾❽。須注意者，**繳清保險，限於保險費以逐期繳交者為限**。

二、繳清保險的保險金額

　　保險法第 118 條：「保險人依前條規定，或因要保人請求，得減少保險金額或年金。其條件及可減少之數額，應載明於保險契約。」、「減少保險金額或年金，應以訂原約時之條件，訂立同類保險契約為計算標準。其減少後之金額，不得少於原契約終止時已有之保單價值準備金，減去營業費用，而以之作為保險費一次交付所能得之金額。」、「營業費用以原保險金額百分之一為限。」，分點說明如下：

❾❺　1908VVG §174(1).
❾❻　1908VVG §175.
❾❼　1908VVG §39.
❾❽　1908VVG §175(1).

（一）法條解釋

保險單上應載明減少保險金額或年金之條件及數額，以應將來要保人請求或依法轉換為繳清保險時，以要保人已經繳納的保險費所形成的保單價值準備金扣除營業費後的餘額，作為保險費，以該保險費一次交付投保與保險契約所載相同條件、種類的保險可得的保險金額。為防止保險人將營業費用任意擴大，致使保單價值準備金扣除營業費用的餘額不合理減少，而不利於要保人一方，保險法將營業費用規定為「以原保險金額百分之一為限」[99]。

（二）立法檢討

1.適用條件及保險金額之標準

繳清保險所適用之條件及保險金額應該改以「指定時（任意繳清保險）」或「原保險契約終止時（法定繳清保險）」為準，不應如同現行法以「原契約訂立時」為準。按繳清保險的本質乃是以要保人在保險人已經形成的保單價值準備金扣除營業費用等之餘額，作為一筆保險費，在轉換為繳清保險時，以一次繳交保險費的方式，投保保險條件相同、保險種類相同但保險金額不同的保險。若以轉換時之「保單價值準備金扣除營業費用」作為保險費，一次投保「訂立原契約」時的保險，則由於「轉換時」與「訂立原契約時」的時間差距，有可能相距數年[100]，對雙方當事人都難期公允。因此**立法上，繳清保險之條件及保險金額，應該改以「指定時（任意繳清保險）」或「原保險契約終止時（法定繳清保險）」為準，不應以「原契約訂立時」為準**。1908 年德國保險契約法，在要保人任意請求改為繳清保險時以「指定時 (mit dem bezeichenten Zeitpunkt)」的條件及保險金額為準；在保險人依保險契約法第 39 條之規定終止保險契約，但由於要保人已繳交保險費達三年以上，依法必須轉換為繳清保險的情形[101]，則以「原保險契約終止時 (mit der kundigung)」的條件及保險金額為準[102]，可資參考。

---

[99] 保險法第 118 條第 3 項。

[100] 以德國保險契約法為例，至少三年，參照 1908VVG §173。

[101] 即法定繳清保險，參照 1908VVG §175(1)。

[102] 1908VVG §175(1).

2.保單價值準備金扣除營業費用等規定的修正

保險法規定，繳清保險之保險金額，「不得少於原契約終止時已有之保單價值準備金，減去營業費用，而以之作為保險費一次交付所能得之金額」，「營業費用以原保險金額百分之一為限」，關於此一規定，有數點評述如下：

⑴營業費用上限之規定不合理

營業費用固然應該扣除，但其金錢上限訂為「保險金額之百分之一」，則可能太高。因為人壽保險的保險金額通常甚大，少則數萬或數十萬，多則數百萬或數千萬，保險金額小者，其營業費用上限定為「百分之一」，尚稱合理；但保險金額大者，其營業費用上限若也定為「百分之一」則不免失之太高。保險法的規定無視實際營業費用的多寡，而一律以「保險金額之百分之一」為上限，此一規定形式上雖然是保護要保人或被保險人，但實質上卻是有利於保險人一方。1908 年德國保險契約法只規定保險人可自責任準備金中扣除 「合理扣減額 （a reasonable deduction ; eine angemessene Abzug)」，何謂「合理扣減額」，法無明文規定，但若「扣減額」是經主管機關核准且載明於保險契約者，則視為合理。

⑵得扣除者不應以營業費用為限

保險人在計算繳清保險的保險費時，依我國保險法規定只以保單價值準備金扣除營業費用為限，但 1908 年德國保險契約法則規定，得扣除「遲延給付之保險費及其利息 (Pramienruckstande, arrears of premiums)」及「合理扣減額」❿，堪為參考。

三、符合繳清保險條件，而於保險費催告期間屆滿後發生保險事故的法律效果

人壽保險之保險費到期未交付者，除契約另有規定外，經催告到達逾三十日仍不交付時，保險契約的效力停止，在停止期間發生保險事故，保險人當然不負保險給付之義務。但是要保人雖然怠於繳納保險費，保險法規定必須轉換為繳清保險者，例如：依保險法第 117 條第 4 項規定：「以被保險人終身為期，不附生存條件之死亡保險契約，或契約訂定於若干年後給付保險金額或年金者，如保險費已付足二年以上而有不交付時，保險人僅得減少保險金額或年金。」，依此規定，

❿ 1908VVG §174(3)(4).

第 4 項所列的保險契約,即使要保人遲延給付保險費,保險人進行催告,在催告到達三十日後仍未繳納,保險契約效力並未停止,只是轉為繳清保險而已,其間若發生保險事故,保險人仍應依繳清保險金額之計算方式,計算其應給付之保險金額,並為給付[104]。

1908 年德國保險契約法規定,於人壽保險契約,保險費到期未交付,除契約另有訂定外,經催告到達後三十日仍不交付者,保險契約之效力停止,但若符合法定繳清保險情形,基於法律特別規定,保險契約效力並不停止,而是轉換為繳清保險。保險人催告繳付保險費時並應向要保人告知原保險契約將轉換為「繳清保險」之事實[105]。

拾肆 當事人破產或被保險人破產

當事人破產,分保險人破產與要保人破產。保險法第 123 條規定:「保險人破產時,受益人對於保險人得請求之保險金額之債權,以其保單價值準備金按訂約時之保險費率比例計算之。要保人破產時,保險契約訂有受益人者,仍為受益人之利益而存在。」、「投資型保險契約之投資資產,非各該投資型保險之受益人不得主張,亦不得請求扣押或行使其他權利。」。被保險人不是保險契約的當事人,只是利害關係人,被保險人若破產,要保人是否應該將保險單納入破產財團?都應澄清。說明如下:

一、保險人破產

(一)受益人得請求之保險金額之債權

保險人破產時,受益人得請求的保險金額之債權,並非保險金額之全部,而是「以其保險保單價值準備金按訂約時之保險費率比例計算」之數額。舉例說明,保險期間十年,保險金額 100,000 元,每年保險費 7,000 元,假設第五年保險人破產,保單價值準備金提撥率為保險費之百分之八十。則以下表計算要保人得請求之保險金額:

---

[104] 參照 1908VVG §§175(2), 39。
[105] 1908 年德國保險契約法第 175 條第 3 項。

1. 保險期間十年

   保險金額 100,000 元 ·· 契約約定之內容

   每年保險費 7,000 元

2. 保險費率 $\dfrac{7,000 \times 10}{100,000} = 70\%$ ·································· 保險費率

3. 第五年發生保險事故 $7,000 \times 5 = 35,000$ ··············· 五年所繳交保險費總額

   $35,000 \times 80\% = 28,000$ ········· 保險人破產時，已經累積的保單價值準備金

   $28,000 \times \dfrac{100}{70} = 40,000$ ·································· 保險人應返還之保險金額

（二）保單價值準備金的優先受償權

保險法第 124 條：「人壽保險之要保人、被保險人、受益人，對於被保險人之保單價值準備金，有優先受償之權。」，關於本條規定有數點說明：

1. 請求權主體

條文雖然規定請求權主體為「要保人」、「被保險人」、「受益人」，但實際上得請求之人可能是要保人（例如：保單價值準備金返還的情形）[106]，可能是被保險人的繼承人（例如：在死亡保險契約未定受益人的情形，其保險金額作為被保險人遺產）[107]，也可能是受益人（例如：保險金額，但須保險事故已經發生），三個不同情況，僅居其一而已，不會同時發生。

2. 請求權的內容

在保險事故發生前，若符合法定條件[108]，要保人得請求「返還保單價值準備金」，請求權主體是要保人；在保險事故發生後，受益人得請求者為「保險金額」，請求權主體是受益人；死亡保險契約未指定受益人者，其保險金額作為被保險人之遺產，因此被保險人的繼承人得請求者也是「保險金額」，只是後者情形，繼承人取得者，必須課徵遺產稅而已。惟在保險事故發生前，不論請求權人為受益人或是被保險人的繼承人，其所得請求之金額並非契約所訂保險金額的全數，而是依前述「以其保險保單價值準備金按訂約時之保險費率比例計算之」數額。因此

[106] 保險法第 82 條第 1 項及第 3 項、第 116 條第 7 項、第 121 條第 3 項。

[107] 保險法第 113 條。

[108] 保險法第 109 條第 1 項、第 3 項、第 116 條第 7 項、第 121 條第 3 項。

保險法第 124 條「保單價值準備金」一詞似嫌不足，應擴大為「以其保險保單價值準備金按訂約時之保險費率比例計算應給付之金額」為是；又保險人提列的保單價值準備金並不是為「被保險人」而提存，而是為「要保人」（保險事故發生前）或「受益人」（為保險事故發生後的保險金）而提存。據上所述，保險法第 124 條：「人壽保險之要保人、被保險人、受益人，對於保險人為被保險人所提存之保單價值準備金，有優先受償之權」，宜修正為「人壽保險之要保人就保險人所提存之保單價值準備金、受益人或被保險人之繼承人就保險人依前條第 1 項計算應給付之金額，有優先受償之權」為是。

3. 安定基金

　　為了維護投保大眾的權益，保險法規定應該設立安定基金，保險法第 143 條之 1 規定：「為保障被保險人之基本權益，並維護金融之安定，財產保險業及人身保險業應分別提撥資金，設置財團法人安定基金。」、「財團法人安定基金之組織及管理等事項之辦法，由主管機關定之。」目前我國設立有「財團法人保險安定基金」，由財團法人財產保險安定基金及財團法人人身保險安定基金合併設立。並制定財團法人保險安定基金組織及管理辦法❿，以為管理的依據。安定基金辦理之事項如下⓫：

一、對經營困難保險業之貸款。

二、保險業因與經營不善同業進行合併或承受其契約，致遭受損失時，安定基金得予以低利貸款或墊支，並就其墊支金額取得對經營不善保險業之求償權。

三、保險業依第 149 條第 3 項規定被接管、勒令停業清理或命令解散，或經接管人依第 149 條之 2 第 2 項第 4 款規定向法院聲請重整時，安定基金於必要時應代該保險業墊付要保人、被保險人及受益人依有效契約所得為之請求，並就其墊付金額取得並行使該要保人、被保險人及受益人對該保險業之請求權。

四、保險業依本法規定進行重整時，為保障被保險人權益，協助重整程序之迅

---

❿ 財團法人保險安定基金管理辦法，財政部 90 年 12 月 20 日台財保字第 0900751425 號令訂定發布，108 年 9 月 19 日修正。

⓫ 保險法第 143 條之 3。

速進行，要保人、被保險人及受益人除提出書面反對意見者外，視為同意安定基金代理其出席關係人會議及行使重整相關權利。安定基金執行代理行為之程序及其他應遵行事項，由安定基金訂定，報請主管機關備查。

五、受主管機關委託擔任監管人、接管人、清理人或清算人職務。

六、經主管機關核可承接不具清償能力保險公司之保險契約。

七、財產保險業及人身保險業安定基金提撥之相關事宜。

八、受主管機關指定處理保險業依本法規定彙報之財務、業務及經營風險相關資訊。但不得逾越主管機關指定之範圍。

九、其他為安定保險市場或保障被保險人之權益，經主管機關核定之事項。

二、要保人破產

要保人破產時，保險契約定有受益人者，仍為受益人之利益而存在[111]。所謂「為受益人之利益而存在」之內容究為如何，保險法並無規定。依 1908 年德國保險契約法規定，若要保人對保險人的請求權被查封、或成為強制執行的標的、或針對要保人的財產進行破產程序時，保險單的指名受益人，經要保人的同意，得取代要保人在保險契約中的地位，成為契約的要保人。指名受益人進入契約關係成為要保人者，應破產債權人的請求，應向破產財團，提供「相當於保險契約終止時，要保人得向保險人請求之數額」的給付[112]，我國保險法關於要保人的規定，應該同此解釋，以兼顧各方之利益。

又若要保人破產，但保險契約未指定受益人時，保險法關於「要保人破產時，保險契約有受益人者，仍為受益人之利益而存在」之規定，即無適用餘地，此時應如何處理，我國保險法並未規定，依 1908 年德國保險契約法，未指定受益人或未以姓名指定受益人者，要保人之配偶或子女有相同的權利，也就是配偶或子女有與指定姓名受益人相同的權利[113]。

要保人破產時，保險契約為受益人而存在，但受益人如何主張其欲承受保險契約之利益，法無明文規定，1908 年德國保險契約法規定，受益人（按：在有指

[111] 保險法第 123 條第 1 項後段。
[112] 1908VVG §177(1).
[113] 1908VVG §177(1).

定姓名受益人時）或要保人之配偶、子女（按：在未指定受益人或雖指定受益人但未指定姓名時）必須於知悉查封或提起破產程序之時起一個月內通知保險人❶❹。

三、被保險人破產

在實務上，債權人會以自己為要保人，以債務人為被保險人，投保人壽保險，指定債權人自己為受益人，且以被保險人（債務人）為候補受益人，債權人的債務若已經獲得完全清償，則候補受益人於保險事故發生時，可以向保險人請求保險金。此種情況，若被保險人破產，要保人有沒有將保險單交給破產財團（被保險人的破產財產）供被保險人的債權人分配的義務？保險法沒有規定。2008 年德國保險契約法第 46 條規定：「要保人沒有將保險單交付給被保險人的義務。在被保險人的財產已經進入破產程序的情形，要保人也沒有將保險單交付給破產財團的義務，除非其對被保險人的債權（請求權）已經獲得滿足。要保人（受益人）得向保險人請求保險理賠，且就所收取之保險理賠，優先於被保險人（候補受益人）及被保險人（候補受益人）的債權人而受償。」，明顯採取否定見解。本條規定，是債權人以自己為要保人且為受益人，以債務人為被保險人，且為候補受益人的情形。債權人投保保險的目的在保障其債權獲得清償的滿足。

拾伍 集體保險

一、集體保險的意義

集體保險，是指保險人與要保人訂立一個保險契約 (a single insurance)，**以多數人為被保險人，並指定被保險人個人為受益人的保險。**集體保險多見於對同一僱用人所僱用的多數受僱人、或對同屬於一個團體的多數成員提供保險的保障。在美國，目前廣泛用於出借人（銀行）與借貸人團體 (creditor–debtor group)、勞工聯盟團體 (labor union groups)、工廠職工團體 (industrial group)、商人團體 (trade group)、專業人員組織 (professional associations) 等。

集體保險的保險種類主要有人壽保險、健康保險及傷害保險，由於集體保險可以減低保險人經營成本，因此成長十分迅速。

---

❶❹　1908VVG §177(2).

二、集體保險的法律結構

集體保險，以保險人與要保人為契約當事人。要保人，是指雇主或團體；被保險人則為受僱人或團體轄下的成員，但雇主本身也可以為被保險人。

集體保險契約只有一個契約，但被保險人卻有多數人，且凡屬於要保人（雇主或團體）轄下的成員，保險人都有接納其為被保險人的義務，不得拒絕，但保險人與要保人得約定願意加入為集體保險之被保險人者，以在到職後一定期間內納入者為限，逾期保險人得拒絕或須符合一定條件（例如：體檢合格）始可參加為被保險人，契約更新時，亦同。集體保險的保險費採「浮動定額制」，即每增加一位被保險人，保險費即固定增加一定金額，保險費的總額採浮動制，但每增加一位被保險人，其所增加的保險費卻是採固定制，呈現的狀況是：要保人（雇主或團體）所給付給保險人的保險費，乃隨被保險人人數的增減而上下浮動。

被保險人與其所屬的雇主或團體間就投保集體保險義務言，基於委任契約或其他契約關係，必須視實際狀況而定。無論如何，適用保險法第 105 條第 1 項規定的結果，若團體保險涉及以「死亡」為保險事故，其保險契約的訂立及保險金額，都必須經受僱人或其所屬成員的書面同意才有效力。但是團體保險的被保險人，不論為受僱人或是團體的成員都人數眾多，若必須逐一徵得其同意，將十分耗時費日，不利於團體保險契約的訂定。考量團體保險沒有道德危險，為了減少訂約成本，保險法第 105 條第 1 項對於團體保險，應不適用，2008 年德國保險契約法已有明文規定。

三、集體保險的種類

集體保險以集體的成員（即被保險人）是否與其所屬團體或雇主分擔保險費為區分標準，可以分為「分擔保險費的集體保險 (a contributory group plan)」與「不分擔保險費的集體保險 (a non-contributory group plan)」。分擔保險費的集體保險，內部關係是：集體的成員（即被保險人）與其所屬的雇主或團體（即集體保險契約之要保人）各自分擔一部分的保險費，此時該成員（即被保險人）也稱為認購人 (subscriber)，必須依約分擔部分保險費，其餘保險費則由該成員所屬之雇主或團體（即集體保險之要保人）負擔，但外部關係則是：由雇主或團體負繳交

全部保險費之責；不分擔保險費的集體保險，指保險費全數由雇主或成員所屬之團體負擔，成員（即被保險人）在內部關係上不負任何分擔保險費的責任。

四、集體保險契約正本與節本

保險人與要保人（雇主或團體）的保險契約稱為正本保險契約 (master contract)，詳細記載保險契約內容。若成員（被保險人）參與分擔保險費，保險人應將保險契約內容，以淺顯文字摘述，分交各該成員（被保險人），稱為節本。

五、集體保險逆選擇的預防

在集體保險，保險人的相對人為雇主或團體（即要保人），而非受僱人或團體的成員，保險人對於該受僱人或團體的成員（被保險人）並不個別核保，其結果經常發生受僱人或團體所轄的成員中，保險事故發生機率較大的成員踴躍參加集體保險，以期獲得保險保障，而保險事故發生機率較小的其他成員並不迫切依賴保險的保障，因此不願參加集體保險，導致發生逆選擇 (adverse selection)，對保險人十分不利。例如：某公司投保集體保險，該公司有一千位員工，但只有年齡較大、身體欠佳的三百五十位員工參加集體保險，其結果，保險人只收取該公司以三百五十位員工計的保險費，而該保險費是以健康情形有好有壞的常態分配精算的，但實際上該三百五十位參與保險的員工皆為發生保險事故機率較大者，保險人給付保險金的機率增加，集體保險的被保險人處於選擇投保或不投保的地位，發生保險學上的逆選擇。又如：在尚未實行全民健保的國家，由於營利性醫療保險過分昂貴，有些員工兼職的目的，以賺錢為次要的，參加集體保險獲得醫療保障，才是主要的，因為這些兼職員工，普遍身體健康狀況不佳，致發生被保險人逆選擇。為防止集體保險的逆選擇，保險人必須對集體保險的條件詳加規定，其主要方法有三：

（一）須有受僱人或團體所轄成員達一定比例以上為被保險人

投保集體保險的團體，其成員若有「一定比例」以上為被保險人，其中即使有部分年老力衰、體弱多病者，也必然有相當部分年富力強、身體健壯者，保險人因逆選擇而發生的不利益，可望減少。保險人所訂之「一定比例」愈高，逆選

擇的機會愈小，保險費可以降低；反之，保險人所訂之「一定比例」愈低，逆選擇的機會愈大，保險費必然提高。集體保險契約得約定要保人所轄為被保險人之員工須占全體員工之一定比例，低於契約所訂之比例者，保險契約的效力終止。

（二）禁止兼職人員為被保險人

為防止以兼職之名行參加集體保險之實所產生的逆選擇，保險人得以保險契約約定被保險人限於團體成員中的「專職員工」。

（三）限制團體成員申請參加集體保險的期限

團體的成員，若隨時可以參加該團體的集體保險，則可能發生團體的成員平時（健康時）不參加保險，但一旦發現健康不佳，又急忙參加集體保險，發生逆選擇現象。因此保險人多限制團體成員「申請參加集體保險的期限」，例如：限於到職後三十天內申請或限定必須於原集體保險期間屆滿前申請契約更新，逾此期間，才申請參加集體保險或契約更新者，必須另以個案核保方式，經通知成員（被保險人）到保險人所指定的醫院檢查，並經保險人同意承保後，保險契約始生效力。

六、集體保險管理人的法律地位及法律責任

（一）法律地位

僱用人（雇主）或團體中負責辦理集體保險之人稱為「管理人(administrator)」。管理人就申報受僱人或團體所轄成員為被保險人的法律關係言，美國法院有不同見解。有主張管理人是「被保險人（受僱人或團體成員）的代理人」者，也有主張管理人是「保險人的代理人」者，以前者為多數說。

在 Home life Insurance Company v. Chandler 一案[115]，保險人與公司間訂有集體保險契約，承保範圍包括公司的受僱人發生住院、醫療、死亡或其他意外事故。依該保險契約正本 (master contract) 的約定，公司受僱人若要參加團體保險，必須於到職後三十一天內申請保險，其已投保險者，必須於該保險的保險期間屆滿前申請更新，集體保險契約才能對其生效或繼續生效。若申請人或被保險人逾期申

---

[115] Supreme court of Mississippi, 402 So.2d 356 (1981).

請，必須以自己的費用提出證明其有適保性 (insurability)，並經保險人承諾後，保險契約始對其生效或繼續有效 。 原告之夫 Clyde C. Chandler 是 Olen Burrage Trucking 公司僱用的卡車司機，於 1978 年 6 月 23 日死亡，受益人（即原告）請求保險人給付保險金，但為保險人所拒絕，保險人所持的拒絕理由是原告之夫到職之後超過三十一日才申請參加保險，不當然在集體保險被保險人的範圍，依約定必須以自己的費用提出證明，證實其有適保性，並經保險人同意承保，才為保險契約所承保 。 但本案中發生一件插曲 ， 即要保人 Olen Burrage Trucking 僱用 Mrs. Durant 負責辦理集體保險事宜 （管理人），Mrs. Durant 誤解正本契約所訂約款的意義，向原告之夫說明保險契約將於收受參與保險的申請書三十一天後生效。

　　法院在審理本案時，認為本案的爭點是在集體保險情形下，負責承辦保險的管理人，例如：本案之 Mrs. Durant，究竟為保險人的代理人？或是為被保險人的代理人？若為保險人的代理人，究竟有無權利更改保險契約的內容，例如：本案約定受僱人須於到職後三十一天內提出申請，始為集體保險所保護。關於此點，美國有少數法院認為雇主（管理人是雇主的使用人）是以保險人的代理人身分辦理保險❶⑥(the employer in doing the insurer's work is acting as the insurer's agent)，但多數法院則認為雇主（或管理人）並非以保險人的代理人身分辦理保險，而是為受僱人或為自己的身分（按：當雇主同時是被保險人時）辦理保險 (employers act not as agents of the insurer but for their employee or for themselves)，也就是「被保險人的代理人」。承辦該案的密西西比州最高法院認為管理人是受僱人（被保險人）的代理人，判決保險人勝訴。該法院亦認定管理人無權代理保險人變更保險契約條款的內容。

（二）管理人的法律責任

　　集體保險管理人負責多數被保險人投保退保事宜，人多事雜，不免發生錯誤，以美國實務見解為準，分析其情況及法律效果如下：

1.管理人怠於通知保險人辦理保險或契約更新的情形

　　在管理人怠於通知保險人辦理保險或怠於契約更新，且未繳交保險費的情況，

❶⑥ 這裡所謂辦理保險，不是訂立保險契約，而是將受僱人或團體所轄成員的申請通知保險人，納入團體保險被保險人的範圍內。

發生保險事故時，若依照「管理人為被保險人的代理人」理論，保險人可以不負保險給付的責任，但受僱人（被保險人）得以管理人違背侵權行為為理由，向「雇主、團體及其管理人」提起訴訟，請求損害賠償。反之，若依照「管理人為保險人的代理人」理論，保險人對受僱人或團體所轄成員有為保險給付的義務，保險人於為保險給付之後，就其發生的損失可依債務不履行或侵權行為向管理人請求損害賠償，也就是受僱人或團體所轄成員（被保險人）先訴請保險人給付保險金，保險人於理賠之後，再基於管理人違背委任契約或侵權行為為理由，請求管理人損害賠償。美國實務多採管理人為「被保險人的代理人」說。

2.因管理人的過失，將已離職之人繼續辦理投保並繳交保險費

在因管理人的過失，將已經離職之人繼續辦理投保並繳交保險費的情形，若依照「管理人為被保險人的代理人」理論，原來的成員既然已經喪失被保險人的適格，保險人就不負保險給付的責任，但保險人就收取的保險費應該負不當得利的返還責任，又若有扣款繳付保險費的情形，管理人也應向受僱人或團體成員（被保險人）負侵權行為損害賠償的責任；若依照「管理人為保險人的代理人」理論，原來的受僱人或團體成員既然已經喪失被保險的適格，保險人依然不負保險給付的責任，但保險人就已經收取的保險費，必須對原來的受僱人或團體所轄成員負不當得利返還義務，原來受僱人或團體所轄成員也可以以侵權行為為理由，請求保險人與管理人連帶負損害賠償的責任。保險人於理賠之後，可以基於債務不履行損害賠償請求權或侵權行為損害賠償請求權對管理人進行內部求償。美國實務多採「管理人為被保險人的代理人」說。

3.管理人法律責任

雇主或團體轄下的成員，在受僱或成為成員的前後，關於雇主或團體應將其納入為集體保險被保險人一點，必然有口頭或書面契約的約定，甚至有法律的規定，若雇主或團體怠於將之納入為被保險人致該成員遭受不能享有保險給付的不利益者，可以債務不履行或侵權行為請求其雇主或團體負損害賠償責任。該成員也可以侵權行為為理由直接訴請有故意或過失的管理人損害賠償。若成員以債務不履行或侵權行為為理由向其所屬雇主或團體請求損害賠償，該雇主或團體於向該成員履行賠償責任後，可以對其所僱用或委任的管理人進行內部求償權。

七、集體保險契約內容的變更

保險契約內容的變更是集體保險最困難問題之一，特別是保險範圍縮小致不利於被保險人時，極容易產生爭議。

集體保險的詳細內容見於正本保險契約，而持有正本全文者只有保險人與管理人。被保險人所持有者只是以簡單文字敘述的節本而已，節本不可能將保險契約中何者不可變更，何者可以變更，逐一臚列，集體保險內容的變更所面臨的第一個問題就是保險人有無將變更內容逐一通知被保險人的義務，第二個問題就是集體保險內容已變更是否必須獲得各個被保險人同意。關於以上二個問題，鑑於變更保險契約內容，若須獲得同一正本契約轄下全體被保險人之同意，由於人數眾多，意見紛雜，事實上無法獲得被保險人的一致同意，因此**法院的見解是集體保險內容的變更無須獲得各個被保險人的同意，但須將變更後的內容通知各個被保險人，其怠於通知者，關於保險人的義務仍以變更前已存在之保險契約內容為準。**

八、集體保險契約的終止

集體保險的終止分為兩種：一種是集體保險契約對個別受僱人或團體成員的終止，但集體保險契約仍然存在；另外一種是集體保險契約的完全終止。集體保險契約對個別受僱人或團體成員終止的情況主要是：⑴被保險人欠缺被保險資格，例如：受僱人因僱用契約終止而離職⑵被保險人已退出訂有保險契約之團體等。集體保險契約的完全終止是指：保險人與被保險人所屬的團體終止集體保險契約。

集體保險契約的終止，保險人是否必須通知被保險人？美國一般的觀點是：如果集體保險契約完全終止 (a group insurance plan terminates)，應通知各個被保險人；如果只是對個別受僱人或團體成員終止，例如：被保險人喪失被保險人的適格，則只要通知該被保險人就可以。

九、員工、學生等之集體保險

公司以其員工為年金計劃的被保險人投保死亡保險,是否需要被保險人同意?學校以其學生為被保險人投保平安保險,是否必須經過學生或學生家長（法定代理人）同意？鄉鎮以其住民為被保險人,投保死亡保險,是否必須經過住居民同

意？其仍然有保險法第 105 條的適用，即訂立保險契約以及保險金額都必須經被保險人或其法定代理人書面承認，但是由於集體保險沒有道德風險的顧慮，立法上以可不經同意為當，2008 年德國保險契約法第 150 條：「人壽保險得為要保人或第三人為之。」、「人壽保險是以他人為被保險人的死亡（為保險事故）而訂立，且約定的保險金額超過通常的喪葬費用者，非經該他人的書面同意不生效力。但是本規定對於公司年金計劃的團體生命保險不適用之。」可為參考。

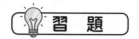

一、選擇題

1. 下列何種保險具有儲蓄性或資本性？
   (A)傷害保險。
   (B)生存保險。
   (C)死亡保險。
   (D)終生死亡保險及生存死亡兩合保險。

2. 在人壽保險，下列關於利己人壽保險與利他人壽保險區分標準的敘述，何者正確？
   (A)受益人與被保險人相同者為利己人壽保險契約，不同者為利他人壽保險契約。
   (B)要保人與被保險人相同者為利己人壽保險契約，不同者為利他人壽保險契約。
   (C)要保人與受益人相同者為利己人壽保險契約，不同者為利他人壽保險契約。
   (D)要保人與被保險人、受益人都相同者為利己人壽保險契約，都不同者為利他人壽保險契約。

3. 在人壽保險，下列關於自己人壽保險契約與他人人壽保險契約區別標準的敘述，何者正確？
   (A)要保人與被保險人相同者為自己人壽保險契約，不同者為他人人壽保險契約。
   (B)要保人與受益人相同者為自己人壽保險契約，不同者為他人人壽保險契約。
   (C)受益人與被保險人相同者為自己人壽保險契約，不同者為他人人壽保險契約。

⑴要保人與被保險人、受益人都相同者為自己人壽保險契約，都不同者為他人
人壽保險契約。

4. 下列關於以死亡為保險事故的他人人壽保險契約成立、生效的敘述，何者正確？
　(A)保險契約的訂立與保險金額都必須經被保險人書面承認，才能成立。
　(B)保險契約的訂立與保險金額都必須經被保險人書面承認，才能生效。
　(C)保險契約的訂立與保險金額都必須經被保險人承認，才能成立。
　(D)保險契約的訂立須經被保險人承認，才能生效。

5. 下列何種保險，其要保人、被保險人與受益人可以是同一人？
　(A)死亡保險。
　(B)死亡保險以外的其他保險。
　(C)生存保險及死亡保險。
　(D)傷害保險及死亡保險。

6. 下列關於要保人以自己為被保險人，指定第三人為受益人時，受益人得否將其
利益轉讓他人的敘述，何者正確？
　(A)不得轉讓。
　(B)可以任意轉讓。
　(C)可以轉讓，但非通知保險人，不得對抗保險人。
　(D)若經要保人同意或保險契約載明允許轉讓，就可以轉讓，否則不得轉讓。

7. 下列關於要保人以他人為被保險人訂立的人壽保險契約，要保人權利的移轉或
出質是否須經被保險人承認的敘述，何者正確？
　(A)不須經被保險人承認。
　(B)須經被保險人承認，否則不得對抗保險人。
　(C)須經被保險人承認，否則不生效力。
　(D)須經被保險人承認，否則不成立。

8. 下列關於要保人以他人為被保險人，指定該他人為受益人的保險契約的敘述，
何者正確？

(A)是他人死亡保險契約，也是利他死亡保險契約，不適用於死亡保險。

(B)是他人死亡保險契約，不是利他死亡保險契約，適用於死亡保險。

(C)不是他人死亡保險契約，是利他死亡保險契約，不適用於死亡保險。

(D)是他人死亡保險契約，不是利他死亡保險契約，不適用於死亡保險。

9. 下列關於要保人以他人為被保險人，指定另一第三人為受益人而訂立的保險契約的敘述，何者正確？

(A)是利他、他人人壽保險契約，可以適用在死亡保險。

(B)是利己、他人人壽保險契約，可以適用在死亡保險。

(C)是利他、自己人壽保險契約，不適用在死亡保險。

(D)是利他、他人人壽保險契約，不適用在死亡保險。

10. 依照保險法的規定，下列關於以未滿十五歲的未成年人所訂立保險契約效力的敘述，何者正確？

(A)以未滿十五歲之未成年人為被保險人訂立之人壽保險契約，其死亡給付於被保險人滿十五歲之日起發生效力；被保險人滿十五歲前死亡者，保險人得加計利息退還所繳保險費，或返還投資型保險專設帳簿之帳戶價值。

(B)以未滿十五歲之未成年人為被保險人訂立之人壽保險契約，其契約無效，保險人應返還保險費。

(C)以未滿十五歲之未成年人為被保險人訂立之人壽保險契約，其契約須經法定代理人同意，才生效力。

(D)以未滿十五歲之未成年人為被保險人訂立之人壽保險契約，其契約須經法定代理人承認，才生效力。

11. 依照保險法的規定，下列關於以精神障礙或其他心智欠缺致不能辨識其行為或欠缺依其辨識而行為之能力者為被保險人所訂立保險契約效力的敘述，何者正確？

(A)除喪葬費用之給付外，其餘死亡給付部分無效。

(B)一律無效。

(C)須經法定代理人書面同意，才生效力。

(D)須待精神狀態恢復正常，才生效力。

12.由第三人訂立的死亡保險契約，被保險人就保險及保險金額為承認後，得撤銷
該同意。下列關於撤銷同意的行使及撤銷同意的效力之敘述，何者正確？
　(A)被保險人得隨時撤銷其所為的同意，撤銷同意的行使應以書面通知保險人及
　　要保人，該撤銷視為終止保險契約。
　(B)被保險人得於同意後三個月內撤銷其所為的同意，撤銷同意的行使以向保險
　　人及要保人為撤銷的意思表示為已足，且撤銷視為終止保險契約。
　(C)被保險人得隨時撤銷其所為的同意，撤銷同意的行使應以書面通知保險人及
　　要保人，該撤銷具有推定終止保險契約的效力。
　(D)被保險人得隨時撤銷其所為的同意，撤銷同意的行使以向保險人及要保人為
　　撤銷的意思表示為已足，該撤銷具有推定終止保險契約的效力。

13.下列關於人壽保險，在要保人、受益人與被保險人為不同人的情形，何人有據
實說明義務的敘述？
　(A)要保人與被保險人。
　(B)被保險人與受益人。
　(C)受益人與要保人。
　(D)要保人、被保險人與受益人。

14.在財產保險，下列關於保險人得對要保人主張的事由得否對被保險人主張的敘
述，何者正確？
　(A)要保人違背據實說明義務、違背保險事故發生通知義務、違背危險增加通知
　　義務及其發生的法律效果，都分別可以對被保險人主張。
　(B)要保人違背據實說明義務、違背保險事故發生通知義務、違背危險增加通知
　　義務及其發生的法律效果，都分別可以對被保險人主張，但以要保人有故意
　　或重大過失為限。
　(C)要保人違背據實說明義務、違背保險事故發生通知義務、違背危險增加通知
　　義務及其發生的法律效果，都分別可以對被保險人主張，但以被保險人有故
　　意或重大過失為限。
　(D)要保人違背據實說明義務、違背保險事故發生通知義務、違背危險增加通知
　　義務及其發生的法律效果，都分別可以對被保險人主張，但以要保人及被保
　　險人有故意或重大過失為限。

15. 下列關於被保險人的年齡說明不實，超過或不及保險人承保年齡法律效果的敘述，何者正確？

　(A)真實年齡超過保險人所訂承保年齡上限者，保險契約無效；真實年齡低於保險人所訂承保年齡之下限者，須待到達承保年齡時才生效力。

　(B)真實年齡超過保險人所訂承保年齡上限及真實年齡低於保險人所承保年齡之下限者，保險契約都無效。

　(C)真實年齡超過保險人所訂承保年齡上限及真實年齡低於保險人所訂承保年齡之下限者，保險契約都得撤銷。

　(D)真實年齡超過保險人所訂承保年齡上限及真實年齡低於保險人所承保年齡之下限者，保險契約都得解除。

16. 下列關於以保險單向保險人質借金錢的敘述，何者正確？

　(A)要保人得憑單質借，但限於終生死亡保險及生存死亡兩合保險的保險單。

　(B)要保人得憑單質借，不限保險單的種類。

　(C)受益人得憑單質借，但限於終生死亡保險及生存死亡兩合保險的保險單。

　(D)受益人得憑單質借，不限保險單的種類。

17. 下列關於危險增加通知義務的敘述，理論上何者正確？

　(A)危險增加之「危險」限於保險單所列舉的、有持續性的，要保人或被保險人都有通知義務。

　(B)危險增加之「危險」不限於保險單列舉的，只有要保人有通知義務。

　(C)危險增加之「危險」不限於保險單列舉的，但必須具有重大、持久的性質，只有要保人有通知義務。

　(D)危險增加之「危險」限於保險單列舉的，須有持續性的，只有被保險人有通知義務。

18. 依照保險法的規定，下列關於人壽保險解約金的敘述，何者正確？

　(A)要保人有終止保險契約，請求解約金的權利，條件是保險費必須付足一年以上。

　(B)要保人有解除保險契約，請求解約金的權利，條件是保險費必須付足一期以上。

　(C)受益人有終止保險契約，請求解約金的權利，條件是保險費必須付足二年以上。

⒟受益人有終止保險契約，請求解約金的權利，條件是保險費必須付足二期以上。

19.下列關於指定受益人的敘述，何者正確？

⒜受益人的指定是要保人的權利，不須經過保險人同意，但不通知保險人，不得對抗保險人。

⒝受益人的指定是要保人的權利，須經過保險人同意，始生效力。

⒞受益人的指定是要保人與被保險人的共同權利，但不通知保險人，不得對抗保險人。

⒟受益人的指定是要保人與被保險人的共同權利，須經過保險人同意，始生效力。

20.下列有關受益人變更的敘述，何者正確？

⒜變更受益人是要保人的權利，除聲明放棄處分權外，要保人得以意思表示或遺囑變更之。

⒝變更受益人是要保人的權利，不論是否放棄更換受益人的處分權，要保人都可以以意思表示或遺囑變更之。

⒞變更受益人是要保人的權利，不論是否放棄更換受益人的處分權，要保人只得以遺囑變更之。

⒟變更受益人是要保人的權利，除聲明放棄處分權外，要保人得以意思表示或遺囑變更之，但須於保險契約訂立後三個月內為之。

21.依保險法的規定，下列關於死亡保險契約未指定受益人且無法確定受益人時，保險金用途的敘述，何者正確？

⒜作為受益人的財產。

⒝作為要保人的財產。

⒞作為被保險人的遺產。

⒟作為被保險人的繼承人因保險契約取得的財產。

22.下列關於受益人確定取得受益權的敘述，何者正確？

⒜必須保險事故發生時，受益人沒有被更換，且受益人仍然生存。

⒝必須保險事故發生時，受益人沒有被更換。

⒞必須保險事故發生時，受益人仍然生存。

(D)必須保險事故發生時，受益人沒有被更換或受益人仍然生存。

23.下列關於受益人故意致被保險人死亡法律效果的敘述，何者最正確？

　(A)該受益人喪失受益權，保險金額由其他受益人受領，若無受益人受領保險給付，其保險金額作為被保險人的遺產。

　(B)該受益人喪失受益權，保險金額全部作為被保險人的遺產。

　(C)得撤銷該受益人的受益權，經撤銷者，保險金額作為被保險人的遺產。

　(D)得撤銷該受益人的受益權，受益權經撤銷者，保險金額由其他受益人受領，若無受益人受領保險給付，其保險金額作為被保險人的遺產。

24.下列關於被保險人自殺意義的敘述，何者正確？

　(A)指意識清楚的情形下，明知某個行為將導致死亡的結果或預見死亡的結果仍不違反其意思，而仍為該行為。

　(B)指意識清楚情形下，從事某個行為，且因該行為導致死亡的結果。

　(C)不論被保險人意識是否清楚，因自己的行為導致死亡結果。

　(D)不論被保險人意識是否清楚，因故意或過失為行為，且因該行為導致死亡的結果。

25.下列有關保險契約載有被保險人故意自殺，保險人仍應給付保險金額之條款效力的敘述，何者正確？

　(A)該條款於契約生效二年後，始生效力。恢復停止效力之保險契約，其二年期限應自恢復停止效力之日起算。

　(B)該條款於訂約後，立即生效。恢復停止效力之保險契約，亦同。

　(C)該條款於契約成立二年後，始生效力。但恢復停止效力之保險契約，其二年期限應自恢復停止效力之日起算。

　(D)該條款於訂約五年後，始生效力。恢復停止效力之保險契約，其五年期限應自恢復停止效力之日起算。

26.下列有關被保險人因犯罪處死或拒捕或越獄致死法律效果的敘述，何者正確？

　(A)保險人不負給付保險金額之責任，但保險費已付足二年以上者，保險人應將其保單價值準備金返還於應得之人──原則上為要保人，若被保險人與要保

人相同時，應該返還其他要保人，無其他要保人時應該解繳國庫。

(B)保險人不負給付保險金額之責任，但保險人應將其保單價值準備金返還於應
得之人──原則上為要保人，若被保險人與要保人相同時，應該返還其他要
保人，無其他要保人時應該解繳國庫。

(C)保險人不負給付保險金額之責任，但保險人應將其保單價值準備金返還於應
得之人──即要保人，即使被保險人與要保人相同之人，亦同。

(D)保險人不負給付保險金額之責任，但保險費已付足一年以上者，保險人應將
其保單價值準備金返還於應得之人。

27.依照保險法的規定，下列關於要保人不法致被保險人死亡法律效果的敘述，何
者正確？

(A)要保人故意或過失致被保險人於死者，保險人不負給付保險金額之責。但保
險費付足二年以上者，保險人應將其保單價值準備金給付與應得之人，無應
得之人時，應解交國庫。

(B)要保人故意致被保險人於死者，保險人不負給付保險金額之責。但保險費付
足二年以上者，保險人應將其保單價值準備金給付與應得之人，無應得之人
時，應解交國庫。

(C)要保人故意或過失致被保險人於死者，保險人不負給付保險金額之責。但保
險費付足一年以上者，保險人應將其保單價值準備金給付與應得之人，無應
得之人時，作為被保險人的遺產。

(D)要保人故意或過失致被保險人於死者，保險人不負給付保險金額之責。但保
險費付足二年以上者，保險人應將其保單價值準備金給付與應得之人，無應
得之人時，作為被保險人的遺產。

28.下列關於受益人故意致被保險人死亡或未死的法律效果之敘述，何者正確？

(A)受益人故意致被保險人於死者，喪失其受益權；未致死者，得撤銷其受益權。

(B)故意致被保險人於死或雖未致死者，都喪失其受益權。

(C)受益人故意或過失致被保險人於死者，喪失其受益權；未致死者，得撤銷其
受益權。

(D)故意或過失致被保險人於死或雖未致死者，都喪失其受益權。

29. 下列關於人壽保險保險事故發生通知義務的敘述，何者正確？

(A)要保人、被保險人及受益人都有通知義務，除契約另有約定外，應該在知悉後五日內通知，但解釋上生存保險不須通知。

(B)要保人、被保險人或受益人中之一人通知即可，除契約另有約定外，應該在知悉後五日內通知，但解釋上生存保險不須通知。

(C)要保人、被保險人及受益人都必須通知，除契約另有約定外，應該在知悉後立即通知，但解釋上生存保險不須通知。

(D)要保人、被保險人或受益人都必須通知，除契約另有約定外，應該在知悉後立即通知，但解釋上生存保險不須通知。

30. 下列關於以被保險人終身為期，不附生存條件的死亡保險契約，或契約訂定於若干年後給付保險金額或年金者，要保人若沒有資力繼續繳納保險費，保險人得否終止保險契約的敘述，何者正確？

(A)保險人僅得減少保險金額或年金。

(B)如保險費已付足二年以上而有不交付時，保險人得減少保險金額或年金，亦得終止保險契約，返還保單價值準備金。

(C)如保險費已付足二年以上而有不交付時，保險人僅得終止保險契約，返還保單價值準備金。

(D)保險人僅得終止保險契約，返還保單價值準備金。

31. 下列何者不屬於安定基金用途？

(A)對經營困難保險業之貸款。

(B)保險業因承受經營不善同業之有效契約，或因合併或變更組織，致遭受損失時，得請求安定基金予以補助或低利抵押貸款。

(C)保險業之業務或財務狀況顯著惡化不能支付其債務，主管機關依第 149 條第 3 項規定派員接管、勒令停業派員清理或命令解散時，安定基金應依主管機關規定之範圍及限額，代該保險業墊付要保人、被保險人及受益人依有效契約所得為之請求，並就其墊付金額代位取得該要保人、被保險人及受益人對該保險業之請求權。

(D)擔保經營不善的保險業向銀行貸款。

32. 保險人辦理集體保險時，下列何者不屬於保險人防止逆選擇的措施？
    (A)被保險人限於專職的員工。
    (B)申請人為被保險人，必須於到職後一定的期間內申請。
    (C)公司的員工，必須有一定比率以上加入為被保險人。
    (D)公司的員工在申請加入保險之前，應該填寫要保申請書，經過核准，保險契約才生效。

33. 依保險法的規定，父母親以其未成年子女為被保險人投保死亡保險時，下列有關依照保險法規定投保死亡保險效力之敘述，何者最正確？
    (A)無效。
    (B)成立，但必須未成年人滿十五歲才生效。
    (C)成立，但必須該未成年人親自同意，且未成年人滿十五歲才生效。
    (D)成立，但必須該未成年人親自同意，且未成年人滿十五歲才生效，保險金額不得超過喪葬費用。

34. 下列關於要保人為他人之利益訂立保險契約，是否必須經該他人同意的敘述，何者正確？
    (A)無須經他人同意，但是必須載明他人名稱。
    (B)須經他人同意，且須載明他人名稱。
    (C)無須經他人同意，且不得載明他人名稱。
    (D)無須經他人同意，得載明他人名稱或不載明他人名稱。

35. 在要保人以自己為被保險人投保人壽保險，指定第三人為受益人之情形，下列關於向保險人請求交付保險單、享受保險契約權利的敘述，何者正確？
    (A)只有要保人得請求交付保險單，受益人不得請求保險單，但受益權沒有被更換，且保險事故發生時受益人還生存者，受益人得享有保險金的權利。
    (B)要保人得請求保險契約的權利，受益人得請求交付保險單。
    (C)要保人及受益人都可以請求交付保險單及享有保險契約的權利。
    (D)要保人及受益人都可以請求交付保險單，但只有被保險人得享有保險金的權利。

36. 在要保人以自己為被保險人投保人壽保險，指定第三人為受益人時，下列關於受益人、要保人處分保險契約權利的敘述，何者正確？

(A)受益人持有保險單時，雖未經要保人同意，也可以處分其保險契約之權利。

(B)要保人雖持有保險單，仍不得處分被保險人依保險契約享有的權利。

(C)要保人雖持有保險單，仍需經受益人同意，才可以受領保險給付。

(D)受益人持有保險單時，雖經要保人同意，仍不得處分其保險契約之權利。

37.在他人保險契約，下列關於認定「是否知悉某事實以及是否因知悉某事實而必須為一定行為」的主體的敘述，何者正確？

(A)是否知悉某事實及因知悉某事實而應為某行為，只以要保人為準。

(B)是否知悉某事實及因知悉某事實而應為某行為，只以被保險人為準。

(C)是否知悉某事實及因知悉某事實而應為某行為，應以要保人或被保險人為準。

(D)原則上，要保人是否知悉某事實及因知悉該事實而應為某行為，對被保險人也適用。

38.在以他人為被保險人所訂立的人壽保險契約，下列關於判斷要保人是否已經盡據實說明義務、危險增加通知義務所應斟酌的主體的敘述，何者為正確？

(A)只斟酌要保人。

(B)只斟酌被保險人。

(C)應同時斟酌要保人以及被保險人。

(D)得斟酌要保人或被保險人。

39.依保險法規定，下列關於公司以其員工為被保險人，投保公司年金計劃的團體生命保險，是否必須獲得員工同意的敘述，何者正確？

(A)只有為被保險人一項，必須獲得被保險人的同意。

(B)要保人有任意撤換受益人的權利。

(C)就保險契約的訂立及保險金額都必須獲被保險人的書面同意。

(D)一律不須經過同意。

40.依照保險法的規定，丈夫以其妻子為被保險人，投保死亡保險。要保申請書詢問被保險人胸口是否有悶痛現象，丈夫都依其所知回答：無。核保之後不久，其妻即心臟病發死亡。經查其妻曾經私下求診多次，因不願丈夫擔心，隱瞞事實。下列關於要保申請法律效果的敘述，何者為正確？

(A)要保人善意，沒有違背據實說明義務。

(B)要保人惡意，違背據實說明義務。

(C)視為要保人惡意，違背據實說明義務。

(D)以要保人無過失為前提，要保人視為善意，不違背據實說明義務。

41.依照保險法的規定，下列關於人壽保險，危險增加通知義務的敘述，何者為正確？

(A)限於契約有明文約定者。

(B)以契約有明文約定者為主要，以其他沒有明文約定者為次要。

(C)以沒有明文約定者為主要，以有明文約定者為次要。

(D)限於沒有明文約定者。

42.下列關於要保人在保險期間是否得撤換受益人的敘述，何者最為正確？

(A)要保人放棄撤換權者，沒有撤換受益人的權利；要保人沒有拋棄撤換受益人的權利者，有撤換權。有疑義時，要保人仍有撤換權。

(B)要保人沒有撤換受益人的權利。

(C)要保人有撤換受益人的權利。

(D)要保人放棄撤換權者，沒有撤換受益人的權利；要保人雖然將保險單交付受益人，仍有撤換權。

43.下列關於受益人故意致被保險人死亡法律效果的敘述，何者為正確？

(A)該受益人喪失受益權，其應得部分原則上均分給其他受益人，無其他受益人時，應解繳國庫。

(B)該受益人喪失受益權，其應得部分應該平均分配給其他受益人，無其他受益人時，應解繳國庫。

(C)該受益人喪失受益權，其應得部分原則上均分給其他受益人，無其他受益人時，作為被保險人的遺產。

(D)該受益人喪失受益權，其應得部分應該平均分配給其他受益人，無其他受益人時，作為被保險人的遺產。

二、問答題

1. 人壽保險中，有些保險具有儲蓄、投資的性質。有些保險不具有儲蓄、投資的性質。試各舉二例加以解釋，並說明其區別的實益。

2. 保險法第 117 條第 4 項規定：「以被保險人終身為期，不附生存條件之死亡保險契約，或契約訂定於若干年後給付保險金額或年金者，如保險費已付足二年以上而有不交付時，保險人僅得減少保險金額或年金。」試說明其立法意旨，並舉例說明之。

3. 第三人死亡保險契約，應該具備何種條件，才能生效？以未滿十五歲之未成年人，或精神障礙或其他心智缺陷，致不能辨識其行為或欠缺依其辨識而行為之能力者為被保險人，保險法有何特別限制之規定？

4. 保險法第 105 條規定：「由第三人訂立之死亡保險契約，未經被保險人書面同意，並約定保險金額，其契約無效。」、「被保險人依前項所為之同意，得隨時撤銷之。其撤銷之方式應以書面通知保險人及要保人。」、「被保險人依前項規定行使其撤銷權者，視為要保人終止保險契約。」又保險法第 107 條第 1 項規定：「以未滿十五歲之未成年人為被保險人所訂立之人壽保險契約，除喪葬費用之給付外，其餘死亡給付之約定於被保險人滿十五歲時始生效力。」試問：

⑴父母親以未滿十五歲之未成年人為被保險人，所訂立的死亡保險契約，是否必須經被保險人同意？

⑵如果需要被保險人同意，應該如何行使同意權？父母親以其未成年子女為被保險人投保死亡保險，得否同時又以法定代理人身分行使同意權？

⑶未滿十五歲之未成年人為被保險人的情形，如果發現因投保死亡保險的緣故，而有被謀殺的風險時，應該如何行使撤銷權？若是其父母剛好就是要保人，而又拒絕代為行使撤銷權時，該未滿十五歲的未成年人應如何保護自己？

⑷以十五歲以上二十歲不滿之未成年人為死亡保險的被保險人時，該被保險人如何行使同意權？如何行使撤銷權？試評論保險法規定的得失，並提出立法因應之道。

5.保險法在總則編關於據實說明義務、危險增加通知義務等規定，適用到人壽保險時，其義務人究竟只限於要保人，或是應該擴大到被保險人，試從人壽保險的特性評論之。

6.保險法第 120 條第 1 項規定：「保險費付足一年以上者，要保人得以保險契約為質，向保險人借款。」，本規定究竟對所有的人壽保險契約都一律適用，或是只適用於某些種類的保險？試說明之。又所謂「以保險契約為質」究竟是指以「要保人對保險人的債權」為標的物設定債權質權，或是以「保險單」作為有價證券，設定證券質權，試從權利質權的理論探討之。

7.我國舊保險法第 105 條之規定：「由第三人訂立之死亡保險契約，未經被保險人書面承認，並約定保險金額，其契約無效。」該條文於 90 年 6 月 26 日經立法院三讀通過，修正為：第 1 項：「由第三人訂立之死亡保險契約，未經被保險人書面同意，並約定保險金額，其契約無效。」、第 2 項：「被保險人依前項所為之同意，得隨時撤銷之。其撤銷之方式應以書面通知保險人及要保人。被保險人依前項規定行使其撤銷權者，視為要保人終止保險契約。」試問：

⑴修正前與修正後之差異何在？立法理由為何？請詳述之。

⑵依新修正條文第 2 項之規定，被保險人行使撤銷權後，對要保人及受益人之權益有何影響？請詳析之。(90 年，司法官)

8.保險法第 59 條第 1 項、第 2 項、第 3 項規定：「要保人對於保險契約內所載增加危險之情形應通知者，應於知悉後通知保險人。」、「危險增加，由於要保人

或被保險人之行為所致，其危險達於應增加保險費或終止契約之程度者，要保人或被保險人應先通知保險人。」、「危險增加，不由於要保人或被保險人之行為所致者，要保人或被保險人應於知悉後十日內通知保險人。」保險法關於要保人所負的危險增加通知義務對於「輕微的危險增加」是否應該適用？又要保人違背危險增加通知義務時，保險人得行使解除權，該解除權的行使有無除斥期間的限制？

9. 保險法第 119 條第 1 項規定：「要保人終止保險契約，而保險費已付足一年以上者，保險人應於接到通知後一個月內償付解約金；其金額不得少於要保人應得保單價值準備金之四分之三」，本條適用的保險種類有無限制？試說明之。

10. 要保人更換受益人的方法如何？試說明之。

11. 在死亡保險，受益人故意致被保險人於死既遂或未遂，其法律效果如何？在傷害保險，受益人故意致被保險人傷害既遂或未遂，其法律效果又如何？試從對於受益人受益權的影響，區別其異同。

12. 保險契約訂有「自殺人仍然理賠條款」時，該條款何時生效？在保險契約復效時，該條款是否也立即恢復效力？

13. 被保險人明知平交道的欄杆已經放下、警示燈已經閃亮，火車立即要到來，竟然為了搶時間，硬闖平交道，致被火車撞死。請問，保險人得否以被保險人故意促使保險事故發生為理由，拒絕理賠？試舉最高法院的見解以對。

14. 要保人故意致被保險人於死，保險人是否負返還保單價值準備金的義務？返還於何人？是全額返還或部分返還？何時應該解繳國庫？

15. 保險法第 58 條規定：「要保人、被保險人或受益人，遇有保險人應負保險責任之事故發生，除本法另有規定，或契約另有訂定外，應於知悉後五日內通知保險人。」此一規定對於生存保險、死亡保險是否一律適用？試從保險法的規定及外國立法例評論之。

16. 何謂繳清保險？試依保險法關於繳清保險的規定說明並評論之。

17. 保險人破產時，受益人得請求之保險金額之債權數額，如何計算？試依保險法的規定並舉例說明之。

18. 在集體保險，保險人如何防止要保人或其成員的逆選擇？試舉主要方法三則說明之。

第二十章
健康保險

壹 健康保險的意義

　　健康保險 (Health lnsurance)，**指要保人給付保險費予保險人，保險人於被保險人發生疾病、分娩及因此所致之失能或死亡時，負給付保險金額的保險❶**。健康保險又稱為疾病保險。2008 年德國保險契約法，不只以疾病、分娩以及因此所致之失能或死亡為保險事故，而且依照填補損失類型的不同，加以分類，其將健康保險分為四種：

　　1. **疾病醫療費用保險 (Krankenheitskostenversicherung)**

　　指保險人對於被保險人因疾病或意外事故所致，任何醫療上必要的治療費用及其他約定程度內的服務費用，包括：與懷孕、生育有關的費用及依照規定進行早期疾病的門診醫療檢查費用，有賠償義務的保險❷。

　　2. **住院費用補償保險 (Krankenhaustageldversicherung)**

　　指保險人對於被保險人醫療上必要的住院治療，按日給付約定的住院津貼的保險❸。

　　3. **疾病短收補貼保險 (Krankentagegeltversicherung)**

　　指保險人對於被保險人因疾病或因此引起不能工作所致減少收入的損失，按日給付疾病津貼的保險❹。

　　4. **長期照護費用保險 (Pflegekrankenversicherung)**

　　指保險人於被保險人需要長期照護時，就照護被保險人所需費用，在約定的範圍內為給付或按日給付約定金額的保險❺。

---

❶　保險法第 125 條參照。
❷　2008 年德國保險契約法第 192 條第 1 項。
❸　2008 年德國保險契約法第 192 條第 4 項。
❹　2008 年德國保險契約法第 192 條第 5 項。
❺　2008 年德國保險契約法第 192 條第 6 項。

貳 健康保險契約的訂定

一、當事人與利害關係人

（一）當事人

要保人與保險人為保險契約的當事人。要保人有時就是被保險人，有時是被保險人以外之人。在前一種情形，要保人與被保險人相同，要保人對自己（被保險人）當然有保險利益；在後一種情形，要保人與被保險人不同，要保人對被保險人必須有保險利益才可以投保，否則契約無效。保險人必須是保險公司或保險合作社，其中保險公司必須是股份有限公司，而且專門經營人身保險；人身保險合作社的預定社員不得少於五百人❻。

（二）利害關係人

1.被保險人

健康保險的被保險人與要保人可能是同一個人，也可能是要保人以外的第三人，**因為沒有道德風險的顧慮，保險法對於被保險人的資格，並無最低年齡的限制、也沒有精神狀態的限制**，因此即使不滿十五歲之人或心神喪失、精神耗弱之人，只要要保人對被保險人有保險利益，都可以之作為被保險人，此點與死亡保險對被保險人有資格限制者不同。

2.受益人

受益人，指保險事故發生時，得請求保險給付之人。在健康保險，受益人與被保險人是同一人。

二、不要式契約

保險契約理論上是「非要式契約」，因當事人意思表示的合致就可以成立。保險契約成立，究竟是立即生效或是將來才生效，則必須視契約所約定的附加條款而定：健康保險的附加條款，有附加「條件」者，例如：附加須繳交保險費才能

---

❻ 保險法第 162 條。

生效的條件、附加須體檢合格者才予承保的條件等，必須條件成就，契約才能生效；契約附加「期限」者，例如：附加約定自某年某月某日起生效的期限，必須等待期限屆至，契約才能生效。

健康保險有約定必須經保險人指定之醫院體檢合格始予承保者，也有不經體檢，逕以被保險人或要保人的「健康聲明書」代替之者，在後者情形，若健康聲明書是保險契約生效條件而要保人或被保險人說明有不實者，則依民法第 101 條第 2 項：「因條件成就而受利益之當事人，如以不正當行為促其條件之成就者，視為條件不成就。」的規定，視為健康不符合承保標準，保險契約不生效力；若在要保聲明書為虛偽的陳述者，則是據實說明義務的違反，保險人得解除契約。

健康保險若是附加於人壽保險契約（即人壽保險契約附加健康保險契約），則其生效的時間應與人壽保險契約的生效時間相同，依保險法施行細則第 4 條第 3 項：「人壽保險人於同意承保前，得預收相當於第一期保險費之金額。保險人應負之保險責任，以保險人同意承保時，溯自預收相當於第一期保險費金額時開始。」的規定，若人壽保險附加健康保險，而人壽保險依規定溯及既往到「預收相當於第一期保險費金額時」生效，則該附加的健康保險亦溯及既往到預收相當於第一期保險費金額時發生效力。保險法施行細則第 4 條的規定對於健康保險但非附加於人壽保險者，並不適用。

三、應記載事項

健康保險契約的內容視要保人與被保險人是否同為一人而定。在要保人與被保險人同為一人的情形，保險契約應載明保險法第 55 條：「一、當事人之姓名及住所。二、保險之標的物。三、保險事故之種類。四、保險責任開始之日時及保險期間。五、保險金額。六、保險費。七、無效及失權之原因。八、訂約之年月日。」等事項。若要保人與被保險人為不同之人，則保險契約除記載上述保險法第 55 條所規定的事項外，還應依保險法第 129 條的規定，記載「一、被保險人之姓名、性別、年齡、職業及住所。二、被保險人與要保人之關係。」，一方面用以判斷被保險人的健康狀態、決定是否承保及承保時應適用之保險費費率，另一方面亦據此判斷要保人對被保險人是否具有保險利益。健康保險的保險金額，依照保險法規定，可以由保險契約約定❼。

四、被保險人與要保人不同時，必須經被保險人同意

　　健康保險與傷害保險一樣，就填補醫療、住院等損失而言，都具有填補損失的功能。不同的是：健康保險的被保險人與受益人必定為同一人，而傷害保險被保險人與受益人原則上同一人，例外可以是不同之人。

　　在健康保險的被保險人與要保人為不同人的情形，訂立保險契約時，不論保險契約的訂定或是保險金額，都必須獲得被保險人的書面同意，這是因為健康保險的保險事故，不只是疾病及分娩，而且還包括疾病致失能、疾病致死亡及分娩致失能、分娩致死亡等事故，會有道德風險的顧慮，必須準用保險法第 105 條規定：「由第三人訂立之死亡保險契約，未經被保險人書面承認並約定保險金額，其契約無效。」，以防止風險的發生。保險人於訂立保險契約前，對於被保險人得施以健康檢查（但是不得強制被保險人接受檢查，此涉及人身自由權的保護問題），如果保險人要求被保險人接受身體檢查而被保險人拒絕，頂多只是拒絕承保而已。檢查費用由保險人負擔❽。

参　健康保險的據實說明義務

一、據實說明義務人

　　依照保險法的規定雖然只有要保人有據實說明義務❾，但在健康保險的要保人與被保險人為不同之人的情形，只有被保險人對自己的身體狀況知之最稔，要保人反而多只知道其梗概，因此立法上不但應該規定「要保人與被保險人」都有據實說明義務，而且還必須進一步規定，要保人依法或依約應履行某一義務，被保險人也應履行該義務；要保人怠於履行或拒絕履行該義務，將發生一定不利益的法律效果時，被保險人若怠於履行或拒絕履行該義務，也一樣會發生相同的不利益法律效果。依 1908 年德國保險契約法關於要保人「知悉」與「行為」之規定，即關於要保人「知悉」某一事實時，就應該為「某一行為」，若不為「某一行為」，即產生一定不利益之法律效果的規定，對於被保險人亦適用之，堪為參考。

❼　保險法第 130 條準用第 102 條。

❽　保險法第 126 條。

❾　保險法第 64 條第 1 項。

二、據實說明義務的範圍

據實說明義務的範圍以保險人的書面詢問為限❿，具體項目常及於被保險人之年齡、性別、職業、身高、體重、以往病歷及現在健康狀況、生活習慣、嗜好等。

肆　保險事故的限制與種類

一、保險事故的限制

健康保險事故限於保險契約訂定時，尚未發生的事故，若是契約訂立時，疾病已經存在，則無異於契約訂立時，保險事故已經發生的事故，當然不在承保範圍內，因此保險法規定：保險契約訂立時，被保險人已在疾病或妊娠情況中者，保險人對是項疾病或分娩，不負給付保險金額之責任⓫。

二、保險事故的種類

健康保險的保險事故分為下列數種：

（一）疾　病

疾病，為發自身體內部的反生理或反心理狀態。疾病的原因都來自身體的「內部」， 通常經過相當時間的醞釀及形成的過程⓬，此與傷害之危險均來自身體的「外部」，且通常具有猝然性不同⓭。疾病以「後天發生」者為限，若先天性之耳聾、目盲等，則為已經存在的疾病，不屬於疾病保險保險事故的範圍。又疾病必須具有「偶發性」，若是年老退化，則為事理所必然，也不是保險法上的疾病。偶發性是各種保險保險事故的共同要素，不是疾病所獨有。

---

❿　保險法第 64 條第 1 項。
⓫　保險法第 127 條。
⓬　這裡所說的通常，是指一般情況，例外情形，疾病也有猝然的，例如：心肌梗塞。
⓭　這裡所說的通常，也是指一般情況，例外情形，傷害也有逐漸形成的，例如：運動傷害。

（二）分　娩

分娩指胎兒脫離母體的過程。分娩只有女性被保險人有之，男性被保險人的配偶生育時，雖也有可以請領社會保險（例如：公務人員保險、勞工保險等）的生育津貼制度，但在營利保險，男性被保險人不得以其配偶之分娩視為自己之分娩而請求保險給付。又分娩不以活產者為限，即使死產或流產亦屬之。

（三）因疾病或分娩所致之失能或死亡

因疾病或分娩所致之失能或死亡，實際上包括四種情況：

1.因疾病致失能。

2.因疾病致死亡。

3.因分娩致失能。

4.因分娩致死亡。

2008 年德國保險契約法第 197 條就疾病訂有當事人得約定「觀察期間」限制的規定，在觀察期間內發生保險事故，保險人不予理賠。約定觀察期間限制的長短，因險種而不同。當事人約定觀察期間者，就疾病醫療費用保險、住院費用補償保險、疾病短收補貼保險不得逾三個月的一般期限；關於分娩、心理治療、牙齒修補以及口腔治療，不得逾八個月的特別期限。關於長期照護費用保險，觀察期間不得逾三年。

對於退出法定健康保險體系或退出其他疾病醫療費用保險之人，於計算觀察期間時，應該連續計算，包括在前一保險契約終止後新保險即將生效的兩個月內提出申請在內。上述規定，對於離開公務機構享有健康照顧補貼之人，也適用之。

伍　年齡不實

被保險人年齡不實，而其真實年齡已超過保險人所定保險年齡上限者，其契約無效，保險人應退還所繳保險費。

因被保險人年齡不實，其真實年齡仍在保險人所定保險年齡限度內，但所付之保險費少於應付數額者，於保險事故發生前，要保人得補繳短繳之保險費或按照所付之保險費與被保險人之真實年齡比例減少保險金額。但保險事故發生後，

且年齡不實之錯誤不可歸責於保險人者，保險人只須依短收保險費的比例計算應給付的保險金，要保人不得要求補繳保險費而主張約定的保險金。因被保險人年齡不實，致所付之保險費多於應付數額者，保險人應退還溢繳的保險費。

陸 保險費

一、保險費的代繳

依照保險法第 130 條準用保險法第 115 條的規定，利害關係人都可以代要保人交付保險費。本條規定不但是人壽保險、健康保險的共同規定，而且也應移到保險通則，作為財產保險與人身保險的共同規定。保險法第 115 條本質上是民法第 311 條：「債之清償，得由第三人為之。但當事人另有訂定或依債之性質不得由第三人清償者，不在此限。」、「第三人之清償，債務人有異議時，債權人得拒絕其清償。但第三人就債之履行有利害關係者，債權人不得拒絕。」規定的重申，即使沒有保險法第 115 條的規定，利害關係人仍然可以引民法第 311 條，主張有權代繳保險費，且保險人有受領義務的依據。

二、保險費的催繳

人壽保險的保險費到期未交付者，除契約另有訂定外，經催告到達後屆三十日仍不交付時，保險契約之效力停止，此一規定，在疾病保險也準用❶❹。催告應送達於要保人，或其他負有交付保險費義務之人之最後住所或居所，保險費經催告後，可以在約定處所或保險人營業所交付之❶❺。

三、保險契約效力的停止與復效

保險費到期經催繳到達三十日仍不交付或遲繳保險費者，保險契約效力停止。保險契約效力停止後，若要保人或利害關係人在停止效力之日起六個月內清償保險費、保險契約約定之利息及其他費用後，翌日上午零時起，開始恢復其效力。要保人於停止效力之日起六個月後才申請恢復效力者，由於有逆選擇的風險或逆

---

❶❹ 保險法第 130 條準用第 116 條第 1 項。
❶❺ 保險法第 130 條準用第 116 條第 2 項。

選擇的風險較高，依照保險法的規定，保險人得於要保人申請恢復效力之日起五日內，要求要保人提供被保險人的可保證明，除被保險人之危險程度有重大變更已達拒絕承保程度外，保險人不得拒絕其恢復效力❶。保險人未於前項規定期限內要求要保人提供可保證明或於收到前項可保證明後十五日內不為拒絕者，視為同意恢復效力❷。保險契約所定申請恢復效力之期限，自停止效力之日起不得低於二年，並不得遲於保險期間之屆滿日❸。

柒 保險給付

一、我國保險法

保險給付，為保險事故發生時，保險人對受益人所為之一定作為。實務上，保險法並未如同 2008 年德國保險契約法一般，依照保險給付目的不同而細分為醫療費用保險、住院費用保險、看顧費用保險及收入短少補貼保險，因此保險給付的功能，理論上，在「只有疾病或分娩而未發生失能或死亡」的情形，目的在填補財產上的損失；在「疾病或分娩致失能」「疾病或分娩致死亡」兩種情形，由於採取定額給付，保險給付的目的可以解釋為兼具填補財產上損失以及非財產上損失的功能，給付金額中扣除填補財產上損失後的剩餘部分，可以視為賠償非財產上的損失。

依照保險法，健康保險因疾病的保險事故發生，保險人的保險給付包括醫藥費、住院費及手術費，不包括因病不能執行業務的損失。保險人之保險給付責任以不逾保險金額者為限；健康保險因分娩之保險事故發生，不論死產或活產，保險給付都包括分娩之助產費、檢查費、保胎費、預防疾病之產婦保健費、初生嬰兒所需醫療費、養護費在內，但初生嬰兒出院之後，因病返院求診者，就不在保險範圍，且保險人的保險給付，最高以不逾保險金額為限。

---

❶ 保險法第 130 條準用第 116 條第 3 項。
❷ 保險法第 130 條準用第 116 條第 4 項。
❸ 保險法第 130 條準用第 116 條第 5 項。

二、2008 年德國保險契約法

　　2008 年德國保險契約法依照保險給付目的不同，再將健康保險分為四個類型，即疾病醫療費用保險、住院費用補償保險、疾病短收補貼保險及長期照護費用保險[19]，分述如下：

（一）疾病醫療費用保險

　　德國保險契約法第 192 條第 1 項規定，保險人對於因疾病或因此所致失能的任何醫療上的必要治療費用及其他約定的服務費，包括：與懷孕、生育有關的費用及依照規定進行早期疾病的門診醫療檢查費用，有賠償的義務。但是必須注意下列規定：

1.不相當醫療服務的免責

　　治療或其他服務的費用與所提供的醫療服務顯不相當者，保險人不負保險契約法的第 192 條第 1 項的給付義務。

2.約定擴大給付範圍

　　保險契約當事人得約定疾病醫療費用保險的範圍，擴大到包括與德國保險契約法第 192 條第 1 項直接有關的額外服務，特別是：

⑴就第 1 項所列服務的諮詢以及提供相關服務的諮詢。

⑵就經授權得依第 1 項之規定為理賠服務者，提供諮詢。

⑶就避免未經授權不得依第 1 項規定為理賠，提供諮詢。

⑷就主張第 1 項所提供服務不符及其因此引起的問題，提供被保險人相關的協助。

⑸直接與理賠服務提供者就第 1 項的給付項目進行結算。

（二）住院費用補償保險

　　保險人，對於醫療上必要的住院治療，應給付約定的每日住院費用[20]。

---

[19]　2008 年德國保險契約法第 192 條。

[20]　2008 年德國保險契約法第 193 條規定，保險門診及住院費用合計不超過 5,000 歐元。

（三）疾病短收補貼保險

保險人應該依約定的每日疾病補貼金額，補償被保險人因疾病或因此無法工作所致減少的收入。

（四）長期照護費用保險

需要長期照護時，保險人必須補償約定範圍內照顧被保險人的費用或給付約定的每日補償金額。

捌　免責事由

一、法定免責事由

（一）保險事故已發生者

1. 保險法第 51 條

「保險契約訂立時，保險標的之危險已發生或已消滅者，其契約無效。但為當事人雙方所不知者，不在此限。」、「訂約時，僅要保人知危險已發生者，保險人不受契約之拘束。」、「訂約時，僅保險人知危險已消滅者，要保人不受契約之拘束。」可知，保險契約訂立時，要保人及保險人都知悉保險事故已發生者，保險契約無效。若只有要保人一方知悉保險事故已發生者，保險人不受拘束；若訂約時，只有保險人知危險已消滅者，要保人不受契約之拘束。所謂「不受拘束」，並不是無效，而是可以主張其為「無效」，也可以主張其為「有效」，由不受拘束一方決定。

2. 要保人與被保險人的「知悉事實」與「當為義務」

訂約時，被保險人是否罹患疾病，是否懷孕，只有被保險人自己最為明白。法律上關於要保人「知悉某事實」，即應「為一定行為」或會「發生一定法律效果」的規定，對於被保險人亦適用之，因此，訂約時，僅要保人知危險已發生者，保險人固不受契約之拘束，若僅被保險人知危險已發生者，保險人亦不受契約拘束。

3.是否知悉保險事故已經發生的判斷標準

所謂「保險事故已發生」，例如：訂約時被保險人已經懷孕，或訂約時被保險人已經罹患疾病等是。無論懷孕或是疾病，都經過「由無至有」的過程，且是從身體「內部」逐漸醞釀而成的，有時客觀上已經懷孕或罹患疾病，但要保人或被保險人尚不知情，以法律觀點而言，即保險事故已經發生，但要保人或被保險人善意而不知，此時保險契約仍應認為有效。至於要保人或被保險人是否知悉疾病或懷孕事實的判斷標準，一般都採「以客觀跡象為主，主觀認知為輔」，也就是說，主要應該從「外表跡象說」判斷，若自外表所顯示的跡象，足以判斷要保人或被保險人已經罹患疾病或已經懷孕，要保人或被保險人不得諉為不知者，就應該被認定為「知情」；其次才輔以「要保人或被保險人具體上是否知情」為判斷標準，以免掛漏，因此，雖「外表跡象」尚未顯示，但被保險人因為看病或檢查而得知罹患疾病或已經懷孕者，也是「知悉」。

（二）要保人、受益人或被保險人故意致保險事故發生者

1.要保人或受益人故意促使保險事故發生

要保人或受益人故意促使保險事故發生者[21]，保險人不負保險給付責任[22]。所謂要保人或受益人故意促使保險事故發生，例如：要保人或受益人明知自己罹患傳染性疾病，竟不避諱，與被保險人親密往來，致被保險人受到傳染，罹患疾病是。至於因重大過失促使保險事故發生者，保險人是否必須負保險給付責任？

依照保險法第 29 條第 2 項但書文義反面解釋，保險人固然必須負保險給付責任，但是從貫徹民法第 222 條重大過失責任不得預先免除的規定，參考海商法第 131 條關於重大過失所致之損失，保險人免責的規定，立法政策上，採否定說，在體系上較為一貫。

2008 年德國保險契約法，已經改變以往的規定，重大過失不再是保險人免責的事由，而只是減輕給付的事由，主要是配合 2000 年德國民法的新規定，應注意此一立法的新趨勢。

---

[21] 在立法政策上，應該將「重大過失」也列入法定免責事由。
[22] 參照保險法第 29 條第 2 項但書。

2.被保險人故意促使保險事故發生

保險法第 128 條:「被保險人故意自殺或墮胎所致疾病、失能、流產或死亡,保險人不負給付保險金額之責。」,分析本條規定,包括下列四種情況:

⑴被保險人故意罹患疾病,例如:被保險人明知某人罹患愛滋病,竟不避諱,與之親密,致罹患疾病是。

⑵被保險人故意墮胎。

⑶被保險人故意罹患疾病致失能或死亡。

⑷被保險人故意墮胎致失能或死亡。

又依優生保健法的規定,合法的施行人工流產❷,是故意促使事故發生的合法行為,但保險人可否主張免除保險給付責任,須視被保險人之人工流產(墮胎)是否基於其疾病或其他健康原因而定,若是基於治療疾病或其他健康上的原因,則「治療疾病」、「恢復健康」才是「故意」的目的,墮胎只是治療疾病或恢復健康的手段或過程,因此保險人不得拒絕保險給付,所謂「治療疾病」「恢復健康」,例如:「本人或其配偶患有礙優生之遺傳性、傳染性疾病或精神疾病」❷、「本人或其配偶之四親等以內血親患有礙優生之傳染性疾病」❷、「有醫學上理由,足以認定懷孕或分娩有招致生命危險或危害身體或精神健康者」❷、「有醫學上理由,足以認定胎兒有畸型發育之虞者」❷等是。反之,若非為治療疾病或其他恢復健康原因而施行人工流產,例如:「因被強制性交、誘姦、或與依法不得結婚者相姦而受孕者」❷、「因懷孕或生產,將影響其家庭生活者」❷等,則保險人得主張拒絕保險給付。

二、約定免責事由

保險契約當事人得於保險契約,約定保險人的免責事由,例如:

❷　參照優生保健法第 9 條。
❷　優生保健法第 9 條第 1 款。
❷　優生保健法第 9 條第 2 款。
❷　優生保健法第 9 條第 3 款。
❷　優生保健法第 9 條第 4 款。
❷　優生保健法第 9 條第 5 款。
❷　優生保健法第 9 條第 6 款。

1.法定傳染病。

2.美容手術及外科整型。

3.牙齒之治療、鑲補或裝設義齒。

4.本契約訂立日或復效日起三十日內所患之疾病。

5.被保險人未經醫師指示，使用違禁藥品以致疾病、失能或死亡者。

玖 健康保險與代位權

依照保險法第 130 條的規定，保險法第 103 條關於人壽保險的規定，對於健康保險亦準用之。保險法第 103 條規定，人壽保險之保險人，不得代位行使要保人或受益人因保險事故所生對於第三人之請求權。**本條規定雖然準用於健康保險，但是只能在「性質相同」的範圍內準用**，性質上排斥者，不得準用，換句話說，**凡屬於非填補損失性質的，都不可以準用；反之，凡是屬於填補損失性質的，就仍然可以準用**，因此生病致死亡、生病致失能，保險實務上採定額給付，扣除醫療費用等財產上的損失外，應該屬於非財產上的損失，此部分的給付目的都具有享受上的專屬性，依照準用人壽保險相關規定的精神，應該解釋為不可以行使代位權；相對地，醫療費用等屬於財產上的損失，保險給付目的在填補損失，與人壽保險的性質不同，不在保險法第 103 條的準用範圍內，因此依然可以行使代位權。

全民健康保險法第 95 條規定：「保險對象因汽車交通事故，經本保險之保險人提供保險給付後，得向強制汽車責任保險之保險人請求償付該項給付。」、「保險對象發生對第三人有損害賠償請求權之保險事故，本保險之保險人於提供保險給付後，得依下列規定，代位行使損害賠償請求權：一、公共安全事故：向第三人依法規應強制投保之責任保險保險人請求；未足額清償時，向第三人請求。二、其他重大之交通事故、公害或食品中毒事件：第三人已投保責任保險者，向其保險人請求；未足額清償或未投保者，向第三人請求。」、「前項所定公共安全事故與重大交通事故、公害及食品中毒事件之最低求償金額、求償範圍、方式及程序等事項之辦法，由主管機關定之。」

簡單說，本條規定就是全民健康保險契約的保險人（中央健保局），於給付全民健保的被保險人後❸，就被保險人或其他請求權人，可依照強制汽車責任保險

---

❸　如果車禍，全民健保的被保險人就是車禍的被害人。

法對強制汽車責任保險保險人的請求權，以及依照民法對加害人的侵權行損害賠償請求權。在醫療費用的範圍內，可以行使代位權。須注意就醫療費用對強制險的保險人不可以重複行使，以及對強制汽車責任險的保險人的代位請求的數額以不超過保險金額為限。

全民健康保險法第 95 條，中央健保局就醫療給付可以「全數」向強制險的保險人請求的規定，有下列缺點：

1. 中央健保局就其醫療給付「全數」向強制汽車責任險保險人行使代位權，可能超越強制汽車責任險保險人的理賠責任上限，甚至剝奪其法定免責權

修正後的條文要「全數請求」，可能增加保險人的負擔，甚至超過保險金額，破壞保險制度：費用超過 20 萬元，仍然「全數」請求，有很大可能會超過強制險保險人依法醫療責任 20 萬上限。

2. 可能剝奪強制險保險人的法定免責抗辯權

健保局為醫療給付後，若可以「全數」向強制汽車責任保險人請求該項給付，將剝奪強制險保險人依照強保法第 28 條第 1 項可以主張下列兩種法定的免責抗辯：

⑴受害人或其家屬故意行為所致，保險人不負保險給付責任。

⑵受害人或其家屬從事犯罪行為所致，保險人不負保險給付責任。

解決上述缺點的治本方法主要是再度修正全民健康保險法第 95 條，限制中央健保局的代位權的範圍，使不逾強制汽車責任保險人的保險金額，且不影響強制汽車責任保險保險人得主張的免責事由。治標方面則可以由強制汽車責任保險的主管機關金管會，與全民健保的主管機關衛福部（或中央健保局）進行協議，以諒解約定的方式，就全民健康保險法第 95 條第 1 項的代位權範圍進行縮限性的協定。

拾　保險人破產

保險人破產時，受益人對於保險人得請求之保險金額之債權，以其保單價值準備金按訂約時之保險費率比例計算之。要保人破產時，保險契約訂有受益人者，仍為受益人之利益而存在。

投資型保險契約之投資資產，非各該投資型保險之受益人不得主張，亦不得請求扣押或行使其他權利；人壽保險之要保人、被保險人、受益人，對於被保險人之保單價值準備金，有優先受償之權。

習　題

一、選擇題

1. 下列關於健康保險被保險人的敘述，何者正確？

   (A)限於十五歲以上之人，要保人與被保險人必須是同一人。

   (B)不限於十五歲以上之人，要保人與被保險人可以不是同一人。

   (C)限於十五歲以上之人，要保人與被保險人可以不是同一人。

   (D)不限於十五歲以上之人，要保人與被保險人必須是同一人。

2. 保險法施行細則第 4 條第 3 項：「人壽保險人於同意承保前，得預收相當於第一期保險費之金額。保險人應負之保險責任，以保險人同意承保時，溯自預收相當於第一期保險費金額時開始。」之規定，對於人壽保險附加之健康保險是否適用的敘述，何者正確？

   (A)對人壽保險一律適用，對健康保險一律不適用。

   (B)對人壽保險一律適用，對人壽保險附加健康保險也一律適用。

   (C)對人壽保險一律適用，對健康保險一律準用。

   (D)對人壽保險一律適用，對健康保險一律不準用。

3. 下列關於健康保險被保險人與要保人不同時，保險契約是否必須經被保險人同意才能生效的敘述，何者正確？

   (A)不論保險契約的訂定，或是保險金額，都必須獲得被保險人的書面同意。

   (B)不論保險契約的訂定，或是保險金額，都不須獲得被保險人的書面同意。

   (C)保險契約的訂定必須獲得被保險人的書面同意，保險金額不須獲得被保險人的書面同意。

   (D)保險契約的訂定不須獲得被保險人的書面同意，保險金額須獲得被保險人的書面同意。

4. 下列關於健康保險，要保人與被保險人為不同人時，據實說明義務人的敘述，何者最正確？

(A)要保人與被保險人都有據實說明義務。

(B)要保人有據實說明義務，被保險人沒有據實說明義務。

(C)只有被保險人有據實說明義務，要保人沒有據實說明義務。

(D)要保人與被保險人都沒有據實說明義務。

5. 下列關於疾病與傷害區別標準的敘述，何者最主要？

(A)傷害是外來的，疾病是內部的。

(B)傷害是偶發的，疾病不是偶發的。

(C)傷害是猝然發生的，疾病是逐漸形成的。

(D)傷害是激烈的，疾病是溫和的。

6. 下列關於健康保險保險事故的敘述，何者最正確？

(A)限於疾病。

(B)限於分娩。

(C)限於疾病及分娩。

(D)包括疾病、分娩以及因疾病或分娩所致之失能或死亡。

7. 下列關於要保人故意致使被保險人罹患疾病法律效果的敘述，何者正確？

(A)保險人不負保險給付責任。

(B)保險人不負保險給付責任，但應該返還責任準備金。

(C)要保人故意促使保險事故發生，保險人不負保險給付責任，受益人（被保險人）故意促使保險事故發生，喪失受益權。

(D)要保人故意促使保險事故發生，保險人不負保險給付責任，受益人（被保險人）故意促使保險事故發生，得撤銷受益權。

8. 下列關於被保險人故意墮胎致死，保險人是否應負保險理賠責任的敘述，何者正確？

(A)一律必須負責。

(B)一律不須負責。

(C)墮胎基於疾病或其他健康因素者，保險人仍應該為保險給付；墮胎非因疾病或其他健康因素者，保險人得拒絕給付。

(D)墮胎基於疾病或經濟困難者，保險人仍應該為保險給付；其他情形而墮胎者，保險人得拒絕給付。

9.下列關於德國保險契約法疾病保險類型之敘述，何者較為正確？

(A)只有疾病醫療費用保險與住院費用補償保險。

(B)住院費用補償保險、疾病醫療費用保險、疾病短收補貼保險以及長期照顧費用保險。

(C)只有疾病短收補貼保險及長期照護費用保險。

(D)有住院費用補償保險、疾病醫療費用保險、疾病短收補貼保險及短期照護費用保險。

10.下列關於健康保險，要保人、被保險人、受益人的敘述，何者為正確？

(A)要保人、被保險人與受益人必須為同一人。

(B)要保人與受益人不一定是同一人，但被保險人與受益人必須是同一人。

(C)要保人、被保險人與受益人可以是不同一人。

(D)要保人與被保險人必須是同一人，被保險人與受益人可以是不同一人。

11.依照德國保險契約法，下列關於投保健康保險觀察期間的敘述，何者為正確？

(A)不得定觀察期間。

(B)應該定觀察期間。

(C)得定觀察期間，觀察期間長短沒有限制。

(D)得定觀察期間，觀察期間長短應受法律之限制。

參考答案

1. BBAAA	6. DACBB
11. D	

二、問答題

1. 健康保險的保險事故與傷害保險的保險事故有何不同？試說明之。

2. 被保險人在過河涉水時，癲癇症發作，倒入水中，溺水死亡。請問：這是健康保險的保險事故發生，或是意外保險的保險事故發生？試分析回答之。

3. 若訂約時被保險人已經懷孕，但是要保人及被保險人並不知悉，其所訂立的健康保險契約是否有效？又判斷要保人或被保險人是否知悉被保險人已經懷孕的事實，有無標準？試說明之。

4. 被保險人進行人工流產或墮胎，是否都構成被保險人故意促使保險事故發生，保險人得否以此為理由，拒絕保險給付？

5. 要保人明知自己罹患傳染性疾病，但自信不會傳染，乃竟與被保險人親密往來，致被保險人受到傳染罹患疾病，保險人是否應該負保險給付的責任？反之，若被保險人明知某人罹患傳染性疾病，竟不避諱，與之親密，致被感染，請問：保險人是否應該為保險給付？

第二十一章

傷害保險

壹 傷害保險的意義

傷害保險，指要保人有義務向保險人給付保險費，保險人於被保險人遭受外來的意外傷害及其所致失能或死亡時，依約負給付保險金額義務的契約。所謂「外來意外傷害」 是指非由身體內部疾病引起的外來意外事故所致身體的損傷❶ 。2008 年德國保險契約法將傷害保險的「傷害」，以「意外」及「外來」兩個因素為界定要素，其中「意外」是各種保險都必須具備的共同因素，不是傷害保險的獨有因素，「外來因素促使事故發生」才是傷害保險的特色。2008 年德國保險契約法第 178 條第 1 項：「在意外保險，保險人對被保險人因意外事故，或依約視為意外事故的事故所致之損害，負保險給付之責任。被保險人因外來意外事故的觸撞致其健康發生非自願的損害，視為發生意外事故。」，第 2 項：「事故，除非有反證，推定其為非自願。」，特別強調「外來的意外事故」，可以作為傷害保險定義的參考。說明如下：

一、當事人

保險契約的當事人為要保人與保險人。要保人通常就是被保險人，若要保人與被保險人為不同之人時，則不但要保人必須對被保險人有保險利益，而且保險契約的訂定及保險金額都必須經被保險人的書面同意，保險契約才可以生效。

保險人通常為人壽保險公司，但是因為傷害保險的保險給付目的，有部分是在填補被保險人因傷害所發生的財產上損失（醫療費用、住院費用、收入減少、看顧費用），因此產物保險公司經主管機關核准辦理傷害保險者，也可以承保傷害保險❷。

二、關係人

（一）被保險人

傷害保險的被保險人通常就是要保人，但是在例外情況，也可以是要保人以外之第三人❸。不論如何，由於傷害保險的保險事故包括「傷害致死」的類型，

---

❶ 保險法第 131 條第 1 項、第 2 項。

❷ 保險法第 138 條第 1 項。

因此當要保人與被保險人不同時，保險契約必須約定保險金額並且經被保險人的書面同意，才能生效。此外，依保險法第 135 條準用第 107 條第 1 項的規定，訂立傷害保險契約時，若以未滿十五歲之未成年人為被保險人，其傷害致死給付於被保險人滿十五歲之日起才發生效力；另依保險法第 135 條準用第 107 條之 1 第 1 項規定，以受監護宣告尚未撤銷者為被保險人，除喪葬費用之給付外，其餘死亡給付部分無效。此乃因未滿十五歲之人，或心智尚未成熟，或沒有識別能力，遭受意外的可能性較大，雖然有賴傷害保險，以分化危險，提供保障，但是以未滿十五歲之人或受監護宣告尚未撤銷者為被保險人，可能遭遇謀財害命，誘發道德危險，因此分別規定「滿十五歲之日起發生效力」、「除喪葬費用之給付外，其餘死亡給付部分無效」，以杜絕可能風險。

（二）受益人

1.受益人的指定與受益人的擬制（視為）

受益人由要保指定，傷害保險的受益人得為要保人或被保險人❹，而通常情形，受益人與被保險人為同一人居多。

在以「要保人以外之人」為被保險人的情形，且要保人沒有指定受益人的情形，若受益人有疑義，應以何人為受益人？為了貫徹被保險人的保障政策，在未發生死亡事故情形，固然應該將被保險人視為受益人；如果發生死亡事故，則應該進一步作為被保險人（即受益人）的遺產，保險法第 135 條於傷害保險準用保險法第 113 條：「死亡保險契約未指定受益人者，其保險金額作為被保險人之遺產。」也有規定。1908 年德國保險契約法第 179 條第 1 項規定：「意外傷害保險得以要保人自己或第三人為被保險人而訂立。」、「以他人為被保險人而訂立意外傷害保險契約時，有疑義時，視為為該他人的利益而訂立。」，文字的形式雖然與我國保險法的規定不同，但實質結果卻是相同。因為依照我國保險法的規定，是「保險金額作為被保險人的遺產」，應該由被保險人的繼承人繼承，保險金納入課徵遺產稅的範圍，而依照德國保險契約法前揭條文，保險契約視為「為該他人（被保險人）的利益」而訂立，由於 1908 年德國保險契約法第 179 條第 2 項規定：

---

❸　1908 VVG §179(1)(2).

❹　保險法第 135 條準用第 110 條第 1 項。

「將被保險人視為受益人」，其結果，給付予受益人的保險金，就等同給付予被保險人保險金，在被保險人死亡情況下，則保險給付豈非等同被保險人的遺產❺。

受益人若與被保險人為不同之人，將涉及保險契約訂立時，應該將受益人的姓名披露，作為被保險人表示同意的判斷依據。保險金額約定為被保險人死亡時，給付於其所指定之受益人者，其金額不得作為被保險人之遺產❻。

2.要保人變更權的保留

保險法第 135 條準用保險法第 111 條：「受益人經指定後，要保人對其保險利益，除聲明放棄處分權者外，仍得以契約或遺囑處分之。」、「要保人行使前項處分權，非經通知，不得對抗保險人。」要保人是否放棄處分權者有疑義時，視為仍然保留指定受益人之權利。要保人得不經保險人的同意，更換受益人。保險契約雖已載明受益第三人的姓名，除有拋棄處分權之表示外❼，要保人仍得更換受益人。

3.受益權的確定與撤銷

在第三人為受益人的情形，以保險事故發生時，受益人仍然生存，而且受益權沒有被更換為條件，才確定享有受益權❽。受益人在確定享有受益權前，只是擁有期待權，此種期待權隨時可能被要保人更換，因此保險法第 114 條規定：「受益人非經要保人之同意，或保險契約載明允許轉讓者，不得將其利益轉讓他人。」，條文所謂「經要保人之同意，或保險契約載明允許轉讓」，實際上就是要保人拋棄其更換受益人的權利，此時受益人的期待權較為確定❾，因此法律許可受益人將其利益轉讓他人。

4.受益人的持分

數人被指定為受益人而未指定各受益人之持分者，各受益人之持分相等。任何受益人喪失受益權者，其持分由其他受益人依各自持分之比例分配之，保險法雖然沒有明文規定，但是應該如此解釋❿。在要保人同時就是被保險人，而且以

---

❺ 1908VVG §179(1)(2).

❻ 保險法第 136 條準用第 112 條。

❼ 此之處分權指以單方意思表示更換受益人之權利。

❽ 保險法第 135 條準用第 110 條第 2 項。

❾ 受益權的確定還必須保險事故發生時，受益人仍然生存。

❿ 1908VVG §§180, 166(1).

被保險人的繼承人為受益人時，若被保險人因「傷害致死」之保險事故發生，則各繼承人，除保險契約另有訂定外，應依其應繼分的比例分配受益權。繼承人喪失繼承權者，並不喪失受益權❶。

貳　據實說明義務

一、據實說明義務人

要保人有據實說明義務，若要保人與被保險人為不同之人，則被保險人也有據實說明義務，因為被保險人的身體狀況，只有被保險人自己知之最稔，其回答保險人的問題，最能符合真實。

二、「要保人知悉某事實，則當為某行為，否則將發生一定不利的法律效果」的規定，在要保人與被保險人不同時，對被保險人一樣適用

德國 1908 年及 2008 年保險契約法都有許多關於要保人「知悉 (die Kenntnis)」某事實時，有為「某行為 (das Verhalten)」的義務，若要保人不踐行「某行為」，將有「一定的不利法律效果」的規定，例如：要保人若「知悉」被保險人有肝病的事實，在申請保險時，對於要保申請書上的問題，即有「據實說明的義務」，要保人若違背據實說明義務，則會有保險人可以「解除契約」的法律效果。又如：要保人「知悉」有危險發生之事實時，原則上即有「於五日內通知保險人的義務」，若是要保人違反該通知義務時，將有保險人可以請求「損害賠償」的法律效果。凡此種種，保險法所課予要保人「知悉某事實」則「當為某行為」，若不踐行某行為，將發生一定不利的法律效果的規定。在傷害保險，若要保人與被保險人為不同之人時，對於被保險人亦適用之❷。2008 年德國保險契約法第 179 條第 3 項規定：「前項情形，在判斷要保人的知悉或行為在本法的法律意義時，第三人（被保險人）的知悉與行為應該並予考慮。」，也就是在判斷要保人是否知悉某事實、是否違反某義務時，若要保人與被保險人不同，則應該將被保險人是否知情，是否違反某義務，也一併納入考慮。

---

❶　1908 VVG §§180, 166(2).

❷　1908 VVG §179(4)。

參 傷害保險契約的訂定與內容

一、傷害保險契約的訂定

（一）傷害保險契約的成立及生效

　　傷害保險契約是諾成契約，因要保人與保險人的意思表示合致而成立。理論上，要保人即使尚未繳交保險費，只要保險人同意，保險契約就可以生效，但實務上，傷害保險單示範條款第 3 條約定：「本契約的保險期間，以本契約保險單上所載日時為準。」

（二）人壽保險附加傷害保險的生效

　　傷害保險有時附加在人壽保險，例如：生存死亡兩合保險附加傷害保險，此時傷害保險的「生效時間」應與其所附加的生存死亡兩合保險的「生效時間」相同。在人壽保險附加傷害保險，若人壽保險以保險人「同意承保為條件」才能生效時，則傷害保險，也一樣以保險人「同意承保為條件」，才能生效。不唯如此，附加傷害保險的生效時間，也與人壽保險生效時間相同，如果人壽保險契約以保險人同意承保為條件回溯到預收第一期保險費之時生效，則所附加的傷害保險契約也一樣隨同人壽保險契約回溯生效[13]。保險法施行細則第 4 條第 3 項：「人壽保險人於同意承保前，得預收相當於第一期保險費之金額。保險人應負之保險責任，以保險人同意承保時，溯自預收相當於第一期保險費金額時開始。」訂有明文。

（三）要保人與被保險人不同時，必須獲得被保險人的書面同意

　　第三人傷害保險契約（要保人與被保險人不同），未經被保險人書面承認，並約定保險金額者，其契約無效[14]。1908 年德國保險契約法第 179 條第 2 項規定：「意外傷害保險契約係以第三人為被保險人，以要保人自己為受益人時，必須獲得該第三人書面同意，契約才能生效，第三人若為無行為能力人或限制行為能力

---

[13]　保險法施行細則第 4 條。
[14]　保險法第 135 條準用第 105 條第 1 項。

人，或受監護人，而要保人剛好是其法定代理人時，不得同時代理行使同意的表示。」，該規定只有在「以要保人為受益人」時，才有適用的必要，因為只有在「以要保人為受益人」才有道德風險的疑慮。若保險契約約定「以被保險人為受益人」，則沒有道德風險的顧慮，可以不經過被保險人同意，我國傷害保險關於依照保險法第 135 條準用保險法第 105 條時，應該採取相同的解釋。

又被保險人若是「無行為能力人或限制行為能力人或受監護人，而要保人剛好是其法定代理人時，不得同時又代理行使同意的表示」，假若容許要保人一方面訂定傷害保險契約，另一方面又以被保險人法定代理人的身分代理表示同意，則法律設計用「被保險人的同意」防阻潛在道德風險的機制就完全遭到破壞。

二、傷害保險契約的內容

傷害保險契約的內容，包括共同基本條款、種類基本條款以及特約條款等。共同基本條款，應記載保險法第 55 條所列舉的「共同基本條款」所列事項；種類基本條款，必須記載保險法第 132 條的「種類基本條款」所列事項。特約條款，則是當事人，就共同基本條款及種類基本條款之外，另外視實際需要，確認過去存在某事實、承諾現在正在進行某行為或將來履行某義務的約定，特約條款的目的在了解風險、控制風險。保險法第 55 條規定各種保險共同基本條款，保險法第 132 條規定傷害保險的種類基本條款，保險法第 132 條種類基本條款與保險法第 55 條共同基本條款，彼此有「補充關係」與「替代關係」：

（一）補充關係

保險法第 132 條第 2 款：「受益人之姓名及與被保險人之關係或確定受益人之方法。」，用以補充保險法第 55 條規定之不足，且係基於傷害保險的特殊需要所為的補充規定。

（二）替代關係

保險法第 132 條第 1 款：「被保險人之姓名、年齡、住所及與要保人之關係」，用以替代保險法第 55 條第 2 款：「保險標的物」，此乃因財產保險有「保險標的物」之觀念，但在人身保險作為保險事故發生與否之基準者，則稱為「被保險人」。傷害保險為人身保險之一種，因此應以「被保險人」替代「保險標的物」。

肆 保險事故

一、傷害保險的保險事故

傷害保險的保險事故包括「**遭受意外傷害**」、「**遭受意外傷害致失能**」、「**遭受意外傷害致死亡**」三種情況。不論如何,危險的發生,必須具有「偶發性」以及「外來性」兩個要素,其中「偶發性」是各種保險共同具有的常素,只有「外來性」才是傷害保險的特有的要素。

2008 年德國保險契約法第 178 條規定:「⑴在意外傷害保險,保險人對於被保險人所遭受的意外事故或依約視為意外事故所受的損害,應負約定的保險給付的責任。⑵被保險人因外來意外事故的碰撞,致生非自願的健康損害,為意外事故發生。意外事故,除非有反證,推定其為非自願發生。」,也是強調「意外性」與「外來性」,其中又以「外來性」最為重要。至於「非自願的健康損害」可以理解為「非故意的健康損害」,是消極條件,傷害若是因為被保險人的故意行為所致,保險人依法可以免責。

(一)意外性或偶發性──共同要素

意外性必須含有不可預期的「意外」或「偶發」因素。若不是因為偶發或意外所導致,例如:故意挑釁,造成傷害,由於挑釁行為本來即可預見將遭受反擊,其因此造成之傷害並非意外傷害。又如:地震帶上、颱風帶上,因通常規模的地震或颱風造成的傷害,原本就在預期之中,不得視為意外。反之,若一言不合,群起鬥毆所發生的傷害,即具有偶發性,因此而發生之傷害,即應列入意外傷害;地震帶上異常的強烈地震、颱風帶的異常的超強颱風,都具有偶發性,其所造成的傷害,也是意外傷害,至於非地震帶發生的地震,非颱風帶刮起的颱風,則當然具有偶發性,其因此所生的傷害,當然是意外傷害。實務上,地震或颱風的損失,規模都十分龐大,即是具有偶發性,實務上多以約定加以排除或限額承保。

偶發性是各種各類保險的共同要素,並不能凸顯傷害保險的特色,但是作為傷害保險的常素,來界定傷害保險,並沒有錯誤。

（二）外來性——特別要素

傷害保險危險事故的「危險」必須出自「外來」，因此「酒後反逆嘔吐物阻塞呼吸道窒息致死」即非外來意外事故所引起，不在傷害保險給付之範圍❶。2008年德國保險契約法第178條第1項將傷害保險界定為：「在意外傷害保險，保險人對於被保險人所遭受的意外事故或依約視為意外事故所受的損害，應負約定的保險給付責任。」，至於何謂傷害，該條第2項規定：「被保險人因外來意外事故的觸撞，致生非自願的健康損害，為意外事故發生。意外事故，除非有反證，推定其為非自願發生。」，強調傷害必須出自「外來的觸撞」。

所謂「傷害致失能」包括「因意外直接失能」及「因意外致在一定期間內發生失能」，關於後者，實務上常以契約約定只要「失能」之事實於「意外發生」後一定期間（例如：一百八十天）內發生❶，就視為有因果關係，此猶如我國古代之保辜制度的「辜限」一樣，古代的辜限，就是因果關係的期限，如果傷害之後，受傷者在辜限內死亡，就視為死亡是因為傷害所致，其間存在有因果關係。

所謂「傷害致死」，如同傷害致失能一樣，包括「因意外而直接死亡」及「因意外致在一定期間內死亡」，關於後者，實務上也以契約約定只要「死亡」之事實於意外發生後一定期間（例如：一百天）內發生，均認為有因果關係，此亦猶如我國固有法之保辜制度的「辜限」一樣❶。

傷害保險的理賠，如何認定「永久性傷殘」是重要問題，2008年德國保險契約法將傷殘分為「永久性傷殘」與「視為永久性傷殘」：「永久性傷殘」是指被保險人的身體或精神上因為意外事故而得永久性的傷殘。被保險人永久性傷殘時，保險人有依約定金額給付的義務❶。「視為永久性傷殘」是指傷殘預期持續三年以上，其情形無法期待改善時，視為永久性傷殘❶。德國的上述立法可以作為參考。

---

❶ 最高法院86年台上字第1043號判決。

❶ 傷害保險單示範條款第5條第1項：「被保險人於本契約有效期間內遭受第2條約定的意外傷害事故，自意外傷害事故發生之日起一百八十日以內致成附表所列28項失能程度之一者，本公司給付失能保險金，其金額按該表所列之給付比例計算。」

❶ 保辜制度主要用於人身的侵害，而且使用的器物危險性越大，辜限也越長，例如：唐律疏議卷21解釋保辜為：「諸保辜者，手足毆傷人限十日，以他物毆傷人者二十日，以刃及湯火傷人者三十日，折跌支體及破骨者五十日。」

❶ 2008年德國保險契約法第180條前段。

與傷害致失能不同的是「職業殘障」，職業殘障主要是以工作能力的喪失為要件❷，傷害致失能則不然，保險法對職業殘障沒有明確定義，2008 年德國保險契約法將職業殘障定義為「職業殘障是指任何人，因疾病、傷害、或遠遜同年齡一般人的正常體力，致可能全部或部分長期地無法如同身體殘障前一樣繼續從事最近期間的職業工作。」❷，2008 年德國保險契約法關於職業殘障的原因，並不限於「傷害」，而且還包括「疾病」、「體力喪失」；職業殘障的認定並不適用「保辜期限制度」，而是視被保險人是否「全部或一部長期地無法如同身體殘障前一樣繼續從事最近期間的職業工作」而定。保險人對於被保險人在保險契約生效後發生之任何職業殘障事故，只要符合職業殘障的標準，就有給付約定數額的義務❷。保險人得與要保人另外約定，以被保險人不願或無法從事依其訓練、技術以及依其身體殘障現況相應的職業為保險人保險給付的前提條件❷。2008 年德國保險契約法的上開規定，也可以作為立法的參考。

論者或將「猝然性」也納入傷害保險的界定因素，此一論點有待斟酌。因為「猝然性」，必須具有「事起倉促」的性質，雖然多數傷害都事起倉促，具有猝然性，但也不乏傷害是逐漸形成的，例如：運動傷害，多數是日積月累逐漸形成的。疾病固然多數是從身體內部逐漸醞釀而來的，但是也有瞬間發生的，例如：猛暴性肝炎。因此用「猝然性」區別傷害保險與疾病保險的標準，並不適宜。

二、傷害保險與其他原因的因果或競合關係

疾病、衰老與意外事故的結合關係，有時是「前後關係」，就是先有疾病、衰老，然後導致意外事故，再發生傷害、失能、死亡；另外一種是「競合關係」，也就是疾病、衰老與意外事故相互結合，導致傷害、失能、死亡的發生。不論前者或是後者，如果兩個或多個原因都在承保範圍內，則保險人當然有理賠義務，但是，若是有些原因在承保範圍內，有些原因卻不屬於承保的範圍（也就是除外不保），或是傷害保險、疾病保險分別由不同的保險公司承保，則保險人究竟有無理

---

❶ 2008 年德國保險契約法第 180 條後段。
❷ 2008 年德國保險契約法第 177 條第 2 項。
❷ 2008 年德國保險契約法第 172 條第 2 項。
❷ 2008 年德國保險契約法第 172 條第 1 項。
❷ 2008 年德國保險契約法第 172 條第 3 項。

賠義務或是應該由那個保險公司負責？保險法沒有明文規定。德國與美國基本上都尊重契約自由原則，依照當事人的約定，具體的規定如下：

（一）德國保險契約法第 182 條（競合原因的舉證責任）

約定疾病或衰老與意外事故結合而損害健康，或疾病或衰老導致保險意外事故的發生時，保險金額得免除或減少者，保險人對於免除或減少給付的事由，應負舉證責任❷。德國保險契約法的上述規定，雖然是針對舉證責任而作的規定，但是值得注意的有三點：

1.本條規定揭示原因競合有同時與先後兩種類型。

2.理賠方法尊重保險契約的約定，甚至可以約定免除或減少保險給付。

3.如果約定免除或減少保險給付，保險人對於免除或減少保險給付的事由，必須負舉證責任。

（二）美國法院原則上採主力近因原則

美國法院原則上採主力近因原則，也就是在前後或競合的數個原因中，經鑑定結果，若主力近因在承保範圍，則保險人有理賠義務；反之，若主力近因是屬於除外不保的範圍，則保險人就沒有為保險理賠的義務。但是這是指契約沒有特別約定的情形而言。當事人可以透過保險契約的約定，約定數個原因中有一個除外不保時，就全部不保，該約定還是有效。State Farm Fire and Casualty Co. v. Bongen 一案雖然是財產保險，但是此一原則，在兼具財產保險性質的疾病保險、傷害保險的競合，可以適用。

伍 保險費

一、傷害保險保險費的性質

保險費，是由要保人給付予保險人，作為保險人承擔風險及保險給付的對價。實務上，保險費多依保險金額乘以平均保險費率。**傷害保險有濃烈財產保險性質**，因此傷害保險的保險費得以提起訴訟方式請求，產物保險公司經過主管機關核准，也可以經營意外險或傷害保險。

---

❷　2008 年德國保險契約法第 182 條。

二、保險費的代繳

要保人與被保險人、受益人不同時，若要保人怠於繳納保險費，被保險人或受益人得以利害關係人的身分代為繳納，保險人不得拒絕❷❺。

三、效力停止與恢復效力

依照保險法第 135 條的規定，保險法第 116 條關於人壽保險保險費遲延繳納導致保險契約的停止效力，與停止效力契約恢復效力的規定，對於傷害保險可以準用：

（一）保險契約的停止效力

傷害保險的保險費到期未交付者，除契約另有訂定外，經催告到達後屆三十日仍不交付時，保險契約之效力停止❷❻。催告應送達於要保人，或負有交付保險費義務之人之最後住所或居所，保險費經催告後，應於保險人營業所交付之❷❼。

（二）停止效力契約的恢復效力

停止效力之保險契約，於停止效力之日起六個月內清償保險費、保險契約約定之利息及其他費用後，自翌日上午零時起，恢復其效力。要保人於停止效力之日起六個月後申請恢復效力者，保險人得於要保人申請恢復效力之日起五日內要求要保人提供被保險人之可保證明，除被保險人之危險程度有重大變更已達拒絕承保外，保險人不得拒絕其恢復效力❷❽。保險人未於前項規定期限內要求要保人提供可保證明或於收到前項可保證明後十五日內不為拒絕者，視為同意恢復效力❷❾。保險契約所定申請恢復效力之期限，自停止效力之日起不得低於二年，並不得遲於保險期間之屆滿日❸⓿。保險人於前項所規定之期限屆滿後，有終止契約之權❸❶。

❷❺ 保險法第 135 條準用第 115 條，民法第 311 條。
❷❻ 保險法第 135 條準用第 116 條第 1 項。
❷❼ 保險法第 135 條準用第 116 條第 2 項。
❷❽ 保險法第 135 條準用第 116 條第 3 項。
❷❾ 保險法第 135 條準用第 116 條第 4 項。
❸⓿ 保險法第 135 條準用第 116 條第 5 項。

陸 保險給付

要保人或被保險人於保險事故發生後，有為保險事故發生的通知義務。受益人在消滅時效完成前得請求保險給付。保險人受到請求後，原則上從受請求之日起十五天內，必須為保險給付，若有遲延，必須給付遲延利息。關於保險人收到保險事故發生的通知後，是否有告知被保險人或受益人關於請領保險給付必要資訊的義務，保險法沒有規定，2008 年德國保險契約法規定，要保人將發生保險事故之事實通知保險人時，保險人應該以書面方式提供關於其請求理賠必須遵守的前提條件、開始日期、最終期限。保險人未提供以上資訊時，不得以要保人不遵守期限為理由，拒絕理賠❷。上述規定，保護保險消費者的色彩濃烈，符合保險業作為定型化條款的使用人，交涉機會、交涉能力較強；而要保人、被保險人或受益人的交涉機會、交涉能力相對較低，法理上對要保人、被保險人及受益人有特別保護必要的思潮，可以為保險法修正之參考。

此外，傷害保險經常涉及「傷殘等級的認定」、「是否屬有理賠責任」、「理賠責任的大小」以及「理賠的時限」等問題，保險法的規定未臻明確，2008 年德國保險契約法規定，保險理賠的請求提出後，保險人應於評估所需文件提交後一個月內以書面通知其是否有保險理賠責任以及其責任的大小。申請殘障保險時，上述期限為三個月❸。

一、定額給付與填補損失的給付

保險金額是保險人在保險期間負擔保險理賠責任的上限，如果保險期間內發生數次保險事故，保險人應該為數次的理賠，該數次理賠的總額也不超過保險金額。

保險金額在「傷害致失能」及「傷害致死亡」兩種情形，都採用定值保險，換句話說，若「傷害致失能」，只要有失能的事實發生，就依照契約所列失能器官類別、失能等級差異之不同，給付依保險金額乘以一定比例計算的保險金；在「傷害致死」，一有死亡的事實發生，則一律依約定保險金額給付。但在傷害而未致失

---

❸ 保險法第 135 條準用第 116 條第 6 項。

❷ 2008 年德國保險契約法第 186 條。

❸ 2008 年德國保險契約法第 187 條第 1 項。

能或傷害而未致死亡情形，給付內容可以包括醫療費用、住院費用、看護費用與收入減少的損失，具體內容必須視契約的約定而定，但仍然以保險金額為最高限額。若由於被保險人怠於治療或因被保險人身體之障礙致傷害加重者，保險人得酌減保險給付。

強制汽車責任保險法的保險給付，分為傷害醫療費用給付、殘廢給付與死亡給付。傷害醫療費用給付目的在填補財產上的損失，最高新臺幣 20 萬元整；殘廢給付依照殘廢程度有不同的定額給付、死亡給付則固定為新臺幣 200 萬元，後二者都採定額給付，給付的目的都不在填補財產損失。

二、傷殘的分類

保險實務上傷害保險給付，常依下列失能程度與保險金給付表為之：

表 21-1

項目		項次	失能程度	失能等級	給付比例
1 神經	神經障害	1-1-1	中樞神經系統機能遺存極度障害，包括植物人狀態或氣切呼吸器輔助，終身無工作能力，為維持生命必要之日常生活活動，全須他人扶助，經常需醫療護理或專人周密照護者。	1	100%
		1-1-2	中樞神經系統機能遺存高度障害，須長期臥床或無法自行翻身，終身無工作能力，為維持生命必要之日常生活活動之一部分須他人扶助者。	2	90%
		1-1-3	中樞神經系統機能遺存顯著障害，終身無工作能力，為維持生命必要之日常生活活動尚可自理者。	3	80%
		1-1-4	中樞神經系統機能遺存障害，由醫學上可證明局部遺存頑固神經症狀，且勞動能力較一般顯明低下者。	7	40%
		1-1-5	中樞神經系統機能遺存障害，由醫學上可證明局部遺存頑固神經症狀，但通常無礙勞動。	11	5%
2 眼	視力障害	2-1-1	雙目均失明者。	1	100%
		2-1-2	雙目視力減退至 0.06 以下者。	5	60%
		2-1-3	雙目視力減退至 0.1 以下者。	7	40%
		2-1-4	一目失明，他目視力減退至 0.06 以下者。	4	70%

		2–1–5	一目失明，他目視力減退至 0.1 以下者。	6	50%
		2–1–6	一目失明者。	7	40%
3耳	聽覺障害	3–1–1	兩耳鼓膜全部缺損或兩耳聽覺機能均喪失 90 分貝以上者。	5	60%
		3–1–2	兩耳聽覺機能均喪失 70 分貝以上者。	7	40%
4鼻	缺損及機能障害	4–1–1	鼻部缺損，致其機能永久遺存顯著障害者。	9	20%
		4–1–2	鼻未缺損，而鼻機能永久遺存顯著障害者。	11	5%
5口	咀嚼吞嚥及言語機能障害	5–1–1	永久喪失咀嚼、吞嚥或言語之機能者。	1	100%
		5–1–2	咀嚼、吞嚥及言語之機能永久遺存顯著障害者。	5	60%
		5–1–3	咀嚼、吞嚥或言語構音之機能永久遺存顯著障害者。	7	40%
6胸腹部臟器	胸腹部臟器機能障害	6–1–1	胸腹部臟器機能遺存極度障害，終身不能從事任何工作，經常需要醫療護理或專人周密照護者。	1	100%
		6–1–2	胸腹部臟器機能遺存高度障害，終身不能從事任何工作，且日常生活需人扶助。	2	90%
		6–1–3	胸腹部臟器機能遺存顯著障害，終身不能從事任何工作，但日常生活尚可自理者。	3	80%
		6–1–4	胸腹部臟器機能遺存顯著障害，終身祇能從事輕便工作者。	7	40%
	臟器切除	6–2–1	任一主要臟器切除二分之一以上者。	9	20%
		6–2–2	脾臟切除者。	11	5%
	膀胱機能障害	6–3–1	膀胱機能完全喪失且無裝置人工膀胱者。	3	80%
7軀幹	脊柱運動障害	7–1–1	脊柱永久遺存顯著運動障害者。	7	40%
		7–1–2	脊柱永久遺存運動障害者。	9	20%
8上肢	上肢缺損障害	8–1–1	兩上肢腕關節缺失者。	1	100%
		8–1–2	一上肢肩、肘及腕關節中，有二大關節以上缺失者。	5	60%
		8–1–3	一上肢腕關節缺失者。	6	50%

手指缺損障害	8-2-1	雙手十指均缺失者。	3	80%
	8-2-2	雙手兩拇指均缺失者。	7	40%
	8-2-3	一手五指均缺失者。	7	40%
	8-2-4	一手包含拇指及食指在內，共有四指缺失者。	7	40%
	8-2-5	一手拇指及食指缺失者。	8	30%
	8-2-6	一手包含拇指或食指在內，共有三指以上缺失者。	8	30%
	8-2-7	一手包含拇指在內，共有二指缺失者。	9	20%
	8-2-8	一手拇指缺失或一手食指缺失者。	11	5%
	8-2-9	一手拇指及食指以外之任何手指，共有二指以上缺失者。	11	5%
上肢機能障害	8-3-1	兩上肢肩、肘及腕關節均永久喪失機能者。	2	90%
	8-3-2	兩上肢肩、肘及腕關節中，各有二大關節永久喪失機能者。	3	80%
	8-3-3	兩上肢肩、肘及腕關節中，各有一大關節永久喪失機能者。	6	50%
	8-3-4	一上肢肩、肘及腕關節均永久喪失機能者。	6	50%
	8-3-5	一上肢肩、肘及腕關節中，有二大關節永久喪失機能者。	7	40%
	8-3-6	一上肢肩、肘及腕關節中，有一大關節永久喪失機能者。	8	30%
	8-3-7	兩上肢肩、肘及腕關節均永久遺存顯著運動障害者。	4	70%
	8-3-8	兩上肢肩、肘及腕關節中，各有二大關節永久遺存顯著運動障害者。	5	60%
	8-3-9	兩上肢肩、肘及腕關節中，各有一大關節永久遺存顯著運動障害者。	7	40%
	8-3-10	一上肢肩、肘及腕關節均永久遺存顯著運動障害者。	7	40%
	8-3-11	一上肢肩、肘及腕關節中，有二大關節永久遺存顯著運動障害者。	8	30%
	8-3-12	兩上肢肩、肘及腕關節均永久遺存運動障害者。	6	50%
	8-3-13	一上肢肩、肘及腕關節均永久遺存運動障害者。	9	20%
手指機能障害	8-4-1	雙手十指均永久喪失機能者。	5	60%
	8-4-2	雙手兩拇指均永久喪失機能者。	8	30%
	8-4-3	一手五指均永久喪失機能者。	8	30%

		8-4-4	一手包含拇指及食指在內，共有四指永久喪失機能者。	8	30%
		8-4-5	一手拇指及食指永久喪失機能者。	11	5%
		8-4-6	一手含拇指及食指有三手指以上之機能永久完全喪失者。	9	20%
		8-4-7	一手拇指或食指及其他任何手指，共有三指以上永久喪失機能者。	10	10%
9 下肢	下肢缺損障害	9-1-1	兩下肢足踝關節缺失者。	1	100%
		9-1-2	一下肢髖、膝及足踝關節中，有二大關節以上缺失者。	5	60%
		9-1-3	一下肢足踝關節缺失者。	6	50%
	縮短障害	9-2-1	一下肢永久縮短五公分以上者。	7	40%
	足趾缺損障害	9-3-1	雙足十趾均缺失者。	5	60%
		9-3-2	一足五趾均缺失者。	7	40%
	下肢機能障害	9-4-1	兩下肢髖、膝及足踝關節均永久喪失機能者。	2	90%
		9-4-2	兩下肢髖、膝及足踝關節中，各有二大關節永久喪失機能者。	3	80%
		9-4-3	兩下肢髖、膝及足踝關節中，各有一大關節永久喪失機能者。	6	50%
		9-4-4	一下肢髖、膝及足踝關節均永久喪失機能者。	6	50%
		9-4-5	一下肢髖、膝及足踝關節中，有二大關節永久喪失機能者。	7	40%
		9-4-6	一下肢髖、膝及足踝關節中，有一大關節永久喪失機能者。	8	30%
		9-4-7	兩下肢髖、膝及足踝關節均永久遺存顯著運動障害者。	4	70%
		9-4-8	兩下肢髖、膝及足踝關節中，各有二大關節永久遺存顯著運動障害者。	5	60%
		9-4-9	兩下肢髖、膝及足踝關節中，各有一大關節永久遺存顯著運動障害者。	7	40%
		9-4-10	一下肢髖、膝及足踝關節均遺存永久顯著運動障害者。	7	40%
		9-4-11	一下肢髖、膝及足踝關節中，有二大關節永久遺存顯著運動障害者。	8	30%

	9-4-12	兩下肢髖、膝及足踝關節均永久遺存運動障害者。	6	50%
	9-4-13	一下肢髖、膝及足踝關節均永久遺存運動障害者。	9	20%
足趾機能障害	9-5-1	雙足十趾均永久喪失機能者。	7	40%
	9-5-2	一足五趾均永久喪失機能者。	9	20%

　　保險人針對殘障的保險給付功能是「因殘障而不能從事供應其生活的工作」而不只是「不能從事任何工作」❸❹，換句話說，殘障的被保險人所期待的是，保險給付能夠填補其因殘障不能從事供應其生活的工作的損失 (against the inability to engage in a job paying a living wage)，而非不能填補從事任何工作之損失 (not merely any job)。

三、德國相關規定的借鑑

　　2008 年德國保險契約法關於傷殘有更詳細的規定：

---

❸❹　Mossa v. Provident Life and Casualty Insurance 36 F. Supp. 2d 524 (1999).
　　本案的法律事實是：原告 Mossa 是一位水管承攬商的受僱人，與本案被告 Provident（保險人）訂有保險契約。一天，原告在工地裝置蒸汽機時，從一樓高度跌下，兩根腳骨受傷。原告向保險人請求給付保險金，但是保險人只給付兩年的數額。其後，保險人通知原告，在付完兩年的保險金之後，保險人將停止繼續給付，因為原告已經可以回到有給職的職業 (was able to return to gainful occupation)。保險單約定，在給付兩年份的保險金之後，假若被保險人不能從事有給職的職業，而一般人透過教育、訓練及試驗卻可以從事該工作時，保險給付將被停止。原告對此不同意，提起訴訟。
　　主要的法律爭點是：殘障保險的被保險人是否得期待保險契約所提供之保障是針對「不能從事供應其生活的工作」，而非「不能從事任何工作」？
　　本判決是由 Gearie J. 法官做成判決指出：殘障保險的被保險人的期待保險契約所保障者為「因殘障致不能從事供應其生活的工作」，而「不只是不能從事任何工作」。保險契約的「其他職業約款」在判例法中，曾作不同的解讀。其中某些裁判的觀點是：「薪水的比較 (salary comparison)」及「工資的分析 (wage analysis)」尚非完全妥適的考慮因素。但是無論如何，這些因素都是最重要的，特別是考量被保險人的期待。在決定被保險人是否「完全殘障，無法再工作」這一點，對於該殘障人而言，「從財務觀點，僱用的適當性」應該特別考慮。此外，還應該考慮被保險人的教育、訓練、年齡及其他影響僱用的相關因素。總之，被保險人的傷殘程度、將來再度接受僱用所需的教育、訓練及實習都是陪審團應該斟酌的因素。被告所為簡式判決之請求，應該駁回。

（一）傷殘分為永久性傷殘與非永久性傷殘

傷殘分為「永久性傷殘」與「非永久性傷殘」。傷殘，除了永久性傷殘以外都是非永久性傷殘。永久性傷殘，可以是精神的、也可以是身體的，也可以是精神及身體的，但必須是因為意外事故引起的，2008 年德國保險契約法第 180 條規定：「被保險人的身體或精神上因為意外事故而得永久性的傷殘時，保險人有依約定金額給付的責任。傷殘預期持續三年以上，其情形無法期待改善時，視為永久性傷害。」

（二）針對申請保險理賠，規定保險人的答覆時限

保險理賠的請求提出後，保險人應於評估所需文件提交後一個月內以書面通知其是否有保險理賠責任以及其責任的大小。申請殘障保險時，上述期限為三個月 ❸❺。

（三）規定保險給付的履行期限

保險人承認其有保險理賠義務，或要保人與保險人對於請求的理由及數額達成協議時，保險給付必須於兩個月內為之。保險給付義務只有部分確定時，因要保人的請求，保險人有預先支付相當部分保險給付的義務。

（四）建立傷殘等級重新評估制度

2008 年德國保險契約法第 188 條規定：「殘障保險的保險給付達成合意後，當事人（保險人與保險單持有人）每年均得要求就被保險人的殘障等級進行評估，但以從最近一次事故發生後不逾三年為限。在幼兒意外傷害保險，得請求將評估年限酌予延長。保險人通知其有保險給付的責任時，必須告知保險單持有人其每年有權要求重新評估殘障等級。保險人未告知者，不得以保險單持有人年度重新評估殘障等級的請求逾期為理由，而有所主張。」

柒　傷害保險保險人之免責

一、法定免責事由

傷害保險在以下情況發生危險事故者，保險人得免責：

---

❸❺　2008 年德國保險契約法第 187 條第 1 項。

1.要保人故意促使保險事故發生❸❻

2.被保險人故意自殺或因犯罪行為所致傷害、失能、死亡，保險人不負給付保險金額之責任❸❼

3.受益人故意傷害被保險人者，無請求保險金額之權。受益人故意傷害被保險人未遂時，被保險人「得撤銷」其受益權利❸❽

所謂「故意傷害被保險人」，是指受益人的行為是「故意」、「不法」，而且確實發生傷害的結果，或是預見其「不法行為」將導致傷害結果的發生，而該結果的發生並不違反其本意。所謂「故意傷害被保險人未遂」，是指受益人主觀上雖然有傷害被保險人的意思，但是客觀上並未造成傷害的結果而言。受益人故意傷害被保險人未遂時，被保險人得撤銷受益人的受益權，其撤銷的方法，以意思表示為之已足，不以提起訴訟為必要，又被保險人撤銷受益人之受益權時，須通知保險人始得對抗保險人。

1908 年德國保險契約法一方面規定要保人故意或重大過失不法促使保險事故發生者，保險人不負保險給付之責❸❾。此外，也就被保險人是否自願受傷的舉證責任加以規定，亦即保險人的責任視被保險人是否「自願受傷害」而不同，只有在非自願受傷害情形，保險人才負保險給付的責任，若是自願受傷害，則保險人不負保險給付的責任。**被保險人是否「自願受傷害」有疑義時，推定被保險人是「非自願受傷害」，但有相反之證明者，不在此限❹⓿**。當事人間有不同於上述約定致不利於被保險人者，保險人不得主張該約款❹❶。

針對上述規定，2008 年德國保險契約法第 183 條修正：「在第 179 條第 2 項情形（按：指要保人以他人為被保險人的情形，包括：父母親以其未成年子女、監護人以受監護人為被保險人），要保人以不法行為故意促使保險事故發生時，保險人不負保險給付責任。第三人被指定為受益人，而該第三人以不法行為故意促使保險事故發生時，視為未指定。」

---

❸❻　保險法第 29 條但書。

❸❼　保險法第 133 條。

❸❽　保險法第 134 條。

❸❾　1908VVG §181(1)(2).

❹⓿　1908VVG §180a(1).

❹❶　1908VVG §188a(2).

二、保險人原則上不得以被保險人拒絕治療為理由，拒絕繼續提供保險給付

保險人可否以被保險人拒絕接受矯治治療為理由，而拒絕繼續提供保險給付？美國法院的觀點是：在契約沒有其他明確約定下，被保險人沒有接受手術矯治其殘障的義務，因此保險人不得以被保險人拒絕接受治療為理由，而拒絕繼續提供保險給付[42]。

捌 保險事故發生的通知義務

保險法第 58 條規定：「要保人、被保險人或受益人，遇有保險人應負保險責任之事故發生，除本法另有規定，或契約另有訂定外，應於知悉後五日內通知保險人。」，在傷害保險，保險事故發生時，要保人、被保險人及受益人是否均有通知義務，或是只要要保人、被保險人、受益人中的任何一人通知為已足，保險法並未明文規定，既然通知的目的，是在使保險人知悉保險事故發生的訊息，解釋上只要要保人、被保險人或受益人中之一人通知為已足，1908 年德國保險契約法則僅規定受益人有通知義務，即令受益人為要保人、被保險人以外之第三人，亦同[43]。

---

[42] Heller v.The Equitable Life Assurance Society of The U.S., 833 F.2d 1253 (1987).

　　本案的法律事實是：原告是一位醫師，與被告 Equitable 保險公司訂有殘障保險契約。約定若被保險人完全無法工作而且在醫生的正常治療下時，保險人應為保險給付。原告的左手腕疼痛而癱瘓，經診斷是患了腕骨穿洞症候群。由於罹患此一病症，原告無法工作，乃向保險人請求完全殘障的保險金，開始時，保險人給付了保險金，隨後停止了給付，理由是原告拒絕了兩位醫生的建議，不接受手術。地方法院判決原告勝訴，保險人提起上訴。

　　主要的法律爭點：在契約沒有其他明確要求時，被保險人沒有接受手術以矯正失能的義務。

　　本判決是由 Coffey J. 做成。判決指出：在契約沒有其他明確要求下，被保險人沒有接受手術以矯治其殘障的義務。本案，保險單只有約定被保險人必須是在醫師的治療下。但是，保險單極其清楚地，被保險人的義務並不包括依照醫生建議接受手術的義務。保險人的給付並不以被保險人依照醫師的建議接受手術為前提。法院不得於法條的明確文字外另外擅加要求。契約的約款並未賦予保險人審查及決定被保險人應接受的手術。有關保險人所提出的被保險人有義務治療其殘障的論點，於此應不適用，因為手術有極大的危險性，除非契約有十分明確的約定，不得要求被保險人為之。本案原告既然無法工作，而且在醫生的治療下，因此符合保險單的要求，有權請求保險給付。

玖 避免及減輕損害

要保人必須盡力避免或減輕損害，此乃誠實信用原則在保險法的具體體現。1908 年德國保險契約法第 183 條規定：「要保人為避免損害或減輕損害的措施時，應遵從保險人之指示，但保險人的指示為不合理的要求者，不在此限，當事人另有約定者，從其約定，但該約定不利於要保人者，保險人不得主張。」、「要保人與被保險人為不同人時，要保人與被保險人都同樣有避免及減輕損害的義務。」

關於要保人避免減輕損害的義務，在傷害保險是否也繼續適用，2008 年德國保險契約法第 184 條規定：「第 82 條及第 83 條之規定，對於意外傷害保險，不適用之。」，似採取否定見解，該法第 82 條是規定保險單持有人減輕及避免損害的義務，以及依照保險人指示減輕或免除損害的義務，第 83 條是規定減輕及避免損害費用的分擔，德國保險契約法之所以規定第 82 條及第 83 條的規定對意外傷害保險不適用，主要原因是：一旦被保險人發生意外，傷害就已經發生，損害範圍就基本上確定，幾乎沒有避免或減輕損害的空間。但是 2008 年德國保險契約法第 184 條的規定，在我國是否可以引進，應採取否定見解。因為意外傷害，雖然傷害的發生，固然猝不及防，但損害的擴大，卻依舊可以避免或減少，保險單持有人（被保險人）仍然應該本著誠信原則，避免損害的擴大，特別是國內中西醫並行，有照無照參差，傷害之後，因醫療不當，損害擴大者，亦非僅見，因此保留避免及減輕損害義務，符合國情，契合需要。

拾 傷害的鑑定

依照保險契約的約定，傷殘程度與減少收入由專家鑑定者，專家鑑定的報告若重大地偏離真正事實，不具有拘束力，此種情形，法院得以判決確定傷害數額。又專家拒絕鑑定或專家遲未鑑定者，亦同 ❹。

在保險契約約定鑑定專家應由法院指定的情形，究竟應向何一法院請求，保險法無明文規定，1908 年德國保險契約法規定，原則上在保險事故發生地之地方法院提起，但當事人得以合意方式，另外選擇其他法院為管轄法院，即合意管轄。又法院關於指定專家的裁定，不得向上級法院提起抗告 ❺。

---

❹ 參照 1908VVG §182。
❹ 參照 1908VVG §184(1)。

要保人所支付檢查的費用、確定損失的費用及確定保險人責任的費用，以在該具體情形下係必要者為限，保險人應償還要保人**㊻**。

拾壹 保險人破產

保險人破產時，受益人對於保險人得請求保險金額之債權，以其保單價值準備金按訂約時的保險費率比例計算之。要保人破產時，保險契約訂有受益人者，仍為受益人之利益而存在**㊼**。傷害保險之要保人、被保險人、受益人，對於被保險人之保單價值準備金，有優先受償之權**㊽**。

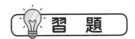

習　題

一、選擇題

1.下列關於傷害保險當事人與關係人的敘述，何者正確？

　(A)要保人、被保險人與受益人必須是同一人。

　(B)要保人與被保險人必須是同一人，受益人可以是第三人。

　(C)要保人、被保險人、受益人可以相同，也可以不同。

　(D)要保人與受益人必須相同，要保人與被保險人必須不同。

2.在傷害保險，要保人與被保險人不同時，下列關於據實說明義務的敘述，何者正確？

　(A)要保人有據實說明義務，被保險人沒有。

　(B)被保險人有據實說明義務，要保人沒有。

　(C)要保人與被保險人都有據實說明義務。

　(D)要保人與被保險人都沒有據實說明義務。

㊺　參照 1908VVG §§184(2), 64(2)。

㊻　參照 1908VVG §185。

㊼　保險法第 135 條準用第 123 條第 1 項。

㊽　保險法第 135 條準用第 124 條。

3.在傷害保險，要保人與被保險人不同時，下列關於保險契約的訂定與保險金額
的約定，是否必須經被保險人同意的敘述，何者正確？

　(A)保險契約的訂定、保險金額的約定都必須經被保險人書面同意。

　(B)保險契約的訂定、保險金額的約定都不須經被保險人書面同意。

　(C)保險契約的訂定必須經被保險人書面同意、保險金額的約定無須經被保險人
　　書面同意。

　(D)保險契約的訂定無須經被保險人書面同意、保險金額的約定須經被保險人書
　　面同意。

4.下列關於傷害保險保險事故的敘述，何者最能凸顯傷害保險的特色？

　(A)偶然性。

　(B)外來性。

　(C)猝然性。

　(D)填補性。

5.實務上在營利保險的傷害保險，下列保險給付的敘述何者正確？

　(A)傷害致死，傷害致失能採定額給付；其他傷害的保險給付限於醫療費用。

　(B)傷害致失能，給付醫療費用；其他傷害採定額給付。

　(C)傷害致死，採定額給付；傷害致失能採給付醫療費用。

　(D)傷害致死，傷害致失能，都採給付醫療費用。

6.下列關於傷害保險，保險人法定免責的敘述，何者正確？

　(A)要保人故意傷害被保險人、被保險人因犯罪致傷害、受益人故意傷害被保險
　　人，保險人都免除保險給付的責任。

　(B)要保人故意過失傷害被保險人、被保險人因犯罪致傷害、受益人故意傷害被
　　保險人，保險人都免除保險給付的責任。

　(C)要保人故意傷害被保險人、保險人免除保險給付責任；被保險人因犯罪致傷
　　害未遂、受益人故意傷害被保險人未遂，保險人都可以撤銷受益人的受益權。

　(D)要保人故意傷害被保險人、被保險人因犯罪致傷害，保險人都免除保險給付
　　責任；受益人故意傷害被保險人既遂，被保險人得撤銷受益人的受益權。

7. 被保險人患有癲癇症，某日涉水，癲癇症發作，倒入水中溺斃。下列關於承保疾病險之保險公司與承保意外險的保險公司何者應負保險給付義務的敘述，何者正確？

　(A)原則上必須視鑑定結果主要原因是否在承保的範圍內而定，如果主要原因是外來的意外事故，則承保傷害險的保險公司應負保險給付義務，承保疾病險的保險公司不負保險給付責任，但保險契約另有約定者，從其約定。

　(B)承保意外險的保險公司應不負保險給付義務；承保疾病險的保險公司負保險給付義務。

　(C)承保意外險的保險公司與承保疾病險的保險公司連帶負保險給付義務。

　(D)承保意外險的保險公司與承保疾病險的保險公司各負一半的保險給付義務。

8. 下列關於職業殘障保險的敘述，何者正確？

　(A)職業殘障的承保範圍包括保險契約生效前、生效後，因疾病導致可能全部或部分無法如同殘障前一樣繼續從事最近期間的職業工作。

　(B)職業殘障的承保範圍包括保險契約生效前、生效後，因疾病、傷害導致可能全部或部分無法如同殘障前一樣繼續從事最近期間的職業工作。

　(C)職業殘障的承保範圍包括保險契約生效前、生效後，因疾病、傷害或遠遜同齡的通常體力，導致可能全部或部分無法如同殘障前一樣繼續從事最近期間的職業工作。

　(D)職業殘障的承保範圍包括保險契約生效後，因疾病、傷害或遠遜同齡的通常體力，導致可能全部或部分無法如同殘障前一樣繼續從事最近期間的職業工作。

9. 下列關於傷害保險保險事故特別要素的敘述，何者最為正確？

　(A)必須是偶發的、非自願性的。

　(B)必須是外來的、非自願性的。

　(C)必須是急促發生的、非自願的。

　(D)必須是非自願性的。

10. 下列關於傷害的永久性傷殘的敘述，何者正確？

　(A)被保險人身體因意外事故而永久性傷殘。

(B)被保險人精神因意外事故而永久性傷殘。

(C)被保險人身體或精神因意外事故而永久性傷殘。

(D)被保險人身體或精神因疾病而永久性傷殘。

11.下列關於疾病、衰老與意外事故競合，或疾病、衰老導致意外事故時，保險人理賠責任的敘述，何者正確？

(A)應該依照保險契約的約定，可以約定其中一個除外不保時，全部不保；可以約定即使其中一個除外不保，保險人仍然理賠；也可以約定其中一個除外不保時，減少保險金額。

(B)其中一個除外不保時，全部不理賠。

(C)其中一個除外不保時，保險人仍然必須理賠。

(D)原則上必須鑑定何者為主要原因，若主要原因在承保範圍，保險人仍然必須理賠；若主要原因屬於除外不保，保險人就沒有理賠義務。但是當事人可以透過保險契約的約定，約定其中一個除外不保時，就全部不保。

12.依照 2008 年德國保險契約法的規定，下列關於申請殘障等級重新評估的敘述，何者正確？

(A)被保險人每年有權請求殘障等級重新評估。

(B)保險人每年有權請求殘障等級重新評估。

(C)保險人與被保險人每年都有權請求殘障等級重新評估，但以從最近一次事故發生後不逾三年為限。

(D)被保險人每三年有權請求殘障等級重新評估。

參考答案

1. CCABA　　　6. AADBC

11. D，但依德國保險契約法為 A，美國法院為 D

12. C

二、問答題

1. 保險法第 105 條第 1 項：「由第三人訂立之死亡保險契約，未經被保險人書面同
   意，並約定保險金額，其契約無效。」，及保險法第 107 條第 1 項：「以未滿十
   五歲之未成年人為被保險人訂立之人壽保險契約，其死亡給付於被保險人滿十
   五歲之日起發生效力；被保險人滿十五歲前死亡者，保險人得加計利息退還所
   繳保險費，或返還投資型保險專設帳簿之帳戶價值。」，第 3 項：「訂立人壽保
   險契約時，以精神障礙或其他心智缺陷，致不能辨識其行為或欠缺依其辨識而
   行為之能力者為被保險人，除喪葬費用之給付外，其餘死亡給付部分無效。」
   的規定，對於以未成年人為被保險人訂立傷害保險契約，是否應該準用？若應
   該準用，試評論其得失。

2. 受益人故意傷害被保險人者，其法律效果如何？試分既遂、未遂說明之。

3. 被保險人故意自傷，犯罪致傷害，保險人是否必須負理賠責任？關於被保險人
   「故意自傷」的舉證責任應該由何人負擔為是？

第二十二章

年金保險

壹 前 言

隨著經濟發展，國民生活水準提高，國民的壽命普遍增加，**個人投保年金保險，安排自己的養老及子女的教育；企業機構投保年金保險，安頓員工退休、撫卹員工家屬，保障生活來源、社會安定**，年金保險成為重要的保險制度。

在美、日先進國家，個人年金保險及企業年金保險相當發達，我國保險業也有開辦年金保險的先例，例如「教育年金保險」及「可改採年金給付之人壽保險」等均是，民國 81 年修正保險法時，正式將年金保險，納為條文❶。

貳 年金保險的意義

保險法並未就年金保險界定其定義，但依保險法第 135 條之 1：「年金保險人於被保險人生存期間或特定期間內，依照契約負一次或分期給付一定金額之責。」的規定，分述年金保險的要點如下：

一、年金保險為人壽保險的一種

人壽保險，以保險事故為標準，可區分為生存保險、死亡保險及生存死亡兩合保險。年金保險以被保險人屆一定年齡仍「生存」為保險事故者，性質上為生存保險；年金保險以「被保險人死亡」為保險事故者，性質上屬於死亡保險。不論生存保險或是死亡保險，本質上都是人壽保險。

二、年金保險係以「被保險人」或「第三人」為受益人

（一）以「被保險人」為受益人

年金保險若以「被保險人」屆一定年齡仍然生存作為保險事故，保險人給付年金的目的是為了保障被保險人晚年生存期間的生活費用，此種年金保險應以被保險人本人為受益人，因此保險法第 135 條之 3 第 1 項規定：「受益人於被保險人生存期間為被保險人本人。」

---

❶ 81 年 2 月 26 日公布。

（二）以「第三人」為受益人

年金保險若約定自被保險人死亡後始給付年金者，則受益人為「第三人」，此種保險的給付目的，一般在於保障被保險人的子女、家屬或受僱員工的生活或教育所需，因此經常指定與被保險人有密切關係之第三人（子女、家屬或受僱員工）為受益人。

三、保險給付期間，以「被保險人生存期間」或「一定期間」為期間

年金保險的給付期間，以「被保險人」為受益人時，經常以「被保險人的生存期間」為年金的給付期間；以「第三人」為受益人時，則視該第三人的實際需要，由契約當事人自行約定「一定期間」為年金給付的期間，例如：約定「一定期間」，該一定期間屆滿時，受益人（子女或家屬）已經成年，有能力獨立經營生活。

四、給付方式

年金保險的給付，應依契約的約定，給付方式分為「一次給付」或「分期給付」。

參　年金保險契約應記載事項

保險法第 135 條之 2 規定：「年金保險契約，除記載第 55 條規定事項外，並應載明左列事項：

一、被保險人之姓名、性別、年齡及住所。

二、年金金額或確定年金金額之方法。

三、受益人之姓名及與被保險人之關係。

四、請求年金之期間、日期及給付方法。

五、依第 118 條規定，有減少年金之條件者，其條件。」

因此年金保險契約除應記載保險法第 55 條所規定的「共同基本條款」外，還應記載本條所規定的年金保險「種類基本條款」。保險法第 55 條所列舉之共同基本條款已於保險通則中述之甚明，不再重複。至於本條所規定種類基本條款，第 1 款、第 2 款及第 4 款，內容簡單，立法意旨鮮明，無須特別解釋外，以下僅就第 3 款及第 5 款二種情形，解釋如下：

一、受益人的姓名及其與被保險人的關係

年金保險的受益人有為「被保險人本人」者，有為「被保險人以外之第三人」者。

在受益人為「被保險人本人」的情形，由於受益人與被保險人是同一人，當然具有保險利益，此種保險屬於生存保險，投保的目的是為了保障被保險人本人的晚年生活，具有安排退休，供給養老的功能，因此常以「被保險人的生存期間」為給付年金的期間。

年金保險的受益人為「被保險人以外的第三人」者，性質上是死亡保險，投保的目的是為了保障「被保險人的子女、家屬或受僱員工」的生活需求，無論如何，該第三人對於被保險人必須有保險利益，才不會發生道德危險。

二、保險人僅得減少保險年金

繼保險法第 117 條第 2 項規定：「以被保險人終身為期，不附生存條件之死亡保險契約，或契約訂定於若干年後給付……年金者，如保險費已付足二年以上而有不交付時……保險人僅得減少……年金。」之後，保險法第 118 條第 1 項規定：「保險人依前條規定，或因要保人請求，得減少……年金，其條件及可減少之數額，應載明於保險契約。」，因為「以被保險人終身為期，不附生存條件之死亡保險契約」，目的在保障被保險人家屬的生活，而「契約訂定於若干年後給付保險金額或年金」的契約，其目的則在保障被保險人晚年生活，這兩種情況既然是以保障生存為目的，自不宜因欠繳保險費，而直接賦保險人以催告、停止契約❷及進一步終止契約的效力❸。

由於年金保險制度，若非旨在保障被保險人晚年生活，就是在保障被保險人的子女、家屬或受僱員工於被保險人死亡後教育或撫卹費用之所需，與上開規定相符，因此即使要保人怠未給付保險費，保險人也不可以透過催告程序停止契約，甚至終止保險契約，僅得減少保險年金。為避免保險人過度降低保險年金致不利於受益人，保險法第 135 條之 2 第 5 款規定：「依第 118 條規定，有減少年金之條件者，其條件。」，意思是說，如果依照保險法第 118 條的規定，有減少年金制條件者，也應該將減少年金的條件記載在保險契約書上。

❷ 保險法第 116 條第 1 項。

❸ 保險法第 116 條第 6 項。

肆　年金保險的受益人

年金保險之受益人有二：(1)被保險人本人。(2)被保險人以外之第三人。

所謂「被保險人以外之第三人」，就是「指定受益人」，一般為被保險人的子女、家屬或受僱員工。以「被保險人以外之第三人」為受益人之情形，其年金給付義務在「被保險人死亡」時才發生，且年金給付之期間常限於受益人接受教育、承領撫卹之實際需要期間而約定「一定期間」。

在指定「被保險人以外之第三人」為受益人的情形，該受益人的受益權，以請求保險年金時受益人尚生存為條件，其受益權始告確定❹。又受益人經指定後，要保人對其保險利益，除聲明放棄處分權外，仍得以契約或遺囑處分之。要保人行使此一處分權者，非經通知保險人，不得對抗保險人❺。在指定被保險人以外之第三人為受益人之情形，保險年金不得作為被保險人之遺產❻，併此說明。

若年金保險契約是以被保險人死亡為保險事故，並未約定被保險人以外之其他第三人為受益人，其保險金額作為被保險人之遺產❼。

伍　人壽保險規定的準用

年金保險既為人壽保險的一種，保險法關於人壽保險的規定，在性質不排斥之條件下，於年金保險均準用之，例如：保險人代位權的禁止❽、契約得由本人或第三人代訂契約❾、他人人壽保險契約權利移轉或出質的限制❿、受益人轉讓受益權的限制⓫、利害關係人得代繳保險費的規定⓬、怠於繳交保險費的法律效果、契約的終止、減少保險年金、解約金的償付⓭、以保險單質借款項的規定⓮、

---

❹　保險法第 135 條之 3 第 2 項準用第 110 條第 2 項。

❺　保險法第 135 條之 3 第 2 項準用第 111 條。

❻　保險法第 135 條之 3 第 2 項準用第 112 條。

❼　保險法第 135 條之 3 第 2 項準用第 113 條。

❽　保險法第 103 條。

❾　保險法第 104 條。

❿　保險法第 106 條。

⓫　保險法第 114 條。

⓬　保險法第 115 條。

⓭　保險法第 116 條至第 119 條。

保險人免責事由以及保險人返還責任準備金的規定❺、被保險人年齡不實的法律效果❻、當事人破產的法律效果❼，及有關責任準備金的優先受償權的規定❽。

習　題

一、選擇題

1. 下列關於年金保險保險事故的敘述，何者正確？

 (A)限於被保險人生存為保險事故。

 (B)限於被保險人死亡為保險事故。

 (C)必須以被保險人生存及死亡為保險事故。

 (D)得以被保險人生存或死亡為保險事故。

2. 下列關於年金保險受益人的敘述，何者正確？

 (A)在生存保險，以被保險人為受益人；在死亡保險，以第三人為受益人。

 (B)不論生存保險或是死亡保險都以被保險人為受益人。

 (C)不論生存保險或是死亡保險都以第三人為受益人。

 (D)在生存保險，以第三人為受益人；在死亡保險，以被保險人為受益人。

參考答案
1. DA

---

❹ 保險法第 120 條。
❺ 保險法第 121 條。
❻ 保險法第 122 條。
❼ 保險法第 123 條。
❽ 保險法第 124 條。

二、問答題

1. 年金保險有以被保險人為受益人者，有以第三人為受益人者，試舉例以明之，並說明區別的實益。

2. 保險法第 117 條第 2 項規定：「以被保險人終身為期，不附生存條件之死亡保險契約，或契約訂定於若干年後給付……年金者，如保險費已付足二年以上而有不交付時……保險人僅得減少……年金。」，請說明本條所保護的不同對象，闡述本條的立法意旨。

第二十三章

保險業

二、安定基金的辦理事項

柒、主管機關對保險業的監督與糾正

一、發動行政監督，命令限期提出營業狀況報告與隨時派員或委託他人檢查業務及財務狀況

二、保險業者應提出年度營業狀況暨資金運用報告書

三、立即糾正

捌、財務資訊的公開與重大訊息的揭露

玖、內部控制與稽核制度

拾、主管機關對保險業的行政處分

一、行政處分的分類

二、接　　管

三、解散的清算程序：原則上分別準用公司法與合作社法

四、股份有限公司保險業受讓受接管保險業的程序

五、保險業的清理

拾壹、為健全保險業，保險法規定的法律責任

一、民事責任

二、刑事責任

三、行政責任

拾貳、保險公司

一、總　　說

二、保險公司的股票

三、保險公司負責人的連帶賠償責任

四、保險公司的登記

拾參、保險合作社

一、總　　說

二、保險合作社的基金

三、保險合作社的社員

四、保險合作社的理事

五、保險合作社的登記

壹　緒說——保險業的定義及組織

一、保險業的定義

（一）本國保險業的定義

保險法第 6 條第 1 項規定：「本法所稱保險業，指依本法組織登記，以經營保險為業之機構。」，分三點說明：

1.保險業是一種「機構」

保險業必須是一種機構，其存續期間才不受天然年齡的限制，自然人生命有限，無法永續經營，性質上不適合為保險業，法律上也不得為保險業。

2.保險業是依保險法「經營保險業務」的機構

保險業必須是依據「保險法」的規定經營保險業務，若依據民法或其他法律從事交易業務，即使也有分擔風險的功能，也不是保險業。保險業所從事的工作是「經營保險業務」，依據保險契約，要保人有繳納保險費的義務；在危險事故發生時，保險人有依保險契約的約定，負保險給付的義務❶。

3.保險業是依保險法「組織登記」的機構

保險業不但業務的經營必須依保險法為之，其組織也必須依保險法的規定辦理登記。至如何組織登記，除保險法規定必須設立登記、繳存保險金、並領得營業執照❷以外，還因其為公司組織與合作社組織的不同，而分別應適用公司法、合作社法及有關法令❸，以及保險業設立許可及管理辦法的規定❹。

（二）外國保險業的定義

保險法第 6 條第 2 項規定：「本法所稱外國保險業，指依外國法律組織登記，並經主管機關許可，在中華民國境內經營保險為業之機構。」，有三點說明：

---

❶　保險法第 2 條。

❷　保險法第 137 條第 1 項。

❸　保險法第 156 條。

❹　保險法第 176 條規定保險業之設立、登記、轉讓、合併及解散清理，除依公司法規定外，應將詳細程序明訂於管理辦法內。

1. 外國保險人必須是依照「外國的法律」組織，並辦理登記。

2. 外國保險人必須經過「我國保險業的主管機關許可」。

3. 外國保險業必須是以在「中華民國境內」經營保險為事業的機構。

二、保險業的組織

保險法第 136 條第 1 項規定：「保險業之組織，以股份有限公司或合作社為限。但經主管機關核准者，不在此限。」，保險業因組織之不同，可分為下列三種：

（一）保險公司

1. 以「股份有限公司」組織為限

採取公司組織的保險業，以股份有限公司為限，不得成立其他類型的保險公司（例如：無限公司、兩合公司等）。保險公司，除本法另有規定外，適用公司法關於股份有限公司之規定❺。

2. 原則上公司的股票應該「公開發行」

保險法第 136 條第 5 項規定：「保險業之組織為股份有限公司者，除其他法律另有規定或經主管機關許可外，其股票應辦理公開發行。」，第 6 項：「保險業依前項除外規定未辦理公開發行股票者，應設置獨立董事及審計委員會，並以審計委員會替代監察人。」，第 7 項：「前項獨立董事、審計委員會之設置及其他應遵行事項，準用證券交易法第 14 條之 2 至第 14 條之 5 相關規定。」

3. 保險公司的股票，不得為無記名式❻

無記名的有價證券，可以只用「交付」的方式移轉股權，保險業的股票若為無記名式的，容易發生股權集中，造成特定股東控制保險公司的經營權，進而可能濫用經營權，影響保險業的安定，引發金融危機，因此保險法規定，保險公司的股票不得為無記名式。

（二）保險合作社

採取合作社組織的保險業。財產保險合作社的預定社員人數不得少於三百人；

---

❺　保險法第 151 條。
❻　保險法第 152 條。

人身保險合作社之預定社員人數不得少於五百人❼，保險合作社簽訂之保險契約，以參加保單紅利者為限❽。保單紅利的計算基礎及方法，應該在保險契約中明訂❾。保險合作社除依本法規定外，適用合作社法及其有關法令之規定❿。為了保證保險合作社的健全經營，保險法有下列重要規定：

1.必須籌足基金，且非等到公積金與基金總額相等不得發還

保險合作社，除依合作社法籌集股金外，並依本法籌足基金⓫。該基金非俟公積金積至與基金總額相等時，不得發還⓬。

2.禁止社員行使抵銷權

保險合作社的社員，對於保險合作社應付的股金及基金，不得以其對保險合作社的債權互相抵銷⓭。

3.理事競業的禁止

保險合作社的理事，不得兼任其他合作社的理事、監事或無限責任社員⓮。

4.出社社員就出社時現存財產不足抵償債務部分仍負連帶責任

保險合作社於社員出社時，其現存財產不足抵償債務，出社之社員仍負擔出社前應負之責任⓯。

（三）其他經主管機關核准者

我國保險業之組織除股份有限公司及合作社外，尚有依其他經主管機關核准而經營保險業務者，主要是指依外國法律組織登記，並經主管機關許可，在中華民國境內經營保險為業之機構⓰。外國保險業，除本法另有規定外，準用本法有關保險業之規定⓱。

---

❼　保險法第 162 條。
❽　保險法第 140 條第 2 項。
❾　保險法第 140 條第 3 項。
❿　保險法第 156 條。
⓫　保險法第 157 條第 1 項。
⓬　保險法第 157 條第 2 項。
⓭　保險法第 161 條。
⓮　保險法第 159 條。
⓯　保險法第 158 條。
⓰　保險法第 6 條第 2 項。

三、非保險業不得兼營保險或類似保險之業務

非保險業不得兼營保險或類似保險之業務[17]。違反者，由主管機關或目的事業主管機關會同司法警察機關取締，並移送法辦；如屬法人組織，其負責人對有關債務，應負連帶清償責任[19]。執行取締任務時，得依法搜索扣押被取締者之會計帳簿及文件，並得撤除其標誌等設施或為其他必要之處置[20]。此外，非保險業經營保險業務者，尚有刑事責任，詳另述之[21]。

雖然非保險業不得兼營保險或類似保險的業務，但是保險法第 136 條之 1 例外規定：「為促進普惠金融及金融科技發展，不限於保險業、保險經紀人、保險代理人及保險公證人，得依金融科技發展與創新實驗條例申請辦理保險業務創新實驗。」、「前項之創新實驗，於主管機關核准辦理之期間及範圍內，得不適用本法之規定。」、「主管機關應參酌第一項創新實驗之辦理情形，檢討本法及相關金融法規之妥適性。」

四、保險業的負責人

保險業既然是以股份有限公司或合作社兩種組織為原則，二者都是法人，都必須設負責人，對外代表保險業，對內執行業務。保險法第 7 條：「本法所稱保險業負責人，指依公司法或合作社法應負責之人。」，亦即股份有限公司組織的保險業，負責人應依公司法的規定，例如：董事長、常務董事、董事、經理人便是[22]；合作社組織的保險業，負責人應依合作社法的規定，例如：理事。實務上擴大負責任的範圍，依照「保險業負責人應具備資格條件準則」的規定，應該包括：董（理）事長、董（理）事、監察人（監事）、總經理、副總經理、經理、協理[23]。

為健全保險事業的發展及保證保險業的良好經營，負責人應具備的消極資格

---

[17] 保險法第 137 條第 4 項。

[18] 保險法第 136 條第 2 項。

[19] 保險法第 136 條第 3 項。

[20] 保險法第 136 條第 4 項。

[21] 保險法第 167 條。

[22] 參照公司法第 8 條。

[23] 參照「保險業負責人應具備資格條件準則」第 3 條第 2 項、第 5 條。

及積極資格都有明確規定的必要，因此保險法第 137 條之 1 規定：「保險業負責人應具備之資格，由主管機關定之。」，以委任立法方式授權主管機關頒布，主管機關據此發布「保險業負責人應具備資格條件準則」[24]。

貳　保險業開始營業的條件

保險法第 137 條第 1 項規定：「保險業非經主管機關許可，並依法為設立登記，繳存保證金，領得營業執照後，不得開始營業。」，可知保險業開始營業，必須符合下列條件：

一、須經主管機關許可

保險業的設立，採「許可主義」。保險業的設立，須先申請主管機關許可，獲得核准後，才可以辦理法人設立登記。所謂「主管機關」，依本法第 12 條規定：「本法所稱主管機關為金融監督管理委員會。但保險合作社除其經營之業務，以金融監督管理委員會為主管機關外，其社務以合作社之主管機關為主管機關。」，因此保險業不論是公司組織或是合作社組織，首先都必須經目的事業主管機關「金融監督管理委員會」許可。合作社應該經內政部許可，才可以辦理法人設立登記。主管機關決定許可與否的過程中，必須審查申請者是否符合資本或基金最低額的規定，各種保險業資本或基金的最低額，由主管機關審酌各地經濟實況及各種保險業務之需要，分別呈請行政院核定之[25]。

二、須辦妥設立登記

保險人為股份有限公司組織者，必須依照公司法的規定辦理登記；保險人為合作社組織者，必須依照合作社法辦理登記。

三、須繳納保證金

（一）保證金與保證金的繳存

保險業乃收取保險費而承擔及分擔投保戶風險的事業，其承擔風險能力或保

---

[24]　金管會 104 年 4 月 29 日金管保壽字第 10402544431 號令。
[25]　保險法第 139 條。

險理賠能力的有無及大小，對於廣大的投保戶十分重要。由於保險事故的發生具有射倖性，危險事故是否發生不確定，保險業的自有資金（資本或基金）自應保持一定水位，以保證具有保險理賠的能力，保險法第 141 條規定：「保險業應按資本或基金實收總額百分之十五，繳存保證金於國庫。」，保證金之繳存應以現金為之。但經主管機關核准者，得以公債或庫券代繳之。

（二）保證金禁止發還及其例外

繳存之保證金，除保險業有下列情事之一者外，不予發還❷⁶：

　1.經法院宣告破產。

　2.經主管機關依本法規定為接管、勒令停業清理、清算之處分，並經接管人、清理人或清算人報經主管機關核准。接管人得依本款規定報請主管機關核准發還保證金者，以於接管期間讓與受接管保險業全部營業者為限❷⁷。

　3.經宣告停業依法完成清算。

以有價證券抵繳保證金者，其息票部分，在宣告停業依法清算時，得准移充清算費用❷⁸。

四、領得營業執照才可以開業

保險業領得營業執照後方得開業，所以領得營業執照也是保險業營業的前提❷⁹。

依照保險法第 137 條第 3 項規定，外國保險業非經主管機關許可，並依法為設立登記，繳存保證金，領得營業執照後，不得開始營業。因此外國保險業在我國營業，不但採許可主義，除本法另有規定外，準用本法有關保險業的規定❸⁰。

---

❷⁶　保險法第 142 條第 2 項。
❷⁷　保險法第 142 條第 3 項。
❷⁸　保險法第 142 條第 4 項。
❷⁹　保險法第 137 條第 1 項下段。
❸⁰　保險法第 137 條第 4 項。

參　高額持股股東的申報、申核及通知義務

一、向主管機關申報或申核的義務

（一）事後申報與事先申核

1.持股之後的「限期申報」

同一人或同一關係人單獨、共同或合計持有同一保險公司已發行有表決權股份總數超過百分之五者，自持有之日起十日內，應向主管機關申報；持股超過百分之五後累積增減逾一個百分點者，亦同❸。

2.持股之前的「事先申請核准」

同一人或同一關係人擬單獨、共同或合計持有同一保險公司已發行有表決權股份總數超過百分之十、百分之二十五或百分之五十者，均應分別事先向主管機關申請核准❸。

以上兩種情形，都以「單獨、共同或合計持有同一保險公司已發行有表決權股份總數比例」的計算，若有第三人為同一人或同一關係人以信託、委任或其他契約、協議、授權等方法持有股份者，應併計入同一關係人範圍❸。

3.溯及既往補辦登記與第一次擬增減持股、第二次以後擬增減持股的申請核准

⑴溯及既往補辦申報

在中華民國 99 年 11 月 12 日修正之條文施行前，同一人或同一關係人單獨、共同或合計持有同一保險公司已發行有表決權股份總數超過百分之五者，應自施行之日起六個月內向主管機關申報。

⑵第一次擬增減持股的申請核准、第二次以後擬增減持股的申請核准

於申報後第一次擬增減持股比率而增減後持股比率超過百分之十者，應事先向主管機關申請核准；第二次以後之增減持股比率，依第 1 項（即：依照前揭 1.

---

❸　保險法第 139 條之 1 第 1 項。
❸　保險法第 139 條之 1 第 2 項。
❸　保險法第 139 條之 1 第 3 項。

「持股之後的限期申報」）及第 2 項（即：依照前揭 2.「持股之前的事先申請核准」）規定辦理**❸❹**。

（二）違反申報或申核義務的法律效果

未依保險法第 139 條之 1 第 1 項、第 2 項或第 4 項向主管機關辦理「持股之後的限期申報」或「持股之前的事先申請核准」的規定，而其持有保險公司已發行有表決權之股份超過各該規定比例的上限者，其超過部分無表決權，並由主管機關命其於限期內處分**❸❺**。

（三）關於同一人、同一關係人的定義

1.同一人

指同一自然人或同一法人**❸❻**。

2.同一關係人

指同一自然人或同一法人的關係人，其範圍如下：

⑴同一自然人的關係人

A.同一自然人與其配偶及二親等以內血親。

B.前目之人持有已發行有表決權股份或資本額合計超過三分之一之企業。

C.第一目之人擔任董事長、總經理或過半數董事之企業或財團法人。

⑵同一法人的關係人

A.同一法人與其董事長、總經理，及該董事長、總經理之配偶與二親等以內血親。

B.同一法人及前目之自然人持有已發行有表決權股份或資本額合計超過三分之一之企業，或擔任董事長、總經理或過半數董事之企業或財團法人。

C.同一法人之關係企業。關係企業適用公司法第 369 條之 1 至第 369 條之 3、第 369 條之 9 及第 369 條之 11 規定**❸❼**。

---

❸❹ 保險法第 139 條之 1 第 4 項。

❸❺ 保險法第 139 條之 1 第 6 項。

❸❻ 保險法第 139 條之 2 第 1 項。

❸❼ 保險法第 139 條之 2 第 2 項。

3.計算前二項同一人或同一關係人持有同一保險公司之股份，不包括下列各款情形所持有之股份

⑴證券商於承銷有價證券期間所取得，且於主管機關規定期間內處分之股份。

⑵金融機構因承受擔保品所取得，且自取得日起未滿四年之股份。

⑶因繼承或遺贈所取得，且自繼承或受贈日起未滿二年之股份 ❸。

二、通知保險公司的義務：家庭成員合計高額持股的通知義務

同一人或本人與配偶、未成年子女合計持有同一保險公司已發行有表決權股份總數百分之一以上者，應由本人通知保險公司 ❹。

肆 經營的限制

保險業經營的限制主要包括： 1.經營範圍的限制、 2.資金運用的原則、 3.舉債借款、為保證人、或提供他人擔保的限制、 4.分配盈餘的限制以及 5.保險業行使股東權利的限制。說明如下：

一、經營範圍的限制

保險業向龐大的要保人收取保險費，承擔保險理賠的義務，其經營的成敗影響社會的安定，因此法律上對其經營範圍不能不加以明確的限制。保險業經營範圍的限制可以從消極面、積極面兩個方向去理解：消極面上，保險業不可以經營保險法規定以外的業務，且原則上財產保險與人身保險不可以兼營；積極面上，保險業有義務接受某些險種的投保的義務。分述如下：

（一）消極的經營限制

1.保險業不得兼營保險法規定以外的業務

保險業不得兼營本法規定以外之業務，但主管機關核准辦理其他與保險有關業務者，不在此限 ❺。保險業經主管機關核准，兼營保險法規定以外與保險有關

---

❸　保險法第 139 條之 2 第 3 項。

❹　保險法第 139 條之 1 第 7 項。

❺　保險法第 138 條第 3 項。

業務，而涉及外匯業務之經營者，須經中央銀行之許可 ❹ 。保險合作社不得經營非社員之業務 ❷ 。

2.財產保險與人身保險原則上不得兼營

本法第 138 條第 1 項規定：「財產保險業經營財產保險，人身保險業經營人身保險，同一保險業不得兼營財產保險及人身保險業務。但財產保險業經主管機關核准經營傷害保險及健康保險者，不在此限。」分述如下：

⑴**財產保險業以經營財產保險為原則，但是經主管機關核准者，得經營傷害保險以及健康保險** ❸

財產保險業依前項但書規定（按：即保險法第 138 條但書）經營傷害保險及健康保險業務應具備之條件、業務範圍、申請核准應檢附之文件及其他應遵行事項之辦法，由主管機關定之 ❹ 。

⑵**人身保險業只可以經營人壽保險、健康保險、傷害保險以及年金保險，不得經營其他保險。但是經主管機關核准得訂立信託契約，為死亡保險金或殘廢保險金的受託人**

保險公司得簽訂參加保單紅利之保險契約 ❺ 。保單紅利之計算基礎及方法，應該在保險契約中明訂 ❻ 。又保險業經營人身保險業務，保險契約得約定保險金一次或分期給付 ❼ ，人身保險契約中屬於死亡或失能之保險金部分，要保人於保險事故發生前得預先洽訂信託契約，由保險業擔任該保險信託之受任人，其中要保人與被保險人應為同一人，該信託契約之受益人並應為保險契約之受益人，且以被保險人、未成年人、受監護宣告尚未撤銷者為限 ❽ 。保險業經營保險金信託業務，應經主管機關許可，其營業及會計必須獨立。保險業依法從事信託業務，辦理保險金信託業務應設置信託專戶，並以信託財產名義表彰 ❾ 。信託財產為應

---

❹ 保險法第 138 條第 4 項。
❷ 保險法第 138 條第 5 項。
❸ 保險法第 138 條第 1 項。
❹ 保險法第 138 條第 2 項。
❺ 保險法第 140 條第 1 項。
❻ 保險法第 140 條第 3 項。
❼ 保險法第 138 條之 2 第 1 項。
❽ 保險法第 138 條之 3。
❾ 保險法第 138 條之 2 第 4 項。

登記之財產者，應依有關規定為信託登記❺；信託財產為有價證券者，保險業設置信託專戶，並以信託財產名義表彰；其以信託財產為交易行為時，得對抗第三人，不適用信託法第 4 條第 2 項規定❺。保險業作為信託契約的受託人，應該遵循下列規定：

　　A.限於死亡或失能的保險金：人身保險契約中屬死亡失能之保險金部分，要保人於保險事故發生前得預先洽訂信託契約。

　　B.要保人與被保險人須為同一人：要保人與被保險人應為同一人。

　　C.受益人的資格限制：信託契約之受益人應為保險契約之受益人，且以被保險人、未成年人、受監護宣告尚未撤銷者為限❺。

　　D.保險給付的擬制：保險業作為信託契約的受託人對受益人所為的信託給付，其屬於本金部分，視為保險給付❺。

　　E.保險金信託資金運用範圍的限制：保險業辦理保險金信託，其資金運用範圍以下列為限：

　　　⑷現金或銀行存款

　　　⑻公債或金融債券

　　　⑼短期票券

　　　⑽其他經主管機關核准之資金運用方式❺

　　F.違約的損害賠償責任：保險業為擔保其因違反受託人義務而對委託人或受益人所負之損害賠償、利益返還或其他責任，應提存賠償準備❺。

⑶上述關於保險業禁止兼營人身保險與財產保險的規定，於再保險人同時承保原保險為人身保險及原保險為財產保險是否也適用？此不但理論上不應該禁止，而且實務上也肯定

　　A.理論上：再保險，無論其原保險為財產保險或人身保險，本質上都是責任保險，而責任保險為財產保險，不發生財產保險與人身保險兼營的問題。

　　B.實務上：中央再保險公司也承保財產保險、人身保險的再保險業務。

---

❺　保險法第 138 條之 2 第 5 項。
❺　保險法第 138 條之 2 第 6 項。
❺　保險法第 138 條之 2 第 2 項。
❺　保險法第 138 條之 2 第 3 項。
❺　保險法第 138 條之 2 第 7 項。
❺　保險法第 138 條之 3 第 2 項。

（二）積極的經營限制──有接受投保強制汽車責任險、承保住宅地震險的 義務

　　保險人的經營範圍，在消極面上固然不得經營保險法規定以外業務的限制，且有原則上不得兼營財產保險與人身保險的限制；在積極面上，有必須經營某些業務而接受投保的限制，其中最重要者，如：依照強制汽車責任保險法的規定，保險人原則上不得拒絕要保人的投保❺❻，以及依照保險法的規定，必須承保地震險，以貫徹社會安全的危險分散機制❺❼。為了實施強制汽車責任保險，除了產物保險公司必須接受投保以外，還成立財團法人特別補償基金，彌補保險網之不足❺❽；為了彌補財產保險對地震損失賠償能力之不足，還成立「財團法人住宅地震保險基金」，規定「以主管機關建立之危險分散機制為之」，承擔範圍包括：承擔「超過財產保險業共保承擔限額部分」、並向「國內、外為再保險、以主管機關指定之方式為之或由政府承受」❺❾。因發生重大震災，致住宅地震保險基金累積之金額不足支付應攤付之賠款，為保障被保險人之權益，必要時，該基金得請求主管機關會同財政部報請行政院核定後，由國庫提供擔保，以取得必要之資金來源❻⓪。

二、資金運用的原則

　　保險業的資金──包括業主權益及各種責任準備金❻①──的運用，不但資金的運用範圍受到限制，而且資金的運用還必須符合以下四原則：

1.安全性原則

　　資金運用的安全性原則，是指保險業必須保有適足資產，足以履行承擔風險、保險理賠的原則。

2.流動性原則

　　資金運用的流動性原則，是指保險業必須保留足夠流動資產，對於不確定發生的保險事故，依約理賠的原則。

---

❺❻　強制汽車責任保險法第 18 條第 1 項。
❺❼　保險法第 138 條之 1 第 1 項。
❺❽　強制汽車責任保險法第 38 條。
❺❾　保險法第 138 條之 1 第 2 項。
❻⓪　保險法第 138 條之 1 第 5 項。
❻①　保險法第 146 條第 2 項。

3.即時收益性原則

資金的即時收益性原則，是指保險業的收益，除了保險費的收入外，更重要的是利用收入的保險費進行投資，且所投資的項目，除了自用，必須能夠即時收益。

4.公益性原則

資金的公益性原則，是指保險業的資金來自社會，使用資金應該配合公益的原則。

為了符合資金運用四原則，保險法及相關法規命令有很多規定，分述如下：

（一）關於安全性原則的限制

1.對單一金融機構的存款占保險業資金額度比例的限制

保險業之資金得存放於銀行、金庫、信用合作社、郵政儲金匯業局等金融機構。惟為避免因金融機構經營不善而倒閉，使保險業資金運用的安全性及收益性受到影響，損及保戶權益。因此對保險業資金存放於金融機構的數額，設有限制，保險法第 146 條第 3 項規定：「第 1 項所定存款，其存放於每一金融機構之金額，不得超過該保險業資金百分之十。但經主管機關核准者，不在此限。」

2.購買證券種類及總額的限制

保險法第 146 條之 1 第 1 項規定：「保險業資金得購買下列有價證券：

一、公債、國庫券。

二、金融債券、可轉讓定期存單、銀行承兌匯票、金融機構保證商業本票；其總額不得超過該保險業資金百分之三十五。

三、經依法核准公開發行之公司股票；其購買每一公司之股票，加計其他經主管機關核准購買之具有股權性質之有價證券總額，不得超過該保險業資金百分之五及該發行股票之公司實收資本額百分之十。

四、經依法核准公開發行之有擔保公司債，或經評等機構評定為相當等級以上之公司所發行之公司債；其購買每一公司之公司債總額，不得超過該保險業資金百分之五及該發行公司債之公司實收資本額百分之十。

五、經依法核准公開發行之證券投資信託基金及共同信託基金受益憑證；其投資總額不得超過該保險業資金百分之十及每一基金已發行之受益憑證總額百分之十。

六、證券化商品及其他經主管機關核准保險業購買之有價證券；其總額不得超過該保險業資金百分之十。」

保險業購買證券的種類以及總額不但有上述的單項限制，還有下列不同單項合計總額的限制：

(1)購買公司股票、有擔保公司債占保險業資金比例的限制

保險法第 146 條之 1 第 2 項規定：「前項第 3 款及第 4 款之投資總額，合計不得超過該保險業資金百分之三十五。」

(2)購買未上市、未上櫃、私募基金的特別限制

保險法第 146 條之 1 第 5 項：「保險業依第 1 項第 3 款至第 6 款規定投資於公開發行之未上市、未上櫃有價證券、私募之有價證券；其應具備之條件、投資範圍、內容、投資規範及其他應遵行事項之辦法，由主管機關定之。」，主管機關發布「保險業投資未上市未上櫃及私募有價證券管理辦法」[62]規定保險業可以購買國內公開發行，但未上市或未上櫃的有價證券的種類、購買國內私募有價證券的種類、規定其投資條件及限制、以及其投資比率及總額的併計入限額[63]。

3.投資保險相關事業的限制

保險法第 146 條之 6 規定：「保險業業主權益，超過第 139 條規定最低資本或基金最低額者，得經主管機關核准，投資保險相關事業所發行之股票，不受第 146 條之 1 第 1 項第 3 款及第 3 項規定之限制；其投資總額，最高不得超過該保險業業主權益。」、「保險業依前項規定投資而與被投資公司具有控制與從屬關係者，其投資總額，最高不得超過該保險業業主權益百分之四十。」、「保險業依第 1 項規定投資保險相關事業，其控制與從屬關係之範圍、投資申報方式及其他應遵行事項之辦法，由主管機關定之。」，此處所稱「保險相關事業」是指保險、金融控股、銀行、票券、信託、信用卡、融資性租賃、證券、期貨、證券投資信託、證券投資顧問事業及其他經主管機關認定之保險相關事業而言。又主管機關依據第 3 項的授權規定，發布「保險業投資保險相關事業管理辦法」[64]。

---

[62]　金管會 96 年 8 月 29 日金管保一字第 09602504131 號令。

[63]　參考保險業投資未上市未上櫃及私募有價證券管理辦法第 3 條至第 6 條。所謂「併計入限額」是指併計入保險法第 146 條之 1 第 1 項第 3 款至第 6 款及第 2 項規定的限額。

[64]　金管會 107 年 12 月 3 日金管保財字第 10704505071 號令。

4.辦理國外投資的限制

保險業資金原則上應僅限於國內運用,惟為因應國際化、自由化之現代趨勢,有允許保險業資金為國外投資之必要,然國外投資應受下列的限制:

⑴投資種類的限制

保險法第 146 條之 4 第 1 項:「保險業資金辦理國外投資,以下列各款為限:

一、外匯存款。

二、國外有價證券。

三、設立或投資國外保險公司、保險代理人公司、保險經紀人公司或其他經主管機關核准之保險相關事業。

四、其他經主管機關核准之國外投資。」

⑵投資總額占保險業資金的比例限制

保險法第 146 條之 4 第 2 項:「保險業資金依前項規定辦理國外投資總額,由主管機關視各保險業之經營情況核定之,最高不得超過各該保險業資金百分之四十五。但下列金額不計入其國外投資限額:

一、保險業經主管機關核准銷售以外幣收付之非投資型人身保險商品,並經核准不計入國外投資之金額。

二、保險業依本法規定投資於國內證券市場上市或上櫃買賣之外幣計價股權或債券憑證之投資金額。

三、保險業經主管機關核准設立或投資國外保險相關事業,並經核准不計入國外投資之金額。

四、其他經主管機關核准之投資項目及金額。」

保險法第 146 條之 4 第 3 項:「保險業資金辦理國外投資之投資規範、投資額度、審核及其他應遵行事項之辦法,由主管機關定之。」,主管機關根據本條的授權,發布「保險業辦理國外投資管理辦法」❻⓹。

5.放款的限制

保險業的放款,有下列限制:

⑴放款種類的限制

保險法第 146 條之 3 第 1 項規定:「保險業辦理放款,以下列各款為限:

---

❻⓹　金管會 107 年 11 月 21 日金管保財字第 10704505011 號令。

一、銀行或主管機關認可之信用保證機構提供保證之放款。

二、以動產或不動產為擔保之放款。

三、以合於第 146 條之 1 之有價證券為質之放款。

四、人壽保險業以各該保險業所簽發之人壽保險單為質之放款。」

⑵**單位放款金額與放款總額占保險業資金比例的限制**

除了人壽保險業以各該保險業簽發的保險單為質的貸款外❻，其他各類放款金額都受到單位放款金額以及放款總額的限制，即「前項第 1 款至第 3 款放款，每一單位放款金額不得超過該保險業資金百分之五；其放款總額，不得超過該保險業資金百分之三十五。」❼

⑶**對利害關係人放款的多重限制**

「保險業依第 1 項第 1 款、第 2 款及第 3 款對其負責人、職員或主要股東，或對與其負責人或辦理授信之職員有利害關係者，所為之擔保放款，應有十足擔保，其條件不得優於其他同類放款對象，如放款達主管機關規定金額以上者，並應經三分之二以上董事之出席及出席董事四分之三以上同意；其利害關係人之範圍、限額、放款總餘額及其他應遵行事項之辦法，由主管機關定之。」❽，主管機關依據授權發布「保險業利害關係人放款管理辦法」❾，根據上述規定，對利害關係人的放款，必須：

　　A.十足擔保。

　　B.放款條件不得優於其他同業放款對象。

　　C.達到主管機關規定的一定金額以上時，必須經董事會重度決議，即應經三分之二以上董事之出席及出席董事四分之三以上同意。

⑷**利害關係人「利用他人名義向保險業申請放款」，應適用對利害關係人放款的限制**

　A.應適用對利害關係人放款限制的規定

保險法第 146 條之 8 第 1 項：「第 146 條之 3 第 3 項所列舉之放款對象，利用

---

❻　保險法第 146 條之 3 第 1 項第 4 款。

❼　保險法第 146 條之 3 第 2 項。

❽　保險法第 146 條之 3 第 3 項。

❾　金管會 104 年 4 月 10 日金管保財字第 1002503201 號令。

他人名義向保險業申請辦理之放款，適用第 146 條之 3 第 3 項規定。」，也就是保險業辦理的貸款，若是屬於保險法第 146 條之 3 第 1 項第 1 款❼⓿、第 2 款❼❶及第 3 款❼❷的類型，其對象又是保險業的負責人、職員或主要股東，或對與其負責人或辦理授信之職員有利害關係的人時，則其貸款，不但應該有十足擔保，而且其條件不得優於其他同類放款對象，如放款達到主管機關規定金額以上者，並應經三分之二以上董事之出席及出席董事四分之三以上同意❼❸，即俗稱「重度決議」；其利害關係人之範圍、限額、放款總餘額及其他應遵行事項之辦法，由主管機關定之❼❹。

　　B.利用他人名義之人向保險業申請辦理放款之推定

　　向保險業申請辦理之放款，其款項為利用他人名義之人所使用，或其款項移轉為利用他人名義之人所有時，推定為前項所稱利用他人名義之人向保險業申請辦理之放款❼❺。

⑸**投資數額與質借放款數額合計總額受到法定上限的限制**

　　保險業投資其他公司股票、公司債的投資數額與保險業對該公司以所發行股票、公司債質借放款數額的合計總額，受到法定上限的限制。依照保險法第 146 條之 3 第 4 項規定：「保險業依第 146 條之 1 第 1 項第 3 款及第 4 款對每一公司股票及公司債之投資與依第 1 項第 3 款以該公司發行之股票及公司債為質之放款，合併計算不得超過其資金百分之十與該發行股票及公司債之公司實收資本額百分之十。」

⑹**關於保險業就「同一人、同一關係人、同一關係企業」從事「放款」與「放款以外交易」的限制**

　　保險法第 146 條之 7 規定：「主管機關對於保險業就同一人、同一關係人或同一關係企業之放款或其他交易得予限制；其限額、其他交易之範圍及其他應遵行事項之辦法，由主管機關定之。」，上述規定牽涉的問題，不但是「同一人、同一

---

❼⓿　銀行或主管機關認可之信用保證機構提供保證之放款。

❼❶　以動產或不動產為擔保之放款。

❼❷　以合於保險法第 146 條之 1 之有價證券為質之放款。

❼❸　保險法第 146 條之 3 第 3 項。

❼❹　保險法第 146 條之 3 第 3 項。

❼❺　保險法第 146 條之 8 第 2 項。

關係人、同一關係企業」是不確定的法律概念,而且與利害關係人的交易,區分為「放款」以及「放款以外的交易」兩類,具體內容有待明確化。因此保險法以及相關法規命令做了進一步的詳細規定:

A.「同一人、同一關係人或同一關係企業」的意義

保險法第 146 條之 7 第 2 項:「前項所稱同一人,指同一自然人或同一法人;同一關係人之範圍,包含本人、配偶、二親等以內之血親及以本人或配偶為負責人之事業;同一關係企業之範圍,適用公司法第 369 條之 1 至第 369 條之 3、第 369 條之 9 及第 369 條之 11 規定。」

B.「放款」的意義

依保險法第 146 條之 3 第 1 項規定:「保險業辦理放款,以下列各款為限:

一、銀行或主管機關認可之信用保證機構提供保證之放款。

二、以動產或不動產為擔保之放款。

三、以合於第 146 條之 1 之有價證券為質之放款。

四、人壽保險業以各該保險業所簽發之人壽保險單為質之放款。」

C.「放款以外之其他交易」的意義

保險法第 146 條之 7 第 3 項:「主管機關對於保險業與其利害關係人從事放款以外之其他交易得予限制;其利害關係人及交易之範圍、決議程序、限額及其他應遵行事項之辦法,由主管機關定之。」,根據保險法第 146 條之 7 第 1 項授權,主管機關發布「保險業對同一人同一關係人或同一關係企業之放款及其他交易管理辦法」[76],該辦法除對保險業對「同一人、同一關係人、或同一關係企業的放款限額」、「對同一人、同一關係人或同一關係企業為放款以外之其他交易限額」詳細規定外,還界定了「對同一人、同一關係人或同一關係企業之其他交易」的範圍,該辦法第 3 條規定:「本法第 146 條之 7 第 1 項所稱對同一人、同一關係人或同一關係企業之其他交易係指下列交易行為之一者:

一、購買各該對象為發行人之有價證券。

二、購買各該對象之不動產。

三、購買各該對象之有價證券及不動產以外之其他資產。

四、出售有價證券、不動產或其他資產予各該對象。

---

[76] 金管會 104 年 4 月 7 日金管保字第 10402502671 號令。

五、因行使抵押權或質權而取得各該對象之不動產、動產或股票。

六、出租動產或不動產予各該對象，或承租各該對象之動產或不動產。

七、約定交付交易保證金、權利金或押租金予各該對象。

八、與各該對象簽訂其他與保險業務無直接關聯之給付金錢或提供勞務契約。」

6. 禁止從事競業禁止的工作或擔任利害衝突的工作及其違反的法律效果

保險法第 146 條之 1 第 3 項規定：「保險業依第 1 項第 3 款及第 6 款投資，不得有下列情事之一：

一、以保險業或其代表人擔任被投資公司董事、監察人。

二、行使對被投資公司董事、監察人選舉之表決權。

三、指派人員獲聘為被投資公司經理人。

四、擔任被投資證券化商品之信託監察人。

五、與第三人以信託、委任或其他契約約定或以協議、授權或其他方法參與對被投資公司之經營、被投資不動產投資信託基金之經營、管理。但不包括該基金之清算。」

保險法第 146 條之 1 第 4 項：「保險業有前項各款情事之一者，其或代表人擔任董事、監察人、行使表決權、指派人員獲聘為經理人、與第三人之約定、協議或授權，無效。」

7. 從事衍生性商品交易的限制

保險業依第 146 條第 8 項規定：「從事衍生性商品交易之條件、交易範圍、交易限額、內部處理程序及其他應遵行事項之辦法，由主管機關定之。」，主管機關依據上述法律授權，發布「保險業從事衍生性金融商品交易管理辦法」[77]，所謂「衍生性金融商品交易」是指「為了避險目的、增加投資效益目的及結構型商品投資，辦理之衍生性金融商品交易」。

8. 避免以超價購買不動產為手段達到移轉資金目的限制

為避免保險業藉不動產之取得或出售，移轉資金或對特定關係人為利益輸送，致損害投保大眾及股東之權益，保險法第 146 條之 2 第 2 項規定：「保險業不動產之取得及處分，應經合法之不動產鑑價機構評價。」，保險業投資土地時，應受保

---

[77] 金管會 106 年 8 月 23 日金管保財字第 10602503581 號令修正發布。

險法及土地法等相關法律規定的限制。所謂「經合法之不動產鑑價機構評價」應該「以市場上可取得最接近性質為原則，以提升鑑估價值之客觀性及可信度」[78]。

9.其他經主管機關核准之資金運用的限制

（二）關於流動性原則及即時收益性原則的限制

保險事故發生後，保險人有為保險給付的義務，而保險給付之履行，一般多以給付貨幣的方式為之，保險人有財產，並不代表保險人有能力將財產立刻變換為貨幣，進而履行保險給付的義務，其中最明顯的例子就是不動產與現金，不動產可以估計其現金價值，但是不動產的流動性遠遠不如現金。所謂不動產，指土地及土地上之房屋、建築物等定著物[79]。不動產的投資雖然具有安全性，但缺少流動性，若任由保險業將其大筆資金投資在不動產上，不但容易哄抬房地產價格，影響社會安定，而且若保險事故發生率偏高，臨時變現也不容易，因此保險法第146條之2第1項規定：「保險業對不動產之投資，以所投資不動產即時利用並有收益者為限；其投資總額，除自用不動產外，不得超過其資金百分之三十。但購買自用不動產總額不得超過其業主權益之總額。」，保險法對於保險業投資在不動產設了兩道限制：

1.所投資的不動產原則上以可以即時利用者為限，但是保險業依住宅法興辦社會住宅且僅供租賃者，不在此限[80]。

2.投資總額原則上不得超過其資金百分之三十，但是投資自用不動產不在此限。

本條的規定，一方面是以「即時利用之限制貫徹流動性原則」，而且也以「投資總額的限制貫徹安全性原則」。

（三）關於公益性原則的限制

保險業的資金本質為大眾資金的匯集，數目龐大，因此政策上應該有效引導為公益性運用，例如：工業區開發、策略性工業、高科技工業投資，以及高速公路、國民住宅、停車場或為特種保單分紅目的之獨立帳戶等。保險法第146條之

---

[78] 參照保險業購置區域型特殊不動產物件適用「保險業財務報告編製準則，有關不動產鑑價規定之適用原則」，金管會103年4月28日保局（財）字第10302038220號函。

[79] 民法第66條第1項。

[80] 保險法第146條之2第3項。

5 規定：「主保險業資金辦理專案運用、公共及社會福利事業投資應申請主管機關核准；其申請核准應具備之文件、程序、運用或投資之範圍、限額及其他應遵行事項之辦法，由主管機關定之。」、「前項資金運用方式為投資公司股票時，其投資之條件及比率，不受第 146 條之 1 第 1 項第 3 款規定之限制。」、「第 1 項資金之運用，準用第 146 條之 1 第 3 項及第 4 項規定。」、「保險業資金辦理公共投資，符合下列規定者，不受前項限制：一、保險業或其代表人擔任被投資事業董事、監察人者，其派任之董事、監察人席次不得超過被投資事業全體董事、監察人席次之三分之一。二、不得指派人員獲聘為被投資事業經理人。」

　　主管機關根據上述法律的授權，發布「保險業資金辦理專案運用公共及社會福利事業投資管理辦法」⑧，該辦法對保險業以其資金辦理專案投資或專案放款的項目，以及為配合政策辦理公共投資的事項，都列舉了限制性的規定。

三、舉債借款、為保證人、或提供他人擔保的限制

　　保險法第 143 條，保險業不得向外借款、為保證人或以其財產提供為他人債務之擔保。但保險業有下列情形之一，報經主管機關核准向外借款者，不在此限：

　　1.為給付鉅額保險金、大量解約或大量保單貸款之週轉需要。

　　2.因合併或承受經營不善同業之有效契約。

　　3.為強化財務結構，發行具有資本性質之債券。

四、分配盈餘的限制：維持資本適足率的義務

（一）資本適足率的標準與等級

　　保險法第 143 條之 4：「保險業自有資本與風險資本之比率（以下簡稱資本適足率），不得低於百分之二百；必要時，主管機關得參照國際標準調整比率。

　　前項資本適足率劃分為下列等級：一、資本適足。二、資本不足。三、資本顯著不足。四、資本嚴重不足。

　　前項第 1 款所稱資本適足，指資本適足率達第 1 項所定之最低比率；前項第 4 款所稱資本嚴重不足，指資本適足率低於百分之五十或保險業淨值低於零。

⑧　金管會 106 年 12 月 29 日金管保財字第 10602505871 號令修正。

第 1 項所定自有資本與風險資本之範圍、計算方法、管理、第 2 項第 3 款、第 3 款資本適足率等級之劃分及其他應遵行事項之辦法，由主管機關定之。」

主管機關依據本條第 4 項與第 148 條之 2 第 3 項的授權，發布「保險業資本適足性管理辦法」[82]，根據該辦法第 2 條及第 3 條規定，所謂「自有資本」是指保險業依照保險業資本適足性管理辦法的規定，經主管機關認許之資本總額，其範圍包括：「經認許之業主權益」及「其他依主管機關規定之調整項目」；所謂「風險資本」是指依照保險業實際經營所承受之風險程度，計算而得之資本總額，其範圍應該包括：

1.人身保險業：「資產風險」、「保險風險」、「利率風險」及「其他風險」。

2.財產保險業：「資產風險」、「信用風險」、「核保風險」、「資產負債配置風險」及「其他風險」。

（二）分配盈餘、買回其股份或退還股金的限制

保險法第 143 條之 5：「保險業有下列情形之一者，不得以股票股利或以移充社員增認股金以外之其他方式分配盈餘、買回其股份或退還股金：

一、資本適足率等級為資本不足、顯著不足或嚴重不足。

二、資本適足率等級為資本適足，如以股票股利、移充社員增認股金以外之其他方式分配盈餘、買回其股份或退還股金，有致其資本適足率等級降為前款等級之虞。

前項第 1 款之保險業，不得對負責人發放報酬以外之給付。但經主管機關核准者，不在此限。」

（三）主管機關對「各類型資本不足保險業」依法應該採取的措施

1.資本不足者[83]

(1)令其或其負責人限期提出增資、其他財務或業務改善計畫。屆期未提出增資、財務或業務改善計畫，或未依計畫確實執行者，得採取次一資本適足率等級之監理措施。

----

[82] 金管會 108 年 12 月 4 日金管保財字第 10804960001 號令修正發布，並自 109 年 4 月 1 日施行。

[83] 保險法第 143 條之 6 第 1 款。

⑵令停售保險商品或限制保險商品之開辦。

⑶限制資金運用範圍。

⑷限制其對負責人有酬勞、紅利、認股權憑證或其他類似性質之給付。

⑸其他必要之處置。

2.資本顯著不足者❽

⑴前款之措施。

⑵解除其負責人職務，並通知公司（合作社）登記主管機關廢止其負責人登記。

⑶停止其負責人於一定期間內執行職務。

⑷令取得或處分特定資產，應先經主管機關核准。

⑸令處分特定資產。

⑹限制或禁止與利害關係人之授信或其他交易。

⑺令其對負責人之報酬酌予降低，降低後之報酬不得超過該保險業資本適足率列入資本顯著不足等級前十二個月內對該負責人支給平均報酬之百分之七十。

⑻限制增設或令限期裁撤分支機構或部門。

⑼其他必要之處置。

3.資本嚴重不足者❽

除前款之措施外，應採取第 149 條第 3 項第 1 款規定之處分，即應該對保險業為監管、接管、勒令停業清理或命令解散之處分。

（四）分配盈餘之限制

保險業分配盈餘前，必須滿足下列條件：

1.自有資本比率與風險資本比不得低於百分之二百

保險法第 143 條之 4 第 1 項：「保險業自有資本與風險資本之比率（以下簡稱資本適足率），不得低於百分之二百；必要時，主管機關得參照國際標準調整比率。」

2.必須先提存「各種責任準備金」

狹義之責任準備金指人壽保險之保單價值準備金，廣義者則尚包括其他各種準備金。依保險法第 11 條規定：「本法所定各種準備金，包括責任準備金、未滿

---

❽　保險法第 143 條之 6 第 2 款。

❽　保險法第 143 條之 6 第 3 款。

期保費準備金、特別準備金、賠款準備金及其他經主管機關規定之準備金。」，以上各種責任準備金，保險業應依保險之種類分別提存，以備將來供作給付保險金或其他目的使用（如保單紅利、盈餘分配）。

保險法第 145 條第 1 項規定：「保險業於營業年度屆滿時，應分別保險種類，計算其應提存之各種責任準備金，記載於特設之帳簿。」，惟計算準備金時不能漫無標準，所以同條第 2 項又規定：「前項所稱各種準備金之提存比率、計算方式及其他應遵行事項之辦法，由主管機關定之。」俾保險業有所遵循。

3.必須先提撥「法定盈餘公積金」或併提「特別盈餘公積金」

保險法第 145 條之 1 規定：「保險業於完納一切稅捐後，分派盈餘時，應先提百分之二十為法定盈餘公積。但法定盈餘公積，已達其資本總額或基金總額時，不在此限。」、「保險業得以章程規定或經股東會或社員大會決議，另提特別盈餘公積。主管機關於必要時，亦得命其提列。」

五、保險業行使股東權利的限制

保險法第 146 條之 9 規定：「保險業因持有有價證券行使股東權利時，不得與被投資公司或第三人以信託、委任或其他契約約定或以協議、授權或其他方法進行股權交換或利益輸送，並不得損及要保人、被保險人或受益人之利益。」、「保險業於出席被投資公司股東會前，應將行使表決權之評估分析作業作成說明，並應於各該次股東會後，將行使表決權之書面紀錄，提報董事會。」、「保險業及其從屬公司，不得擔任被投資公司之委託書徵求人或委託他人擔任委託書徵求人。」

伍 風險的分攤與轉嫁：共保與再保

一、得以「共保」方式分攤風險

為期分化重大損失及配合政府政策，必須建立共保機制。所謂「共保」，就是數家保險業，共同為保險契約的保險人，通常以一家保險公司為主辦人，各家保險公司可以依照自己的意願，承保一定保險金額，依保險金額比例享有保險費，於保險事故發生時，也按照保險金額比例計算保險理賠的分攤額。共保制度通常適用巨額的承保，保險法第 144 條之 1 規定：「有下列情形之一者，保險業得以共保方式承保：

一、有關巨災損失之保險者。

二、配合政府政策需要者。

三、基於公共利益之考量者。

四、能有效提昇對投保大眾之服務者。

五、其他經主管機關核准者。」

二、應以「強制再保險」方式轉嫁風險

保險法第 147 條：「保險業辦理再保險之分出、分入或其他危險分散機制業務之方式、限額及其他應遵行事項之辦法，由主管機關定之。」，主管機關依據本條的授權，發布「保險業辦理再保險分出分入及其他危險分散機制管理辦法」**❽❻**，其主要內容包括：保險業辦理自留及再保險分出、分入，應建立風險管理機制考量其風險承擔能力，制定風險管理計畫，據以執行，並適時檢討修正。風險管理計畫至少應該包括：「自留風險管理」**❽❼**、「再保險分出風險管理」**❽❽**、「再保險分入風險管理」**❽❾**、「集團內再保險風險管理」**❾⓪**。又保險業辦理再保險業務原則上應該配合再保險風險管理計畫安排再保險分出，並於原保險契約生效前或擬分出保險責任開始之日前，就再保險契約之再保險成分、再保險費率及再保險佣金等條件取得再保險人確認**❾❶**。此外，保險法第 147 條之 1 第 1 項：「保險業專營再保險業務者，為專業再保險業，不適用第 138 條第 1 項、第 143 條之 1、第 143 條之 3 及第 144 條第 1 項規定。」、「前項專業再保險業之業務、財務及其他相關管理事

---

❽❻ 金管會 106 年 5 月 2 日金管保產字第 10602520171 號令修正。

❽❼ 指「符合危險特性之每一危險單位，其最大合理損失預估、風險承擔能力、每一危險單位之最高累積限額等管理基準」，參考保險業辦理再保險分出分入及其他危險分散機制管理辦法第 2 條第 1 項第 1 款。

❽❽ 指「再保險分出方式、原保險契約生效後有安排再保險分出需要時之管理基準、再保險人、再保險經紀人之選擇及再保險分出作業流程等」，參考保險業辦理再保險分出分入及其他危險分散機制管理辦法第 2 條第 1 項第 2 款。

❽❾ 指「再保險分入之險種、地域、危險單位及累積限額等管理基準」，參考保險業辦理再保險分出分入及其他危險分散機制管理辦法第 2 條第 1 項第 3 款。

❾⓪ 指「集團內再保險分出、分入之風險管理流程及交易處理程序」，參考保險業辦理再保險分出分入及其他危險分散機制管理辦法第 2 條第 1 項第 4 款。

❾❶ 參考保險業辦理再保險分出分入及其他危險分散機制管理辦法第 3 條第 1 項第 1 款。

項之辦法，由主管機關定之。」，換句話說，再保險所承保的原保險，可以是財產保險，也可以是人身保險。再保險公司沒有提撥安定基金的義務、不適用安定基金的規定、也不適用保險法第 144 條第 1 項關於「保險業之各種保險單條款、保險費及其他相關資料，由主管機關視各種保險之發展狀況，分別規定銷售前應採行之程序、審核及內容有錯誤、不實或違反規定之處置等事項之準則。」的規定。

陸 設置安定基金

一、安定基金的設置

保險業如發生失卻清償能力，而發生無法償還保單價值準備金或履行保險給付責任等情事，輕微者，損及要保人、被保險人或受益人的權益，嚴重者，釀成金融風暴，影響經濟發展及社會安定。為了避免要保人、被保險人或受益人遭受損失，為維護金融安全，有設置安定基金的必要。

保險法規定財產保險業及人身保險業應分別提撥資金，設置財團法人安定基金❷。財團法人安定基金之組織及管理等事項之辦法，由主管機關定之❸，並發布「財團法人保險安定基金組織及管理辦法」❹。安定基金由各保險業者提撥；其提撥比率，由主管機關審酌經濟、金融發展情形及保險業承擔能力定之，並不得低於各保險業者總保險費收入之千分之一❺。安定基金累積之金額不足保障被保險人權益，且有嚴重危及金融安定之虞時，得報經主管機關同意，向金融機構借款❻。

二、安定基金的辦理事項

（一）辦理事項

依照保險法第 143 條之 3 第 1 項規定：「安定基金辦理之事項如下：

---

❷　保險法第 143 條之 1 第 1 項。
❸　保險法第 143 條之 1 第 2 項。
❹　金管會 108 年 9 月 19 日金管保財字第 10804949591 號令修正。
❺　保險法第 143 條之 1 第 3 項。
❻　保險法第 143 條之 1 第 4 項。

一、對經營困難保險業之貸款。

二、保險業因與經營不善同業進行合併或承受其契約，致遭受損失時，安定基金得予以低利貸款或墊支，並就其墊支金額取得對經營不善保險業之求償權。

三、保險業依第 149 條第 3 項規定被接管、勒令停業清理或命令解散，或經接管人依第 149 條之 2 第 2 項第 4 款規定向法院聲請重整時，安定基金於必要時應代該保險業墊付要保人、被保險人及受益人依有效契約所得為之請求，並就其墊付金額取得並行使該要保人、被保險人及受益人對該保險業之請求權。

四、保險業依本法規定進行重整時，為保障被保險人權益，協助重整程序之迅速進行，要保人、被保險人及受益人除提出書面反對意見者外，視為同意安定基金代理其出席關係人會議及行使重整相關權利。安定基金執行代理行為之程序及其他應遵行事項，由安定基金訂定，報請主管機關備查。

五、受主管機關委託擔任監管人、接管人、清理人或清算人職務。

六、經主管機關核可承接不具清償能力保險公司之保險契約。

七、財產保險業及人身保險業安定基金提撥之相關事宜。

八、受主管機關指定處理保險業依本法規定彙報之財務、業務及經營風險相關資訊。但不得逾越主管機關指定之範圍。

九、其他為安定保險市場或保障被保險人之權益，經主管機關核定之事項。」

（二）進行安定基金辦理事項的法令限制

1.動用安定基金資金的限制

保險法第 143 條之 3 第 2 項：「安定基金辦理前項第 1 款至第 3 款及第 9 款事項，其資金動用時點、範圍、單項金額及總額之限制由安定基金擬訂，報請主管機關核定。」，主管機關根據本條的授權，發布「財團法人保險安定基金對人身保險業動用範圍及限額規定」[97]，主要內容包括基金的墊付範圍只適用於依我國法律設立許可的本（外）國人身保險業的有效保險契約，而且針對不同範圍規定每一事故、每一被保險人的理賠上限從新臺幣 10 萬元至 300 萬元不等[98]。

[97]　金管會 107 年 9 月 26 日金管保財字第 10701166750 號函核定。

2.保險業與經營不善的保險業合併或承受經營不善保險業的保險契約時，依保險法第 143 條之 3 第 1 項第 2 款規定申請安定基金墊支之金額，由安定基金報請主管機關核准❾❾

（三）主管機關、保險業對安定基金的協助

1.主管機關得對安定基金提供必要的保險業經營資訊

主管機關於安定基金辦理第 1 項第 7 款及第 8 款事項時，得視其需要，提供必要之保險業經營資訊❿。第 7 款為：「財產保險業及人身保險業安定基金提撥之相關事宜。」，第 8 款為：「受主管機關指定處理保險業依本法規定彙報之財務、業務及經營風險相關資訊。但不得逾越主管機關指定之範圍。」，安定基金辦理上述兩項業務時，需要保險業的配合，而保險業的配合，有時必須仰賴主管機關公權力的介入。

2.保險業應依規定建置並提供安定基金各種準備金的電子資料

保險業於安定基金辦理第 1 項第 7 款及第 8 款事項時，於安定基金報經主管機關核可後，應依安定基金規定之檔案格式及內容，建置必要之各項準備金等電子資料檔案，並提供安定基金認為必要之電子資料檔案⓫。

（四）安定基金對保險業的查核

安定基金得對保險業辦理下列事項之查核：

1.提撥比率正確性及前項所定電子資料檔案建置內容。

2.自有資本與風險資本比率未符合第 143 條之 4 規定保險業之資產、負債及營業相關事項⓬。

（五）損害賠償責任與求償權

1.接管人等對外的損害賠償責任

保險法第 143 條之 3 第 7 項：「監管人、接管人、清理人及清算人之負責人及

---

❾❾ 財團法人保險安定基金對人身保險業動用範圍及限額規定第 2 條、第 3 條。
❾❾ 保險法第 143 條之 3 第 3 項。
❿ 保險法第 143 條之 3 第 4 項。
⓫ 保險法第 143 條之 3 第 5 項。
⓬ 保險法第 143 條之 3 第 6 項。

職員，依本法執行監管、接管、清理、清算業務或安定基金之負責人及職員，依本法辦理墊支或墊付事項時，因故意或過失不法侵害他人權利者，監管人、接管人、清理人、清算人或安定基金應負損害賠償責任。」，本項規定是指監管人、接管人等對外——包括受接管保險業在內的第三人——的損害賠償責任，所負的責任是「抽象輕過失責任」，也就是只要因「故意、過失」致生損害於他人，就必須負損害賠償責任。

2.接管人等對有過失的負責人、職員的內部求償權

保險法第 143 條之 3 第 8 項：「前項情形，負責人及職員有故意或重大過失時，監管人、接管人、清理人、清算人或安定基金對之有求償權。」，本項規定是內部求償權，在監管人、接管人等對外賠償受害人之後，轉過身來，對於實際執行監管、接管等工作的負責人或職員，以該負責人或職員有「故意或重大過失」為限，可以行使內部求償權，該負責人或職員所負的是「重大過失責任」。

柒 主管機關對保險業的監督與糾正

保險業經營的成功或失敗，關乎社會公益，所以除了保險業者每年應該向主管機關例行提出年度營業狀況暨資金運用報告書外，主管機關還可以本於職權，命令保險業者提出營業報告，或派員或委託他人進行檢查，若發現有違反法律命令，可以立即糾正，要求改善，以防微杜漸，避免貽誤時機。保險法關於主管機關對保險業的監督與糾正規定主要包括：

一、發動行政監督，命令限期提出營業狀況報告與隨時派員或委託他人檢查業務及財務狀況

（一）命令限期提出營業狀況報告[103]

（二）隨時派員或委託他人進行業務及財務狀況檢查

主管機關得隨時派員檢查保險業之業務及財務狀況[104]。主管機關不但可以指

---

[103] 保險法第 148 條第 1 項後段。
[104] 保險法第 148 條第 1 項前段。

定檢查人員進行檢查，也可以委託適當機構或專業經驗人員擔任；其費用，由受檢查之保險業負擔❿。檢查人員或受託機構、專業人員執行職務時，得為下列行為（詳細如下 1.及 2.），保險業負責人及相關人員不得規避、妨礙或拒絕。檢查人員等執行職務，依其重要性，有些不需要經過主管機關許可，有些則事關重大，必須事先經過主管機關許可：

1.無須另外取得主管機關許可者❿

⑴令保險業提供第 148 條之 1 第 1 項所定各項書表，並提出證明文件、單據、表冊及有關資料。

⑵詢問保險業相關業務之負責人及相關人員。

⑶評估保險業資產及負債。

2.須另外取得主管機關許可者

保險法第 148 條第 4 項：「第 1 項及第 2 項檢查人員執行職務時，基於調查事實及證據之必要，於取得主管機關許可後，得為下列行為：

一、要求受檢查保險業之關係企業提供財務報告，或檢查其有關之帳冊、文件，或向其有關之職員詢問。

二、向其他金融機構查核該保險業與其關係企業及涉嫌為其利用名義交易者之交易資料。」

3.關係企業之範圍，適用公司法第 369 條之 1 至第 369 條之 3、第 369 條之 9 及第 369 條之 11 規定❿

⑴公司法第 369 條之 1：「本法所稱關係企業，指獨立存在而相互間具有下列關係之企業：

一、有控制與從屬關係之公司。

二、相互投資之公司。」

⑵公司法第 369 條之 2：「公司持有他公司有表決權之股份或出資額，超過他公司已發行有表決權之股份總數或資本總額半數者為控制公司，該他公司為從屬公司。

---

❿　保險法第 148 條第 2 項。

❿　保險法第 148 條第 3 項。

❿　保險法第 148 條第 5 項。

除前項外，公司直接或間接控制他公司之人事、財務或業務經營者亦為控制公司，該他公司為從屬公司。」

⑶公司法第 369 條之 3：「有左列情形之一者，推定為有控制與從屬關係：

一、公司與他公司之執行業務股東或董事有半數以上相同者。

二、公司與他公司之已發行有表決權之股份總數或資本總額有半數以上為相同之股東持有或出資者。」

⑷公司法第 369 條之 9：「公司與他公司相互投資各達對方有表決權之股份總數或資本總額三分之一以上者，為相互投資公司。

相互投資公司各持有對方已發行有表決權之股份總數或資本總額超過半數者，或互可直接或間接控制對方之人事、財務或業務經營者，互為控制公司與從屬公司。」

⑸公司法第 369 條之 11：「計算本章公司所持有他公司之股份或出資額，應連同左列各款之股份或出資額一併計入：

一、公司之從屬公司所持有他公司之股份或出資額。

二、第三人為該公司而持有之股份或出資額。

三、第三人為該公司之從屬公司而持有之股份或出資額。」

二、保險業者應提出年度營業狀況暨資金運用報告書

保險法第 148 條之 1：「保險業每屆營業年度終了，應將其營業狀況連同資金運用情形，作成報告書，併同資產負債表、損益表、股東權益變動表、現金流量表及盈餘分配或虧損撥補之議案及其他經主管機關指定之項目，先經會計師查核簽證，並提經股東會或社員代表大會承認後，十五日內報請主管機關備查。」、「保險業除依前項規定提報財務業務報告外，主管機關並得視需要，令保險業於規定期限內，依規定之格式及內容，將業務及財務狀況彙報主管機關或其指定之機構，或提出帳簿、表冊、傳票或其他有關財務業務文件。」、「前二項財務報告之編製準則，由主管機關定之。」

三、立即糾正

主管機關不論是主動發動行政監督，或是從保險業者所提出的年度營業狀況

暨資金運用報告書發現保險業者有違法違規或其他不當情事，都可以命令業者立即糾正，以防微杜漸，避免損失的擴大。

捌 財務資訊的公開與重大訊息的揭露

保險業是準金融業，其財務狀況以及經營資訊，影響投保戶的權益以及社會金融的安定，因此保險法規定，保險業財務資訊必須公開，且重大資訊應該揭露：

1.財務資訊的公開：保險業應依規定據實編製記載有財務及業務事項之說明文件提供公開查閱。

2.重大訊息的揭露：保險業於有攸關消費大眾權益之重大訊息發生時，應於二日內以書面向主管機關報告，並主動公開說明[108]。

以上說明文件及前項重大訊息之內容、公開時期及方式，由主管機關定之。

玖 內部控制與稽核制度

「內部控制」、「稽核制度」與「主管機關的檢查」，三者構成綿密的監督體系。關於主管機關的檢查已如前述；關於內部控制、稽核制度，依保險法第 148 條之 3 第 1 項規定：「保險業應建立內部控制及稽核制度；其辦法，由主管機關定之。」，主管機關據此發布「保險業內部控制及稽核制度實施辦法」[109]。分述如下：

1. 內部控制

內部控制指負責經營單位的自行檢查，特別是保險業對資產品質之評估、各種準備金之提存、逾期放款、催收款之清理、呆帳之轉銷及保單之招攬核保理賠，應建立內部處理制度及程序；其辦法，由主管機關定之。

2. 稽核制度

保險業內部設有稽核部門，直接對董事會負責，負責查核各部門的缺失以及效益評估等。保險業為了落實稽核制度，必要時可以進行「專案稽核」、「委請外面的會計師，進行專案查核」，提出專案報告。

---

[108] 保險法第 148 條之 2。

[109] 金管會 108 年 8 月 5 日金管保財字第 10804944651 號令增訂發布。

拾 主管機關對保險業的行政處分

以下先說明行政處分的分類，再說明接管、解散等程序規定：

一、行政處分的分類

行政處分以行政機關「是否有裁量權」為區分標準，可以區分為：

（一）「得為」的處分：有裁量權的處分

保險業違反法令、章程或有礙健全經營之虞時，主管機關除得予以糾正或令其限期改善外，並得視情況為下列處分：

1. 限制其營業或資金運用範圍。
2. 令其停售保險商品或限制其保險商品之開辦。
3. 令其增資。
4. 令其解除經理人或職員之職務。
5. 撤銷法定會議之決議。
6. 解除董（理）事、監察人（監事）職務或停止其於一定期間內執行職務。此時主管機關通知公司（合作社）登記之主管機關廢止其董（理）事、監察人（監事）登記（保險法第 149 條第 2 項）。
7. 其他必要之處置[110]。

所謂「保險業違反法令」，主要例如：違反禁止超額承保的規定[111]、違背經營範圍的限制[112]、違背不得舉債借款、不得為保證人、不得提供保證之規定[113]、違背禁止分配盈餘、買回股份或退還股金的原則上規定[114]、違背資金的運用限制[115]、違反再保險之分出、分入或其他危險分散機制之規定[116]、違反年度營業報告義

---

[110]　保險法第 149 條第 1 項。

[111]　保險法第 72 條。

[112]　保險法第 138 條、第 138 條之 1、第 138 條之 2、第 138 條之 3。

[113]　保險法第 143 條。

[114]　保險法第 143 條之 5 第 1 項。

[115]　保險法第 146 條之 5 第 1 項。

[116]　保險法第 147 條。

務⑰、違反據實編製財務文件，向主管機關報告或說明的義務⑱、違反建立或執行內部控制或稽核義務⑲、違反建立或執行內部處理制度或程序之規定、違反配合監管、接管或勒令停業清理之規定⑳等都是。保險業有違背法令情事者，依其情節的輕重及違法的種類，由主管機關依法處以「罰鍰」、「勒令撤換負責人」、「廢止經營保險金信託業務之許可」、「撤銷其營業執照」，甚至於「處以刑罰」的處罰，詳細請參考保險法第 168 條至第 172 條之 1。

（二）「應為」之處分：無裁量權的處分

1. 應進行監管、接管、勒令停業或命令解散之情形

主管機關應依下列規定對保險業為監管、接管、勒令停業清理或命令解散之處分：

⑴資本適足率嚴重不足，未依期限完成增資者

保險法第 149 條第 3 項第 1 款：「資本適足率等級為嚴重不足，且其或其負責人未依主管機關規定期限完成增資、財務或業務改善計畫或合併者，應自期限屆滿之次日起九十日內，為接管、勒令停業清理或命令解散之處分。」

⑵其他財務或業務顯著惡化，經核定財務或業務改善計劃仍繼續惡化，致資本適足率有不足之虞者

保險法第 149 條第 3 項第 2 款：「前款情形以外之財務或業務狀況顯著惡化，不能支付其債務，或無法履行契約責任或有損及被保險人權益之虞時，主管機關應先令該保險業提出財務或業務改善計畫，並經主管機關核定。若該保險業損益、淨值呈現加速惡化或經輔導仍未改善，致仍有前述情事之虞者，主管機關得依情節之輕重，為監管、接管、勒令停業清理或命令解散之處分。」

2. 監管、接管、停業清理或解散之執行

⑴得委託他人辦理

有前揭資本適足率不足或資本適足率有不足之虞，經主管機關依法監管、接

---

⑰　保險法第 148 條之 1。
⑱　保險法第 148 條之 2。
⑲　保險法第 148 條之 3。
⑳　保險法第 149 條。

管、停業清理或解散者，主管機關得委託其他保險業、保險相關機構或具有專業經驗人員擔任監管人、接管人、清理人或清算人；其有涉及第 143 條之 3 安定基金辦理事項時，安定基金應配合辦理❶。此時應該注意兩點：

A.受託人辦理受託事項不適用政府採購法的規定：經主管機關委託之相關機構或個人，於辦理受委託事項時，不適用政府採購法之規定❷。

B.不適用公司法關於臨時管理人或檢查人的規定，且原則上停止重整、破產、和解之聲請或強制執行程序：保險業受接管或被勒令停業清理時，不適用公司法有關臨時管理人或檢查人之規定，除依本法規定聲請之重整外，其他重整、破產、和解之聲請及強制執行程序當然停止❸。

⑵得另訂完成增資期限、重新提具增資、財務或業務改善或合併計劃

保險業因國內外重大事件顯著影響金融市場之系統因素，致其或其負責人未於主管機關規定期限內完成前項增資、財務或業務改善或合併計畫者，主管機關得令該保險業另定完成期限或重新提具增資、財務或業務改善或合併計畫❹。

二、接　管

（一）接管的效力

1.接管人對內取得經營權、管理權及處分權，原有機關停止運作

保險業經主管機關派員接管者，其經營權及財產之管理處分權均由接管人行使之。原有股東會、董事會、董事、監察人、審計委員會或類似機構之職權即行停止❺：

⑴應將帳冊移交予接管人

保險業之董事、經理人或類似機構應將有關業務及財務上一切帳冊、文件與財產列表移交與接管人。

❶　保險法第 149 條第 5 項。
❷　保險法第 149 條第 6 項。
❸　保險法第 149 條第 7 項。
❹　保險法第 149 條第 4 項。
❺　保險法第 149 條之 1 第 1 項。

⑵對接管人的詢問有答覆義務

董事、監察人、經理人或其他職員，對於接管人所為關於業務或財務狀況之詢問，有答覆之義務**⑫**。

⑶重要的財產處分行為等須事先經監管人同意

保險業經主管機關為監管處分時，非經監管人同意，保險業不得為下列行為：

一、支付款項或處分財產，超過主管機關規定之限額。

二、締結契約或重大義務之承諾。

三、其他重大影響財務之事項**⑫**。

監管人執行監管職務時，準用第 148 條有關檢查之規定**⑫**。保險業監管或接管之程序、監管人與接管人之職權、費用負擔及其他應遵行事項之辦法，由主管機關定之**⑫**。

2.接管人依法取得對外代表權

接管人，有代表受接管保險業為訴訟上及訴訟外一切行為之權，並得指派自然人代表行使職務。接管人執行職務，不適用行政執行法第 17 條及稅捐稽徵法第 24 條第 3 項之規定**⑬**。接管人對外的代表權很多，其中涉及保險業重整、保全處分者有：

⑴代表受接管保險業「聲請重整」

接管人依保險法規定聲請重整，就該受接管保險業於受接管前已聲請重整者，得聲請法院合併審理或裁定；必要時，法院得於裁定前訊問利害關係人**⑬**。法院受理接管人依本法規定之重整聲請時，得逕依主管機關所提出之財務業務檢查報告及意見於三十日內為裁定**⑬**。依保險契約所生之權利於保險業重整時，有優先受償權，並免為重整債權之申報**⑬**。接管人依本法聲請重整之保險業，不以公開

---

⑫ 保險法第 149 條之 1 第 3 項。
⑫ 保險法第 149 條第 9 項。
⑫ 保險法第 149 條第 10 項。
⑫ 保險法第 149 條第 11 項。
⑬ 保險法第 149 條之 1 第 2 項。
⑬ 保險法第 149 條第 8 項。
⑬ 保險法第 149 條之 2 第 5 項。
⑬ 保險法第 149 條之 2 第 6 項。

發行股票或公司債之公司為限，且其重整除本法另有規定外，準用公司法有關重整之規定❶❸❹。

⑵代表受接管保險業「提出保全處分的聲請」

接管人因執行職務聲請假扣押、假處分時，得免提供擔保❶❸❺。

3.得禁止違法者財產移轉或限制出境

保險業經主管機關依第 149 條第 3 項規定為監管、接管、勒令停業清理或命令解散之處分時，主管機關對該保險業及其負責人或有違法嫌疑之職員，得通知有關機關或機構禁止其財產為移轉、交付或設定他項權利，並得函請入出境許可之機關限制其出境❶❸❻。

（二）接管人的權限

1.主管機關得限制接管人關於保險契約的訂定、變更或終止或保單的質借、償付的權力

保險業於受接管期間內，主管機關對其新業務之承接、受理有效保險契約之變更或終止、受理要保人以保險契約為質之借款或償付保險契約之解約金，得予以限制❶❸❼。

2.重要事項須擬具方案，先獲得許可

接管人執行職務而有下列行為時，應研擬具體方案，事先取得主管機關許可：「

一、增資或減資後再增資。

二、讓與全部或部分營業、資產或負債。

三、分割或與其他保險業合併。

四、有重建更生可能而應向法院聲請重整。

五、其他經主管機關指定之重要事項❶❸❽。」

保險業於受接管期間內，經接管人評估認為有利於維護保戶基本權益或金融穩定等必要，得由接管人研擬過渡保險機制方案，報主管機關核准後執行❶❸❾。

---

❶❸❹　保險法第 149 條之 2 第 7 項。
❶❸❺　保險法第 149 條之 1 第 4 項。
❶❸❻　保險法第 149 條之 6。
❶❸❼　保險法第 149 條之 2 第 1 項。
❶❸❽　保險法第 149 條之 2 第 2 項。

3.為促成其他保險業承接而採取調高保險費率或降低保險金額措施，必須事先報經核准

受接管保險業依保險法第 149 條之 2 第 2 項第 2 款的規定，讓與全部或部分營業、資產或負債時，如受接管保險業之有效保險契約之保險費率與當時情況有顯著差異，非調高其保險費率或降低其保險金額，其他保險業不予承接者，接管人得報經主管機關核准，調整其保險費率或保險金額❹。

（三）監管、接管的期限、終止及相關帳冊等的移交

監管、接管之期限，由主管機關定之。在監管、接管期間，監管、接管原因消失時，監管人、接管人應報請主管機關終止監管、接管。接管期間屆滿或雖未屆滿而經主管機關決定終止接管時，接管人應將經營之有關業務及財務上一切帳冊、文件與財產，列表移交與該保險業之代表人❹。

三、解散的清算程序：原則上分別準用公司法與合作社法

依第 149 條為解散之處分者，其清算程序，除本法另有規定外，其為公司組織者，準用公司法關於股份有限公司清算之規定；其為合作社組織者，準用合作社法關於清算之規定。但有公司法第 335 條特別清算之原因者，均應準用公司法關於股份有限公司特別清算之程序為之❹。

四、股份有限公司保險業受讓受接管保險業的程序

股份有限公司組織之保險業受讓依第 149 條之 2 第 2 項第 2 款受接管保險業讓與之營業、資產或負債時，保險法有下列特別規定：

（一）關於是否受讓受接管保險業的決議，應採用「多數決」，且「不同意股東不得請求收買股份」

股份有限公司受讓全部營業、資產或負債時，應經代表已發行股份總數過半

---

❿ 保險法第 149 條之 2 第 3 項。
❿ 保險法第 149 條之 2 第 7 項。
❿ 保險法第 149 條之 3。
❿ 保險法第 149 條之 4。

數股東出席之股東會，以出席股東表決權過半數之同意行之；不同意之股東不得請求收買股份，免依公司法第 185 條至第 187 條規定辦理❶❹❸。

（二）不適用民法關於「債權讓與必須通知債務人」、「債務承擔須經債權人同意」的規定

債權讓與之通知以公告方式辦理之，免依民法第 297 條之規定辦理。承擔債務時免依民法第 301 條債權人承認之規定辦理❶❹❹。

（三）情況緊急且不影響競爭秩序時，可免向競爭主管機關申報結合

經主管機關認為有緊急處理之必要，且對市場競爭無重大不利影響時，免依公平交易法第 11 條第 1 項規定向公平交易委員會申報結合❶❹❺。

（四）得以「公告方式」辦理解散或合併的通知

保險業依第 149 條之 2 第 2 項第 3 款與受接管保險業合併時，除適用前項第 1 款及第 4 款規定外，解散或合併之通知得以公告方式辦理之，免依公司法第 316 條第 4 項規定辦理❶❹❻。

五、保險業的清理

（一）清理人的職務

保險業之清理，主管機關應指定清理人為之，並得派員監督清理之進行❶❹❼。清理人之職務如下：⑴了結現務。⑵收取債權，清償債務。⑶分派賸餘財產❶❹❽。

---

❶❹❸　保險法第 149 條之 7 第 1 項第 1 款。
❶❹❹　保險法第 149 條之 7 第 1 項第 2 款、第 3 款。
❶❹❺　保險法第 149 條之 7 第 1 項第 4 款。
❶❹❻　保險法第 149 條之 7 第 2 項。
❶❹❼　保險法第 149 條之 8 第 1 項。
❶❹❽　保險法第 149 條之 8 第 2 項。

（二）準用保險法關於「接管」、「受讓受接管保險業」的規定

1.準用保險法關於「接管」的規定

保險法第 149 條之 8 第 3 項：「保險業經主管機關為勒令停業清理之處分時，準用第 149 條之 1、第 149 條之 2 第 1 項、第 2 項、第 4 項及第 8 項規定。」，也就是說，保險業經主管機關為勒令停業清理的處分時，關於其財產的管理、處分、訴訟上及訴訟外的代表權、清理人從事新業務的承接等重要行為必須事先獲得主管機關許可，都準用保險法關於保險業被接管時的有關規定。

2.準用保險法關於「保險業受讓受接管保險業」的規定

保險法第 149 條之 8 第 4 項：「其他保險業受讓受清理保險業之營業、資產或負債或與其合併時，應依前條規定辦理。」，也就是說，其他保險業受讓受清理保險業，準用保險法關於「股份有限公司組織之保險業受讓依法被接管保險業讓與之營業、資產、或負債」的規定。

（三）催告申報債權暨造具資產負債表

1.催告申報債權

清理人就任後，應即於保險業所在地之日報為三日以上之公告，催告債權人於三十日內申報其債權，並應聲明屆期不申報者，不列入清理。但清理人所明知之債權，不在此限❹。依前揭規定申報之債權或為清理人所明知而列入清理之債權，其請求權時效中斷，自清理完結之日起重行起算❺。

2.造具資產負債表及財產目錄，報請主管機關備查，並刊登報紙

清理人應即查明保險業之財產狀況，於申報期限屆滿後三個月內造具資產負債表及財產目錄，並擬具清理計畫，報請主管機關備查，並將資產負債表於保險業所在地日報公告之❺。

（四）停止對債權人清償

清理人於保險法第 149 條之 9 第 1 項所定申報期限內，不得對債權人為清償。但對已屆清償期之職員薪資，不在此限❶❷。

（五）第三人對受清理中保險業債權行使的限制及例外

1.限於依訴訟程序確定之債權及依規定辦理登記之債權，始得行使

保險業經主管機關勒令停業進行清理時，第三人對該保險業之債權，除依訴訟程序確定其權利者外，非依前條第 1 項規定之清理程序，不得行使❶❸。

2.申報債權涉訟時，應該提存，避免延宕分配

前項債權因涉訟致分配有稽延之虞時，清理人得按照清理分配比例提存相當金額，而將所餘財產分配於其他債權人❶❹。

3.不列入清理的債權之範圍

⑴債權人參加清理程序為個人利益所支出之費用。

⑵保險業停業日後債務不履行所生之損害賠償及違約金。

⑶罰金、罰鍰及追繳金❶❺。

4.有別除權的債權不依清理程序行使債權

在保險業停業日前，對於保險業之財產有質權、抵押權或留置權者，就其財產有別除權；有別除權之債權人不依清理程序而行使其權利。但行使別除權後未能受清償之債權，得依清理程序申報列入清理債權❶❻。

5.清理費用應優先受償

清理人因執行清理職務所生之費用及債務，應先於清理債權，隨時由受清理保險業財產清償之❶❼。

---

❶❷　保險法第 149 條之 9 第 3 項。

❶❸　保險法第 149 條之 10 第 1 項。

❶❹　保險法第 149 條之 10 第 2 項。

❶❺　保險法第 149 條之 10 第 3 項。

❶❻　保險法第 149 條之 10 第 4 項。

❶❼　保險法第 149 條之 10 第 5 項。

（六）清理的效力：債權的視為消滅與債權的追加分配

1.債權的視為消滅

債權人依清理程序已受清償者，其債權未能受清償之部分，對該保險業之請求權視為消滅[158]。

2.債權的追加分配

清理完結後，如復發現可分配之財產時，應追加分配，於列入清理程序之債權人受清償後，有剩餘時，第三項之債權人仍得請求清償[159]。所謂「第三項之債權人」是指依照保險法第 149 條之 10 第 3 項的規定，不列入清理債權的債權人，包括：參加清理程序為個人利益所支出之費用的債權人、保險業停業日後債務不履行所生之損害賠償及違約金的債權人，以及罰金罰鍰及追繳金的債權人[160]。

（七）清理完結後的後續工作

保險業經主管機關勒令停業進行清理者，於清理完結後，免依公司法或合作社法規定辦理清算[161]。但是必須進行下列後續工作：

1.刊登收支表、損益表，並報請主管機關廢止保險業許可

清理人應於清理完結後十五日內造具清理期內收支表、損益表及各項帳冊，並將收支表及損益表於保險業所在地之新聞紙及主管機關指定之網站公告後，報主管機關廢止保險業許可[162]。

2.辦理廢止登記

保險業於清理完結後，應以主管機關廢止許可日，作為向公司或合作社主管機關辦理廢止登記日，及依所得稅法第 75 條第 1 項所定應辦理當期決算之期日[163]。所得稅法第 75 條第 1 項規定：「營利事業遇有解散、廢止、合併或轉讓情事時，應於截至解散、廢止、合併或轉讓之日止，辦理當期決算，於四十五日內，

---

[158]　保險法第 149 條之 10 第 7 項前段。
[159]　保險法第 149 條之 10 第 7 項後段。
[160]　保險法第 149 條之 10 第 3 項。
[161]　保險法第 149 條之 11 第 1 項。
[162]　保險法第 149 條之 11 第 2 項。
[163]　保險法第 149 條之 11 第 3 項。

依規定格式,向該管稽徵機關申報其營利事業所得額及應納稅額,並於提出申報前自行繳納之。」

(八)繳銷營業執照

保險業解散清算時,應將其營業執照繳銷❶。

拾壹 為健全保險業,保險法規定的法律責任

法律責任,可以分為民事法、刑事法以及行政法上的法律責任。保險業具有權利能力,可以作為權利義務的主體,因此當然必須負擔民事法上的法律責任。保險業是法人,其實際的運作是透過負責人為之,因此保險業觸犯刑事責任時,保險業本身固然因性質上不適合自由刑而免除徒刑,但是仍不免於財產刑——罰金,其負責人更可能面臨自由刑及財產刑。主管機關有監督保險業的職責,依據保險法的授權,頒布為數龐大的行政命令,並為了貫徹行政命令,對於違反不從者科以行政罰。行政罰的態樣很多,以罰鍰最為主要,且多數是高額的罰鍰。

此處所介紹的法律責任,只限於為了健全保險事業,保險法所規定的民事、刑事及行政責任。法律責任的主體以保險業為主,旁及保險業的負責人、股東、保險輔助人、甚至於擴及一般社會大眾。保險業、保險業負責人等除了負擔保險法所規定的法律責任外,若是該當其他法律的規定,仍然必須承擔依照其他法律所應該承擔的責任,只是這些法律責任對於保險業的健全發展或是只有間接關係、或是根本沒有關係,因此不是此處的介紹範圍。

一、民事責任

保險公司違反保險法令經營業務,致資產不足清償債務時,其董事長、董事、監察人、總經理及負責決定該項業務之經理,對公司之債權人應負連帶無限清償責任❶。上述責任,於各該負責人卸職登記之日起滿三年解除❶。主管機關對前項應負連帶無限清償責任之負責人,得通知有關機關或機構禁止其財產為移轉、交付或設定他項權利,並得函請入出境許可之機關限制其出境❶。

---

❶ 保險法第 150 條。
❶ 保險法第 153 條第 1 項。
❶ 保險法第 153 條第 3 項。

二、刑事責任

（一）主要刑事罪名

保險法關於刑事犯罪責任的規定，有的是針對「保險業的負責人或職員」的，也有的是針對「非保險業」的，說明如下：

1.針對保險業負責人或職員之罪

⑴以投資方式控制保險業人事財務或業務經營，圖得不法利益或損害保險業罪及其相關規定

A.法條規定：「保險業負責人或職員（以自己名義）或以他人名義投資而直接或間接控制該保險業之人事、財務或業務經營之人，意圖為自己或第三人不法之利益，或損害保險業之利益，而為違背保險業經營之行為，致生損害於保險業之財產或利益者，處三年以上十年以下有期徒刑，得併科新臺幣 1,000 萬元以上 2 億元以下罰金。其因犯罪獲取之財物或財產上利益達新臺幣 1 億元以上者，處七年以上有期徒刑，得併科新臺幣 2,500 萬元以上 5 億元以下罰金。」⑯⑧，說明如下：

　⒜二人以上共犯，得加重刑度：保險業負責人或職員（以自己名義）或以他人名義投資而直接或間接控制該保險業之人事、財務或業務經營之人，二人以上共同實施前項犯罪之行為者，得加重其刑至二分之一⑯⑨。

　⒝處罰未遂犯⑰⓪。

　⒞適用洗錢防制法的規定：保險法第 168 條之 2 第 1 項之罪，為洗錢防制法第 3 條第 1 項所定的重大犯罪，適用洗錢防制法之相關規定⑰①。所謂「洗錢防制法第 3 條第 1 項所定的重大犯罪」是指「最輕本刑為六個月以上有期徒刑以上之刑之罪」。

　⒟自首繳交犯罪所得者，減輕或免除其刑：犯保險法第 167 條或第 168 條之 2 之罪，於犯罪後自首，如自動繳交全部犯罪所得財物者，減輕或免除其刑；並因而查獲其他正犯或共犯者，免除其刑⑰②。

⑯⑦　保險法第 153 條第 2 項。
⑯⑧　保險法第 168 條之 2 第 1 項。
⑯⑨　保險法第 168 條之 2 第 2 項。
⑰⓪　保險法第 168 條之 2 第 3 項。
⑰①　保險法第 168 條之 7。

⒠偵查中自白繳交犯罪所得者，減輕或免除其刑：犯保險法第 167 條或第
168 條之 2 之罪，在偵查中自白，如自動繳交全部犯罪所得財物者，減
輕其刑；並因而查獲其他正犯或共犯者，減輕其刑至二分之一❸。

⒡加重罰金或加重刑度：犯保險法第 167 條或第 168 條之 2 之罪，其因犯
罪獲取之財物或財產上利益超過罰金最高額時，得於犯罪獲取之財物或
財產上利益之範圍內加重罰金；如損及保險市場穩定者，加重其刑至二
分之一❹。

B.針對與本罪相關行為，保險業的撤銷權

㈎無償行為的撤銷：保險法第 168 條之 2 第 1 項之保險業負責人、職員或
以他人名義投資而直接或間接控制該保險業之人事、財務或業務經營之
人所為之無償行為，有害及保險業之權利者，保險業得聲請法院撤銷
之❺。所謂「無償行為」是指沒有對價的行為。為了貫徹法律政策，解
決舉證困難，保險法有下列規定：

a.視為無償行為：保險法第 168 條之 6 第 1 項之保險業負責人、職員或以
他人名義投資而直接或間接控制該保險業之人事、財務或業務經營之人
與其配偶、直系親屬、同居親屬、家長或家屬間所為之處分其財產行為，
都「視為無償行為」❻。

b.推定無償行為：保險法第 168 條之 6 第 1 項之保險業負責人、職員或以
他人名義投資而直接或間接控制該保險業之人事、財務或業務經營之人
與前項以外之人所為之處分其財產行為都「推定為無償行為」❼。

㈏有償行為的撤銷：保險法第 168 條之 6 第 2 項：「前項之保險業負責人、
職員或以他人名義投資而直接或間接控制該保險業之人事、財務或業務
經營之人所為之有償行為，於行為時明知有損害於保險業之權利，且受
益之人於受益時亦知其情事者，保險業得聲請法院撤銷之。」❽。依保

---

❷　保險法第 168 條之 3 第 1 項。
❸　保險法第 168 條之 3 第 2 項。
❹　保險法第 168 條之 3 第 3 項。
❺　保險法第 168 條之 6 第 1 項。
❻　保險法第 168 條之 6 第 4 項。
❼　保險法第 168 條之 6 第 5 項。
❽　保險法第 168 條之 6 第 2 項。

險法第 168 條之 6 第 1 項、第 2 項的規定聲請法院撤銷時，得並聲請命受益之人或轉得人回復原狀。但轉得人於轉得時不知有撤銷原因者，不在此限**⑲**。

不論有償行為的撤銷或是無償行為的撤銷權，都自保險業知有撤銷原因時起，一年間不行使或自行為時起經過十年而消滅**⑱**。

⑵對關係企業放款無十足擔保或條件優於其他同類放款對象罪

保險業依第 146 條之 3 第 3 項或第 146 條之 8 第 1 項規定所為之放款無十足擔保或條件優於其他同類放款對象者，其行為負責人，處三年以下有期徒刑或拘役，得併科新臺幣 2,000 萬元以下罰金**⑱**。

所謂「第 146 條之 3 第 3 項」是指：保險業依第 1 項第 1 款、第 2 款及第 3 款對其負責人、職員或主要股東，或對與其負責人或辦理授信之職員有利害關係者，所為之擔保放款，應有十足擔保，其條件不得優於其他同類放款對象，如放款達主管機關規定金額以上者，並應經三分之二以上董事之出席及出席董事四分之三以上同意；其利害關係人之範圍、限額、放款總餘額及其他應遵行事項之辦法，由主管機關定之。

所謂「保險法第 146 條之 8 第 1 項」是指：第 146 條之 3 第 3 項所列舉之放款對象，利用他人名義向保險業申請辦理之放款，適用第 146 條之 3 第 3 項規定。

⑶保險業負責人或職員消極抵制主管機關監管、接管或勒令停業之命令罪

保險業於主管機關監管、接管或勒令停業清理時，其董（理）事、監察人（監事）、經理人或其他職員有下列情形之一者，處一年以上七年以下有期徒刑，得併科新臺幣 2,000 萬元以下罰金：

A.拒絕將保險業業務財務有關之帳冊、文件、印章及財產等列表移交予監管人、接管人或清理人或不為全部移交。

B.隱匿或毀損與業務有關之帳冊、隱匿或毀棄該保險業之財產，或為其他不利於債權人之處分。

C.捏造債務，或承認不真實之債務。

---

⑲　保險法第 168 條之 6 第 3 項。
⑱　保險法第 168 條之 6 第 6 項。
⑱　保險法第 168 條第 6 項。

　　D.無故拒絕監管人、接管人或清理人之詢問，或對其詢問為虛偽之答復，致
　　影響被保險人或受益人之權益者❿。

2.非保險業經營保險業務罪

　　非保險業經營保險業務者，處三年以上十年以下有期徒刑，得併科新臺幣
1,000 萬元以上 2 億元以下罰金。其因犯罪獲取之財物或財產上利益達新臺幣 1 億
元以上者，處七年以上有期徒刑，得併科新臺幣 2,500 萬元以上 5 億元以下罰
金❿。法人之代表人、代理人、受僱人或其他從業人員，因執行業務犯前項之罪
者，除處罰其行為人外，對該法人亦科該項之罰金❿。

3.散佈流言或以詐術損害保險業信用罪

　　散布流言或以詐術損害保險業、外國保險業之信用者，處五年以下有期徒刑，
得併科新臺幣 1,000 萬元以下罰金❿。觸犯本罪名的主體，可以為保險業，也可
以為非保險業；又本犯罪的被害人可以是本國保險業，也可以是經許可在本國經
營保險業的外國保險業。

4.為非保險法上的保險業或外國保險業代理、經紀或招攬保險罪

　　為非本法之保險業或外國保險業代理、經紀或招攬保險業務者，處三年以下
有期徒刑，得併科新臺幣 300 萬元以上 2,000 萬元以下罰金；情節重大者，得由
主管機關對保險代理人、經紀人、公證人或兼營保險代理人或保險經紀人業務之
銀行停止一部或全部業務，或廢止許可，並註銷執業證照❿。法人之代表人、代
理人、受僱人或其他從業人員，因執行業務犯前項之罪者，除處罰其行為人外，
對該法人亦科該項之罰金❿。

（二）犯罪所得財物或財產上利益的發還或沒收

　　犯本法之罪，犯罪所得屬犯罪行為人或其以外之自然人、法人或非法人團體
因刑法第 38 條之 1 第 2 項所列情形取得者，除應發還被害人或得請求損害賠償之
人外，沒收之❿。

---

❿　保險法第 172 條之 1。
❿　保險法第 167 條第 1 項。
❿　保險法第 167 條第 2 項。
❿　保險法第 166 條之 1。
❿　保險法第 167 條之 1 第 1 項。
❿　保險法第 167 條之 1 第 2 項。

（三）罰金之易服勞役

犯本法之罪，所科罰金達新臺幣 5,000 萬元以上而無力完納者，易服勞役期間為二年以下，其折算標準以罰金總額與二年之日數比例折算；所科罰金達新臺幣 1 億元以上而無力完納者，易服勞役期間為三年以下，其折算標準以罰金總額與三年之日數比例折算❽❽。

三、行政責任

由於保險業受到主管機關的嚴格行政監督，主管機關為了善盡監理職責，依據保險法的授權，頒布法規命令，並訂有罰則。保險業違背法律或法規命令，遭受行政處罰的情形也最多。保險業或受罰人經依本節規定處罰後，於規定限期內仍不予改正者，主管機關得按次處罰❾❾。保險法行政處分的主要規定如下：

（一）對保險業

1. 保險業違反保險法關於「未經主管機關許可、辦妥登記、且領有執照，不得開始營業」的規定

未依保險法第 137 條規定，經主管機關核准經營保險業務者，應勒令停業，並處新臺幣 300 萬元以上 1,500 萬元以下罰鍰❾❶。

2. 保險業違反保險法關於「以保險金信託、營業及會計獨立、以及各類賠償準備金提存額度、提存方式」的規定

保險業違反第 138 條之 2 第 2 項、第 4 項、第 5 項、第 7 項、第 138 條之 3 第 1 項、第 2 項或第 3 項所定辦法中，有關賠償準備金提存額度、提存方式之規定者，處新臺幣 90 萬元以上 900 萬元以下罰鍰；其情節重大者，並得廢止其經營保險金信託業務之許可❾❷。其涉及之條文內容如下：

---

❽❽ 保險法第 168 條之 4。
❽❾ 保險法第 168 條之 5。
❾⓪ 保險法第 172 條之 2。
❾❶ 保險法第 166 條第 1 項。
❾❷ 保險法第 168 條第 2 項。

⑴違反保險法關於「以保險金信託契約，要保人與被保險人須為同一人、受益人須為保險契約之受益人，且以被保險人、未成年人、心神喪失或精神耗弱之人為限」之規定：人身保險契約中屬死亡或失能之保險金部分，要保人於保險事故發生前得預先洽訂信託契約，由保險業擔任該保險信託之受託人，其中要保人與被保險人應為同一人，該信託契約之受益人並應為保險契約之受益人，且以被保險人、未成年人、受監護宣告尚未撤銷者為限❽。

⑵違反保險法關於「保險業辦理保險金信託業務應設置信託專戶，並以信託財產名義表彰」的規定❾。

⑶違反保險法關於「信託財產為應登記之財產者，應依有關規定為信託登記」之規定❿。

⑷違反保險法關於「保險業辦理保險金信託資金運用範圍限制」之規定：保險業辦理保險金信託，其資金運用範圍以下列為限：

一、現金或銀行存款。

二、公債或金融債券。

三、短期票券。

四、其他經主管機關核准之資金運用方式❿。

⑸違反保險法關於「營業及會計獨立」之規定：保險業經營保險金信託業務，應經主管機關許可，其營業及會計必須獨立❿。

⑹違反保險法關於「提存賠償準備」之規定：保險業為擔保其因違反受託人義務而對委託人或受益人所負之損害賠償、利益返還或其他責任，應提存賠償準備❿。

⑺違反主管機關關於「應提存賠償準備額度、提存方式」的規定：保險業申請許可經營保險金信託業務應具備之條件、應檢附之文件、廢止許可、應提存賠償準備額度、提存方式及其他應遵行事項之辦法，由主管機關定之❿。

---

❽　保險法第 138 條之 2 第 2 項。
❾　保險法第 138 條之 2 第 4 項。
❿　保險法第 138 條之 2 第 5 項。
❿　保險法第 138 條之 2 第 7 項。
❿　保險法第 138 條之 3 第 1 項。
❿　保險法第 138 條之 3 第 2 項。
❿　保險法第 138 條之 3 第 3 項。

3.違反保險法關於「保險業資金運用限制」的規定

保險業資金之運用有下列情形之一者，處新臺幣 100 萬元以上 1,000 萬元以下罰鍰或解除其負責人職務；其情節重大者，並得廢止其許可。

(1)違反第 146 條第 1 項、第 3 項、第 5 項、第 7 項或第 6 項所定辦法中有關專設帳簿之管理、保存及投資資產運用之規定，或違反第 8 項所定辦法中有關保險業從事衍生性商品交易之條件、交易範圍、交易限額、內部處理程序之規定。

(2)違反第 146 條之 1 第 1 項、第 2 項、第 3 項或第 5 項所定辦法中有關投資條件、投資範圍、內容及投資規範之規定；或違反第 146 條之 5 第 3 項或第 4 項規定。

(3)違反第 146 條之 2 規定。

(4)違反第 146 條之 3 第 1 項、第 2 項或第 4 項規定。

(5)違反第 146 條之 4 第 1 項、第 2 項或第 3 項所定辦法中有關投資規範或投資額度之規定。

(6)違反第 146 條之 5 第 1 項前段規定、同條後段所定辦法中有關投資範圍或限額之規定。

(7)違反第 146 條之 6 第 1 項、第 2 項或第 3 項所定辦法中有關投資申報方式之規定。

(8)違反第 146 條之 9 第 1 項、第 2 項或第 3 項規定❷⁰⁰。

4.違反保險法關於「保險業分配盈餘、買回其股份、退還股金之限制或資本適足率」的規定

保險業違反第 143 條之 5 或主管機關依第 143 條之 6 各款規定所為措施者，處新臺幣 200 萬元以上 1,000 萬元以下罰鍰❷⁰¹。

(1)保險業違反分配盈餘、買回其股份、退還股金限制的規定

保險業有下列情形之一者，不得以股票股利或以移充社員增認股金以外之其他方式分配盈餘、買回其股份或退還股金：

A.資本適足率等級為資本不足、顯著不足或嚴重不足。

B.資本適足率等級為資本適足，如以股票股利、移充社員增認股金以外之其

---

❷⁰⁰　保險法第 168 條第 5 項。

❷⁰¹　保險法第 168 條第 4 項。

他方式分配盈餘、買回其股份或退還股金，有致其資本適足率等級降為前
款等級之虞。

前述 A.之保險業，不得對負責人發放報酬以外之給付。但經主管機關核准者，
不在此限❷。

⑵違反資本適足率的規定

保險法第 143 條之 6：「主管機關應依保險業資本適足率等級，對保險業採取
下列措施之一部或全部：

一、資本不足者：

㈠令其或其負責人限期提出增資、其他財務或業務改善計畫。屆期未提出增
　資、財務或業務改善計畫，或未依計畫確實執行者，得採取次一資本適足
　率等級之監理措施。

㈡令停售保險商品或限制保險商品之開辦。

㈢限制資金運用範圍。

㈣限制其對負責人有酬勞、紅利、認股權憑證或其他類似性質之給付。

㈤其他必要之處置。

二、資本顯著不足者：

㈠前款之措施。

㈡解除其負責人職務，並通知公司（合作社）登記主管機關廢止其負責人登記。

㈢停止其負責人於一定期間內執行職務。

㈣令取得或處分特定資產，應先經主管機關核准。

㈤令處分特定資產。

㈥限制或禁止與利害關係人之授信或其他交易。

㈦令其對負責人之報酬酌予降低，降低後之報酬不得超過該保險業資本適足率列
　入資本顯著不足等級前十二個月內對該負責人支給平均報酬之百分之七十。

㈧限制增設或令限期裁撤分支機構或部門。

㈨其他必要之處置。

三、資本嚴重不足者：除前款之措施外，應採取第 149 條第 3 項第 1 款規定
之處分。」❸

---

❷　保險法第 143 條之 5 第 1 項、第 2 項。

保險法第 149 條第 3 項第 1 款規定：「主管機關應依下列規定對保險業為監管、接管、勒令停業清理或命令解散之處分：一、資本適足率等級為嚴重不足，且其或其負責人未依主管機關規定期限完成增資、財務或業務改善計畫或合併者，應自期限屆滿之次日起九十日內，為接管、勒令停業清理或命令解散之處分。」

5. 違反保險法關於「保險業對關係企業放款必須經董事會重度決議」之規定

保險業依第 146 條之 3 第 3 項或第 146 條之 8 第 1 項規定所為之擔保放款達主管機關規定金額以上，未經董事會三分之二以上董事之出席及出席董事四分之三以上同意者，或違反第 146 條之 3 第 3 項所定辦法中有關放款限額、放款總餘額之規定者，其行為負責人，處新臺幣 200 萬元以上 2,000 萬元以下罰鍰[204]。

6. 違反保險法關於「保險業不得向外借款、為保證人或以財產提供他人擔保」之規定

保險業違反第 143 條規定者，處新臺幣 90 萬元以上 900 萬元以下罰鍰[205]。保險業不得向外借款、為保證人或以其財產提供為他人債務之擔保。但保險業有下列情形之一，報經主管機關核准向外借款者，不在此限：

一、為給付鉅額保險金、大量解約或大量保單貸款之週轉需要。

二、因合併或承受經營不善同業之有效契約。

三、為強化財務結構，發行具有資本性質之債券[206]。

7. 違反保險法關於「保險業應該建立內部控制及稽核制度」之規定

保險業違反第 148 條之 3 第 1 項規定，未建立或未執行內部控制或稽核制度，處新臺幣 60 萬元以上 1,200 萬元以下罰鍰[207]。保險業應建立內部控制及稽核制度；其辦法，由主管機關定之[208]。主管機關依據法律授權，發布「保險業內部控制及稽核制度實施辦法」[209]，其中內部控制至少包括控制環境、風險評估、控制

---

[203] 保險法第 143 條之 6。

[204] 保險法第 168 條第 7 項。

[205] 保險法第 168 條第 3 項。

[206] 保險法第 143 條。

[207] 保險法第 171 條之 1 第 4 項。

[208] 保險法第 148 條之 3 第 1 項。

[209] 金管會 108 年 8 月 5 日金管保財字第 10804944651 號令。

作業、資訊與溝通及監督作業。為了維持有效的內部控制的運作，應該採取內部稽核制度、法令遵循制度、自行檢查制度、會計師查核制度以及風險控管機制❷❿。

8. 違反保險法關於「保險業應建立或確實執行內部控制、稽核制度、招攬處理制度或程序」之規定

違反第 165 條第 3 項：「保險代理人公司、經紀人公司具一定規模者，應建立內部控制、稽核制度與招攬處理制度及程序；其辦法，由主管機關定之。」，或第 163 條第 5 項：「銀行得經主管機關許可擇一兼營保險代理人或保險經紀人業務，並應分別準用本法有關保險代理人、保險經紀人之規定。」準用上開規定，未建立或未確實執行內部控制、稽核制度、招攬處理制度或程序者，應限期改正，或併處新臺幣 10 萬元以上 300 萬元以下罰鍰❷❶❶。

9. 違反保險法關於「保險業應建立資產品質評估等內部處理制度及程序」之規定

保險業違反第 148 條之 3 第 2 項規定，未建立或未執行內部處理制度或程序，處新臺幣 60 萬元以上 1,200 萬元以下罰鍰（本法第 171 條之 1 第 5 項）。保險業對資產品質之評估、各種準備金之提存、逾期放款、催收款之清理、呆帳之轉銷及保單之招攬核保理賠，應建立內部處理制度及程序；其辦法，由主管機關定之❷❶❷。主管機關依據本條授權，發布「保險業資產評估及逾期放款催收款呆帳處理辦法」❷❶❸。

10. 違反保險法關於「保險業應指定簽證核保精算人員、聘請外部複核精算人員」之規定

保險業違反第 144 條第 1 項至第 4 項、第 145 條規定者，處新臺幣 60 萬元以上 600 萬元以下罰鍰，並得令其撤換核保或精算人員❷❶❹。按：保險法第 144 條：「保險業之各種保險單條款、保險費及其他相關資料，由主管機關視各種保險之發展狀況，分別規定銷售前應採行之程序、審核及內容有錯誤、不實或違反規定之處置等事項之準則。」、「為健全保險業務之經營，保險業應聘用精算人員並指

---

❷❿　參照保險業內部控制及稽核制度實施辦法第 4 條、第 7 條。

❷❶❶　保險法第 167 條之 3。

❷❶❷　保險法第 148 條之 3 第 2 項。

❷❶❸　金管會 104 年 7 月 22 日金管保財字第 10402506091 號令。

❷❶❹　保險法第 171 條第 1 項。

派其中一人為簽證精算人員，負責保險費率之釐訂、各種準備金之核算簽證及辦理其他經主管機關指定之事項；其資格條件、簽證內容、教育訓練及其他應遵行事項之辦法，由主管機關定之。」、「保險業應聘請外部複核精算人員，負責辦理經主管機關指定之精算簽證報告複核項目；其資格條件、複核頻率、複核報告內容及其他應遵行事項之辦法，由主管機關定之。」、「第 2 項簽證精算人員之指派及前項外部複核精算人員之聘請，應經董 （理） 事會同意，並報主管機關備查。」，第 145 條：「保險業於營業年度屆滿時，應分別保險種類，計算其應提存之各種準備金，記載於特設之帳簿。」、「前項所稱各種準備金之提存比率、計算方式及其他應遵行事項之辦法，由主管機關定之。」

11.**違反保險法關於「保險業應提交營業狀況資金運用報告」之規定**

　　保險業違反第 148 條之 1 第 1 項或第 2 項規定者，處新臺幣 60 萬元以上 600 萬元以下罰鍰❷¹⁵。按：保險法第 148 條之 1 規定：「保險業每屆營業年度終了，應將其營業狀況連同資金運用情形，作成報告書，併同資產負債表、損益表、股東權益變動表、現金流量表及盈餘分配或虧損撥補之議案及其他經主管機關指定之項目，先經會計師查核簽證，並提經股東會或社員代表大會承認後，十五日內報請主管機關備查。」、「保險業除依前項規定提報財務業務報告外，主管機關並得視需要，令保險業於規定期限內，依規定之格式及內容，將業務及財務狀況彙報主管機關或其指定之機構，或提出帳簿、表冊、傳票或其他有關財務業務文件。」

12.**違反保險法關於「保險業有提供說明文件或文件記載真實義務」之規定**

　　不實保險業違反第 148 條之 2 第 1 項規定，未提供說明文件供查閱、或所提供之說明文件未依規定記載，或所提供之說明文件記載不實，處新臺幣 60 萬元以上 600 萬元以下罰鍰❷¹⁶。保險業應依規定據實編製記載有財務及業務事項之說明文件提供公開查閱❷¹⁷。

13.**違反保險法關於「保險業有重大訊息報告義務」之規定**

　　保險業違反第 148 條之 2 第 2 項規定，未依限向主管機關報告或主動公開說

---

❷¹⁵　保險法第 171 條之 1 第 1 項。
❷¹⁶　保險法第 171 條之 1 第 2 項。
❷¹⁷　保險法第 148 條之 2 第 1 項。

明，或向主管機關報告或公開說明之內容不實，處新臺幣 30 萬元以上 300 萬元以下罰鍰❷⁸。保險業於有攸關消費大眾權益之重大訊息發生時，應於二日內以書面向主管機關報告，並主動公開說明❷⁹。

14.**違反保險法關於「保險業對於主管機關的檢查不得隱匿、拒絕或其他不配合情事」之規定**

主管機關依第 148 條規定派員，或委託適當機構或專業經驗人員，檢查保險業之業務及財務狀況或令保險業於限期內報告營業狀況時，保險業之負責人或職員有下列情形之一者，處新臺幣 180 萬元以上 1,800 萬元以下罰鍰，情節重大者，並得解除其負責人職務：

一、拒絕檢查或拒絕開啟金庫或其他庫房。

二、隱匿或毀損有關業務或財務狀況之帳冊文件。

三、無故對檢查人員之詢問不為答復或答復不實。

四、逾期提報財務報告、財產目錄或其他有關資料及報告，或提報不實、不全或未於規定期限內繳納查核費用者❷⁰。

15.**違反保險法關於「保險業之關係企業或其他金融機構對於主管機關的檢查不得隱匿、拒絕或其他不配合情事」之規定**

保險業之關係企業或其他金融機構，於主管機關依第 148 條第 4 項派員檢查時，怠於提供財務報告、帳冊、文件或相關交易資料者，處新臺幣 180 萬元以上 1,800 萬元以下罰鍰❷¹。

16.**違反保險業關於「保險業不得兼營、非保險業務、非社員業務」之規定**

保險業違反第 138 條第 1 項、第 3 項、第 5 項或第 2 項所定辦法中有關業務範圍之規定者，處新臺幣 90 萬元以上 900 萬元以下罰鍰❷²。其涉及的相關條文內容如下：

⑴違反保險法關於「**保險業不得兼營財產險、人身險**」的規定：財產保險業經

---

❷⁸　保險法第 171 條之 1 第 3 項。
❷⁹　保險法第 148 條之 2 第 2 項。
❷⁰　保險法第 168 條之 1 第 1 項。
❷¹　保險法第 168 條之 1 第 2 項。
❷²　保險法第 168 條第 1 項。

營財產保險，人身保險業經營人身保險，同一保險業不得兼營財產保險及人身保險業務。但財產保險業經主管機關核准經營傷害保險及健康保險者，不在此限❷❷❸。

(2)違反保險法關於「**保險業不得兼營保險法規定以外業務**」之規定：保險業不得兼營本法規定以外之業務。但經主管機關核准辦理其他與保險有關業務者，不在此限❷❷❹。

(3)違反保險法關於「**保險業不得經營非社員業務**」之規定：保險合作社不得經營非社員之業務❷❷❺。

(4)違反主管機關依據授權頒布之「**財產保險業經營傷害保險、健康保險辦法**」之規定：財產保險業依前項但書規定經營傷害保險及健康保險業務應具備之條件、業務範圍、申請核准應檢附之文件及其他應遵行事項之辦法，由主管機關定之❷❷❻。

17. **違反保險法關於「保險業不得與未領有執照之人為代理、經紀或公證業務往來」之規定**

保險業與第 167 條之 1 第 3 項之人為代理、經紀或公證業務往來者，處新臺幣 150 萬元以上 1,500 萬元以下罰鍰❷❷❼。按：保險法第 167 條之 1 第 3 項：「未領有執業證照而經營或執行保險代理人、經紀人、公證人業務者，處新臺幣 90 萬元以上 900 萬元以下罰鍰。」

18. **違反保險法關於「保險業不得超額承保」之規定**

保險業違反第 72 條規定超額承保者，除違反部分無效外，處新臺幣 45 萬元以上 450 萬元以下罰鍰❷❷❽。

19. **違反保險法關於「保險業提撥安定基金、建立資料檔案或配合查核」之規定**

保險業有下列情事之一者，由安定基金報請主管機關處新臺幣 30 萬元以上 300 萬元以下罰鍰，情節重大者，並得解除其負責人職務：

「一、未依限提撥安定基金或拒絕繳付。

---

❷❷❸ 保險法第 138 條第 1 項。
❷❷❹ 保險法第 138 條第 3 項。
❷❷❺ 保險法第 138 條第 5 項。
❷❷❻ 保險法第 138 條第 2 項。
❷❷❼ 保險法第 167 條之 5。
❷❷❽ 保險法第 169 條。

二、違反第 143 條之 3 第 5 項規定，未依規定建置電子資料檔案、拒絕提供電子資料檔案，或所提供之電子資料檔案嚴重不實。

三、規避、妨礙或拒絕安定基金依第 143 條之 3 第 6 項規定之查核❷❷❾。」

20.**違反保險法關於「保險業應辦理再保險業務分散危險」之規定**

保險業辦理再保險業務違反第 147 條所定辦法中有關再保險之分出、分入、其他危險分散機制業務之方式或限額之規定者，處新臺幣 90 萬元以上 900 萬元以下罰鍰❷❸❶。

21.**違反保險法關於「保險業撤銷登記後，應該進行清算」之規定**

保險業經撤銷或廢止許可後，遲延不清算者，得處負責人各新臺幣 60 萬元以上 600 萬元以下罰鍰❷❸❶。

（二）對從事保險輔助人職務者

1.**違反保險法關於「未領有執業執照不得從事保險輔助人職務」之規定**

未領有執業證照而經營或執行保險代理人、經紀人、公證人業務者，處新臺幣 90 萬元以上 900 萬元以下罰鍰❷❸❷。

2.**違反保險法關於「保險輔助人應遵守保險輔助人管理規則中關於財物與業務管理」之規定**

保險法第 167 條之 2 規定，違反第 163 條第 4 項所定管理規則中有關財務或業務管理之規定、第 163 條第 7 項規定，或違反第 165 條第 1 項或第 163 條第 5 項準用上開規定者，應限期改正，或併處新臺幣 10 萬元以上 300 萬元以下罰鍰；情節重大者，廢止其許可，並註銷執業證照。上述規定，涉及下列條文：

⑴保險代理人、經紀人、公證人之資格取得、申請許可應具備之條件、程序、應檢附之文件、董事、監察人與經理人應具備之資格條件、解任事由、設立分支機構之條件、財務與業務管理、教育訓練、廢止許可及其他應遵行事項之管理規則，由主管機關定之❷❸❸。

---

❷❷❾　保險法第 169 條之 2。
❷❸❶　保險法第 170 條之 1 第 1 項。
❷❸❶　保險法第 172 條。
❷❸❷　保險法第 167 條之 1 第 3 項。
❷❸❸　保險法第 163 條第 4 項。

(2)保險經紀人為被保險人洽訂保險契約前，於主管機關指定之適用範圍內，應主動提供書面之分析報告，向要保人或被保險人收取報酬者，應明確告知其報酬收取標準❷❸❹。

(3)保險輔助人應有固定業務處所，專設帳簿：保險代理人、經紀人、公證人，應有固定業務處所，並專設帳簿記載業務收支❷❸❺。

(4)銀行得經主管機關許可擇一兼營保險代理人或保險經紀人業務，並應分別準用本法有關保險代理人、保險經紀人之規定❷❸❻。

3.違反保險法關於「保險輔助人有配合主管機關檢查義務」之規定

主管機關依保險法第 163 條第 5 項、第 165 條第 4 項準用第 148 條規定派員，或委託適當機構或專業經驗人員，檢查保險代理人、經紀人、公證人或兼營保險代理人或保險經紀人業務之銀行之財務及業務狀況或令其於限期內報告營業狀況，保險代理人、經紀人或公證人本人或其負責人、職員，或兼營保險代理人或保險經紀人業務之銀行部門主管、部門副主管或職員，有下列情形之一者，處保險代理人、經紀人、公證人或兼營保險代理人或保險經紀人業務之銀行新臺幣 30萬元以上 300 萬元以下罰鍰：

(1)拒絕檢查或拒絕開啟金庫或其他庫房。

(2)隱匿或毀損有關業務或財務狀況之帳冊文件。

(3)無故對檢查人員之詢問不為答復或答復不實。

(4)屆期未提報財務報告、財產目錄或其他有關資料及報告，或提報不實不全或未於規定期限內繳納查核費用❷❸❼。

4.違反保險法關於「保險輔助人之關係企業或其他金融機構有配合主管機關檢查義務」之規定

保險代理人、經紀人、公證人及兼營保險代理人或保險經紀人業務之銀行之關係企業或其他金融機構，於主管機關依第 163 條第 5 項、第 165 條第 4 項準用第 148 條第 4 項規定派員檢查時，怠於提供財務報告、帳冊、文件或相關交易資料者，處新臺幣 30 萬元以上 300 萬元以下罰鍰❷❸❽。

---

❷❸❹ 保險法第 163 條第 7 項。
❷❸❺ 保險法第 165 條第 1 項。
❷❸❻ 保險法第 163 條第 5 項。
❷❸❼ 保險法第 167 條之 4 第 1 項。

（三）對其他人

1.對專業再保險公司——違反關於「專業再保險業違反主管機關關於業務範圍或財務管理」之規定

專業再保險業違反第 147 條之 1 第 2 項所定辦法中有關業務範圍或財務管理之規定者，處新臺幣 90 萬元以上 900 萬元以下罰鍰❷❸❾。

2.對簽證精算人員——違反關於「簽證精算人員、複核精算人員違反公平公正原則」之規定

保險業簽證精算人員或外部複核精算人員違反第 144 條第 5 項規定者，主管機關得視其情節輕重為警告、停止於三年以內期間簽證或複核，並得令保險業予以撤換❷❹。簽證精算人員應本公正及公平原則向其所屬保險業之董（理）事會及主管機關提供各項簽證報告；外部複核精算人員應本公正及公平原則向主管機關提供複核報告。簽證報告及複核報告內容不得有虛偽、隱匿、遺漏或錯誤等情事❷❶。

3.對股東

⑴違反保險法關於「股東持有股份應向主管機關申報、申核義務」之規定

保險公司股東持股違反第 139 條之 1 第 1 項、第 2 項或第 4 項規定，未向主管機關申報或經核准而持有股份者，處該股東新臺幣 40 萬元以上 400 萬元以下罰鍰❷❹。按：同一人或同一關係人單獨、共同或合計持有同一保險公司已發行有表決權股份總數超過百分之五者，自持有之日起十日內，應向主管機關申報；持股超過百分之五後累積增減逾一個百分點者，亦同❷❹。同一人或同一關係人擬單獨、共同或合計持有同一保險公司已發行有表決權股份總數超過百分之十、百分之二十五或百分之五十者，均應分別事先向主管機關申請核准❷❹。民國 99 年 11 月 12 日修正之條文施行前，同一人或同一關係人單獨、共同或合計持有同一保險公司已發行有

---

❷❸❾　保險法第 167 條之 4 第 2 項。
❷❸❾　保險法第 170 條之 1 第 2 項。
❷❹❾　保險法第 171 條第 2 項。
❷❶❾　保險法第 144 條第 5 項。
❷❹❾　保險法第 171 條之 2 第 1 項。
❷❹❾　保險法第 139 條之 1 第 1 項。
❷❹❾　保險法第 139 條之 1 第 2 項。

表決權股份總數超過百分之五者，應自施行之日起六個月內向主管機關申報。於申報後第一次擬增減持股比率而增減後持股比率超過百分之十者，應事先向主管機關申請核准；第二次以後之增減持股比率，依第1項及第2項規定辦理❷❹❺。

(2)**違反「股東應向主管機關申報持股數與其他重要事項之申報、公告、處分股份義務」之規定**

保險公司股東違反主管機關依第139條之1第5項所定辦法中有關持股數與其他重要事項變動之申報或公告規定，或未於主管機關依同條第6項所定期限內處分股份者，處該股東新臺幣40萬元以上400萬元以下罰鍰❷❹❻。按：同一人或同一關係人依第2項或前項規定申請核准應具備之適格條件、應檢附之書件、擬取得股份之股數、目的、資金來源、持有股票之出質情形、持股數與其他重要事項變動之申報、公告及其他應遵行事項之辦法，由主管機關定之❷❹❼。未依第1項、第2項或第4項規定向主管機關申報或經核准而持有保險公司已發行有表決權之股份者，其超過部分無表決權，並由主管機關命其於限期內處分❷❹❽。

(3)**違反保險法關於「股東持股總數應通知保險公司義務」之規定**

保險公司股東違反第139條之1第7項規定未為通知者，處該股東新臺幣10萬元以上100萬元以下罰鍰❷❹❾。同一人或本人與配偶、未成年子女合計持有同一保險公司已發行有表決權股份總數百分之一以上者，應由本人通知保險公司❷❺⓪。

拾貳 保險公司

一、總　說

保險公司是保險業的一種，此類保險業是以股份有限公司的方式組織，是屬於公司的一種，因此保險法第151條規定：「保險公司除本法另有規定外，適用公司法關於股份有限公司之規定。」，也就是說關於公司之設立、解散、清算，內部

---

❷❹❺　保險法第139條之1第4項。
❷❹❻　保險法第171條之2第2項。
❷❹❼　保險法第139條之1第5項。
❷❹❽　保險法第139條之1第6項。
❷❹❾　保險法第171條之2第3項。
❷❺⓪　保險法第139條之1第7項。

之組織、股東權之行使、公司會計、股票及公司債之發行等事項，除保險法另有規定外，應該依照公司法關於股份有限公司的規定。以下就保險法對於保險公司所設的特別規定加以介紹。

二、保險公司的股票

保險公司的股票，不得為無記名式。按：股份有限公司股票的發行，依照修正前的公司法，可分為記名式股票與無記名式股票兩種，後來只限於發行記名式股票[251]，保險公司是股份有限公司組織，且是準金融機構，其經營是否正常，關係到股東與投保戶的權益，影響金融的安定，因此保險法第 152 條規定：「保險公司之股票，不得為無記名式。」，禁止發行無記名股票。

三、保險公司負責人的連帶賠償責任

本法第 153 條第 1 項規定：「保險公司違反保險法令經營業務，致資產不足清償債務時，其董事長、董事、監察人、總經理及負責決定該項業務之經理，對公司之債權人應負連帶無限清償責任。」，是為保險公司負責人的一種特殊責任，其成立要件如下：

（一）須保險公司違反法令經營業務

例如：人壽保險公司依法本不得經營財產保險業務，而竟違法經營是。若經營業務，並不違反法令，即使資產不足，也不適用本條的規定。

（二）必須導致資產不足清償債務

違法經營的結果，須致資產不足清償債務，若其資產仍足償債務，則無適用本條規定的必要。但是就內部關係言，仍然發生保險公司，以違背委任契約為理由，向違法的負責人請求損害賠償的問題。

---

[251] 107 年 8 月 1 日修正前已經發行的無記名股票，仍然有效，請參照公司法第 166 條的刪除理由：「配合無記名股票制度之廢除，爰予刪除。又雖廢除無記名股票制度，公司自本次修正條文施行日起不得再發行無記名股票，惟已發行之無記名股票仍存在，為逐步走向全面記名股票制度，就本次修正施行前已發行之無記名股票，公司應依修正條文第四百四十七條之一第二項規定變更為記名股票，併予敘明。」

（三）須由負責決定業務的負責人負責

此項責任，須由董事長、董事、監察人、總經理及負責決定該項業務之經理負之。因此不僅股東無此項責任，未負責決定此項業務之經理等人，也不負此項責任。

如符合上述要件，負責人等應對公司的債權人負連帶無限清償責任。又主管機關對於上揭應負連帶無限清償責任的負責人，得通知有關機關或機構禁止其財產為移轉、交付或設定他項權利，並得函請入出境許可之機關限制其出境[252]。此項責任依同條第 3 項：「第 1 項責任，於各該負責人卸職登記之日起滿三年解除。」，是長期的責任，目的在使各該負責人知所警惕，而不敢從事違法之經營，以免貽害社會。

四、保險公司的登記

保險公司有本國保險公司與外國保險公司之別。本國保險公司必須先經主管機關「許可」，再辦理「登記」；而外國保險公司則須經主管機關「認許」，再辦理「登記」。本法就此設有規定如下：

（一）本國保險公司的登記

本國保險公司是公司法中公司的一種，應該適用公司關於設立登記、解散登記、增資減資以及分公司設立等登記的規定。

（二）外國保險公司的登記

外國公司指依據外國法律成立的公司，外國公司非經認許並辦理分公司登記，不得在中華民國營業[253]，外國保險公司自亦如是。但外國保險公司與一般外國公司不同，尚多一種程序，就是保險法第 137 條第 3 項規定：「外國保險業非經主管機關許可，並依法為設立登記，繳存保證金，領得營業執照後，不得開始營業。」，也就是一般外國公司只須向主管機關經濟部申請「認許」就可以登記，並

---

[252]　保險法第 153 條第 2 項。
[253]　公司法第 371 條第 1 項、第 2 項。

開始營業；而外國保險公司則除了必須向經濟部申請「認許」以外，還必須先申請目的事業主管機關金融監督管理委員會申請「許可」，並且辦理營業登記，繳存保證金，才可以開始營業。外國保險業，除保險法另有規定外，準用保險法關於保險業的規定❷⁵⁴。外國保險業申請設立許可應具備之條件、程序、應檢附之文件、廢止許可、營業執照核發、增設分公司之條件、營業項目變更、撤換負責人之情事、資金運用及其他應遵行事項之辦法，由主管機關定之❷⁵⁵。

拾參　保險合作社

一、總　說

保險合作社是「保險業」的一種，同時也是「合作社」的一種，所以保險法第 156 條規定：「保險合作社除依本法規定外，適用合作社法及其有關法令之規定。」，茲將保險法對於保險合作社所設的特殊規定，於以下各項列述之。

二、保險合作社的基金

保險法第 157 條第 1 項規定：「保險合作社，除依合作社法籌集股金外，並依本法籌足基金。」，按合作社法第 17 條規定：「社員認購社股，每人至少一股，至多不得超過股金總額百分之二十；其第一次所繳股款，不得少於所認股款四分之一」，保險合作社亦如是。但是保險合作社較一般合作社需要之資金為多，所以除股金外，更應依本法籌足基金。其基金之最低額，由主管機關，審酌各地經濟實況及各種保險業之需要，分別呈請行政院核定之❷⁵⁶。保險合作社至少必須籌足行政院核定的最低額度，才可以設立❷⁵⁷。

其次此項基金屬於舉債之性質，應予償還。惟依本法第 157 條第 2 項規定：「前項基金非俟公積金積至與基金總額相等時，不得發還。」，以示限制，俾維持其資金之擔保力。

---

❷⁵⁴　保險法第 137 條第 3 項。
❷⁵⁵　保險法第 137 條第 5 項。
❷⁵⁶　保險法第 139 條。
❷⁵⁷　保險法第 157 條第 1 項。

三、保險合作社的社員

　　保險合作社以社員為構成分子，同時也只以社員為保險對象，保險法第138條第5項：「保險合作社不得經營非社員之業務。」訂有明文。社員就其與保險合作社所訂立的保險契約言，不但是保險合作社的出資人、而且也是保險契約的要保人、被保險人暨受益人。社員與保險合作社間的保險關係，乃基於保險契約而成立，並非取得社員身分即當然成立保險關係，同時即使保險關係消滅，也不當然喪失社員身分。以下就保險合作社與其社員基於社員身分所生之權利義務關係說明：

（一）社員的人數

　　保險合作社為一種社團法人，一般的社團法人關於社員人數並無限制。但是保險合作社則不然，依保險法第162條規定：「財產保險合作社之預定社員人數不得少於三百人；人身保險合作社之預定社員人數不得少於五百人。」，此乃因為保險合作社之目的並不在乎積極營利，而在乎分散危險，人數愈多，危險愈能分散，所以法律上才規定其社員人數的下限。

（二）社員的義務

1.繳納股金及基金的義務

　　社員對於保險合作社有繳納股金及基金的義務，而此等股金或基金必須現實繳納，保險合作社的資金始能充實，所以本法第161條規定：「保險合作社之社員，對於保險合作社應付之股金及基金，不得以其對保險合作社之債權互相抵銷。」，使保險合作社對其社員之股金及基金債權，受到特別之保障，藉以充實其資金。

2.負擔出社前合作社不足抵償債務的義務

　　保險合作社社員，對於出社前合作社之債務，除有限責任合作社外，應負責任。為防止社員逃避此種責任，本法第158條乃規定：「保險合作社於社員出社時，其現存財產不足抵償債務，出社之社員仍負擔出社前應負之責任。」

四、保險合作社的理事

保險合作社以理事為負責人，對外代表合作社，對內執行業務，責任較大，必須專心從事，否則對保險合作社的業務會有不良的影響，因此保險法第 159 條規定：「保險合作社之理事，不得兼任其他合作社之理事、監事或無限責任社員。」，法律之所以禁止保險合作社的理事兼任其他合作社的理事、監事，是要求保險合作社理事，專心致力於保險合作社業務，並避免因負無限責任，財務負擔慘遭波及。

五、保險合作社的登記

保險合作社亦應為各種登記，其程序須先向目的事業主管機關申請許可，所謂「目的事業主管機關」是指金融監督管理委員會。保險業之設立、登記、轉讓、合併及解散清理，除公司法規定外，應將詳細程序明訂於管理辦法內[258]；然後再辦理設立登記，設立登記程序則適用合作社法的規定，在內政部辦理，因為內政部為合作社的主管機關。

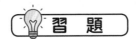

習　題

一、選擇題

1. 我國保險業的設立，是採用何種主義？
   (A)放任主義。
   (B)準則主義。
   (C)許可主義。
   (D)強制主義。

2. 依保險法的規定，下列關於保險公司的敘述，何者正確？
   (A)須為股份有限公司組織，股票不得為無記名式、且原則上應該公開發行。

---

[258] 保險法第 176 條。

(B)須為股份有限公司組織，股票得為記名式或無記名式、且原則上應該公開發行。

(C)須為股份有限公司組織，股票不得為無記名式、且一律應該公開發行。

(D)須為有限公司組織，股票不得為無記名式、且原則上應該公開發行。

3. 下列關於成立保險公司或保險合作社的敘述，何者最正確？

(A)保險公司必須到經濟部辦理登記，保險合作社必須到內政部辦理登記。

(B)保險公司暨保險合作社都必須先獲得金融監督委員會許可，合作社必須再經內政部核准，再分別依公司法或合作社法辦理登記。

(C)保險公司暨保險合作社都必須先獲得金融監督委員會許可，再到法院辦理登記。

(D)保險公司與保險合作社都應該在法院辦理登記。

4. 依照保險法，下列關於財產保險與人身保險經營範圍限制的敘述，何者最正確？

(A)財產保險與人身保險可以兼營。

(B)財產保險與人身保險完全分開，不得兼營。

(C)財產保險以經營財產保險為原則，但是經主管機關核准者，得經營傷害保險及健康保險；人身保險只可以經營人壽保險、健康保險、傷害保險及年金保險，不得經營其他保險，但是經主管機關核准者得訂立信託契約，為死亡保險金或殘廢保險金的受託人。

(D)財產保險以經營財產保險為限，不得經營其他保險。人身保險只可以經營人壽保險、健康保險、傷害保險及年金保險，不得經營其他保險，但是經主管機關核准者得訂立信託契約，為死亡保險金或殘廢保險金的受託人。

5. 下列關於中央再保險公司經營範圍上限制的敘述，何者正確？

(A)只可以承保原保險是責任保險者。

(B)只可以承保原保險是財產保險者。

(C)只可以承保原保險是人身保險者。

(D)不論原保險是財產保險，或是人身保險，都可以承保。

6. 下列關於保險公司有無接受要保人投保要約義務的敘述，何者正確？

(A)無接受要保人要保的義務。

(B)有接受要保人要保的義務。

(C)財產保險無接受要保人要保的義務，人身保險有接受要保人要保的義務。

(D)原則上無接受要保人要保的義務，但強制汽車責任保險、地震險不在此限。

7.下列何者最直接涉及保險業資金運用原則中的安全原則？

(A)關於投資高速公路、國民住宅等限制。

(B)關於對不動產的投資以即時利用並有收益者為限的限制。

(C)關於投資不動產的資金，不得超過其資金百分之三十的限制。

(D)關於避免利害關係人利益輸送的限制。

8.下列關於保險業對利害關係人放款限制的敘述，何者正確？

(A)不得對利害關係人放款。

(B)可以對利害關係人放款。

(C)可以對利害關係人放款，但是必須經董事會決議通過。

(D)可以放款，但是必須有十足擔保、放款條件不得優於其他同業放款對象、而且達到主管機關規定的一定金額時，必須經董事會三分之二以上董事之出席及出席董事四分之三以上同意。

9.下列關於保險業對國外投資總額限制的敘述，何者正確？

(A)最高不得超過各該保險業資金百分之五十。

(B)最高不得超過各該保險業資金百分之四十五。

(C)最高不得超過各該保險業資金百分之四十。

(D)最高不得超過各該保險業資金百分之三十五。

10.下列關於保險業舉債借款、為保證人、或提供擔保的敘述，何者最為正確？

(A)一律禁止保險業舉債借款、為保證人、或提供擔保。

(B)為給付巨額保險金、大量解約或大量保險單質借的需要，可以舉債借款。

(C)為給付巨額保險金、大量解約或大量保險單質借的需要，經主管機關核准，可以舉債借款，其他一律禁止。

(D)為給付巨額保險金、大量解約或大量保險單質借的需要，經董事會決議，可以舉債借款。

11.下列關於資本適足性的敘述，何者正確？

(A)自有資本與風險資本的比例不低於百分之一百五十。

(B)自有資本與風險資本的比例不低於百分之二百。

(C)自有資本與風險資本的比例不低於百分之二百二十。

(D)自有資本與風險資本的比例不低於百分之二百五十。

12.下列關於安定基金在經營不善保險業與其他保險業合併過程中墊支的金額，向經營不善保險業的負責人行使求償權的敘述，何者正確？

(A)不得行使求償權。

(B)可以行使求償權。

(C)以經營不善保險業的負責人有故意、過失為限，有求償權。

(D)以經營不善保險業的負責人有故意、重大過失為限，有求償權。

13.下列關於主管機關指派人員或委託專業經驗人員檢查保險業時，應遵守程序的敘述，何者正確？

(A)詢問保險業相關業務之負責人與要求受檢保險業之關係企業提供財務報告，都必須經主管機關許可。

(B)詢問保險業相關業務之負責人與要求受檢保險業之關係企業提供財務報告，都無須經主管機關許可。

(C)詢問保險業相關業務之負責人必須經主管機關許可，但要求受檢保險業之關係企業提供財務報告，無須經主管機關許可。

(D)詢問保險業相關業務之負責人無須經主管機關許可，但要求受檢保險業之關係企業提供財務報告，必須經主管機關許可。

14.下列關於保險業財務資訊或重大訊息揭露的敘述，何者正確？

(A)保險業有公開財務資訊與揭露重大訊息的義務。

(B)保險業沒有公開財務資訊與揭露重大訊息的義務。

(C)保險業有公開財務資訊的義務，但是沒有揭露重大訊息的義務。

(D)保險業沒有公開財務資訊的義務，但是有揭露重大訊息的義務。

15.下列關於保險業稽核的敘述，何者正確？

(A)保險業的內部稽核，必要時可以委託外面的會計師進行專案稽核，內部稽核對董事會負責。

(B)保險業的內部稽核，必要時可以委託外面的會計師進行專案稽核，內部稽核對總經理負責。

(C)保險業的內部稽核，必須親自為之，內部稽核對董事會負責。

(D)保險業的內部稽核，必須親自為之，內部稽核對總經理負責。

16.下列關於主管機關對保險業處分的敘述，何者正確？

(A)保險業違反法令、章程或有礙健全經營之虞時，主管機關應該進行監管、接管、勒令停業或命令解散。保險業資本適足率嚴重不足，且未完成增資者，主管機關得限制其營業或資金運用範圍。

(B)保險業違反法令、章程或有礙健全經營之虞時，主管機關得限制其營業或資金運用範圍。保險業資本適足率嚴重不足，且未完成增資者，主管機關應該進行監管、接管、勒令停業或命令解散。

(C)保險業違反法令、章程或有礙健全經營之虞時，及保險業資本適足率嚴重不足，且未完成增資者，主管機關得限制其營業或資金運用範圍。

(D)保險業違反法令、章程或有礙健全經營之虞時，及保險業資本適足率嚴重不足，且未完成增資者，主管機關應該進行監管、接管、勒令停業或命令解散。

17.下列關於保險業因經營不善受接管效力的敘述，何者正確？

(A)支付款項或處分財產，締結契約行為都必須經接管人同意。

(B)支付款項或處分財產，必須經接管人同意；但締結契約行為不必經接管人同意。

(C)支付款項或處分財產，不必經接管人同意；但締結契約行為必須經接管人同意。

(D)支付款項或處分財產，締結契約行為都不須經接管人同意。

18.保險業經營不善而被接管時，下列關於接管人權力的敘述，何者正確？

(A)為促成其他保險業承接而採取調高保險費率或降低保險金額措施，及讓與全部或部分營業、資產或負債都必須事先報經核准。

(B)為促成其他保險業承接而採取調高保險費率或降低保險金額措施，及讓與全部或部分營業、資產或負債都不須事先報經核准。

(C)為促成其他保險業承接而採取調高保險費率或降低保險金額措施必須事先報經核准，但讓與全部或部分營業、資產或負債無須事先報經核准。

(D)為促成其他保險業承接而採取調高保險費率或降低保險金額措施，無須事先報經核准，但讓與全部或部分營業、資產或負債必須事先報經核准。

19.關於股份有限公司保險業是否受讓受接管保險業的決議，下列敘述，何者正確？

(A)應有代表已發行股份過半數股東出席的股東會，以出席股東表決權過半數之同意行之；不同意之股東不得請求收買股份。

(B)應有代表已發行股份過半數股東出席的股東會，以出席股東表決權過半數之同意行之；不同意之股東得請求收買股份。

(C)應有代表已發行股份三分之二股東出席的股東會，以出席股東表決權四分之三之同意行之；不同意之股東得請求收買股份。

(D)應有代表已發行股份三分之二股東出席的股東會，以出席股東表決權四分之三之同意行之；不同意之股東不得請求收買股份。

20.下列關於保險公司受讓受接管保險業時，是否必須依照公平交易法的規定，申報結合的敘述，何者正確？

(A)經主管機關認為有緊急處理的必要，且對於市場無重大影響時，可以免除申報結合。

(B)經主管機關認為有緊急處理的必要，即使對市場有重大影響，仍然無須申報結合。

(C)經主管機關認為有緊急處理的必要，即使對市場無重大影響時，仍然必須申報結合。

(D)經主管機關認為有緊急處理的必要，即使對市場有重大影響時，是否必須申報結合，必須視主管機關的決定而定。

21.下列關於保險公司致資產不足清償債務時，其董事長、董事、監察人、總經理及負責決定該項業務之經理責任的敘述，何者正確？

(A)以違反保險法令為限，負無限責任，於各該負責人卸職登記之日起滿三年解除。

(B)以違反保險法令為限，負出資額有限責任，於各該負責人卸職登記之日起滿三年解除。

(C)以違反保險法令為限，負無限責任，於各該負責人卸職登記之日起滿二年解除。

(D)以有故意過失為限，負出資額有限責任，於各該負責人卸職登記之日起滿二年解除。

22.保險業負責人，意圖為自己獲第三人不法之利益，而為違背保險業經營之行為，將保險業之財產贈送並移轉給保險業負責人自己，致生損害於保險業之財產或利益時，下列關於保險業救濟方法之敘述，何者正確？

(A)保險業得以存證信函撤銷該贈與行為。

(B)保險業得提起訴訟請求法院撤銷該贈與行為。

(C)保險業得以掛號信撤銷該贈與行為。

(D)保險業只能向主管機關撤銷該贈與行為。

23.保險業職員，意圖為自己或第三人不法之利益，而為違背保險業經營之行為，將保險業之財產低於市價出賣並移轉給第三人，致生損害於保險業之財產或利益時，下列關於保險業救濟方法之敘述，何者正確？

(A)保險業得以存證信函撤銷該買賣契約。

(B)保險業得提起訴訟請求法院撤銷該買賣契約，但以該職員行為時明知有損害於保險業，且受益的第三人亦知其情事為限。

(C)保險業得以掛號信撤銷該買賣契約，但該職員行為時明知或過失而不知有損害於保險業，且受益的第三人亦知其情事為限。

(D)保險業只能向主管機關撤銷該贈與行為。

24.下列關於保險業放款於其負責人、職員或主要股東的敘述，何者最正確？

(A)必須經主管機關核准。

(B)必須有十足擔保。

(C)放款條件不得優於其他同類放款對象。

(D)應有十足擔保，其條件不得優於其他同類放款對象，如放款達主管機關規定金額以上者，並應經三分之二以上董事之出席及出席董事四分之三以上同意。

25.下列關於非保險業經營保險業務法律責任的敘述，何者最正確？

(A)只發生民事責任。

(B)只發生行政責任。

(C)只發生民事責任及行政責任。

(D)應負刑事責任，甚至發生民事責任。

26.下列關於散布流言或以詐欺損害保險業處罰對象與法律責任的敘述,何者正確?

　(A)處罰的對象包括保險業及非保險業,應該負刑事責任,甚至於民事責任。

　(B)處罰對象限於保險業,應負刑事責任。

　(C)處罰對象限於非保險業,應負刑事責任。

　(D)處罰對象包括保險業及非保險業,只負民事責任。

27.下列關於為「非保險法上的保險業或外國保險業」代理、經紀或招攬保險的處
　罰對象及法律責任之敘述,何者正確?

　(A)只處罰保險輔助人,應該負刑事責任。

　(B)不但處罰保險輔助人,而且處罰非保險輔助人,應負刑事責任,甚至民事責任。

　(C)只處罰非保險輔助人,應負刑事責任,甚至民事責任。

　(D)只處罰保險輔助人,應負刑事責任,甚至民事責任。

28.下列關於保險業開始營業條件的敘述,何者正確?

　(A)辦妥設立登記,就可以開始營業。

　(B)經主管機關許可,就可以開始營業。

　(C)經主管機關許可、辦妥法人設立登記就可以開始營業。

　(D)經主管機關許可,辦妥法人設立登記,且領有執照才可以開始營業。

29.下列關於保險業違反保險法賠償準備金提存額度、提存方式規定的敘述,何者
　正確?

　(A)主管機關可以處以罰鍰。

　(B)法院應該處以罰金。

　(C)保險業負責人應該負刑事責任。

　(D)保險業應該被吊銷執照。

30.下列關於保險業違反保險法在以保險金信託契約,要保人與被保險人須為同一
　人、受益人須為保險契約之受益人,且以被保險人、未成年人、心神喪失或精
　神耗弱之人為限的規定之敘述,何者正確?

(A)主管機關可以處以罰鍰，並得廢止其經營保險業信託業務之許可。

(B)主管機關可以處以罰鍰，其情節重大者，並得廢止其經營保險業信託業務之
許可。

(C)法院可以處以罰金，其情節重大者，並得廢止其經營保險業信託業務之許可。

(D)主管機關可以處以罰鍰，並廢止其經營保險業信託業務之許可。

31.依照保險法的規定，下列關於保險業為受託人，以保險金為信託財產的敘述，
何者正確？

(A)限於以死亡或殘廢的保險金為信託財產，且信託契約的受益人與保險契約的
受益人必須為同一人，且以被保險人、未成年人、心神喪失或精神耗弱之人
為限。

(B)限於以死亡或殘廢的保險金為信託財產，且信託契約的受益人與保險契約的受
益人必須為同一人，且以要保人、未成年人、心神喪失或精神耗弱之人為限。

(C)限於以死亡或殘廢的保險金為信託財產，且信託契約的受益人與保險契約的
受益人必須為不同一人，且以心神喪失或精神耗弱之人為限。

(D)限於以死亡保險的保險金為信託財產，且信託契約的受益人與保險契約的受
益人必須為不同一人，且以未成年人、心神喪失或精神耗弱之人為限。

32.下列關於保險業辦理保險金信託，資金運用範圍限制的敘述何者正確？

(A)限於現金或銀行存款、公債或金融債券、短期票券。

(B)限於現金或銀行存款、公債或金融債券、短期票券或其他經主管機關核准之
資金運用方式。

(C)限於現金或銀行存款、公債或金融債券、不動產投資。

(D)限於現金或銀行存款、公債。

33.下列關於保險業不得對外借款、為保證人或以財產提供擔保的敘述，何者正確？

(A)保險法禁止保險業一切對外借款、為保證人或以財產提供擔保的行為。

(B)保險法原則上禁止保險業對外借款、為保證人或以財產提供擔保，但是為給
付巨額保險金，大量解約或大量保單貸款之周轉需要，可以借款。

(C)保險法原則上禁止保險業對外借款、為保證人或以財產提供擔保，但是為給

付巨額保險金，大量解約或大量保單貸款之周轉需要，經主管機關核准者，可以借款。

(D)保險法原則上禁止保險業對外借款、為保證人或以財產提供擔保，但是為給付巨額保險金，大量解約或大量保單貸款之周轉需要，經主管機關核准者，可以借款、為保證人或提供財產擔保。

34.保險業有重大訊息時，下列關於保險業應如何處理的敘述何者最正確？

(A)應該守密，避免金融波動。

(B)應該口頭報告主管機關。

(C)應該書面報告主管機關。

(D)應該於二日內以書面報告主管機關，並且主動公開說明。

35.下列關於主管機關自行或委託適當機構或專業人員檢查時，保險業或其關係企業有無配合義務的說明，何者正確？

(A)保險業與其關係企業都可以拒絕檢查，但是有法院搜索票者，不在此限。

(B)保險業不可以拒絕檢查，但關係企業必須有法院搜索票，才可以進行檢查。

(C)保險業與其關係企業都可以拒絕檢查。

(D)保險業與其關係企業都不得拒絕檢查。

36.依照保險法規定，下列關於財產保險公司與人身保險公司經營業務範圍限制的敘述，何者正確？

(A)財產保險公司只可以承保財產保險；人身保險公司只可以承保人身保險。

(B)財產保險公司原則上只可以承保財產保險，但經主管機關核准，也可經營傷害保險、健康保險；人身保險公司只可以承保人身保險。

(C)財產保險公司原則上只可以承保財產保險，人身保險公司只可以承保人身保險，但經主管機關核准，可以經營責任保險。

(D)財產保險公司原則上只可以承保財產保險，但經主管機關核准，也可以經營人壽保險；人身保險公司只可以承保人身保險。

37.下列關於保險業與未領有執照之人為代理、經紀或公證業務之往來的敘述，何者正確？

(A)保險業必須負民事責任。

(B)保險業必須負刑事責任。

(C)保險業必須負民事責任及刑事責任。

(D)保險業必須負行政責任，甚至可能負民事責任。

38.下列關於保險業與安定基金關係的敘述，何者正確？

(A)保險業有提撥安定基金的義務，有配合安定基金查核的義務。

(B)保險業有提撥安定基金的義務，但沒有配合安定基金查核的義務。

(C)保險業可以自由決定是否提撥安定基金的權利，但有配合安定基金查核的義務。

(D)保險業沒有提撥安定基金的義務，也沒有配合安定基金查核的義務。

39.下列關於未領有執照，而從事保險代理人、保險經紀人或保險公證人工作的敘述，何者正確？

(A)應該負刑事責任，甚至於民事責任。

(B)應該負行政責任，甚至於民事責任。

(C)應該負民事責任。

(D)應該負刑事責任及民事責任。

40.下列關於保險輔助人拒不配合主管機關檢查的法律責任之敘述，何者正確？

(A)主管機關得處以罰金。

(B)主管機關得處以罰鍰。

(C)主管機關得移請檢察機關偵辦。

(D)主管機關得命令損害賠償。

41.下列關於簽證精算人員、複核精算人員違反公平公開原則法律效果的敘述，何者正確？

(A)主管機關得視其情節輕重為警告、停止於三年以內期間簽證或複核，並得令保險業予以撤換。

(B)主管機關得視其情節輕重為警告、停止於五年以內期間簽證或複核，並得令保險業予以撤換。

(C)主管機關得視其情節輕重為警告、停止於三年以內期間簽證或複核，但不得令保險業予以撤換。

(D)主管機關得視其情節輕重為警告、停止於五年以內期間簽證或複核，但不得令保險業予以撤換。

42.下列關於保險業股東向主管機關申報義務或向保險業通知義務的敘述，何者正確？

(A)同一人或同一關係人單獨、共同或合計持有同一保險公司已發行有表決權股份總數超過百分之五者，自持有之日起十日內，應向主管機關申報；持股超過百分之五後累積增減逾一個百分點者，亦同。同一人或同一關係人擬單獨、共同或合計持有同一保險公司已發行有表決權股份總數超過百分之十、百分之二十五或百分之五十者，均應分別事先向主管機關申請核准。

(B)同一股東持有同一保險公司有表決權股份總數超過百分之五者，應立即向主管機關申報；同一股東持有保險公司有表決權股份總數百分之一以上者，應立即通知保險公司。

(C)同一股東持有同一保險公司有表決權股份總數超過百分之十者，自持有之日起十日內，應向主管機關申報；同一股東持有保險公司有表決權股份總數百分之二以上者，應通知保險公司。

(D)同一股東持有同一保險公司有表決權股份總數超過百分之五者，應立即向主管機關申報；同一股東持有保險公司有表決權股份總數百分之一以上者，應在十日內通知保險公司。

43.下列關於保險合作社社員出社後民事責任的敘述，何者正確？

(A)保險合作社於社員出社時，其現存財產不足抵償債務，出社之社員仍負擔出社前應負之責任。

(B)保險合作社於社員出社時，其現存財產不足抵償債務，出社之社員以出資為限負責任。

(C)保險合作社於社員出社時，其現存財產不足抵償債務，出社之社員以有過失為限，仍負擔出社前應負之責任。

(D)保險合作社於社員出社時，其現存財產不足抵償債務，出社之社員以有過失為限，就出資額負有限責任。

參考答案

1. CABCD	6. DDDBC
11. BDDAA	16. BAAAA
21. ABBDD	26. ABDAB
31. ABCDD	36. BDABB
41. AAA	

二、問答題

1. 保險業分配盈餘，必須滿足何種條件？試說明之。

2. 何謂共保？何謂再保？依照保險法的規定，何種情況保險業得以共保的方式承保？專業再保險所承保的原保險種類是否有限制？

3. 何謂安定基金？安定基金的辦理事項為何？

4. 安定基金辦理哪些事項，事先必須經過主管機關的核准？

5. 試述保險業經營不善而被接管時，接管人的權力如何？

6. 試述保險業清理時，清理人的職務為何？

7. 何謂別除權？試舉例說明之。

8. 在清理過程中，對已申報債權與超過申報期間而未申報之債權，各如何清償？

9. 保險業負責人或職員，或以他人名義投資而直接或間接控制保險業之人事、財務或業務經營之人，意圖為自己或第三人不法利益，或損害保險業之利益，而為違背保險業經營之行為，致生損害於保險業財產或利益時，該保險業如何尋求救濟？試分有償行為與無償行為說明之。

10. 基於保險業資金安全性的考量，保險法對於保險業資金的運用有很多限制規定，試舉三則以對，並說明之。

11. 何謂保險業的資本適足率？資本適足率不足的類型有幾？保險業資本適足率不足時，主管機關應該如何處理？

12. 依照保險法的規定，保險業對其關係企業放款，應該遵循的條件為何？

13. 為了避免經營弊端，保險法有自行檢查、內部稽核（包括專案稽核）、外部檢查等措施的規定，試述其義。

參考書目

一、中文部分

1. 江朝國，保險法基礎理論，2003 年 9 月出版，瑞興圖書股份有限公司發行
2. 江朝國，保險法逐條釋義（第一卷）（第二卷），2012 年 1 月出版，元照出版公司發行
3. 汪信君／廖世昌，保險法理論與實務，2017 年 9 月出版，元照出版公司發行
4. 林勳發，保險契約效力論，1996 年 3 月出版，作者發行
5. 桂裕，保險法，1992 年 12 月，三民書局發行
6. 陳繼堯，再保險學，1996 年 8 月出版，作者發行
7. 葉啟洲，保險法專題研究（一），2005 年 5 月，元照出版公司發行
8. 葉啟洲，保險法實例演習，2015 年 9 月，元照出版公司發行
9. 楊誠對，財產保險(1)：總論、火災及海上保險，2012 年 9 月，作者發行
10. 楊誠對，意外保險理論與實務，2008 年 9 月，作者發行

二、外文部分

1. *Basic Insurance Law*, Robert E. Keeton, West Pub. Co., 1977
2. *Cases on the Canadian Law of Insurance*, Fifth Edition, Baer & Rendall, Carswell, 1995
3. *Comparative Product Liability*, Geraint Howells, Dartmouth, 1993
4. *Insurance Law*, Robert E. Keeton, Alan I. Widiss, West Pub. Co., 1988
5. *Insurance Law and Regulation*, 6th, Abraham, Foundation Press, 2015
6. *Insurance Law in Canada*, Second Edition, Brown & Menezes, A Carswell Publication, 1991
7. *Insurance Cases and Materials*, William F. Young Jr., Foundation Press, January 1976
8. *MacGillivray and Parkington on Insurance Law*, Eighth Edition, London, Sweet & Maxwell, 1988
9. *Norwood on Life Insurance Law in Canada*, Second Edition, Carswell, July 1992
10. *Schmitthoff's Export Trade: The Law and Practice of International Trade*, 12th, by Carole Murray, Giles Dixon, Daren Timson-Hunt, David Holloway, Sweet & Maxwell, Sep. 2012

商事法　吳博文／著

　　本書內容涵蓋最新修法資料、實務見解及學者意見，以及商事法中重要法律概念之名詞釋義，如公司法之「黃金表決權」、「複數表決權」、「累積投票制」、「深石原則」或報載所稱之「肥貓條款」、「大同條款」、「SOGO 條款」等，方便讀者瞭解商事法特有之名詞。

票據法　鄭玉波／著

　　票據包含匯票、本票、支票，為日常生活中最常使用之有價證券。本書以票據法為論述對象，就各種法例與概念，採表格圖例說明之；自初版發行以來，由於文從字順、理路清晰、內容嚴謹、體系井然，一直膾炙人口，洛陽紙貴，歷久而不衰，影響我國學界及實務界至為廣大深遠，乃名副其實的經典大作。為保本書常新實用，乃依最新法條重新修訂並予以編制排版；除儘量保存原著面貌，並力求格式統一，所引法規有修正者均加以改訂，原著偶有誤植者亦訂補之，全書印刷因之煥然一新。

公司法實例研習　曾淑瑜／著

　　公司法乃是兼具理論與實務之一部法律，除法律人外，不論是會計師、公司負責人，或者是企業從業人員，若能事先釐清相關問題，靈活運用，在商場上就如同手持利器，開天闢地，無往不利。本書不採傳統教科書模式，而以實例導引出各章、節重點。除仍保留系統化之特色外，亦增加思考問題之空間。

證券交易法導論　廖大穎／著

　　本書係配合最新修正證券交易法條文的修訂版，前後共分三篇，即證券市場的緒論、本論及財經犯罪三大部門所構成。前者的緒論與本論部分，就證券發行市場、流通（交易）市場的規制、證券法制與企業秩序、證券交易機關之構造及相關證券投資人保護法等主軸，依照現行法典所規範的內容撰寫而成；至於後者財經犯罪部分，乃證券交易法制實務上最具爭議的問題之一，本書特別邀請交通大學林志潔教授執筆，針對現行證券交易法上的各種犯罪類型，乃至於刑事政策與犯罪所得的議題，作刑法系統性的專業解析，期待這是一本淺顯而易懂、引領入門的參考書籍。

國家圖書館出版品預行編目資料

保險法：保險契約法暨保險業法／劉宗榮著.——修
訂五版一刷.——臺北市：三民，2021
　　面；　公分

　ISBN 978-957-14-6922-5 （平裝）
　1.保險法規

587.5　　　　　　　　　　　　　　109012660

保險法：保險契約法暨保險業法

作　　　者	劉宗榮
責任編輯	黃乙玹
美術編輯	黃顯喬

發 行 人	劉振強
出 版 者	三民書局股份有限公司
地　　　址	臺北市復興北路 386 號 (復北門市)
	臺北市重慶南路一段 61 號 (重南門市)
電　　　話	(02)25006600
網　　　址	三民網路書店 https://www.sanmin.com.tw

出版日期	修訂五版一刷 2021 年 1 月
書籍編號	S586440
Ｉ Ｓ Ｂ Ｎ	978-957-14-6922-5